法官审理建设工程合同纠纷案件操作指引

解构与重塑

建设工程合同纠纷审判思维与方法

| 第二版 |

周利明◇著

DECONSTRUCTION

AND

REBUILDING

Judicial Reasoning and Approaches for Construction Contract Disputes

法律出版社 | LAW PRESS

北京

图书在版编目(CIP)数据

解构与重塑：建设工程合同纠纷审判思维与方法 / 周利明著. --2版. --北京：法律出版社, 2021(2024.6重印)
ISBN 978-7-5197-5514-0

Ⅰ. ①解… Ⅱ. ①周… Ⅲ. ①建筑工程－经济合同－合同纠纷－审判－中国②建筑工程－经济合同－合同纠纷－研究－中国 Ⅳ. ①D925.104②D923.64

中国版本图书馆CIP数据核字(2021)第064382号

解构与重塑：建设工程合同纠纷审判思维与方法(第二版)
JIEGOU YU CHONGSU: JIANSHE GONGCHENG HETONG JIUFEN SHENPAN SIWEI YU FANGFA(DI-ER BAN)

周利明 著

责任编辑 张发靖 李 群 陈昱希
装帧设计 汪奇峰

出版发行 法律出版社
编辑统筹 法规出版分社
责任校对 张红蕊
责任印制 耿润瑜
经 销 新华书店

开本 710毫米×1000毫米 1/16
印张 49 字数 743千
版本 2021年3月第2版
印次 2024年6月第7次印刷
印刷 三河市龙大印装有限公司

地址：北京市丰台区莲花池西里7号(100073)
网址：www.lawpress.com.cn
投稿邮箱：info@lawpress.com.cn
举报盗版邮箱：jbwq@lawpress.com.cn
销售电话：010-83938349
客服电话：010-83938350
咨询电话：010-63939796

书号：ISBN 978-7-5197-5514-0
定价：138.00元
凡购买本社图书，如有印装错误，我社负责退换。电话：010-83938349

第二版修订说明

自本书2019年9月面世至今，建设工程法律体系中的许多规范发生了更新。一方面，《民法典》出台，建设工程、证据规定等方面的司法解释为历年来变动最巨。另一方面，《保障农民工工资支付条例》《房屋建筑和市政基础设施项目工程总承包管理办法》《建设工程企业资质管理制度改革方案》等行政法规、规章、规范性文件先后出台，对建设工程合同纠纷亦产生较大影响。

此外，从审判者的角度，还存在以下变化：从2019年8月20日开始，利息标准由之前的中国人民银行发布的同期同档次贷款基准利率，改为全国银行间同业拆借中心公布的报价利率（LPR）；2019年11月8日最高人民法院公布《全国法院民商事审判工作会议纪要》（九民会纪要），对合同类案件裁判规则的归纳具有较大影响；2020年1月15日，最高人民法院印发《民事诉讼程序繁简分流改革试点方案》和《民事诉讼程序繁简分流改革试点实施办法》，扩大独任制审理范围，在基层法院、中级法院和专门法院探索由法官一人独任审理普通案件的模式；2020年12月14日，最高人民法院通过了修改后的《民事案件案由规定》，对部分案由进行了调整；2021年10月1日开始施行《最高人民法院关于调整中级人民法院管辖第一审民事案件标准的通知》，等等。

这些变化客观上对本书的修订提出了要求。主观上，笔者亦希望通过修订工作对作品加以完善、提炼、优化等。本书面世后，得到了全国各地读者的支持和肯定，并陆续收到诸多的反馈意见和建议。特别是江苏拓嘉工程设计研究院有限公司的尚学伟高级工程师，对本书中的工程技术用语、通俗化表述等悉心勘误，并提供了大量的宝贵意见，在此特别致谢！

序

Preface

法律的生命从来不在于逻辑,而在于经验。传统的法学教育,侧重于理论知识、体系结构的学习,尽管存在社会实践、暑期实习等要求,实践性仍然是法学院学生的短板。当毕业之后进入法院走上审判岗位时,特别容易感到知识积累的匮乏和社会经验的不足。因而,需要将理论和实践结合起来,将书本上的知识与司法办案结合起来,提高法官的办案能力。这一关很重要,成功实现结合者,就会很快适应审判工作的需要;不能够实现结合者,就会产生理论和实践脱节,书本和审判脱节,不能适应审判工作的需要。就多数法官而言,都能够成功通过这一关的考验,成为一名合格的法官。

在人民法院受理的合同类案件中,公认比较难的是建设工程合同纠纷案件。问题在于,这种案件有技术性强、工程术语繁多、法律关系复杂等特点,即使能够将理论和实践紧密结合的法官,也会存在较大的困惑。建设工程施工及结算的全过程、常见工程计价模式的甄别、房建工程的十个分部工程的划分、数十项建筑业企业资质的内涵与外延、工程造价司法鉴定的流程和操作方法、工程质量缺陷的表现与归类等,都是法官审理这类案件的基础知识。但是法官无论是在校学习还是在法院的审判工作中,往往因缺少相应的渠道而无从学习,开庭审理时很难把握庭审方向和节奏,决断时迟疑不定,所以很多法官都不愿意审理建设工程案件。从司法实务来看,长期未结案件、催督办案件、改判发回案件以及申诉信访案件中,建设工程合同纠纷占据了相当大的比例。

利明法官作为一线的法官,勤奋好学,每年办理大量的建设工程合同纠纷案件。在工作之余,他赴各地学习建设工程法律和管理知识,结合丰富的审判经验,加以总结思考,形成了审理建设工程合同纠纷案件完整、独特的办案思路和技巧。作为“明星法官”,他善于演讲,多次给法官、仲裁员、律师进行培训,传授这方面的经验,均收到较好的评价。他将自己的思考和授课内容经过加工完善,形成本书并出版发行。这给其他法官提供了破解建设工程合同纠纷案件审理难题的一个途径,构建出理论与实践结合的桥梁。

我也是在司法实践中成长起来的法官、学者,深知在工作实践之余写书、著文的艰辛。利明法官有此成果问世,提供给各位法官和读者阅读,定会发挥其应有的作用。因此我衷心表示祝贺!

值此本书出版之际,我向法官、仲裁员和律师推荐,希望各位能够喜欢,相信定能从中受益。

中国人民大学法学院教授
博士生导师
杨立新

2019 年 8 月 31 日

阅读说明

1. 文字加黑部分，为本书特别提醒的审判思维、方法、技巧，重点推荐。

2.《最高人民法院关于审理建设工程施工合同纠纷案件适用法律问题的解释（一）》（2021 年 1 月 1 日开始施行）简称为《建设工程司法解释（一）》。

3.《最高人民法院关于审理建设工程施工合同纠纷案件适用法律问题的解释》（2005 年 1 月 1 日开始施行，已失效）简称为原《建设工程司法解释》或《建设工程司法解释》。

4.《最高人民法院关于审理建设工程施工合同纠纷案件适用法律问题的解释（二）》（2019 年 2 月 1 日开始施行，已失效）简称为原《建设工程司法解释（二）》。

5.《最高人民法院关于适用〈中华人民共和国民事诉讼法〉的解释》（2022 年修正，2022 年 4 月 10 日开始施行）简称为《民事诉讼法司法解释》。

6.《最高人民法院关于民事诉讼证据的若干规定》（2020 年 5 月 1 日开始施行）简称为《证据规定》。

7.《中华人民共和国民事诉讼法》于 2023 年 9 月 1 日进行第五次修正，并于 2024 年 1 月 1 日施行。本书在 2023 年 10 月加印时予以修正。部分案例所涉判决书、裁定书在作出时法律尚未修订，为表尊重，所引用法条不予调整，但予以注明所对应的 2023 年修正的《民事诉讼法》条文序号。

8. 2022 年 4 月 10 日施行修改后的《民事诉讼法司法解释》，所涉条文中援引《民事诉讼法》原序号的，已作修改。

前言
Preface

建设工程合同纠纷历来是民商事案件审判中最为疑难复杂的类型之一，其标的大、法律关系复杂、专业性强、息诉服判率低等特点有目共睹。从笔者近年来在全国各地讲学时接触的法官、仲裁员与律师的情况来看，将建设工程合同纠纷作为一类单独的、特殊的、专业性的案件来认识的，仍然系少数。加上法官"岗位轮换"、律师"为稻粱谋"等客观因素，很少形成专业、稳定、高效的建设工程合同纠纷案件审判队伍，致使积案、错案多发，备受诟病。有些法官将建设工程合同纠纷作为普通商事案件，机械依据《建设工程施工合同(示范文本)》中通用条款的约定判案；有些仲裁员对工程施工技术、工程经济管理实践知识不熟悉，在工程资料的证明力比较上采取武断的判断；有些律师对工程质量问题不理解，对外观缺陷型的质量缺陷夸大为结构安全性、功能适用性的严重质量缺陷并以此拒付价款等。案件的审理往往发展成"法官很懵，律师很累，鉴定人很为难，当事人很不满意"的最终结果。

目前有关建设工程法律的书籍多数是从实体规则的角度出发进行分析、论证、解释。本书希望另辟蹊径，结合笔者多年办理相当数量(可能全国最多)建设工程合同纠纷的宝贵经验，立足于法官思维，从思路、方法、技术的角度，对建设工程合同纠纷如何进行审查、支解、拆分、送达、保全、现场勘验、调查取证、庭前会议、举证质证、组织鉴定、庭审驾驭、决断、调解、裁判文书制作、二审审理等方面探讨处理路径，提供实用、有效的法官操作方法的指引。同时，附之以大量生动、精彩的案例，展现具体方法的实践应用过程，突出表现为"解构与重塑"。

需要特别说明的是，建设工程合同纠纷作为三级案由，包含了以下九个四级案由：建设工程施工合同纠纷、建设工程分包合同纠纷、装饰装修合同纠纷、建设工程价款优先受偿权纠纷、建设工程勘察合同纠纷、建设工程设计合同纠纷、建设工程监理合同纠纷、铁路修建合同纠纷、农村建房施工合同纠纷。但司法实践中后六者案件数量极少,故本书所指的建设工程合同纠纷,如无特殊说明,则主要针对建设工程施工合同纠纷、建设工程分包合同纠纷及装饰装修合同纠纷。

本书的亮点有以下三个:一是将工程价款争议案件分为静态审查与动态审查的九个步骤,各步骤之间存在严密的逻辑递进关系,所有案件均可通过该方法予以支解、拆分并分别审查、厘清思路,此为笔者所原创并力推的经典之处;二是结合《民法典》及《建设工程司法解释(一)》,在有关工程造价、质量、工期司法鉴定的运用上,既总结既有规则,又有所创新和完善,侧重于实践可操作性,对提高司法鉴定的质量和效率有所裨益;三是完全以法官作为裁判者的视角,从收案、审案、断案的自然流程角度考虑案件,每个步骤既结合民事诉讼法等程序法的规范操作,又针对建设工程合同纠纷的特殊性作了一些简化、优化以及扩充,完整呈现程序法如何为具体的部门法所服务。本书所举案例一般分为【案情】【审理】【评析】三个部分,绝大多数均为笔者亲身经历,真实性毋庸置疑,但所涉及的姓名、名称、项目等则为杜撰,雷同勿怪。

所以,实务性和可操作性是本书所坚持的首要原则。建设工程合同纠纷如果没有上百件案件的审判积累,很难形成融会贯通的完整思路。各级人民法院(特别是一审法院)从事建设工程合同纠纷案件审理的法官、各地从事建设工程案件仲裁的仲裁员,为本书第一推荐群体。希望通过本书,能够帮助法官和仲裁员迅速厘清审理思路,牢固把握审理方向,熟练运用审理技巧,稳步推进审理进程。有志于专业从事建设工程法律诉讼和非诉服务的律师,亦可通过本书的学习,了解建设工程合同纠纷案件中裁判者的思维并有针对性地进行演绎,尽快将原有思路转换为建设工程案件的代理思路,以期优化策略,更好地为当事人提供法律服务。当裁判者思路不清、举棋不定、无从下手时,也可以将本书推荐给他(她),毕竟,说服裁判者是律师的终极目标。司法鉴定人亦可通过本书的学习,掌握裁判者思维以及调解、沟通的方法和技巧,以期与法官、仲裁员及代理人等通力合作,在同一语境下交流,稳步推进鉴定进程。施工企业法务、建设行政主管部门工作人员、高校研究人员等也是本书所强烈推荐的人群。

目 录
Contents

目录是一本书的精华。
——作者语

第一篇 概 论

第八篇　工程质量、工期审理路径

第九篇 特殊、疑难案件审理思路

第一篇　概　论

- 第一章　建设工程合同纠纷案件的特点
- 第二章　法官审理工程案件的心态
- 第三章　建设工程相关案由概览

第一章
CHAPTER 01

建设工程合同纠纷案件的特点

不同于诸如买卖、借贷、人身损害、婚姻等一般民商事案件,建设工程合同纠纷案件具有一些鲜明的特点。正是这些特点,使建设工程合同纠纷被冠以“民商事疑难案件之王”的评价。多数法官不愿意接手建设工程合同纠纷案件,盖因该类案件复杂、难审、易错,对审判质效考核不利,当事人矛盾激烈,办案压力大;而多数律师希望接手建设工程合同纠纷案件(无论是否熟悉这一块业务),盖因标的金额较大,代理费较为可观。无论是法官、仲裁员还是律师,必须充分认识到建设工程合同纠纷案件的特殊性,才能准确把握案件本身。

1. 法律关系复杂

一个普通的建设工程,可能涉及的法律主体有勘察单位、设计单位、施工总承包单位、专业分包单位、监理单位、项目管理公司、审价机构、建设单位、使用单位等(见表1-1)。在施工现场所涉及的“人”,可能有甲方代表、施工管理人员(五大员)、总监理工程师、费控、仓库保管员等。涉及的法律关系也是多层次、多维度的。大多数案件是施工总承包人起诉发包人主张欠付工程款,或者专业分包人、违法分包人要求施工总承包人支付欠付工程款,原告与被告往往是一对一的法律关系。但是一旦涉及诸如原《建设工程司法解释》第26条实际施工人条款的适用,建设工程质量纠纷案件的混合过错,存在挂靠、转包及违法分包情形下的表见代理认定、合同相对人不明确、多个项目款项混同等具体案情时,法律关系便异常复杂,为了查清案件事实有时不得不追加数位第三人。

表1-1 建筑工程专业术语的通俗化解释

专业术语	通俗化解释	备注
五方责任主体之建设单位	谁家要盖楼?	又称业主,甲方
五方责任主体之勘察单位	哪家选的点?	
五方责任主体之设计单位	哪家画的图?	
五方责任主体之施工单位	哪家盖的楼?	分总承包及专业分包单位
五方责任主体之监理单位	哪家监工?	
使用单位	谁家要用楼?	
项目管理公司	掌柜的	又称代甲方
审价机构	监督花钱	造价机构或跟踪审计等

2. 法律法规及相关规定繁杂

作为建设工程合同纠纷案件的裁判依据,既有全国人大及其常委会、国务院颁布的法律法规,如《民法典》《建筑法》《公司法》《建设工程质量管理条例》《城乡规划法》《土地管理法》《公路法》等,也有最高人民法院发布的司法解释,各地高级人民法院等还发布了数量较多的有关建设工程合同纠纷案件审理的指导意见(详见第三十九章"如何提高案件审理效率")。此外,还存在住建部、原国家计委等发布的部门规章,更有浩如烟海的各种行业规范,如《建筑工程施工质量验收统一标准》(GB 50300—2013)。有时相关的规定可能存在矛盾与冲突,如《公路法》中有关竣工验收的界定与《建设工程司法解释(一)》中的规定并不一致,这就对法官审理案件提出更高的辨析要求。

3. 疑难问题众多

在建设工程合同纠纷案件中存在诸多灰色地带——既有的法律法规规定并不明确,刚性的裁判规则尚不统一。尽管部分省市为了统一法律适用,制定了一些解答、指导意见等内部规范性参考文件,但仍然存有许多留白、模棱两可甚至矛盾的问题。如原《建设工程司法解释》第4条规定:"承包人非法转包、违法分包建设工程或者没有资质的实际施工人借用有资质的建筑施工企业名义与他人签订建设工程施工合同的行为无效。人民法院可以根据民法通则第一百三十四条规定,收缴当事人已经取得的非法所得。”尽管司法解释赋予了法院收缴的权利,但由于收缴权本质上与行政处罚权存在交织冲突、非法所得数额难以认定等原因,实践中很少有法院行使这一权利。自 2021 年 1 月 1 日《民法典》施行后,法院不再享有收缴的权利。而对有关“违法所得”中的“挂靠管理费”的判法则五花八门,有判归挂靠人的,有判归被挂靠人的,有以公平为由判归各半享有的,还有考虑合同无效的原因的,实践中法官的自由裁量权行使空间较大。再如,对于被挂靠人对挂靠人的对外债务负担问题,北京地区的指导意见为由被挂靠人承担补充责任或者区分对外责任〔1〕,后转变为被挂靠人与挂靠人承担连带责任〔2〕;江苏地区的指导意见与北京地区的一致〔3〕,但也有不同的观点认为应当区分对待〔4〕;广东地区的指导意

〔1〕《北京市高级人民法院审理民商事案件若干问题的解答之五(试行)》(2007 年 5 月 18 日　京高法发〔2007〕168 号)第 47 条:“在建筑行业的挂靠经营中,挂靠者以被挂靠者的名义从事对外经济活动的,被挂靠者是否承担民事责任?合同相对人同时起诉挂靠者和被挂靠者的,如果合同相对人对于挂靠事实不明知,由挂靠者与被挂靠者承担连带民事责任;如果合同相对人对于挂靠事实明知,首先由挂靠者承担责任,被挂靠者承担补充的民事责任。合同相对人只起诉被挂靠者的,被挂靠者对外应先行承担民事责任。在被挂靠者对外承担责任的范围内,被挂靠者对挂靠者享有追偿权。”

〔2〕《北京市高级人民法院关于审理建设工程施工合同纠纷案件若干疑难问题的解答》(2012 年 8 月 6 日　京高法发〔2012〕245 号)第 20 条:“……因履行施工合同产生的债务,被挂靠人与挂靠施工人应当承担连带责任。”

〔3〕《江苏省高级人民法院关于审理建设工程施工合同纠纷案件若干问题的意见》(2008 年 12 月 20 日　苏高法审委〔2008〕26 号)第 25 条:“挂靠人以被挂靠人名义订立建设工程施工合同,因履行该合同产生的民事责任,挂靠人与被挂靠人应当承担连带责任。”

〔4〕盐城市中级人民法院《关于审理建设工程施工合同纠纷案件若干问题的指导意见》(2010 年 7 月 15 日　盐城市中级人民法院审判委员会第 9 次会议通过)第 28 条:“挂靠人为履行施工合同而与第三人发生买卖、租赁、借贷等纠纷,第三人以挂靠人、被挂靠人为被告提起诉讼,要求承担责任的,按下列原则予以处理:(1)挂靠人明确以自己的名义与第三人交易,根据合同相对性原则,一般应当由挂靠人承担责任,但第三人有证据证明被挂靠人也应承担责任的除外;(2)挂靠人明确以被挂靠人的名义(如持被挂靠人介绍信或委托书、盖有被挂靠人章印的合同等)与第三人交易或者第三人有理由相信挂靠人系以被挂靠人名义进行交易的,一般应当由被挂靠人与挂靠人承担连带责任,但被挂靠人有证据证明不应当承担责任的除外;(3)挂靠人以被挂靠人的工程项目部、工程负责人等名义与第三人交易的,一般应当由挂靠人与被挂靠人承担连带责任,但被挂靠人有证据证明不应当承担责任的除外。”

见亦为应当区分[1]。然而，有关挂靠关系下的责任承担，现行的法律法规和司法解释中仅存在以下规定：一是2021年1月1日起施行的《民法典》第1211条“以挂靠形式从事道路运输经营活动的机动车，发生交通事故造成损害，属于该机动车一方责任的，由挂靠人和被挂靠人承担连带责任”的规定；二是《民事诉讼法司法解释》第54条“以挂靠形式从事民事活动，当事人请求由挂靠人和被挂靠人依法承担民事责任的，该挂靠人和被挂靠人为共同诉讼人”的规定。前者系专门针对交通事故案件，后者是解决程序法上的诉讼主体问题，目前尚缺乏针对建设工程领域挂靠情形下对外责任连带承担的统一、明确的实体法依据。

4. 技术门槛高

普通的民商事案件，法官通过一定的学习和朴素的认知就能够在较短的时间内理解案情、把握争议焦点。但建设工程合同纠纷案件技术门槛较高，没有相应的专业学科背景很难在短时间内准确识别并理解案情。如商品房开发建设全流程，房屋建筑工程的十个分部工程及相应的子分部、分项工程，总监理工程师岗位职责等，均非三言两语能够解释清楚，遑论非国标清单计价下按照成孔量还是按照灌注量计算工程量等造价、质量等专业性问题。多数法官学文科出身，深信“万丈高楼平地起”——甚至不知道造房子需要向地下打入十几米至几十米的桩基。案件审理中，法官对工程技术问题的认知很可能会出现较大的偏差，与工程技术人员所掌握的“常识”严重不符。如某案件审理中，对于“承台属于地基与基础还是主体结构、钢筋绑扎与电渣压力焊的区别”，双方代理人争执不下。在此种情况下，当事人往往需要提供照片、动画、实体图等以帮助法官进行理解。对于建设工程三大争议事项——工程造价、质量、工期，法官与律师均鲜有能力深入理解并准确描述，往往需要通过委托司法鉴定来确定涉案工程造价、工程索赔、工程质量、工期等专业性事项。所以，案件技术门槛高必然导致鉴定比例高，目前建设工程领域每年仍然有

---

[1] 《广东省高级人民法院关于审理建设工程合同纠纷案件疑难问题的解答》（2017年7月19日　粤高法〔2017〕151号）中规定：“22. 实际施工人主张挂靠人和被挂靠人承担欠付工程款连带责任的如何处理　挂靠人以被挂靠人的名义承接工程后，又将工程进行分包或转包，实际施工人主张挂靠人和被挂靠人承担欠付工程款连带责任的，应区分情形处理：挂靠人以被挂靠人名义对外签订分包或转包合同的，挂靠人和被挂靠人承担连带付款责任；挂靠人以自己名义对外签订分包或转包合同的，挂靠人承担付款责任。”

相当比例的案件进入鉴定程序。进一步而言,就是鉴定人的权力很大,若法官不懂得对鉴定行为进行监督、约束,“以鉴代审”的情况就很难避免。

5. 审理周期长

与常见的民间借贷、买卖合同等传统民商事案件相比,建设工程合同纠纷案件往往审理周期很长,超过审限的案件并不少见。许多时候系因鉴定过程中鉴定思路不清、证据补充滞后且法官疏于敦促,案件的审限主要消耗在鉴定事项上。此外,审理周期长还有可能是因为以下因素:法官思路不清,如双方当事人已经达成过结算协议且不能证明该结算协议存在无效或可撤销情形的,法官仍然选择启动鉴定程序;案件本身证据繁多,达到令人咋舌的程度,如某石油化工项目工程案件初步证据材料有一皮卡车,提供证据的当事人花费四小时才搬完,而核对证据原件与清点证据目录又花费了一周时间;案件审理需要通过已付款项的查明来证明其他目的,可能需要委托审计或者补充调查所有数百笔的付款记录等。浙江省内对于立案时经过初步审查便基本确定需要通过工程造价鉴定等程序的案件,在征求原告意见的基础上,施行预立案制度。即在法院的参与下,双方将鉴定程序前置并不计入审限,待鉴定意见出具后再转成正式立案,在一定程度上可以相应缩减审限。但该制度的有效推行,有赖于法官在立案审查中把握好尺度,征求原告的意见,并适当探明被告的态度。总体而言,建设工程案件的审理持续半年、一年乃至两三年的是常态,持续三至五年的也并不少见。

6. 案件标的大,诉讼请求多

据统计,2018 年度某基层法院民事案件(除建设工程合同纠纷案件外)平均立案标的 56.5 万元,而建设工程合同纠纷案件平均立案标的 232.4 万元,差距显著。各地基层法院对于大标的案件的区分标准不一,有些是 500 万元,有些是 800 万元,也有些是 1000 万元,但大标的案件往往适用普通程序进行审理,并必须预留足够的举证期等,此亦案件审限较长的原因之一。而《最高人民法院关于调整高级人民法院和中级人民法院管辖第一审民商事案件标准的通知》(2015 年 4 月 30 日法发〔2015〕7 号),对于北京、上海、江苏、浙江、广东的基层法院,根据当事人是否同处于受诉法院所在的省级行政辖区内,可以受理争议标的 1 亿元或者 5000 万元以下的民商事案件,使得大量案件包括建设工程合同纠纷流向基层法院审理。《最高人民法院关于调整高级人民法院和中级人民法院管辖第一审民事案件标准的通知》(2019 年 4 月 30 日　法发〔2019〕14 号),更是将高级人民法院受理的案件标的大小调整为 50 亿元人民币以上。故今后大标的建设工程合同纠纷案件将更多流向中层。从诉讼请求的角度看,在常规的作为给付之诉的要求给付欠付工程款、赔偿损失、支付违约金、返还履约保证金的诉讼请求之外,还有请求确认合同无效、确认建设工程价款优先受偿的,有要求单方解除合同的,有要求提供施工"三通一平"条件、配合竣工验收、交付竣工资料、按照修复方案予以加固修复、腾退施工现场等履行行为等多项诉讼请求。

7. 无效合同比例高

江苏省高级人民法院在 2010 年至 2014 年 2 月近 5 年审结的 500 件建设工程施工合同纠纷二审案件中,有 150 件中的合同被认定为无效合同,占据了 30%〔1〕。而某基层法院 2016 年审结的建设工程施工合同纠纷案件中,合同无效的比例占据了 53.7%。没有任何一个其他类型的合同纠纷案件会有如此高的无效合同比例,司法权不得不对合同性质与效力的问题、随后的处理主动介入。对于合同效力,当事人及代理人的认知可能与法官颇不一致,这必然涉及释明的问题。对于合同无效的后果及处理方式,实践中也存在诸多的灰色地带,如无效合同的工期逾期赔偿金额、无效合同的工程价款支付条件与进度是否参照等。《建设工程司法解释(一)》第 6 条延续了原《建设工程司法解释(二)》的规定:"建设工程施工合同无效,一方当事人请求对方赔偿损失的,应当就对方过错、损失大小、过错与损失之间的因果关系承担举证责任。损失大小无法确定,一方当事人请求参照合同约定的质量标准、建设工期、工程价款支付时间等内容确定损失大小的,人民法院可以结合双方过错程度、过错与损失之间的因果关系等因素作出裁判。"

---

〔1〕 潘军锋:《建设工程施工合同案件审判疑难问题研究》,载《法律适用》2014 年第 7 期。

8. 服判率低、发改率高

在民商事案件中，建设工程合同纠纷的上诉率非常高，甚至许多案件在二审判决后当事人仍然不服，提起再审申请。其原因是许多建设工程合同纠纷案件本身确实异常疑难、复杂，判决认定的法律事实与当事人主张的事实存在较大的差异。此外，针对具体问题，相关裁判指导意见的缺失、矛盾等亦导致不同的法官认识并不一致。比如，建设工程施工过程中实际施工人对外采购钢筋等材料是否构成表见代理等问题，不同的法官站在不同的角度可能得出完全不同的答案。此外，法院查明的合同相对人、合同性质、合同效力等与当事人主张不一致时，法官应当行使释明权，否则也极可能导致案件发回重审。

正是由于建设工程合同纠纷案件具有以上特点，建议各级法院的法官对其予以高度的重视，加强案件审判经验总结的调研，培养专业化的审判团队，征集疑难复杂问题并统一裁判尺度，努力提高办理建设工程合同纠纷案件的整体业务水平。

第二章
CHAPTER 02

法官审理工程案件的心态

当前，以法官员额制为代表的司法改革正在全国如火如荼地开展并稳步推进，一线法官的审判任务相当繁重。在诉讼过程中，法官的心态不一定能够决定案件的最终结果，但对审理思路、案件处理、实现法律效果与社会效果的统一等有较大影响，故法官审理建设工程案件的心态仍然有探讨价值。探究法官作为裁判者审理建设工程案件时通常会出现的情绪、心态、想法、出发点及落脚点等，有助于更好地确立法官的审理思路。

1. 畏难情绪

在收到建设工程合同纠纷案件诉状和证据等诉讼材料后，法官"看不懂""听不懂"是第一个大问题，直接导致法官畏难情绪的涌现。许多的案件中施工图纸作为常见证据，常见的工程图纸按照投影区分，有平面图、立体图、剖面图、效果图等，没有相应的三维空间想象能力，将会难以区分；按照施工工种区分，有建筑施工图、结构施工图、设备施工图和装饰施工图，涉及不同的分部分项以及不同的功能和价值。这就需要法官具备一定的建筑识图能力，通过短期培训，获得一个最基本的知识框架体系，再逐步深化、细化、聚焦。知识有个基本框架和体系就容易理解，故需用一条总线把碎片化的知识串起来。再如，定额计价模式与工程量清单计价模式的联系与区别、机械台班费、甲供料的含义等，在具体案件审理中，法官面对这些专业术语往往无法理解。不可否认有一些律师、仲裁员系建筑相关行业出身、具有相应的学科背景和工作经历，而法官则大多为文科科班出身，对建筑行业的了解和知识积累非常匮乏,也难以找到适合的机会系统地学习相关知识。建设工程合同纠纷案件中涉及的争议事项五花八门,难以穷举,如果零碎地查阅资料、向鉴定人请教等,往往会落入"盲人摸象"的误区。如果当事人或代理人又不懂得将这些专业知识向法官通俗、形象地介绍,法庭上往往会出现"鸡同鸭讲"的对话,导致质证、庭审的低效率。通俗是要把专业知识转化为硬核大白话,讲得通俗这件事知易行难;讲得形象,则需要感性认识和想象力,而建筑从业技术人员多为理工科生,长于理性和逻辑,这方面多有欠缺。鉴定人、双方代理人、双方当事人及双方的专家辅助人,这七方主体至少应有一方对技术方面的术语进行解释,使法官听得懂,这一点应成为诉讼双方的共识。否则,"是否准确把握争议焦点""是否理解具体的争议事项""裁判结果是否公平合理"等问题将持续困扰法官,致使其办案过程中始终战战兢兢、如履薄冰。如果仅仅办理少量案件,无法形成完整的思路,心中没有底气,畏难情绪也就难以避免了。

2. 不能超审限

审限即审理期限。《民事诉讼法》及《民事诉讼法司法解释》对案件审理的期限规定为:简易程序案件 3 个月,普通程序案件 6 个月。对于大多数建设工程合同纠纷案件而言,尽管可以通过双方当事人申请庭外和解、鉴定等予以扣除一部分审限,这么"短"的审限仍然捉襟见肘。当事人拖延提供证据、调查取证、委托鉴定事务、整理案件思路、案件讨论、庭审、调解、撰写裁判文书等事务性工作使得法官在案件排期时仍然需要"精打细算",同时法官往往会考虑将审限的压力转移至当事人。尽管一些法院名义上取消了质效考核机制,但疑难、复杂的未结案件,审理期限累日增加,不断靠近并突破 12 个月、18 个月的"黄线""红线",会给法官巨大的心理压力。每一个案件都如压在法官心坎上的大石头,哪怕早一天结案,都是一种心理上的解脱。如果是疑难复杂案件在审限届满前调解成功或者原告申请撤诉,则更是一件值得击掌相庆的乐事。

3. 不要被改判或者发回重审

在西方,法官被认为是公平和正义的化身。现实中,法官需经历完整的法科教育，尊重法律、对案件认真负责。当事人上诉后，如果二审法官予以改判或者发回重审，往往会使其有一定的挫折感。案件的改判、发回重审系因当事人提交新证据、有关法律问题的不同认识问题，法官一般能够坦然面对；如果确是由于自己的疏忽导致案件出现错漏，则必须予以补救并承担相应的错案责任，法官自己也会深刻反省。在大力推行裁判文书网上公开的今天，职业的尊荣感、网络媒体监督的便捷性、民众的高度期待感等不允许法官犯低级错误。所以，当案件结案速度和质量发生冲突时，多数法官仍然会考虑牺牲前者来换取更为优质的案件质量。正因如此，有些案件一调再调，有些案件多次提交讨论，有些案件宣判时间一再变更，"千呼万唤始出来"，等等。

4. 当事人及时提交证据

建设工程合同纠纷案件本身需要的证据较多，常见的有：合同、预算、图纸、施工资料、结算资料、验收资料、付款证据等。在鉴定过程中，鉴定人会根据实际情况要求双方进一步补充资料。一些案件当事人出于诉讼策略的考虑，虚假陈述、隐匿持有的证据，其出发点并非在于案件的顺利结案，而是在于己方利益的最大化。如某建设工程分包合同纠纷案件在审理的6个月中，双方对于应付工程款和已付工程款（存在大量甲方代付采购款）均存在异议。在鉴定报告出具以后、最后一次开庭进入法庭辩论的阶段，原告提交一份双方签字的结算报告，证明双方实际欠付的工程款实际上已经经过结算，而法庭调查其实仅需要调查结算报告出具以后发包人是否存在付款行为即可。这样使得之前的数次庭审及鉴定程序中所进行的大量调查应付工程款（工程造价）的工作成为无用功。法官事后推测，原告提交的结算报告并非属于新证据，其一直隐匿不交，期待着通过司法鉴定以求确认更高的工程造价金额。当其预判裁判结果可能对其更为不利，如少于结算报告时，不得已才提交了结算报告。从案件审理的角度看，尽管原告提供该结算报告，法庭调查和判决变得极为简单，但原告的此种做法仍惹人唾弃，对于其逾期提交证据的行为也按照有关规定予以规制。

5. 审理进程稳步推进

在保障程序公正、公平、公开的基础上，法官希望案件审理进程能够稳步推进。

比如,《民事诉讼法司法解释》施行以后,对于建设工程合同纠纷案件由工程所在地专属管辖这一规则是非常明确的。实践中,一些被告仍然以提交管辖权异议申请的方式拖延诉讼。虽然提起管辖权异议是被告的权利,但实质上确实造成了诉讼的拖延和社会资源的浪费。鉴于目前普通社会大众的法律素养和诉讼能力现状,法官更希望当事人有懂工程行业的代理律师,而非胡子眉毛一把抓的"万金油式"律师(法律工作者),这样可以省略较多的程序性事项如是否申请回避告知等。有时原、被告两方的代理人对建设工程均不熟悉,但由于当事人在场,则卖力地辩论实际上和案件审理没有什么关联的问题,法官心里可能已经多次动起制止的念头。有时当事人或代理人业务水平、诉讼能力不对等,如一边是建设工程领域的资深专业律师,另一边是完全不熟悉建设工程业务的"小白"律师,双方无法组织有效的对抗,致使庭审调查不充分、不严密、不周延,对争议焦点不能完整地展开辩论,这也是法官所不愿意看到的。毕竟,法官的释明权行使仍然具有一定的边界,法官不能频繁、过度地释明,越界行使释明权会构成审判程序的违法。如虽然工程没有办理竣工手续,但原告要求被告支付工程款,法官可以根据《建设工程司法解释(一)》第9条的规定,询问原告是否补充提供关于被告已经将涉案工程实际投入使用的证据。还有一些当事人和代理人,由于缺少相关的专业知识,对所主张的法律关系未能厘清、对所涉及的相关专业名词的定义不甚了解,遇到这种情况,法官审理案件将费时费力,审判进程将难以掌控。

案例2-1 ▶ 案由:建设工程分包合同纠纷

原告:于伟峰。被告:核工业华德建设工程有限公司。

【案情】原告诉状中主张其与被告构成挂靠关系,要求被告支付挂靠工程款。在开庭审理中,双方在前五分钟中的庭审记录如下:

审:原告起诉被告的请求权基础确定是挂靠吗?证据是什么?

原代:不是,是建设工程内部承包,属于合同纠纷,内部承包具体指的是被告承包给原告,双方只有口头上的协议……

审:原告,你方主张是内部承包关系,你是否是被告的员工?

原代:不是,严格说不是内部承包,应该是转包。

审:请原告再次明确请求权基础是什么?

原代:是转包。

审:陈述一下如何转包。

原告:我在港务局做了十五年了,对钢结构和标志牌这方面非常内行,业主方觉得我方比较专业,所以让我来做,当时被告分公司的负责人李建国是同意的。

原代:李建国是总承包,然后小部分活分包给我方原告,同时还存在其他分包的人。

审:那么原告主张你与被告之间是分包关系?请求权基础一旦确定,不允许随意变更!

原代:那,应该是分包吧……

【审理】法官随后敲下法槌宣布休庭。休息期间告知双方挂靠、内部承包、转包、违法分包四种法律关系的联系与区别,复庭后要求原告自行判断、予以明确,同时要求原告作出不再变更的承诺。

【评析】原告在五分钟的庭审中,多次变更了其所主张的法律关系、请求权基础,完全脱离了其举出的证据,审理进程必然一波三折。法官有必要行使释明权并要求原告予以明确,且不得随意变更,否则案件必然久拖不决。

6. 被告积极应诉,避免缺席或公告

商事重契约,民事重公平,这是公认的司法裁判取向。建设工程合同纠纷案件,虽然处于合同纠纷项下,但仍然归类于民事案件。从事民商事审判工作的法官对此深有体会——大多数的商事案件对被告缺席甚至公告的容忍度较高,盖由于商事案件中多数的法律要件事实通过原告单方举证已经足以形成完整的证据链并予以认定,相应的案件处理本着合同约定优先、法律规定作为补充的原则,具有较为明确的裁判思路。而许多民事案件中的法律要件事实,可能需要对方的确认才能达到充分的程度。如涉案的石油化工工程未经办理竣工验收手续,承包人主张发包人擅自使用的,发包人出庭认可擅自使用的事实、实际使用的时间,对承包人而言,则是举证义务的豁免。而如果发包人不出庭,可能承包人就难以再进入发包人的工厂中取证证明发包人已经擅自使用涉案工程、擅自使用的时间等事实。此外,由于建设工程合同纠纷案件中合同无效的情况非常常见,如果当事人主张的合

同效力与法官经审查认定的不一致，需要行使释明权、重新指定举证期限、允许当事人变更诉讼请求和请求权基础时，如果被告不能积极应诉，法官将不得不发送释明通知书，这在客观上也拖延了诉讼。众所周知，鉴定中需要沟通、协调、衔接的事项相当多，如果被告缺席的话，每一次质证均需要通过给被告邮寄材料，将导致案件诉讼进程大大延缓，毕竟每次邮寄材料通知必须预留一定的送达、排庭时间。最后，如果被告只能通过公告的方式送达且案件本身必须通过司法鉴定才能确定工程造价，则必然大大加重原告的举证义务，超高的举证责任分配、超长的审限、超严格的程序规范将不可避免，与之而来的案件超审限几乎也是不可避免的。对于该种情况，一种较好的解决方式则是引导当事人在诉讼前，根据目前其能够举证的证据委托具有司法鉴定人资质的造价咨询单位出具相应的工程造价咨询报告。该报告作为具有一定证明力的证据，在对方没有提出抗辩、法官经过审查不存在明显错误的情况下，可以作为认定事实的基础从而确定工程造价，以避免公告和鉴定程序。

7. 诉讼主体越少越好

建设工程合同纠纷中，有些案件存在数个当事人主体，如实际施工人可能会将其合同相对人（不一定是施工总包方）、发包人一并起诉。在一些极端的情况下，正如“一条绳子上的蚂蚱”，实际施工人将其合同相对人至发包人中发包及层层分包、转包的主体全部起诉，要求承担共同或者连带付款责任。有关实际施工人条款的具体运用在本书的第三十五章“实际施工人”将深入讨论。但是，法官作为裁判者，绝对不希望存在这么多的诉讼主体，理由是：一方面，虽然起诉了这么多主体，但是最终需要承担实体责任的主体往往较少；另一方面，这么多的被告主体，如果其中一个或者数个存在下落不明的情况，案件将转为普通程序审理并进行公告送达，这将大大拖延案件的审理进程，甚至可能仅仅是送达工作就需要数月。此外，建设工程合同纠纷案件中当事人提供的证据往往较多，诉讼主体越多其提供的证据也越多。加上实践中的举证、质证不规范、不完整的情况较为常见，往往使得质证过程异常拖沓、无效率，法官撰写裁判文书的时候也需要花费大量的篇幅对当事人的举证、质证、认证情况进行表述并作出充分的回应。诉讼中通常还存在的一种情况是，实际施工人作为合同相对人起诉施工总承包方及其分公司。尽管分公司也领取营业执照，能够成为诉讼的主体，但本质上仍属于总公司的分支机构，其权利义务由总公司直接承受。所以,同时起诉施工总承包方及其分公司并无必要,只需择其一即可。而当母公司送达,分公司无法送达需要公告时,必然大大浪费宝贵的司法资源,法官应当引导当事人撤回对分公司的起诉。

8. 事实与争议焦点尽量清楚、明确

如果遇到善于沟通且具有专业素养的代理人,案件审理在法官主导下稳步推进,通过庭前会议或者庭审中的法庭调查,法官可以引导对无争议的事实、案件基本事实、基础证据进行先行确认,在此基础上明确案件的争议焦点,并不断进行细化,最终落实到具体的争议事项。如双方可以先就是否存在合同关系、合同范围、合同内容、合同价款、施工是否竣工等进行确认,然后归纳争议事项为涉案工程造价、已付工程款、建设工程价款优先受偿权等几个部分。在其后的审理过程中,具体查明涉案工程造价争议事项是哪几个部分,已付工程款项是哪几笔有争议等。案件事实与争议焦点的明确,有助于法官尽快完整搭建案件基本脉络,形成审理思路并确定下一步处理的方向。

9. 实事求是,注重实体公平和利益平衡

在案件审理中,对于一方当事人明显虚假陈述、掌握不利证据、恶意诉讼等情况,法官需注重正确理解举证责任分配(包括举证义务方),合理行使释明权,适度心证公开,穷尽调查手段,敦促当事人实事求是,以解决矛盾纠纷为出发点,争取案结事了,避免机械办案。如果双方对于一些案件基本事实产生截然相反的陈述,如施工是由原告还是由案外人进行的、结算协议是否真实等问题,必然存在一方陈述真实、另一方为虚假的情形。为应对此种情形,一方面,法官可以要求具有亲历性的相关经办人员出庭陈述或者作证;另一方面,法官通过仔细梳理案件来龙去脉,运用"角色代入法"提出各方陈述的不合理之处,要求当事人予以解释说明并提供相应的证据予以佐证。一些案件中存在挂靠、内部承包等,能够追加第三人的尽量追加第三人以查明案件基本事实。对于有可能涉及虚假诉讼的案件,如建设工程价款优先受偿权案件,穷尽手段查明案件事实,依法通知银行作为第三人参加诉讼,保障案件实体公平和各方利益平衡。

第三章
CHAPTER 03

建设工程相关案由概览

案由主要是以法律关系进行划分，而并非单纯以合同所涉的名称来判断。无论是法官还是律师，在介绍案件时，案由能够帮助我们较快厘清案情。法院立案时，根据原告的诉讼请求、主张的法律关系、提供的初步证据，审查后予以确定相应立案案由。案由并非一成不变。如果在审理过程中，查明的法律关系发生变更，则可能需要原告变更法律关系、变更相应的案由等。建设工程合同纠纷项下所涉案由及相应特点简要介绍如下：

1. 建设工程合同纠纷

建设工程合同纠纷为三级案由，包括下列建设工程施工合同纠纷等 9 个四级案由。建设工程合同纠纷案由，总览对应建设工程纠纷案件中无法归入 9 个四级案由的案件。常见的有以下几种：

（1）实际施工人起诉包括发包人等主体在内的情形

《建设工程司法解释（一）》第 43 条第 2 款规定："实际施工人以发包人为被告主张权利的，人民法院应当追加转包人或者违法分包人为本案第三人，在查明发包人欠付转包人或者违法分包人建设工程价款的数额后，判决发包人在欠付建设工程价款范围内对实际施工人承担责任。"如果实际施工人突破合同相对性，起诉合同相对人以外的主体要求承担责任，被告主体既有合同相对人，亦有发包人，还可能有不是合同相对人的转包人、违法分包人等，则超出了案由四级案由中的任何一种范畴，故上移确定为本案由。

(2)工程总承包

建设工程项目实行工程总承包模式的,承包方式与平行发包模式下多有不同。工程总承包是承包单位与建设单位签订合同,对工程项目设计、采购、施工,或者设计、施工等阶段实行总承包,并对工程的质量、安全、工期和造价等全面负责的工程建设组织实施方式。总承包人与建设方之间的权利义务由工程总承包合同(含招投标文件)确定,实质上可能包含设计合同、采购合同、施工合同、技术培训合同等诸多内容,远远超过了"建设工程施工合同"的范畴。

(3)混合责任

在涉及工程质量责任甚至工程质量事故的案件中,发包人主张承包人应当承担相应的施工责任,承包人认为该质量缺陷、质量事故的发生全部或部分系由于勘察人、设计人提供的文件不准确或有误、监理未尽到监督管理职责等所致,致使追加共同被告或第三人的。如勘察报告中提供的地下土质、水文情况不准确,设计文件存在缺陷,监理旁站记录虚假等。由于所涉主体有发包人、施工人、勘察人、设计人、监理人等,各方可能根据过错情况承担混合责任。则案由也就难以归入任意一个建设工程的四级案由。

2. 建设工程施工合同纠纷

建设工程施工合同纠纷系指建设工程施工合同的发包人与施工总承包人之间因工程造价、质量、工期、安全、索赔、已付款以及违约金、质保金、履约保证金等产生的争议所立的案件。此处的发包人应作狭义理解,即建设方、甲方,不包括从建设方承包后将分部分项工程进行分包或转包的承包人,但应包括工程总承包模式下,工程总承包人(发包人)与施工部分的承包人(施工总承包人)之间就施工合同项下权利义务发生的纠纷。

建设工程施工合同纠纷是建设工程合同纠纷中最为常见的类型之一。其中,多数为施工总承包人起诉发包人索要欠付工程款、解除合同、赔偿损失、主张建设工程价款优先受偿权等,少数案件为发包人起诉施工总承包人主张工程质量问题、工期逾期、解除合同、赔偿损失等,罕见案件中亦存在发包人主张超付工程款等。

相对于建设工程分包合同,建设工程施工合同往往标的更大,合同约定更为完备、明确。从收集证据的角度,难度相对较小:除少部分特殊情况外,建设工程施工合同往往在建设行政主管部门留有备案；合同的签约过程可能经过招投标程序，构成合同组成部分的中标通知书等文件，招投标部门应留有存档；竣工手续可以通过查阅竣工验收备案表加以证明；勘察文件、设计文件（包含施工图等）在勘察单位、设计单位可以调取。此外，施工过程的资料往往相对较为规范、齐全。从主体的角度，发包人往往为建设方，工程建设规模较大，施工总承包人往往是具有一级以上施工总承包资质的建筑企业，管理制度相对规范。同时，施工现场的监理人受发包人委托，对双方履约的情况进行监督。从代理的角度，发包人和施工总承包人就争议标的金额较大的案件，往往更有意愿委托专业的建设工程律师，其在代理思路、证据组织、代理意见发表等方面，更能够抓住重点，也更有利于案件审理工作。

特别需要注意的是，《建设工程司法解释（一）》并不仅仅适用于建设工程施工合同纠纷案件，其对于建设工程施工合同项下的四级案由除建设工程勘察合同纠纷、建设工程设计合同纠纷、建设工程监理合同纠纷外的建设工程分包合同、装饰装修合同纠纷等一并适用。其条文规定中的有关价款结算、合同效力、合同解除、工程造价及质量司法鉴定等，适用时别无二致。法官在审理案件时切不可认为建设工程分包合同不适用该司法解释。

3. 建设工程分包合同纠纷

建设工程分包合同纠纷系发生于建设工程施工合同下的不同层级承包人之间，如施工总承包人与地基基础分包人之间、施工总承包人与劳务分包人之间、违法分包人与其手下名为班组实为劳务分包的包工头之间等，且不以合同效力来做区分。建设工程分包合同中，分包人与总承包人往往就工程建设存在较强的附属性，如施工进度按照总承包人的要求进行，分部分项验收报请承包人后由承包人向监理人或发包人提起申请等，双方之间的建设工程分包合同与发包人、承包人之间的施工总承包合同在价款支付、工期要求、质量、安全等方面具有连贯性、一致性，典型的如价款、工期、违约金的“背靠背条款”。

鉴于转包关系、挂靠关系下双方当事人之间的转包合同、挂靠合同等，与建设工程分包合同实质上性质相同，故对于转包合同项下转包人与转承包人之间、挂靠人与被挂靠人之间就工程造价、质量、工期等合同约定范围内的争议，也应当认定为建设工程分包合同纠纷。

建设工程分包合同纠纷的多数案件为下一层的分包人(或实际施工人)起诉上一层的承包人要求给付工程款等,少数案件为上一层承包人起诉下一层分包人主张返还超付的工程款等。与建设工程施工合同纠纷相比,建设工程分包合同纠纷往往标的较小、数量较多。一个工程往往只涉及一个建设工程施工合同纠纷的案件,但是可能会存在多个分包人(或实际施工人)与施工总承包人之间的建设工程分包合同纠纷案件,如施工总承包人与幕墙工程分包人之间、施工总承包人与劳务分包人之间、劳务分包人与班组负责人(实为某一部分劳务的包工头)之间的纠纷等。

分包人(或实际施工人)相较于建设工程施工合同的施工总承包人,通常处于弱势地位,往往管理意识不强、收集证据的能力较弱,特别是对于施工过程中的资料,往往难以提供相应的证据。一些分包人(或实际施工人)所承包的分部分项工程,在实践中往往未能组织相应的分部分项验收而只能以工程竣工验收手续作为建设工程质量合格的证据,时间上也大为滞后于实际情况。一些分包人(或实际施工人)在起诉以后才发现,作为鉴定的基本依据(如施工图纸、预算书)已经无法找到,签证单、联系单签字不完整,索赔超过索赔时限,双方之间的合同约定极其粗糙甚至根本没有书面的合同。所以,建设工程分包合同纠纷案件相较于建设工程施工合同纠纷案件的审理,难度上反而更加大,这是该类案件显著的特点。

4. 装饰装修合同纠纷

装饰装修合同纠纷指的是发包人与装饰装修工程的承包人之间就合同价款、质量、工期等产生的纠纷。

工程装修分为家装和工装,前者指的是家庭住宅装修,后者泛指有一定规模的公共场所设施的装修工程,如商场、酒店、办公楼等。对于后者工装,当然属于建设工程中的装修分部工程。对于前者,司法实践中就是否适用建筑法、是否区分合同效力等问题存在颇多争议。鉴于我国家庭装饰市场的现实情况为多数的装修公司并无建筑业企业资质,家庭住宅装修往往不以资质问题而认定无效。如《北京市高级人民法院关于审理建设工程施工合同纠纷案件若干疑难问题的解答》中规定:“6. 小型建筑工程及农民低层住宅施工合同、家庭住宅室内装饰装修合同的效力如何认定?施工人签订合同承建小型建筑工程或两层以下(含两层)农民住宅,或者进行家庭住宅室内装饰装修,当事人仅以施工人缺乏相应资质为由,主张合同无效的,一般不予支持。对于当事人确实违反企业资质管理规定承揽工程的,可以建议有关行政主管部门予以处理。前述合同对质量标准有约定的,依照其约定,没有约定的,依照通常标准或符合合同目的的特定标准予以确定。当事人有其他争议的,原则上可以参照本解答的相关内容处理。"《山东省高级人民法院2008年全省民事审判工作会议纪要》规定:"关于家庭居室装饰装修合同如何适用法律的问题。近年来,随着人们物质生活水平的不断提升,对改善家庭居室环境的需求越来越高,由此因家庭居室装饰装修引发的纠纷逐年攀升,但此类纠纷如何适用法律一直是我国立法中的空白。所谓家庭居室装饰装修,是指居民为改善自己的居住环境,自行或者委托他人对居住的房屋进行修饰处理的工程建设活动。家庭居室装饰装修活动不属于《建筑法》的调整范围,对于家庭居室装饰装修合同引起的纠纷应当依据《合同法》有关承揽合同的规定,并参照建设部2002年3月5日发布的《住宅室内装饰装修管理办法》予以处理。"

装饰装修合同纠纷的特点是施工内容繁杂,但手续往往十分粗糙。以家庭装修为例,根据是否承担建筑材料费用,可以分为"全包""半包""清包",设计费有时单列、有时合并进入装修费之中,工程造价通常采用固定总价计价且存在一定的下浮。实践中,在装饰装修合同所对应的设计图纸、预算、施工材料等不明确的情况下,当事人往往就固定总价所包含的内容和范围产生争议。在履约的过程中,有关施工的材料与设备,业主采购、承包人采购、业主与承包人一道采购、业主委托承包人采购、承包人指定业主采购、业主指定承包人采购等各种方式不一而足。施工过程中,承包人提出的变更,业主提出的修改、拆除、返工、重做等往往仅通过口头、电话、短信、微信等方式通知,并无规范的手续。装修完成后,竣工手续也较为简单,有些甚至未办理竣工手续,双方对何时完工、业主是否认可工程质量合格等问题往往存在争议。甚至交付使用后,双方也可能就工程整改、使用中的保修等产生诸多争议。

此外,在涉及工程造价的问题上也容易产生争议,这是由于建筑材料更新较快,一些市场上的新材料、新工艺,定额中并没有相应的子目、市场询价也存在困难。即使委托鉴定,对于一些差异较小的材料具体属于哪一价位也难以辨析,如单价350元的大理石与650元的大理石用肉眼根本无法区分。由于许多不规范的装修项目没有相应的施工记录,对于隐蔽的水管、电线等工程量无法鉴定。一些装饰装修合同纠纷案件,双方之间没有书面的合同、预算单等,致使工程价款组成、计价模式、计价依据等均存在争议。而针对承包人提出的工程价款主张,发包人往往会以工程存在质量问题等予以抗辩,但所涉质量问题往往属于质量通病等质量缺陷。综上,装饰装修合同纠纷往往细碎、烦琐、当事人矛盾对立严重,案件办理难度较大。

案例3－1 ▶ 案由:装饰装修合同纠纷

原告:乾坤装饰有限公司。被告:成灵忆。

【案情】原告法定代表人与被告系初中同学。2017年11月,在已有预算书与图纸的基础上,原告与被告签订《装修工程施工合同》,约定被告将其承租的某大型商业广场店面房装修工程承包给原告施工,合同价款暂定为519,966元。双方对工期、承包方式、违约责任等进行约定。后原告进行了施工,施工期间为2017年12月7日至2018年1月25日,其间双方对部分材料的提供方式进行了变更。现涉案工程已实际投入使用,但未办理竣工验收手续。其间,被告支付工程款20万元。另外,原告不具有建筑业企业资质。原告主张被告欠付工程价款376,495元,被告主张原告承包范围内尚有未完成部分。

在诉讼中,双方一致同意就涉案工程进行结算清理。

【审理】本案的争议焦点是涉案装修工程的已完工程造价。经原告申请,法院委托工程造价司法鉴定。在现场勘验的过程中,双方多次发生口角、冲突,法官与鉴定人现场协调处理。后鉴定机构出具了《工程造价鉴定意见书》后,双方均未提出异议。《工程造价鉴定意见书》载明:(1)按合同装修工程报价单并经双方现场确认的造价278,430元;(2)合同装修工程报价单缺少的项目单价需重新组价,工程量已经现场确认的造价109,637元;(3)争议造价四项,涉及金额8462元,分别如下:

①成品线条安装费455元。原告认为成品线条材料由被告提供,施工安装由原告完成,被告认为成品线条由其自行采购安装完成。被告提供照片两份,拟证明直至原告退场、家具入场后,VIP房间成品线条尚未安装。原告对真实性、关联性有异议,认为不能证明被告主张的事实,合同约定是原告施工的。判决最终认为,该证据能够证明被告主张的事实且原告未提出反证,故对该费用

不予确认。

②墙地面防水处理3142元。经查明，设计图与预算中均包含该项内容。被告认为其中有6个卫生间未做防水处理，不应计算该费用。被告提供照片一份，拟证明待证事实。原告不予认可，认为防水是施工工序，在检测合格后才能进行下一道工序，除非被告举证明确防水确实未施工，否则应当推定防水已经施工。判决最终认为，墙地面防水属于隐蔽工程，被告提供的照片仅看外观并无法得出防水未处理的意见，且该张照片并不能证明其他卫生间的情况，被告亦已经实际使用涉案工程。故被告主张6个卫生间未做防水处理，举证不足，应当承担举证不能的后果。墙地面防水处理3142元应予确认。

③装修围挡费用3136元。原告认为合同报价是按施工图设计要求报价，此围挡是在施工开始后商场物业管理公司另外要求的，不属于施工图范围，应该作为增加项计入。被告在鉴定中不予认可，认为并非由原告施工装修围挡，后在庭审中认可原告安装施工，但认为该围挡系被告另行委托第三方拆除的，应当扣减部分款项。鉴于被告未提供相应的证据证明围挡系由第三方拆除，也未在鉴定中提出拆除费用的区分，故其主张难以支持。该装修围挡费用3136元应予确认。

④地面抬高及浇筑地坪1729元。设计图要求卫生间地面需抬高，办公室房间装修时，原告方将整个办公室区域地面均抬高，被告认为系原告自作主张施工，对卫生间以外地面抬高的造价不予认可。法院认为，原告并未说明卫生间以外地面抬高的原因，也未举证曾获得被告的认可，故该费用不予确认。

故涉案装修工程造价为278,430元+109,637元+3142元+3136元=394,345元。

另外，原告主张其曾代被告向商场物业管理公司缴纳装修管理费13,106.30元（实际汇款28,766.3元，含15,660元装修保证金），并提供银行交易明细、收据联及增值税发票（复印件）各一份，用以证明主张的事实。被告对增值税发票（复印件）真实性有异议，且认为装修保证金应当由原告向商场物业管理公司申请退还，装修管理费并非被告所应负担。法院认为，被告异议成立，所谓装修管理费并非属于工程实体造价的范畴，即使原告向商场物业管理公司缴纳装修管理费属实，但该费用既不在原、被告双方的合同及预算范围，也无证据显示系代被告缴纳或者被告同意负担。故对该装修管理费不予确认。

此外,被告主张涉案工程存在质量问题要求进行工程质量鉴定,后又以涉案工程已经第三方维修为由撤回了鉴定申请,但要求扣减20%的装修工程款,理由是被告另行委托其他的装修公司进行后续施工及维修,花费了4.8万元。被告提供了《装修零星工程施工协议书》《收据》用以证明。原告不予认可。法院最终认为,对于工程质量问题,被告作为发包人首先应当通知承包人进行维修,被告并未举证其曾履行上述手续,且被告提供的《装修零星工程施工协议书》《收据》并无工程量清单、发票及付款凭证等证据予以佐证,故不予采信。

同时,被告提供受案回执一份,拟证明因原告未尽保管职责,导致被告提供的六套水龙头和一箱面膜被盗。经审查,该证据与本案无关,且报案时间在原告施工结束后半个月,关联性不足,故不予确认。

【评析】装饰装修合同纠纷,多数情况下金额不大,争议不小,审理工作烦琐,当事人之间矛盾很深,需要法官审慎、妥善处理。

特别需要注意的是,承包人将所承包的装修工程中的部分工作,如木工、刮腻子、贴瓷砖等劳务部分分包给其他第三方主体(单位或个人),如第三方主体与承包人之间就装修工程的造价、质量等产生争议,工装工程中往往构成建设工程分包合同纠纷,家装工程中往往认定为承揽合同,但均非装饰装修合同纠纷。如果承包人与第三方主体中的个人并非分包关系,而是按照固定标准计算报酬,如按日、按工作量等,双方之间的合同基本上会被认定为劳务合同。

5. 建设工程价款优先受偿权纠纷

建设工程价款优先受偿权纠纷是就承包人是否享有建设工程价款优先受偿权存在争议的案件。实践中,以该案由立案并审理的案件极其稀少,建议在下一次修订《民事案件案由规定》时予以删除。理由是:承包人要求确认建设工程价款优先受偿权的前提必然是主张工程款债权并得到司法或仲裁的确认,故建设工程价款优先受偿权往往包含在"建设工程施工合同"案件的审理环节中,作为单独的一项诉讼请求,与工程价款请求一并处理即可。从法律关系上看,该案由与其他诸如建设工程分包合同纠纷、装饰装修合同纠纷等不同，并非以法律关系来界定；从体例上来看，建设工程价款优先受偿权作为承包人主张权利的其中一种，单独列明也较为突兀，实无必要。

6. 建设工程勘察、设计、监理合同纠纷

建设工程勘察合同纠纷、建设工程设计合同纠纷、建设工程监理合同纠纷案件往往数量上较少。从标的上看，勘察合同、设计合同、监理合同等涉及的金额亦不大，多为数十万元至数百万元。

建设工程勘察合同纠纷、建设工程设计合同纠纷是发包人与勘察人、设计人就为完成特定的勘察、设计任务所签订的《建设工程勘察合同》《建设工程设计合同》项下产生的争议。2000 年，原建设部、原国家工商行政管理总局修订《建设工程勘察设计合同管理办法》，制定了《建设工程勘察合同（示范文本）》和《建设工程设计合同（示范文本）》。承包勘察、设计任务的可能为同一家勘察设计院。作为承包人的勘察人、设计人，其主要义务是向发包人提供符合合同约定的成果，即勘察报告（包括详勘报告等）和设计文件（如设计方案、设计图纸、详图等），有时也包括制作项目报批材料等。勘察人、设计人的主要权利即为向发包人索取勘察费、设计费，此为诉讼中的通常情形。实践中，勘察合同、设计合同部分履行而需要解除或终止时，合同约定的勘察费、设计费如何计取，往往是案件审理的疑难点。此外，亦不乏发包人起诉勘察人、设计人，以承包人出具的勘察报告、设计文件存在错误、瑕疵等为由，要求赔偿所引起的损失。

案例 3－2 ▶ 案由：建设工程设计合同纠纷

原告：南华工程设计研究院股份有限公司。被告：粤海新材料科技有限公司。

【案情】原告拥有的甲乙酮装置技术是全国水平最高的，市场份额达到 90% 以上，形成了事实上的技术垄断。

2014 年 7 月，原、被告双方签订《建设工程设计合同》一份，约定由原告承担某年产 5 万吨甲乙酮装置工程的设计工作，工程设计费 1275 万元、技术转让费 500 万元，合同费用合计 1775 万元，并约定被告支付 10% 作为定金。设计工

作包含了初步设计和详细设计。因甲乙酮技术涉及专利和专有技术,其后双方还签订了《保密协议》。后原告于次年6月完成了基础设计工作,并将相应的设计成果交付被告。其间,双方就基础设计质量、参数准确性等进行了大量的协商,并先后多次核对图纸、寻找其他设计单位咨询、召开专家论证会等。2015年9月27日,被告向原告提出双方合作至原告的基础设计完成为止,双方解除合同,详细设计不需要原告继续进行。次日,原告复函称,对单方面通知终止合同不予认可,原告已经对详细设计做了充足的准备,要求继续履行合同。2015年10月11日,被告向原告发送函件认为,甲乙酮装置基础设计工作已经基本完成,但要求提供工艺技术包。10月15日,原告向被告回函,不认可终止合同的行为,如果被告一定要终止合同,应当承担违约责任。其后,被告与第三方、同时也是原告的商业竞争对手中国盛达设计有限公司签订《建设工程承包合同》,由第三方作为涉案工程的工程总承包方,采用EPC的模式总承包,即设计、采购、施工总承包,包括项目建成后的试车(俗称交钥匙工程)。第三方在原告工作成果的基础上,进行详细设计和PC总承包。同时被告将从原告处获得的文件、询价资料等泄露给了相关公司。原告要求:(1)被告返还占有或控制的某年产5万吨甲乙酮装置工程技术信息和业务信息有关的全部保密资料(含副本),不能返还的应彻底销毁或删除;(2)原告没收定金177.5万元;(3)被告支付基础设计费余款375.9万元;(4)被告赔偿原告详细设计准备及其他损失161.4万元。

被告认为:原告在基础设计阶段一直未能提供良好的设计服务,使被告合同目的无法达到,原告不提供工艺包和操作手册,设计方案也无法及时合格通过,造成被告整个项目建设延期,故解除了与原告的合同。被告反诉要求赔偿经济损失177.5万元、交付甲乙酮工艺包及操作手册。

【审理】在审理过程中,法庭归纳案件争议焦点:(1)《建设工程设计合同》是否已经解除,如果已经解除是单方解除还是双方解除,解除的事由是什么;(2)原告已经完成的合同工作内容,占据整体工作的多大比例;(3)原告已经完成的工作成果是否存在错误和瑕疵,导致被告的合同目的不能实现;(4)双方的各自过错及造成对方的损失大小。

对于已完成合同工作内容占据了整体工作的比例、原告已完成工作成果是否存在错误和瑕疵导致被告的合同目的不能实现，实际上系工程设计上的技术问题，法官无从判断。原告本身即为国内就甲乙酮装置设计最为权威的设计单位。而专业对口的化工工程设计单位也往往不是司法鉴定人。故很难通过工程设计成果司法鉴定的方式确定相应的比例。

本案双方最终在法官主持下达成了调解。

【评析】本案双方提供的证据极其繁多，案件专业性较强，对法官是较大的考验。常规建设工程设计合同的主管部门是建设局或建设厅，专利及专用技术保密协议的主管部门是科技局或科技厅。本案除涉及常规的建筑设计专业知识外，还涉及专利及工艺技术以及知识产权保护等专业知识。并且，对于专业的化工设计院及纺织钢铁设计院等而言，工艺设计的比重远超过常规的土建设计，若把生产线及工艺设计比作母鸡，则土建厂房就是鸡窝，在本案中，鸡比鸡窝重要。

与建设工程勘察合同、建设工程设计合同不同，建设工程监理合同中的监理人提供的是监理服务。根据《建设工程监理规范》第2.0.2条，建设工程监理指的是工程监理单位受建设单位委托，根据法律法规、工程建设标准、勘察设计文件及合同，在施工阶段对建设工程质量、造价、进度进行控制，对合同、信息进行管理，对工程建设相关方的关系进行协调，并履行建设工程安全生产管理法定职责的服务活动。同时，监理人也可以接受建设单位委托，按照建设工程监理合同约定，在建设工程勘察、设计、保修等阶段提供相关服务。

监理人代表建设方对工程建设进行监督管理，故监理人在一些施工过程资料上的签字往往视为是发包人的行为。但是监理人在涉及开竣工、安全监督、质量控制等环节，并不仅为发包人的委托人进行监督管理，而是根据《建设工程质量管理条例》等规定享有一定的独立性。现实中，监理人往往承担较重的责任，如质量、安全、进度控制、监督检查等。另外，监理市场的过度竞争导致监理费用往往并不高。结果造成：强势、有作为的监理人，发包人和承包人均给予高度尊重，工作开展高效、顺利；弱势、无作为的监理人，发包人和承包人视其为纯粹签字盖章的程序性角色。

有关建设工程监理合同纠纷的案件，主要是监理人索要监理费的案件。一些《建设工程监理合同》中对监理费的约定不明，如何确定应得监理费是审理难点。

案例3－3 ▶ 建设工程监理合同纠纷

原告:诚志监理有限公司。被告:丽德置业有限公司。

【案情】2013年10月15日,原、被告双方签订《建设工程监理合同》,约定:被告因开发某香榭商业广场项目,委托原告进行工程建设施工监理,监理期限从2014年1月1日至2015年8月1日,监理报酬为65万元,支付方式为按工程施工进度分四次支付。合同订立后,涉案工程于2014年2月1日进场开工,原告开始为被告提供监理服务。2014年4月,涉案工程桩基工程全部完成并检验合格。2014年12月底,被告实际控制人出逃,导致工程无期限停工,原告的监理工作也逐步停止,已开具发票的监理费无法申报。原告被迫于2015年3月17日向建设局申请将备案人员从建设行政备案系统解锁,当日获得批准。被告的行为构成根本违约。

原告认为,原告总计提供监理咨询服务13个月,按照监理时间计算,被告应付监理费444,743元。现起诉,请求判令被告支付原告监理费444,743元。

被告答辩称原告主张的事实基本属实,但是工程停工后即停止了监理服务,原告主张的按照合同约定的期间占比计算监理费没有依据。

【审理】本案需要处理的两个问题:(1)原告主张的监理费是履行合同期间的全部监理费,那么是依据合同约定的进度确定监理费,还是依据合同解除后对双方债权债务关系进行清理后确定监理费。(2)原告主张按照时间计取监理费是否合理。

首先,双方之间的《建设工程监理合同》对于监理费的约定有:(1)监理费65万元;(2)监理期限自2014年1月1日至2015年8月1日止,具体以监理进场为准;(3)监理费支付分为四期,所有桩基施工完成并检测合格后7天内支付20%,全部主体结构完成后7天内支付30%,工程整体竣工验收合格及备案后7天内支付40%,综合验收合格后7天内支付10%;(4)超期监理费,超出合同监理服务期限(2个月)后,超出2个月以内的部分另行计取监理费,超出2个月以上的,超出部分按每延期一天按正常延期费×85%计取延期监理服务费(正常延期费＝合同监理费/合同工期),次月15日前支付上月延期监理服务费;(5)附加工作酬金增加额,按照工程投资额或建筑安装工程费增加额×正常工作酬金÷工程概算投资额(或建筑安装工程费);(6)因工程规模、监理范围的变化导致监理人的正常工作量减少时，按减少工作量的比例从协议书约定的正常工作酬金中扣减相同比例的酬金。

本案中，涉案工程发生停工时，涉案工程施工仅完成桩基部分施工，上部土建刚刚开始施工。故根据合同约定，原告仅能主张合同约定的进度监理费，即65万元×20%＝13万元，其他监理费由于不满足合同约定的支付条件，故不能主张。除非解除双方之间的合同，双方对监理费进行解除后的结算清理。经释明，原告增加诉讼请求：请求解除双方之间的《建设工程监理合同》，理由是因被告资金短缺，工程建设无限期停工，合同目的无法实现。

其次，有关合同未履行完毕、提前解除情形下的监理费计算问题，合同中对该情形没有约定，无法直接适用。原告主张，按照合同约定的正常工作期间计算，65万元监理费对应的是2014年1月1日至2015年8月1日止即19个月，所以标准为每月为34,211元（65万元÷19个月）。本案中，原告从实际2014年2月1日进场开工，至2015年3月17日其所属的监理人员从建设行政备案系统解锁，实际工作期间为13个月零17天，原告主张13个月，故监理费为444,743元。

该种主张看似有理，实际上有较大问题。正常履职期间，监理人需履行巡视、旁站、监督、收集资料、核验材料、见证等诸多工作。2014年12月底，工地已经停工，监理人其后基本未提供服务，原告提供的监理日志可以证明，按此方式计算并不合理——如果监理人在其后2年才从建设行政备案系统解锁，难道可以一直主张计算监理费？显然是不对的。

经过审查，上述合同约定中超期监理费也不适用本案，但另外两个条款具有参考价值"5.附加工作酬金增加额，按照工程投资额或建筑安装工程费增加额×正常工作酬金÷工程概算投资额（或建筑安装工程费）。""6.因工程规模、监理范围的变化导致监理人的正常工作量减少时，按减少工作量的比例从协议书约定的正常工作酬金中扣减相同比例的酬金。"即监理费用的负担，与工程造价相挂钩。毕竟，在停工前，工程处于正常施工状态，监理提供的服务也是有据可循的。由于在另案中，施工总承包人与发包人就已完工程价款进行了司法鉴定为47,077,481元，结合建设工程施工合同签约价91,015,436元，折合两者的比例计算，即47,077,481元÷91,015,436元×650,000元＝336,210.69元，据此确定其应得的监理费。

最后,原告在庭审中提出,由于停工后至解锁前原告的监理人员无法安排至另外的建筑工地上挂证,所以应当承担3万元/月的监理费。法庭释明,该主张属于管理人员损失而非监理费部分,且举证存在较大难度。原告后当庭表示不再主张。

【评析】在审理案件时,有约定从约定(该约定不得违反强制性规定),无约定从法定,无法定则寻找较高证明力的证据予以参照执行即可。本案中,如果《建设工程监理合同》中对合同解除情形下的监理费负担计算作出明确约定,本案的审理将更为简单。

7. 铁路修建合同纠纷

铁路修建合同属于建设工程当无异议。

铁路修建合同纠纷案件的首要问题是管辖权问题。《民事诉讼法司法解释》规定,农村土地承包经营合同纠纷、房屋租赁合同纠纷、建设工程施工合同纠纷、政策性房屋买卖合同纠纷,按照不动产纠纷确定管辖。考虑到建设工程合同纠纷案件往往涉及工程造价鉴定、质量鉴定、现场勘验等,由不动产所在地法院专属管辖,有利于案件的审理和后期的执行,更有利于统一裁判尺度等。但《最高人民法院关于铁路运输法院案件管辖范围的若干规定》规定:"下列涉及铁路运输、铁路安全、铁路财产的民事诉讼,由铁路运输法院管辖:……(六)与铁路及其附属设施的建设施工有关的合同纠纷",则应当由铁路运输法院管辖。铁路修建合同纠纷的管辖受铁路运输法院专门管辖和不动产纠纷专属管辖规定的双重约束,应由铁路工程所在地的铁路运输法院管辖。具体有管辖权的铁路运输法院,应当系铁路局或铁路分局划分区段对应的有管辖权的铁路运输法院或者铁路运输中级法院。

需要注意的是,城市轨道交通(地铁)项目,尽管直观上与铁路项目相似,包括:穿山架桥、地基与路基处理、架设铁轨、交通设施安装、兴建车站等工作,但二者在投资来源、规划审批、功能价值、管理模式等方面均存在较大不同。城市轨道交通(地铁)项目归属于市政工程,由不动产所在地法院专属管辖,而非铁路运输法院专门管辖。地铁项目产生纠纷的具体标段横跨多个行政区域的,各个行政区域的相应法院均具有管辖权。

8. 农村建房施工合同纠纷

《建筑法》第83条第3款规定:“抢险救灾及其他临时性房屋建筑和农民自建低层住宅的建筑活动,不适用本法。”什么是农民自建低层住宅?《建设部关于加强村镇建设工程质量安全管理的若干意见》第3部分(3)规定:“对于村庄建设规划范围内的农民自建两层(含两层)以下住宅的建设活动,县级建设行政主管部门的管理以为农民提供技术服务和指导作为主要工作方式。”因此,农民自建两层(含两层)以下住宅的施工承包并不适用《建筑法》对建设工程承包人资质要求的规定。对于两层,是否包含两层半?许多农村房屋在两层之上往往有人字屋顶,没有窗户、不能住人,仍应认定为两层。

实践中,各地规划管理部门对农村住宅规划尺度不一,大量的农民自建房远远超过两层,有三层、四层,甚至七层、九层。按照规定,则应当交由有资质的承包人进行施工。但现实中,农村建房少有承包给建筑施工企业施工,概因费用太高;建筑施工企业也无意涉入该市场,概因利润太薄。故大多仍由农村的施工队、包工头、砖瓦匠等承包施工或房东自行组织安排施工。所以,这类纠纷往往也衍生出相应的工人施工过程中的意外伤害赔偿案件等。

9. 其他建设工程合同纠纷案由

在上述建设工程合同纠纷三级案由之外,实际上还隐藏着另一类建设工程的案由——二级案由“海事海商纠纷”下的三级案由“航道、港口疏浚合同纠纷”“船坞、码头建造合同纠纷”。根据《最高人民法院关于海事法院受理案件范围的规定》第55条的规定,海洋、通海可航水域工程建设(含水下疏浚、围海造地、电缆或者管道敷设以及码头、船坞、钻井平台、人工岛、隧道、大桥等建设)纠纷案件亦属于海事法院的管辖范围。所以,当审理的案件标的涉及“港口”“码头”等,应当特别注意是否属于海事法院专属管辖,是否应将案件移送相应的海事法院。

案例3-4 ▶ 建设工程分包合同纠纷

原告:黄飞龙。被告:广东围海建工有限公司。

【案情】2013年,某滨海新城建设投资有限公司对"黎山水道南段、北段清淤整治工程"通过公开方式进行招标,最终广东围海建工有限公司中标上述工程。之后,原被告双方签订《工程项目施工风险管理责任书》,被告将上述工程中的围堰吹砂及疏浚工程分包给原告。该合同约定,黎山水道南段、北段清淤整治工程中的围堰吹砂及疏浚工程由原告负责施工,原告应履行被告与业主方签订的《工程承包合同》中被告的部分合同义务,综合单价按照被告中标单价下浮12%计算,工程款每月按核定月工程进度的75%支付,项目完工经验收合格支付至85%,工程造价经相关单位审核完成后,按审定结算价支付至95%,保修期满后结清质保金。合同签订后,原告组织人员进场施工,被告陆续支付工程款。2017年12月19日,涉案工程整体通过竣工验收。2019年2月23日,原被告双方就上述工程中的吹砂、疏浚项目分包形成两份工程价款最终结算单,确认:吹砂项目最终结算价为64,024,173元,疏浚项目最终结算价为51,671,701元,合计115,695,874元。上述款项,被告已经支付至85%,剩余15%即17,354,381.1元拖欠未付。

【审理】在审理中,法官经过阅卷后认为不具有管辖权,与原告及相关法院沟通后,作出裁定:经审查,涉案工程名为黎山水道南段、北段清淤整治工程。根据《最高人民法院关于海事法院受理案件范围的规定》第55条,海洋、通海可航水域工程建设(含水下疏浚、围海造地、电缆或者管道敷设以及码头、船坞、钻井平台、人工岛、隧道、大桥等建设)纠纷案件,属于海事法院的管辖范围。故本案应由相应的海事法院管辖,本院不具有管辖权。依照《民事诉讼法》第36条[1]之规定,裁定如下:本案移送宁波海事法院处理。

【评析】东部、南部沿海地区的法官在遇到涉岛屿、海底、海岸、海域、港口、码头等开发、工程建设纠纷案件时,需要特别考虑该案是否属于海事法院的受理案件范围,自己所在的法院是否具有管辖权,以避免发生案件进入一审阶段很久之后、甚至进入一审审结后的二审阶段后才发现一审法院不具有管辖权的情况。

---

[1] 现为2023年《民事诉讼法》第37条。

本篇小结

本篇作为概论，从建设工程合同纠纷鲜明的特点着手，提出专业化的系统学习是提高建设工程合同纠纷审理能力的必经之路；从法官审理时的心态，推究法官审理建设工程案件时的主观意愿的常情常理。二者紧密结合，有助于从宏观上理解本书的审理思路与技巧的生动之处。最后，对所涉建设工程合同纠纷案由进行类型化概述和简要梳理。

第二篇　庭前准备

第四章
CHAPTER 04

诉讼材料的初步审查

审判工作的重心应当前移，而非在质证后、开庭后再开始组织案件审理思路。建设工程合同纠纷案件的复杂性、不确定性决定其不可能像一些简单案件一样做到“一步到庭”，法官更应当高度重视、提前熟悉案件材料。法官在收到分案后的案件时，应当第一时间开始对诉状和证据进行仔细的审查，开始准备与当事人联系沟通、询问案情，准备送达及组织庭前会议或者质证，搭建审理框架，确定审理方向。除了常规的形式审查，如诉状是否完整、诉状及证据材料副本是否与正本一致、是否存在缺页、录音文件是否誊录文字记录、照片证据是否清楚等，对建设工程合同纠纷案件，还应当重点审查以下实质内容：

1. 主体是否适格

此处的主体既包括原告，也包括被告及第三人等。

首先，应看起诉的主体是否属于民事诉讼法上的适格原告，是否提供了原告的主体材料。如某建设工程施工合同纠纷案件，原告主体为某国际海洋生态科技城建设管理局，但证明原告身份的主体材料，仅提供了法定代表人的身份证明而无营业执照等。经过审查，该局实际上系某管委会下属内设局，并没有法人资格，也不具有独立的财政预算，与法院的“执行局”、司法局的“社区矫正局”等部门一样，仅仅是一个部门，其不是法律意义上的机关法人，故不是适格的原告。

其次，应看被诉的主体是否属于民事诉讼法上的适格被告。如果被告是自然人,则有必要通过涉密联网,查询被告的身份证号码、姓名等身份信息,核实信息与原告提供的是否一致。如果存在不一致,可以尝试联系一下被告或者向原告核实所查询到的对象是否即为其所起诉的被告。当原告提供的被告信息不准确、导致无法确定被告时,有必要要求原告在收到通知后7日内一次性补充被告信息,否则可以以被告不明确为由裁定驳回起诉。

如果被告是法人或其他组织,可以通过被告所在地区的工商(信用)网或者是国家企业信用信息公示系统查询相应的注册信息。查询时需要注意其是否处于经营异常状态。常见的原告所列的被告主体信息不准确的情况有:被告的名称可能存在遗漏或者错误,如"安泉资产管理有限公司"写成"安泉资产经营公司"。当发现存在错误或者遗漏时,一种做法是通知原告进行相应的信息补正,此针对名称变化不大的案件;另一种做法是由原告撤回起诉,修改诉状后重新起诉,此针对涉及名称变化较大,相应的诉讼请求、事实与理由部分均需要重大调整的案件。原告在相应的期限内未进行补正的,应当以被告主体不适格驳回起诉。

此外,涉及建设工程合同纠纷的诉讼主体资格审查的还有以下几种需要特别注意的情况:

①建设单位内部不具备法人资格的职能部门或者下属机构对外签订的建设工程施工合同,应当以建设单位为诉讼主体。

②建筑施工企业的分支机构(分公司、工区、项目经理部、建筑队等)签订的建设工程施工合同,除依法领取营业执照的分公司可以作为诉讼主体外,其他均因并未领取营业执照、不具有独立的财产,无法作为诉讼主体,而应以建筑施工企业为诉讼主体。

③共同承包或者联合承包建设工程的,如联合招投标的,共同承包人或者联合承包人应作为共同诉讼人。如共同承包人组成联营体且具备相应的法人资格的,由该联营体作为诉讼主体。

④以个体建筑队、土建工程队等名义签订承包合同,系个体工商户且有字号的,以个体工商户及经营者作为诉讼主体;如系个体工商户但没有字号的,以签订者个人作为诉讼主体。

⑤以筹建处、指挥部等临时机构的名义发包工程的,如果诉讼后该临时机构已经合法批准成立,则应由成立后的机构作为诉讼主体;如该临时机构已经被撤销,则由涉案工程所有权人作为诉讼主体;涉诉工程权属不明确的,以该工程的投资单

位或者主管单位作为诉讼主体。

⑥因工程质量发生纠纷的，发包人可以起诉施工总承包人，承担涉诉质量问题所对应工程施工的分包人、实际施工人等可一并列为诉讼主体。

对诉讼主体的查询，更为深层次的意义在于，通过相关工商系统中查询被告的注册资本、企业性质、资金实力等信息。此外，也可以在法院系统或者中国裁判文书网上查询相关被告主体的涉诉情况，以判断是否存在资不抵债等经营异常情形。如果是国有企业或者上市公司，则一般法律事务的规范性更强，极有可能会委托律师代理案件，很少出现怠于应诉的情形。

此外，如果被告主体是政府机关或者代表政府行使非经营性政府投资项目的事业单位、职能部门，或者所涉项目是使用国有资金投资、涉外资本投资，涉及道路、交通等公共设施等，应当注意涉案工程是否经过招投标，如果是则应注意原告提供的证据中是否存在相应的证据。

如果合同抬头的主体与签约主体存在不一致，如抬头为“鼎珅建设有限公司”、落款为个人“章某”，特别需要原告主张二者是代表关系、表见代理关系抑或是挂靠关系、承包等。

查询主体时，法官也要密切关注诉讼主体之前是否与某律所、某律师存在长期合作或者长期法律顾问关系，提前预判代理的可能性和代理风格等。

2. 诉讼请求与请求权基础

法官应当全面、细致审查原告的诉讼请求，即诉讼请求是否存在错漏、不明确或显然并无事实支持等情形。如要求支付违约金或利息，则应明确相应的以何标准、从何时开始计算、计算至何时等信息。建设工程价款一般分为预付款、进度款、结算款、质保金，建设工程价款之外还有合同的履约保证金等。当原告笼统地提出要求被告支付工程款时，需要仔细审查要求支付的款项是上述哪种性质的款项以及付款的条件是否成就等内容。另外，原告请求支付工程款是基于原、被告双方之间存在的是有效合同还是无效合同，这也是应当重点审查的基础内容。司法实践中，经常出现的一个问题是，双方之间的合同有效，但由于发包人的原因导致工程停工，承包人（原告）要求发包人（被告）支付已完工程部分价款，但是合同约定根据形象进度付款，如主体结构封顶支付已完工程量的75%，或者根据月进度报表审核支付80%。则原告必须先行提出解除合同的诉讼请求才能要求支付已完工程的价款。如果没有提出该项诉讼请求,则只能要求支付相应的进度款,那么且不说主体结构封顶的支付条件尚未成就,即使是按照月进度报表来看也只能要求其中的一部分工程款,实际上不能达到其"一次诉讼"就解决纠纷的目的。另外,对于常见的工程质量缺陷,发包人应当明确,其提出的究竟是何种性质的质量缺陷:如是施工中的质量缺陷,施工方应当予以修复、整改,否则发包人有权拒付工程款;如是对竣工后保修期内的工程质量缺陷施工方应尽保修义务;竣工后发现的施工质量与原设计要求不符的工程质量缺陷可以追究承包人违约责任;由于质量缺陷引起的人身、财产的损害,发包人可以在垫付后向承包人追偿等。

3. 基础材料是否齐备

常规形式是审查原告是否缴纳诉讼费用、是否提起财产保全、是否对送达地址进行确认等。基础材料,则是支撑原告诉状中所主张的"事实与理由"的材料。法官应从实体上审查原告主张的法律要件事实所需要的证据是否基本齐备。如果存在遗漏,则有必要通知原告及时提供。

案例4－1 ▶ 案由:建设工程施工合同纠纷

原告:中国化学工程某建设工程有限公司。被告:壳源石油化工科技有限公司。

【案情】原告为施工总承包人,被告为发包人。原告起诉被告,诉讼请求为:(1)请求法院责令原、被告进行结算;(2)要求被告支付欠付款项4873万元、从起诉之日开始按银行同期贷款基准利率计算的利息及按日万分之一计算的违约金。原告主张的事实与理由:原、被告双方于2014年签订了《建设工程施工合同》,约定被告将某项目工程发包给原告施工,双方对合同价款、进度款支付、质保金等作出约定。合同签订后,原告履行了全部施工义务,涉案工程已经投入使用但被告并未按照合同约定支付工程进度款,仅支付了4500万元工程款,且被告迟迟不与原告就涉案工程进行结算。

原告提交的唯一证据为《建设工程施工合同》(不包含合同附件)。

【审理】法院向原告发送一份释明通知:(1)诉讼请求第一项不具有可执行性,作为诉讼请求不适当;(2)如果原告承包部分存在未完成工程,原告应当请求解除双方之间的合同关系才能要求结算工程款;(3)原告应当对以下方面进行举证:开竣工情况、建筑企业企业资质、施工图纸、工程预算书、技术联系单、签证单、竣工图纸、已付款明细、单方结算报告及送达记录等。

【评析】从诉讼请求来看,原告主张已经完全履行了《建设工程施工合同》的义务,要求被告支付所有的欠付工程价款。原告提供的《建设工程施工合同》,仅仅能够证明双方之间存在合同关系及相应的约定,并不能反映履约的具体情况,有以下诸多问题尚不明确、证据材料欠缺:其具体履行内容在后期是否发生变更、原告是否履行完毕、工程质量是否合格、原告是否具有相应的承包资质、涉案工程项目的性质、双方之间的合同效力、原告主张的工程造价、被告已经支付的款项、原告曾经要求被告结算但被告怠于结算的证据等。

第五章
CHAPTER 05

主管与管辖

现代社会纠纷解决机制及机构多种多样,每个机构有属于自己的解决纠纷的范围。主管是指法院受理民事案件的权限范围,即哪些案件应由人民法院受理的问题。管辖是指各级人民法院之间以及同级人民法院之间受理第一审民事案件的权限和分工。对于合同纠纷类的案件而言,法官查明本院对所审的案件是否具有管辖权,是案件审理的前提。对合同纠纷类案件,当事人可以约定原告或被告住所地、合同履行地、合同签订地、标的物所在地等与争议有实际联系地点的人民法院管辖,但不得违反民事诉讼法对级别管辖和专属管辖的规定。对建设工程合同纠纷而言,查明并确认管辖权是法官继续审理的前提。若不具有管辖权,法官往往会裁定移送或者敦促当事人撤回起诉。否则即使一审作出裁判,二审亦可撤销原判决、驳回起诉。

1. 仲裁主管

如果原、被告双方在合同或者补充协议中约定了有效的仲裁条款,有明确选定的仲裁机构,则人民法院不能主管该案。当事人起诉至法院时,人民法院审查后发现双方之间存在仲裁约定,将不予受理;已经受理后才发现的,裁定驳回起诉,但仲裁条款无效的除外。

案例 5 –1 ▶ 案由:建设工程施工合同纠纷

原告:卡茂电梯安装公司。被告:世森家园房地产开发有限公司。

【案情】原告诉请要求被告支付电梯安装费用 409 万元及违约金 380 万元，并提供双方之间的《电梯安装合同》《检测报告》《对账单》。法院将起诉状及证据副本送达被告后，被告在举证期限内提出管辖权异议并补充提供《电梯安装合同》附件的《合同条件附录》作为证据，其中，第 63 条约定："争议解决机构为中国国际经济贸易仲裁委员会上海分会。"

【审理】在管辖权异议审查期间，原告确认上述《合同条件附录》属实，随后法院裁定驳回了原告的起诉。

【评析】在建设工程合同纠纷案件中，法官需要特别关注合同是否存在仲裁约定条款问题。

需要指出的是，双方约定的仲裁机构并不以工程所在地、当事人双方住所地等与案件具有实质连接点地区的仲裁机构为限。如原、被告双方住所地分别位于北京、济南，工程所在地为徐州，双方仍然可以选择由全国任一仲裁委员会，如常州仲裁委员会、成都仲裁委员会等作为仲裁机构。此为仲裁的一大特点。

案例 5－2 ▶ 案由：建设工程分包合同纠纷

原告：上海旭钛洁净设备有限公司。被告：上海宣逸环境科技有限公司。

【案情】2017 年 6 月，被告作为 EPC 工程总承包人，承包了宁波某生物药品有限公司的车间、实验室、科研房的洁净工程。后被告将其中部分管道施工任务承包给原告施工，双方签订了《管道施工分包合同》。后原告以其已经完成管道施工、被告迟迟不组织竣工验收和支付工程款为由，要求被告支付欠付工程款 115 万元。

【审理】在首次召开庭前会议时，双方均未委托律师参加诉讼。由于双方对工程造价存在争议且无法根据其他方法确定，案件很可能需要通过工程造价鉴定的方式予以确定。对于鉴定的依据，双方均表示可以按照设计电子图计算工程量而无须现场勘验。但双方目前提供的证据均不足。法官释明：(1) 根据庭前会议双方的意见和质证情况，双方无法协商则必须启动工程造价鉴定；(2) 双方需要选定鉴定机构、补充提供证据、发表质证意见等，需要往来法院多次，且审理周期可能需要半年以上。请双方考虑诉讼经济性,协商处理。

最后,在法官的主持下,双方达成《补充协议》:(1)双方之间有关履行《管道施工分包合同》产生的争议由上海仲裁委员会处理;(2)双方同意以原告所属项目经理邮箱中的2017年11月的电子施工图为计算工程量的依据;(3)原告撤回诉讼,双方自行协商,协商不成,则通过仲裁处理。

随后,原告申请撤回了起诉。

【评析】诉讼中双方达成补充协议、原告申请撤诉,改变纠纷主管方式以方便当事人、提高效率,并无不可。

2. 专属管辖

《民事诉讼法》第34条规定:"下列案件,由本条规定的人民法院专属管辖:(一)因不动产纠纷提起的诉讼,由不动产所在地人民法院管辖……"但是,对于建设工程合同纠纷是否适用专属管辖并未明确,实践中仍有大量案件遵从原告就被告的一般管辖原则。《民事诉讼法司法解释》施行后,该问题得到了解决。第28条规定:"民事诉讼法第三十四条第一项规定的不动产纠纷是指因不动产的权利确认、分割、相邻关系等引起的物权纠纷。农村土地承包经营合同纠纷、房屋租赁合同纠纷、建设工程施工合同纠纷、政策性房屋买卖合同纠纷,按照不动产纠纷确定管辖。"

虽然上述规定明确的仅仅是建设工程施工合同纠纷,但是按照上述规定的精神,实际上建设工程分包合同纠纷、装饰装修合同纠纷也仍然适用不动产专属管辖。建设工程合同纠纷审理中大量涉及鉴定、评估、审计、现场踏勘、测量等工作,专属管辖能够大大方便诉讼。故应当将其专属管辖扩大延伸至建设工程合同纠纷、建设工程分包合同纠纷、装饰装修合同纠纷等。至于建设工程勘察合同纠纷、建设工程设计合同纠纷,由于承包人的工作成果主要是提供勘察报告或者设计方案及文件,与其他案由中承包人的合同义务主要系在工程现场完成、工程成果直接物化至不动产中显著不同,且承包人的主要工作系在勘察单位或者设计单位内完成。故建设工程勘察合同纠纷、建设工程设计合同纠纷不适用专属管辖。在《民事诉讼法司法解释》施行后的一段时期内,实务界对建设工程施工合同纠纷的专属管辖范围还有所争论,(2017)最高法民辖30号民事裁定书则起到了定分止争的作用。其裁判要旨旗帜鲜明地指出:"《最高人民法院关于适用〈中华人民共和国民事诉讼法〉的解释》第二十八条第二款规定:'农村土地承包经营合同纠纷、房屋租赁合同纠纷、建设工程施工合同纠纷、政策性房屋买卖合同纠纷,按照不动产纠纷确定管辖。'对该项涉及的建设工程施工合同纠纷的理解,应不限于《民事案件案由规定》的建设工程合同项下的第三级、第四级案由'建设工程施工合同纠纷',还包括该项下的建设工程施工相关案件:建设工程施工合同纠纷、建设工程价款优先受偿权纠纷、建设工程分包合同纠纷、建设工程监理合同纠纷、装饰装修合同纠纷、铁路修建合同纠纷、农村建房施工合同纠纷。"《江苏省高级人民法院关于审理建设工程施工合同纠纷案件若干问题的解答》更是将建设工程监理合同纠纷、建设工程勘察合同纠纷、建设工程设计合同纠纷以及建设工程债权代位权行使均纳入了专属管辖的范畴:"1. 建设工程合同案件专属管辖如何理解?《最高人民法院关于适用〈中华人民共和国民事诉讼法〉的解释》第二十八条规定建设工程施工合同案件按照不动产专属管辖确定受诉法院,即建设工程施工合同纠纷一律由建设工程所在地人民法院管辖。'建设工程施工合同纠纷'还包括建设工程价款优先受偿权纠纷、建设工程分包合同纠纷、建设工程监理合同纠纷、装饰装修合同纠纷、建设工程勘察合同纠纷、建设工程设计合同纠纷。尚未开工建设的建设工程施工合同纠纷,以及达成结算协议的建设工程施工合同纠纷,均适用专属管辖。工程款债权转让的,债务人与受让人因债务履行发生纠纷的,由于该债权源于建设工程施工合同,按建设工程施工合同纠纷适用专属管辖。"(2017)最高法民辖终152号民事裁定书进一步明确了建设工程劳务分包合同也适用专属管辖。

案例5-3 ▶ 案由:建设工程分包合同纠纷

原告:天坛建设工程有限公司。被告:尊杯设备制造公司。

【案情】原告诉请被告支付工程款111万元。事实与理由:2014年10月,原告与被告签订了《脱硫塔项目施工合同》,约定原告为被告所承包的硫黄回收工程进行施工,施工内容为吸收氧化塔的现场制作安装,含梯子平台及材料清单内的所有构件安装,合同价款221万元。进度款支付为:合同生效支付10%,壳体材料进场支付30%,筒体组装完成支付20%,设备筒体与锥吊装合拢后支付

20%，水压测试、酸洗钝化完成、设备验收合格后支付15%，剩余5%作为质保金。合同签订后，原告组织人员进场施工，于2015年3月完工并经被告验收合格。其间被告支付部分工程款。

【审理】经审查，涉案工程所在地为华北某省某县，被告为发包人提供硫黄分离回收设备并委托原告具体施工。本案系建设工程分包合同纠纷，故立案法院裁定移送华北某县人民法院处理。鉴于原告已经申请了保全且已经得到执行，法院随卷移送保全材料。

案件移送后，原立案法院收到华北某县人民法院通过邮政特快专递退还的案卷材料及移送情况说明，称《民事诉讼法司法解释》第28条第2款规定的是建设工程施工合同纠纷，而本案是建设工程分包合同，且被告住所地及合同约定的管辖法院均不在其辖区，故将案卷予以退还。

原立案法院收到上述材料后，再次移送案卷并回函：建设工程施工合同纠纷适用专属管辖，应当将其外延扩大到建设工程分包合同纠纷，因为二者的标的物相同，均为在建工程、建筑物或构筑物，具有专属管辖的属性。正如《建设工程司法解释》同样也作为建设工程分包合同纠纷案件裁判的适用依据；此外，根据《民事诉讼法》第37条[1]第2款的规定，人民法院之间因管辖权发生争议，由双方协商解决；协商不了的报请它们共同的上级人民法院指定管辖。《民事诉讼法司法解释》第40条对报请程序也作出明确规定。在未经双方协商的情况下，华北某县人民法院径行以邮政特快专递的方式将案卷退还，既不符合上述规定，也与相关机要件送达的规定相悖。

后该案由华北某县人民法院审结。

【评析】该案发生在《民事诉讼法司法解释》施行后不久，法院系统对建设工程合同纠纷案件的管辖尚未形成统一的认识。近年来，建设工程合同纠纷相关案件施行专属管辖已经越来越为法官、律师等所接受。

实践中还比较常见的是地铁工程、铁路工程可能分为不同的标段，而一个标段可能跨越两个不同的法院辖区。那么根据《民事诉讼法司法解释》第36条的规定，

---

〔1〕 现为2023年《民事诉讼法》第38条。

两个法院均有管辖权，后立案的法院发现其他有管辖权的法院已经先立案，应裁定将案件移送给先立案的法院审理。

在专属管辖中，还需要确认一类特别法院专属管辖。如船坞、码头建造合同纠纷属于建设工程合同纠纷，但应当由工程所在地相对应的海事法院专属管辖，而非相应的地区法院管辖。具体而言，需要根据《最高人民法院关于设立海事法院几个问题的决定》《最高人民法院关于调整武汉、上海海事法院管辖区域的通知》《最高人民法院关于设立海口、厦门海事法院的决定》《最高人民法院关于设立宁波海事法院的决定》《最高人民法院关于调整大连、武汉、北海海事法院管辖区域和案件范围的通知》《最高人民法院关于调整上海、宁波海事法院管辖区域的通知》《江苏省高级人民法院关于南京海事法院履职的公告》等文件予以确定。

案例 5－4 ▶ 案由：建设工程分包合同纠纷

原告：永森钢结构有限公司。被告：名城生态建设有限公司；被告：乐健达。

【案情】2016 年 7 月 20 日，被告名城生态建设有限公司经招投标，承包了位于宁波某地的宁波—舟山港穿山港区溢油应急抢险和船舶废弃物接收码头工程。2017 年 2 月 1 日，被告名城生态建设有限公司将该码头工程仓库（一期、二期）中的钢结构以及管廊钢结构操作台、罐区一钢结构、罐区二钢结构、污水池、好氧池、系统管架钢结构、蒸汽管架钢结构部分所有扶手爬梯及预埋件等钢结构部分承包给原告，以建筑施工蓝图（结施、建施）及设计说明中所有涉及钢结构的部分实行总价包干 840 万元。合同签订后，原告进行了施工。其间，涉案工程多次发生设计变更。2018 年 4 月，涉案工程通过竣工验收。2018 年 6 月，原告与被告名城公司进行结算并达成结算协议一份，确认涉案工程造价 913 万元，已付款 456 万元，尚欠 457 万元。基于该事实，被告乐健达自愿就名城生态建设有限公司的上述债务承担连带担保责任，并在结算协议上以担保人的身份签字确认。因两被告未履行付款义务，故原告要求被告名城生态建设有限公司承担付款责任，被告乐健达承担连带责任。

【审理】在分案后，承办法官经过审查原告提供的诉讼材料认为，本案属于海事法院专属管辖范围。根据 2016 年 3 月 1 日开始施行的《最高人民法院关于海事法院受理案件范围的规定》第 55 条，海事法院受理案件范围包括海洋、通海可航水域工程建设(含水下疏浚、围海造地、电缆或者管道敷设以及码头、船坞、钻井平台、人工岛、隧道、大桥等建设)纠纷案件。故此,确定原立案法院不具有管辖权,遂对本案不进行启动送达工作和实体审,而径行裁定移送宁波海事法院处理。

【评析】在建筑业资质中,涉及港口与航道工程施工总承包资质、港口与海岸工程专业承包资质、航道工程专业承包资质、通航建筑物工程专业承包资质、港航设备安装及水上交管工程专业承包资质、海洋石油工程专业承包资质承包范围内的各类港口、航道、海底工程等(包括码头、防波堤、护岸、围堰、堆场道路和陆域构筑物、筒仓、船坞、船台、滑道、船闸、升船机、水下地基与基础、土石方、海上灯塔、航标、栈桥、人工岛及平台、海上风电、海岸与近海工程、港口装卸设备机电安装、通航建筑设备机电安装、河海航道整治与渠化工程、疏浚与吹填造地、水下开挖与清障、水下炸礁清礁等、海洋油气开发、海底管道铺设)均属于海事法院管辖范围。当案件涉及以上承包内容时,法官应予以高度重视,如果无法确定,则需要及时与相应海事法院沟通协调,妥善处理。

还要注意的是,有一些建设工程合同纠纷可能存在承包人实际上并未实际进场施工,甚至施工准备工作也没有进行,仅仅是支付了履约保证金等款项,后发包人将工程承包给了其他人、承包人实际并未获得工程的情形,或者发包人长期未开工的情形,或者项目立项报批受阻、工程建设下马。前述情形下,承包人起诉要求发包人返还履约保证金等款项,应当如何确定管辖?有一种观点认为,应根据《民事诉讼法司法解释》第18条"合同约定履行地点的,以约定的履行地点为合同履行地……合同没有实际履行,当事人双方住所地都不在合同约定的履行地的,由被告住所地人民法院管辖"的规定,如果发包人和承包人的户籍或住所地都不在工程所在地的话,则由被告住所地法院管辖。该观点似乎有一定的道理。但同样有反驳意见认为,建设工程合同中约定承包人交付履约保证金,该交付的行为也是履行合同的行为,认定"合同没有实际履行"也是不恰当的。目前,最高人民法院就该问题有了明确的意见:"……第三类是建设工程施工合同纠纷。建设工程施工合同具有承揽合同的性质,但合同目的是要建设不动产,所以也将其列为不动产纠纷。但这项规定争议很大。如果建筑已经建好,将其列为不动产纠纷没有问题。如果建设工程合同还没有履行,建筑还没有建起来,还能作为不动产纠纷吗?最后权衡利弊还是将其作为不动产纠纷处理。"[1]江苏省高级人民法院《2015年全省民事审判工作例会会议纪要》(苏高法电〔2015〕295号)中也明确规定:"……对建设工程承包、转包、分包、挂靠等与建设工程施工有关的合同纠纷,以及尚未履行的建设工程合同纠纷,均应当按照不动产纠纷确定管辖,即由工程所在地的人民法院管辖。建设工程装修装饰合同在性质上属于建设工程施工合同的范畴,亦应当适用专属管辖的规定。"

需要特别提醒的是,查明案件主管和管辖需建立在查明案件性质的前提下,只有查明案件性质系建设工程合同纠纷,才能适用上述有关建设工程施工合同专属管辖的规定。

案例5-5 ▶ 案由:建设工程分包合同纠纷

原告:某贸易公司。被告:某施工总承包方。

【案情】原告起诉被告支付工程进度款80万元、质量保修金118万元、货款22.6万元及相应的利息。事实与理由:2019年1月,原告与被告签订了《买卖合同书》及《补充合同书》,约定原告向被告提供某化工工程二期的公共管架电热追踪专案的电热追踪系统设备并负责安装和调试,合同总价款为1180万元,双方对款项支付等进行了约定。合同签订后,原告履行了交货义务并进行了安装、调试。安装过程中,工程设备增加用料货款44.6万元。2019年4月涉案工程竣工。但被告仅支付了982万元。

【审理】经庭前会议,原告认为其与被告系买卖合同关系并多次确认;原告的主要合同义务是提供设备并负责安装、调试;原告开具的是普通增值税发票而非建筑业统一发票;原告并不具有建筑业企业资质;原告所承担的工作并不单独构成建设工程中可分的分部分项工程,且相应的设备检测、工程验收手续均由被告负责办理。

法院认为:本案案由应系买卖合同纠纷而非立案时的案由建设工程分包合同纠纷。原告诉请要求被告支付货款,本案争议标的为给付货币,原告作为货币接受的一方,其住所地视为履行地。故裁定本案移送原告住所地法院处理。

---

〔1〕 杜万华:《〈民事诉讼法〉司法解释重点问题解析》,载《法律适用》2015年第4期。

【评析】本案立案案由是建设工程分包合同纠纷，原因是原告的诉讼请求中含有要求被告支付工程款的内容。经审理查明，本案并非建设工程分包合同纠纷，而是买卖合同纠纷。鉴于原、被告双方住所地均不在原立案法院辖区内，故依法裁定移送有管辖权的法院处理。

当确定法院不具有管辖权时，在裁定移送前，有必要和原告再沟通一次，引导其撤回起诉。现实操作中，案件移送周期较长，往往数周至数月之久，当事人出于诉讼效率的考虑，撤回起诉并向有管辖权的法院起诉更为迅捷。除非受移送案件的法院存在对当事人立案并不支持的情况。

3. 级别管辖

建设工程合同纠纷案件的级别管辖，遵从《最高人民法院关于调整高级人民法院和中级人民法院管辖第一审民事案件标准的通知》（法发〔2019〕14 号）及《最高人民法院关于调整地方各级人民法院管辖第一审知识产权民事案件标准的通知》（法发〔2010〕5 号）、《最高人民法院关于调整高级人民法院和中级人民法院管辖第一审民商事案件标准的通知》（法发〔2015〕7 号）、《最高人民法院关于明确第一审涉外民商事案件级别管辖标准以及归口办理有关问题的通知》（法〔2017〕359 号）、《最高人民法院关于调整部分高级人民法院和中级人民法院管辖第一审民商事案件标准的通知》（法发〔2018〕13 号）等文件执行。当审判法官收到案件后，需要再一次核对诉讼请求，对主张的标的金额进行累加，审查是否已经超过所在法院有关级别管辖的标准。如果已经超过，则应当立即报送。特别是《最高人民法院关于调整高级人民法院和中级人民法院管辖第一审民事案件标准的通知》（法发〔2019〕14 号），将高级人民法院受理一审民商事案件的标的提高到 50 亿元，今后绝大多数建设工程合同纠纷案件将不再经历高院一审、最高院二审。基层法院、中级法院及专门法院等更应当锤炼自身办案业务能力，努力提高办案水平。

第六章
CHAPTER 06

送　达

送达是案件审理进程的关键步骤之一,是了解案件基本情况、被告基本态度、安排质证和开庭的前提。但送达并非简单地将起诉状与证据材料副本交付给被告即可,实际上也是一项综合性的工作。

1. 送达的原则

建设工程合同纠纷案件与民商事其他案件一样,应当以直接送达为原则,且法官应尽量自己参与。在收到案卷材料并初步审阅后,法官可以尝试电话联系被告。无论被告是个人还是单位,尽量敦促其来法院办理送达手续。这样并非图自己省力,更重要的是尽快与当事人有个直接面对面的沟通、了解案件事实和背景的机会。

这其中打电话沟通的方法非常重要。如果机械地称:“我们是某某法院,有个案件原告是某某起诉你了,请尽快来法院领取诉讼材料”,往往会使得直接送达的可能性比较低;而如果换一种方式:“我这里是某某法院,有个工程案件林某起诉你了,说的是某某工程的欠款,这个事情有没有?”如果对方表达:“有的,但是没有钱”“没欠这么多”“我现在外面人家也欠我钱呢”等,法官可以说:“你这个情况,电话一时也说不清楚,我是这个案子的承办法官我姓周,我们约一下明天早上8:30来一趟法院,好好听你说说这个事情是怎么回事……”多数当事人均愿意与法官沟通交流,即使时间冲突也会另行约定时间。也就是说,当电话中被告透露出表达的意愿时,用类似方式约定碰面,能大大提高直接送达的成功率。

当无法电话联系上被告,如果被告是发包人的话,可以安排专人上门送达;如果被告是建筑施工企业,往往有公司法务或者常年法律顾问,应对诉讼较为熟悉,也可以搜索一下该企业以往案件所委托过的律师,以带口信等方式尝试联系沟通。

另外,需要尽量避免邮寄送达,除了原告证据充分的案件(如双方经过结算、存在欠条等),尽可能避免公告送达。

2. 送达时的沟通

送达的首要任务是完成起诉状、证据等诉讼材料交付给被告或者有权代表签收的人,同时签署地址确认书,以确保以后送达工作能够顺利完成。一些当事人防范心较重,法官应尽量做好释法等工作。但最重要的是要根据案情与当事人进行沟通,询问其对案件的基本态度和意见,建立法官与当事人之间的信任基础,引导当事人积极参加诉讼,及时提供证据,委托专业律师,倾听案件单方陈述,了解矛盾焦点,把握当事人基本态度和心理,对案件逐渐形成判断等。建设工程合同纠纷案件中,如果被告是施工单位,来办理送达手续的时候可能是实际施工人、挂靠人、内部承包人、项目经理等,案件的诉讼结果与其个人的利益有重大关联,其往往会迫不及待地表达意见。法官要注意表示适当尊重,注意倾听,对其陈述去伪存真,不要轻易对案件结果发表倾向性意见。

3. 送达时的引导

根据案件的实际需要,确定排庭时间、直接开庭或者组织庭前会议。如果案情简单,可以引导当事人协商确定较短的举证期限,早日开庭而无须等到举证期限届满。如果大致判断案件可能要通过司法鉴定才能确定工程造价,应及时引导当事人提起司法鉴定。对于疑难复杂案件,应引导及时补充对其有利的证据,寻求建设工程专业律师的帮助。对于诉讼能力较弱的当事人,应告知其权利义务和相应的法律规定。如某建设工程合同纠纷案,原告作为装修工程的实际施工人越过其合同相对人(施工总承包方)起诉建设方要求支付欠付工程款,理由是原告、被告的法定代表人及施工总承包方曾达成口头协议,由建设方直接向原告支付相应的工程款。在送达前的电话沟通中,法官引导被告建设方将其与施工总承包方的承包合同、结算文件等作为证据,在办理送达手续时一并提供。在送达时,法官发现,被告建设方系以某学鼎公司的名义将涉案工程发包给施工总承包方而非原告所起诉的被告紫藤幼儿园,那么原告起诉的被告主体有误。因此,将该证据材料向原告出示后,可以引导其立即撤回起诉,既避免了诉累,也使得原告能够早日准确主张相应的权利。

4. 送达时的自认

一些当事人在送达的时候防备心不高,送达可以安排在法庭,同时就案件实体部分进行询问并制作笔录予以固定,以避免当事人事后反悔或受人诱导作出不实陈述等导致案件进程受阻,如在无书面合同的案件中,双方是否存在合同关系、被告认为原告所施工的工程造价是几何、已经支付的款项系通过何人支付等。遇到被告较为配合询问、有利于案件发现客观真实等情况,法官千万不能错过。如果案情可能涉及印章、签名的真实性的,则可要求被送达的对象在地址确认书、营业执照、身份证复印件上及时盖章或者签名,以此作为今后鉴定可提供的样本之一。

5. 送达时的调解

对于争议较小或者无争议、双方并未完全“撕破脸”的案件,也可以联系原告要求其将被告一并带到法院办理送达并进行调解。在送达的时候可适度释明被告的风险,做通被告的思想工作,并与原告联系沟通,敦促双方本着实事求是和互谅互让的原则,以解决纠纷为根本出发点,最终实现定分止争。如双方对欠付工程款没有争议,仅仅是被告暂时无力支付,则可以引导双方达成分期还款计划,告知被告即使无力支付欠付工程款,但配合原告顺利完成诉讼程序、早日拿到生效裁判文书,也符合人之常情。如果在送达时,被告提供了调解方案,法官认为原告很可能会接受的,应当及时询问原告的意见。如果原告身处异地,可以通过短信、微信小程序“移动微法院”等简便方式引导当事人线上调解,当场制作电子调解笔录并随后送达调解书,以提高效率。

6. 送达后的反馈

关于被告对案件的陈述、看法和意见，很有可能与原告的陈述矛盾、冲突，也可能提及了原告隐瞒但与案件处理结果有莫大关联的事实等，如有必要可向原告进一步核实，询问其具体情况。通过送达后的多轮反馈，法官在沟通中能够进一步凝练案件争议焦点，敦促双方就争议焦点穷尽举证，有助于把握案件的审理方向。同时，一些情况下也有可能促成双方和解。

案例 6－1 ▶ 案由：装饰装修合同纠纷

原告：尚美装修工程有限公司。被告：陈靖德。

【案情】2016 年 11 月，被告以某珠宝公司（筹）的名义与业主签订了《厂房租赁合同》，租赁期限为 5 年，从 2016 年 12 月 15 日开始，房屋用途为用于珠宝加工制作、展示，租金季付。同时，原告与被告签订《厂房装修合同》一份，被告在合同落款处加盖某珠宝加工公司（筹）的印章并签名。合同约定工程造价 134 万元，按照被告提供的装修设计图一次性包干。后原告按约于 2017 年 2 月完成了装修，装修过程中依照被告的要求产生了部分变更。被告仅支付 30.8 万元。2017 年 5 月，被告因拖欠租金，业主决定解除租赁合同并收回厂房用以其他用途，并对装修部分开始拆除。2017 年 6 月，原告起诉至法院，要求被告支付装修工程款 118 万元及相应的利息。

【审理】本案涉及的第一个问题是虽然被告以某珠宝公司（筹）的名义与原告签订《厂房装修合同》，但经工商查询，该公司未获成立，故原告起诉主体为被告自然人。但被告长期在异地，无法联系，可能需要公告送达。同时，原告虽然提交了联系单，但并无竣工报告，涉案厂房也并未投入使用，原告据以起诉的结算书中金额为 149 万元，系其单方制作，法官无法直接认定。故涉案装修工程造价，很可能需要通过工程造价鉴定的方式予以确定。但业主已经回收厂房且开始拆除装修，很可能后期无法完成鉴定。故无论是送达工作还是案件实质审理工作，均可能陷入被动。

法官在收到案件后，对原告就案件的相关情况进行询问。当得知被告与业主之间的租赁合同尚未结清,双方有意愿通过变卖加工精密机床的方法抵偿租赁费后,法官与业主取得了联系,要求业主在被告下次来到业主处清理租赁合同事务时及时通知法官,经过沟通,业主同意配合法院工作。

2017年7月某日上午,业主联系法官被告已经来到业主处。法官通知原告后立即奔赴现场,在业主的办公室开始直接送达工作。被告开始并不配合送达,认为欠付工程款是公司债务,且欠款金额并不确定。法官当即询问被告认为工程造价是多少,或者欠款金额是多少。被告回答大概欠付105万元至110万元。法官当场制作询问笔录予以确定。后经过多轮调解,在当日15时达成调解协议,被告联系其所谓的老板,通过银行汇款的方式直接转账给原告账户108万元,原告以双方已达成和解并履行完毕为由当场申请撤诉,本案就此案结事了。

【评析】本案的亮点有以下几点:(1)法官对案件的实体审理方向、困难有清醒的认识并向原告释明,争取较好的协作配合。(2)推行直接送达,听取被告意见,对被告自认的“欠付工程款105万元至110万元”制作笔录予以确认。这样,送达工作完成后,即使调解不成需要开庭审理,也可以按照工程总造价105万元予以判决,从而避免鉴定。(3)在原、被告双方均在场的情况下,发挥司法的威慑作用,抓住被告的理亏、心虚之处,释明案件的后果将由被告个人承担,敦促调解予以处理。同时,对原告而言,早日回笼资金,避免债权执行,也是其考虑调解的主要因素。最终,通过持续的心理战,将本案一次性予以解决。

总之,**建设工程合同纠纷案件的送达工作不仅仅是常规的事务性工作,更是深入了解案情,归纳争议焦点,整理审理思路的极好机会**。通过送达工作,基本达到以下目标:保证后续案件审理中如出现送达不畅的情况,可以按照地址确认书邮寄送达,经过一轮的询问对案件事实和争议基本了解,与被送达的一方建立初步的互信和良好的沟通,当事人对诉讼充分重视、乐于配合,能够按照要求尽快收集并提供与案件审理相关的诉讼材料,基本确定案件审理的大方向,把握案件调解的基础与可能性。建议法官高度重视建设工程案件的送达工作,尽量亲力亲为,避免仅由书记员送达的情形。

第七章
CHAPTER 07

保　　全

《民事诉讼法》第103条规定:“人民法院对于可能因当事人一方的行为或者其他原因,使判决难以执行或者造成当事人其他财产损害的案件,根据对方当事人的申请,可以裁定对其财产进行保全、责令其作出一定行为或者禁止其作出一定行为;当事人没有提出申请的,人民法院在必要时也可以裁定采取保全措施。”建设工程合同纠纷案件中,原告在起诉时申请保全的比例较大。但是必须要说,对审判法官而言,建设工程合同纠纷案件中的财产保全是一把“双刃剑”,需要特别警惕、加以善用。一方面,有许多的案件中原告虽然从证据层面上或有欠缺,但原告申请保全后,被告往往本着实事求是、尽快处理纠纷矛盾的态度,会很快与原告重新自行达成和解协议,原告申请撤回起诉和申请解封,案件会很快审结,法官审理案件花费的精力较少。另一方面,也有许多的案件中原告以保全作为要挟手段,恶意保全、超额保全企业的银行账户、查封土地等不动产,对被告企业的正常生产经营造成重大影响。被告可能正好处于困难时期,可能就此引发一系列的纠纷,甚至该企业走向停止经营、倒闭、破产。同时,保全行为也可能导致双方的关系进一步恶化,协商处理的谈判余地更加压缩,被保全的企业一旦处理好保全的财产置换问题后,第一反应往往就是“疯狂报复”,提起反诉及反诉保全,并在诉讼中“锱铢必较”,争夺的异常激烈,不利于案件的后续处理。

1. 保全的影响

对建筑施工企业而言,保全往往对其影响较大。建筑施工企业对现金流要求较高，项目建设本身就需要垫资建造。一般每年的 7 月、8 月及 12 月、1 月、2 月，建筑施工企业现金压力特别大。前者是新的一个学年即将开学，许多建筑工人需要将孩子的学费、生活费准备好，后者是农历春节将近，建筑工人需要和包工头清算一年的辛苦钱以提前回家过年。所以，建筑工人工资的群体事件往往爆发在这两个时间点，且以后者为主。如果在此时，原告系实际施工人或者材料供应商对建筑施工企业提起大额的诉讼保全，可能使得建筑施工企业陷入困境。此外，建筑企业虽然银行账户较多，但是缴纳税款、发放工资等往往有一定的时间节点，一旦错过，就有可能被有关部门列入预警名单。还有，根据《招标投标法实施条例》第 26 条的规定："招标人在招标文件中要求投标人提交投标保证金的，投标保证金不得超过招标项目估算价的 2%。投标保证金有效期应当与投标有效期一致。依法必须进行招标的项目的境内投标单位，以现金或者支票形式提交的投标保证金应当从其基本账户转出。"如果建筑施工企业因为银行基本账户被冻结而导致无法支出投标保证金，势必对企业后续发展造成非常大的影响。企业银行账户、房屋厂房、土地被冻结、查封，对银行授信、项目融资、企业声誉等也会有较大的损害。

2. 保全的基础材料

申请保全首先要满足程序性要求，法官必须要审查申请财产保全的材料是否齐备。如保全申请书、财产线索、担保材料及保全费缴纳凭证。其中，保全申请书应当写明申请保全的理由和目的；财产线索应当尽量为可变现的、流动性较快的资产，以银行存款为佳，也可以为建设工程本身；担保材料可以为担保公司或者银行、保险公司出具的保函，也可以由原告或案外人提供现金担保、房屋等不动产担保及信用担保等；保全费的缴纳一般是保全裁定出具的前提。只有当上述材料和手续均办理完毕后，法官才能出具相应的保全裁定并移送执行保全。

3. 保全的必要性审查

根据立法的原意，保全的目的实际上是预防可能败诉的被告恶意转移资产导致执行落空。那么保全的必要性审查也应当遵循该精神，而并非当事人申请了财产保全并提供了担保，就必须予以保全。一种情况是，对于明显没有必要保全的案件,法官完全可以直接作出判断并裁定予以驳回财产保全的申请。如原告提出的保全标的极小,或者相对于被告的企业规模、净利润等微不足道,被告具有较为雄厚的资产和较高的信誉,即便案件全部败诉需要负担全部诉讼请求,被告也毫无悬念能够完全履行。如原告申请保全90万元,但是被告是银行、保险公司、上市公司等大公司、龙头企业、纳税大户等,则原告即使案件完全胜诉,一般也不会有执行不到位的担忧。另一种情况是,被告已经处于没有必要保全的状态。如法院已经裁定受理破产申请,或者被告企业经营状况恶化,现有资产明确且已经多轮查封、扣押,原告无法提供其他的财产线索等。这种情况即使裁定保全也完全不能达到相应的效果。但是,实践中更多的情况恰好处于上述两者之间。对于此,法官更要尽到合理审查的义务。有必要的话,可以责令申请人就保全的必要性、担保的可靠性以及对被申请人正常生产经营的影响等发表意见,进一步向申请人释明保全错误有可能导致的赔偿损失风险,责令申请人提供更多的保全担保财产等。

4. 保全中的实体判断

必须强调,在保全中法官应当注意结合案件的实体判断:被告是不是应当承担责任的主体,应当承担的责任数额是否大致确定,原告是否存在较为明显的恶意虚高保全标的的行为等。在某些案件中,尽管实体审理还未完成,但还是有必要对前述情形加以审查的。

案例7-1 ▶ 案由:建设工程合同纠纷

本案例涉及十一案。原告:金某峰等十一个自然人及个体工商户。被告:宏达纸制品有限公司。被告:南方建设有限公司。

【案情】2016年12月,法院同时受理了11起建设工程分包合同纠纷案件。原告为10位个人及1家建筑设备租赁站(个体工商户),均系建设工程合同纠纷中的实际施工人,依据《建设工程司法解释》第26条,起诉作为违法分包的合同相对人南方建设有限公司(总包方)及发包人宏达纸制品公司,诉讼标的累计1050余万元,且都提出了财产保全申请。同时,众多原告以无法清偿农民工工资为由通过建设行政主管部门向发包人施加压力。发包人系中外合资企业,也是国内纸制品制造骨干企业，项目总投资额118亿元。近年来，公司经营状况、社会声誉一直较好。这次亦无奈被推到风口浪尖上。

【审理】在立案受理后，法官立即联系发包人，开始了直接送达工作，并敦促其积极应诉。发包人收到诉讼材料后，与法官就案件保全程序及实体处理进行了沟通。发包人提出，其与总包方确未结算，也确存在不少于800万元的欠付工程进度款。但发包人与各原告没有合同关系，也无法核实原告债权的真实性。此外，总包方南方建设有限公司目前经营陷入重大危机，处于半停滞状态，在省内执行案件就有100余件，标的数千万元。挂靠总包方的挂靠人（自然人许某）目前也下落不明，发包人无法在较短的时间内与施工总承包单位完成结算工作。但如果保全了发包人的财产，将会对其生产经营和企业信誉造成较大的影响，希望顺利解决保全问题。

为此，法官很快组织召开了原告与发包人共同参加的保全听证会，并进行充实又详细的释明：一是《建设工程司法解释》第26条实际施工人条款有其特殊的制定背景，建筑市场经过多年的发展和整顿，银行保函、农民工工资保证金等制度较好地处理了涉农民工工资问题，而本身保护农民工工资并不等于必然保护实际施工人的利益。二是近年来最高人民法院和各地高级人民法院对该条款的适用进行了逐步的限缩，提高了门槛。特别是2015年12月4日最高人民法院民一庭程新文庭长发表的《最高人民法院关于当前民事审判工作中的若干具体问题》讲话中，提出了更高、更明确的司法政策要求："对于建设工程司法解释第二十六条规定，目前实践中执行得比较混乱，我特别强调一下，要根据该条第一款规定严守合同相对性原则，不能随意扩大该条第二款规定的适用范围，只有在欠付劳务分包工程款导致无法支付劳务分包关系中农民工工资时，才可以要求发包人在欠付工程价款范围内对实际施工人承担责任，不能随意扩大发包人责任范围。"经审查，上述11起案件均为包工包料的违法分包而非劳务分包，则均不能满足适用条件。三是目前涉案工程已经竣工，发包人和总包方的结算工作由于总包方资不抵债、挂靠人下落不明等原因陷入停滞。故推进工程结算工作、保障工程余款不任由总包方支取是案件实体解决的重要方向。

在释明后，众多原告与发包人均理解并认可法官的判断，对诉讼方向进行了调整。双方协作配合引导总包方积极委托诉讼代理人出庭应诉，共同推进结算工作顺利进行,将发包人从保全对象中移除,敦促发包人配合冻结总包方的工程款债权并暂时停止支付余款,以保障实际施工人的债权。此后,法庭组织了多轮的斡旋和调解工作,并在确定无法调解后,于2017年4月全部及时作出了判决,判令总包方承担付款义务,发包人不承担付款义务。判决后,各方均未提起上诉。判决生效后,发包人主动推进了工程结算工作,并在未完成结算的情况下预付了部分工程款。

【评析】根据本案的实际情况,发包人2016年销售额达到50亿元,完全具有履行能力。本案不能机械运用传统的办案思路,直接保全发包人的财产。否则,将影响公司的正常经营、损害企业声誉,甚至激化当事人之间的矛盾,不利于纠纷的妥善化解。有关实际施工人条款的适用问题,笔者将在第三十五章中展开。本案是较为典型的在保全中考虑最终实体负担问题的案例。很显然,根据案件审理时的司法政策,发包人最终不需要承担实体责任,保全发包人的财产是没有必要的,最终实体判决也印证了这一点。此外,采取保全措施极可能引发后续的保全错误赔偿诉讼。但是在诉讼中,如何在最大程度上让当事人了解并接受这一判断,需要法官审慎地予以释明。最后,当事人对法院主动加强保全审查,以维护企业正常经营,保护企业声誉的做法给予了高度评价。企业是经济发展的重要支撑和活力之源,**法院立足审判,帮助企业化解纠纷、防范风险,营造良好的营商环境,也是服务保障大局、践行司法为民的应有之义。本案例亦因此荣获“法院依法精准服务企业优秀案例”。**

案例7-2 ▶ 案由:建设工程合同纠纷

原告:众华二建公司。被告:海华公司;被告:成建公司;被告:上迪建设公司。

【案情】被告海华公司因某化工项目建设所需,于2014年7月与被告成建公司签订工程总承包合同(EPC工程合同),将涉案工程的设计、采购、施工整体承包给被告成建公司,工程计价方式为成本加酬金。后成建公司以发包人的身份,将部分工程承包给上迪建设公司,原告随即进场施工,施工两个月后,成建公司作为见证方,与上迪建设公司、原告共同签订了《某某化工项目装置安装合同文件》,约定上迪建设公司将涉案工程的安装部分工程承包给原告施工,合同对承包范围、价款等进行了约定,并特别约定本工程所涉纠纷如协商不成则提交成都仲裁委员会仲裁。涉案工程在施工过程中出现过大量联系单与签证单,且存在部分甩项。原告于 2015 年 8 月完成施工并通过验收。涉案安装工程烦琐、细碎,争议极大,各方无法通过协商就工程价款达成一致。

另查明,原告同时还与被告成建公司签订有《某某化工项目装置土建合同文件》,约定由成建公司将涉案工程的土建部分工程承包给原告施工,并同样特别约定本公司所涉纠纷如协商不成则提交成都仲裁委员会仲裁。

原告众华二建公司原起诉被告海华公司(发包人)要求其支付欠付工程款、返还工程质量保证金、利息等共计 2600 余万元。在审理过程中,原告申请追加涉案 EPC 工程的工程总承包单位成建公司及原告的合同上家上迪建设公司分别作为被告,且提出对后两被告保全 2600 万元,其中对被告成建保全金额 850 万元,对被告上迪建设公司保全金额为 1650 万元。在裁定保全前,法官向原告进行释明保全风险,但原告坚持要求保全。后两被告相应保全资金全部被冻结。

保全完成后,被告海华公司、成建公司对保全均提出强烈的异议,认为:各方没有结算,目前按照工程进度所对应的进度款已经支付完毕,原告提起诉讼系典型的规避仲裁条款,希望法院以没有管辖权为由驳回起诉并解除保全。同时,海华公司提供了等额的现金担保,申请法院解除保全,法院随后即解除了冻结。

【审理】经过与各方的多轮沟通,法官逐渐厘清了各方的出发点:(1)各方均认为无法通过自行协商的办法达成结算,故需要通过委托第三方审价或者司法鉴定;(2)原告不信任被告成建公司所在地的成都仲裁委员会,且该仲裁机构与工程所在地距离达 1500 余公里,极不方便;(3)除了本案的安装部分,原告需要考虑土建合同同样也无法达成结算、同样约定由成都仲裁委员会仲裁,希望一并能够在工程所在地法院通过司法鉴定确定工程造价,回避仲裁管辖问题;(4)原告希望三被告先行支付部分工程款以应对农民工工资问题;(5)被告海华公司不愿意成为被告,认为作为被告对企业声誉有影响,其与成建公司均希望立即解除财产保全。

其后，经过多轮协商，在法院的调解和拟定下，各方以文书轮流转寄的方式达成了《和解协议》，主要内容为：(1)各方均同意海华公司垫付原告工程款890万元；(2)原告撤回对海华公司的起诉，并申请追加其为第三人；(3)原告撤回所有财产保全，海华公司与成建公司放弃保全错误引起的损失索赔；(4)如原告提起土建合同项下的起诉，各方同意由工程所在地法院管辖（实质上系对土建合同中约定成都仲裁委仲裁的一个变更协议）；(5)土建工程、安装工程均通过司法鉴定来确定工程造价，海华公司积极参加并提供必要协助；(6)各方全力配合，保障海华公司企业正常经营秩序，杜绝围门等行为。

上述协议签订后，原告按照约定申请解除了保全，海华公司支付了部分工程款。

【评析】有关本案的保全问题，各方在法官调解下达成的《和解协议》实际上是"一揽子"协议：关于案件主体问题、关联案件的管辖权问题、关于进度款支付问题、工程造价司法鉴定问题、企业生产经营秩序稳定问题等，是一个成功的中间调解的案例。

5. 解除保全

建设工程合同纠纷案件中，诉讼标的往往较大。一旦被告的财产被保全后，被告有可能会主动与原告协商，或者请求法官组织调解。被告也可能直接要求立即解除保全并提供相应的财产作为担保。《民事诉讼法》第107条规定，被申请人提供担保的，人民法院应当裁定解除保全。被告提供的可以是现金、房产或者符合条件的案外人的担保。在此需要强调的是，解除保全应当更为慎重，需严格审查当事人提出解封申请时企业对现金流的敏感度、解封的时间节点、已保全财产的流通性、担保的可偿性以及原告的保全是否存在恶意的成分等因素。当原告对解除查封存有较大异议时，可以召开保全听证会议，双方分别阐述自己的理由，法官再根据具体的情况作出判断，也可以由双方自行协商保全及解封的方案。根据双方平等的原则，在存在反诉保全的情况下，双方可以同时减让保全金额。

案例7-3 ▶ 案由:建设工程分包合同纠纷

原告:中星建设工程公司。被告:某石油化工公司。

【案情】原告诉请被告支付欠付工程款3100万元及相应的利息。原、被告双方于2014年签订《重油裂解生成油分离装置工程承包合同》,约定原告作为施工总承包方承包涉案工程,合同造价6700万元。原告已经完成施工,被告也已投产使用,但被告一直拒绝办理竣工验收手续且不与原告进行结算。为防止被告转移财产,原告申请财产保全,提供平安保险股份有限公司出具的诉讼保函作为担保,要求冻结被告银行基本账户、查封相应的财产。法官随后作出保全裁定并进行了执行。

在收到诉讼材料后,发包人也提起索赔的反诉,要求施工方赔偿工期逾期违约金176.5万元,原料损失392万元、生产事故损失66.2万元、第三方维修整改费用2476万元,合计3110.7万元。同时,发包人也提起了等值的财产保全,要求保全承包人相应的银行账户,该裁定也得到执行。随后被告针对原告的保全,提出财产保全的异议,认为其注册资金8.8亿元,生产经营情况良好,具有足够的偿还能力。其公司拟上市,欲提供15%的现金担保及具有良好经营情况和社会信誉的案外人公司作为担保,要求解除对其银行账户的冻结和相应厂房的查封。

【审理】法官组织双方就保全事项进行保全听证,引导双方回归诉讼本身而非财产保全斗争。敦促发包人先行支付进度款200万元,同时双方各自解除保全,两案通过鉴定的方式确定工程价款和工程索赔。被告对该方案没有异议,但原告不同意,认为被告有转移财产之嫌,但没有相应的证据。针对被告提出以现金担保加企业信用担保的方式申请对保全的资产予以解封,经过审查,法官认为被告提供的解封担保是充足的,申请解封有正当理由,但原告仍不同意,要求在诉讼过程中一直冻结被告银行基本账户和相应的房产。法官在与原告的沟通中释明,解封并非一定需要原告同意,如果原告不同意解封,需要有充足的理由,但原告坚持不同意解封。鉴于原告未提出充足的拒绝解封的理由,法院裁定对发包人提供的相应保全资产进行置换,对银行基本账户和房产予以解封。原告承包人保留其异议。其代理人甚至提出如果最终造成无法追偿、国有资产流失,将追究责任。

【评析】在被告提供相应充分担保的情况下，原告承包人坚持不同意解封并要求在诉讼过程中持续对被告的银行基本账户的冻结和相关房产的查封，不利于被告的正常经营，显然并无正当理由。故在原告坚持异议的情况下，对被告保全的财产予以解封，也是坚持能动司法、差异化处置、精准服务企业的正当举措。

6. 避免保全战

实践中，有时原告在起诉时，会提起较大金额的起诉标的并申请保全，即使起诉标的存在较高比例的水分，并在诉讼过程中不断大幅增加诉讼请求等，此乃原告将保全作为一种诉讼策略或者技巧，促使被告较快选择调解之路或作出较大的让步。同时，原告也会在刺探对方企业相应信息的基础上，优选诉讼和保全的重要时机。如在发包人企业需要周转贷款、授信评定、对外融资、重大商业谈判、企业重组合并等重要时间节点。如果法院依据原告的要求作出财产保全的裁定，可能会对被告发包人造成重大的影响。发包人可能需要动员一定的社会资源寻求适格的担保以换取解封，也可能需要负担高额的担保费来寻求商业银行、保险公司、担保公司对既有的诉讼债务提供担保，而商业银行、保险公司、担保公司则可能要求发包人或第三方提供等额的反担保。不管上述何种方式，均要收取不菲的担保费。此外，被告也可能在心理价位的基础上，主动与原告进行接触并谈判，希望能够及时解决保全问题。实践中，也确实存在一些案件在此种情况下，双方就此达成和解，如发包人有的立即支付全部或者部分工程款，有的制定好还款计划和违约金计算方式。但在更多的情况下，纠纷本身并不能得到解决。当被告想尽一切办法解决保全问题(无论是提供何种担保)后，被告很快提起针对质量问题的反诉、对工期逾期的索赔等，并同样提起保全，甚至有可能反诉的诉讼请求远远超过本诉部分。严肃的司法诉讼活动中的保全极有可能变成双方保全战的利器，这是审理案件的法官应极力避免的。

在遇到保全战时，法官要公正、公平对待双方，详细听取双方对案件实体、案件保全的意见。**根据反诉的合理性、保全的必要性、保全对对方正常生产经营的影响、解封的可靠性等，本着对等原则，以化解矛盾为出发点，进行综合研判，妥善处理。**

案例7-4 ▶ 案由:建设工程施工合同纠纷

原告:华成建设公司。被告:樊华柴油发动机制造公司。

【案情】原告诉请判令被告支付欠付工程款267万元、返还履约保证金80万元、支付违约金49万元,合计396万元。事实与理由:被告将涉案生产厂房发包给原告施工,合同价款2200万元,计价方式为固定总价可调。后在施工过程中,双方一致确认部分施工内容做甩项处理。原告以被告支付工程款不足为由起诉被告。

【审理】双方在诉讼中保全方面的抗争如下:

(1)在2016年9月4日立案后,原告随即提出了400万元的财产保全,要求保全被告银行账户、厂房等。法院作出财产保全的裁定,该裁定后得到执行,保全了被告4个银行账户、2座房产。

(2)2016年10月,被告以部分银行保全标的已经足额为由,要求解除对其他银行账户的冻结及房产的查封。经向银行查询,情况属实,故法官裁定对超额部分予以解封。

(3)2016年12月,原告以部分款项存在漏算为由,要求追加诉讼请求450万元,并再次提出保全。法官向原告制作笔录,释明财产保全错误的风险,并要求追加保证金。在原告确定保全并交纳保证金后,法院裁定再次保全被告财产450万元,该裁定获得执行。

(4)2017年1月初,被告法定代表人提供案外人所有的一套市场价值500万元至600万元的别墅作为担保,要求解除保全。法官对别墅的所有权人制作笔录后,将担保的别墅进行查封,随后裁定解除对被告银行账户450万元的保全。

(5)2017年1月中旬,被告提出反诉,认为涉案工程存在超付工程款184万元,要求冻结原告银行账户184万元。法院作出保全裁定,依法冻结了原告银行账户184万元。

(6)原告作为施工单位,无法承受年终银行基本账户被冻结,要求协商。法官组织双方多轮协商,最终确定,发包人同意解除对承包人184万元银行账户的冻结,承包人同意解除对发包人提供的案外人的别墅的查封,并对上述第②条中已冻结的部分解封80万元。

（7）2017 年 12 月，被告以接近年关，企业对现金流需求增加，企业正常经营所需等为由，要求解除对银行账户的查封，并提供 10%的现金担保及法定代表人所有的别墅（市场价值 500 万元左右）作为担保。原告不同意解封，坚持要求冻结银行账户。后法院以被告已提供足额的担保为由，解除了对被告银行账户的冻结。

其后至案件审理终结，双方再未提出保全有关的事宜。

【评析】本案中，原、被告双方充分使用（滥用）了保全这一诉讼策略，致使法院疲于应对保全事宜，有关保全和解封方面的裁定书先后出具了十份。此外，保全行为也使得当事人生产、经营遭受到了不小的影响。在企业正常经营的情况下，保全的必要性审查尤为重要。法官可以以保全听证的方式让双方充分阐明意见，引导当事人理性对待保全，作用力回归到案件诉讼本身，对保全事项进行让渡、减免、调解等，使诉讼程序平稳推进。

7. 保全与管辖权衔接

财产保全分为诉前保全和诉中保全。《民事诉讼法》第 104 条对诉前财产保全规定如下："利害关系人因情况紧急，不立即申请保全将会使其合法权益受到难以弥补的损害的，可以在提起诉讼或者申请仲裁前向被保全财产所在地、被申请人住所地或者对案件有管辖权的人民法院申请采取保全措施。申请人应当提供担保，不提供担保的，裁定驳回申请。人民法院接受申请后，必须在四十八小时内作出裁定；裁定采取保全措施的，应当立即开始执行。申请人在人民法院采取保全措施后三十日内不依法提起诉讼或者申请仲裁的，人民法院应当解除保全。"

有关财产保全错误造成的损失，《民事诉讼法司法解释》第 27 条规定："当事人申请诉前保全后没有在法定期间起诉或者申请仲裁，给被申请人、利害关系人造成损失引起的诉讼，由采取保全措施的人民法院管辖。当事人申请诉前保全后在法定期间内起诉或者申请仲裁，被申请人、利害关系人因保全受到损失提起的诉讼，由受理起诉的人民法院或者采取保全措施的人民法院管辖。"

实践中，一些建设工程合同纠纷案件在立案阶段提出保全并采取保全措施，随后由于案件不具有管辖权而移送其他法院审理。由于案件移送存在长短不一的空窗期,快则一周、慢则数月。当事人可能在此期间达成和解甚至履行完毕,要求尽快解封。这种情况下,可能出现两边不理的情况。原来立案的法院因为案件已经裁定移送,而不具有对案件实体作出处理的权利——即便是原告申请解封,法院因不具有审理权而无法作出裁定;后接收的法院可能案卷尚未收到、尚未审查立案、诉讼费尚未提请转移支付或者联系当事人缴纳甚至案件处于立案后尚未分案阶段等,当事人因无法确定承办法官而无法申请办理解封手续。二者存在一定的衔接问题。

根据《民事诉讼法司法解释》第 160 条的规定,当事人向采取诉前保全措施以外的其他有管辖权的人民法院起诉的,采取诉前保全措施的人民法院应当将保全手续移送受理案件的人民法院。诉前保全的裁定视为受移送人民法院作出的裁定。第 165 条规定,人民法院裁定采取保全措施后,除作出保全裁定的人民法院自行解除或者其上级人民法院决定解除外,在保全期限内,任何单位不得解除保全措施。所以,解除保全的应当是上级法院或者原作出保全裁定的法院。因为裁定移送往往是同级法院,故当事人较快的操作方法为:由原告向原法院、新受理法院分别核实裁定移送的时间和新案件受理的时间,通过各种方法联系案件的承办人,并将案件撤诉申请书、达成的和解书及申请财产解封的申请一并交予承办法官,由承办法官作出案件撤诉的民事裁定书或者确认调解的民事调解书,并同时立即向原法院发函确认事实并请求原法院尽快作出解封的裁定——“该案现已撤诉/调解,原告对被告的财产保全措施,请及时出具解封裁定并予以执行”。在建设工程合同纠纷案件的审理期间遇到年关等特殊情形时,承办法官尤其要注意该种情况。

第八章
CHAPTER 08

合议庭的组成与分工

由于建设工程合同纠纷案件往往审理难度大、可能涉及鉴定、合同标的大等原因，与其他民商事案件相比，适用普通程序审理的比例较高。基层法院的一审中，部分案件由于标的原因，在立案之时即确定适用普通程序，部分案件则是在审理中发现案情复杂、重大、疑难不宜适用简易程序。还有更多的情况是审限即将耗尽然而案件尚不能进入实体决断，而不得不转为普通程序。

2019 年 12 月 28 日，第十三届全国人大常委会第十五次会议通过《全国人民代表大会常务委员会关于授权最高人民法院在部分地区开展民事诉讼程序繁简分流改革试点工作的决定》，授权最高人民法院在北京、上海、广州、深圳等 20 个城市的中级、基层人民法院和部分专门人民法院开展试点。2020 年 1 月 15 日，最高人民法院印发《民事诉讼程序繁简分流改革试点方案》和《民事诉讼程序繁简分流改革试点实施办法》，正式启动为期 2 年的试点工作。其中包括：扩大独任制适用范围；在基层人民法院探索由法官一人适用普通程序独任审理部分民事案件的模式，明确适用独任制审理第一审普通程序案件的具体情形；在中级人民法院和专门人民法院探索由法官一人独任审理部分简单民事上诉案件的模式，明确适用独任制审理第二审民事案件的具体情形和审理方式；建立独任制与合议制的转换适用机制。

就扩大独任制适用范围而言，值得注意的相关规定主要是《民事诉讼程序繁简分流改革试点实施办法》第 16～20 条：

第 16 条规定："基层人民法院适用小额诉讼程序、简易程序审理的案件，由法官一人独任审理。基层人民法院审理的事实不易查明，但法律适用明确的案件，可以由法官一人适用普通程序独任审理。"

第 17 条规定:"基层人民法院审理的案件,具备下列情形之一的,应当依法组成合议庭,适用普通程序审理:(一)涉及国家利益、公共利益的;(二)涉及群体性纠纷,可能影响社会稳定的;(三)产生较大社会影响,人民群众广泛关注的;(四)新类型或者疑难复杂的;(五)与本院或者上级人民法院已经生效的类案判决可能发生冲突的;(六)发回重审的;(七)适用审判监督程序的;(八)第三人起诉请求改变或者撤销生效判决、裁定、调解书的;(九)其他不宜采用独任制的案件。"

第 18 条规定:"第二审人民法院审理上诉案件应当组成合议庭审理。但事实清楚、法律适用明确的下列案件,可以由法官一人独任审理:(一)第一审适用简易程序审理结案的;(二)不服民事裁定的。"

第 19 条规定:"由法官一人独任审理的第一审或者第二审案件,审理过程中出现本办法第十七条第(一)至(五)项或者第(九)项所列情形之一的,人民法院应当裁定组成合议庭审理,并将合议庭组成人员及相关事项书面通知双方当事人。由独任审理转为合议庭审理的案件,审理期限自人民法院立案之日起计算,已经作出的诉讼行为继续有效。双方当事人已确认的事实,可以不再举证、质证。"

第 20 条规定:"由法官一人独任审理的上诉案件,应当开庭审理。没有提出新的事实、证据的案件,具备下列情形之一的,独任法官经过阅卷、调查或者询问当事人,认为不需要开庭的,可以不开庭审理:(一)不服民事裁定的;(二)上诉请求明显不能成立的;(三)原判决认定事实清楚,但适用法律明显错误的;(四)原判决严重违反法定程序,需要发回重审的。"

所以,中级人民法院、高级人民法院和最高人民法院审理建设工程合同纠纷案件时,无论是一审、二审还是再审,除依法适用独任审的情形外,均应当依法组成合议庭。合议庭组成合法、高效、专业,运行机制顺畅,是案件顺利审结的重要保障。

1. 承办法官的地位和作用

承办法官负责案件的具体性工作,无疑是案件的第一责任人。当案件合议或者讨论时,承办法官有义务将案件需要合议的事项向合议庭进行介绍,并承担基础事实审查的责任,如果介绍内容存在错误或者遗漏,引起错误判断,往往会造成严重后果,将由承办法官承担责任。正如业内所言,法官的工作更多是像"个体户",

承办法官的地位更类似于经营者。涉及建设工程合同纠纷案件中的非合议事项,承办法官均可以自行完成,如送达、调解、庭前会议、质证、调查、现场踏勘、询问、听证、启动鉴定等。最终拟定裁判文书,也是承办法官的职责。承办法官应当对案件何时开庭、审限几何等报以更高的责任心。

2. 合议庭的组成

合议庭的组成,需要考虑案件的性质。如在某继承案件中,考虑到原告主体为妇女且情绪不稳定、案件涉及家庭矛盾以及濒临死亡人员的民事行为能力等,法院组成了五人制大合议庭,并吸收了妇联工作人员、心理咨询师以及医院主任医生三位人民陪审员共同审理。鉴于建设工程合同纠纷案件的特殊性,有条件的法院有必要组建相对固定的建设工程专业方向的合议庭。该合议庭往往要经过数年的运行才能上轨道,内部磨合了解,外部学习消化,形成"老帮新"传承的良性互动。合议庭组成人员往往三人即可,大合议庭并无必要。其中,担任审判长的法官,应当具有足够的建设工程合同纠纷案件的积累,丰富的审判经验和良好的庭审驾驭能力,审理思路清晰,积极主导庭审秩序,及时推进审理进程。承办法官如果符合条件的,也可以担任审判长。如果安排人民陪审员参加合议庭的,应当优选政治立场坚定、具有相应行业背景、善于沟通的人民陪审员,如来自建设行政主管部门的工作人员、监理工程师或造价工程师等,以补强法官在专业知识、行业习惯等方面的不足。如某疑难复杂建设工程案件,吸收了注册造价工程师和一级建造师作为陪审员,极大地提高了案件审理的质量。

3. 合议事项

建设工程合同纠纷案件合议庭组成以后,应当及时告知各方当事人合议庭组成人员。在涉及案件后续处理的各项重要事项时,合议庭应进行合议并根据合议规则决定案件审理进程。如是否同意解除查封、是否同意调查取证、是否同意启动鉴定、是否同意各方达成的和解协议并出具民事调解书予以确认等。在案件正式开庭审理前,建议合议庭成员完整地开一次碰头会,在合议庭成员完整阅卷的基础上,讨论案件处理方向和审理思路,规划好庭审中法庭调查、法庭辩论等环节的分工,做好各种可能性的应对预案,在充分准备的基础上,使得庭审顺利、高效、完整地完成审判任务。

4. 实质性合议

在建设工程合同纠纷案件中要切实发挥合议庭的作用,则合议庭必须对案件进行实质性的合议,而非仅仅是走个过场。合议庭成员应当抱着高度的责任心对待案件,应当做好吃苦耐劳的心理准备,完整、全面审阅案卷材料、了解各方证据材料。只有在对案件基本事实充分了解的基础上,再讨论案件的争议焦点才能够有的放矢。当对案件的定性、裁判思路的判断上存在不同意见时,不应当单纯坚持自己的意见,要站在公正、中立的第三者的立场,充分听取其他人的意见,不避讳争论和辨析,全面考量案件处理思路是否具有合理性。承办法官和审判长要注意避免先入为主,避免以自己的观点干扰其他合议庭成员;要及时向人民陪审员介绍案情和相关法律规定,听取其意见,切实发挥人民陪审员的居中协调、专业辅助等作用,避免不尊重人民陪审员的情况发生。

本篇小结

本篇站在法官的角度,阐述了法官拿到诉讼案件后,如何对建设工程合同纠纷案件进行初步的审查和处理。良好的开端是成功的保障。本篇强调的观点是:法官审理建设工程合同纠纷案件应当加强主动审查,将审判重心前移,这样才能最大程度上避免走弯路、做无用功。审查的内容有:主体、诉讼请求、请求权基础、管辖权、保全等,特别需要注意的是当事人约定仲裁或者约定的管辖违反级别管辖、约定管辖无效的情形等。此外,要特别注意送达中各种技巧的运用,打好送达第一仗。许多案件实际上无须开庭,即在送达阶段予以敦促撤诉、调解、裁定移送等方式处理,这样也可以大大提高案件的审理效率。

第三篇　合同静态审查

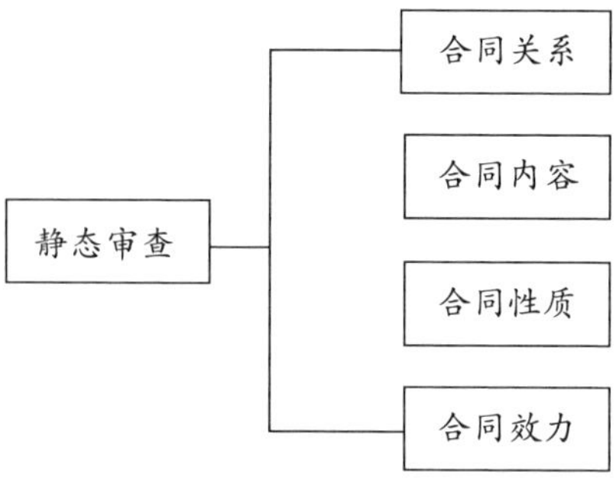

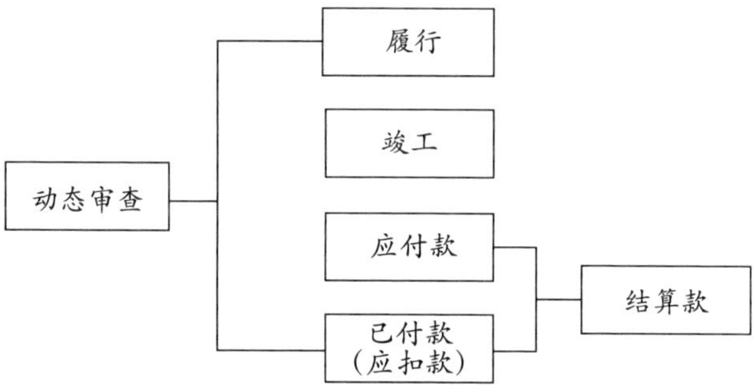

从本篇开始,进入建设工程合同纠纷的专业审理部分。在建设工程合同纠纷中,最常见的是工程价款纠纷,即总包人向发包人、分包人向总包人主张欠付工程价款等纠纷,该类纠纷占据了绝大多数。此类案件的审查,分为合同静态审查与合同动态审查两大部分。合同静态审查,指的是对合同基本要素进行审查,在合同订立之时,合同的要素基本已经定型。在以后的履行过程中,也基本不会出现大的变更。就如一个人,从出生的时候起,许多要素、属性就已经完整确定:是男孩还是女孩,民族是什么,属相是什么,血型是什么,父母是谁,单眼皮还是双眼皮,头顶旋儿是一个还是两个等。合同静态审查也是如此,由合同关系、合同内容、合同性质、合同效力依次递进。在确定合同效力之后,涉及的就是释明权的行使问题。但释明权行使并非仅针对合同静态审查的四部分。而是说,合同效力问题是作为裁判者在审判中需要注意并进行释明的最常见情况。

第九章
CHAPTER 09

合同关系

1. 请求权基础分析方法

在审理案件时，法官常采用的是法律关系判断法和请求权基础分析方法。前者适用的经典模型是形式逻辑三段论：作为抽象法律规定的大前提，作为具体案件事实的小前提，作为操作规则和法律效果的结论。针对所有的案件，裁判者都应尽可能全面分析案件涉及的各种法律关系，按照时间顺序注意考察所涉法律关系的"历史方法"是确保全面无遗漏的有效路径。但是该种方法缺陷也很明显：其往往缺乏针对性、过于迂回和烦琐。相比之下，请求权基础分析法在处理疑难复杂案件时，更能够直指案件争议焦点，故越来越受到欢迎。请求权基础，简言之，指据以支持一方当事人向他方当事人有所请求之法规范，或者通俗地说，认为一方有请求对对方为或者不为一定行为时的依据是什么。更通俗地说，就是指依据上的"凭什么"，而非事实上的"凭什么"。司马迁《史记·高祖本纪》曾记载："与父老约，法三章耳；杀人者死，伤人及盗抵罪。"刘邦与父老之约法三章，即为请求权基础。所谓请求权基础分析方法，是指根据请求权进行操作，以寻找解决纠纷的规范基础，这已成为当今德国最为流行的案例分析方法〔1〕。对于请求权基础的检视序列，王泽鉴教授的排序是：①契约上请求权；②无权代理等类似契约关系上请求权；③无因管理上请求权；④物权关系上请求权；⑤不当得利请求权；⑥侵权行为损害赔偿请

〔1〕 Dieter Medicus, Allgemeiner Teides BGB, 10. Aufl. , 2010, Rn. 77. 转引自朱庆育：《民法总论》，北京大学出版社2016年版，第563页。

求权;⑦其他请求权[1]。

就建设工程合同纠纷而言,首先,其属于合同纠纷,那么大部分的请求权基础必然是合同上的请求权,如支付工程价款、交付竣工资料、履行保密义务等;其次,部分案件的请求权来源于无权代理、无因管理等准契约关系的请求权;最后,若在建工程发生建筑物或者其他设施以及建筑物上的搁置物、悬挂物发生倒塌、脱落、坠落造成路人甲的损害的,所有人或管理人应当承担民事责任,但能够证明自己没有过错的除外。路人甲可依据侵权行为损害赔偿请求权直接对施工方提起请求。部分时候,也存在施工人对所有权人的侵权行为。当然,这是极少数的情况。

故而,对于建设工程合同纠纷,查明并明确原告的诉讼请求及相应的请求权基础,实为案件正确审理的基本前提。

2. 坚持合同相对性为原则,突破合同相对性为例外

绝大多数建设工程合同纠纷,请求权基础是双方之间口头或书面的合同中的约定。双方存在合同关系,则需要进一步审理合同关系中的具体约定;如果双方不存在合同关系,或者当事人希望突破合同的相对性,寻找其他非合同主体求偿,则必须要有法律法规的明确规定或其他充分的理由(如当事人单方承诺)等作为请求权的基础。故而查明当事人之间是否存在合同关系,系合同静态审查的首要要点。

在建设工程合同纠纷中,常见的纠纷类型有:发生于发包人(建设方)与施工总承包人之间的建设工程施工合同纠纷,发生于上下游承包人之间的建设工程分包合同纠纷,发包人(建设方)分别与监理人、勘察人、设计人之间发生的建设工程监理合同纠纷、建设工程勘察合同纠纷、建设工程设计合同纠纷,发生于业主或使用权人与装修承包人之间的装饰装修合同纠纷。此外,建设工程合同纠纷也包括挂靠人在被挂靠人与发包人怠于结算时代位提起对发包人诉讼的纠纷,以及实行工程总承包的情况下总承包人与建设方之间的纠纷。上述纠纷基本上遵从合同相对性原则,诉讼主体具有封闭性。

突破合同相对性的情况有:①案外人单方承诺或者提供担保,如某公司自愿为发包人支付工程款提供担保。②实际施工人根据《建设工程司法解释(一)》第43

[1] 王泽鉴:《民法思维:请求权基础理论体系》,北京大学出版社2009年版,第58页。

条第1款以实际施工人的身份提起对层层转包、违法分包无效的建设工程分包合同中的合同相对人的诉讼，仍未突破合同相对性。但若以该条第2款之规定，“实际施工人以发包人为被告主张权利的，人民法院应当追加转包人或者违法分包人为本案第三人，在查明发包人欠付转包人或者违法分包人建设工程价款的数额后，判决发包人在欠付建设工程价款范围内对实际施工人承担责任”，则明显突破了合同相对性。③根据《建设工程质量管理条例》第27条的规定：“总承包单位依法将建设工程分包给其他单位的，分包单位应当按照分包合同的约定对其分包工程的质量向总承包单位负责，总承包单位与分包单位对分包工程的质量承担连带责任。”发包人与分包人实际上并不存在合同关系，但基于该条对工程质量保障的特别规定，则可以突破合同的相对性。④代位权行使。《建设工程司法解释（一）》第44条规定：“实际施工人依据民法典第五百三十五条规定，以转包人或者违法分包人怠于向发包人行使到期债权或者与该债权有关的从权利，影响其到期债权实现，提起代位权诉讼的，人民法院应予支持。”⑤合作开发房地产合同一方当事人作为发包人与承包人订立建设工程施工合同，承包人请求开发房地产合同的其他当事人对发包人的建设工程价款债务承担连带责任的，是否应当支持，目前尚存在争议，《建设工程司法解释（一）》亦未明确。司法实践中亦不乏令开发房地产合同的其他当事人承担连带责任的判决。

3. 是否存在合同关系的判断

建设工程施工合同纠纷的原告，往往是建设工程施工合同的总承包人、分包人或者装饰装修合同的装修人，上述主体证明其与所诉被告之间存在合同关系是确定其诉讼请求主张的前提。如被告认可双方之间存在合同关系，或者虽然未明确双方之间是否存在合同关系，但是提出的抗辩理由仅仅是合同未得以全面、适当的履行，如原告未按照图纸施工、已付款项超过欠付工程款、工程存在质量问题等，则双方之间存在合同关系基本没有异议。当被告明确提出双方不存在合同关系，并对合同履行行为全部否认时，有必要完整审查双方是否确切存在合同关系。《民事诉讼法司法解释》第91条规定：“人民法院应当依照下列原则确定举证证明责任的承担，但法律另有规定的除外：（一）主张法律关系存在的当事人，应当对产生该法律关系的基本事实承担举证证明责任；（二）主张法律关系变更、消灭或者权利受到妨害的当事人,应当对该法律关系变更、消灭或者权利受到妨害的基本事实承担举证证明责任。”据此,首先应由原告进行相应的举证,证明双方之间存在合同关系。实践中的三种情况如下:

(1)原告举证双方之间存在书面的合同以及履行合同的证据,则基本可以认定双方存在合同关系

其中书面的合同,既可以是正式的双方签字盖章的合同,也可以是补充协议、纪要,书面合同还包括以电子形式作为载体的电子邮件等。履行的证据包括技术联系单、签证单、验收材料、结算文件、进度款支付证据等。作为被告,其抗辩的角度往往是合同虚假,非有权人签订,以及履行证据仅代表原告实际施工了一部分而并不能证明系被告指示,要求原告施工。除此之外,被告还应当对双方之间的证据进行合理解释说明,如为什么会产生已付款项,该款项是受何人指示支付,双方为何会达成部分签证等。在此基础上,进一步提供反驳主张所对应的证据。对于这些证据法官应当进一步核实、调查。当被告提供的证据不能被认定、其解释说明不合理时,应当认定双方存在合同关系。

案例9-1 ▶ 案由:建设工程分包合同纠纷

原告:朱某。被告:某建筑安装公司。

【案情】原告诉请被告支付欠付的桩基工程款38万元以及自2013年9月30日起按银行同期同类贷款利率支付违约金。事实与理由:2013年7月12日,原、被告双方签订《桩基工程承包合同》,约定被告承建的某液压机械有限公司厂房、车间工程项目中的桩基工程由原告施工。原告依约完成施工后,被告确认工程量,并分别于2013年12月、2015年2月支付工程款50万元、27万元,余款38万元一直拖欠未支付。此外,按照合同约定,被告应支付原告桩基进退场费1万元,设备进场三个月的管理费0.45万元,被告也未支付。故被告尚欠原告工程款39.45万元。该工程项目早已竣工验收完毕且交付使用,但被告一直拖欠不支付。

被告提出抗辩,认为原、被告双方不存在合同关系,合同系案外人假冒被告名义签订的。

经审理查明:原告系《桩基工程承包合同》的乙方,合同中甲方抬头为被告,

但实际落款是名为“顾新璋”的个人，且并未加盖任何印章。所谓《桩基工程量签证单》，加盖的是被告的项目部印章、监理单位印章及建设单位印章，主要内容为对精工车间、液压车间和设备基础的桩尖头和工程桩的工程量进行确认为1598m^3。原告既不能提供“顾新璋”的个人身份情况，也不能证明其参与了《桩基工程量签证单》的形成。证据上对其较为不利。

【审理】本案的审理按照以下步骤进行：(1)被告对合同关系的存在提出抗辩。(2)被告对其作为施工总承包方、涉案工程桩基属于其承包范围而不属于业主单独发包的事实没有异议。(3)被告认为桩基是由其自己施工的并提供验收记录等证据。(4)被告不能合理解释曾经通过银行承兑汇票的方式支付给原告两笔工程款分别为50万元和27万元。(5)原告提供的《桩基工程承包合同》上注明的沉管灌注桩的型号与《桩基工程量签证单》中的型号一致，均为φ426。(6)原告补充提供了商品砼送货单、发票、汇款记录等证据证明其实际完成了桩基的施工。

经过开庭审理释明，原告提供的证据已经足以证明涉案工程系由其施工，被告有义务解释，如果双方不存在合同关系，为什么涉案桩基工程由原告施工且支付了77万元的款项给原告。被告如对其抗辩主张未提供相应的证据，将承担相应的不利后果。庭后被告自行与原告协商，在第二次开庭前双方达成了和解，随后原告撤回了起诉。

【评析】首先，原告的诉讼请求中要求支付违约金，显然是不当的诉讼请求，应予释明。其次，原告提供的证据实际上也存在较大的问题。一方面，其并没有“顾新璋”有权代表被告或者构成对被告的表见代理的证据；另一方面，被告作为施工单位与业主、监理签订的《签证单》中仅仅确认了工程量，即使确认了工程价款，对原告而言也不具有参考价值。所幸原告提供的证据能够证明涉案的桩基工程系其施工的。所以，本案如果进入了第二次开庭程序，一旦被告不认可原告提供的《桩基工程承包合同》中约定的价格，则应当视为约定不明而采用定额计价的方式确定工程价款。由于定额计价往往会比市场价更高，这样反而对被告更加不利。

(2)原告举证双方之间存在书面的合同或中标通知书，但缺乏有关合同实际履行的证据，则双方不一定存在合同关系

常见的情形是，发包人虽然与承包人签订了建设工程施工合同，但由于一直未

能办理有关的审批立项手续,建设工程合同从未得到实际履行;发包人虽然与承包人签订了建设工程施工合同,但实际上发包人"一女二嫁",又与其他承包人签订了建设工程施工合同;招标人向中标人发出中标通知书后,一方并未按照《招标投标法》第46条第1款的规定履行订立书面合同的义务。在上述情况下,原告仍然有必要进一步举证合同是否履行,如未履行是什么原因等,而被告几乎没有举证的义务。建设工程施工合同系双务、有偿合同,承包人负有先履行合同之义务,只有履行了相应的施工义务,才能获取对价给付,即相应的工程款。否则,如果仅仅是签订了合同而实际未履行,则只能要求返还相应的履约保证金、以缔约过失为由要求赔偿损失等。

案例9-2 ▶ 案由:建设工程分包合同纠纷

原告:某沥青公司。被告:达力交通建设工程公司、张某。

【案情】原告诉请要求两被告连带支付原告工程价款120万元及利息。事实与理由:原告与张某于2013年8月签订《沥青砼工程施工协议》,该合同甲方抬头为被告达力交通建设工程公司,合同落款处系被告张某签名,约定被告将某公路交通工程的沥青路面分包给原告施工,双方对沥青的单价、石料的产地等作出约定。后该工程于2014年7月竣工并通车,但双方并未结算工程款,被告也未支付任何款项。诉讼中原告提供了《沥青砼工程施工协议》《公路工程竣工验收鉴定书》《审计结算书》。

被告达力交通建设工程公司与张某抗辩称:被告达力交通建设工程公司系涉案工程的施工总承包方,张某系其项目经理,对于张某与原告签订的《沥青砼工程施工协议》,被告达力交通建设工程公司予以认可。但由于原告资金与供料不足,其并未施工。两被告提供了其与案外人之间在同一时间形成的《沥青砼工程买卖协议》、款项支付凭证计89万元及普通增值税发票等证据。

原告认为,被告达力交通建设工程公司系专业的市政道路施工单位,不排除被告提供的证据系其与案外人在其他项目中的买卖关系。

【审理】经开庭审理释明,原告未能补充其履行《沥青砼工程施工协议》的证据,如送货单、施工记录、铺摊机、压路机等进场记录等。其所主张的工程量的记录,也仅仅是从第三方审计机构出具的报告中复制所得,原告的主张与其可提供或应当提供的证据极不相符。而两被告提供的证据,能够形成完整的证据链,综合来看更加具有合理性。故最终以原告主张的证据不足为由,驳回了原告的诉讼请求。判决后,双方均未提起上诉。

【评析】本案涉嫌虚假诉讼,原告恐怕确未实际施工。本案的起因,也许就在于双方签订合同后,两被告发现原告所给的报价与案外人的报价相比过高,故不让原告施工。但这并不代表原告可以违背客观真实,仅凭合同来主张其并未施工的工程价款。此外,**建设工程合同纠纷中,工程款从未支付的情况不多,遇到当事人主张工程款从未支付的情况,应当特别注意,双方是否存在恶意串通的情况、合同是否约定全额垫资还是另有隐情,根据具体的承包范围、方式,审慎审查双方的履行情况,能够尽最大可能发现案件真实情况。**

(3)原告未能举证提供双方之间存在书面的合同,虽然原告提供了相关履行施工的证据,双方也不一定存在合同关系

原告虽然拥有其已经履行施工的证据,但并不代表其合同相对人就是被告。其中的原因主要在于建设工程施工过程中,可能存在众多复杂的情况,代为施工、抢工期、支解发包、违法分包等各种现象层出不穷。如建设工程中存在发包人、施工总承包方,施工总承包方将部分专业工程分包给原告。原告履行了专业分包范围内的内容,则其合同相对人为施工总承包方。但是如原告在施工过程中,施工总承包方的其他分包人或者发包人要求原告施工的其他部分(甚至可能不在施工总承包方的承包范围),则很难让施工总承包方承担责任,而应当坚持"**谁让你来干活、你问谁要钱**"的一般性原则,除非相关当事人予以认可。我们试着用以下的案件予以解释说明,施工过程中"瓜田李下"的事情应如何处理。

案例 9-3 ▶ 案由:建设工程分包合同纠纷

原告:干某,系个人。被告:中核公司,系施工单位。

【案情】原告诉请要求被告中核公司支付欠付的工程款 13.5 万元。经审理查明:2014 年,被告先后与业主某国有企业签订了 3 份有关年度港区内设施零星维修、道路维修、堆场排水沟维修、通用泊作业队雨棚、大门等维修合同。其

中某6号泊码头水管修理工程、厂区道路标牌及减速带均由原告施工完成。原告主张已完工程款价款为14.5万元。其间，被告的法定代表人个人曾汇付原告1万元。原告认为，其多年在该国有企业内承揽部分零星工程，业主较为认可。但该国有企业制度较为规范，不允许存在支解发包，故所有维修部分的款项均需要从总包单位经过。为此，业主单位的代表在办公室中表示其中某6号泊码头水管修理工程、厂区道路标牌及减速带等部分承包给原告时，被告的法定代表人是默示同意的。

被告认为，原告施工属实。被告与建设方签订合同后，将合同项下的工程均转包给了朱某、王某个人，原告的合同相对人系朱某和王某二人。现朱、王二人下落不明，二人尚余部分质保金在被告处。原告应当起诉朱、王二人。至于履行付款1万元，是出于人道主义帮助，虽然没有朱、王二人的同意，但是为了解决原告的困难，将朱、王二人的质保金遗留部分先行支付给原告。但现在原告在朱、王二人不在的情况下主张所有工程款，被告不予承担。

其后，原告为了补强证明其与被告存在合同关系，提供了一组长达15分钟的录音，时间系在本案起诉之前，原告向被告的法定代表人追讨工程款。但录音中能够反映出来的是，原告不断向被告法定代表人询问："朱、王二人现在能否找到？其尚留工程款多少？能否涵盖我的工程款？……"

【审理】本案经调解，被告一次性履行完毕，原告撤回起诉。

【评析】原告实际施工了部分工程，但是其与被告是否存在合同关系、原告的合同相对人究竟是谁，是业主、总包方被告，还是朱、王二人？这是本案审理必须要先解决的一个难题。根据原告的陈述，业主的相关代表曾要求原告进行施工，同时也和被告说过，被告也默认了，被告认为其与朱、王之间存在转包关系（尽管很明显是违法的），所有工程均应当由朱、王二位分包出去。对原告而言，最大的问题就在于其不清楚是谁同意其施工的。名义上是业主，但鉴于所有工程都处于总包方的合同范围内，又似乎是总包方。然而原告提供的证据录音，不仅不能补强其要证明的"总承包方被告是其合同相对人"，反而会让人觉得其很关心"朱、王二人的工程款质保金"，那么加上被告所称的其将涉案工程整体转包给朱、王二人，将朱、王二人认定为原告的合同相对人也不无道理。

本案的突破点在于已付款1万元。在朱、王二人下落不明且被告并无朱、王二人的授意下,被告支付给原告1万元,且不能说明款项的其他用途,应当说是一个对原告较为有利的证据,被告向原告支付了部分付款,从侧面能够证明双方存在"法律关系",对于这种法律关系的性质被告无法合理解释的,则推定其与原告之间存在合同关系。

综合上述三个案例可以看到,书面合同首先是判断双方是否存在合同关系的直接证据、初步证据、有效证据。一般存在书面的合同,认定双方合同关系成立没有问题。如果双方没有书面的合同且对方提出存在合同关系或者合同相对人进行抗辩,则原告首先要证明涉案工程的一部分或者全部确实是由其施工的。如果不能证明,那么其主张基本不能成立。如果原告能够证明确实由其施工,则应当发生举证责任转移的后果,即由相对方合理解释:既然与原告不存在合同关系,为什么原告进行了施工;相对方有没有将该部分工程分包给其他人;是否有确切的证据予以证明。此外,原告如果有已付款、签证单等均可以作为补强证据证明双方合同关系的存在,被告对有关的抗辩亦有相应的举证义务。

简言之,对于无书面合同的案件,各方的举证责任分配大致如下:

如何确定原告实际施工——原告;

如何确定原告施工的范围——原告;

如何确定原告施工完成并合格——原告;

谁让原告来施工——原告与被告;

被告(总包、发包人)如何解释原告在其工地内施工——被告;

原告施工的工程价款几何——原告;

有无印证的其他证据(结算书、联系单、签证单、付款记录、通话录音)——原告与被告。

所以,在无书面合同的案件中,一般原告的举证责任较重,没有合同就进场施工的承包人,同样几乎不可能具有相应的法律意识来懂得收集证据、保护自己的合法权益。故此种案件,在充分释明原告的诉讼风险并取得其理解后,存在较大的调解基础。但如果被告缺席或者公告,则原告诉讼风险非常大,几乎难以支持。

案例9－4 ▶ 案由:装饰装修合同纠纷

原告:广成广告公司。被告:秉天房地产开发公司。

【案情】原告诉请判令被告支付装修工程款12.8万元并赔偿自起诉之日起按中国人民银行同期同档次贷款基准利率计算至实际履行之日的逾期付款利息损失。事实与理由:2017年7月,经朋友唐某介绍,被告工作人员余某与原告达成口头协议一份,约定原告承包被告秉天城市花园项目1#地块高层清水样板房装修工程。原告于2017年8月完成施工,其间余某及其他工作人员章某、曹某等均就样板房如何设计、布置、施工、涂刷、喷绘等进行沟通,原告也将部分设计方案发送余某等人的电子邮箱。同年年底,原告联系余某催讨工程款,余某称已经将原告提交的12.8万元的结算单报送至集团公司审批,但集团公司未予批准,并要求扣减25%的结算价款。对此,原告不同意。其后,原告到被告处催讨工程款,被告知余某等人均已离职。现原告于2018年2月发现涉案样板房已经被出售,相关装修已经被拆除。故诉至法院。

被告辩称,被告与原告不存在合同关系,双方没有合同,余某等相关人员已经离职且无法联系。被告不能确认原告是否施工、为谁施工、施工是否完成、施工质量是否合格、施工的工程量是多少、工程造价如何约定等基本要素,请求驳回对被告的起诉。

【审理】一方面,法庭向原告释明诉讼风险:合同计价方式约定不明及现场不复存在,将导致无法通过鉴定的方式确认工程价款,如果原告穷尽一切手段,均无法举证其施工的工程造价,则可能存在较大的诉讼风险,更不要说被告提出的其他异议。另一方面,敦促被告实事求是,积极想办法与前员工余某等人取得联系,询问原告是否施工、工程量多少等情况,要凸显大企业的姿态,以解决问题为导向而不能计较单个诉讼案件的得失。最后,原告将其施工前后的照片、单方主张的清单、现场视频等材料提交给被告,被告经过审核后,与原告达成和解协议,双方签订补充合同,原告开具相应的发票后,被告一次性支付款项。

【评析】从诉讼的角度,本案只要被告提起工程价款的抗辩或者被告缺席诉讼,原告就难以完成其举证义务,诉讼结果必然对其不利。从客观真实的判断上看,原告确实履行了施工,但是谁将工程承包给原告等问题已经无法查清,更不要说工程价款等事实。此种案件，对原告而言可能完全无法得到支持，故在调解时往往能够做出较大的让步。

案例9－5 ▶ 案由：装饰装修合同纠纷

原告：浩然装饰有限公司。被告：1942酒吧（个体工商户），经营者为贺某。

【案情】原告诉请被告支付装修工程款132万元并承担相应的逾期付款利息。原告主张的事实与理由：展南储系被告1942酒吧的实际控制人。2015年9月，展南储将1942酒吧的新装修工程发包给原告施工，施工内容包括1楼至3楼室内拆除、改造、装修，舞台设备、升降机、中央空调的采购与安装等，但双方没有签订书面的合同。2015年11月，涉案工程装修完毕。经原告单方计算，装修工程总造价为185万元。2016年2月、6月，展南储分别通过案外人转付工程款20万元、30万元，合计50万元。但余款一直拖欠未付。后展南储因“涉黑”卷入刑事案件，其后被告1942酒吧也陷入停业状态，经营者贺某下落不明。

原告提供的证据有：（1）个体工商户登记情况，证明贺某是被告1942酒吧的经营者。（2）工程预算书，证明涉案工程造价为185万元（仅有原告单方印章，另有金某签字，但备注“签字与价格无关”）。（3）银行交易明细清单，证明原告先后进账20万元、30万元，但汇款人不清。（4）装修工人证人证言4份，证明原告施工了涉案工程。

【审理】首先，向原告询问装修的邀约究竟是由谁发出、装修过程中谁代表发包人指挥管理，原告称展南储也是别人介绍，没有正面接触，施工中是一些“马仔”指挥管理，叫“小鸥”“亮哥”“黑三”等绰号，具体姓名、身份信息等不清楚。其次，虽然展南储被刑事羁押，但法官传唤了其妻子沃某及其堂弟展南似询问相应情况。沃某称不清楚展南储在外经营情况，但酒吧所在的房屋是夫妻共有的产权。展南似表示其时任酒吧收银，酒吧有数人经营，但名义上的经营者贺某背井离乡多年，并未参与经营。装修的事情多人在接头，也不清楚是谁的指令。

其后，法官与原告进行沟通，指出本案诸多无法回避的问题：（1）原告的合同相对人究竟是谁，展南储、介绍人、贺某还是1942酒吧本身？（2）原告有无证据证明工程已经装修完毕,能否提供验收单或者实际投入使用的证据? (3)原告完成的工程量是多少? 能否用证据证明? (4)原告所完成的工程造价,能否通过司法鉴定予以确定?

在如此多的问题无法回避的情况下,原告赢得诉讼的唯一出路在于展南储认可其是合同相对人、认可欠付工程款并对金额予以确认。但展南储所涉刑事案件影响重大,短期内无法取得进展,民事案件法官也无法联系开庭,所以条件也不成熟。最后,原告与其代理人认识到本案的复杂性和证据收集的难度,撤回了起诉。

【评析】原告提供的证据,既不足以证明其合同相对人,也不能证明其实际完成了施工、涉案工程已经投入使用,更不能证明涉案工程造价,且无法通过司法鉴定的方式予以确认。原告的诉讼风险极大。本案为无合同案件举证异常困难的典型。

4. 有权代表情形下的合同相对人

有权代表,指的是代表人因职务行为或者经被代表人授权,与第三人发生法律关系,其法律后果一般由被代表人承担,此亦符合基本的法理。但在诉讼实践中,可能存在代表人有履行能力而被代表人缺乏履行能力的情况,当事人为了提高受偿的可能性,在诉讼过程中同时提起了对代表人和被代表人的双重诉请,要求其承担共同责任或者连带责任。在此种情况下,法官应当进行释明,让原告明确其所认为的合同相对人到底是哪一方。如果原告不予明确或者仍然选择代表人系其合同相对人,则可能承担案件完全败诉的风险。

案例9-6 ▶ 案由:建设工程合同纠纷

原告:某建材装饰服务部(个体工商户)。被告:章某、许某,分别系被告华光建设公司的项目经理及法定代表人,被告发达电梯制造公司系建设方。

【案情】原告诉请章某、许某共同向原告支付工程款43万元及利息,被告华光建设公司承担连带责任,被告发达电梯制造有限公司在未付款项内承担连带偿付责任。经审理查明的事实如下:2016 年 7 月,被告华光建设公司与发达电梯制造公司签订了《建设工程施工合同》,约定华光建设公司作为施工总承包单位,承包涉案工程,合同对工程价款、承包范围、质量标准、工期等作出约定。其后,章某、许某就涉案工程签订了《工程项目管理经济承包合同》,约定本项目由该二人内部承包,所得利润或者产生亏损均四六开。2017 年 1 月,被告章某将涉案工程钢结构部分的部分不锈钢栏杆、扶手的生产及安装分包给原告,但双方没有签订书面的合同,仅约定随后将相应的钢材等材料发送到工地现场并组织工人进行施工。2017 年 4 月,原告完成施工后,向被告章某追讨工程款,章某先后向原告出具《分包工程款、人工费结算会签表》两份,确认尚欠工程款 43 万元,按照进度分别应支付 36.55 万元和 6.55 万元,章某个人签字。2017 年 5 月,原告仍未取得工程款,再次向章某催讨。章某向原告提供《华光建设公司工程用款申请书》,载明就发达电梯制造公司建设工程项目,华光建设公司同意支付不锈钢材料及人工费合计 43 万元,章某作为项目经理签字确认。但华光建设公司仍然未支付。截至起诉之日,华光建设公司已经陷入重大经营困难,资不抵债,被告章某可能有一定履行能力。

【审理】在审理中,由于原告的施工系包工包料,不是劳务清包工。根据当时有关实际施工人的司法政策,经法官释明,原告放弃了对被告发达电梯制造公司的起诉,但其认为章某与徐某系合伙关系,故要求二人承担连带责任。

在庭审中,法官就原告的合同相对人问题进行释明:“原告,本案的争议焦点系原告的合同相对人是章某还是华光建设公司。根据目前已经查明的事实:原告不能提供书面的合同;原告施工的部分在华光建设公司承包的范围内,原告提供的用款申请单上注明章某系华光建设公司的项目经理,三被告也认可章某系代表华光建设公司的职务行为,故原告的合同相对人基本可以确认为华光建设公司。你方主张的法律关系与法庭查明的不一致,你方是否变更相应的诉讼请求?如不予变更,可能存在全案驳回的法律风险,当然变更也不代表必然胜诉。(释明法律风险告知)”原告及代理人回答:“法律风险我方清楚,经过考虑,我方坚持不变更诉讼请求,我方坚持我方的合同相对人系章某个人而不是华光建设公司。”后经调解无望,法院依法作出判决,驳回原告的全部诉讼请求。原告不服一审判决,提起上诉,二审予以维持。原告仍然不服,提起再审申请,仍然被驳回。最后，原告重新以华光建设公司为合同相对人作为被告起诉，要求支付工程款。但华光建设公司现已无法联系，只能公告送达。案件在立案近半年后才宣判支持原告的诉讼请求。

【评析】原告立案时起诉了四个被告，属于典型的“胡子眉毛一把抓”。但是，正如寻医问药，并非越多越好。被告主体、诉讼请求、提交的证据也是如此。如原告仅提供《分包工程款、人工费结算会签表》且只起诉章某个人，则主张其与章某存在分包关系，尚有一定的余地。但原告自己已经起诉了多被告，且提供的《华光建设公司工程用款申请书》已经明确了章某是代表华光建设公司的职务行为时，显然无可挽回。原告本在一次诉讼程序就可以解决的事项，走了四次程序且浪费了更多的诉讼费，可谓得不偿失。此外，有关释明权本书已经一再提及。本案即为典型的应对释明失败，实在不知是代理人不明白还是无法向当事人解释并引导其接受。令人叹息！

5. 表见代理情形下的合同相对人

表见代理制度首先体现在原《合同法》第49条：“行为人没有代理权、超越代理权或者代理权终止后以被代理人名义订立合同，相对人有理由相信行为人有代理权的，该代理行为有效。”《民法典》第172条延续了原《民法总则》第172条的规定：“行为人没有代理权、超越代理权或者代理权终止后，仍然实施代理行为，相对人有理由相信行为人有代理权的，代理行为有效。”这对表见代理又作了确认。有观点认为，该制度通过让事实上未授权予他人者如同已授权者一样进入合同关系，使相对人仍然能够得到其所欲获得的合同关系，同时也维护了正常的代理秩序[1]。表见代理的实质是无权代理，但法律拟制由被代理人承担代理行为有效的法律后果。所以，在涉及表见代理情形下，表象关系与实质关系产生了分离，不能认为被代理人与相对人直接发生了合同关系——被代理人是相对人主观上的合同相对人，在表见代理情形下，相对人得以直接请求被代理人承担代理行为的后果，但不得同时要求代理人承担责任。

---

〔1〕 叶金强：《表见代理中信赖合理性的判断模式》，载《比较法研究》2014年第1期。

案例9-7 ▶ 案由:建筑设备租赁合同纠纷

原告:某钢管配件租赁站(个体工商户)。被告:某建筑施工企业、林某(项目经理)。

【案情】原告诉请要求两被告共同支付脚手架租赁费41万元、赔偿未归还钢管配件价值56万元。事实与理由:2017年4月,林某持被告建筑施工企业的项目部印章与原告某钢管配件租赁站签订了一份《脚手架租赁合同》,约定原告向被告建筑施工企业作为施工总承包方的某敬老院房屋建造工程提供脚手架租赁,双方对暂估数量、租金、租赁期间及违约责任等作出约定。其后2017年5月至9月期间,原告根据林某的要求多次提供脚手架。2017年11月,林某再次要求原告提供脚手架钢管和配件,原告对涉案所需如此多的材料有所怀疑,但还是予以提供。2018年1月,原告向被告某建筑施工企业催讨租赁费时,方知林某实际上已经于2017年8月离职,且2017年11月涉案工程已经完工,原告提供的脚手架下落不明,不清楚被相关人员倒腾到哪里去了。原告据以提起诉讼,认为林某2017年11月要求原告提供脚手架钢管和配件的行为构成对被告某建筑施工企业的表见代理,故要求双方共同承担责任。

【审理】在审理中,法官要求原告明确诉讼请求的法律依据。后原告撤回了对被告林某的起诉。

6. 挂靠情形下的合同相对人

挂靠,就是借用资质。建筑业中挂靠现象普遍存在。挂靠人(可能是个人,也可能是不具有相应资质的企业)能够承包相关工程,但不符合相应的条件。被挂靠人享有资质,但可能拿不到项目。于是双方同谋,由挂靠人向被挂靠人支付相应的金额或者工程价款一定比例的挂靠管理费,就工程本身,由挂靠人自负盈亏、自行组织。挂靠人在工程施工的过程中,以自己的名义或者以被挂靠人的名义对外签订建设工程分包合同、买卖施工材料、租赁建筑设备等。合同形式要件上也往往有所欠缺,如落款处可能就只有挂靠人签字或者加盖技术专用章,甚至技术专用章上注明“仅用于技术事项,如用于经济事项无效”等。对于分包合同的下家、供货方、出租方等合同相对人主体是否清楚挂靠人与被挂靠人之间系挂靠关系,情况不一而足,且很难予以证明。需要强调的是,实践中,案外人要证明两被告之间系挂靠关系,从举证的角度是较为困难的,因为案外人往往很难拿到挂靠协议。而诉讼中,对于合同相对人的判断和取舍往往也是重要的问题。故发包人签订合同时即知晓甚至促成挂靠人挂靠施工单位进行工程承包时,可以"揭开面纱",认定发包人与挂靠人之间存在事实上的建设工程施工合同关系。在对外关系上,当挂靠人以自己的名义对外签订合同时,对方即使清楚其系挂靠在被挂靠人处经营,合同相对人也应当认定为挂靠人,这里实际上是主客观一致的情况。当挂靠人以被挂靠人的名义行事,对方也确有理由相信挂靠人代表被挂靠人(如提供代表关系或表见代理的证据),则合同相对人应为被挂靠人,奉行的还是客观交易第三人标准。所以,合同关系、合同相对人本身是建立在自我认识的基础上,以尊重意思自治为原则。实质上,在各地区关于挂靠关系确定存在、对外承担何种责任的标准不一的情况下,讨论合同相对人的意义并不大。

7. 指定分包情形下的合同相对人

"指定分包",也称"甲定分包",指总承包人根据发包人的指令将承包工程中的某些专业部分交由发包人选择或指定的分包人来完成。实践中,所分包的内容往往是利润较高的部分,如装修、水电、幕墙等,这实际上压缩了总承包人的利润空间。指定分包存在以下三种表现方式:(1)由总承包人与发包人指定的分包人签订分包合同,并由总承包人对指定分包工程进行施工管理。(2)分包合同仍由总承包人与指定分包人签订,但在实际施工中,该分包工程的管理、付款、结算均由发包人进行。(3)发包人未经总承包人同意,直接将某项工程分包给分包人,并直接签订合同,分包人直接对发包人负责。在指定分包情形下查明合同相对人,仍然从合同形式、施工管理、款项交付、工程结算等角度进行。在第(1)种情况中,总承包方往往与分包人签订书面的合同,并且在总承包人向业主报送结算时,根据分包工程价款收取相应的总包管理费或者总包配合费。一些地方定额中也有相应的规定,如发包人要求总承包人对分包的专业工程进行总承包管理和协调,同时要求提供配合服务时,总包单位可按分包的专业工程造价的1% ~4%向发包方计取总承包管理、协调和服务费;分包单位则不能重复计算相应费用[1]。在这种情况下,分包人的合同相对人仍然是施工总承包人。第(2)种情况最为复杂。虽然分包合同系由总承包人和分包人签订,但其往往仅出于项目报批等需要实际上却没有履行,实际上总承包人对分包人并无合同上的权利义务,也没有约束能力,故发包人往往被认定为实际的合同相对人。第(3)种情况并不是严格意义上的指定分包,实际上应属于独立承包,且往往构成支解发包,那么分包人的合同相对人应当确定为发包人。

8. 多份合同能否一并诉讼

有时,原、被告双方有历史合作基础,双方签订有多份建设工程施工合同或者建设工程分包合同。那么,一方能否在同一个案件中,提起对多个合同的起诉呢?笔者认为,本着方便诉讼、解决矛盾纠纷的角度,应当采取能一并诉讼则尽量准许的原则,按照以下几种不同的情况进行区分:如果几份合同性质不同,法律关系不同,则不能一并诉讼;如果几份合同之间没有任何关联,如分处不同的地理区域,则应当分开起诉;如果几份合同系同一工程的不同标段、单位工程,则可以合并处理;如果几份合同达成一份总的结算且无法区分各个合同项下的具体金额,则应当在同一个案件中处理,即使部分合同涉及的工程在法院专属管辖之外而可能存在不具有管辖权的情形;如果多个合同系同一承包工程的合同变更问题,则视为补充协议与原协议的关系,应当一并诉讼。

案例9-8 ▶ 建设工程勘察合同纠纷、建设工程设计合同纠纷

原告系某建设设计研究院,具有勘察和设计双乙级资质。被告为某发包人。

【案情】原告诉请判令被告支付设计费11万元及工程勘察费5.7万元,并分别承担二者的违约金(诉讼请求未分立)。事实与理由:2018年3月,原告与被告分别订立《建设工程设计合同》《建设工程勘察合同》,约定原告受被告委

[1] 《浙江省建设工程施工费用定额》(2010版),中国计划出版社2010年版,第23页。

托对某物流仓储中心项目进行工程设计及工程勘察,双方对费用、支付节点、付款方式、违约责任等均作了约定。其后原告完成了相应的设计和勘察工作,却因被告单方原因停建。故原告要求被告承担付款责任并支付违约金。原告提供了《建设工程设计合同》《建设工程勘察合同》及《某物流仓储中心项目岩土工程勘察报告(详勘阶段)》《施工设计图》等证据。

【审理】在庭审中,法官向原告释明:建设工程勘察合同与建设工程设计合同系不同的法律关系,不能在同一个案件中一并处理,原告可以作出选择对其中一部分进行切割,切割后的部分可以另案提起诉讼。原告当庭表示就建设工程设计合同部分的诉请在本案中予以撤回,并保留另案主张的权利。

【评析】本案的立案案由为建设工程合同纠纷,虽然包含了建设工程勘察合同纠纷及建设工程设计合同纠纷两个子案由,且原、被告双方当事人一致同意,但仍系不同的法律关系,原告主张的款项性质分别为勘察费、设计费,释明后引导原告对部分主张进行切割,有利于对案件进行简单明了的处理。

案例9-9 ▶ 案由:建设工程施工合同纠纷

原告:中浩工程公司。被告:某医疗产品制造公司。

【案情】原告诉请判令被告支付两合同项下欠付的工程款156万元及利息23万元。事实与理由:2017年7月,原告与被告签订了《某医疗产品制造公司沥青槽移位及配套管线改造工程承包合同》,约定原告承包被告发包的工程,承包范围为沥青槽改造、重复移位以及配套的土建、设备、管线、电仪以及装卸台旁蒸汽管线改造配套的管线安装等工作,详见合同附件《工程量清单》,合同价款为固定总价59.4万元,合同还对工程质量、结算、工期、材料供应等作出约定。其中,甲方(被告)的工作内容之一为向乙方(原告)提供施工图,满足施工需要,负责提供水准点和坐标控制点,组织技术部门向乙方进行技术交底及安全交底。经审查辨识,该合同为工程量图纸包干、合同价款为固定总价的建设工程施工合同。

同年9月,原、被告双方再次签订《某医疗产品制造一期扩建工程外接蒸汽项目工程承包合同》,约定原告承包被告发包的工程,工程范围为北部罐区至案外人某能源公司环保间的蒸汽管道工程，包括：钢套管直埋式保温管和无缝钢管预制安装、防腐保温、试压吹扫，阀门管件安装以及相关土建和钢结构工程。乙方的工作内容之一为自主设计图纸并经甲方审查，对外采购甲方指定品牌的设备及安装、施工等工作。经审查，该合同为承包人包设计、采购和施工的EPC工程。但乙方并无设计资质，也未委托有设计资质的单位进行设计。

以上两份合同均未经招投标，涉案工程经过有关规划、建设等行政主管机关的审批。

【审理】两份合同的性质不同（前者是建设工程施工合同，后者是建设工程总承包合同）、合同效力不同（前者是有效合同、后者是无效合同）、合同施工范围不同，尽管两份合同的签订主体相同，但仍然属于不同的法律关系，法官向原告、被告双方释明。双方一致同意在本案中两份合同一并进行解决。随后，法官要求原告对其诉讼请求中的欠付工程款和利息按照两个合同进行分立并明确，案件继续审理，最后本案调解结案。

【评析】两份合同的效力、性质不一样，在判决主文时应当分开处理。本案实际上可以分立成两个案件处理，诉讼会较为清晰，法官往往也会更加喜欢。但是如果采用了调解方式，则案件在同一个案件中调解的可能性相对更大。否则，当两个案件由不同的法官承办时，可能会使得调解更加费力费时。

第十章
CHAPTER 10

合 同 内 容

合同内容指的是合同中有关双方权利义务的具体约定。在确定双方确实存在合同关系后,第二步就是在此基础上确定双方之间的合同内容具体是什么。在建设工程合同纠纷中,可以从以下几个方面进行详细辨析。

1. 合同形式

这里的合同既包含了前期招标文件、投标文件、中标通知书,签订的协议书、合同,也包括在施工中出现的各种补充协议、纪要、签证等。常见的建设工程施工合同如果系经过有关部门正式立项报批、履行正当手续的,双方往往会在建设行政主管部门发布的《建设工程施工合同(示范文本)》(GF－1999－0201)、《建设工程施工合同(示范文本)》(GF－2013－0201)、《建设工程施工合同(示范文本)》(GF－2017－0201)的基础上拟定并报经有关部门备案。示范文本由三部分组成,分别是:协议书、通用条款和专用条款。采用示范文本签订的建设工程施工合同,规范性较强,双方在协议书中明确了合同组成和解释顺序,在专用条款对合同内容作出特别约定。如果专用条款与通用条款不一致的,按照专用条款处理。如果专用条款没有特别约定,则按照通用条款进行。

《建设工程施工合同(示范文本)》(GF－2017－0201)中合同协议书第6条规定:“本协议书与下列文件一起构成合同文件:(1)中标通知书(如果有);(2)投标函及其附录(如果有);(3)专用合同条款及其附件;(4)通用合同条款;(5)技术标准和要求;(6)图纸;(7)已标价工程量清单或预算书;(8)其他合同文件。在合同订立及履行过程中形成的与合同有关的文件均构成合同文件组成部分。上述各项合同文件包括合同当事人就该项合同文件所作出的补充和修改，属于同一类内容的文件，应以最新签署的为准。专用合同条款及其附件须经合同当事人签字或盖章。”

所以，建设工程合同的形式载体与其他有名合同相比较，种类繁多。司法实践中，更有双方新的确认、和解、拟制自认等各种情况，均可以作为合同的特殊形式。**需要特别强调和明确的是，如果在案件司法鉴定过程中，双方当事人对原合同事项约定不明确或者经《鉴定方案》进行明确、变更的，实际上构成新的合同内容，对双方均有约束力。**例如，虽然涉案工程系经过招投标的工程项目，但在《司法鉴定方案》中确定按照原告施工方提出的黑合同及工程量清单（实质内容背离招投标文件）作为主张来计算，各方对该《司法鉴定方案》均不持异议的情况下，可以看作各方对鉴定的方法、依据等达成了新的合意。在此种情况下，当事人不得事后反悔、要求按照招投标文件作为结算工程款的依据。造价争议解决不但要依据双方签订的合同，施工过程的合意，还要依赖诉讼中的技巧、策略。诉讼中任何有关工程计价的范围、计算的方法、计价的标准、让利、减免价款等各种意见，都很有可能作为当事人对工程计价的重新约定，故相关的鉴定方案、鉴定报告等材料的确认也是合同的形式载体之一。

在一些建设工程合同纠纷中，双方签订的合同可能并未按照建设部示范文本签订，而是在当事人自行协商的基础上拟定的，这种情况下可能系一方提供的格式合同，也可能生硬照搬了其他合同。这种合同的规范性相对差一些，是典型的“不完全契约”，在许多未履行规划、住建等部门报批审批手续的项目中往往能够见到。该合同一般更加能够反映当事人的关注点。另外，合同的完整性欠缺，如有时当事人自行拟定的合同只有一两页，内容极度精练、简单，许多必备的内容就难以查清。如双方土建安装按照 2500 元/平方米的价格进行，可以认定为固定单价合同，但是土建安装包含的内容却不明确，相应的图纸并未出具，容易导致争议。

在建设工程分包合同中，有时双方会约定得较为简单，对相应的条款采用“与主合同一致”“参照施工总承包方与业主的合同执行”等方式。这种情况下审理建设工程分包合同的，同时还要审查上游建设工程施工合同的具体约定以及是否会造成对分包人的明显不公等情况。

2. 常见合同内容审查要点

裁判者需要关注以下常见建设工程合同内容的要点:

(1)主体

合同签约主体是否适格,或者是项目部等需要补正的情况;合同主体名称有无变更、是否存续;合同抬头与合同落款是否一致,如不一致的,则相关签字人员是否有权代表或者构成表见代理;施工方落款处签字的个人是不是施工方的员工,否则可能系工程掮客或者是涉案工程的实际承包人挂靠施工方签订。**建设工程施工合同中有挂靠人以委托代理人、项目负责人、项目经理等名义签名,系证明工程存在挂靠关系的有力证据。**

(2)项目名称

审查原、被告双方签订的合同标的的名称,即项目工程名称,如“摩尔国际大厦工程”“乌蓬山矿区边坡改造治理工程”,往往从双方提供的建设工程规划许可证、施工许可证上可以反映出来,不合法的建设工程项目名称常常是缺失或者不规范的。所以,项目名称一方面可以印证涉案工程的合法性,主要判断标准是是否办理了建设工程施工许可证和建设工程规划许可证。另一方面,项目名称也是在涉及建设工程价款优先受偿权纠纷中表述的重要基础。如“确认原告华天建设工程有限公司就其施工的摩尔国际大厦工程,在被告贝岚公司欠付的4532.23万元范围内享有建设工程价款优先受偿权”。如果涉案工程系不合法的建设工程,则建设工程价款优先受偿权就无从谈起。

(3)工程地点

审理时法官要特别注意建设工程合同中有关工程地点的约定,此关系到是否具有管辖权。如果涉案工程由不同的子工程构成或者分为不同的标段位于多个辖区内,则数个法院均有管辖权。在一些履行地不明确的装修案件中,当事人出于方便诉讼、方便执行等角度,故意不明确工程地点,法官对此一定要高度重视。当合同中对项目地点没有明确约定时,应当对原告进行询问并要求其提供相应的补充证据。

(4)纠纷处理方式和争议标的

审查案件有无约定仲裁,如果约定仲裁的话,选定的仲裁机构是否明确或者为“或判或裁”等无效条款。审查案件争议标的是否违反级别管辖的规定。

(5)工程内容

工程内容指的是承包的范围,常按照施工中的分部分项进行大致约定,实际按照设计单位提供的设计文件进行约定。本项要查明承包人的主要施工义务和范围。常见的如三通一平、桩基础、土建、二次结构、装修、消防、幕墙、暖通弱电、市政道路、附属等。但是在指定分包等情况下,需要特别注意分包范围与总包范围的联系与区别。此外,土建的含义在实践中最为不确定,其是施工中常见但不规范的用语。有时指的是±0.00以上至主体结构封顶的部分,有时包括桩基和承台,有时甚至包括了土石方工程部分。在涉及工程造价鉴定的案件中,工程内容(承包范围)也是经常出现的争议点。需要合同结合施工图纸、联系单等进行综合认定。

(6)承包方式

承包方式往往有几种:包工包料、部分甲供料、甲指乙供、清包工等。包工包料的,则发包人的主要义务就是支付工程款,完全不承担供应钢筋、水泥、木材等主要材料;部分甲供料的,则是发包人作为甲方与承包人约定,对于部分特殊的材料,由发包人提供而非施工方对外采购,如商混砼、钢材、设备,但承包人仍然有义务与发包人共同对材料进行检查确保质量合格后,才能投入使用。有时,发包人与承包人约定,虽然承包人负责材料的采购,但是发包人对材料的品牌、型号等提出了明确的要求,即只能在约定的数种品牌或型号中采购,这就是“甲指乙供”。换句话说,“甲指乙供”指的是由甲方指定产品厂家品牌等,由乙方负责采购安装。最后,承包方式可能为清包工,即业主或者甲方自行购买所有材料,承包人提供纯粹的施工劳务的工程承包方式,这往往出现在装饰装修合同中或者施工总承包人与劳务分包人之间。以上几种承包方式中,施工方与发包人之间的权利义务约定均不一样,所涉工程计价方式、费用组成等也不一样,这些不同之处构成了建设工程价款纠纷中的重要待查事实。

上述承包方式是在实行平行承(发)包模式下,建设工程施工总承包中的常见承包方式。实践中,还存在工程总承包方式。工程总承包是指从事工程总承包的企业受业主委托,按照合同约定对工程项目的可行性研究、勘察、设计、采购、施工、试运行(竣工验收)等实行全过程或若干阶段的承包。工程总承包企业对承包工程的质量、安全、工期、造价全面负责。《民法典》第791条第1款规定:“发包人可以与总承包人订立建设工程合同,也可以分别与勘察人、设计人、施工人订立勘察、设计、施工承包合同。发包人不得将应当由一个承包人完成的建设工程支解成若干部分发包给数个承包人。”《建筑法》第 24 条规定:“提倡对建筑工程实行总承包,禁止将建筑工程肢解发包。建筑工程的发包单位可以将建筑工程的勘察、设计、施工、设备采购一并发包给一个工程总承包单位,也可以将建筑工程勘察、设计、施工、设备采购的一项或者多项发包给一个工程总承包单位;但是,不得将应当由一个承包单位完成的建筑工程肢解成若干部分发包给几个承包单位。”工程总承包的具体模式有设计采购施工(EPC)/交钥匙总承包、设计—施工总承包(D-B)模式、设计—采购总承包(E-P)模式、采购—施工总承包(P-C)模式等。近年来,工程总承包模式越来越受到关注和推崇。《住房城乡建设部关于进一步推进工程总承包发展的若干意见》(2016 年 5 月 20 日　建市〔2016〕93 号)中也明确,国家大力推进工程总承包。工程总承包项目中,承包方式对承包人权利义务的影响与普通的建设工程施工合同存在较大的不同。**在审理案件时,法官要特别注意施工总承包与工程总承包的联系与区别,避免将工程总承包案件当作施工总承包案件,进而去审理合同效力、合同价款、分包关系、签证单、清单错漏项风险负担等事项。**详见第三十七章。

(7)工程造价的组成、价款的结算与支付

工程造价是建设工程合同纠纷中的核心问题,常见的有总价、暂定价。较为少见的有约定了单价而未约定工程造价,也有仅约定工程量,而对工程造价没有约定的情形。工程造价的形成有一定基础,如招投标文件、预算书、定额标准等。将合同总价与预算书对照,如果是固定总价合同,则可以推导出相应的下浮率。但是,实践中更多的情况是《工程协议书》中约定的工程价款仅仅是暂定价而非确定价,若在施工过程中出现工程量变更、设计变更的情况,或者人工、材料出现约定的风险调整因素,工程价款就会发生相应的调整。故工程造价的组价文件较多,往往包括:招投标文件、施工设计图纸、工程量清单、预算、签证单、补充协议、会议纪要、联系单、甲供材料、工期签证等。此外,法官同样必须注意到合同中对工程价款结算的方式(如由发包人单方复核、委托第三方造价咨询单位审价或者由财政评审机构审计)和工程价款(预付款、进度款、结算款和质量保修金)支付时限和条件等约定。

如某土建工程,双方约定:①本合同采用固定价格合同,即承包范围内图纸所含的土建、水电安装、钢结构、消防工程及室外附属,合同价款中包括的风险范围为各类建材市场的风险。②双方约定合同价款的调整因素,为设计变更或工程联系单、建筑工程预算定额、安装工程预算定额、节能工程预算定额、建筑工程施工区域定额及配套的有关补充定额、材料信息价、机械价格指数、人工市场信息价等。对于付款,双方约定按照形象进度付款,打桩完成后支付合同造价的20%计760万元,1#至3#基础砼浇捣完成支付总价的15%计570万元,1#厂房框架柱完成支付总价的15%计570万元,钢结构构件进场支付总价的10%计380万元,主体结构完成支付总价的10%计380万元,竣工验收合格后付总价25%计950万元。留5%保修金待一年保修期满后付清(竣工后双方必须在一个月内结算工程价款),如竣工之日起超过三个月仍未能支付结算工程款的,发包方需支付给承包方1.2%的月利息。

(8)工期与质量约定

如约定合同工期的,要注意实际开工时间是否与合同约定一致,工期是否出现顺延,当事人是否提出工期索赔等问题。工程质量方面,要注意存在工程质量标准变化的问题。

(9)违约责任、工程索赔

在合同有效的基础上,考虑双方合同中违约事由、违约责任承担的具体约定。此外,针对原告诉讼请求中的工程索赔事项,要注意其属于工程价款索赔还是属于工期索赔,索赔事件的初步证据,合同中对索赔程序的约定,索赔金额的依据是否充分,合同中有无针对工程质量的约定,如获得鲁班奖、钱江杯的奖励,有无工程罚款、扣款的约定等问题。

(10)合同解除条款

在涉及一方要求解除合同的案件中,法官需要查明合同效力,注意原告主张的是法定解除还是约定解除、合同中对约定解除的具体约定、对解除合同后的清理条款有无约定等。

3. 招投标合同审查要点

《招标投标法》第3条规定:"在中华人民共和国境内进行下列工程建设项目包括项目的勘察、设计、施工、监理以及与工程建设有关的重要设备、材料等的采购,必须进行招标:(一)大型基础设施、公用事业等关系社会公共利益、公众安全的项目;(二)全部或者部分使用国有资金投资或者国家融资的项目;(三)使用国际组织或者外国政府贷款、援助资金的项目。前款所列项目的具体范围和规模标准,由国务院发展计划部门会同国务院有关部门制订,报国务院批准。法律或者国务院对必须进行招标的其他项目的范围有规定的,依照其规定。”也就是说,涉及上述三种情况的工程建设项目,必须通过招投标的方式订立合同,即法定强制招标项目。具体的范围,则由原国家发展计划委员会颁布的《工程建设项目招标范围和规模标准规定》予以明确。2018 年 6 月 1 日,《必须招标的工程项目规定》(国家发改委令第 16 号)开始施行,其对必须进行招投标的工程项目范围进行了限缩,应根据该新的文件执行。在审查合同时,要特别注意涉案工程是否属于必须招投标的项目工程。主要辨别方式有:发包人主体性质,如果发包人是行政机关、事业单位,则往往是使用国有资金投资或者国家融资的项目;资金来源,如果资金系使用国际组织或者外国政府贷款、援助资金的项目,往往还涉及结汇等情况,合同中会作出特别约定;工程性质,如果涉案工程的目的系为不特定群体消费的,如体育馆、江滨公园、学校、图书馆等,往往也需要经过招投标的合同;如果合同通过招投标形成,那么在其组成文件和解释顺序中,也会有所体现。当工程可能属于必须招标的工程时,法官应当审慎调查,有必要的情况下向当地财政、招投标等部门核实。

在《招标投标法》施行的实践中,会出现当事人在招投标合同以外,另外签订《补充协议》对原有合同价款等内容作出改变的情况,即“阴阳合同”或者说“黑白合同”,这实际上损害了招投标行为的公信力。鉴于此,《建设工程司法解释(一)》第 2 条规定:“招标人和中标人另行签订的建设工程施工合同约定的工程范围、建设工期、工程质量、工程价款等实质性内容,与中标合同不一致,一方当事人请求按照中标合同确定权利义务的,人民法院应予支持。招标人和中标人在中标合同之外就明显高于市场价格购买承建房产、无偿建设住房配套设施、让利、向建设单位捐赠财物等另行签订合同,变相降低工程价款,一方当事人以该合同背离中标合同实质性内容为由请求确认无效的,人民法院应予支持。”第 22 条规定:“当事人签订的建设工程施工合同与招标文件、投标文件、中标通知书载明的工程范围、建设工期、工程质量、工程价款不一致,一方当事人请求将招标文件、投标文件、中标通知书作为结算工程价款的依据的,人民法院应予支持。”其解释的出发点,便是维护招投标的正常秩序,排除发包人从违法招投标的行为中获益。以上是关于必须经招投标活动签订的合同的规定。

那么,对于非必须招投标的工程,当事人也组织了招投标活动(并进行了备案),[1]但事后发包人和施工人又签订了背离招投标文件的合同,是否适用上述规定呢?实践中存在不同的观点。比如,2012年《浙江省高级人民法院民事审判第一庭关于审理建设工程施工合同纠纷案件若干疑难问题的解答》第16条采取肯定的观点:“对‘黑白合同’如何结算?当事人就同一建设工程另行订立的建设工程施工合同与中标合同实质性内容不一致的,不论该中标合同是否经过备案登记,均应当按照《最高人民法院关于审理建设工程施工合同纠纷案件适用法律问题的解释》第二十一条的规定,以中标合同作为工程价款的结算依据。”即并未区分是否属于必须招投标的工程。《建设工程司法解释(一)》第23条明确规定:“发包人将依法不属于必须招标的建设工程进行招标后,与承包人另行订立的建设工程施工合同背离中标合同的实质性内容,当事人请求以中标合同作为结算建设工程价款依据的,人民法院应予支持,但发包人与承包人因客观情况发生了在招标投标时难以预见的变化而另行订立建设工程施工合同的除外。”但是在仲裁活动中,出于对当事人意思自治的尊重,有些仲裁裁决对该条的适用持保留态度。

至于实践中存在的围标、串标、实质性磋商、先进场施工等,均属违法招投标行为。发包人和施工方签订的合同往往在招投标之前,在招投标之后或者合同履行过程中,双方可能存在多份变更的合同。根据最高人民法院的相关判例,各份合同均为无效,应当按照实际履行的合同作为结算依据。如当事人违法进行招投标,又另行订立建设工程施工合同的,不论中标合同是否经过备案登记,两份合同均为无效。《建设工程司法解释(一)》第24条规定:“当事人就同一建设工程订立的数份建设工程施工合同均无效,但建设工程质量合格,一方当事人请求参照实际履行的合同关于工程价款的约定折价补偿承包人的,人民法院应予支持。实际履行的合同难以确定,当事人请求参照最后签订的合同关于工程价款的约定折价补偿承包人的,人民法院应予支持。”

---

[1] 《住房城乡建设部关于修改〈房屋建筑和市政基础设施工程施工招标投标管理办法〉的决定》(2018年9月28日)中指出,为贯彻落实国务院深化“放管服”改革,优化营商环境的要求,住房城乡建设部决定对《房屋建筑和市政基础设施工程施工招标投标管理办法》(建设部令第89号)作如下修改:……删去第47条第1款中的“订立书面合同后七日内,中标人应当将合同送工程所在地的县级以上地方人民政府建设行政主管部门备案”。据此取消了施工合同的备案要求,但鉴于实践中尚存在大量“库存”的备案施工合同,且各地在实施落地过程中需要一定的过渡期,不少地方还是需要电子合同的录入备案,否则无法进入领取施工许可证的流程中。施工合同在短期内取消备案还不现实。因此,本书保留了相关备案的内容。

综上,只要合同缔结经过了招投标程序,法官需要着重查明以下内容:本案的工程项目是否属于必须招投标的工程;双方有无签订背离招投标文件的合同;是否存在违法招投标的情形;实际履行的是哪份合同。以上几点对于确认合同效力和合同价款均有重大影响。

4. 合同内容矛盾或约定不明

在对合同内容的审查中,法官有时也会遇到合同内容矛盾的情况。遇到该种情况且双方对理解存在争议时,法官应当遵循如下原则:

第一,严格按照合同解释的次序,但不得违反法律、法规的强制性规定。如按照《招标投标法》第 46 条的精神,中标合同与招投标文件不一致的,应当以招投标文件为准。《建设工程司法解释(一)》第 2 条第 1 款规定:"招标人和中标人另行签订的建设工程施工合同约定的工程范围、建设工期、工程质量、工程价款等实质性内容,与中标合同不一致,一方当事人请求按照中标合同确定权利义务的,人民法院应予支持。"

第二,属于同一合同顺位的文件,以后发生的为准。

第三,应遵从实事求是的原则,对于合同约定不明的,首先,遵从实事求是的原则,由双方穷尽举证;其次,依法调查核实,最大限度地发现当事人的真实意思;最后,仍无从反映或者形成心证的,按照法律法规规定或者举证规则进行判断。

案例 10-1 ▶ 案由:建设工程分包合同纠纷

原告:甲方是建设工程施工总承包方。被告:乙方为劳务分包公司。

【案情】在案件庭前准备的审查中,承办法官发现合同内容存在以下诸多问题:

双方签订的某《建设工程施工劳务分包合同》中,第 1.5 条承包方式中约定"包工包料,乙方包清工、按安全文明施工、包工期质量",但是在合同第 2.2 条工作内容中约定:"设计文件所包含的所有泥工(混凝土)工程、木工(模板)工程、钢筋工程的所有工作,以及以上工程通用的安全生产、文明施工、环境管理。"

合同第 3.1.1 条约定"本劳务分包合同暂定总价为 34,960,405.00 元,大写:叁仟肆佰玖拾陆万零肆佰零伍元整”。本合同综合单价按建筑面积一次性包干,综合单价中包括并不限于乙方的人工费、材料费(乙供材料)、人、材价格上涨风险、机械费、排架、管理费、利润、往返车旅费、工期奖、质量奖、安全生产文明施工费、小型机具、工具费、医疗保险费、保险费、税金等一切费用。具体构成见表10-1。

表10-1 业态综合单价

序号	业态	建筑面积(m^2)	综合单价(元/m^2)	小计(元)
1	地下车库	56,874	—	—
2	叠院	41,039	475	19,493,525
3	高层	38,750	320	12,400,000
4	商业	9584	320	3,066,880
合计		146,247	—	34,960,405

合同第27.1.1条约定“结算完成后支付至合同总价的95%,余款作为保修金在工程竣工后满两年后十日内无息退还”。第29.1条约定保修期限“……屋面防水工程、有防水要求的卫生间、房间和外墙面的防渗漏,为3年”。但是在合同附件“质量保修书”中却约定,“保修金为工程结算造价的3%,在工程竣工后满两年内没有出现保修质量问题或者已经履行保修义务,则在期满后十日内无息退还”,以及“屋面防水工程、有防水要求的卫生间、房间和外墙面的防渗漏为5年”。

【评析】首先,合同第1.5条与第2.2条中对承包方式到底是“包工包料”还是“清包工”实际上存在矛盾的约定。就需要进一步查明双方的具体施工义务来确定。在庭前会议中,法官确定乙方所承包施工是劳务清包工。

其次,本合同暂定总价条款第3.1.1条中的合同暂定总价34,960,405.00元与表格中的总价是一致的。表格实际上对承包人施工的各业态工程做了一个区分,包括:叠院、高层和商业。需要指出的是,所谓的地下车库,包含了上述三种业态的地下车库。但是合同的综合单价是反斜杠,金额也是反斜杠。按照文意理解,既然单价和金额均标识为反斜杠,表明承包人同意履行地下车库范围内的施工,且不计劳务费用。这种理解符合逻辑,但是不符合施工惯例。在后期审理中,双方均对地下车库的综合单价提出了主张,尽管双方主张的单价是不一致的,但是可以表明双方均认为地下车库是要计算劳务费的,只不过劳务费的单价和总价在合同签订时、施工过程中直至施工完毕后均无法达成一致的意思表示。那么可以视为没有约定。

最后,合同约定的保修金比例即5%与作为合同附件的质量保修书中的约定即3%不一致,则应将质量保修书看作是特殊约定条款,采用3%的标准;对于"屋面防水工程、有防水要求的卫生间、房间和外墙面的防渗漏的期限",也按照质量保修书中5年的约定,这也与《建设工程质量管理条例》第40条的规定一致。

5. 无合同案件合同内容的查明

对于无书面合同案件,同样也存在上述合同内容的查明问题:承包范围、工期、质量标准、违约责任、计价方式、组价文件等。由于缺乏合同内容的直接证据,在诉讼中双方之间往往已经不再相互信任,当事人也较少积极主动地收集能够证明合同内容的证据,导致查明合同内容的难度非常大。**这种情况下,则需要通过其他间接证据,综合认定,需要法官拥有较高的诉讼技巧和情商,积极行使释明权,适度、合理引导双方,最大限度地归纳双方对合同内容的无争议陈述,以使得查明的案件事实尽量回归客观。对合同内容存在争议的部分,尽量实事求是查明案情,采用市场价、公允价、成本价等确定造价。**

案例10-2 ▶ **案由:建设工程施工合同纠纷**

原告:周某。被告:某医疗器械制造公司。

【案情】原告诉请被告支付拖欠的工程款33.7万元。原告主张的事实与理由:2017年4月,被告准备在原厂区新建、扩建办公楼、食堂、职工宿舍、门卫等工程。经朋友介绍,原告认识了被告的法定代表人。双方协商后决定将上述综合工程交由原告来完成。出于信任,双方没有订立书面承包合同,仅口头达成以下基本内容:"一、工程范围项目:1. 新建第三层办公楼五间,扩建一层至三层各一间,新建、扩建食堂、职工宿舍(二间)、门卫等,以上项目内容均包括装饰工程、水、电、冷暖设备等制作安装工作。2. 其他附属工程、场地、设备基础、零星建筑物等。3. 凡需要拆除的旧建筑物。二、技术质量要求。因工程没有正式的规划和设计、施工图纸,所以双方同意,边共同设计、边施工,具体按照被告的要求进行。但如已建好的工程需要修改或者拆除的,费用则由被告负担,工程质量要求达到合格。三、工程造价。以《浙江省建筑工程预算定额》为准结算,材料价以《宁波市建设工程造价信息》综合版、某区信息价为准。无信息价的参照宁波市材料信息价或市场价。四、工程量。因没有施工图,按已完成的实际项目的工程量计算。五、材料价格确定。装饰安装工程中有关水电、气、实木门设备、浴具、卫生器具、灶具等购买前对品种、型号、价格不确定的,由双方确定后再购买,按市场价结算。六、施工期限。双方约定,自 2017 年 5 月中旬至 2018 年春节前竣工。被告方根据施工进度及时向原告支付工程款。”

2017 年 5 月中旬,原告按约开始施工至 2018 年 1 月中旬,工程全部竣工并交付被告使用。施工期间,双方按口头协议履行义务,协作良好。2018 年 1 月 15 日,原告向被告提交了《建筑工程结算书》,工程造价为 3,088,474 元,要求被告复核。对此,被告通过多家公司及专业人员的复核,产生了多种复核结果,双方不能取得一致。最后由被告单方委托的某天瑞工程造价咨询有限公司进行审价,该公司按照被告提出的价格要求审价,总价为 2,368,415 元。对此审价结论,原告认为存在四个问题。一是存在漏项,如办公楼花岗岩窗套安装、实木地板安装等;二是量差,如办公楼梁砼,食堂、门卫水沙随捣随抹等;三是价差,如冲浪浴缸、抽水马桶、黄沙价格等;四是定额套用错误,如窗台大理石台板、电动门、屋面现浇珍珠岩等。为此,原告向被告提交了《补正结算书》和《建筑工程结算书(拆除部分)》,要求增加结算造价 28.8 万元。但被告置之不理,工程款一再拖延不付。

被告答辩意见为:(1)对原、被告之间工程发承包关系没有异议,对已付工程款金额没有异议,对原告施工的内容和范围有异议,原告所主张的部分内容没有施工,部分内容未达到被告要求的工程量。(2)被告确实委托某天瑞工程造价咨询有限公司进行审价,但该公司出具的《建筑工程结算审价书》,被告也有较大异议,原告系个人承包,没有开具相应的建筑业统一发票,故税费和企业管理费用应当扣减,部分材料价格明显高于市场价格。此外,原告施工中一直使用被告的水电,相应的水电费应当由承包人负责,被告主张按照倒扣指数的计算方法进行扣减。(3)本案应当予以鉴定,被告愿意按照鉴定意见履行。如果最终鉴定意见表明原告已经超额领取工程款,被告将提起反诉。

【审理】初步判断。通过原告提交的起诉状与被告提交的答辩状及双方提供的证据,可以做出如下判断:(1)涉案工程系楼层加盖、扩建,部分房屋的拆除改造等,未经规划部门的审批,显为违章建筑。(2)原告系没有资质的个人,结合上述第(1)点,合同双方之间存在合同关系,但合同效力显为无效。(3)原告所称的工程范围、质量要求、工程造价、工程量、材料价格(甲指乙供)、工期等陈述,均是自说自话,没有证据支持。被告提出的异议是材料价格、工程量、工程范围等,故建设工程造价是本案主要的争议焦点。鉴于双方对已经存在的《建筑工程结算审价书》均有异议,那么在此《建筑工程结算审价书》的基础上启动建设工程造价司法鉴定具有可行性。(4)涉案工程虽然没有办理竣工验收手续,但已经投入使用,应当视为质量合格,原告享有请求被告支付欠付工程款权利。(5)被告所提出来的应扣款项,如垫付水电费、税费等,需要在欠付工程款中予以扣除。(6)双方矛盾尖锐,通过纯粹的司法调解不具有可行性,同时被告也表达了对司法鉴定的信任,那么通过司法鉴定确定工程造价后再调解更为合适。

鉴定咨询。法官在委托鉴定前,就本案拟委托工程造价司法鉴定一事向某工程造价咨询公司的司法鉴定人进行了咨询,得到的回应令人大吃一惊:(1)最好不要委托鉴定,原因是即使按照原告主张的总的工程造价3,088,474元,加上相应的难度系数,鉴定费用仍然较低。另外,本案中双方对鉴定范围存在争议,对经过审价公司出具的《建筑工程结算审价书》均存有异议,定然对立情绪严重,再加上鉴定过程需要双方配合,许多材料价格市场询价与当事人的心理预期或者实际发生的金额均有距离,鉴定报告最终争议较大,鉴定人会处在风口浪尖上。(2)部分项目实际上无法鉴定,如已拆除的房屋拆除前是什么样子,什么结构,面积多大等均无从得知,涉及相应的隐蔽工程已经被覆盖,现场无法还原施工中的客观真实情况。(3)建议法官在审价公司出具的《建筑工程结算审价书》的基础上,要求双方列出相应的争议项,由于双方之间没有明确约定的计价方式,那么还是按照定额计算。(4)鉴定人愿意无偿配合法院,参与现场踏勘,配备造价工程师现场测量、计算,协调争议点,提供参考意见。(5)在此基础上形成的结论作为参考意见。

现场踏勘、调解。法官通过庭前会议，向双方释明工程造价鉴定的费用、复杂性等，并提出由司法鉴定人在已有《建筑工程结算审价书》的基础上，就争议事项出具非正式意见。经双方同意，法官组织了两次现场踏勘，并在踏勘的过程中处理了诸多的争议项：(1)原告主张化粪池为边长2米的立方体，被告认为化粪池边长实际只有1.6米，这样实际土方工程量只有原告主张的一半左右$(1.6米/2米)^3=0.512$。由于化粪池已经被掩盖，实际长、宽、高无从测量且令人观感较差，敦促被告放弃此项抗辩。(2)已拆除项目，敦促被告提供拆除前、建造时的设计图纸和拆除时的照片，由鉴定单位按照定额标准予以预估。(3)双方对于某双人豪华冲浪浴缸的价格存有较大异议，原告也不能提供购买的发票和付款记录。实践中，卫浴产品往往折扣较高。如本案的浴缸，标价4.5万元，折扣是3折计1.35万元，实际成交价可能1万元或者8000元。这也正是装修合同中材料差异如此大的原因。最后，双方在调解下确认按照9000元计入造价。(4)双方对加盖的一层约400平方米地板、大理石窗台的面积有争议，由鉴定人持卷尺现场测量并计算机绘图测算，价格则按照市场询价套价，最后得出计算金额。(5)厂区大门的自动伸缩门，现场由鉴定人向生产厂家及两家同类厂家电话询问不开票价格，最后取三者平均值予以确定。(6)水电费按照相应的标准确定倒扣指数进行测算，如2017年5月宁波市建筑工程甲供施工用水、用电费用倒扣指数(2010版)，分别为0.40%和1%[1]。(7)原告系不具有建筑业企业资质的个人，也没有代开相应的建筑业统一发票给被告，故税无须考虑。至于管理费，分为施工管理费和企业管理费，原告组织施工，相应的施工管理费应当予以计取，而企业管理费没有实际发生，应当予以扣除。

综上，经计算，被告尚欠原告工程款6.03万元。双方在工程现场就此达成调解协议，并且各半负担诉讼费用。案件顺利审结，鉴定人付出了无偿劳动，也促成了案件了结。

【评析】本案工程造价方面的争议较多，如施工范围、工程量、主材价格、计

[1] 《2017年5月宁波市建筑工程综合价格指数(2010版)》：载宁波建设工程造价信息网，http://www.nbzj.net/News_view.aspx?ContentId=4403&CategoryId=95。

费标准等，部分争议事件如果当事人不配合实际上就无法鉴定。法官通过敦促当事人实事求是、适当让步，并在鉴定人的帮助下就案件审理出具参考意见，在此基础上予以调解，避免了司法鉴定的烦琐程序，也是一种较好的工作方式。

第十一章
CHAPTER 11

合同性质

1. 合同性质与案由

合同性质，指的是合同的权利义务归属于哪一种类的合同。对此，原《合同法》规定了合同的概念、分类、原则、订立、效力、履行、变更、转让、终止、违约、法律适用、解释等一般性规则。《民法典》延续了原《合同法》的相关规定，同时，按照合同的性质，规定了买卖合同，供用电、水、气、热力合同，赠与合同，借款合同，保证合同，租赁合同，融资租赁合同，保理合同，承揽合同，建设工程合同，运输合同，技术合同，保管合同，仓储合同，委托合同，物业服务合同，行纪合同，中介合同，合伙合同 19 种有名合同。而社会经济活动纷繁多彩，远非上述 19 种有名合同所能够概括，实际上还存在大量的无名合同。其合同部分的权利义务与上述 19 种有名合同中的部分合同存在相同或相似之处，但同时又有所不同，这就需要精准分辨合同的性质。比如，艾迪公司与李长山签订《仓库翻建合同》，艾迪公司将 6000 平方米的仓库交于李长山长期保管，约定李长山可以使用或者出租仓库，所得租金归李长山，但李长山需要每隔 5 年将仓库屋顶彩钢瓦翻新一次、内外墙重新粉刷一次、地坪重新制作一次，以维护仓库的长久常新。那么上述合同是保管合同、租赁合同还是装修合同？这需要仔细甄别具体的权利义务约定，遍寻归属，找到最近似的再代入。再如，承租人丁维经营“小丁饭店”且生意尚可，小有名气，但因家庭原因需要资金将饭店转让给王捷，双方签订合同，由王捷支付给丁维价款，承继其与出租人之间有关房屋租赁承租人的权利（出租人认可），接收饭店内所有家具、电器、炊具、餐具、食材、装修等，并可继续使用“小丁饭店”的商号。那么该合同价款的对价，实际上包含了未到期期间的租金、转让的各种家具食材等货款以及“小丁饭店”的商誉使用许可等,涉及多重合同内容,可以看作多种法律关系的组合。

案由,是人民法院对诉讼案件所涉及的法律关系的性质进行概括后形成的案件名称。无论是法官还是律师,在介绍案件时,提及案件所涉案由,往往能很快帮助受众厘清所涉原、被告主体之间的权利义务关系。《民事案件案由规定》中有关合同部分的案由,基本也是按照合同性质进行分门别类,包含了60个三级案由,部分三级案由包含诸多的四级案由。如承揽合同纠纷项下,就有加工合同纠纷、定作合同纠纷、修理合同纠纷、复制合同纠纷、测试合同纠纷、检验合同纠纷及铁路机车、车辆建造合同纠纷七个案由。

在建设工程合同纠纷案件审理实践中,一定要考虑案件的性质和所涉及的案由,这是判断合同效力的前提。实践中,既有名为建设工程,但实际上不是建设工程,也有许多以其他合同的面目出现的建设工程合同。就算是建设工程合同,也有不同的种类,当事人之间的法律关系也可能大相径庭。故而,**建设工程案件性质的界定,可以遵循以下“三部曲”:合同标的是否属于建设工程;合同性质是否属于建设工程合同;如果是,又属于建设工程合同中的哪种具体性质**。法官在确定案件性质时,应当依次询问自己上述三个问题。笔者举以下数个常见的容易混淆的例子。其中,案由为立案案由,在审理过程中往往发生了变更。

2. 名为供货安装合同实为建设工程施工合同

供货安装合同,往往指的是在买卖关系存在的情况下,出卖人除了要承担基本义务外,还负责对设备的调试、安装工作等,常见的如洗衣机、烤箱、家用立式空调等,故其本质上应归属于买卖合同。但实践中,涉及建设工程内部,则情况可能大不相同。

案例11-1 ▶ 案由:定作合同纠纷

原告:光华中央空调公司。被告:威尼斯酒店管理有限公司。

【案情】原告诉讼请求为:(1)请求依法确认双方所签订合同的法律效力,判决被告履行合同,付清所欠合同总款92万元、利息5.6万元及违约金1万元;(2)被告承担全部的诉讼费用。事实与理由:2017年6月,原被告签订《中央空调供货安装合同》,约定原告为被告所有的威尼斯酒店提供中央空调并安装,合同价款330万元,付款计划为:合同签订后支付合同总价的10%;末端空调设备到达现场开始安装支付合同总价的40%;空调主机设备(冷水机组)到达现场支付合同总价的30%;安装结束、调试合格,被告支付合同总价的15%,同时结清变更费用;5.5%合同余款作为质保金自调试合格次日起满一年后的7天内无息付清。同时,合同对项目概况、工期、施工界定、质量等级及标准、图纸、双方权利义务、工程款结算、施工设计与变更、竣工验收、结算与保修、争议解决等均作出了约定。双方另行签订的预算书中可以反映,安装费用占据了总价款的45%左右。施工中,产生了部分变更事项。2017年9月,原告完成施工并调试后,双方签订《安装、维修、保养工作单》一份,载明原告主张"调试结束,请甲方验收"及被告"同意接受"等。但被告拖欠工程价款,故原告要求被告支付工程款及利息并承担违约责任。

【审理】经过审查,本案的《中央空调供货安装合同》从性质上系建设工程施工合同,即发包人将涉案酒店的通风系统工程发包给原告完成,原告负责设备及相应的安装、调试。从名称上看,原告肯定不具有建筑业企业资质,那么《中央空调供货安装合同》的合同效力必然是无效的。既然是无效合同,原告所谓的"确认合同效力""继续履行"等诉讼请求均不能成立,其请求被告支付工程款的依据就不能是依据合同效力为有效的《中央空调供货安装合同》,而应当是《建设工程司法解释》第2条,该条规定:"建设工程施工合同无效,但建设工程经竣工验收合格,承包人请求参照合同约定支付工程价款的,应予支持。"在此种情况下,原告所主张的民事法律行为的效力与法院查明的不一致,则法官要进行释明,敦促、引导原告主张准确权利。经法官释明后,原被告双方达成了调解。

【评析】从原告的诉讼请求可以看出,原告认为《中央空调供货安装合同》系有效合同。根据《建筑法》第2条的规定:"本法所称建筑活动,是指各类房屋建筑及其附属设施的建造和与其配套的线路、管道、设备的安装活动。"那么判断一项设备安装的施工是否是建筑活动,则要看其工作是否在建筑活动范围内、与建筑本身的功能活动关系密切。中央空调系统本身就属于酒店设计图纸中应有的项目,也是酒店功能之必需,其施工涉及大量的空调外机组支架和管线的制作安装,不少还穿墙板成为隐蔽工程的一部分。故其实质上是建设工程合同纠纷。调试合格后移交并予接收的行为,可以看作被告对质量的认可而进行的竣工验收。

3. 名为买卖合同实为建设工程施工合同

案例 11-2 ▶ 案由:买卖合同纠纷

原告:某电力实业公司,具有电力工程施工总承包叁级和输变电工程专业承包叁级的建筑业企业资质,同时具有承装(修、试)电力设施许可证。被告:某房地产开发公司。

【案情】原告诉请被告支付工程款310万元并支付自2016年9月1日起至实际履行之日的逾期付款利息。事实与理由:2015年6月3日,原告与被告就被告所开发建设的某邦达郡小区供电设备采购安装签订了《配电设备买卖合同》《配电设备销售合同》,开具普通增值税发票,总价为630万元,合同约定被告向原告采购计量表箱、户内终端箱、变压器、高压环网柜、低压开关柜、电缆分支箱、直流屏、密集型母线槽、智能门禁系统,原告在约定的时间将上述货物运抵施工现场并制作安装,根据被告提供的采购清单和设计图纸进行专项设计并负责施工,确保通电使用正常,被告予以配合。付款进度为:合同签订后10日内支付合同总价款的10%,设备安装结束后支付合同总价款70%,通电后3个月内支付剩余款项。合同签订后,原告提供上述设备材料并完成该小区的以下变配电工程:10kV供电工程,0.4kV电缆排管、母线槽、桥架设计工程,(2×800)kVA小区物业专用变电所本体工程(电气部分),(4×800+4×630)kVA小区共用变电所本体工程(电气部分)。上述工程于2016年5月24日通过竣工验收。被告仅支付部分款项。

【审理】庭审中,法官向原被告双方释明,上述《配电设备买卖合同》《配电设备销售合同》名为买卖合同,但实际上并非如此。原告的合同义务为采购和安装供电设备,并且构成房屋建筑配套工程部分的不可分割部分,原告具有相应的施工资质，涉案工程构成单独的验收程序，故合同性质应为建设工程施工合同纠纷。双方没有异议，法官据此予以判决。

【评析】住宅小区的变配电工程为建筑物功能所必需，构成业主单独发包项目工程。虽然原、被告双方签订的是《配电设备买卖合同》《配电设备销售合同》，开具的也是普通增值税发票，但从合同性质上当属建设工程施工合同无疑。

案例11-3 ▶ 案由：买卖合同纠纷

原告：某自控技术有限公司。被告：某钢板仓工程有限公司。

【案情】原告以双方存在买卖合同关系、被告欠付货款为由，诉请被告支付欠付的“电控系统”款235万元。原告诉称，被告因工程建设需要，于2017年9月与原告在葫芦岛市签订《工业产品买卖合同》一份，主要约定：(1)被告向原告采购5000吨/10,000吨筒仓电气控制系统及照明设备，合同总价296万元，优惠后总价290万元(已包含17%的增值税发票)；(2)原告负责材料设备的加工、制作和安装，加工日期40天，安装工期20天；(3)质量标准需符合相关国家标准及技术文件标准，质保期为一年或货到现场18个月(以先到为准)，自设备安装完毕验收合格正常运行之日起算，设备正常使用寿命十年，自验收合格正常运行之日起算；(4)标的物的所有权自交付至合同约定的履行地时转移，交货方式为供方运送至需方指定地点；(5)检验标准、方法、地点及期限：货到需方后，需方公司对设备的数量、规格型号、质量、材质、外观、重量进行初步验收，验收合格的出具双方代表签字的书面验收报告，经验收质量不合格的，供方应及时免费修理、更换；设备安装调试完毕正常运行三个月后无质量问题，由双方共同对设备质量进行验收，验收合格的出具双方代表签字的书面验收报告；(6)成套设备的安装与调试，需方将主电源引导指定配电室，供方负责将主电源接到电控柜上，并负责连接到完成钢板仓工艺要求的每台需要用电的设备上，供方免费负责设备的安装调试，直至达到验收合格标准，本项目属于交钥匙工程；(7)结算方式：合同生效后需方支付合同总价款的20%，在收到发货书面通知后再付合同总价款的30%，所有设备安装完毕检验合格并且空载运行正常后付合同总价款的20%,带料运行3个月后无质量问题付合同总额的25%,其余5%作为质保金;(8)违约责任:……供方未按合同约定时间到货或在规定的时间安装完毕每日按照合同价款1‰承担违约金(由于进场时间的延期或者现场不具备施工条件等原因造成的无法施工,工期相应顺延);(9)质量缺陷:如设备在质保期内发现属供方的缺陷如设备性能不达标等,则维修部分质保期自修复后重新计算,设备性能、设备运行成本必须达到供方提供的《技术文件》的标准要求,如不能达到其中的标准,供方免费更换并承担违约金;(10)未经甲方同意,不得将设备、部件进行转包、分包,不得将本合同项下的权利义务转让给第三人。

【审理】在审理中,被告提出,原告负责的电控系统的设备、材料制作和安装,系被告所承包的某工程建设的一部分,故本案案由应当是建设工程分包合同纠纷。

经过开庭审理,法院认为:(1)双方签订的名义合同为《工业产品买卖合同》,合同权利义务主要指向的标的为电气设备本身而非电气工程;(2)供方的主要义务是交付合同项下的产品,从合同来看,该产品系供方所生产、制作的通用产品,系种类物而非特定物;(3)供方并无明确的单独分包范围,安装行为可以看作是买卖合同项下的从合同义务,但并不具有独立性,也不构成施工合同项下的安装义务,电气工程的安装义务主要仍然由需方负责验收,供方的质量瑕疵担保义务仅限于产品本身而非电气工程;(4)标的物风险转移符合买卖合同的特征,与建设工程的质量担保条款不符;(5)双方之间开具的普通货物增值税发票,符合买卖合同的特征。故原被告双方之间的法律关系仍然是买卖合同关系。

【评析】上述判断是错误的。从双方的主要权利义务来看,供方的主要义务是按照需方的要求设计、制造、运输并现场安装涉案的工业设备,负责调试并承担相应的调试风险和质量保修义务。从上述合同内容中,可以看出涉案工程是机电安装工程,本质上属于交钥匙工程。所谓交钥匙工程(EPC工程),就是项目承包方负责项目的设计(E)、采购(P)及施工(C),直至试运行合格后,将项目移交业主方,也即最终交给业主一把插入项目就能够运行的钥匙,业主接手后就能够直接进行正常生产。本案的需方需要在电控系统运行正常、各项指标达到《设计文件》的要求等情况下,才会和供方进行书面竣工验收。**而供方的合同义务对应的是对工程主要设备、工程质量、工期、价款等充分的自主权和独立性。**故双方之间的法律关系,应当是被告将其所承包的建设工程中的其中一部分机电工程、电气工程内容分包给原告,故法律关系应为建设工程分包合同纠纷,而非买卖合同纠纷。

4. 名为租赁合同实为建设工程分包合同

案例 11－4 ▶ 案由:建筑设备租赁合同纠纷

原告:某丰京钢管扣件租赁站(个体工商户)。被告:施工总承包方。

【案情】原告诉请被告支付工程款 85 万元、零星用工 1.3 万元及超过工期的钢管、扣件等材料租费 20 万元。事实与理由:被告经招投标后中标承建某小区工程,相关项目管理人员以项目部的名义与原告签订了《钢管、扣件脚手架租赁合同》,约定被告将某小区 1#至 5#楼、会所、配电房、地下室的脚手架、扣件式钢管模板支架工程的材料、施工、质量、安全、文明施工及工程经济等承包责任制的形式,以包工包料的方式向原告租赁,建筑面积为 10.7 万平方米,其中地面建筑 8.5 万平方米,地下室建筑 2.2 万平方米,结算时按实作面积为准,建筑面积按照定额规定计算。租赁单价为:地上部分 71 元/平方米,地下室部分 36 元/平方米(该租赁单价含工程范围内的全部人工费、材料费、机械费、运输费、装卸费、钢管扣件、槽钢租赁费、预埋件、钢管、扣件测试费等全部架子和扣件式钢管模板支架的范围所有费用)。此外,双方约定,本工程的钢管租赁时间和架子搭设和拆除时间为:1#、2#、3#楼为二十个月,4#、5#楼为十二个月,会所、配电房为五个月(本合同时间在 ±0.00 以上以单栋立杆开始搭设计算时间、搭设时间按各栋可以搭设时计算本合同时间);超过一个月按实结算钢管和扣件租赁费用,地下室达成时间为二个月,超出时间按实结算。

其后,原告提供了钢管并搭设了脚手架等,其间部分被告要求原告进行了其他零星用工,监理对原告提出的超期事实作出确认。

【审理】在开庭时,法官与双方律师讨论了一般租赁钢管、配件的租赁合同与本案包含脚手架工程施工的异同点,最后认定本案系名为租赁合同实为对脚手架分项工程进行分包的案件。由于原告系不具有建筑业企业资质的个体工商户,合同效力显为无效。在无效合同的基础上,原告对违约金部分予以放弃,最终双方达成和解。

【评析】租赁合同不会包含人工等施工内容,这是本案合同性质发生根本性变更的原因。虽然合同无效,但是双方对工期届满后脚手架的费用承担作出约定,也能够确定相应的金额。

5. 名为建设工程勘察合同实为承揽合同

案例 11 -5 ▶ 案由:建设工程勘察合同纠纷

原告:某冶金勘察设计研究院股份有限公司。被告:夏华模具制造有限公司。

【案情】原告诉请判令被告支付测绘工程费 38.4 万元并承担自起诉之日起至实际履行之日按年利率 6% 计算的逾期利息。原告主张的事实与理由:2016 年 9 月,原、被告双方签订《建设工程勘察测绘合同》一份,约定被告委托原告对被告的新建厂房项目规划进行竣工测绘,双方对测绘范围、测绘内容(包括建筑面积复核、绿化面积复核、建筑物高度及立面测量、建筑三维建模、景观三维建模、建筑物放线、房产测绘、建筑工程规划复测)及测绘工程费、测绘工期、结算方式、纠纷管辖等作出约定。合同签订后,原告履行了大部分测绘工作。原告于 2016 年 11 月向被告提交规划竣工测量报告、不动产测绘成果报告书、测量情况说明、测绘决算单等材料时,被告拒绝签字并拒绝接收材料。其后,2016 年 12 月,原告收到被告以快递形式邮寄的《关于规划竣工测绘合同终止函》,以部分内容非原告完成为由,要求终止合同。

被告提出的答辩意见为:双方签订的《建设工程勘察测绘合同》属实,但合同中考虑到此次测绘现场的实际情况,未约定测绘起始时间及测绘成果交付时间,只是注明了“根据现场施工情况而定”。实际情况是现场并不具备原告进行测绘的条件。原告所提交的规划竣工测量报告、房屋建筑面积测绘成果报告书等，与现场完全不能对应，细部点粗差明显，里面测量高度出现明显粗差，建筑面积核算存在多处错误，根本无法满足被告项目验收要求。故要求对原告出具规划竣工测量报告等进行司法鉴定。

【审理】召集原被告双方参加的庭前会议，由原告提供相应的资质证书，并对原告所完成的工作内容进行询问和梳理，确定原告完成的工作并非建设工程勘察工作，而是提供测绘成果以办理竣工备案手续的工作，故变更案由为承揽合同纠纷。

【评析】虽然原告名称中含有"勘察设计"的字眼，也具有勘察设计的资质，被告也完成了相应的"勘察测绘工作"，立案案由定为建设工程勘察合同纠纷，但本案原、被告之间的关系并非建设工程勘察合同法律关系。根据《建设工程勘察设计管理条例》第2条的规定，建设工程勘察是指根据建设工程的要求，查明、分析、评价建设场地的地质地理环境特征和沿途工程条件，编制建设工程勘察文件的活动。建设工程设计，是指根据建设工程的要求，对建设工程所需的技术、经济、资源、环境等条件进行综合分析、论证，编制建设工程设计文件的活动。第4条规定："从事建设工程勘察、设计活动的，应当坚持先勘察、后设计再施工的原则。"所以，在平行发包模式下，勘察活动应当在设计、施工之前，其勘察文件应作为设计、施工的前提。一般而言，勘察文件内容应当包含有工程概况及勘察说明、涉案工程所在的自然地貌（地形、地貌、气象、水文）、工程地质条件（区域稳定性、地层岩性、岩土工程参数的分析与选用、地下水、不良地质作用与特殊性岩土、地震效应）、岩土工程分析与评价、基础方案分析与评价、结论与建议等。本案中对竣工后的房屋建筑进行测绘，显然并非建设工程勘察合同的内容。

6. 名为制作安装合同实为定作合同

案例11－6 ▶ 案由：建设工程施工合同纠纷

原告：某个体工商户。被告：文华逸志酒店。

【案情】原告诉请被告支付木门定作安装费用共计23.5万元。事实与理由:原告与被告于2016年10月签订《文华逸志酒店建筑防火门制作安装协议》,约定原告为被告所有的文华逸志酒店7层至15层300余房间,更换防火门(含门套,含安装,不含门锁)。原告进行了制作安装,施工中增加了14樘房门和4樘移门、开门,并通过了消防检测和消防审批,环保等级评定为E1级。但被告拖欠23.5万元一直未付。

【审理】法官通过对原告进行了详细的询问后发现,原告所履行的合同具体义务,即为酒店原有门的拆除及重新制作、安装。金属门窗专业承包资质现已取消,木门的制作安装并无资质的要求。本案的门并不能完全看作依附在不动产上的不可分割物,这一点与中央空调的许多管线成为装修或者施工中的隐蔽工程不一样。经查阅,木门也不在房屋竣工图之中。故其并非属于建设工程中的施工内容。所以,本案案由不是建设工程合同纠纷。经过释明,原告意识到起诉案由有误,主张的法律关系有错误,进行补正后,再开始进行送达工作。

【评析】建设工程合同纠纷从本质上属于承揽合同的一种特殊情况——工作成果为房屋建筑等不动产。《民法典》第808条规定,"本章没有规定的,适用承揽合同的有关规定。"但建设工程合同纠纷实行严格的资质准入要求和政府干预下的质量强制监管,与普通的承揽合同存在本质的区别。故**在区分定作承揽合同与建设工程合同时,主要看合同标的是否是不动产或者添附成为不动产的一部分,国家现行的法律、行政法规是否对其有强制性的监管措施和资质准入要求等。**

案例11-7 ▶ 案由:定作合同纠纷

原告:园博新型材料有限公司。被告:某绿源市政园林建设有限公司。

【案情】原告诉请被告支付货款160万元及相应的逾期付款违约金,被告反诉要求原告解除合同,返还已付货款17万元并赔偿因未按期吊装桥梁板造成的工期延误损失23万元。事实与理由:被告系某保税港区美洞路及美海路工程施工总承包方。2017年5月,被告作为定作方与原告作为承揽方签订了《定作物采购合同》,合同约定:工程项目名称为1#、2#及3#桥梁预制工程;定作物为C50砼梁板,暂定数量440片,暂定砼数量3440立方米,综合基价为1830

元/立方米(含税),暂定总额为630万元;施工期限按定作方要求时间施工完成,梁板安装前5日内定作方支付合同总价款的70%,在梁板安装完成后1个月内支付至实际总价款的90%,其余款项在梁板安装验收合格后六个月内付清;工程范围为空心砼梁板的预制、运输及安装,具体工程量详见《工程量清单及综合单价表》。被告的合同义务有:(1)组织原告参加施工图纸交底并做好双方签署交底纪要;(2)提供完整施工图一套及资料表格;(3)负责各项原材料试验、砼配合比试验;(4)负担梁板回弹试验费用,梁板在预制场回弹合格后再进行梁板运输安装;(5)按照原告的意见平整场地使其具备运输、安装条件;(6)负责安装资料的制作;(7)提供安装所需的橡胶支座及垫底铁板,并负责提供梁板安装的基准线;(8)负责组织对梁板安装工程的验收,按照合同约定的配合原告办理结算工作。原告的合同义务有:(1)严格按照施工图与工程业务联系单和施工方案进行施工,确保梁板预制和安装质量;(2)接受被告在工程施工中的管理;(3)提供真实完整的构件资料和混凝土抗压强度报告。

【审理】关于本案的性质究竟是建设工程分包合同还是定作承揽合同问题,双方均认为是定作合同。但原告的工作实际上包含了梁板的预制、运输及通过汽车吊进行的吊装工作等,这又类似于建设工程的施工。经过庭前会议详细询问双方梁板制作安装的流程及原被告双方的具体义务,发现:(1)原告主张的价款完全按照梁板的定作单价计算,不包含其他的工程费用。(2)原告所施工的安装,是在被告的组织、管理、指挥下将预制的梁板卸货并排列堆放在施工场地中并负责部分的安装,相关的机械由被告负责。(3)原告的安装系初安装,被告在原告安装的基础上进行相应的校正、微调和进一步施工。(4)原告并不负责梁部结构工程的分部验收,验收手续、验收资料仍然由被告负责。所以,承包的工程造价、质量等风险仍然由被告负担,本案案由仍然定为定作合同纠纷。

【评析】查明具体的合同义务是准确判断合同性质的前提。这要求法官作为裁判者对建设工程施工工艺、技术、流程等有一定的了解。

7. 名为建设工程分包合同实为定作合同

案例 11 -8 ▶ 案由:建设工程分包合同纠纷

原告:某天元建筑劳务有限公司。被告:某海港建设有限公司。

【案情】原告诉请被告支付扭王块工程款 56 万元。事实与理由:被告某海港建设有限公司系某海岛围海工程的施工总承包方,后被告的相关工作人员与原告法定代表人达成《建设工程分包合同》,约定被告将围海工程中防浪墙的扭王块工程承包给原告,由原告制作并负责安装,双方约定制作加安装合计 980 元/个,总共 1000 个左右。扭王块又叫扭王字块,是护面块体的一种,一般摆放在防波堤最外面一层,通过削弱波浪的冲击力保护防波堤。其材料为混凝土,一般通过定型模板在施工现场一次性浇筑完成,并通过吊装铺设。原告制作并安装了数个后,被告提出原告所安装的扭王块与基面接触不稳,故另外安排人员安装,价格变更为 600 元/个。原告继续安排工人在现场压模定作,根据被告的要求确定制作的尺寸、数量等。其后被告仅支付了部分扭王块工程款,剩余 56 万元至今未付。

【审理】经了解,从功能上讲,扭王块是现场使用混凝土、钢筋等材料制作的建筑构件。原告虽然安装了数个扭王块,但其后双方变更了合同内容,原告仅负责扭王块的制作而不负责安装。原告的承包范围并未涉及任何的建筑实体的分部分项。故双方的关系应当为定作合同纠纷而非建设工程分包合同。法官据此变更本案的结案案由。

【评析】原告的承包内容是现场制作建筑构件,正如现场预拌混凝土等,并不构成工程实体的分部分项工程建设活动。

8. 挖机、塔吊等机械台班费用的性质

案例 11 -9 ▶ 案由:建设工程分包合同纠纷

原告:发联建筑设备公司(甲方)。被告:个人周乙福(乙方)。

【案情】原告诉请判令被告支付租赁费 12 万元及相应利息损失。事实与理由:被告长期挂靠中铁某局下属单位承揽建设工程。2014 年 5 月 12 日,因某城市地铁轨道交通工程施工所需,被告与原告签订《吊机机械及操作工使用权转让合同》,约定甲方将所有的牌照号为苏 H98322 的 20B 型起重机及相应的操作工使用权一并转让给乙方,转让期限为 12 个月(从机械到达乙方指定的施工场地之日起至离开时止),乙方按照机械台班支付使用费(但最低不低于每月 25,000 元),进场 2 个月后开始支付使用费。此外,合同还约定:台班工作时间为 8 小时,零星使用不满 4 小时按 4 小时计算,超过 4 小时不满 8 小时的按 8 小时计算,超过 8 小时按实际发生的工作时间计算加班台班;合同期间内甲方不得无故撤离机械,乙方不得无故退回机械;甲方配备熟练的设备操作司机 2 名,要服从工地的工作安排,保证每天 8 小时随叫随到,如不听工地指挥,乙方有权要求撤换司机,司机工资由甲方负责;机械应确保正常运转,不得影响工程施工,如发生故障,甲方应当及时修复,修理费、配件费由甲方负责;机械每月应有两天的修理保养时间;施工中所用的电力或燃料、油料由乙方按规定的牌号免费提供;作业中如发生事故,则吊钩以上(吊机原因或操作原因)由甲方负责,吊钩以下(绳索、吊耳、卸扣、捆扎、指挥等原因)由乙方负责。上述合同签订后,原告履行了义务。2016 年 4 月经双方结算,被告承认尚欠使用费 12 万元未付,并向原告出具欠条一份,载明"今欠发联建筑设备公司人民币玖万元整,保证今年上半年付清,利息按银行贷款的二倍计算"。

【审理】被告系公告送达,开庭时未应诉。经庭审质证,法官详细询问《吊机机械及操作工使用权转让合同》的具体内容,查明系原告将 20B 型起重机运输至施工现场,并将其公司员工作为配备的操作员一并移送给被告供被告使用,按照机械台班计算费用,每个台班 1750 元。建筑施工机械台班费是以"台

班”为单位计算确定的,一台班为 8 小时。机械台班费由第一类费用(也称不变费)和第二类费用(也称可变费)组成。每个机械台班的不变费包括:台班折旧费,台班大修理费,台班经常维修费,台班替换设备、工具及附具费、台班润滑及擦拭材料费,台班安装拆卸及辅助设施费,台班机械保管费等,而可变费包括:机上工作人员工资、动力燃料费、车辆养路费等。故原告向被告提供起重机及操作员等,对价义务是机械设备的使用权、操作员的人工费以及一定范围内的自担费用。采用机械台班计算的往往有:吊机、塔吊、起重机、挖机、推土机、升降机等。故从性质上,双方的法律关系更加偏向于租赁合同,即被告租赁原告的大型机械用于施工中使用,鉴于操作的专业性故配备相应的操作工,构成施工中直接费中的施工机械使用费。与一般的租赁合同不同的是,虽然租赁的标的主要是机械,但出租人具有提供操作人员的附属义务。而租金的支付则是以台班数量计算。因而租赁合同纠纷三级案由项下的建筑设备租赁合同纠纷更符合本案,故在庭审中经释明后当事人决定当庭变更相应的案由。

【评析】原告向被告提供起重机及操作工,虽然成为施工过程中一部分,并作为生产资料物化到建筑物不动产之中,但其并不构成具体工程实体的分部分项。同时,原告与被告的计价方式“按照机械台班”计算费用,本质上与租赁合同更加类似。作为原告而言,其并不关注工程进度、质量、工期、价款和工程成果,其仅遵照被告的指示完成相应的施工任务即可。这也是无法构成建设工程分包合同纠纷的核心理由。

9. EPC 工程中采购设备的合同性质

案例 11 – 10 ▶ 案由:建设工程分包合同纠纷

原告:威中环境科技有限公司。被告:绿田工程设计有限公司。

【案情】原告诉请判令被告支付工程款 43.2 万元及该款按中国人民银行同期贷款基准利率计算的逾期付款利息、催款差旅住宿等费用共计 0.8 万元。事实与理由:2014 年 8 月,经招投标,被告成为某钢铁公司焦化厂脱硫系统尾气洗涤工程的 EPC 工程总承包方。2015 年 6 月,原被告双方签订了《焦化厂脱硫系统尾气洗涤工程设备采购合同》，约定：(1)原告作为承包人对被告作为发包人负责从设备设计、设备采购及供应、材料采购及供应、协助调试到热负荷运行的全过程，并承担至质保期结束为止的本合同约定的责任。具体内容主要包括设备成套供货至施工现场的设备管理、安装、冷负荷调试、软件调试及热负荷试车指导、考核验收等直至工程质保期结束的全过程承包工作。(2)合同工期为自合同生效之日至本工程热负荷试车完成。(3)承包人在交付安装后，应配合生产完成负荷试车。(4)合同造价为304万元(包括与此相关的设计、采购、运输、运保、仓储、检验、倒运至现场、现场卸车等所有费用，含税价)。(5)付款方式为设备到货验收后二周支付合同总价款的60%设备费用，功能考核后二周内付30%，剩下的10%作为质量保修金。工程交工验收，完成功能考核并办理完工程结算后，被告在30日内一次性支付合同总承包价的90%，另外10%作为质保金。(6)工程承包方式为原告负责从设备设计、设备采购及供应、材料采购及供应、协助调试到热负荷运行、试生产的全过程，并承担至质保期结束为止的本合同约定的责任。承包人应确保建设工期和工程质量，不得以任何方式将本工程转包，并在质量保修期内承担工程质量保修责任。

2015年8月，被告、监理及业主各方先后签订《单位工程实物交接协议书(1)》和《单位工程实物交接协议书(2)》，载明："本工程为EPC的总承包，由绿田工程设计有限公司承包，浙江海陆工程技术有限公司安装。工程包括设备采购、设备安装、电气仪表安装和调试。项目主要设备由酸储槽、酸洗塔、水洗塔、光分解器、风机和循环水泵等组成。工艺为脱硫再生塔排放尾气和放流池的尾气用风机引到项目酸洗塔进行一次酸吸收洗涤……交接双方认为该项工程已具备实物交接条件，自即日起施工单位移交项目单位使用，今后工程的管理、维护和保卫工作由接收单位负责。"被告向业主移交的工程设备移交清单中包含了原告作为供应厂家提供的烟囱、烟囱收集罩、酸循环储罐V101，吸收塔。2015年11月，被告、监理及业主各方签订《单位(子单位)工程质量验收证明》。

另查明，原告向被告开具的货物增值税专用发票，内容为脱硫系统尾气洗涤工程设备等。

【审理】法院以涉案合同并非建设工程合同纠纷为由，裁定移送被告住所地法院处理。

【评析】认定本案《焦化厂脱硫系统尾气洗涤工程设备采购合同》的性质判断确实较为棘手。合同名称虽然可以认为是买卖合同，但其中又有设计、采购材料、安装的义务，则有可能构成定作合同。合同价款的支付参照了工程形象节点的支付方式，加上质保金条款、禁止转包条款等，又有了建设工程合同的特征。最重要的是，原告自己也是按照工程款进行主张的。所以，本案的案由存在争议。

从审查的合同内容可以看出，原告不是EPC工程的总承包方，安装工程的承包方也并不是原告，而是另有其人，原告负有协助义务。此外，验收证明、交接手续等均没有原告出现办理手续。原告的主要义务是根据被告的指令进行设备设计、设备采购及安装工作，并配合热负荷运行。应该说，原告的义务是着眼于设备本身的采购、安装、运行，而并不涉及系统工程的土建、安装部分衔接、试运行等，故原告并没有单独组织验收的责任和义务。故本案合同的性质仍然应当回归买卖合同而非原告所主张的建设工程合同。

案例11－11 ▶ 案由：合同纠纷

原告：广西方克新材料有限公司。被告：广西智源节能环保设备有限公司。

【案情】2019年8月1日，双方在宁波（原告母公司所在地）签订《订货合同书》，约定被告承担35T循环流化床锅炉烟气布袋除尘、气力输灰、烟气脱硫系统（该系统系原告投资的年产10万吨ABS装置项目的配套环保设施）的供货及安装工作，合同价格为511.6万元。合同约定：预付款为合同总价的30%，交货时间为预付款到账后4个月，因本合同所发生的一切争议，由合同签订地人民法院管辖。另外，合同内容上分为布袋除尘系统、石灰石—石膏湿法脱硫系统、气力除灰系统三个部分，每个部分均包含本体部分设备、钢结构、阀门、仪表、备品备件，以及相应的系统设计、施工、安装、吊装、卸车、调试、培训、技术服务、运费及税（16%增值税）等费用。其中原告负责设备基础的土建，被告提供准确图纸。

2019年9月5日、11月9日，原告分别支付100万元、53.48万元，达到合同价的30%。

2020年4月30日，被告出具《工作联系函》，告知原告项目进展缓慢，不能在合同约定的期限内完成,并承诺在2020年6月12日完成合同约定的所有项目。

2020年5月5日,原告再次支付货款50万元。

2020年8月19日,被告出具《关于请求增加支付工程款的函》,告知原告项目目前处于暂时停滞的状态,并向原告提出支付235.1万元用于采购设备、原料的请求,支付到位后仍需要50天来完成合同义务。

10日后,原告丧失耐心,向法院起诉并提出以下诉讼请求:(1)解除双方于2019年8月1日签订的《订货合同书》;(2)被告返还合同款160万元;(3)被告赔偿违约损失632.9万元。

【审理】在审理中,双方对于合同性质存在争议。原告认为双方之间签订的是有关产品采购的订货合同,性质上属于买卖合同。被告认为,本案的合同属于工程总承包合同中的EPC合同,包含设计、制造、运输、安装等内容。

法院经审查认为,合同性质应当根据合同内容中具体的权利义务来判断,而并非简单根据合同名称作出认定。(1)本案的合同名称为《广西方克新材料有限公司丙烯腈配套项目10万吨/年ABS装置布袋除尘、气力输灰、烟气脱硫系统设备采购及安装工程——EPC定货合同书》,合同名称虽包含"定货合同书",但明确了主要合同内容为"EPC"下的"设备采购及安装工程"。EPC(Engineering - Procurement - Construction)系工程总承包的一种模式,即工程总承包单位按照其与建设单位签订的合同,对工程项目的设计、采购、施工阶段实行总承包,并对工程的质量、安全、工期和造价等全面负责。本案被告的合同主要义务为"负责布袋除尘、气力输灰、烟气脱硫系统的设备设计、设备供货、安装、调试",符合上述EPC工程特征。(2)《建设工程质量管理条例》第2条第2款规定:"本条例所称建设工程,是指土木工程、建筑工程、线路管道和设备安装工程及装修工程。"被告所承担的布袋除尘系统、石灰石—石膏湿法脱硫系统、气力除灰系统,根据住房和城乡建设部以及原国家质量监督检验检疫总局联合发布的《建设工程分类标准》(GB/T 50841 - 2013),分别属于机电工程中的"除尘设备安装工程"和石油化工设备安装工程中的"分离过滤机械安装工程",通过建造、安装、调试等工程建设活动构成不动产不可分割的一部分,且拆卸后利用价值大为下降。安装活动并非简单的采购设备、进场安装,而是在购置相关设备的基础上,组织工程作业施工队进场,根据现场实际情况进行大量的制作、拼装、吊装、安装、搭拆、焊接、涂装等工程建设,形成完整的分项工程,是一个整体、统一、有机的系统。从双方提供的照片看,设备安装后脱硫塔等高耸矗立,显然属于不动产的一部分。(3)本案合同内容目前已部分履行,原告提出解除合同。如最终判决合同解除或者合同因故终止履行,则必然涉及已完成部分价值的查明,很有可能需要经过工程造价鉴定或者实际投入成本评估等程序。综上,本案原、被告之间的合同实为建设工程合同。根据《民事诉讼法》第33条[1]第1项的规定,因不动产纠纷提起的诉讼,由不动产所在地人民法院管辖。《最高人民法院关于适用〈中华人民共和国民事诉讼法〉的解释》第28条第2款规定:"农村土地承包经营合同纠纷、房屋租赁合同纠纷、建设工程施工合同纠纷、政策性房屋买卖合同纠纷,按照不动产纠纷确定管辖。"虽然合同中约定由合同签订地法院即本院管辖,但该约定因违反专属管辖而无效。本案应由涉案工程所在地人民法院管辖。依照《民事诉讼法》第36条[2]、《最高人民法院关于适用〈中华人民共和国民事诉讼法〉的解释》第35条之规定,裁定本案移送广西壮族自治区某市某区人民法院处理。

【评析】本案在合同性质上存在巨大的争议。被告并没有建筑业企业资质,对合同效力亦有重大影响。本案经常设中国建设工程法律论坛第十工作组(调研课题《建设工程总承包合同纠纷裁判指引》)讨论后仍争议很大。法官根据被告的合同义务、验收要求、施工工艺、与其他工程部分的关系、工期与质量要求、是否包含工程风险以及现场状况等作出判断。

10. 名为劳务分包实为建设工程分包合同

案例 11-12 ▶ 案由:建设工程分包合同纠纷

原告:某通亿建设有限公司,具有地基与基础工程专业承包壹级资质。被告:中铁某局某分公司。

---

[1] 现为2023年《民事诉讼法》第34条。

[2] 现为2023年《民事诉讼法》第37条。

【案情】原告诉请判令被告支付质保金33.6万元及逾期付款的利息。

2014年11月,原告与被告所属项目部签订了《钻孔灌注桩施工劳务分包合同》,主要约定如下:(1)工程名称:某轨道交通一号线二期某标钻孔桩施工。(2)分包范围:三座连续地铁站及区间中的钻孔桩工程及相关施工工作。(3)钻孔桩施工内容:①乙方(原告)自有的设备、材料及人员进出厂,常规检验、试验、测量(自备检验仪器);②甲供材料及设备的领取、装卸车、倒运(含二次倒运)、材料保管、机械设备维修保养;③护筒甲供制造,埋设,安、拆;④钻孔桩施工机具准备,泥浆池开挖、维护以及完工后回填,安、拆泥浆循环系统并造浆,安、拆风水管路,准备钻具,装、拆移钻架与钻机;⑤钻进、提钻、出渣、加水、加黏土、清理泥浆池沉渣,清孔、量孔深、探孔器探孔,以桩位为中心50米范围内钻渣清理;⑥下钢筋笼(钢筋笼成品由甲方提供,直螺纹接头由甲方制作、套筒由甲方提供,甲方负责装车,一方负责从甲供车间运至孔口卸车),下笼时直螺纹套筒连接及声测管对接焊接或者插入连接;⑦水封平台的安、拆,水封导管提供及水密试验、接头抗压试验、气密试验,灌注水下砼(砼甲供);⑧常规检验、试验、测量、检测以及配合试桩;⑨有关施工记录、钻孔资料、检查表等内业资料填写、整理、汇交;⑩桩头清理,夏、冬季施工防护措施、相关的临时、辅助工程施工,现场文明施工等。主要工作内容见《施工劳务作业工程量清单》。(4)劳务报酬总额暂定为672万元,《施工劳务作业工程量清单》综合单价包括的经济内容为:人员、材料及机械设备进出场费、劳务费、材料费、机械设备使用及维修费、甲供材料的领取装卸车和倒运费、施工防护措施费、安全文明施工费、临时工程的修建、维护与拆除费、常规检验、试验、测量工作及相关费用、缺陷责任期缺陷修复、各项管理工作费用、保险、利润、税金(不含营业税、城市维护建设税和教育费附加)等费用以及合同明示或暗示的所有责任和一般风险的费用。综合单价已经考虑了燃油、水电以及辅材涨跌价、因业主工程款不能到位的风险以及从正式进场至全部工程竣工期间所有施工步骤、方法及突发风险发生的所有费用,不含水中钻孔平台施工费。施工过程中,一方不得以任何理由提出所报单价遗漏工作内容而要求调整单价或拖延进度,否则视为违约。

在合同附件的《施工劳务作业工程量清单》中,双方约定了各种不同规格的钻孔灌注桩的综合单价从170元/米至810元/米不等,《甲方提供材料明细表》

中主要包含了砼和钢筋笼；《乙方提供材料设备明细表》中，包含了回旋钻、冲击钻、25T吊机、挖掘机、运输车、泥浆泵、清水泵、导管、泥浆净化器、空压机、电焊机、泥浆比重计、含砂量计等。在施工过程中，双方签订了《补充协议》两份，对停窝工、征地拆迁、地下障碍物等相关费用的补偿和部分项目的综合单价等作出变更约定。后2015年5月，涉案工程的桩基分部竣工验收，次月双方达成结算协议，被告确认欠付工程款。现被告尚欠质保金拖欠未付。

【审理】经庭审质证和调查，原、被告双方之间的《钻孔灌注桩施工劳务分包合同》从内容上看包含了乙供大型机械设备，远远超过了劳务分包的范围，同时，此次分包并未取得发包人的同意或追认，故涉案《钻孔灌注桩施工劳务分包合同》系名为劳务分包合同，实为建设工程违法分包的合同，合同效力为无效。庭审中，法官针对合同性质和合同效力引导双方充分发表意见。

【评析】劳务分包和专业分包的联系与区别。劳务分包作业，是指施工承包单位或者专业分包单位将其承揽工程中的劳务作业发包给具有相应资质的劳务分包单位完成的活动。专业工程分包，是指建筑工程总承包单位根据总承包合同的约定或者经建设单位的允许，将承包工程中的专业性较强的专业工程发包给具有相应资质的其他建筑施工企业完成的活动。二者一般均是从施工总承包方或者工程总承包方处取得承包权。但也有较大的区别，分列如下：

（1）相对人不同。劳务分包的合同相对人可以是专业分包人，但专业分包的合同相对人只能是施工总承包单位或者工程总承包单位，否则将构成违法分包，合同效力系属无效。根据原《建设工程司法解释》第7条的规定："具有劳务作业法定资质的承包人与总承包人、分包人签订的劳务分包合同，当事人以转包建设工程违反法律规定为由请求确认无效的，不予支持。"

（2）资质要求不同。根据《建筑业企业资质管理规定》和《建筑业企业资质标准》，建筑业企业资质分为施工总承包资质、专业承包资质和施工劳务资质。故专业分包需要承包人具有相应的36项专业承包资质且满足资质等级的要求，而2015年1月1日施行的《建筑业企业资质标准》（建市〔2014〕159号），施工劳务资质序列不分类别和等级。

（3）合同标的不同。专业分包所指向的是专业工程所有的工作，包括专业技术、管理、材料采购等，往往包工包料，承包人的工作成果构成建设工程实体中的具体分部分项或者施工措施，承包范围也较为直观。劳务分包所指向的是工程施工“人、材、机”中的人工费的部分，而且是简单劳动，其表现形式为包工不包料即俗称的“清包工”，如木工、砌筑、抹灰、石制作、油漆、钢筋、混凝土、脚手架、模板、焊接、水暖、钣金、架线等。劳务分包的承包人不负担与工程有关的大型机械、周转性材料租赁和主要材料、设备等，仅提供劳务及小型机具和辅料，如果需要承包人负担上述机械、材料的，则不属于劳务分包。

(4)计价方式不同。专业分包计价所指向的工程施工实体造价，采用定额计价时由直接费、间接费、税金和利润等构成。劳务分包所指向的仅是直接费中的人工费部分，往往以劳务费等形式出现。但二者均属于工程款。

(5)是否需要业主同意。《建筑法》第29条规定：“建筑工程总承包单位可以将承包工程中的部分工程发包给具有相应资质条件的分包单位；但是，除总承包合同中约定的分包外，必须经建设单位认可。施工总承包的，建筑工程主体结构的施工必须由总承包单位自行完成。”故专业分包应当经过发包人的同意。而劳务分包则并无上述要求。

本案中，《乙方提供材料设备明细表》中的回旋钻、冲击钻、25T吊机、挖掘机、运输车、泥浆泵、清水泵等已经远远超过了施工小型机具的范畴，故本案承包人已经超过了清包工的范畴，《钻孔灌注桩施工劳务分包合同》系名为劳务分包实为违法分包。

11. 名为内部承包实为挂靠合同

案例11－13 ▶ 案由：合同纠纷

原告：远方建设集团有限公司。被告：风洋翀。

【案情】原告诉请被告归还垫付款857.2万元并支付自结算之日至履行之日按照月利率1.5%计算的利息、违约金50万元。事实与理由：2014年11月，原、被告双方就某集卡运输停车中心项目(一期工程)签订了《工程项目内部生产经营承包合同》，约定：原告将涉诉工程内部承包给乙方，工程涉及的施工范围、内容、承包方式等各项事宜均按照原告与建设单位签订的《建设工程施工合同》为准，工程所发生的各项费用及债务均由被告承担。涉案工程于2016年3

月竣工验收合格,并于同年6月经过审计确定工程造价。在施工工程中,发生材料供货商起诉原告的案件,原告为此垫付商品砼、钢筋480余万元,加上原告累次借款给被告及垫付人工工资、工程审计费等,就涉诉工程累计替被告支付857.2万元,另有70万元借款原告将另案处理。2018年4月,被告向原告出具承诺书,承诺已垫付款项的归还日期,并按照月利率1.5%计算利息及违约责任。

【审理】经过庭前准备,法官与原告代理人经过电话沟通,确认被告风洋翀并非原告的员工,二者是挂靠关系,实际上涉案工程也是被告从业主处联系取得的。原告收取被告相应工程造价的1.8%作为挂靠管理费。被告下落不明,无法送达。后经过查询,发现其在其他法院有案件,系被告的父亲代理参加。法官通过联系其父亲敦促其积极应诉。被告到庭后,承认双方之间的《工程项目内部生产经营承包合同》实际上为挂靠协议,被告需要自行承担工程项目的所有风险,自负盈亏,其与原告之间并非隶属关系而是外部的合作关系。据此,本案案由变更为建设工程合同纠纷。

【评析】根据《关于改革国营施工企业经营机制的若干规定》和《全民所有制工业企业承包经营责任制暂行条例》的相关规定,企业内部承包是指企业作为发包方与其内部职能部门、分支机构、职工之间为实现一定的经济目的,而就特定的生产资料及相关的经营管理权所达成的双方权利义务的约定[1]。内部承包与挂靠存在本质的区别:一是在资产关系的归属方面,内部承包方与企业之间是隶属关系,其使用的是企业的资产,或以股份等方式划转到企业;而挂靠单位的资产没有以股份等方式划转被挂靠单位,并办理相关法律手续。二是在财务管理方面,建筑施工企业和内部承包人对经营利润约定进行分配,此约定不得对抗第三人;而挂靠人与被挂靠单位之间没有统一的财务管理制度,二者之间独立核算、利润单独分配。三是在人事任免方面,内部承包方无论是个人还是职能部门的组成人员,都与企业存在劳动关系,接受企业的任免、调动和聘用制度;而挂靠人与被挂靠单位之间没有严格、规范的人事任免、调动、聘用制度,即不存在劳动关系。在挂靠情形下,挂靠人与被挂靠人之间因挂靠协议产生的纠纷,不宜定性为建设工程施工合同纠纷、建设工程分包合同纠纷等九种四级案由中的任何一种。在此种情况下,案由定为三级案由下的建设工程合同纠纷为宜。

---

〔1〕 章建荣:《建筑施工企业内部承包合同:制度规范与风险防范》,法律出版社2017年版,第6页。

12. 转包与挂靠、违法分包的联系与区别

2019 年 1 月 3 日，住房和城乡建设部发布了《建筑工程施工发包与承包违法行为认定查处管理办法》，对转包、挂靠、违法分包等内容作出了明确规定。

(1)转包

转包，是指施工单位承包工程后，不履行合同约定的责任和义务，将其承包的全部工程或者将其承包的全部工程支解后以分包的名义分别转给其他单位或个人施工的行为。存在转包的情形有：

①承包单位将其承包的全部工程转给其他单位(包括母公司承接建筑工程后将所承接工程交由具有独立法人资格的子公司施工的情形)或个人施工的；

②承包单位将其承包的全部工程支解以后，以分包的名义分别转给其他单位或个人施工的；

③施工总承包单位或专业承包单位未派驻项目负责人、技术负责人、质量管理负责人、安全管理负责人等主要管理人员，或派驻的项目负责人、技术负责人、质量管理负责人、安全管理负责人中一人及以上与施工单位没有订立劳动合同且没有建立劳动工资和社会养老保险关系，或派驻的项目负责人未对该工程的施工活动进行组织管理，又不能进行合理解释并提供相应证明的；

④合同约定由承包单位负责采购的主要建筑材料、构配件及工程设备或租赁的施工机械设备，由其他单位或个人采购、租赁，或施工单位不能提供有关采购、租赁合同及发票等证明，又不能进行合理解释并提供相应证明的；

⑤专业作业承包人承包的范围是承包单位承包的全部工程，专业作业承包人计取的是除上缴给承包单位“管理费”之外的全部工程价款的；

⑥承包单位通过采取合作、联营、个人承包等形式或名义，直接或变相将其承包的全部工程转给其他单位或个人施工的；

⑦专业工程的发包单位不是该工程的施工总承包或专业承包单位的，但建设单位依约作为发包单位的除外；

⑧专业作业的发包单位不是该工程承包单位的；

⑨施工合同主体之间没有工程款收付关系，或者承包单位收到款项后又将款项转拨给其他单位和个人，又不能进行合理解释并提供材料证明的(如有证据证明

上述①～⑨种情形属于挂靠或其他违法行为的除外）；

⑩两个以上的单位组成联合体承包工程，在联合体分工协议中约定或者在项目实际实施过程中，联合体一方不进行施工也未对施工活动进行组织管理的，并且向联合体其他方收取管理费或者其他类似费用的，视为联合体一方将承包的工程转包给联合体其他方。

（2）挂靠

挂靠，是指单位或个人以其他有资质的施工单位的名义，承揽工程的行为。承揽工程，包括参与投标、订立合同、办理有关施工手续、从事施工等活动。属于挂靠的情形有：

①没有资质的单位或个人借用其他施工单位的资质承揽工程的；

②有资质的施工单位相互借用资质承揽工程的，包括资质等级低的借用资质等级高的，相同资质等级相互借用的；

③上述转包情形之③～⑨项情形中，有确凿证据证明属于挂靠的。

（3）违法分包

违法分包，是指施工单位承包工程后违反法律法规规定或者施工合同关于工程分包的约定，把单位工程或分部分项工程分包给其他单位或个人施工的行为。属于违法分包情形的有：

①施工单位将工程分包给个人的；

②施工总承包单位或专业承包单位将工程分包给不具备相应资质的单位的；

③施工合同中没有约定，又未经建设单位认可，施工单位将其承包的部分工程交由其他单位施工的；

④施工总承包单位将施工总承包合同范围内工程主体结构的施工分包给其他单位的，钢结构工程除外；

⑤专业分包单位将其承包的专业工程中非劳务作业部分再分包的；

⑥劳务分包单位将其承包的劳务再分包的；

⑦劳务分包单位除计取劳务作业费用外，还计取主要建筑材料款、周转材料款和大中型施工机械设备费用的。

以上系从行政管理的角度来认定挂靠、转包和违法分包，具有较高的价值，但与司法认定仍有一定差异。总的来说，司法的谦抑性、保守性决定了法官对于认定挂靠、转包和违法分包会持有更为审慎、客观的态度，而不能以“可能存在”来判定确实存在挂靠、转包和违法分包。挂靠与转包、违法分包均为违法行为，具有一定的隐蔽性。在转包与违法分包情形下，承包合同的上家与下家之间的工程款纠纷，往往通过与总承包合同进行比对，能够查明相应的合同性质。但是挂靠具有更强的封闭性，被挂靠人与挂靠人之间可能不存在合同，或者被挂靠人对挂靠人具有较强的约束力，导致挂靠关系以外的人难以获取相应的证据。如【案例11－13】中原告与被告产生的争议即源于挂靠协议，故挂靠事实容易确定。但实践中挂靠关系往往为外人所明知（或者高度怀疑）却难以证明，且更难以区分的是如何认定属于挂靠还是转包、违法分包。只有少数案件不以当事人提供挂靠协议为前提，即可证明挂靠关系的存在。

案例11－14 ▶ 案由：建设工程分包合同纠纷

原告：曹如领。被告：万力建设工程有限公司、章忠游。

【案情】原告诉请判令两被告连带支付工程款26万元及按中国人民银行同期贷款基准利率计算的逾期付款利息。原告主张的事实与理由：2016年1月21日，被告章忠游挂靠被告万力建设有限公司，以万力建设有限公司的名义承包了某土地开发项目。后章忠游以被告万力建设有限公司的名义，将打炮头工程分包给原告，但双方没有签订书面的合同。2016年4月5日，原告和章忠游进行结算，章忠游个人出具了欠条并予以确认："章忠游挂靠万力建设有限公司名下，以其名义承包了土地开发项目，将挖土及打炮头工程发包给曹如领施工。曹如领实际施工完工后，章忠游应付曹如领工程款40.9万元，实际已支付14.9万元，章忠游尚欠曹如领工程款26万元。"原告认为，两被告系挂靠关系，应当承担连带责任。

【审理】两被告均下落不明，未到庭参加诉讼。经审查，首先，原告所谓的挖土工程和打炮头工程，实际上是原告租赁了相关的挖机等设备，并雇用了操作工人，从事土石方工作。章忠游向其支付相应的机械台班费用。故原告所称的工程分包，并不成立。其次，原告主张两被告之间系挂靠关系，故希望法院能够判决两被告承担连带责任以获取最大的诉讼利益。但诚如上文所说，挂靠人与被挂靠人之间承担连带责任并无法律依据。再次，原告的诉讼请求"两被告连带支付工程款26万元……"是不正确的诉讼请求，原告应当明确，由哪一个被告承担主付款责任,哪一个被告承担连带责任。最后,在两被告均未到庭参加诉讼的情况下,不能仅凭章忠游出具的欠条称其与万力建设有限公司系挂靠关系就此予以确认,原告也无法提交更多的证据予以证明。本案在对两被告公告之前,向原告释明了相关的诉讼风险,而后原告以另行对章忠游提起建筑设备租赁合同纠纷诉讼为由,撤回了起诉。

【评析】虽然原告主张两被告之间系挂靠关系,并且章忠游出具的欠条上也表明章忠游认可了该关系,但从诉讼举证的角度来看这是远远不够的,章忠游与万力建设有限公司之间可能存在的协议,有可能是挂靠协议,但也有较大可能是转包协议、违法分包协议,具体内容不清。挂靠的封闭性和两被告怠于应诉的态度,导致原告对其挂靠关系的主张无法予以举证。这也从侧面反映了一些案件被告缺席的情况下,对原告是较为不利的。

案例 11－15 ▶ 案由:建设工程分包合同纠纷

原告:张维福。被告:建成公司、中禾建设公司。

【案情】原告诉请判令被告建成公司支付工程款 78 万元,被告中禾建设公司承担连带清偿责任。

涉案的维修车间工程坐落在案外人腾飞公司厂区内,产权归腾飞公司。2016 年 6 月12 日,腾飞公司将厂房场地出租给案外人欣欣公司,欣欣公司投资建设钢结构厂房。田贵骅为建成公司法定代表人,建成公司于 2016 年 12 月 6 日被吊销营业执照,且其没有建筑业企业资质。

2016 年 9 月 12 日,腾飞公司与被告中禾建设公司签订了《建设工程施工合同》,约定腾飞公司将维修车间工程发包给中禾建设公司,承包范围为施工图范围内的全部工程,工期为 45 日历天,合同造价为 112 万元,监理单位为绍兴丰华工程建设监理有限公司宁波分公司。

同日,建成公司与欣欣公司签订《建筑工程施工合同》,约定:施工工程名称为欣欣公司维修车间钢结构工程;监理单位为绍兴丰华工程建设监理有限公司宁波分公司;工期 45 天;合同价款 290 万元;工程款按照工程进度由欣欣公司支付给建成公司,合同签订后、钢结构框架安装完毕、钢结构围板屋面板安装完毕、工程质检验收合格后分别支付87万元、87万元、72.5万元、34.8万元，其中33.6万元、33.6万元、28万元、16.8万元（合计112万元）给建成公司的挂靠公司。

同日，腾飞公司与欣欣公司、被告中禾建设公司签订《协议书》一份，主要内容为："腾飞公司与欣欣公司于2016年6月12日签订了空场地租赁协议，经规划审批的维修车间由欣欣公司出资建造，产权归腾飞公司。鉴于腾飞公司与中禾建设公司于2016年9月12日签订了维修车间建设合同，合同总金额为112万元，三方达成协议为：腾飞公司与中禾建设公司之间签订的维修车间建设合同中约定的应支付工程款由欣欣公司直接支付给中禾建设公司，中禾建设公司不得向腾飞公司主张。"

上述《建设工程施工合同》系建成公司借用中禾建设公司的资质用于报建、备案手续的办理，实际履行的是《建筑工程施工合同》。田贵骅将部分工程交于案外人周余敏施工。后周余敏在完工前退出了该工程。中禾建设公司在2016年9月至2017年11月收到欣欣公司汇入工程款112万元，其中有89.2万元转付给了周余敏。

2017年10月4日，田贵骅以中禾建设公司项目经理代表的名义与原告签订了《承包腾飞公司维修车间外墙夹心板、水、电、门窗合同书》，约定：(1)原告施工范围为腾飞维修车间的外墙夹心板、水电、门窗等（具体以施工图纸为准）；(2)工程以包工包料的方式包给原告；(3)工程款共计78万元；(4)工程地点为腾飞公司维修车间；(5)在工程结束时支付工程款总额的98%，工程结束后6个月无质量问题的，剩余款项一次性付清。此后，原告按照合同约定进行施工。2017年10月9日至同年11月20日，田贵骅先后在原告出具的三份《腾飞附加工程报价单》《水电工程报价单》《外墙框架维修报价单》《外墙夹心板报价单》《腾飞外墙弹涂报价单》上签字，对价格进行了确认，合计78万元。上述原告的承包范围有部分包含在涉案工程的设计图纸和竣工图纸中。

施工期间，涉案工程的告示牌上已注明投资造价112万元，被告中禾建设公司系工程施工总承包方。被告中禾建设公司为原告所属施工人员发放了建筑业务工人信息卡。监理单位从绍兴丰华工程建设监理有限公司宁波分公司变更为山东信仁建设监理有限公司。中禾建设公司的项目经理从刘某变更为伍某。

2018年1月27日，涉案工程通过竣工验收。

【审理】本案的争议焦点在于建成公司与中禾建设公司是否存在挂靠关系。从上面查明的事实可以看出，名义上报送备案的合同是腾飞公司与中禾建设公司签订的《建设工程施工合同》，而实际履行的却是同日由建成公司与欣欣公司签订的《建筑工程施工合同》。二者的承包范围、工期、监理单位等内容一致，但合同主体、价款不一致，且后者明确约定112万元的款项直接支付给建成公司的挂靠公司，尽管合同没有明确该挂靠公司是谁。衔接《建设工程施工合同》与《建筑工程施工合同》的是同日由腾飞公司与欣欣公司、被告中禾建设公司签订的《协议书》。由于建成公司不具有建筑业企业资质，而中禾建设公司具有相应的资质，且中禾建设公司与腾飞公司签订的《建设工程施工合同》仅仅用于备案而不是进行实际施工的依据，故认定建成公司与中禾建设公司存在挂靠关系。

【评析】本案系在没有出现挂靠协议的情况下，对建成公司与中核建设工程存在挂靠关系这一事实予以认定。理由实际上系从挂靠的本质出发——挂靠人借用资质，被挂靠人出借资质并获取一定的管理费。司法中能够如此认定的案件极为罕见。

13.“建设工程”的边界

在司法实践中，常见的明显属于建设工程的工程有许多，比如，建造商品住宅楼、标准厂房、市政道路等。但是，如果遇到一些不常见的情况，如矿山边坡治理、河道拓宽等，判断其是否属于建设工程则需要谨慎把握。首先要确定的是，建设工程的范畴大于并包含建筑工程。根据2013年5月1日实施的《建设工程分类标准》（GB/T 50841—2013）的规定，建设工程是指为人类生活、生产提供物质技术基础的各类建（构）筑物和工程设施，而建筑工程是指供人们进行生产、生活或其他活动的房屋或场所。建设工程按自然属性可分为建筑工程、土木工程和机电工程。建设工程按使用功能可分为房屋建筑工程、铁路工程、公路工程、水利工程、市政工程、煤炭矿山工程、水运工程、海洋工程、民航工程、商业与物资工程、农业工程、林业工程、粮食工程、石油天然气工程、海洋石油工程、火电工程、水电工程、核工业工程、建材工程、冶金工程、有色金属工程、石化工程、化工工程、医药工程、机械工程、航天与航空工程、兵器与船舶工程、轻工工程、纺织工程、电子通信工程和广播电影电视工程等。所以，建设工程的外延远远超过了建筑工程。试举例说明：

(1)大型室外广告牌，属于建设工程

构筑物工程分为工业构筑物、民用构筑物和水工构筑物。其中，民用构筑物可分为电视塔(信号发射塔)、纪念塔(碑)、广告牌(塔)等，其建造需要规划部门的报批。同理，大型室外石塑大佛等也是建设工程。

(2)违章建筑物的爆破与拆除，属于建设工程

虽然建筑物未办理审批手续，但其爆破与拆除需要经有关部门的批准。尽管《建筑业企业资质标准》中将爆破与拆除工程专业承包资质予以取消，但也并非完全放开、可随意承包的工程。爆破与拆除是建设工程中施工难度较大、具有一定危险性的工程。

(3)大型船舶的建造，不属于建设工程

船舶在物权上应作为“准不动产”进行对待。船舶经由船级社检验后才可取得合格证书。在我国，船舶的建造属于海事法院专属管辖。目前，我国有北海、大连、广州、海口、宁波、青岛、上海、天津、武汉、厦门、南京十一个海事法院。在有关船舶的制造、修理案件中，尽管也会涉及设计合同、进度款、安装采购、工期、中间验收、结算等诸多要素，与建设工程合同存在较多的相似之处，但其本质意义上并不属于建设工程合同。究其原因，船舶本质上是动产，其建造完成后，与附着的水域并无固定联系。此外，建造船舶并无“勘察”这一反映建设工程作为不动产属性的重要环节。故船舶的建造不适用建设工程施工合同的规定，而适用《民法典》中关于承揽合同的规定。需要指出的是，如果涉及的是码头、船坞的建造，则仍然属于建设工程施工合同。

(4)公墓建造，属于建设工程

公墓建设的规划建造需规划、国土、建设等部门审批。公墓作为规划出来供埋葬死者或骨灰的公共设施，具有一定公益性，能够满足人民纪念、追思亲友的思想寄托要求。特别是在我国传统的厚葬文化下，墓地更具有家族繁衍和传承的标志意义。公墓建设不仅涉及相毗邻的山体、河流等周围环境，也涉及钢筋、混凝土等人材机物化到山体、土地等建设过程，同时还具有绿化等方面的要求，系典型的建设工程。

以上仅仅是建设工程的几种常见类型。建设工程实际上包含着非常丰富的内容,在此不再赘述。法官如对案件是否涉及建设工程存在疑虑,可查阅《建设工程分类标准》等文件。

14. 工程建设部分工作与建设工程分包

工程建设涉及庞大人力、物力及材料调配,施工周期长,其对材料和工程质量亦有严格的要求。建设工程中的分部工程、分项工程种类繁多。比如,房屋建筑工程分为地基与基础、主体结构、建筑装饰装修、屋面工程、建筑给水排水及采暖、建筑电气、智能建筑、通风与空调、电梯及建筑节能这十个分部工程。其中,地基与基础分部项下又分为无支护土方、有支护土方、地基处理子分部工程、桩基、地下防水、混凝土基础子分部工程、砌体基础、劲钢(管)混凝土、钢结构等子分部。而无支护土方子分部工程中,又有土方开挖、土方回填、场地平整三个分项工程。在有支护土方子分部工程中,又包含了排桩、降水、排水、地下连续墙、锚杆、土钉墙、水泥土桩、沉井与沉箱,钢筋混凝土支撑等分项工程。那么,是否参与了工程建设中的部分工作,如进行了上述部分分部分项工程的施工,即构成了建设工程分包呢?

对此,需要从以下角度进行审慎考量:

(1)所施工的内容是否具有高度的技术性、专业性、危险性等,故而需要专业承包资质

如对于建筑物存在的安全性问题需要进行纠偏和平移、结构补强,特种设备起重吊装、特种防雷等,需要特殊专业人员和技术,则必须具备特种工程专业承包资质;如需要对核反应堆、放射性化工、核燃料元件、核同位素分离、铀冶金、核废料处理、核电站检修和维修以及铀矿山工程进行施工,则需要核工程专业承包资质。

(2)施工的内容是否属于工程建设中不可分割的一部分或者系必需的施工措施之一

前者如电梯安装工程,需要将电梯及附属设施安装在建筑物中,成为建筑物不可分割的一部分。后者如高大支模承重架专项措施。高大模板支撑系统是指建设工程施工现场混凝土构件模板支撑高度超过8m,或搭设跨度超过18m,或施工总荷载大于15KN/m^2,或集中线荷载大于20KN/m的模板支撑系统。虽然模板并不最终体现在工程实体中,但其系施工所必需的措施之一,且施工方案必须先经过专

家论证才能实施。

(3)有关行政主管部门是否对此项目须进行特殊的管理或者行政许可

如矿山边坡治理需要国土部门进行审批,市政道路往往是交通局或授权单位进行发包,特种设备的安装检验需要特种设备检测研究院进行检验并出具监检报告等。

(4)已完工程的小型维修、部分改造等不构成建设工程合同,特别是装饰装修合同

虽然在传统上,建设工程既包括建造,也包括拆除、维修。但建设工程合同在履行完毕后、使用过程中,发包人对建设工程提出部分改造、更换、优化、修补的,不宜认定为建设工程合同,如更换部分大理石、安装马桶、重装玻璃门窗、涂装油漆等。除非是影响建筑物整体性的重新装修、部分主体结构的改造等。如果认为原建筑物施工范围的任何改动、修补等均构成建设工程,则无限放大了建设工程的范围,将导致很多案件以建设工程合同纠纷的审查标准进行审理,背离了当事人的真实意思表示和朴素的生活认识,不利于矛盾纠纷的解决。另外,该种案件往往标的较小,金额在十万元以下,手续简便,双方甚至可能不存在书面的合同,同时也可能是发包人自己购买相应的主要材料,由于发包人往往是边维修边使用,就不存在维修工程的竣工验收问题。而如果是建设工程报建审批的改造、翻建,以及较大范围的停业装修(一般数十平方米以上)等,仍然应当认定为建设工程。

(5)施工人是否承担工程质量、工期、价款的风险

《民法典》第788条第1款规定:“建设工程合同是承包人进行工程建设,发包人支付价款的合同。”第795条规定:“施工合同的内容一般包括工程范围、建设工期、中间交工工程的开工和竣工时间、工程质量、工程造价、技术资料交付时间、材料和设备供应责任、拨款和结算、竣工验收、质量保修范围和质量保证期、相互协作等条款。”据此,**建设工程的本质是承包人承包工程的全部或其中的一部分,以其自身的生产能力、管理能力,将相应的人工、材料及机械设备等生产要素物化到不动产中,并对工程施工成本、质量、工期承担主体责任和相应风险的经济活动**。如果承包人进行了工程建设的施工活动,但仅仅是遵从指示而并不对工程施工成本、质量与工期承担主要责任和相应风险,仍然不能构成建设工程合同。如在劳务分包工程中,劳动者个人尽管也将其劳动物化到了工程建设中,但其仅是遵从指示而并不对劳务分包工程的质量、工期负责,故劳动者个人与劳务分包单位或者包工头之

间并非建设工程分包关系。在以上诸多名为其他合同实为建设工程合同的案件及名为建设工程合同、实为其他合同的案件中,辨别是否是建设工程合同,亦应当从上述建设工程的本质出发,将涉及施工所需材料的买卖、施工机械的租赁、人工费用的支出等部分生产要素进行物化但并不对工程施工承包、质量、工期等负责的其他法律关系与建设工程合同作出区分,具有较强的司法实践意义。

案例 11－16 ▶ "小合同"是不是建设工程施工合同?

案由:买卖合同纠纷

原告:某化工设备制造公司。被告:某工业设备安装公司。

【案情】2013 年 4 月,被告与业主某新能源技术公司签订了《建设工程施工合同(示范文本)》(1999 版)一份,约定:(1)工程名称为 10 万吨丙烯项目;(2)工程内容为 80 万吨/重油催化及产品精制、25 万吨/年气体分馏、4 万吨/年 MTBE、16,000Nm^3/h 催化干制氢、30 万吨/年重芳烃加氢、30 万吨/年轻芳烃加氢、8 万吨/年聚丙烯装置、10 万的吨/年芳构化装置、1 万吨/年硫黄回收装置、装置区内公用安装工程的设备采购、安装工程施工总承包;(3)合同工期 355 天;(4)暂定价7.3亿元,其中,设备采购费 4.6 亿元,设备安装工程费 2.7 亿元。

同年 7 月,原告某化工设备制造公司与被告签订了《工程物资买卖合同》(小合同),主要约定:(1)被告向原告采购容积为 2000m^3 的球罐 8 台,合同价格为 2860 万元,并对球罐的主要技术参数,如介质名称、设计压力、球壳板材料、壁厚、内径、温度、容器类别、焊接接头系数、腐蚀余量等作出约定;(2)合同价格为固定总价,包含材料设备原价、包装费、税金、保险、市场价格波动等风险导致增加的费用,售后服务及安装、调试,运抵至项目施工现场的运输费,随机备品、配件、工具及相应的试验费、检测费、设计费、制造费用、安装费、质量技术监督局监检费用及技术协议供货要求的除上述内容外的一切其他费用;(3)供货范围包括球罐本体及扶梯平台的设计,球罐本体制作安装(不包括仪表范围、液位计、地脚螺栓及基础滑板),球罐表面喷砂除锈,平台扶梯制作和安装、防腐除锈刷漆、铭牌架,球罐顶部冷却喷淋和球罐本体消防喷淋制作安装,球罐的现场安装、焊接、无损检测、热处理、水压气密试验,球罐外表面除锈刷漆、梯子平台、喷淋、柱腿防火,接管等;(4)供方对所供的材料(设备)质量负责,产品质量实行三包(包退/包换/包修),合同标的物的质保期为18个月,保修期从工厂竣工验收合格之日起算;(5)交货及检验:供方将货物送至项目现场,需方会同工程监理(业主)进行外观现场抽检、外观验收及第三方检测,验收合格后,合同标的物的所有权转移给需方;(6)需方配备现场施工代表,负责现场的"三通一平",并有权在供方施工过程中对安装质量进行检查,供方在需方组织下与土建单位办理基础移交手续,对球罐本体及附件安装质量负责,精心组织施工,配合需方与业主办理验收手续;(7)付款:收到等额保函后支付合同总价款的30%,球罐全部制作完毕后至发货前支付合同总价款的30%,球罐及梯子平台安装完毕并验收合格后45日内支付合同总价款的30%,留合同总价款的10%作为质量保修金,保修期满后支付;(8)买方在收到合同价款后,开具2000万元的增值税专用发票,余额开具建安税发票。

【审理】经过审理,法院认为,本案系建设工程施工合同项下的总承包人对外采购合同。尽管供方的合同义务中有部分关于施工和安装的内容,但是其系合同的附随义务。双方的真实意思表示是采购球罐这一特定物及相应的附属设备设施。从合同权利义务的指向上看,原告的义务仍然集中在球罐本身而非相应的明确的施工承包范围。从自主性上看,原告施工和安装活动受被告、监理、业主等多方制约,验收工作也只负责配合。综合判断,本案案由系买卖合同纠纷是正确的。

【评析】本案与【案例11-3】虽然名义上均为买卖合同,但中间的区别值得回味:【案例11-3】中承包人作为供方,不仅要对出售货物本身的质量负责,还要对完成整个施工的电气控制系统的质量负责(交钥匙工程),保障其作为建设工程的使用性能,这已经超出了买卖合同的范畴,具有相当的自主性和独立性,符合工程承包的特点。而本案中计价方法、货物交付、质量检查、所有权转移、产品合格证书等均符合买卖合同的性质。供方对于工程质量何时验收、如何验收,并不具有独立性和主导权,而是遵从监理、业主代表、需方等其他主体的计划指令等进行配合。供方在需方组织下与土建单位办理基础移交手续,说明供方并无单独的分包范围及分包范围内的施工质量义务。**建设工程的本质是价款、工期、质量三者的有机结合**,无论是总包合同还是分包合同,均具有这三者。而从上述合同的内容中可以看出,供方除了对价款、标的物质量有要求,对整体或者部分工程分部的价款、质量并无要求,其在施工期间也遵从了土建或者需方的要求,并不具有独立性和自主性。故应当认定为买卖合同。

15. 合同性质查明的法律效果

以上案例生动地演绎了法官如何在查明合同关系、合同内容的基础上,甄别、判断合同性质。总而言之,分成三种情况:(1)名为其他合同实为建设工程合同;(2)名为建设工程合同实为其他合同;(3)建设工程合同关系中的具体关系,如工程总承包、施工总承包、专业承包、劳务分包、违法分包、转包、挂靠、支解发包、内部承包等情形。这实际上解决的是案件是不是建设工程合同纠纷,以及具体属于哪一种类的建设工程合同纠纷的问题。不同的合同性质,适用不同的案由,如建设工程施工合同纠纷,应当发生在建设方与总承包方(工程总承包或施工总承包)之间,同时也应当适用于支解发包的情形;建设工程分包合同纠纷,适用于合法分包和违法分包、转包、劳务分包等情形;三级案由即建设工程合同纠纷,适用于当案件系原告主张实际施工人地位,根据《建设工程司法解释(一)》第43条的规定,在主张其合同相对人承担责任的同时,要求发包人在欠付工程价款范围内承担责任的情形。如果原、被告双方系挂靠人与被挂靠人之间就挂靠协议产生争议,或者挂靠人主张被挂靠人向发包人催讨工程款而提起包括对被挂靠人及发包人在内的代位之诉,案由也应当定为建设工程合同纠纷。同时,不同的合同性质,决定了不同的诉讼请求。如买卖合同的诉讼请求为请求支付货款,建设工程合同的诉讼请求为请求支付工程款(进度款、结算款)。挂靠人要求被挂靠人按照挂靠协议支付的工程款与转包人请求支付的工程款,看似外表相似,实则泾渭分明。追本溯源,合同性质的查明,与诉讼请求、请求支付款项的法律依据、合同效力、管辖法院紧密相关,在程序上对案件审理具有重要影响。比如,如果确定不是买卖合同、承揽合同等而是建设工程合同,当事人之间约定的管辖条款就无效,则必须适用由建设工程所在地法院进行专属管辖的规定。

案例 11－17 ▶ 案由:装饰装修合同纠纷

原告:项路。被告:边疆。

【案情】原告与被告签订《手绘合同书》,约定原告为被告所承包的某文化体育广场提供手绘壁画服务,总工程款 10 万元,并对付款进度、工期等作出约定。2019 年 7 月 10 日,原告完工。但被告一直拖欠 4 万元尾款未付。现请求判令被告支付 4 万元及逾期付款的违约金。

【审理】法官经审查认为,根据原告提供的《手绘合同书》,合同约定的工程系手绘壁画装饰工程,承包方式为包工包料;合同对工期、设计、变更、质量、工程价款支付、竣工验收等作出约定,并明确"工程不得转包"。该《手绘合同书》的合同性质系装饰装修合同,且有关工程地点为"宁波市某区某街道某文体广场",故裁定移送工程所在地法院处理。

【评析】壁画属于装饰装修的范畴。

为什么较多的建设工程合同纠纷案件会出现合同性质认定上的分歧呢?这是值得深入思考的问题。大致有以下几个原因:一是建设工程合同具有较高的专业性,当事人在拟定、签署合同时对其理解不足,导致存在许多名为其他合同,但实际上为建设工程合同的现象;二是当事人出于规避税收、控制成本、躲避监管等需要,将本应签订的建设工程合同故意签订成其他合同,如名为买卖合同实为建设工程合同的案件,当事人开具的买卖货物的增值税发票税率为 17%,与建筑业统一发票的税率相距甚远,不同税率导致的成本账目必然不同;三是涉及转包、违法分包、挂靠、支解发包时,各方当事人均不愿意暴露真实签订的合同,或不予提供真实合同,仅提供名义上的合同。以上的这些情形都大大增加了法官作为裁判者审查合同性质的难度。

名义合同性质和实质合同性质的背离,有可能引起合同被认定为无效的后果。《民法典》第 146 条规定:"行为人与相对人以虚假的意思表示实施的民事法律行为无效。以虚假的意思表示隐藏的民事法律行为的效力,依照有关法律规定处理。"这实际上是对原《合同法》第 52 条合同无效条款中所规定的"恶意串通,损害国家利益、第三人利益"制度的变更。如某案件中,发包人将某医院的智能化工程项目经招投标承包给了某施工总承包人。后该施工总承包人准备将项目分包给某个人，于是为了规避违法分包的查处风险采取了以下措施：一是为该个人缴纳社保，实际社保费用仍由个人承担；二是将原有承包范围一分为三，设备采购部分由总承包人自行负责；三是与该个人签订《智能化施工内部劳务分包合同》，约定该个人承包所有施工劳务部分；四是与该个人的妻子担任法定代表人的贸易公司签订《买卖合同》，约定工程所需材料均由该公司购买。经审理，法院最终认定《智能化施工内部劳务分包合同》《买卖合同》本质上为包工包料（不包含设备）的违法分包合同。

查清案件的性质，是准确解开案件桎梏的万能钥匙。法官应通过审查双方当事人之间有无合同关系存在及具体合同关系中发生的合同内容，厘清当事人具体合同项下的合同权利和义务，在此基础上准确判断双方之间是否属于建设工程合同纠纷以及属于何种建设工程合同纠纷。由表入里、由浅入深地掌控案件的基本脉络，厘清案件审理思路。故合同性质的查明是建设工程合同纠纷审理中至关重要、不可或缺有时容易被忽视的一个环节，需要引起法官的高度重视。

第十二章
CHAPTER 12

合同效力

1. 合同效力的司法意义

合同效力，是指依法生效的受法律保护的合同，对合同当事人产生的必须履行其合同义务、不得擅自变更或解除合同的法律拘束力，即为法律效力。这里的“法律效力”不是说合同本身是法律，而是指由于合同当事人的合意符合国家意志和社会利益，国家赋予当事人的意志以拘束力，这要求合同当事人严格履行合同，否则即依靠国家强制力，要求当事人履行合同并承担违约责任。从民商事案件审判的角度来看，合同效力是司法机关进行裁判时必须评判的内容，是判决履行或不得履行、法律关系是否合法有效、民事法律行为是否应予保护的前提。故而，**有关合同效力的问题，对司法审查的要求是“主动审查、必须审查、不得有误”**。即法官对当事人之间存在的合同关系，应当在辨别具体合同性质的基础上，主动审查该合同是否有效，而不应以当事人未提出异议或者抗辩为前提；法官必须审查合同效力，而不应以当事人双方一致确认的合同效力直接作为裁判的依据；法官对合同效力的审查不得有错误，如将无效的合同认定为有效的合同，否则会导致案件审理的基本前提产生错误，进而使得案件裁判的基础错误，这会导致案件发回重审。在建设工程领域实践中，案件性质定性错误和案件合同效力评判错误，是常见的建设工程合同纠纷案件发回重审的裁判理由。故而，法官必须重视对建设工程合同效力的审查。

根据《民法典》的相关规定，合同效力分为以下四种：有效合同、无效合同、效力待定合同与可撤销合同。

(1)有效合同

有效合同是指具备合同的生效要件,能够产生合同当事人预期的法律效果的合同。根据《民法典》第143条的规定,具备下列条件的民事法律行为有效:行为人具有相应的民事行为能力;意思表示真实;不违反法律、行政法规的强制性规定,不违背公序良俗。《民法典》第119条规定:"依法成立的合同,对当事人具有法律约束力。"从权利上来说,当事人的权利依法受到保护。从义务上来说,当事人应按合同约定履行合同义务,否则要承担违约责任。所以,有效合同具有拘束力,合同义务应当履行,除当事人协商一致外,不得单方擅自变更或解除合同,并且有效合同以司法公权力作为最终保障后盾。在建设工程合同纠纷领域,大量的建设工程施工合同是有效合同。

(2)无效合同

无效合同是相对于有效合同而言的,它是指合同虽然成立,但因其违反法律、行政法规或公共利益,被确认为无效。其主要特征有:①违法性;②无效合同的不得履行性;③无效合同自始无效;④无效合同自然无效,当事人可以主张,但更应由法院或仲裁机构主动审查。合同无效的效力表现在合同自始无效,也就是会溯及既往。

原《合同法》第52条规定:"有下列情形之一的,合同无效:(一)一方以欺诈、胁迫的手段订立合同,损害国家利益;(二)恶意串通,损害国家、集体或者第三人利益;(三)以合法形式掩盖非法目的;(四)损害社会公共利益;(五)违反法律、行政法规的强制性规定。"原《民法总则》规定的几种合同无效情形,在《民法典》中得到延续。《民法典》第144条规定:"无民事行为能力人实施的民事法律行为无效。"第146条规定:"行为人与相对人以虚假的意思表示实施的民事法律行为无效。以虚假的意思表示隐藏的民事法律行为的效力,依照有关法律规定处理。"第153条规定:"违反法律、行政法规的强制性规定的民事法律行为无效。但是,该强制性规定不导致该民事法律行为无效的除外。违背公序良俗的民事法律行为无效。"第154条规定:"行为人与相对人恶意串通,损害他人合法权益的民事法律行为无效。"

故而,当事人如果提出合同系无效合同的,应当按照《民法典》规定的几种情况进行举证。在建设工程合同纠纷领域,出现的大量合同无效的情形,主要是"违反法律、行政法规的强制性规定",也有部分是"以合法形式掩盖非法目的"。如某个人起诉要求某建筑公司支付某招投标的市政工程咨询费，理由是某建筑公司承诺了中标将给予其工程造价合同总价款的7%作为咨询费并出示工程咨询合同。经过审慎审查，本案实际上系该个人与相关招投标部门、建设单位相关人员串通操作招投标，明招暗投而向建设单位索要“好处费”，实际上构成了串标，故而该工程咨询合同属于典型的“以合法形式掩盖非法目的”，从而系无效合同。需要指出的是，原《最高人民法院关于适用〈中华人民共和国合同法〉若干问题的解释（一）》（1999年12月19日　法释〔1999〕19号）第4条规定：“合同法实施以后，人民法院确认合同无效，应当以全国人大及其常委会制定的法律和国务院制定的行政法规为依据，不得以地方性法规、行政规章为依据。”同时，根据原《最高人民法院关于适用〈中华人民共和国合同法〉若干问题的解释（二）》（2009年4月24日　法释〔2009〕5号）（以下简称《合同法解释（二）》）第14条的规定，强制性规定指的是效力性强制性规定。为便于区分效力性强制性规定和管理性强制性规定，《最高人民法院关于当前形势下审理民商事合同纠纷案件若干问题的指导意见》（2009年7月7日　法发〔2009〕40号）规定：“……五、正确适用强制性规定，稳妥认定民商事合同效力。15. 正确理解、识别和适用合同法第52条第（五）项中的‘违反法律、行政法规的强制性规定’，关系到民商事合同的效力维护以及市场交易的安全和稳定。人民法院应当注意根据《合同法解释（二）》第14条之规定，注意区分效力性强制规定和管理性强制规定。违反效力性强制规定的，人民法院应当认定合同无效；违反管理性强制规定的，人民法院应当根据具体情形认定其效力。16. 人民法院应当综合法律法规的意旨，权衡相互冲突的权益，诸如权益的种类、交易安全以及其所规制的对象等，综合认定强制性规定的类型。如果强制性规范规制的是合同行为本身即只要该合同行为发生即绝对地损害国家利益或者社会公共利益的，人民法院应当认定合同无效。如果强制性规定规制的是当事人的‘市场准入’资格而非某种类型的合同行为，或者规制的是某种合同的履行行为而非某类合同行为，人民法院对于此类合同效力的认定，应当慎重把握，必要时应当征求相关立法部门的意见或者请示上级人民法院。”在实践中，判断法律法规规范属于效力性强制性规范还是管理性强制性规范可能会出现截然不同的意见，如《海关法》第37条规定：“海关监管货物，未经海关许可，不得开拆、提取、交付、发运、调换、改装、抵押、质押、留置、转让、更换标记、移作他用或者进行其他处置。”但在建设工程合同领域，由于建设活动往往关系着不特定人民群众的生命和财产安全，相当多的法律规范通常会被认定为效力性强制性规范,而违反了上述规范合同往往就会被认定为无效。

(3)效力待定合同

效力待定合同是指合同虽然已经成立,但因其不完全符合法律有关生效要件的规定,因此其效力发生与否尚未确定,一般须经有权人表示承认或者追认才能生效。其主要包括三种情况:一是无行为能力人订立的和限制行为能力人依法不能独立订立的合同,必须经其法定代理人的承认才能生效;二是无权代理人以本人名义订立的合同,必须经过本人追认,才能对本人产生法律拘束力;三是无处分权人处分他人财产权利而订立的合同(注:涉及处分行为的合同,非指负担行为的债权合同),未经权利人追认,合同无效。《民法典》第 145 条规定:“限制民事行为能力人实施的纯获利益的民事法律行为或者与其年龄、智力、精神健康状况相适应的民事法律行为有效;实施的其他民事法律行为经法定代理人同意或者追认后有效。相对人可以催告法定代理人自收到通知之日起三十日内予以追认。法定代理人未作表示的,视为拒绝追认。民事法律行为被追认之前,善意相对人有撤销的权利。撤销应当以通知的方式作出。”第 171 条规定:“行为人没有代理权、超越代理权或者代理权终止后,仍然实施代理行为,未经被代理人追认的,对被代理人不发生效力。相对人可以催告被代理人自收到通知之日起三十日内予以追认。被代理人未作表示的,视为拒绝追认。行为人实施的行为被追认前,善意相对人有撤销的权利。撤销应当以通知的方式作出。行为人实施的行为未被追认的,善意相对人有权请求行为人履行债务或者就其受到的损害请求行为人赔偿。但是,赔偿的范围不得超过被代理人追认时相对人所能获得的利益。相对人知道或者应当知道行为人无权代理的,相对人和行为人按照各自的过错承担责任。”在建设工程合同纠纷领域,效力待定的合同较为少见,主要出现在冒名合同、无权处分等情形。

(4)可撤销合同

可撤销合同是指当事人在订立合同的过程中,由于意思表示不真实,或者是重大误解做出了错误的意思表示,依照法律规定可予以撤销的合同。《民法典》第 147 ~ 151 条对此作了修正,取消了可变更的规定,同时明确可撤销事由为:基于重大误解实施的民事法律行为;一方以欺诈手段使对方在违背真实意思的情况下实施的民事法律行为;第三人实施欺诈行为,使一方在违背真实意思的情况下实施的民事法律行为,对方知道或者应当知道该欺诈行为的;一方或者第三人以胁迫手段,使对方在违背真实意思情况下实施的民事法律行为;一方利用对方处于危困状态、缺乏判断能力等情形,致使民事法律行为成立时显失公平的。为保障社会运行秩序,撤销权消灭的除斥期间为:当事人自知道或者应当知道撤销事由之日起一年内、重大误解的当事人自知道或者应当知道撤销事由之日起三个月内没有行使撤销权;当事人受胁迫,自胁迫行为终止之日起一年内没有行使撤销权;当事人知道撤销事由后明确表示或者以自己的行为表明放弃撤销权。当事人自民事法律行为发生之日起五年内没有行使撤销权的,撤销权消灭。在建设工程合同纠纷领域,当事人主张合同可撤销的情形较为罕见。有时在签订建设工程合同时,当事人确有不实陈述和虚伪意思表示,如资金实力、项目投产效益、专业技术能力、履约风险等,但大多数情况下仍然难以判定构成可撤销事由。

所以,准确判断涉案建设工程合同的合同效力是有效合同、无效合同、效力待定合同,还是可撤销合同,是处理建设工程案件的基本前提。

2. 合同效力与诉讼请求

按通说,诉可分为确认之诉、形成之诉(变更之诉)和给付之诉。诉讼请求必然基于诉的种类以及以上所分析的不同合同的效力。正是由于合同效力的强制性审查不以当事人意志为转移,不同的诉的种类所对应的诉讼请求除了要明确、具体以外,还必须符合合同效力的规范要求。比如,在建设工程合同有效的情形下,当事人可以要求继续履行、承担违约责任、解除合同(约定解除或法定解除)、赔偿损失等,但不得要求确认合同无效;在建设工程合同无效的情形下,当事人不得要求继续履行、承担违约责任、解除合同(约定解除或法定解除);在建设工程合同可撤销的情形下,当事人不得要求确认已履行部分的无效而只能折价补偿等。故而,从案件审理的角度来看,合同效力代表着对案件"大政方针"的原则性判断,当事人具体的诉讼请求是否遵照、游离抑或突破上述"大政方针",是裁判者审理中需要审慎判断的地方。

3. 建设工程合同无效的十一种类型

有效合同贯彻全面履行原则。《民法典》第 509 条第 1 款规定:"当事人应当按照约定全面履行自己的义务。”这确立了全面履行原则。全面履行原则,又称适当履行原则或正确履行原则,它要求当事人按合同约定的标的及其质量、数量,合同约定的履行期限、履行地点、适当的履行方式、全面完成合同义务的履行原则履行合同。有一句法律谚语:“契约必须遵守。”依法成立的合同,在订立合同的当事人间具有相当于法律的效力,因此,合同当事人受合同的约束,履行合同约定的义务应是自明之理。那么当事人可以基于有效的建设工程合同,要求对方履行诸如支付进度款、提交竣工验收资料、验收确认隐蔽工程等合同义务。鉴于效力待定合同和可撤销合同在实践中较为罕见,我们重点关注建设工程合同领域中惯常出现的以下十一种建设工程合同无效的情形〔1〕。

(1)承包人不具有相应资质

承包人主张其不具有相应资质,或者发包人主张承包人不具有涉案工程所需的建筑业企业资质而承包人未举证反驳的,建设工程合同无效。资质缺陷系建设工程合同中最常见的无效事由之一,分为以下几种情形:

①承包人不具有建筑业企业资质。根据《建筑法》第 12 条、第 13 条、第 26 条及《建设工程质量管理条例》第 25 条的规定,承包人应当具有建筑业企业资质,并提供相应的建筑业企业资质证书。此为案件的基础事实,即使双方当事人均未主张,法官、仲裁员也应当主动审查并予以释明,询问各方意见并敦促其提供证据。当承包人怠于提供时,法官、仲裁员可以依对方当事人申请或者依职权,向承包人住所地设区的市级以上建设行政主管部门函询。司法实践中常见的情形有:

任何个人均不具有建筑业企业资质。所以,个人明确系承包人并且在后期履行过程中没有发生权利义务由适格主体概括承受情形的,合同显为无效。

具有建筑业企业资质的企业,一般名称中会包含“建筑”“建设”“工程”“安装”“装饰装修”等字眼,如名称中没有,则一般不具有建筑业企业资质。比如,买卖中央空调并负责安装的某中央空调有限公司、提供制热和管道铺设并负责安装的某楼宇设备有限公司。但也有一些企业名称无法反映该企业是否具有建筑业企业资质,如中国三冶集团有限公司。

各省市对家庭住宅装修的资质审查尺度不一,相当多的装修公司虽然领取了营业执照但并无建筑业企业资质,故涉及酒店、厂房等工装案件的,仍然要严格审

〔1〕 以下有关合同无效的十一种情形,参考了常设中国建设工程法律论坛第五工作组的工作成果即《建设工程施工合同纠纷证据指引理解与适用》第 2 章合同效力的部分内容,在此鸣谢。

查装修公司是否具有建筑业企业资质。

许多劳务分包案件中,承包人虽然名为劳务公司,但是并不具有施工劳务企业资质,更没有专业承包资质。为了规避制度,也有一些案件虽然名义上为劳务分包,实际上却是承包人自行负责乙供料、大型机械设备,本质上属于专业分包、违法分包或者转包。

②承包人不具有涉案工程所需的特定资质。根据《建筑业企业资质管理规定》(2015 年 1 月 22 日住房城乡建设部令第 22 号)和《建筑业企业资质标准》(2014 年 11 月 6 日　建市〔2014〕159 号),建筑业企业资质分为施工总承包、专业承包和施工劳务三个序列。其中,施工总承包序列设有 12 个类别,一般分为 4 个等级(特级、一级、二级、三级),如建筑工程施工总承包特级、石油化工工程施工总承包二级、市政公用工程施工总承包三级等;专业承包序列有 36 个类别,一般分为 3 个等级(一级、二级、三级),如地基基础工程专业承包一级、航道工程专业承包三级、模板脚手架专业承包等;施工劳务序列不分类别和等级。

2020 年 11 月 11 日,国务院常务会议审议通过了《建设工程企业资质管理制度改革方案》,以深化建筑业“放管服”改革,做好建设工程企业资质(包括工程勘察、设计、施工、监理企业资质,以下统称企业资质)认定事项压减工作。具体压减情况如下:一是工程勘察资质。保留综合资质;将 4 类专业资质及劳务资质整合为岩土工程、工程测量、勘探测试等 3 类专业资质。综合资质不分等级,专业资质等级压减为甲、乙两级。二是工程设计资质。保留综合资质;将 21 类行业资质整合为 14 类行业资质;将 151 类专业资质、8 类专项资质、3 类事务所资质整合为 70 类专业和事务所资质。综合资质、事务所资质不分等级;行业资质、专业资质等级原则上压减为甲、乙两级(部分资质只设甲级)。三是施工资质。将 10 类施工总承包企业特级资质调整为施工综合资质,可承担各行业、各等级施工总承包业务;保留 12 类施工总承包资质,将民航工程的专业承包资质整合为施工总承包资质;将 36 类专业承包资质整合为 18 类;将施工劳务企业资质改为专业作业资质,由审批制改为备案制。综合资质和专业作业资质不分等级;施工总承包资质、专业承包资质等级原则上压减为甲、乙两级(部分专业承包资质不分等级),其中,施工总承包甲级资质在本行业内承揽业务规模不受限制。四是工程监理资质。保留综合资质;取消专业资质中的水利水电工程、公路工程、港口与航道工程、农林工程资质,保留其余 10 类专业资质;取消事务所资质。综合资质不分等级,专业资质等级压减为甲、乙两级。改革后建设工程企业资质的分类分级情况,参见表 12－1、表 12－2、表 12－3、表 12－4。

表 12－1　改革后工程勘察企业资质分类分级表

资质类别	序号	勘察资质类型	等级
综合资质	1	综合资质	不分等级
专业资质	1	岩土工程	甲、乙级
	2	工程测量	甲、乙级
	3	勘探测试	甲、乙级

表 12－2　改革后工程设计企业资质分类分级表

资质类别	序号	设计资质类型	等级
综合资质	1	综合资质	不分等级
行业资质	1	建筑行业	甲、乙级
	2	市政行业	甲、乙级
	3	公路行业	甲级
	4	铁路行业	甲、乙级
	5	港口与航道行业	甲、乙级
	6	民航行业	甲、乙级
	7	水利行业	甲、乙级
	8	电力行业	甲、乙级
	9	煤炭行业	甲、乙级
	10	冶金建材行业	甲、乙级
	11	化工石化医药行业	甲、乙级
	12	电子通信广电行业	甲、乙级
	13	机械军工行业	甲、乙级
	14	轻纺农林商物粮行业	甲、乙级

续表

资质类别	序号	设计资质类型	等级
专业和事务所资质	1	建筑行业建筑工程专业	甲、乙级
	2	建筑行业人防工程专业	甲、乙级
	3	市政行业(燃气工程、轨道交通工程除外)	甲、乙级
	4	市政行业给水工程专业	甲、乙级
	5	市政行业排水工程专业	甲、乙级
	6	市政行业燃气工程专业	甲、乙级
	7	市政行业热力工程专业	甲、乙级
	8	市政行业道路与公共交通工程专业	甲、乙级
	9	市政行业桥梁工程专业	甲、乙级
	10	市政行业隧道工程专业	甲级
	11	市政行业轨道交通工程专业	甲级
	12	公路行业公路专业	甲、乙级
	13	公路行业特大桥梁专业	甲级
	14	公路行业特长隧道专业	甲级
	15	公路行业交通工程专业	甲、乙级
	16	铁路行业桥梁专业	甲级
	17	铁路行业隧道专业	甲级
	18	铁路行业轨道专业	甲级
	19	铁路行业电气化专业	甲级
	20	铁路行业通信信号专业	甲级
	21	港口与航道行业港口工程专业	甲、乙级
	22	港口与航道行业航道工程专业	甲、乙级
	23	水利行业水库枢纽专业	甲、乙级
	24	水利行业引调水专业	甲、乙级
	25	水利行业灌溉排涝专业	甲、乙级
	26	水利行业围垦专业	甲、乙级

续表

资质类别	序号	设计资质类型	等级
专业和事务所资质	27	水利行业河道整治与城市防洪专业	甲、乙级
	28	水利行业水土保持与水文设施专业	甲、乙级
	29	电力行业火力发电工程专业	甲、乙级
	30	电力行业水力发电工程专业	甲、乙级
	31	电力行业新能源发电工程专业	甲、乙级
	32	电力行业核工业工程专业	甲、乙级
	33	电力行业送变电工程专业	甲、乙级
	34	煤炭行业矿井工程专业	甲、乙级
	35	煤炭行业露天矿工程专业	甲、乙级
	36	煤炭行业选煤厂工程专业	甲、乙级
	37	冶金建材行业冶金工程专业	甲、乙级
	38	冶金建材行业建材工程专业	甲、乙级
	39	冶金建材行业冶金建材矿山工程专业	甲、乙级
	40	化工石化医药行业化工工程专业	甲、乙级
	41	化工石化医药行业化工矿山专业	甲、乙级
	42	化工石化医药行业石油及化工产品储运专业	甲、乙级
	43	化工石化医药行业油气开采专业	甲、乙级
	44	化工石化医药行业海洋石油专业	甲、乙级
	45	化工石化医药行业原料药专业	甲、乙级
	46	化工石化医药行业医药工程专业	甲、乙级
	47	电子通信广电行业电子工业工程专业	甲、乙级
	48	电子通信广电行业电子系统工程专业	甲、乙级
	49	电子通信广电行业有线通信专业	甲、乙级
	50	电子通信广电行业无线通信专业	甲、乙级
	51	电子通信广电行业广播电视制播与电影工程专业	甲、乙级
	52	电子通信广电行业传输发射工程专业	甲、乙级

续表

资质类别	序号	设计资质类型	等级
专业和事务所资质	53	机械军工行业机械工程专业	甲、乙级
	54	机械军工行业军工工程专业	甲、乙级
	55	轻纺农林商物粮行业轻工工程专业	甲、乙级
	56	轻纺农林商物粮行业纺织工程专业	甲、乙级
	57	轻纺农林商物粮行业农业工程专业	甲、乙级
	58	轻纺农林商物粮行业林业工程专业	甲、乙级
	59	轻纺农林商物粮行业商物粮专业	甲、乙级
	60	建筑设计事务所	不分等级
	61	结构设计事务所	不分等级
	62	机电设计事务所	不分等级
	63	建筑装饰工程通用专业	甲、乙级
	64	建筑智能化工程通用专业	甲、乙级
	65	照明工程通用专业	甲、乙级
	66	建筑幕墙工程通用专业	甲、乙级
	67	轻型钢结构工程通用专业	甲、乙级
	68	风景园林工程通用专业	甲、乙级
	69	消防设施工程通用专业	甲、乙级
	70	环境工程通用专业	甲、乙级

表 12－3　改革后施工企业资质分类分级表

资质类别	序号	施工资质类型	等级
综合资质	1	综合资质	不分等级
施工总承包资质	1	建筑工程施工总承包	甲、乙级
	2	公路工程施工总承包	甲、乙级
	3	铁路工程施工总承包	甲、乙级
	4	港口与航道工程施工总承包	甲、乙级
	5	水利水电工程施工总承包	甲、乙级

续表

资质类别	序号	设计资质类型	等级
施工总承包资质	6	市政公用工程施工总承包	甲、乙级
	7	电力工程施工总承包	甲、乙级
	8	矿山工程施工总承包	甲、乙级
	9	冶金工程施工总承包	甲、乙级
	10	石油化工工程施工总承包	甲、乙级
	11	通信工程施工总承包	甲、乙级
	12	机电工程施工总承包	甲、乙级
	13	民航工程施工总承包	甲、乙级
专业承包资质	1	建筑装修装饰工程专业承包	甲、乙级
	2	建筑机电工程专业承包	甲、乙级
	3	公路工程类专业承包	甲、乙级
	4	港口与航道工程类专业承包	甲、乙级
	5	铁路电务电气化工程专业承包	甲、乙级
	6	水利水电工程类专业承包	甲、乙级
	7	通用专业承包	不分等级
	8	地基基础工程专业承包	甲、乙级
	9	起重设备安装工程专业承包	甲、乙级
	10	预拌混凝土专业承包	不分等级
	11	模板脚手架专业承包	不分等级
	12	防水防腐保温工程专业承包	甲、乙级
	13	桥梁工程专业承包	甲、乙级
	14	隧道工程专业承包	甲、乙级
	15	消防设施工程专业承包	甲、乙级
	16	古建筑工程专业承包	甲、乙级
	17	输变电工程专业承包	甲、乙级
	18	核工程专业承包	甲、乙级
专业作业资质	1	专业作业资质	不分等级

表 12－4　改革后工程监理企业资质分类分级表

资质类别	序号	监理资质类型	等级
综合资质	1	综合资质	不分等级
专业资质	1	建筑工程专业	甲、乙级
	2	铁路工程专业	甲、乙级
	3	市政公用工程专业	甲、乙级
	4	电力工程专业	甲、乙级
	5	矿山工程专业	甲、乙级
	6	冶金工程专业	甲、乙级
	7	石油化工工程专业	甲、乙级
	8	通信工程专业	甲、乙级
	9	机电工程专业	甲、乙级
	10	民航工程专业	甲、乙级

当事人可以根据涉案工程的性质、面积、投资规模、资金来源、施工工艺等，明确承包人所需建筑业企业资质的内容及等级。承包人为分包人的，需要举证证明其具有分包内容所需要的专业承包资质。当事人不具有涉案工程所需的特定等级的建筑业企业资质时，合同亦为无效。

案例 12－1 ▶ 案由：建设工程分包合同纠纷

原告：某地基基础工程公司。被告：中铁某大桥局。

【案情】原告诉请被告支付拖欠的工程款 245 万元。事实与理由：被告系某地铁项目第Ⅶ标段的施工总承包方，2012 年 5 月将其承包范围内 3 座地铁站间的基坑支护中拉森钢板桩分包给原告，合同价款为 501 万元，结算价为 563 万元。原告具有地基基础专业承包资质三级。

【审理】根据当时施行的《建设业企业资质等级标准》（建建〔2001〕82 号），地基基础三级承包工程范围为“可承担工程造价 300 万元及以下各类地基与基础工程的施工”，则本案显为超越资质。最后法官以原告超越资质承揽工程为由，认定原、被告之间系建设工程违法分包合同关系。

在实践中,一些特殊的行业除了应当具有建筑业企业资质以外,还应符合相应的行业主管部门的资质要求。比如,除了电力工程施工总承包资质和输变电工程专业承包资质以外,根据《承装(修、试)电力设施许可证管理办法》,承包人还应当具有相应的承装(修、试)电力设施许可证;涉及锅炉、压力容器、起重机械、电梯、客运索道等建设工程的制作安装,需要国家质量监督检验部门对特种设备的生产(含设计、制造、安装、改造、维修等项目)单位颁发的《特种设备安装改造维修许可证》等。

③承包人不具有安全生产许可证。根据《安全生产许可证条例》第 2 条的规定,企业未取得安全生产许可证的,不得从事生产活动。有观点认为,该条显然为效力性强制性规定,尽管在《建筑工程施工发包与承包违法行为认定查处管理办法》中,去掉了不具备安全生产许可证的规定。安全生产许可证是建筑业施工企业进行生产、施工等必备的一个证件,它和企业资质联系在一块。取得建筑施工资质证书的企业,必须申请安全生产许可证,方可参加招投标以承接相应工程,它们是有机整体。如果承包人欠缺安全生产许可证或者虽然具有安全生产许可证但是已失效或是被暂扣、吊销,将导致承包人不得进行生产经营,合同目的无法实现的后果。特殊情况是,承包人在履约过程中,因为技术人员的缺失、生产经营的调整、重大安全生产事故的发生等,被降低、吊销相应的资质,不能满足合同和法律法规对资质的要求。合同效力以签订合同时为判断节点,出现上述情况时,为当事人可以主张解除合同的法定理由,但并不构成合同无效的理由。

(2)借用资质(挂靠)

通俗地说,挂靠即为借用资质。"挂靠"一词并非专门的法律术语,其指的是无资质或弱资质的民事法律主体通过协议的形式依附于有资质或者强资质的民事主体,并以后者的名义参与特定行业经营活动的行为。原《建设工程司法解释》也采用了这种表述。从程序法上看,《民事诉讼法司法解释》第 54 条规定:"以挂靠形式从事民事活动,当事人请求由挂靠人和被挂靠人依法承担民事责任的,该挂靠人和被挂靠人为共同诉讼人。"该条规定的挂靠行为类似必要共同诉讼。从实体法上看,虽然很多法官、律师通常认为挂靠人和被挂靠人承担连带责任,但真正的明确依据却较为鲜见。《建筑法》第 66 条规定:"建筑施工企业转让,出借资质证书或者以其他方式允许他人以本企业的名义承揽工程的……对因该项承揽工程不符合规定的质量标准造成的损失,建筑施工企业与使用本企业名义的单位或者个人承担连带赔偿责任”;《民法典》第1211条规定:“以挂靠形式从事道路运输经营活动的机动车,发生交通事故造成损害,属于该机动车一方责任的,由挂靠人和被挂靠人承担连带责任”。从具体的司法实践上看,各省市对挂靠人与被挂靠人应当承担何种责任的规定,也并不统一,如《江苏省高级人民法院关于审理建设工程施工合同纠纷案件若干问题的意见》与《江苏省高级人民法院2009年审判工作座谈会纪要》分别规定:挂靠人与被挂靠人承担连带责任;挂靠人以被挂靠人名义订立建设工程施工合同或者其他合同的,因履行该合同产生的风险,由被挂靠人承担责任,工程质量问题责任由挂靠人与被挂靠人共同承担。从司法实践来看,挂靠人与被挂靠人对外承担连带责任仍较为普遍。故通过证据确定双方之间存在挂靠关系,仍然具有一定的现实意义。从当事人举证的角度,可以分为以下几个方面:

①实际承包人与承包人之间存在挂靠协议。由于挂靠具有较强的隐蔽性,挂靠协议是证明挂靠关系的有力证据。根据挂靠的属性特征,挂靠协议往往包含以下几点内容:被挂靠人出借资质给挂靠人,同意挂靠人以被挂靠人的名义与上游主体(发包人或者施工总承包等)签订合同,或者挂靠人斡旋、运作取得涉案工程项目,被挂靠人与上游主体签订合同后,将工程项目交由挂靠人负责施工;作为回报,挂靠人允诺支付给被挂靠人一定的“管理费”等名义的款项;挂靠人允诺涉案工程自主管理,自负盈亏,如给被挂靠人造成经济、名誉等损失的,将予以赔偿。

②挂靠人与被挂靠人之间名为其他法律关系(联营、合作、内部承包、专业分包、劳务分包等),实为挂靠的证据。实践中,实际承包人与承包人之间的协议写明是挂靠协议的实为少数,更多的是以联营、合作、内部承包等名义签订,但从合同主要权利义务所指向的内容和性质上看,如果能满足上述有关挂靠的特殊属性,仍然可以主张二者为挂靠关系。

③通过其他证据能够证明挂靠事实的存在。一般而言,非挂靠关系的当事人,很难取得实际承包人与承包人系挂靠关系的直接证据。其可以从以下方面间接举证:承包人与上游主体签订了施工总承包合同,但驻工地的项目管理人员如五大员等并非承包人所指派;实际承包人并非承包人派驻的项目经理或其他管理人员,与承包人不存在劳动关系;实际承包人以承包人的名义现场管理或者委派他人管理,业主代表、监理工程师、分包单位等也认为其可以代表承包人;对外采购合同由实际承包人决定或者履行;承包人从业主处领取的工程款,在截留部分后支付给实际承包人或其指定的第三人。当事人提供上述证据后,如果承包人或实际承包人否

认挂靠关系的存在,应当合理说明并提供证据支持,如承包人与实际承包人系分包、转包关系,承包人与实际承包人系劳动、代理、代表关系等。如果承包人与实际承包人不能合理说明,法官可以从民事案件高度盖然性的角度,对两者之间存在挂靠关系予以综合认定。

实践中,经常出现企业内部承包合同,其与挂靠往往难以辨别。内部承包指的是承包人将其承包的全部或部分工程交由其下属的分支机构或在册的项目经理等企业职工承包,承包人对工程施工过程及质量进行管理,对外承担施工合同权利义务。所以,辨别挂靠与内部承包,主要看:实际承包人是否为承包人的在册企业职工,是否缴纳社会保险和连续发放工资;涉案工程项目部的五大员等工程管理人员是否由承包人指派,并接受承包人内部考核;承包人是否为实际承包人提供资金、技术、设备、资料等支持,以保障工程顺利施工。

司法实践中,挂靠还存在一些变种。例如,与单个工程项目挂靠相对的,是多个工程挂靠或者年度挂靠。单个工程挂靠具有临时性,挂靠费往往更高;多个工程挂靠往往存在常态性,有时以区域承包、年度承包的方式表现出来,挂靠费相对较低。少数案件中还存在不完全挂靠、发包人挂靠承包人等情形。无论在何种情形下,在实现生产目标的同时降低风险都是被挂靠企业工作的重中之重。

(3)违反《招标投标法》之应依法招标而未招标

《招标投标法》第3条规定:"在中华人民共和国境内进行下列工程建设项目包括项目的勘察、设计、施工、监理以及与工程建设有关的重要设备、材料等的采购,必须进行招标:(一)大型基础设施、公用事业等关系社会公共利益、公众安全的项目;(二)全部或者部分使用国有资金投资或者国家融资的项目;(三)使用国际组织或者外国政府贷款、援助资金的项目。"同时,《招标投标法》还授权国务院发展计划部门对上述项目的具体范围和规模标准进行进一步的明确。为此,原国家发展计划委员会制定了《工程建设项目招标范围和规模标准规定》,对必须招投标的工程范围进行了更为细致的规定。2018年6月1日开始施行的《必须招标的工程项目规定》在原《工程建设项目招标范围和规模标准规定》的基础上进行了一定的修改。如果涉案工程符合上述必须招投标的范围,但未经招投标程序而直接签订建设工程施工合同的,合同效力则为无效。对法官、仲裁员而言,需要着重审查,即从工程性质、资金来源以及工程规模等几个方面确定涉案工程是否属于《招标投标法》第3条以及《工程建设项目招标范围和规模标准规定》《必须招标的工程项目规定》等规定的必须进行招标的工程建设项目。法官可敦促当事人提交包括:能够证明工程性质、资金来源、工程规模的《建设工程施工合同》、建设工程规划许可证、建设工程施工许可证等证据;发包人是否组织招投标或者发包人确定承包人承包的具体方式不属于《招标投标法》规定的公开招标或邀请招标的证据;法律规定必须进行公开招投标,但发包人采用邀请招标的方式组织招投标的证据。实践中,存在政府有关部门违反法律规定,不当批准发包人以邀请招标方式确定依法必须公开招标确定的承包人,或者不当批准发包人以非招投标方式确定承包人,甚至以地方法规、行政规章的形式对应当招标的项目规模或范围予以缩小等现象。在建设工程施工合同的民事纠纷案件处理中,法院是否有权依法否定政府机关的上述不当审批行为的法律效力?通过对检索到的法院判例进行分析,最高人民法院的绝大多数判例坚持《招标投标法》有关依法必须招标的规定属于法律的效力性强制性规定,违反该规定缔结的施工合同,应认定为无效。各地法院的判例,基本上对于本省级政府部门颁布的限缩依法招投标项目规模和范围的地方法规、行政规章采取事实上默认的方式评价个案中的施工合同效力。**建议法官宜严格依照法律、行政法规的效力性强制性规定来评价民事合同的效力。**

(4)违反《招标投标法》之中标无效

如经审理,招投标过程中存在下列情形之一的,则投标人中标无效并导致招标人和中标人签订的施工合同也无效:招标代理机构泄露应当保密的与招标投标活动有关的情况和资料,或者与招标人、投标人串通损害国家利益、社会公共利益或者他人合法权益的;招标人以不合理的条件限制或者排斥潜在投标人,对潜在投标人实行歧视待遇的;依法必须进行招标的项目的招标人向他人透露已获取招标文件的潜在投标人的名称、数量或者可能影响公平竞争的有关招标投标的其他情况,或者泄露标底的;投标人相互串通投标或者与招标人串通投标的,投标人以向招标人或者评标委员会成员行贿的手段谋取中标的;投标人以他人名义投标或者以其他方式弄虚作假,骗取中标的;依法必须进行招标的项目,招标人与投标人就投标价格、投标方案等实质性内容进行谈判且影响谈判结果的;招标人在评标委员会依法推荐的中标候选人以外确定中标人的,依法必须进行招标的项目在所有投标被评标委员会否决后自行确定中标人的。以上为《招标投标法》第 50 ~ 55、57 条规定的中标无效情形。根据《招标投标法》第 45 条第 2 款的规定,中标通知对招标人和投标人具有法律约束力。中标是招标人与中标人签订建设工程施工合同的前提条件,只有符合法律规定的中标,才会形成合法的建设工程施工合同。此外,根据《民法典》有关合同成立的规定,一般情形下,招标公告或者邀请投标文件属于要约邀请,投标文件构成要约,中标通知书构成承诺。中标通知书送达中标人时,建设工程施工合同即告成立。如果存在上述条文中的七种情形导致中标无效,必然导致其后再订立的施工合同也无效。

(5)违反《招标投标法》之低于成本价中标

《招标投标法》第33条规定:"投标人不得以低于成本的报价竞标,也不得以他人名义投标或者以其他方式弄虚作假,骗取中标。"该规定禁止投标人以低于成本的报价竞标,主要是为了规范招标投标活动,避免不正当竞争,保证项目质量,维护社会公共利益,如果确实存在低于成本价投标的,应当依法确认中标无效,并认定相应建设工程施工合同无效。对本条的适用而言,难点在于如何举证中标人完成案涉工程所需要的企业个别成本。对于《招标投标法》第33条的"成本"应如何理解,法律并未明确。在(2015)民提字第142号佛山市南海第二建筑工程有限公司与佛山华丰纺织有限公司建设工程施工合同纠纷中,最高人民法院认为,所谓"投标人不得以低于成本的报价竞标"应指投标人投标报价不得低于其为完成投标项目所需支出的企业个别成本。《招标投标法》并不妨碍企业通过提高管理水平和经济效益降低个别成本以提升其市场竞争力。一个施工单位承包一项工程,其企业成本并非一成不变,而是含有自身管理、项目特征、市场风险、随机性等组合的成本,往往差别较大。实际施工过程中劳务班组的不同、钢材水泥材料的涨跌、周转性材料(如模板)等使用效率的提高、施工管理水平的高低等,决定了企业成本始终存在动态发展的过程。实际上,本条所称的企业成本并非指的是上述施工完成后方才确定的施工造价成本,而是指在招投标阶段,投标人通过对招标文件的解读和分析后所投标的报价已经低于其可预见、可预估的企业施工成本,如内部核算书、预算书等。由于双方良好的合作基础、工程许诺等原因,而以该低于成本的报价予以投标。但并非低于成本价中标后,承包人就可以以合同无效为由要求调整工程价款。无效合同的结算规则仍然要遵从司法解释中参照原合同结算的规定,否则可能会导致工程招投标活动中更多此类情况的发生。整体上,由于企业投标时的个别成本价往往不为外人所知、难以证明等,司法实践中本条规定难以适用。

(6)未办理建设工程规划许可证

《城乡规划法》第39条规定:"规划条件未纳入国有土地使用权出让合同的,该国有土地使用权出让合同无效;对未取得建设用地规划许可证的建设单位批准用地的,由县级以上人民政府撤销有关批准文件;占用土地的,应当及时退回;给当事人造成损失的,应当依法给予赔偿。"第 64 条规定:"未取得建设工程规划许可证或者未按照建设工程规划许可证的规定进行建设的,由县级以上地方人民政府城乡规划主管部门责令停止建设;尚可采取改正措施消除对规划实施的影响的,限期改正,处建设工程造价百分之五以上百分之十以下的罚款;无法采取改正措施消除影响的,限期拆除,不能拆除的,没收实物或者违法收入,可以并处建设工程造价百分之十以下的罚款。"以上均为效力性强制性规定。如果建设工程未办理建设用地规划许可证和建设工程规划许可证,合同效力显为无效。由于未办理建设用地规划许可证的工程,必然无法办理建设工程规划许可证,所以前者可以被后者吸收。《建设工程司法解释(一)》第 3 条进一步规定:"当事人以发包人未取得建设工程规划许可证等规划审批手续为由,请求确认建设工程施工合同无效的,人民法院应予支持,但发包人在起诉前取得建设工程规划许可证等规划审批手续的除外。发包人能够办理审批手续而未办理,并以未办理审批手续为由请求确认建设工程施工合同无效的,人民法院不予支持。"但是,该条第 2 款规定的"发包人能够办理审批手续而未办理,并以未办理审批手续为由请求确认建设工程施工合同无效"情形,司法实践中极其罕见,并无普遍性。同时,即使出现该等情形,完全可以《民法典》第 159 条"附条件的民事法律行为,当事人为自己的利益不正当地阻止条件成就的,视为条件已经成就;不正当地促成条件成就的,视为条件不成就"的规定处理。从制定规则的角度,其实无必要。

案例 12-2 ▶ 案由:建设工程施工合同纠纷

原告:杭州恒鼎建设有限公司。被告:浙江德昙新技术有限公司。

【案情】原告诉请被告支付拖欠的工程款 298 万元及逾期付款利息 83 万元。事实与理由:2019 年 5 月,原告与被告签订《德昙公司工业园区 B 区金工车间基础土建工程施工合同》,由原告承建被告发包的二号厂区车间基础土建工程。该工程于 2019 年 7 月开工,同年 12 月基本完成施工,但被告一直拖欠工程价款。

被告答辩兼反诉称:合同约定工期为 100 天,现至今未完工导致被告无法组织竣工验收,被告反诉要求原告按照合同约定计算每天 1000 元的违约金至起诉之日,并要求解除双方之间的合同。

【审理】经审理查明,涉案工程并未办理建设工程规划许可,并因此被规划局责令停止施工、罚款20万元,其后工地一直停工至今,被告也未能补办出建设工程规划许可证。经释明合同效力后,原被告双方均撤回了本诉和反诉。原告撤诉系出于证据不足的考量,其无法证明已完成工程的造价或者实际投入到工程中的人、材、机的数量和金额,被告撤诉系出于合同效力系属无效,其反诉请求均基于有效合同提出,故不能成立。

【评析】工程是否办理了建设工程规划许可证,可以从合同形式是否采用了建设部发布的示范文本、合同有无备案等进行侧面了解。如果当事人提供了施工许可证,可以证明工程是合法的。**当建设工程施工合同形式不完备、承包主体显无资质等令人生疑的情形出现时,法官可以依职权向规划部门发送调查函以查清案件基本事实,无须以当事人申请为前提。**

实践中值得注意的是,下列工程并不需要办理建设用地规划许可证和建设工程规划许可证:装饰装修工程(工装)往往是对已经办理房屋产权证书的房屋进行,建设用地规划许可证显已领取,而对原有房屋翻新、装饰不涉及主体结构的,无须办理建设工程规划许可证;非城市规划范围内的设施、农用地建设;违章建筑的爆破、拆除工程;已完合法工程的规模以下维修工程等。所以,当事人一般仅须举证涉案工程属于城市规划区域内即可,若提供涉案工程曾因未依法办理建设用地规划许可证和建设工程规划许可证而被行政主管部门处罚的证据,则更为有力。由发包人可举证证明涉案工程已经在起诉前办理建设用地规划许可证和建设工程规划许可证,以及在一审法庭辩论终结前补正经主管部门批准予以竣工备案的证据。

(7)违法分包

违法分包是指施工单位承包工程后违反法律法规规定或者施工合同关于工程分包的约定,把单位工程或分部分项工程分包给其他单位或个人施工的行为。《建筑法》第29条规定:“建筑工程总承包单位可以将承包工程中的部分工程发包给具有相应资质条件的分包单位;但是,除总承包合同中约定的分包外,必须经建设单位认可。施工总承包的,建筑工程主体结构的施工必须由总承包单位自行完成……禁止分包单位将其承包的工程再分包。”《建设工程质量管理条例》(2019年

4月23日　国务院令第714号)第78条第2款规定:“本条例所称违法分包,是指下列行为:(一)总承包单位将建设工程分包给不具备相应资质条件的单位的;(二)建设工程总承包合同中未有约定,又未经建设单位认可,承包单位将其承包的部分建设工程交由其他单位完成的;(三)施工总承包单位将建设工程主体结构的施工分包给其他单位的;(四)分包单位将其承包的建设工程再分包的。”《房屋建筑和市政基础设施工程施工分包管理办法》(2004年2月3日　建设部令第124号)第9条规定:“专业工程分包除在施工总承包合同中有约定外,必须经建设单位认可。专业分包工程承包人必须自行完成所承包的工程。劳务作业分包由劳务作业发包人与劳务作业承包人通过劳务合同约定。劳务作业承包人必须自行完成所承包的任务。”

住建部2019年出台的《建筑工程施工发包与承包违法行为认定查处管理办法》第12条规定:“存在下列情形之一的,属于违法分包:(一)承包单位将其承包的工程分包给个人的;(二)施工总承包单位或专业承包单位将工程分包给不具备相应资质单位的;(三)施工总承包单位将施工总承包合同范围内工程主体结构的施工分包给其他单位的,钢结构工程除外;(四)专业分包单位将其承包的专业工程中非劳务作业部分再分包的;(五)专业作业承包人将其承包的劳务再分包的;(六)专业作业承包人除计取劳务作业费用外,还计取主要建筑材料款和大中型施工机械设备、主要周转材料费用的。”

①主体结构分包。《民法典》第791条第3款中规定:“建设工程主体结构的施工必须由承包人自行完成。”故承包人与分包人签订合同将主体结构分包的,构成违法分包。但此处的承包人不包括设计院作为EPC等工程总承包人而将施工部分承包分包的情形。主体结构是指在地基基础之上、承受和传递上部结构荷载并维持上部结构的整体性、稳定性和安全性的结构体系。何为主体结构?这需要从技术、法律、经济等多方面综合考量。是否为主体结构分包,具体可以从以下方面审查:承包人与分包人的分包合同中,是否有约定分包人的施工内容为工程项目的主体结构;看分包人在施工过程中的原材料采购清单、施工所用设备的采购、租赁清单,是否超出了专业分包内容,并涵盖了主体结构施工的主要需求;根据发包人、承包人与分包人所作的各类会议纪要、讨论文件、内部通知等来查明承包人的施工范围;从事主体结构施工的工作人员,其工资报酬、社会保险等费用,是由承包人进行发放还是由分包人支付的相关证据;看验收竣工报告、分项竣工报告、记录、签证单等文件,是否属于分包人所施工的工程范围。《公路建设市场管理办法》第38条

规定:“允许分包的工程范围应当在招标文件中规定。”分包的工程不得超过总工程量的30%。各项专业工程分包的总量超过承包人合同工程总量的30%,或者专业工程分包管理费超过30%的(招标文件规定的税费除外),均逾越了底线,认定为违法分包。

案例12-3 ▶ 案由:建设工程分包合同纠纷

原告:拥有建筑工程施工总承包二级资质的建筑企业。被告:某电缆工程施工总承包企业。

【案情】原告诉请被告支付拖欠的工程245万元。事实与理由:2019年8月,建设方某南方精线有限公司与被告签订《建筑安装施工合同》。主要约定如下:工程名称为220kV及以下光电复合海底电缆和500kV海底交联电缆技改项目厂房建设工程;工程内容为打桩工程、基坑支护、钢结构制安等土建工程等;工程承包范围为立式海底交联电缆生产车间、3号厂房、公用辅助设备等工程;合同金额为暂估3000万元。2019年11月,原告与被告签订了《施工分包合同》,约定:分包工程名称220kV及以下光电复合海底电缆和500kV海底交联电缆技改项目厂房建设(土建)工程;分包工程承包范围为立式海底交联电缆生产车间地下室基坑围护中土建工程、立式海底交联电缆生产车间建筑、结构、装饰工程(不含桩基、土方、水电安装部分)、3#厂房柱基础、设备基础、围护墙砌筑及抹灰、厂房室内外地坪等土建工程(不含桩基、土方、水电安装、厂房钢结构、屋面彩板、门窗部分)、配电房建筑、结构、装饰工程(不含水电安装部分)、围墙等土建工程;工程内容为土建工程;承包方式:本工程施工所需均由分包人自行提供;分包合同价暂估含税价1800万元。

【审理】经审理认定,上述分包构成主体结构分包。理由如下:(1)土建分包并无相对应的36项专业承包资质,“土建”的含义较为笼统,没有统一的标准,但一般均认为包含主体结构;(2)“立式海底交联电缆生产车间建筑、结构”“配电房建筑、结构、装饰工程”的结构即意味着主体结构;(3)总承包合同承包额暂估价为3000万元,分包合同暂估价为1800万元,从比例上看,实际上已经占据了60%。

【评析】主体结构分包在不同专业、性质的工程合同项下的认定会存在差异。实践中,不仅要从工程技术的角度判断是不是主体结构,也要从字面、含义以及工程经济上综合考虑。

②专业分包未取得建设方同意。《民法典》第 791 条第 2 款中规定:“总承包人或者勘察、设计、施工承包人经发包人同意,可以将自己承包的部分工作交由第三人完成。”《建筑法》第 29 条规定:“建筑工程总承包单位可以将承包工程中的部分工程发包给具有相应资质条件的分包单位;但是,除总承包合同中约定的分包外,必须经建设单位认可。施工总承包的,建筑工程主体结构的施工必须由总承包单位自行完成。建筑工程总承包单位按照总承包合同的约定对建设单位负责;分包单位按照分包合同的约定对总承包单位负责。总承包单位和分包单位就分包工程对建设单位承担连带责任。”故即使是专业分包,也必须取得建设方的许可。仅劳务分包,无须取得建设方的许可。《建设工程司法解释(一)》第 5 条规定:“具有劳务作业法定资质的承包人与总承包人、分包人签订的劳务分包合同,当事人请求确认无效的,人民法院依法不予支持。”专业工程分包是指建筑工程总承包单位根据总承包合同的约定或者经建设单位允许,将承包工程中的部分专业工程发包给具有相应资质的分包单位的行为。一般来说,可以从以下几个方面看专业分包是否得到了发包人的同意:分包合同、部分分包合同中发包人会对于分包行为予以签章确认;会议纪要、内部通知等文件,证明发包人已明确知晓承包人的分包情况且予以明确认可或未提出异议;竣工验收报告、签证单等文件,证明发包人对于分包工程的施工情况已知晓并认可。

实践中常见的是指定分包。指定分包是由发包人指定、选定分包人以完成某项特定工作内容并与承包人签订分包合同的特殊分包形式。对于是否为指定分包,一般可从以下几个方面举证:其一,招标文件。大多发包人招标阶段划分合同包时,考虑到某部分施工的工作内容有较强的专业技术要求,一般承包单位不具备相应的能力,但如果以一个单独的合同对待,又会限于现场的施工条件或合同管理的复杂性,无法合理地进行协调管理,为避免各独立合同之间相互干扰,则只能将这部分工作发包给指定分包商实施,故在制作招标文件时,往往会事先予以明确。其二,总承包合同或分包合同。部分合同中发包人会明确指定专业的分包人从事特定工程内容。其三,在总包合同中未列入特定工程项目的施工内容,也未约定该部分工程的工程费用,而是载明由发包人另行与总承包人协商确定分包人。其四,会议纪要、内部通知等,证明对于特定工程内容的分包人系发包人直接指定。其五,选择分包人时留存的相关文件,若文件中载明是通过发包人来确定的分包人人选,则可以认为系发包人指定分包。

③违法劳务分包。建设工程的分包一般分为专业分包与劳务分包，从概念上看，两者的区别很明确，一个针对的是“劳务”，一个针对的是“工程”。而劳务分包人也需要有相应的分包资质，如木工作业等；劳务分包人对其所从事的分包项目是否有相应的资质，可以从分包人的资质证书、营业执照等材料上进行辨别。此外，实践中较为常见的问题是名为劳务分包实为专业工程分包甚至是转包的纠纷。对此，一般可以从劳务分包人的工程费收取凭证、账目流水凭证上进行辨别。因为劳务分包合同指向的是工程施工的劳务，计取的是人工费，其表现形式主要体现为包工不包料，俗称“包清工”，就是只提供劳务服务，主要是工人们的手动作业。若存在大规模的工程材料款或设备费用等，则有名为劳务分包实为专业工程分包或转包之嫌。

④再分包。《民法典》第791条第3款中规定：“禁止分包单位将其承包的工程再分包。”《建筑法》第29条第3款规定，“禁止分包单位将其承包的工程再分包”。故而分包只能进行一次，如果工程总承包单位或者施工总承包人将部分工程分包给分包单位，分包单位另行将分包任务进行支解、分包给第三方的，该行为因构成再分包而无效。也就是说，从事专业分包作业的分包单位，其合同相对人应当是工程总承包方或施工总承包方，如果不是，则必然构成再分包。就建筑业的现状而言，分包之后再分包的比比皆是，从总承包人至最底层的实际施工人之间，层层分包、转包竟然能够达到七八层甚至十几层之多。如此多的分包单位，必然使施工质量得不到落实、施工安全难获保障，故为行政管理打击的重点，也必然为司法所禁止。

(8)转包

依据《建设工程质量管理条例》第78条和《建筑工程施工发包与承包违法行为认定查处管理办法》第7条的规定，转包是指施工单位承包工程后，不履行合同约定的责任和义务，将其承包的全部工程或者将其承包的全部工程支解后以分包的名义分别转给其他单位或个人施工的行为。与分包不同，所有转包都是违法行为，“违法转包”“非法转包”的说法只是为了强调转包的非社会正当性(非法、违法)。以下相关法律法规对转包明确作出了禁止性规定。《民法典》第791条第2款中规定：“承包人不得将其承包的全部建设工程转包给第三人或者将其承包的全部建设工程支解以后以分包的名义分别转包给第三人。”《建筑法》第28条规定：“禁止承包单位将其承包的全部建筑工程转包给他人，禁止承包单位将其承包的全部建筑工程肢解以后以分包的名义分别转包给他人。”《建设工程质量管理条例》第78条第3款规定:“本条例所称转包,是指承包单位承包建设工程,不履行合同约定的责任和义务,将其承包的全部建设工程转给他人或者将其承包的全部建设工程肢解以后以分包的名义分别转给其他单位承包的行为。”原《建设工程司法解释》第4条规定:“承包人非法转包、违法分包建设工程或者没有资质的实际施工人借用有资质的建筑施工企业名义与他人签订建设工程施工合同的行为无效。人民法院可以根据民法通则第一百三十四条规定,收缴当事人已经取得的非法所得。”原《民法总则》实际上取消了原《民法通则》中人民法院收缴非法所得的规定。根据原《民法通则》第134条的规定:“承担民事责任的方式主要有:(一)停止侵害;(二)排除妨碍;(三)消除危险;(四)返还财产;(五)恢复原状;(六)修理、重作、更换;(七)赔偿损失;(八)支付违约金;(九)消除影响、恢复名誉;(十)赔礼道歉。以上承担民事责任的方式,可以单独适用,也可以合并适用。人民法院审理民事案件,除适用上述规定外,还可以予以训诫、责令具结悔过、收缴进行非法获得的财物和非法所得,并可以依照法律规定处以罚款、拘留。”原《民法总则》第179条中相较于原《民法通则》第134条第3款的规定,删除了“收缴进行非法获得的财物和非法所得”这一规定。虽然原《民法总则》实施后并未废止原《民法通则》,但根据新法优于旧法的原则,原《民法总则》与原《民法通则》的规定不一致时适用原《民法总则》,而《民法典》更是延续了原《民法总则》的这一规定,这就使收缴非法所得的民事制裁措施欠缺了法律依据。

从案件审理的角度出发,结合《建筑工程施工发包与承包违法行为认定查处管理办法》,对转包可以从以下角度进行审查:施工单位将其承包的全部工程转给其他单位或个人施工的;施工总承包单位或专业承包单位将其承包的全部工程支解以后,以分包的名义分别转给其他单位或个人施工的;施工总承包单位或专业承包单位未在施工现场设立项目管理机构或未派驻项目负责人、技术负责人、质量管理负责人、安全管理负责人等主要管理人员,不履行管理义务,未对该工程的施工活动进行组织管理的;施工总承包单位或专业承包单位不履行管理义务,只向实际施工单位收取费用,主要建筑材料、构配件及工程设备的采购由其他单位或个人实施的;劳务分包单位承包的范围是施工总承包单位或专业承包单位承包的全部工程,劳务分包单位计取的是除上缴给施工总承包单位或专业承包单位“管理费”之外的全部工程价款的;施工总承包单位或专业承包单位通过采取合作、联营、个人承包等形式或名义,直接或变相地将其承包的全部工程转给其他单位或个人施工的;法律法规规定的其他转包行为。

转包合同与总包合同的承包范围往往既存在联系也有一定的区别。转包合同,若是全部工程施工内容转包,也即"直接转包",则转包合同与总包合同在施工范围上基本一致,但施工主体则由总包合同中的总包人变成了转包合同中的转包人。若是支解总包合同进行分包,也即"变相转包",可以从各"分包合同"的施工内容进行对比累加,看所有的"分包合同"的工程范围是否等于原总包合同的工程范围,或至少在原总包合同中的绝大部分工程(主体结构工程)的工程范围内。根据工程施工中所产生的各类会议纪要、内部通知、采购凭证、账目流水等材料,判断实际施工人是否施工了原总包人的全部工程范围。根据会议纪要、内部通知等文件,判断实际施工人的施工范围,是否存在总包人派驻工地现场管理人员的证据;若无,则有较大的转包可能。

与此相匹配,转包合同与总包合同的价款结算存在关系的证据:转包合同,一般会计取一定工程款比例的管理费给总包人。此外,双方可能还会约定工程款结算的顺序,一般是由总包人向发包人结算,总包人扣除转包合同中约定的管理费用后,再与转包人进行结算。法官可以重点审查采购凭证、账目流水凭证等,核实主要建筑材料、构配件及工程设备的采购是否由转包人负责落实,并责令其提供向总包人支付管理费用的单据。

工程建设中,常见有诉称"内包"的工程内部承包合同,粗看之下,其与挂靠、转包较容易混淆,但经仔细辨析,二者仍然存在较大的区别。一般来说,内部承包指施工企业将其承接的工程项目全部或部分交给其内部职能部门或内部职工负责,由承包合同中的承包方组织人、财、物完成施工,实行内部独立核算,自负盈亏,并向发包方缴纳一定管理费的经营方式。承包合同中的承包方一般包括企业内部职工、分公司、项目部等具有隶属关系的企业内部部门或个人。而挂靠是指单位或个人以其他有资质的施工单位的名义,承揽工程的行为。内部承包与挂靠、转包的区分考虑的重点,应当在是否违反资质管理规定和主要合同义务两个方面。挂靠主要违反了资质管理规定,而转包主要是对承包人应当自行完成主要工程合同义务的违反,当然转包同时也违反了法律对于禁止转包的强制性规定,但其主要还是由于承包人应当自行完成主要工程任务。所以,内部承包与挂靠的区分主要体现在是否违反了资质管理规定。内部承包与转包的区分主要体现在对主要合同义务的违反上。内部承包将工程交由内部完成,只在内部实行自主经营、自负盈亏的激励方式,作为一种经营方式,只要不触犯法律的禁止性规定,其本身并不违法,也没有违反承包人应当自行完成工程的主要合同义务,承包人仍然对工程施工进行实质性的管理,只是管理的方式有所不同,内部职工或下属分支机构要完成的施工任务仍然是承包人自行完成;而转包则是将工程交由承包人以外的第三人完成,也无法对第三人进行有效的管理,即使有管理和监督也属于外部控制而不是内部管理,这违反了承包人应当自行完成工程的合同义务,也违反了法律的强制性规定。故而,建筑施工企业中标后将工程转交给分公司施工,并不构成转包。

(9)支解发包

《民法典》第791条第1款规定:"发包人可以与总承包人订立建设工程合同,也可以分别与勘察人、设计人、施工人订立勘察、设计、施工承包合同。发包人不得将应当由一个承包人完成的建设工程支解成若干部分发包给数个承包人。"《建筑法》第24条同时规定:"提倡对建筑工程实行总承包,禁止将建筑工程肢解发包。建筑工程的发包单位可以将建筑工程的勘察、设计、施工、设备采购一并发包给一个工程总承包单位,也可以将建筑工程勘察、设计、施工、设备采购的一项或者多项发包给一个工程总承包单位;但是,不得将应当由一个承包单位完成的建筑工程肢解成若干部分发包给几个承包单位。"此二者亦为效力性强制性规定。当事人主张发包人与承包人签订的建设工程施工合同构成支解发包从而无效的,可以从以下方面进行审查:①涉案多份合同项下的工程是否应当由一个施工总承包单位完成的证据,即当事人主张支解发包的不同分部分项、单位工程属于同一个勘探、设计或施工工程;②发包人将应当由一个总承包施工单位完成的工程支解后,分别发包给不同施工单位,主要是发包人和施工单位签订的施工合同、预算书、施工图纸、合同履行的证据或结算文件等;发包人以指定分包为名,将工程支解后,发包给不同承包人,总承包人对指定分包部分的工程不负总承包管理责任的相关事实。

承包人主张发包人支解发包时,应举证证明涉案工程应由一个施工单位完成,并进一步证明发包人将应当由一个承包单位完成的工程发包给了几个施工单位。支解发包应该发生在建设施工合同的签订阶段或者在施工过程中的前期,支解工程的违约方应是发包方而非承包人。对于哪些工程属于应当由一个承包单位完成的建筑工程,现行的法律法规并未予以明确。结合工程施工技术和工程经济管理的角度,可以从以下方面予以综合考虑:①小型、简单工程不宜由不同的几个承包单位承包;②主体结构、地基与基础等涉及工程质量、安全的工程,不宜由几个施工单位承包;③不构成单位工程的分部分项工程,为了避免不同分部分项工程之间的衔接出现差错,不宜由发包人直接发包。某一工程是否构成一个单位工程,除了可以根据施工许可文件作初步判断之外,还可以根据施工图文件来判断,且更为准确。一般认为,在工程结构上能够独立于其他部分,建成后能独立发挥使用功能的建设工程,构成单位建设工程。实践中有观点认为,桩基工程可以独立于建筑物主体工程而单独发包。其技术依据在于,桩基工程属于对建筑物所坐落的地基土的加固,其作用在于提高建筑物地基的承载力,其技术功能与采用非桩基的其他地基加固方法一致。概言之,桩基工程属于地基基础工程,而桩基以上的地下结构属于基础工程,地上结构属于上部主体结构,基础工程与上部主体结构工程共同构成建设工程的结构主体,不得支解发包,也不得分包。有些桩基是加固地基,有些桩基是作为基础的地下延伸部分。桩基础,相当于板凳的四条腿,也是板凳的组成部分。实践中,还有一种情形,即发包人以指定分包为名,将工程相应的部分分包给不同承包人,总承包人对指定分包部分的工程不负总承包管理责任而不闻不问,发包人自行对其管理施工、履行敦促、结算等。此亦为支解发包。

从举证的角度看,发包人将应当由一个总承包施工单位完成的工程支解后,又分别发包给不同施工单位的证据,主要是发包人和施工单位签订的施工合同、预算书、施工图纸、合同履行的证据或结算文件等。以上证据能够证明不同施工单位的承包范围及相互间的关系。

案例 12－4 ▶ 案由:建设工程施工合同纠纷

原告:中南建设集团有限公司。被告:光龙房地产开发有限公司。

【案情】2013 年 12 月 31 日,原告与“某金融大厦”总承包方宁博建工公司签订《金融大厦 1#、2#楼幕墙工程施工合同》。该合同仅作备案使用,双方并未履行。同日,原告、被告及宁博建工公司又签订了《金融大厦 1#、2#楼幕墙工程补充合同》,对工程内容、承包方式、合同价格、工期、质量、结算方式等作出明确约定。该合同系实际履行的施工合同。主要内容有:原告的工程结算单独与被告进行决算,总承包方予以配合;原告、被告之间关于工程质量、工期和工程款支付、结算等纠纷发生诉讼时,双方均不得连带诉讼总承包方;《金融大厦 1#、

2#楼幕墙工程施工合同》仅作有关部门备案手续用，合同各方权利与义务执行以本补充合同约定作为唯一标准；质保金为合同结算审定价的5%，待保修期满二年后一个月内付清（不计利息）。

2014年12月26日，原告、被告及宁博建工公司又共同签订《金融大厦3#楼幕墙工程施工补充合同》，该合同约定了3#楼的合同暂定价和工期，其余条款与上述《金融大厦1#、2#楼幕墙工程补充合同》一致。

后原告进场进行施工。2015年12月30日，涉案的金融大厦1#、2#、3#楼均通过竣工验收，并于次年4月17日办理了竣工验收备案登记。其间，原告曾于2016年3月向被告发函，主要内容为："已支付工程款31,855,000元，尚欠给我方工程款1200万元左右……恳请贵方收函后务必尽快安排资金付款，同时我方就贵方拖欠的工程款主张优先受偿权。"截至2017年5月11日，被告累计支付工程款33,765,828元，余款再未支付。被告在2018年11月15日最终审定结算价为49,998,941.86元。

【审理】法院判决认为：(1)根据《民法总则》第146条的规定，行为人与相对人以虚假的意思表示实施的民事法律行为无效。原告、被告及宁博建工公司之间的《金融大厦1#、2#楼幕墙工程施工合同》《金融大厦1#、2#楼幕墙工程补充合同》《金融大厦3#楼幕墙工程施工补充合同》，存在备案合同与实际履行合同不一致，名为指定分包实为支解发包的情况，合同显属无效。但涉案工程已经竣工验收合格，原告、被告双方对欠付工程款及利息没有异议，原告有权据以主张。鉴于本案的质保金早已届满，质保金与工程款可以合并处理，经审查，被告尚欠工程款16,233,113.86元及利息2,168,566.04元（暂计算至2018年7月13日，以后以16,233,113.86元为基数按中国人民银行同期贷款基准利率计算至实际履行之日），法院予以支持。(2)根据《合同法》第286条的规定，发包人逾期不支付工程款的，除按照工程的性质不宜折价、拍卖的以外，承包人可以与发包人协议将该工程折价，也可以申请人民法院将该工程依法拍卖。建设工程的价款就该工程折价或者拍卖的价款优先受偿。但本案中，原告主张的建设工程价款优先受偿权不应得到支持，理由如下：①原告发函的内容仅仅是"主张优先受偿权"的表述，但彼时欠付的工程款并不明确，更无明确的"折价"共同意思表示；②建设工程价款优先受偿权作为法定优先权，受偿序列位于抵押权之前，其行使应当具有公示性，通过发函的“私力救济”不具有上述效果；③本案中原告施工的是建筑幕墙分项工程，其已经成为建筑物整体公共部分中不可分割的一部分，不具有独立的功能和使用价值，在涉案房屋大多已经出售给众多案外人并投入使用的情况下，属于客观上不宜折价、拍卖的工程；④涉案工程于2013年12月30日竣工验收合格，2016年11月15日双方便已对工程造价结算审定价进行确认，原告早已知晓因被告未及时支付相关款项导致自身权利受到侵害。现在才主张本案的建设工程价款优先受偿权，属于怠于行使权利的情形。综上，对于原告主张建设工程价款优先受偿权的诉讼请求，法院不予支持。被告经法院合法传唤无正当理由拒不到庭参加诉讼，依法缺席判决。根据《民法总则》第146条、《合同法》第52条第5项、第269条、第272条第1款、第286条，《建设工程质量管理条例》第7条第2款，《最高人民法院关于建设工程价款优先受偿权问题的批复》第4条，《民事诉讼法》第144条[1]之规定，判决如下：(1)被告光龙房地产开发有限公司应于本判决生效后七日内支付原告中南建设集团有限公司工程款16,233,113.86元及利息2,168,566.04元（暂计算至2018年7月13日，以后以16,233,113.86元为基数按中国人民银行同期贷款基准利率计算至实际履行之日）；(2)驳回原告中南建设集团有限公司的其他诉讼请求。

【评析】幕墙工程作为分项工程，并不能由业主直接发包。本案存在名为指定分包实为支解发包的情况，合同显为无效。

(10)任意压缩工期、违反工程质量强制性规定

《建设工程质量管理条例》第10条规定：“建设工程发包单位不得迫使承包方以低于成本的价格竞标，不得任意压缩合理工期。建设单位不得明示或者暗示设计单位或者施工单位违反工程建设强制性标准，降低建设工程质量。”百年大计，质量第一。无论是承包人还是发包人，都应当对工程质量承担主体责任。违反该条规定签订的建设工程施工合同，亦为无效合同。鉴于本情况相对具有专业性，故往往以当事人主张而暴露为主。从案件审理的角度来看，可以进行如下审查：首先，

[1] 现为2023年《民事诉讼法》第147条。

合同约定的工期是不是合理工期，是否违反工程建设现有技术能力和客观规律。主张合同约定的工期不属于合理工期的一方，需要提供强有力的证据。建设工程施工合同会载明合同约定工期，大多数的建设工程施工合同，双方还将协商确定施工进度表，承包人需要向发包人报送施工组织计划、横道图等文件，对工程工期等进行明确。当建设工程施工合同所约定的工期不符合合理工期，违反工程建设现有技术能力和客观规律的时候，承包人无法克服困难，或者变更措施的成本大大上升，远远超过正常的风险范围等，承包人需要通过论证等方式证明合同约定的工期不合理。如混凝土强度一般 28 天达到设计值。如果混凝土强度未达到相应的要求，便要求进入下一道工序，往往会引发工程质量隐患。江西丰城发电厂"11·24"坍塌特别重大事故调查报告中也表明，事故发生的直接原因为在 7 号冷却塔第 50 节筒壁混凝土强度不足的情况下，违规拆除模板，致使筒壁混凝土失去模板支护，不足以承受上部荷载，造成第 50 节及以上筒壁混凝土和模架体系连续倾塌坠落。深层次原因即为违规压缩合理工期，违反现有工程施工技术和客观规律。其次，合同约定的工程质量标准是否违反工程质量标准的强制性规定。在签订的建设工程施工合同及图纸等附件中，如双方约定的工程质量标准违反了工程质量强制性规定，有可能造成工程质量存在缺陷的后果，合同亦为无效。如代建工程中，发包人出于节约成本的考虑，要求降低工程防震等级、降低工程使用设计年限、降低预应力管桩的型号、减少楼面板及剪力墙的分布筋配筋等，均违反了工程设计、施工的相关规范的强制性要求。

故除了以上十种合同无效的情形，在建设工程合同领域，还存在第十一种情形——通谋虚伪表示，突出反映在招投标活动中。特别是当事人在招投标合同之外签订合同，有时明确"招投标合同仅用于办理备案""前份合同仅用于银行贷款之需""双方实际履行系本合同"等等。原《建设工程司法解释》第 21 条规定："当事人就同一建设工程另行订立的建设工程施工合同与经过备案的中标合同实质性内容不一致的，应当以备案的中标合同作为结算工程价款的根据。"这实际上解决的是结算依据问题，而并没有对备案的中标合同或者另行签订的建设工程施工合同的效力作出明确的判断。而《招标投标法》第 46 条规定："招标人和中标人应当自中标通知书发出之日起三十日内，按照招标文件和中标人的投标文件订立书面合同。招标人和中标人不得再行订立背离合同实质性内容的其他协议。"《招标投标法实施条例》第 57 条亦规定："招标人和中标人应当依照招标投标法和本条例的规定签订书面合同,合同的标的、价款、质量、履行期限等主要条款应当与招标文件和中标人的投标文件的内容一致。招标人和中标人不得再行订立背离合同实质性内容的其他协议。”此亦为效力性强制性规定。故在招投标活动后招标人与中标人另行签订背离招投标文件实质性内容的合同,为无效合同。从另一个角度来看,即当事人串标、明招暗投,以及特别约定中标且备案的合同仅用于备案用途,实际双方履行的是另行签订的其他合同,实际上构成虚伪通谋意思表示。《民法典》第146 条规定:“行为人与相对人以虚假的意思表示实施的民事法律行为无效。以虚假的意思表示隐藏的民事法律行为的效力,依照有关法律规定处理。”《建设工程司法解释(一)》第 2 条第 1 款规定:“招标人和中标人另行签订的建设工程施工合同约定的工程范围、建设工期、工程质量、工程价款等实质性内容,与中标合同不一致,一方当事人请求按照中标合同确定权利义务的,人民法院应予支持。”第 22 条规定:“当事人签订的建设工程施工合同与招标文件、投标文件、中标通知书载明的工程范围、建设工期、工程质量、工程价款不一致,一方当事人请求将招标文件、投标文件、中标通知书作为结算工程价款的依据的,人民法院应予支持。”第 23 条规定:“发包人将依法不属于必须招标的建设工程进行招标后,与承包人另行订立的建设工程施工合同背离中标合同的实质性内容,当事人请求以中标合同作为结算建设工程价款依据的,人民法院应予支持,但发包人与承包人因客观情况发生了在招标投标时难以预见的变化而另行订立建设工程施工合同的除外。”这些规定反映了在招投标领域,“通谋虚伪表示”的具体表现、效力认定和后续处理规则。

4. 建设工程合同无效后的归责

分析以上十一种建设工程合同无效的情况,建设工程合同无效后的归责原则分成以下几类:

(1)违反资质管理规定

包括没有资质、超越资质、借用资质(挂靠)的情形,其主要的过错责任在于承包人,承包人对自身是否具有相应的资质应当是很清楚的。发包人对承包人的资质情况有核实的义务,如果明知承包人没有资质、超越资质甚至是借用资质,要承担相应的过错责任。承包人是个人的,发包人应当承担同等过错责任。承包人借用资质(挂靠)的事实发包人不明知的,则不以存在借用资质为由否定发包人与承包人（被挂靠人）之间的建设工程施工合同的效力，否则对发包人显失公平。

（2）违反招投标管理秩序

包括应依法招标而未招标、中标无效、低于成本价中标的情形。按照《招标投标法》《招标投标法实施条例》的规定，招投标活动不仅是关系社会公共利益、公众安全的项目，也是关系到全部或者部分使用国有资金投资或者国家融资的项目及使用国际组织或者外国政府贷款、援助资金的项目的资金使用情况。工程项目的质量、安全，投资效益保障、社会效益等均受关注。从另一个层面上看，违反招投标管理秩序，如串标等，也损害了依法参与招投标的其他投标人的利益、损害了招投标的市场秩序。故，应依法招标而未招标的，其主要过错责任在于发包人；中标无效，很可能是招标人和中标人的通谋，应当具体问题具体分析，甄别过错责任；低于成本价中标的，主要责任在于承包人。

（3）承包人违法、违约

包括违法分包、转包。对发包人而言，承包人承包项下的工程如果存在违法分包、转包等行为，承包人就构成单方违法、违约，应当承担完全的过错责任。对于指定分包情形下的违法分包，如指定分包人不具有相应的资质等，发包人与承包人承担同等责任的过错。对于承包人合同项下的违法分包人、转包人等合同相对人而言，双方对于违法分包合同、转包合同的违法性均具有清晰的认识，故承担同等的过错责任为佳。

（4）发包人违法

包括未办理建设用地规划许可证、建设工程规划许可证、支解发包及任意压缩工期、违反工程质量强制性规定这几种情形。办理建设用地规划许可证和建设工程规划许可证，是建设方的先合同义务之一，承包人对此无能为力。如果因为办理建设用地规划许可证、建设工程规划许可证而导致建设工程合同无效，则发包人首先应承担完全的过错责任。当然，在办理施工许可证时，承包人对发包人未办理相应的建设用地规划许可证、建设工程规划许可证的事实已经明晰，那么承包人对无效合同的履行扩大也存在一定的过错。对于支解发包而言，发包人将工程项目予以支解、切割，在建设方普遍强势的现实下，难以遏制发包人的该种行为，故应由发包人承担主要过错责任。从工程实践上看，任意压缩工期、违反工程质量强制性规定，往往出于发包人的严重错误指令，承包人并不追求这一施工效果。如果发包人进行了该行为，承包人未及时提出异议，则承包人存在一定的过错。如承包人提出了相应的异议，发包人仍然坚持要求承包人按照发包人的意愿进行施工，则发包人承担完全的过错责任。

5. 建设工程合同无效的法律效果

有别于有效合同项下，当事人可以要求继续履行合同或者解除合同、承担违约责任等，建设工程合同一旦被确认为无效，当事人当然地不享有以上有效合同项下的权利请求。《民法典》第 157 条规定："民事法律行为无效、被撤销或者确定不发生效力后，行为人因该行为取得的财产，应当予以返还；不能返还或者没有必要返还的，应当折价补偿。有过错的一方应当赔偿对方由此所受到的损失；各方都有过错的，应当各自承担相应的责任。法律另有规定的，依照其规定。"**据此，返还原则、折价补偿原则、赔偿原则及过错分担原则构成合同无效的法律效果。**具体到建设工程合同纠纷领域，合同无效将导致以下法律效果：

（1）未履行合同的，当事人有权主张缔约过失责任

建设工程施工合同无效且未实际履行（指的是履行施工等合同主要权利义务），当事人有权主张缔约过失责任。当事人可以分析具体的案件，采取遍寻检索的方法，归纳导致合同无效的具体事由及责任方。《民法典》第 500 条的规定："当事人在订立合同过程中有下列情形之一，造成对方损失的，应当承担赔偿责任：（一）假借订立合同，恶意进行磋商；（二）故意隐瞒与订立合同有关的重要事实或者提供虚假情况；（三）有其他违背诚信原则的行为。"因此，承包人可考虑从发包人存在虚构建设工程的事实、建设工程不具备合法发包条件（无建设工程用地规划许可证、建设工程规划许可证，或无其他招投标、建筑、环保、消防、气象、安监等法律法规要求的合法发包条件）的事实、发包人存在违背诚信的事实等方面进行举证。发包人可考虑从承包人存在故意隐瞒挂靠资质、超越资质或无资质的事实等方面进行举证。相对方对此抗辩的，可以举证证明对方签约前明知存在导致合同无效的事实。而缔约过失责任的赔偿应以信赖利益的损失或实际损失为赔偿范围，包括直接损失和间接损失，如为缔约支出的费用、准备履行或履行合同所支出的费用、与第三方所签订协议的违约赔偿损失、丧失其他有利缔约机会的损失等，具体有复印费、差旅费、投标保证金的利息、前期费用等。实践中，丧失缔约机会的损失数额较难举证，案例也极少，有以两次中标价格的差额损失作为丧失缔约机会

的损失的主张。如果缔约无效的过错完全在于发包人,丧失缔约机会的损失数额可视具体情况酌情认定。如果合同无效的过错责任在于承包人,承包人退场后,发包人需要另行选择承包人,承包人应当赔偿发包人另行缔约的费用损失以及工期延误的损失,发包人对损失数额应承担举证责任。如果合同无效存在多个事由且分别属于发包人和承包人的原因,则可以酌情确定过错比例,合理分担相应的损失。在此,裁判者享有较大的自由裁量权。

(2)已履行的合同不得继续履行或解除

具体而言,建设工程施工合同无效但合同已经履行或部分履行的,当事人不得主张继续履行合同或行使解除权,双方自然进入合同权利义务的清理程序,当事人可举证证明合同已履行的具体情况。《民法典》第 155 条规定:"无效的或者被撤销的民事法律行为自始没有法律约束力。"合同被确认为无效或者被撤销以后,其结果是该合同自始无效。这就是合同无效溯及既往的能力。该条款对建设工程合同仍然适用。故无效合同,没有法律上的约束力,当事人必然不具有要求诉讼实体保护的权利。故当事人不得在诉讼请求中要求继续履行合同,如承包人要求发包人支付工程进度款、提供施工配合条件,发包人要求承包人按约继续施工等。同理,合同的解除作为合同权利义务终止的事由之一,其前提亦建立在双方之间存在的合同系合法有效合同的基础上。故针对无效合同,当事人同样不得主张行使解除权,无论是合同约定的解除权还是法律法规规定的解除权。

《民法典》第 156 条规定:"民事法律行为部分无效,不影响其他部分效力的,其他部分仍然有效。"该条款表明,合同中有关解决争议方法的条款具有相对独立性,不因合同无效、被撤销或者终止而失去其效力。这些条款主要包括纠纷管辖、主管等程序性条款。合同无效,双方自然进入合同清理的程序。《民法典》第 157 条规定:"民事法律行为无效、被撤销或者确定不发生效力后,行为人因该行为取得的财产,应当予以返还;不能返还或者没有必要返还的,应当折价补偿。有过错的一方应当赔偿对方由此所受到的损失;各方都有过错的,应当各自承担相应的责任。法律另有规定的,依照其规定。"此即为相应的清理条款,根据发承包双方为履行合同所投入、产生的损害赔偿范围和金额、双方各自的过错程度等衡平双方利益,判定双方各自应当承担的损失。《建设工程司法解释(一)》第 6 条规定:"建设工程施工合同无效,一方当事人请求对方赔偿损失的,应当就对方过错、损失大小、过错与损失之间的因果关系承担举证责任。损失大小无法确定,一方当事人请求参照合同约定的质量标准、建设工期、工程价款支付时间等内容确定损失大小的，人民法院可以结合双方过错程度、过错与损失之间的因果关系等因素作出裁判。”

实际上，建设工程施工合同无效时，承包人要求发包人支付欠付工程价款的依据即来源于以上两条的规定，而并非无效合同也可以要求“按照合同约定支付工程款价款”。所以，当事人确认合同无效时，可以围绕双方已经完成的原合同项下权利义务的情况进行举证。

（3）违约金条款不得直接适用

《民法典》第 585 条第 1 款规定：“当事人可以约定一方违约时应当根据违约情况向对方支付一定数额的违约金，也可以约定因违约产生的损失赔偿额的计算方法。”此为违约金条款的法律依据。如果合同无效，鉴于违约金条款并不属于解决争议方法的条款，也不属于结算和清理条款，其法律效力仍然遵从整个合同的效力即无效。违约金从法理上分为惩罚性违约金和补偿性违约金，但原《合同法》中的违约金主要是补偿性的。然而，这并不代表在建设工程合同无效的情形下，可以直接以该违约金条款作为弥补损失、要求赔偿的依据。毕竟，违约金条款，是先有约定，违反约定才会适用违约金条款追究违约责任，现在“约定”无效了，不存在违约的情形，那么自然也就不可能适用本条款。无效的合同，自始无效，当事人只能要求造成建设工程合同无效一方承担缔约过失责任或赔偿责任。建设工程合同中存在的大量的罚款约定即为违约金条款，如工期延误的，每逾期一天罚款 5000 元；发生重伤一人以上安全责任事故的，按照 20,000 元/起的标准进行赔偿；消防安全检查中措施不到位的，每次罚款 1000 元等。所以，工程逾期竣工的，当建设工程合同无效时，发包人不能依据合同约定的关于逾期竣工违约金的条款直接要求承包人承担相应的工程工期逾期违约责任，而只能通过举证证明存在工程逾期竣工的事实，就逾期竣工所造成的损失向承包人要求赔偿。此外，工程奖励费作为奖励承包人附条件的特殊条款，有时也可以看作反向的违约金条款。

（4）参照合同约定确定工程款价款

《民法典》第 157 条规定：“民事法律行为无效、被撤销或者确定不发生效力后，行为人因该行为取得的财产，应当予以返还；不能返还或者没有必要返还的，应当折价补偿。有过错的一方应当赔偿对方由此所受到的损失；各方都有过错的，应当各自承担相应的责任。法律另有规定的，依照其规定。”建设工程的施工建造是将劳务和材料物化到建设工程的过程，一旦建设工程合同被认定为无效，承包人难以将劳务、材料从建设工程实体中分离，而返还原物则不经济，因此，只能折价补偿。建设工程施工合同本身的属性为承揽合同，定作人（发包人）签订合同的目的是获得合格的建设工程产品。因此，只有当建设工程质量合格，承包人才可以向发包人主张工程款。这里需要注意以下几点：

①无效合同项下支付工程款的前提仍然是工程质量合格。审理建设工程施工合同纠纷案件应当坚持质量第一的原则。法官需要审查涉案工程已经竣工验收或发包人擅自使用建设工程等证明工程质量合格的证据，或者涉案工程虽未进行竣工验收或未全部完成的，已完工程部分质量合格的证据。在涉案工程完成竣工验收的情况下，可证明质量合格的文件主要有《建设工程竣工验收报告》《工程竣工验收备案表》等。实践中，存在承包人已经提交竣工验收报告，但发包人拖延验收或者发包人未经竣工验收擅自使用建设工程的情况。为此，《建设工程司法解释（一）》第9条规定："……（二）承包人已经提交竣工验收报告，发包人拖延验收的，以承包人提交验收报告之日为竣工日期；……"此处的竣工验收报告实为竣工验收申请的报告。在这种情况下，应当提供可以证明承包人提交竣工验收报告及发包人拖延验收的证据，比如，承包人已经按合同约定及时向监理人或发包人提交竣工验收报告的签收记录、监理日志中对承包人提交竣工验收报告的记载、采用挂号信或快递提交时的签收回执等。如果建设工程未经竣工验收而发包人擅自使用的，以转移占有建设工程之日为竣工日期。在此种情况下，承包人应当提供可以证明发包人已经实际使用或转移占有建设工程的证据材料，如房屋销售、入住、开业、出租、投产、通车等相关证据资料，可以是书证、物证，也可以是其他形式的证据。在建设工程未经竣工验收合格或涉案工程未全部完成的情况下，仍应当坚持质量第一的原则，即当事人主张参照合同约定支付工程款，应当提供能够证明已完工程部分质量合格的证据材料，如监理旁站记录，隐蔽工程、检验批、分项工程报审报验表、分部工程报验表、单位工程竣工验收报审表、已完工程量报表、期中付款证书、监理日志、施工日志等。必要时，可以对已完工程是否符合施工设计文件及建设工程施工规范进行工程质量司法鉴定。

②"参照合同关于工程价款的约定折价补偿承包人"，该条文并非赋予承包人可请求参照合同约定支付工程价款的权利，或是可以请求按照当地工程定额和材料人工信息价支付工程价款，而是仅可以参照合同约定折价支付工程价款；承包人可请求，发包人同样也可以请求，并非发包人就可以选择合同约定之外的工程造价

计价方式;“参照”合同约定并非等于“按照”合同约定,“参照”指的是参考并对照,并无直接、严密、必然的适用性。在“参照”的情况下,裁判者具有一定的自由裁量权。另外,根据目前已有的司法政策和司法判例,能够“参照”适用的是合同中有关建设工程造价计算的“技术条款”,而不包括工程款的支付条件、进度安排等。否则,无效合同将变得和有效合同别无二致。《江苏省高级人民法院关于审理建设工程施工合同纠纷案件若干问题的解答》(2018 年 6 月 26 日)第 5 条规定:“建设工程施工合同无效,建设工程经竣工验收合格的,合同约定的哪些条款可以参照适用?建设工程施工合同无效,建设工程经竣工验收合格的,当事人主张工程价款或确定合同无效的损失时请求将合同约定的工程价款、付款时间、工程款支付进度、下浮率、工程质量、工期等事项作为考量因素的,应予支持。”该条是作为地方性高级人民法院对此作出的较为明确的倾向性意见。需要指出的是,该条也并未明确对付款时间、工程款支付进度、下浮率、工程质量、工期等作为直接适用的条款,而是作为考虑的因素,体现对裁判者自由裁量权的尊重。《建设工程司法解释(一)》第 6 条规定:“建设工程施工合同无效,一方当事人请求对方赔偿损失的,应当就对方过错、损失大小、过错与损失之间的因果关系承担举证责任。损失大小无法确定,一方当事人请求参照合同约定的质量标准、建设工期、工程价款支付时间等内容确定损失大小的,人民法院可以结合双方过错程度、过错与损失之间的因果关系等因素作出裁判。”此处对于付款时间等的规定,是作为合同无效情形下的损失确定因素予以考虑,而并非确定工程价款的因素。

③在合同无效但工程质量合格的前提下,应当优先认定能够直接认定工程价款的证据。如结算协议、结算审定单、结算会议纪要等;政府投资或以政府投资为主的建设项目,相关机关或机构已经根据合同、招投标文件等就工程价款结算出具了审计报告或评审结论。如当事人对该报告、结论有异议且有正当理由的,可以要求补充或修改。

如无法提供能够直接认定工程价款证据的,应围绕合同及其他文件中关于工程价款的约定进行举证、质证和认定:构成合同文件的相关文件资料,包括施工合同、招投标文件、已标价工程量清单或预算书,以及在合同订立及履行过程中形成的与合同有关的文件。上述各项合同文件包括当事人就该项合同文件所作出的补充和修改,属于同一位阶文件的,应以最新签署的为准。

当事人就已完工程的工程量存在争议的,应当根据双方在撤场交接时签订的会议纪要、交接记录以及监理资料、后续施工资料等文件予以确定;不能确定的,应根据工程撤场时未能办理交接及工程未能完工的原因等因素合理分配举证责任。有必要的话,法官可通过启动工程造价和工程索赔司法鉴定的方式予以确定。

④因设计变更、建设工程规划指标调整等原因导致无法参照合同约定结算工程价款的,可举当地建设行政主管部门发布的计价方法或者计价标准以及签约时市场价格信息的证据。《建设工程司法解释(一)》第 19 条第 1、2 款规定:“当事人对建设工程的计价标准或者计价方法有约定的,按照约定结算工程价款。因设计变更导致建设工程的工程量或者质量标准发生变化,当事人对该部分工程价款不能协商一致的,可以参照签订建设工程施工合同时当地建设行政主管部门发布的计价方法或者计价标准结算工程价款。”当合同约定不明或未约定时,参考其他计价办法或计算方式,也无法获知当事人签约时的真实意图,可以通过该种办法确定工程价款。

⑤无效合同不得适用“默示条款”。当合同无效时,当事人不得依据《建设工程司法解释(一)》第 21 条的规定请求按照竣工结算文件结算工程价款。第 21 条规定:“当事人约定,发包人收到竣工结算文件后,在约定期限内不予答复,视为认可竣工结算文件的,按照约定处理。承包人请求按照竣工结算文件结算工程价款的,人民法院应予支持。”适用该条款的前提是施工合同有效。当合同无效时,当事人不得依据此规定请求按照竣工结算文件结算工程价款。但是,2018 年公布的《江苏省高级人民法院关于审理建设工程施工合同纠纷案件若干问题的解答》第 9 条规定:“《建设工程司法解释》第 20 条规定的按照竣工结算文件结算工程价款,审判实践中如何适用? 建设工程施工合同专用条款中明确约定发包人收到竣工结算文件后,在合同约定的期限内不予答复视为认可竣工结算文件,当事人要求按照竣工结算文件进行工程价款结算的,应予支持。建设工程施工合同专用条款中未明确约定,当事人要求按照竣工结算文件进行工程价款结算的,不予支持。建设工程施工合同专用条款有此明确约定,发包人有证据证明在合同约定的期限内提出异议的,承包人要求按照竣工结算文件进行工程价款结算的,不予支持。建设工程施工合同无效的,不影响该条款约定的效力。”

(5)工程款逾期利息与有效合同不同

《建设工程司法解释(一)》第 27 条规定:“利息从应付工程价款之日开始计付。当事人对付款时间没有约定或者约定不明的,下列时间视为应付款时间:

(一)建设工程已实际交付的,为交付之日;(二)建设工程没有交付的,为提交竣工结算文件之日;(三)建设工程未交付,工程价款也未结算的,为当事人起诉之日。”该条款并未以建设工程合同有效为前提。对于工程款利息是属于法定孳息还是损失,理论和实务界均有争议。从实务操作的角度上看,既然合同无效能够参照适用的合同条款仅仅是工程造价的计价条款,而对付款条件、付款进度等均不能参照适用,那么合同确定的应付款时间也随着合同无效不再具有约束力。因此,无效合同就不可能主张进度款的逾期付款利息及违约金。那么从工程竣工或者确认合格之日起,承包人就取得结算工程价款中的工程欠款的正当权利。故而逾期付款利息损失应当按照此日期开始计算。鉴于“任何人不得从违法行为中获取较合法行为更多的利益”这一基本法理,以及工程质量保修责任系《建设工程质量管理条例》中所作的特殊安排,当工程欠款与缺陷责任期内的质量保修金重合时,仍然应当参照适用保修金返还和支付条款,以利于建设方更好地向承包人主张工程质量保修责任,维护建设工程的安全性、适用性。法官可重点审查无效合同有关质保金的约定、质保金支付条件是否已成就(或质保已没有必要)、质保金数额、应付质保金的日期等方面。

(6)合同无效可主张赔偿损失

合同无效损失赔偿是指针对原合同价款以外的其他费用进行索赔。《民法典》第157条确立了合同无效情形下当事人损失的过错赔偿原则:“民事法律行为无效、被撤销或者确定不发生效力后,行为人因该行为取得的财产,应当予以返还;不能返还或者没有必要返还的,应当折价补偿。有过错的一方应当赔偿对方由此所受到的损失;各方都有过错的,应当各自承担相应的责任。法律另有规定的,依照其规定。”在建设工程施工合同领域,施工合同无效以及因无效合同履行不当造成损失的情形普遍存在。在有效合同下,损失的主张有赖于证据的收集、证据链的完备,并仍然具有不确定性,主要在于因果联系、关联度的证明等。在无效合同下,损失的主张难度更大,司法实践中的争议也非常大,如无效合同情形下的逾期竣工损失等,但这并不能成为片面机械地排斥损失主张的正当理由。那种合同无效即不能主张赔偿损失的观点恐怕是难以成立的。《建设工程司法解释(一)》在此问题上也整合了司法实践中形成的共识,其第6条规定:“建设工程施工合同无效,一方当事人请求对方赔偿损失的,应当就对方过错、损失大小、过错与损失之间的因果关系承担举证责任。损失大小无法确定,一方当事人请求参照合同约定的质量标准、建设工期、工程价款支付时间等内容确定损失大小的，人民法院可以结合双方过错程度、过错与损失之间的因果关系等因素作出裁判。”

具体而言，建设工程施工合同无效，发包人可以就以下损失请求承包人予以赔偿：承包人承建的工程不符合规定的质量标准造成的损失；承包人承建的工程超出规定的合理期限造成的损失；因承包人过错导致的其他损失。上述损失，发包人有过错的，应承担相应的责任。据此，合同无效，发包人向承包人主张损失赔偿的，应当举证证明上述损失的存在。比如，因工程质量缺陷造成的修复费用，因工程质量严重不合格导致无法使用且修复不了时的工程拆除费用。关于“规定的合理期限”的认定，可参照《广东省高级人民法院关于审理建设工程施工合同纠纷案件若干问题的意见》（粤高法发〔2006〕37 号）第 3 条的规定（建设工程施工合同无效，但按照该解释第 2 条的规定可参照合同约定计算工程价款的，如承包人存在延期完工或者发包人存在延期支付工程款的情形，当事人应参照合同约定赔偿对方因此造成的损失），参照适用无效合同约定的工期。即规定的合理期限仍可参考合同约定的工期。这样既简化了裁判者在案件审理中关于“合理工期”的事实认定，同时也确立了“合同在被认定无效前均亦应遵照实施”的诚信履约原则，还避免了一方当事人利用自己的违法行为获取不当利益的可能。而承包人过错导致的其他损失，一般指发包人与第三方签订合同导致的违约责任损失。

建设工程施工合同无效，承包人可以就以下损失请求发包人予以赔偿：发包人拖欠工程价款造成的损失；因发包人原因导致承包人停工、窝工造成的损失；因发包人过错导致的其他损失。上述损失，承包人有过错的，应承担相应的责任。据此，合同无效，承包人向发包人主张损失赔偿的，应当举证证明上述损失的存在。其中，关于第一项“拖欠工程价款”的认定，可参照无效合同约定的付款期限，但发包人举证证明已完工程质量不符合法定或约定质量标准的，则不具备支付工程价款的基本前提，无效合同约定的应付款期限则不应再被参照适用。如建设工程施工合同无效是由于发包人未及时办理建设工程规划许可、建设工程严重背离建设用地规划等原因所致，则相应的拆除费用应当由发包人负担。拆除未完工程，发包人有过错，损失自行承担；发包人应补偿承包人实际支出的人工费、材料费等，但不补偿利润。承包人有过错的，损失自行承担；承包人应折价补偿发包人提供材料设备的费用。双方均有过错的，按照各自过错责任大小，各自承担相应的赔偿责任。关于“拖欠工程款造成的损失”计算标准可以参照无效合同约定的发包人拖欠工程价款的利息计算方式,或者按照全国银行间同业拆借中心公布的贷款市场报价利率(LPR)计算。

最后,法官在认定合同无效的损失赔偿时,应以一方当事人有过错、另一方当事人受到损害、损害与过错之间具有因果关系为标准。在发包人和承包人都有过错的情况下,还应依据诚实信用原则、公平原则及利益平衡原则来衡量。除了依据过错责任原则进行裁判外,在双方均没有过错的情况下,对不可抗力导致的费用可根据其发生的具体因素不同,由相应方承担:工程本身的损害、工地的材料和待安装设备的损害由发包人承担;承包人装备损坏、周转材料损坏及停工损失由承包人承担;停工期间承包人应工程师要求留在现场必要的管理人员、保卫人员的费用由发包人承担;工程需清理、修复产生的费用由发包人承担。发包人对此抗辩的,可举证证明存在承包人在不可抗力发生后怠于采取抢救措施致使损失扩大的事实,即不适当履行减损义务的,对损失的扩大亦有一定的过错,这样也能减免己方的部分责任。

6. 合同效力查明示例

合同效力的查明对把握案件审理进程至关重要。但许多案件,合同效力的查明并不是那么一帆风顺——有裁判者不懂得把握争议焦点的原因,有当事人不予配合的原因。在涉及具体案件的时候,囿于工程技术知识的缺乏,裁判者难以避免地被牵着鼻子走的情形出现。在此情况下,法官需要全面、系统地梳理案情,合理分配举证责任,积极发挥审理案件的能动性,虚心学习,充分听取当事人的意见,从而依法审慎认定合同效力,就显得难能可贵。

案例 12－5 ▶ 案由:建设工程分包合同纠纷

原告:安徽省三文建筑工程有限公司。被告一:施工总承包方浙江海方建设工程有限公司(以下简称海方工程公司);被告二:建设方华生生态冷链物流有限公司(以下简称华生物流公司)

【案情】起诉状中,原告诉请被告海方工程公司支付工程进度款 1380 万元及相应的逾期付款利息损失;被告华生物流公司承担连带责任。原告起诉称:2016 年 8 月,原告与被告海方工程公司签订了《建设工程分包合同》,约定被告海方工程公司将位于华生物流公司的物流 889 项目中的 TPO 屋面工程分包给原告,分包方式为包工包料,合同总价为2980万元(固定总价)。双方对工程价款的支付作出明确约定:2016年9月20日前支付工程预付款820万元,2016年10月10日前再支付预付款510万元,当冷库屋面完成50%时,支付进度款380万元,工程完工后,再支付进度款420万元,工程经验收合格、结算完成后十日内支付550万元,余款作为保修金待工程竣工后满两年且质量责任缺陷期满后支付。合同订立后,原告按照约定履行了义务,所承包工程于2017年2月15日完工,并向被告海方工程公司递交了结算书。但被告至今只支付了工程款1300万元,其余进度款未付,且两被告并未组织竣工验收。

【初步审查】原告明确其诉讼请求中要求被告华生物流公司承担责任的依据是《建设工程司法解释》第26条规定的"实际施工人以转包人、违法分包人为被告起诉的,人民法院应当依法受理。实际施工人以发包人为被告主张权利的,人民法院可以追加转包人或者违法分包人为本案当事人。发包人只在欠付工程价款范围内对实际施工人承担责任"。即原告主张其为实际施工人的诉讼地位,且要求华生物流公司作为发包人在欠付工程款范围内承担责任。那么,实际上隐含的意思是原告主张其与海方工程公司之间签订的《建设工程分包合同》是无效合同。但根据其诉讼请求,其主张的是除质保金以外的工程进度款而非结算工程款,是基于合同有效的情况下提出的诉讼请求。故而,原告的两项诉讼请求之间存在冲突。

【审理】法官经过释明,询问原被告三方对合同效力问题的意见。原告认为,其与被告海方工程公司之间的《建设工程分包合同》合法有效。鉴于诉讼请求冲突,为节约诉讼资源,对被告华生物流公司的诉讼请求、相应的事实及理由的申请予以撤回。被告海方工程公司也认为《建设工程分包合同》是有效合同,理由是其属于专业分包,原告具有相应的建筑防水二级专业承包资质(现为防水防腐保温工程专业承包资质),可承包相应范围内的建筑防水工程,且分包已经取得建设方的认可。被告华生物流公司也认为涉案的《建设工程分包合同》是有效合同,其作为建设方对该分包情况予以认可。法官初步判断《建设工程分包合同》系有效合同。

在审理过程中,原告主张其承包范围内的工作已经全部完成,被告海方工程公司认为原告施工范围内的工程并未完成,理由是:原告承包的屋面工程中,

B－36板属于钢结构的部分，原告不具有钢结构的施工资质，故而在合同的履行过程中，将该部分予以切割另行承包给其他人施工。那么，被告海方工程公司实质上变更了其上述对《建设工程分包合同》效力的意见，认为包含“B－36”施工的《建设工程分包合同》是无资质施工，合同效力是无效的。

B－36板，又叫压型钢板、屋面板、楼承板，deck板。楼承板是采用镀锌钢板经辊压冷弯成型，其截面成V形、U形、梯形或类似这几种形状的波形，主要用作永久性模板，也可被选为其他用途。最早的压型钢板主要是用于厂房屋面的屋面板，后面有用于楼层的压型钢板后逐渐分类称为楼承板。其能够适应主体钢结构快速施工的要求，在短时间内提供坚定的作业平台，并可采用多个楼层铺设压型钢板，分层浇筑混凝土板的流水施工，现广泛用于电厂、电力设备公司、汽车展厅、钢结构厂房、水泥库房、钢结构办公室、机场候机楼、火车站、体育场馆、音乐厅、大剧院、大型超市、物流中心、奥运场馆、体育场馆等钢结构建筑。

【疑问】对于B－36压型钢板，是属于钢结构的施工范围，还是属于屋面防水的施工范围，双方各执一词。这既是工程技术问题，也是在此之上的法律定性问题，更是案件审理不可回避的问题。经法庭要求，原告、被告双方当事人及代理人均未提供相应的证据予以佐证。承办法官先后问询了所接触到的项目经理、监理工程师、结构工程师、造价工程师、大学教授、鉴定人等，意见参半，得到的有效信息也是混乱的：有观点认为，属于钢结构部分的理由是该压型钢板涉及纵向力的传导至檩条，施工中交叉一并进行；也有观点认为，属于屋面防水部分的理由是该压型钢板与钢结构工程作为主体结构的工程关联度不大。被告称将提供某建设工程“老八院”大学的专家意见论证该部分属于钢结构的施工范围，但也迟迟未能提供。

【审理】由于合同效力问题无法回避，法院发挥司法的能动性，尽所有途径依职权调查取证，寻找有效证据：

①向设计人咨询备忘。法官向涉案工程设计单位的代表、某工业设计研究院周姓设计师电话咨询B－36板是属于屋面防水分部工程还是属于钢结构分部工程。其明确表示B－36板是屋面专用结构钢板，系屋面系统而非钢结构分部的范围。承办人提出能否向其所在单位发函取得书面确认，其表示不方便出具。为此，法官制作备忘录，记录通话号码、时长、录音及主要内容并刻成光盘。

该设计人的意见代表、熟悉、情况而中立的第三方,具有较高的证明力。但该备忘因证据形式问题,无法作为证据出示。

②向建设单位调查取证。法官向建设方华生物流公司发送调查令,要求调取被告海方工程公司中标的招投标文件,特别是工程量清单。华生物流公司非常配合,在收到调查令后即出具了500多页的招投标文件(含技术标和商务标)。涉案工程从分部分项工程上划分为土石方工程、桩与桩基基础工程、混凝土及钢筋混凝土工程、金属结构工程、屋面及防水工程。其中,屋面及防水工程分部中包含该“0.8mm厚B－36镀铝锌压型钢板底板”。这说明招投标文件中明确将其列入屋面及防水工程分部中。此证据系从建设单位调取,较能够反映建设单位将涉案工程项目交由设计单位出具设计方案和施工设计文件,在有关编制招投标文件时,各方对于其属于屋面及防水工程分部是明确的,该证据系具有较高证明力的证据,可以作为判断的依据。

③学习工程技术知识,寻找确切的依据。法官购买了作为普通高等教育“十一五”国家级规划教材《钢结构(第2版)》。其中,第七章是单层厂房结构。厂房结构一般是由屋盖结构、柱、起重机梁(吊车梁)、制动梁(或桁架)、支撑及墙架等构件组成的空间体系。其中,屋盖结构指的是承担屋盖荷载的结构体系,包括:横向框架的横梁、托架、中间屋架、天窗架和檩条等。被告所称的作为屋面板的B－36板属于钢结构的施工范围从教科书的角度,无法得到印证。

法官另购买了有关建筑防水的书《建筑防水工程》。该书将建筑防水工程分为:屋面防水工程、地下防水工程、特殊施工法防水工程、排水工程、注浆工程等不同的种类。其中,屋面防水工程分为:卷材防水层施工、涂膜防水层施工、接缝密封防水施工、瓦面与板面防水施工及细部构造防水施工。本案的B－36板即属于金属板面防水施工,无论是防水等级为Ⅰ级还是Ⅱ级,均包含压型金属板的制作和安装工作。此外,就金属板面的施工,也明确“金属板屋面施工应在主体结构和支承结构验收合格后进行”。这说明,金属板屋面的施工并不属于作为主体结构和支承结构的钢结构部分。

表 12－5　金属板屋面防水等级和防水做法

防水等级	防水做法
Ⅰ级	压型金属板＋防水垫层
Ⅱ级	压型金属板、金属面绝热夹芯板

以上两本书籍，系法官网上随机购买所得，对屋面板属于钢结构还是屋面防水分部问题具有统一的结论，能够反映工程技术角度的划分，也具有较高的证明力。

④法官查询了《屋面工程技术规范》（GB 50345—2012），有关屋面金属板的设计与施工与上述《建筑防水工程》中的内容基本一致，即屋面板属于屋面防水分部的施工范围。同时，还明确了金属板屋面防水等级和防水做法系 8 条强制性条文之一。作为现行有效的强制性国家标准，该规范的证明力极高。

【结论】通过以上依法调取的四组证据，可证明的内容一致。在庭审中，当庭出示上述证据②～④后，双方均表示再无异议。

【评析】从本质上，主张合同效力的相应举证义务在当事人。在双方都怠于举证及裁判者存疑时，可依职权进行调查取证予以明确。**裁判者一方面可以多听、多问，引导当事人积极就自己的主张提出确切的证据予以证明；另一方面核实证据也是裁判者的基本审判职责，裁判者要多学习相应的工程技术知识，了解行业习惯并审慎审核**，避免望文生义、生搬硬套、闭门造车、机械理解，从而导致案件审理的基本方向上出现不可弥补的错误。

7. 建设工程合同无效的思考

建设工程合同纠纷领域无效合同的比例高于其他领域。以下几个有关建设工程合同无效的问题值得进一步思考。

（1）建设工程合同无效的保护力度与有效合同不同

从上述合同无效的后果可以看出，基于建设工程合同的特殊性，合同无效无法适用原物返还原则，而只能适用“参照合同关于工程价款的约定折价补偿”，这实际上是折价补偿原则在建设工程领域的翻版。无效合同所保护的是参考原合同约定基础上的计算规则，据以确定实际投入到建设工程不动产中的人、材、机，保障无效合同项下的承包人基于其预期及双方签订合同时的真实意思表示，此基本能够弥补其成本而不至于太大亏损从而造成双方利益严重失衡。对于其他方面的预期，则不予保护或弱保护，如违约责任、损失赔偿等。无效合同评价体现了公权对私行为的评价，体现了干预、引领的司法价值。在有关司法判例中，对建设工程合同中的无效合同的保护有不断扩张的趋势，如工期违约金条款是否参照适用、无效合同的实际施工人是否享有建设工程价款优先受偿权及是否包含利息等。但区分合同有效和无效时，我们应当坚持严格、慎重、适当保护无效合同利益的原则。否则，如果司法对无效建设工程合同的保护不断向有效合同靠拢，会导致二者差距越来越小，那么区分合同有效或无效，也就仅仅成为裁判者认定事实、适用法律能力的一项考验，对当事人而言可有可无，不再关注，而非成为可以引领行业未来发展方向、促进建筑业正向调整的社会效果助推器，司法的示范作用、教育功能也会进一步弱化。

(2)从长期趋势上看，资质类的合同无效认定将会弱化

从行政管理的层面上看，资质管理并未完全发挥出市场监管应有的价值。没有资质、超越资质和借用资质，正是对资质管理制度的回避和越界，实践中屡禁不止。未来的发展趋势将是资质放开。重能力、重业绩、重口碑而轻资质的市场氛围在长期的酝酿中会逐渐形成。如根据《山东省建筑业劳务用工制度改革试行方案》，从 2018 年 1 月 1 日起，山东省开始取消劳务企业资质及其安全生产许可证要求，在全省范围内的房屋建筑和市政工程中，一律取消对劳务企业的资质及其安全生产许可证要求。各级住房城乡建设主管部门不再将建筑劳务企业的资质及其安全生产许可证列入建筑市场监管事项。同时，暂时保留劳务企业资质及其安全生产许可证许可。鉴于全国范围内没有统一取消建筑劳务企业资质，为便于省内劳务企业出省承揽业务，仍然暂时保留建筑业劳务企业资质及其安全生产许可证许可。已经取得以及拟申请建筑劳务企业资质、安全生产许可证的，继续按现行有关管理规定、标准和程序办理许可事项。各市、县(市、区)不得以省内取消劳务资质要求为由，停止受理劳务资质许可和安全生产许可证许可。《住房城乡建设部关于推进建筑业发展和改革的若干意见》(2014 年 7 月 1 日)也规定：坚持淡化工程建设企业资质、强化个人执业资格的改革方向，探索从主要依靠资质管理等行政手段实施市场准入，逐步转变为充分发挥社会信用、工程担保、保险等市场机制的作用，

实现市场优胜劣汰。加快研究修订工程建设企业资质标准和管理规定,取消部分资质类别设置,合并业务范围相近的企业资质,合理设置资质标准条件,注重对企业、人员信用状况、质量安全等指标的考核,强化资质审批后的动态监管;简政放权,推进审批权限下放,健全完善工程建设企业资质和个人执业资格审查制度;改进审批方式,推进电子化审查,加大公开公示力度。

(3)招投标活动需要进一步规范

《招标投标法》从 1999 年开始实行至今已经 20 年,招投标活动市场的混乱现象仍然未得到有效遏制,串标、围标、应招标而未招标、未招标而提前施工、应公开招标而未公开招标等现象屡见不鲜,有时在司法诉讼中也不一定会暴露出来。在招投标和合同签订并履行的过程中,招投标文件与中标合同不一致,中标合同与备案合同不一致,双方约定中标备案合同仅用于备案用途而不作为双方履行的依据,存在多份阴阳合同等。在司法规范层面,对于非必须招投标的工程而经过招投标程序的,若当事人另行签订实质性条款不一致的合同,以哪份合同作为结算依据,多地的规范性文件存在根本对立的观点。多个司法判例确立了"实际履行原则""真实意思表示原则""衡平原则"等,但接受性仍较低。有观点提出,招投标市场的乱象与目前招投标无效的认定和无效的法律效果没有统一、刚性、确定的裁判规则有大关系,如明确规定"只要进行了招投标,以备案的中标合同作为结算依据,施工中因设计变更等正当理由予以调整和修正的除外",许多的违法招投标行为将不复存在,"阴阳合同"也就不再有存在的空间。这样有助于防止司法解释的原意被过度解读,也有助于防止当事人多次通谋并作出虚伪意思表示,最终将招投标制度践踏得千疮百孔。另外,完善《招标投标法》及其实施条例,更多的是行政管理层面的改革。《住房城乡建设部关于推进建筑业发展和改革的若干意见》(2014 年 7 月 1 日)提出:"调整非国有资金投资项目发包方式,试行非国有资金投资项目建设单位自主决定是否进行招标发包,是否进入有形市场开展工程交易活动,并由建设单位对选择的设计、施工等单位承担相应的责任。建设单位应当依法将工程发包给具有相应资质的承包单位,依法办理施工许可、质量安全监督等手续,确保工程建设实施活动规范有序。各地要重点加强国有资金投资项目招标投标监管,严格控制招标人设置明显高于招标项目实际需要和脱离市场实际的不合理条件,严禁以各种形式排斥或限制潜在投标人投标。要加快推进电子招标投标,进一步完善专家评标制度,加大社会监督力度,健全中标候选人公示制度,促进招标投标活动公开透明。鼓励有条件的地区探索开展标后评估。勘察、设计、监理等工程服务的招标，不得以费用作为唯一的中标条件。”以上代表了未来招投标的发展方向。《必须招标的工程项目规定》的施行实际上也反映了这些趋势。

(4)建设工程合同无效的处理，无法调和与“任何人不得从其违法行为中获利”这一司法原则的矛盾，只能寻求避免重大价值冲突而妥协处理的方法

较为典型的是在挂靠关系诉讼中，法官对于挂靠费的判法五花八门。尽管原《建设工程司法解释》第4条曾规定：“承包人非法转包、违法分包建设工程或者没有资质的实际施工人借用有资质的建筑施工企业名义与他人签订建设工程施工合同的行为无效。人民法院可以根据民法通则第一百三十四条规定，收缴当事人已经取得的非法所得。”这实际上赋予了法院对挂靠费的收缴权力。但司法的保守性、稳健性以及天然的自我封闭性，使其不愿意行使该类似于行政权的权力。故实践中适用该条的情况实际上并不多。挂靠费作为违法所得，无论是判归挂靠人抑或是判归被挂靠人，均不合理。有司法观点认为，依据被挂靠人是否实际行使管理职责、资料报送、施工协调等管理义务，而公平、合理分担，即原则上可各半分配，视被挂靠人的参与度予以自由裁量。但只要挂靠人或者被挂靠人收取了部分挂靠费，即与上述司法原则相违背。如上所述，建设工程合同无效的责任可能是在承包人，也可能是在发包人，更可能双方均对合同无效存在过错，如涉案工程存在未办理建设工程规划许可证、挂靠人挂靠施工单位施工、承包人不具有相应资质等多重无效原因。那么，合同无效不包含“违约责任”，对发包人的“违约”行为，因建设工程合同无效而导致承包人无法向发包人主张违约责任，则实际上对承包人是“不利益”，对发包人是获益的。反之亦然，故仍然是对上述原则的违背。当事人诉讼地位平等，现实的复杂性和矛盾性使司法无法作为、兼顾所有。两害相权取其轻，司法只能更多地从避免重大价值冲突而妥协处理。

本篇小结

本篇合同静态审查，分为：合同关系、合同内容、合同性质及合同效力四个部分。四者是有机衔接的关系。

大多数建设工程合同的合同关系、合同主体、合同相对人等较为明确，少数案件不明确，如可能构成有权代表、表见代理等情形下的合同相对人等。作为合同纠纷的其中一种，建设工程合同纠纷案件中的原告要求被告承担责任的主要基础应

当就是双方之间的合同中的权利义务约定。只有在少数情形下，才能突破合同本身而要求不具有合同关系的其他主体承担责任：如施工单位基于现场切割钢板的需要，向外采购乙炔时气罐存在气密性的质量问题导致现场爆炸而对建设方相毗连的建筑造成人员和财产损失的侵权责任；房屋建筑交付后外墙出现大面积脱落，建设方要求施工总承包方与外墙的分包方连带承担保修责任，系基于《建设工程质量管理条例》第2条“总承包单位依法将建设工程分包给其他单位的，分包单位应当按照分包合同的约定对其分包工程的质量向总承包单位负责，总承包单位与分包单位对分包工程的质量承担连带责任”的规定；单方对于或有的责任进行承诺、保证等，最为典型的即为工程独立保函，如工程履约保函，即为应承包人的请求，由银行金融机构向工程的建设方做出的一种履约保证承诺。如果承包人日后未能按时、按质、按量完成其所承建的工程，则银行将向业主方支付一笔约占合约金额5%～10%的款项。所以，突破合同的相对性为建设工程合同纠纷案件的例外情形，应予注意。

多数建设工程合同纠纷需要在查明合同关系的基础上，才能进一步查清合同主体之间发生了什么，有什么具体的权利义务，即合同内容的问题。由于建设工程合同涉及工程建设的诸多方面，合同内容需要审查的要点远远多于一般的有名合同，如借款合同、承揽合同、买卖合同等。建设工程合同在实践中存在的诸多不规范之处，将导致无（书面）合同案件大量存在，特别是在违法分包、转包、挂靠等涉及实际施工人的情形下，许多当事人在合同签约阶段凭过往的合作关系和信任，双方达成口头协议。但随着施工的进行和经济环境、其他因素的变化，双方之间的矛盾逐渐凸显。如某市政工程项目，违法分包的双方当事人之间对8900余万元的标的，居然未订立书面的建设工程合同。《建筑法》第15条规定：“建筑工程的发包单位与承包单位应当依法订立书面合同，明确双方的权利和义务。”但并非当事人双方之间没有书面合同的，便不存在合同关系。由此导致法官查明无书面合同案件当事人之间的合同内容，难度非常大，往往需要通过当事人自认及其他间接证据予以确认，同时排除矛盾、冲突的证据。另外，无合同案件更有可能是大量的合同内容时过境迁，对方当事人对此予以否认，最终被法律上认定为“未约定”或“约定不明”。如无合同案件，发包人难以证明双方对合同工期的约定，往往会被认为是“未约定”的“开口工期”，那么发包人就很难向承包人主张逾期竣工的损失。

由合同关系及合同内容，便可以判断合同性质，即具体案件的合同是否属于建设工程合同、属于哪一种建设工程合同。在本书第十一章，列举了一些看似是建设工程、实质上不是建设工程及看似不是建设工程、实质上是建设工程的案例。《建设工程分类标准》中所涵盖的范围远远超过了我们常见的、所理解的建设工程。《建筑法》第2条规定:“在中华人民共和国境内从事建筑活动,实施对建筑活动的监督管理,应当遵守本法。本法所称建筑活动,是指各类房屋建筑及其附属设施的建造和与其配套的线路、管道、设备的安装活动。”故而,《建筑法》主要规制的是房屋类建筑物。所以,按此规定,公路、桥梁等市政工程、矿山采矿等爆破、土石方工程,均不属于其调整范围。《建设工程质量管理条例》第2条规定:“凡在中华人民共和国境内从事建设工程的新建、扩建、改建等有关活动及实施对建设工程质量监督管理的,必须遵守本条例。本条例所称建设工程,是指土木工程、建筑工程、线路管道和设备安装工程及装修工程。”可以看出,《建设工程质量管理条例》中建设工程概念的外延远远大于《建筑法》中的“建筑活动”。值得一提的是,在施工环节中,任一分部分项是否构成建设工程(分包)呢?答案是否定的。建设工程是将相应的人工、材料、机械设备等生产要素物化到不动产中的过程,但更重要的是,建设工程合同中的分包工程,仍然遵从建设工程的本质——技术上建造或拆除不动产;经济上承担一定的施工风险;对建设方或者合同相对方承担施工工期、质量的保证义务;在具体施工上,具有较大的自主权,并非简单遵从合同相对方的指示和要求。所以,在一些采购设备并负责安装的活动中,供货人仅承担货物本身而非(分部分项)建设工程的质量保证义务、无具体的施工工期计划而是简单听从合同相对方的指示和要求、主要获得的是设备本身的价值而非安装和施工的价值,故而并不属于建设工程。特别是在设计、采购、施工(EPC)总承包模式下,总承包人往往会要求供货单位对所采购的大型设备进行安装,并现场提供机械、辅助材料、人工等。只要供货方并非对该分部分项工程承担完全的施工风险,往往就不会构成建设工程(违法)分包。合同性质的另一方面,支解发包、指定分包、转包、分包、违法分包(无资质分包、主体结构分包、再分包、未经业主许可分包)、挂靠、内部承包等不同的建设工程合同关系也需要仔细甄别。需要对工程项目报建手续、工程范围、工程计价模式等方面有一定的了解。如支解发包与指定分包,区别在于承包人的合同相对人是发包人还是总承包人;转包与挂靠,二者均存在一定比例的管理费且不会明确为“挂靠管理费”或者“转包管理费”,实质的区别在于实际承包工程并施工的主体介入承包的对象及时间,如果实际上是直接从建设方取得工程、在签订施工总承包合同前已介入工程洽谈,则应当是挂靠,如果是从总承包人手上获得工程、在总承包人获得工程之后才与总承包人洽谈,则为转包。这方面,法官在通过一定数量的案件实践积累后，就能够形成统一、完整的判断方法。

合同效力问题，是合同静态审查的归宿。作为裁判者，对于合同效力的判断，是处理案件实体纠纷的前提。如果是有效合同，则合同应当履行、应当适当履行、应当完整履行，合同中的条款天然的对合同双方具有约束力，除非根据约定和法定条件进行了相应变更。如果是无效合同，合同中除争议解决条款、工程计价条款之外的大多数条款将不再具有价值，众多有关双方权利义务的具体约定不再具有约束力。无效合同不得继续履行，故无效合同的保护力度是有限的。**建设工程合同案件审理中对合同效力的认定，是准确处理合同项下争议的前提，是案件审理的重中之重。**裁判者应当主动、审慎地审查合同效力，避免作出错误认定。建设工程合同中的无效情形非常多，需要裁判者对建设工程合同案件本身的合同内容、合同性质等作细致的调查，涉及工程技术知识及时请教学习，这需要法官对建设工程合同中无效的各种情形有完整而清晰的认识，这样在审理的过程中法官对出现的"无效"线索才能够牢牢把握，顺藤摸瓜，向有关机关调查取证或者进一步调查而准确认定。建设工程合同无效的情形、无效的认定、无效的处理，构成接下来释明权的行使和诉讼请求二次审查的基础，笔者将在后面的部分详细展开。

对大多数的建设工程合同纠纷案件而言，在订立合同之初或者施工前期阶段，合同关系、合同内容、合同性质及合同效力这四大静态审查要点便已明确；仅有少数案件在其后履行的过程中发生变更，如合同转让导致合同关系变更，合同债务承接导致合同相对人主体发生变化，工程甩项引起合同内容中的承包范围变更，建设工程虽未办理建设工程规划许可但在其后施工过程中予以补正引起合同效力的变化等。所谓"静态审查"，也正基于该点考虑。

实际上其他的合同纠纷案件，也应当从合同关系、合同内容、合同性质及合同效力四个方面进行审查。只不过，绝大多数合同纠纷案件中所涉的上述四大审查要点较为清晰，不似建设工程合同这样存在较多的争议和"陷阱"而已。例如，在买卖合同纠纷案件中，对于双方是否存在合同关系、买卖事项的具体约定等在存在合同的情况下双方往往约定得较为清楚，无书面合同的情况下按照实际履行为准，对于合同性质为买卖合同当事人往往不存在争议，合同效力部分则一般为有效合同。**但是对于较为复杂的合同纠纷案件，如股权转让、公司并购、融资租赁合同以及相当多的无名合同、附合合同等，从合同关系、合同内容、合同性质及合同效力四个方面依次递进审查，以上的分析论证方法亦具有较强的实务参考价值。**

第四篇　合同动态审查

- 第十三章　履　　行
- 第十四章　竣　　工
- 第十五章　应付款（工程造价）
- 第十六章　已付款及应扣款
- 第十七章　结算款

合同关系、合同内容、合同性质及合同效力在订立合同之初便已基本确定，而合同动态审查的主要方面，如履行、竣工、应付款、已付款及结算款，均发生在合同的施工阶段及施工后阶段，其更是随着施工的进行处于动态发展的博弈中。故此名为“动态审查”。必须结合合同“静态审查”的内容，才能将合同动态审查进行梳理。

第十三章
CHAPTER 13

履　行

合同的履行指的是合同约定义务的执行。从当事人的角度,依照合同约定的义务执行时,其主观上往往认为合同是有效的,至少是不考虑、不关注、不介意合同效力问题。从这个角度,合同中约定义务的履行,出发点首先应当推定是真实意思表示,极少有建设工程合同在订立之初便是以欺诈、诈骗为目的或者以追求高额索赔、违约赔偿等为目的。所以,订立合同之初双方签订合同的目标是一致的。而在具体的履行过程中,由于发包人或者承包人自身的原因或者存在商业风险、不可抗力等,双方履行结果停止在某一具体的状态,是需要区别分析的。建设工程合同的履行,既包括履行具体的施工任务,如打桩、建造等,亦包含对外采购、现场踏勘、准备资料、组织项目部等为施工所做的准备性工作。但本章主要系从发包人和承包人对工程实体施工不同阶段感性认知的角度,将诉讼中出现的工程建设阶段,分为未履行(未施工)、部分履行(部分施工)、变更履行(甩项)及完全履行(完工)四个阶段。遵照上述合同静态审查的分析方法,不同的阶段中区分合同效力是有效合同还是无效合同,直接对诉讼请求产生影响。

1. 未履行

未履行指的是未具体进行施工,发承包双方仅签订了《建设工程施工合同》而未进行任何的履行行为,或者履行了部分保证金支付义务、场地平整义务等,而未具体实际进场施工等。具体有以下几种情况:①串标。招标人与投标人在招投标程序前即签订合同,约定涉案工程由投标人承包,(甚至投标人已经履行了三通一平等前期工作),但招投标过程中,由于不可控的因素,投标人未能如愿中标,招标人即与中标的其他投标人签订建设工程施工合同。②违法分包。项目经理、总承包人的挂靠人等对外释放工程分包的信号,与众多个人、土建工程队等不具有施工资质的实际施工人签订合同并收取保证金,最后并未按照约定将分包工程承包给实际施工人。③合同诈骗的刑事犯罪。部分建设工程案件系虚构工程、虚构款项来源、伪造印章等办法,吸引有意承包但又未充分注意的承包人提交所谓履约保证金、招投标保证金、图纸等资料费、介绍费、咨询费等,该种情况实际上涉嫌构成刑事犯罪,法官可以依职权移送公安处理。

案例 13-1 ▶ 案由:建设工程施工合同纠纷

原告:某建设公司。被告:张泽具(法号:释某纯,系某永安禅寺挂名住持,经查,永安禅寺并未经宗教机关登记备案);被告:赵五明,为工程介绍人。

【案情】原告诉请要求:(1)解除原被告之间于2018年6月签订的《关于永安禅寺建安工程施工协议书》;(2)判令被告张泽具返还履约保证金30万元并赔偿该款的利息损失(自款项交付之日计算至实际履行之日);(3)赔偿设备租赁费用8万元及该款的利息损失(自产生之日计算至实际履行之日);(4)被告赵五明对被告张泽具的上述付款义务承担连带责任。事实与理由:2018年6月,原告经被告赵五明介绍,与永安禅寺签订《关于永安禅寺建安工程施工协议书》,约定原告承包永安禅寺新建"四大天王"天王殿及韦驮殿等,由被告张泽具代表永安禅寺收取履约保证金30万元。原告于次日通过银行汇款给被告张泽具个人账号的方式支付了上述款项,被告张泽具出具收据并签署法号"释某纯"予以确认。2019年9月,原告与两被告共同签订《施工补充协议》一份,主要约定为:(1)若因永安禅寺无法办理开工所需的完整手续,导致2019年12月仍无法开工,则无条件向原告退还履约保证金30万元,并赔偿原告临时设施、机械、设备损失8万元,其他损失另计;(2)赵五明对永安禅寺的该义务承担连带担保责任。其后,涉案工程久未开工,原告向寺庙询问项目立项进展,当得知项目无法通过审批后,多次催讨要求返还履约保证金,均被告知被告张泽具已云游四方。原告提供《关于永安禅寺建安工程施工协议书》、收款收据、《施工补充协议》等证据用以证明所诉事实。

【审理】因涉案工程未能办理建设工程规划许可证,《关于永安禅寺建安工程施工协议书》显为无效合同,故原告的诉讼请求先天有误。经过释明,原告变更了相应的诉讼请求。本案后在引入案外人担保的情况下,成功调解。

【评析】本案原告并未履行具体的施工,但是为施工进行了一定的准备,也产生相应的损失。涉案工程未能办理建设工程规划许可证的过错主要在于永安禅寺的挂名住持张泽具。从判决的角度,被告应当承担返还履约保证金、赔偿临时设施、机械、设备等损失费用。

就未履行的合同,大多数是无效合同。那么承包人可以按无效合同的处理原则,要求发包人退还保证金及其他收取的费用,返还提供的相应资料,并根据过错承担承包人因合理信赖而产生的各项费用,如差旅费、复印费等,但基于合同的预期利益损失则不能主张。同时,法官在判决时,应当考虑双方过错的比例,如承包人是否未尽合理义务,是否怠于询问、核实、催讨,发包人是否有意欺瞒等。

如果未履行的合同是有效的合同,法官应当查明合同未履行的理由。如果因政府征收、区域功能变更引起的土地规划调整,那么发包人实际上有合理的理由抗辩合同将不再履行,但发包人仍应举证其已经尽到了及时通知承包人的诚实信用义务,如不能,仍然应当承担一定的责任。如果是由于发包人建设资金未落实导致工程项目不能通过审批等,则发包人应当承担相应的责任。如果是发包人已经经过相应的程序,与其他承包人建立起合法的建设工程发承包关系,承包人仍然不能要求继续履行合同。所以,当建设工程合同是有效的情况下,法官需要查明未履行的原因、询问原告是否要求继续履行还是要求终止合同,并对合同进入结算清理,按照各方的过错比例分担相应的损失。

值得一提的是,无论合同无效还是合同有效,即使合同未履行,仍然按照建设工程所在地法院实行专属管辖,这一点在第五章中已经明确,在此特别提醒。

案例 13-2 ▶ 案由:建设工程分包合同纠纷

原告:章栋梁。被告:郑鸣。

【案情】2016年9月,被告作为发包人,与原告签订了《土石方爆破施工承包劳务合同》,约定被告将其总包承建的位于外省近海岛屿的某石化储运项目场地平整工程——矿山工程开采爆破单项工程承包给原告,由原告组织人员、设备进行施工,并指定原告的施工班组进场时间为2016年10月10日,允许顺延两周,具体日期由被告核实现场具备进场条件后再书面通知。合同还对合同单价、工程款结算支付、施工安全、工程质量、爆破机械及爆破器材管理等内容作出约定。为确保合同履行,合同约定原告需交付被告50万元履约保证金,并约定:如因被告原因造成工程不能及时开工,被告需返还交付的保证金并按此款的10%赔偿。合同签订后,被告向原告出具收条,确认收到原告通过银行汇付的履约保证金。其后原告开始施工人员、设备的组织安排,按照合同约定等待被告现场核实及书面通知进场。然后,经原告多次催促,被告至今未能发送书面通知,以致《土石方爆破施工承包劳务合同》没有实际履行。事后经了解,被告发包的所谓“矿山工程开采爆破单项工程”实际上并不存在,其并没有承包上述工程。事情败露后,被告于2018年6月向原告出具承诺,表示将在一周内返还50万元履约保证金并赔偿损失。但被告至今仅支付12.5万元。

【审理】立案后,向原告核实为何不向工程所在地提起诉讼。原告表示原被告双方均不在工程所在地法院的辖区,且合同没有实际履行,认为此种情况可以由原告所在地法院审理,依据是《民事诉讼法司法解释》第18条第3款的规定。法院审查后裁定移送工程所在地法院审理。

【评析】即使建设工程合同项下的施工没有实际履行,仍遵从不动产专属管辖的原则,由工程所在地法院管辖。

2. 部分履行

建设工程合同的部分履行,指的是承包人履行了部分设计、勘察、施工或监理义务,已经完成了部分工程实体或其他工作成果。从数值上,有可能完成0%至100%的施工任务;从形象进度上,有可能完成地基处理、桩基、主体结构、屋面、安装、市政、水电安装、装修等不同分部分项;从时间上,有可能产生于实际进场作业至完工之前。合同的部分履行,仍然要严格区分合同是否有效来处理。

如果建设工程合同有效,双方均可要求继续履行合同。如承包人可要求发包人按照合同约定支付进度款、提供施工作业场地和条件等，发包人可以要求承包人继续施工、按照合同约定加快施工进度、提交进场材料检验报告等。合同的继续履行，不仅需要双方具有继续履行合同的主观意愿，也要有继续履行的基础和现实的可能，否则"继续履行"这一诉讼请求仍然无法得到执行。另外，当事人在合同约定或者法定的合同解除事由出现时，无过错的一方也可以提出解除合同，或者双方协商一致解除合同。解除事由归于承包人的责任有违法分包、主体结构分包、工程施工进度严重滞后致使工期无法在合同约定期限内完成并将导致其他严重后果、承包人被吊销安全生产许可证等；解除事由归于发包人的责任有发包人支付工程进度款严重不足造成承包人无法继续施工、发包人提供的主要设备、材料质量不合格且拒绝更换、发包人无法衔接施工周围关系导致施工受到外人严重干扰等；解除事由不可归责于双方的责任有不可抗力等，如发生地震，涉案工程所在土地被山体覆盖或者地块被挤占，政府改变区域功能引起规划调整，涉案工程施工中发现重大文物及考古发现，需要停止建设等。需要特别说明的是，**如果当事人仅仅提出要求结算工程价款而没有提出解除合同的诉讼请求或者诉讼中无法确认双方曾就合同解除达成过一致的意思表示，诉讼请求将因为没有依据而被驳回**，这也是许多建设工程案件中原告所未注意的方面。笔者先通过一个监理的案件来说明。

案例 13－3 ▶ 案由：建设工程监理合同纠纷

原告：诚志监理有限公司。被告：香槟房地产开发有限公司。

【案情】原告起诉要求被告支付监理费 45 万元。事实与理由：2015 年 2 月，原告、被告双方签订《建设工程监理合同》，约定：被告因开发香槟海岸小区项目，委托原告进行工程建设施工监理，监理期限从 2015 年 4 月 1 日至 2016 年 11 月 1 日，计 19 个月，监理报酬为 65 万元，支付方式为按工程施工进度分四次支付。合同订立后，涉案工程于 2015 年 5 月 1 日进场开工，原告开始为被告提供监理服务。2015 年 8 月，涉案工程桩基工程全部完成并检验合格。2015 年年底，突然发生了被告实际控制人出逃事件，导致工程无期限停工至今，原告的监理工作也逐步停止，已开具发票的监理费无法申报。原告被迫于 2016 年 6 月底向建设局申请将总监理工程师等备案人员从建设行政电子管理系统解锁，当日获得批准。被告的行为构成根本违约。原告总计提供监理咨询服务 13 个月，按照监理时间计算，原告应得监理费为65万元÷19个月×13个月=44.47万元。被告答辩称：原告主张的事实基本属实，但是工程停工后即停止了监理服务，原告主张的按照合同约定的期间按比例计算没有依据，请求依法判决。

【审理】本案的争议焦点在于原告主张的监理费用应当如何计取。

首先，双方合同中对监理费的具体约定如下：（1）签约酬金65万元。（2）监理期限从2015年4月1日至2016年11月1日，计19个月。（3）正常酬金的支付：所有桩基施工完成并检验合格后7天内支付20%计13万元；全部主体结构完成后7天内第二次付款30%计19.5万元；工程整体竣工验收合格及备案后7天内第三次付款支付40%计26万元；综合验收合格后7天内付10%即6.5万元。（4）附加工作酬金：超出合同监理服务期限后，超出2个月以内不另计取监理费用，超出2个月以上的，超出部分按每延期一天按正常延期费×85%计取监理延期服务费（正常延期费=合同监理费÷合同工期），次月15日前支付上月延期监理服务费。正常工作酬金增加额按下列方法确定：正常工作酬金增加额=工程投资额或建筑安装工程费增加额×正常工作酬金÷工程概算投资额（或建筑安装工程费）。（5）因工程规模、监理范围的变化导致监理人的正常工作量减少时，按减少工作量的比例从协议书约定的正常工作酬金中扣减相同比例的酬金。对于因发包人原因导致的工程建设停工的情况，合同中并未作出约定。

其次，法庭调查责令原告提供监理日志以证明其在工程停工后所提供的监理服务。其提供的监理日志显示，2015年12月20日工程建设停工后，原告的监理日志仅出现了2周进行维护性工作，其后皆为空白，无法反映原告在2016年年初至总监理工程师从建设行政电子管理系统中的2016年6月所从事的监理工作。那么仅仅以解锁的时间，作为原告主张监理费的基础，明显不具有合理性。

再次，原被告双方之间存在合法有效的建设工程监理合同。在合同并未解除的情况下，原告要求被告支付监理费，仍然遵从合同中约定的监理费支付办法。即根据现场的情况，正负零以上的土建仅施工了一部分，主体结构尚未完成，原告只能根据合同约定的主张桩基础完成并检验合格后的“20%计13万元”。原告若要求双方结算监理费，则应当增加一项诉讼请求，即要求解除双方之间的《建设工程监理合同》。经过释明,原告提出了增加该项诉讼请求。

复次,对于原告提供监理服务所应获取的监理费,原告采用的单纯以提供监理服务的时间至解锁的期间,按照原监理费的约定计算,不具有合理性,毕竟没有任何证据能够体现在工地停工至监理工程师从建设行政电子管理系统中的2016年6月之间,原告提供了相应的监理服务。在案件审理期间,施工总承包方与建设方有关建设工程施工合同解除的案件已经审结并判决生效,确认了已完工程与施工合同预算价的比例,故可参照上述《建设工程监理合同》中有关工作量增减的比例,予以确定原告应得的监理费。

最后,原告声称,其在停工至监理工程师从建设行政电子管理系统中的2016年6月,总监理工程师等因为被锁定,无法至其他工地上从事监理工作,也应当要求被告支付相应的监理费。但是,实际上这个是合同解除前原告的其他损失问题,而非原有的原告提供监理服务的监理费。鉴于难以举证该损失具体金额,原告最后予以放弃处理。

判决中的"法院认为"部分:原、被告之间签订的《建设工程监理合同》系双方真实意思表示,不违反法律法规的强制性规定,合法有效。现由于被告未能支付工程款导致涉案工程长期停工且被告未能按照合同约定支付监理费,被告的行为构成根本违约,原告有权要求解除合同。原告的第1项诉讼请求,本院予以支持。但该合同没有对合同未完全履行情况下监理费的计算作出约定。原告依据进退场时间计算,没有合同依据。同时,原告也未举证其在停工后、退场前继续提供了监理服务。结合本案的实际情况,参照合同中因工程规模、监理范围的变化导致监理人的正常工作量减少时监理费的约定,按照停工时已完成工程价款和施工合同工程总价的比例进行折算具有合理性,即47,077,481元÷91,015,436元×65万元=336,210.69元,被告应予支付。原告的第2项诉讼请求,法院予以支持。

【评析】虽然从权利义务的角度,建设工程监理合同属于委托合同的范畴,但案由体系上,建设工程监理合同纠纷系建设工程合同纠纷的一种。工程建设实行监理制度是国际惯例,也是现有的强制性规定。有别于建设工程施工方,监理方系提供持续不断的监理服务并将其劳动成果通过施工方物化到建设工程不动产中。根据《建设工程质量管理条例》第32条的规定:"建筑工程监理应当依照法律、行政法规及有关的技术标准、设计文件和建筑工程承包合同，对承包单位在施工质量、建设工期和建设资金使用等方面，代表建设单位实施监督。工程监理人员认为工程施工不符合工程设计要求、施工技术标准和合同约定的，有权要求建筑施工企业改正。工程监理人员发现工程设计不符合建筑工程质量标准或者合同约定的质量要求的，应当报告建设单位要求设计单位改正。”《建筑法》第36条规定：“工程监理单位应当依照法律、法规以及有关技术标准、设计文件和建设工程承包合同，代表建设单位对施工质量实施监理，并对施工质量承担监理责任。”故监理工程师是受建设方的委托主要负责工程建设的质量和安全，但是又具有一定独立性的主体。但实践中，监理制度并未得到有效落实，监理行业的过度竞争也导致监理费用过低，监理人也往往因监理合同的粗糙，难以保障自身的合法权益。上述《建设工程监理合同》若能对监理费的计取作出更细化的约定，同时对因发包人停工而导致合同解除的情况，约定相应的违约金，则原告的利益将得到更好的保障。

相比较监理费案件在约定不明确时，可以通过施工的进度、工作节点与里程碑、施工时间等参照确定监理费用，涉及建设工程勘察、设计合同部分履行的工作成果价值问题，则更为难以判断。一些设计合同的承包人本身是国内某一具体细分专业工程的设计单位，在设计合同完成一部分时，其占据总体设计工作量的比例往往无从得知，司法鉴定更是无法进行。特别是大型石油化工EPC工程、机电安装工程等，难以确定进度比例。如某甲乙酮装置在设计及安装指导过程中对设计人的工作成果比例产生争议。该设计单位是国内某权威设计院，一方面，工程设计的司法鉴定单位本身较少，对甲乙酮装置等化工设备、工艺管道等难以判断。另一方面，其设计成果包含数十项专利成果，如果提交其他设计单位鉴定，也可能导致商业秘密的泄露，故而当事人也不愿意启动司法鉴定程序。在此种情况下，只能通过司法按照合同解除的原因、设计的中间成果是否已经交付、设计时间有无拖延及存在拖延时的产生事由等角度，综合考虑，行使自由裁量权。

案例 13－4 ▶ 案由：建设工程设计合同纠纷

原告：建设设计研究院。被告：某旭光物流股份有限公司。

【案情】原告诉请要求被告支付设计费 56.6 万元及相应的逾期付款利息。事实与理由：原告具有建筑设计甲级资质。2017 年 6 月，原被告签订《建设工程设计合同（民用建设工程设计合同）》一份，约定被告委托原告承担某仓库物流中心工程设计工作，其中：设计建筑面积 12.9 万平方米；总平面图 1000 元/张，鸟瞰图 3000 元/张，透视图 1500 元/张；合同签订 10 日内付款 10%，方案通过付 20%，施工图完成后付 60%，竣工验收后付 10%。此外，违约条款为：在合同履行期间，发包人要求终止或解除合同，设计人未开始设计工作的，不退还发包人已付的定金；已开始设计工作的，发包人应根据设计人已进行的实际工作量，不足一半时，按该阶段设计费的一半支付，超过一半的，按该阶段设计费的全部支付。在原告与被告共同向规划部门报送方案后，因区域功能规划调整原因，该方案最终没有审批，但原告已经开始进行了施工图的制作工作且完成了大部分工作。故要求被告支付全部的设计费用。

【审理】经向规划部门核实，原告与被告确实向规划部门提交过涉案工程项目的方案。该方案指的是根据《城乡规划法》报送部门的建设工程规划设计方案。其中，申报材料包括建设工程规划设计方案申请表（建设方填），项目批准、核准、备案文件，建筑设计方案及电子磁盘（总平面图绘制在 1/1000 或 1/500 平面坐标系统和高程系统的现状地图上），规划条件，三维仿真模型数据，建设工程日照分析报告，建筑方案会审会议纪要等，形式上主要为鸟瞰图、总平面图、单体平立剖面图及必要的文字说明，但并不包括地勘报告（详勘），也不包括施工图。经向多位设计单位的结构工程师了解，就常见民用与工业建筑，对设计人的工作而言，设计方案和设计图纸的制作为主要工作内容，从工作量上，后者一般更大，但具体比例难以确定。最后案件经调解后原告申请撤回起诉。

【评析】原告要求支付全部的设计费用，但是其提供的证据并不能证明其已经进行了施工图阶段，同时根据合同约定，如果解除合同，最多也只能要求解除竣工验收后的部分。但原告并未提出解除合同的理由，双方之间的合同仍然在存续期间。此外，设计方案也并未达到合同约定的“通过”这一条件，尽管不是原告的原因。故整体上原告的举证是不充分的。即使原告提起解除合同,也难以证明其已完设计工作的比例或者工作量。

实践中最为常见的是建设工程施工合同在履行过程中,由于建设方或施工方的原因而履行中止。遇到此种案件裁判者往往较为困惑而无从下手。此类案件涉及多重审理范围,需要法官早日明确审理方向并且积极地主导案件的审理进程。其裁判路径如下:

(1)查明合同未能继续履行是由于建设方的原因还是承包人的原因,抑或是二者共同的原因

如是因为建设方严重拖延支付工程进度款,导致承包人无力继续建造,则是建设方的原因;工程施工过程中出现重大安全生产事故被安监生产部门责令停工或吊销安全生产许可证,则主要是施工方的原因;建设方长期多次随意出具技术联系单、变更图纸或者未提供深化图纸导致承包人无法继续按图施工,则是建设方的原因;作为主要甲供材料的带肋钢筋存在屈服系数、抗拉系数、重量等严重低于规范要求且施工方未能按照规定在甲供料进场时进行检验,致使已完工程分部分项验收时无法通过并存在重大结构安全性隐患等,可能系双方共同的原因。

(2)确定合同是否具有继续履行的基础

即客观上是否具有继续履行的条件,阻碍合同继续履行的障碍是否已经消除,双方是否具有继续履行的意愿和信任基础。原则上,当事人一方或者双方仍然具有履行合同的意愿时,法官应当审慎查明,之前阻碍合同履行的障碍是否已经消除,如因发包人进度款支付不足而承包人停工的,发包人是否已经补齐合同进度款;设计文件未齐备而导致停工的,现设计方案和设计文件是否已经由设计单位出具并经审图单位审查通过等。此外,双方是否具有继续履行的意愿和信任基础,如原告或申请人,是否提出了解除合同的诉讼请求,是否具有其他不再履行合同的正当理由。如因长期停工,材料大幅涨价,承包人认为现市场的商业风险与合同签订时发生了较大的变化,继续履行合同实际上对其极其不公且承包人对停工并不具有过错等。

(3)确定继续履行或者解除合同的审理方向,并处理其他争议

当原告的诉讼请求与处理路径不一致时,可以行使释明权。如客观上合同已

经没有履行的基础，如规划变更致使建设工程即将被拆除，原告发包人诉请要求承包人继续履行合同义务，则显属无理，在释明以后不予变更诉讼请求，则可以完全驳回；如发包人欠付部分进度款属实，但所欠款项金额相对整个工程造价极其细微且发包人现已补足，承包人据此停工并要求解除合同，经过审查，并不符合合同约定或法定的合同解除条件，经过释明，原告承包人不予变更诉讼请求，亦可以完全驳回诉讼请求。当然，合同是否应当解除，在较长的审理过程中也可能发生变化。

（4）处理合同解除情形下的其他事项

建设工程施工合同解除，法官还应当着重进行合同的清理结算工作，包括但不限于审查已完工程质量是否合格、已完工程的工程量或工程实体造价、承包人索赔、腾退场地、交付资料等其他后合同义务等。有可能涉及已完工程是否符合施工设计文件和建筑规范的工程质量鉴定，修复方案的鉴定，修复后的已完工程是否符合施工设计文件和建筑规范的工程质量鉴定，修复方案造价的鉴定，已完工程造价的鉴定，以及相应的工程索赔鉴定，包括停窝工损失、进场材料数量的评估，成品或半成品数量的清点和评估、预期可得利益等。笔者将在鉴定部分予以展开。

所以，在建工程解除的案件，往往涉及建设工程合同法律中多重审查要点。

案例 13－5 ▶ 案由：建设工程施工合同纠纷

原告：江苏隆大建设有限公司，系施工总承包方。被告：上海珺悦置业有限公司，系建设方。

【案情】2016 年 12 月，原告、被告双方经招投标签订了一份《建筑工程施工合同书》，约定由原告承建被告位于某商业地块的商务楼项目。合同主要约定：

（1）承包范围包括土建安装施工及附属工程总承包；合同开工日期 2017 年 3 月 1 日，竣工日期 2018 年 6 月 20 日，合同工期总日历天数 510 天；合同价款 5300 万元（暂定价）。

（2）合同组成文件，包括协议书、专用条款、通用条款、标准、规范及有关技术文件、中标通知书、投标书及附件、招标文件、招标预备会议纪要、图纸、工程预算书，双方有关工程的洽商、变更等书面协议或文件，上述文件应互为补充和解释，如有不清或互相矛盾之处，以上面所列顺序在前的为准。

(3)有关合同解除,通用条款第44.4条约定,因一方违约(包括因发包人原因造成工程停建)致使合同无法履行,发包人承包人可以解除合同;通用条款第44.5条约定解除合同应以书面形式向对方发出解除合同的通知,通知到达对方时合同解除;通用条款第44.6条约定合同解除后,承包人应妥善做好已完工程和已购材料、设备的保护和移交工作,按发包人要求将自有机械设备和人员撤出施工场地。发包人应为承办人撤出提供必要条件,支付以上所发生的费用,并按合同约定支付已完工程价款。除此之外,有过错的一方应当赔偿因合同解除给对方造成的损失。

(4)有关付款进度,专用条款第24条约定:地下室底板完成后支付完成工程量的65%;地下室顶板完成后支付完成工程量的65%;四层楼面砼完成15个工作日内支付至完成工程量的65%等。

(5)专用条款第35.1条约定,本合同通用条款第26.4条约定发包人违约应承担的违约责任为:如果发包人未按约定时间或金额支付工程款(进度款)双方又未达成延期付款协议,由发包人支付应付工程款项银行同期贷款利息。

此外,在合同专用部分对双方的权利义务、发包人工作、承包人工作、施工组织设计和工期、质量及验收等均作了约定。

2017年1月15日,原告、被告签订一份《补充协议》,约定双方就商务楼项目总包工程合同作如下补充:(1)本工程按照费率招标,按照浙江省2010年版定额下浮12%(土方工程不下浮,后续分包项目通过招标纳入总包项目的另定)。在政府公共投资中心备案的工程总价不作为结算依据,无任何参考意义。具体结算方案参照备案合同相关条款执行。(2)付款节点:地下室底板完成后支付完成工程量的40%工程款;地下室顶板完成后支付完成工程量的40%工程款;六层楼面砼完成15个工作日内支付至完成工程量的65%工程款,若甲方未如期支付工程款,本付款节点应付未付部分应按银行同期贷款利率的2倍支付违约金;主体中间结构验收完成15个工作日内支付至已完成工程量的65%工程款……此外,还对补充协议、工期、履约保证金、分包工程结算作了约定。第6条约定原告同意被告将人防等工程另行选择施工单位,原告对分包单位的质量、进度、安全进行管理。被告就上述分包工程向原告支付总包管理费,计费原则为分包造价的2%。第7条约定若备案合同与本补充协议有冲突的,以本

协议为准。(付款节点、违约责任均与《建筑工程施工合同书》不一致)

2017年3月17日,涉案工程开工。

2017年8月20日,原告、被告及监理单位开会形成一份协商会议纪要,双方对工作界面、预算核对及进度款拨付依据、人员对接等达成共识。关于结算达成的共识为:钢材、水泥、黄沙、商品砼、电缆“五大材料”及人工、机械指数采用2017年3月至竣工验收合格之日的当月《宁波市建设工程造价信息》(综合版)上的某区材料价格平均值计费,并按合同下浮率下浮。无某区价格时参考宁波市价格(综合版)或浙江造价信息(正刊)价格并按合同下浮率下浮。其他材料按2017年8月信息价计算。

2017年10月28日,被告以商务楼项目需要调整为由出具《停工通知单》,并告知该工程自2017年11月1日开始停工,预计2018年3月1日复工。

2017年11月2日,原告、被告双方明确停工时商务楼二层顶盖已浇筑完成。

2018年3月26日,原告发函给被告要求尽快复工并确认各项赔偿事宜,双方未达成一致。后原告起诉至法院,提出如下诉讼请求:(1)依法解除原、被告双方于2016年12月签订的《建筑工程施工合同书》;(2)被告立即支付原告承包的工程余款12,581,273元,并判决如被告不能支付工程款,原告就所建工程折价或拍卖的价款有优先受偿权;(3)被告支付总包管理费136,605元,赔偿因停工给原告造成的进场材料损失440,960元、停工期间的人工、设备损失1,340,090元以及保险费37,814元(暂计算至起诉之日),并赔偿因甩项给原告造成的可得利润损失2,016,756元;(4)被告赔偿因拖欠工程款、总包管理费以及进场材料和停工期间的设备及人工费用所产生的利息损失680,320元(暂计至起诉之日,以后至实际清偿之日止的利息按照中国人民银行同期贷款利率二倍计付);(5)被告承担本案受理费。在审理中,原告以其投标时向被告缴纳投标保证金20万元,被告应在签订《建筑工程施工合同书》后及时退还,或在合同签订后转为履约保证金的,在工程竣工验收后及时退还,现工程已停工为由,增加诉讼请求:退还投标保证金20万元。

【审理】在审理中,双方之间产生了诸多的争议点和难点。

(1)有关合同效力

涉案工程项目不属于法定的必须招投标的项目,但是被告组织了公开招标程序，原告作为施工方与被告签订了《建筑工程施工合同书》并进行了合同备案。但在2017年1月15日双方签订的《补充协议》中，对承包范围、工程计价、付款节点、违约责任等均作出不一致的约定，并明确“在政府公共投资中心备案的工程总价不作为结算依据，无任何参考意义”。此构成典型的“黑白合同”。《建设工程司法解释》第21条规定，当事人就同一建设工程另行订立的建设工程施工合同与经过备案的中标合同实质性内容不一致的，应当以备案的中标合同作为结算工程价款的根据。该条既未区分法定必须招投标的工程项目与非法定必须招投标的工程，亦未对合同效力作出评判，仅是对结算依据作出规定。本案双方均未提出合同无效的主张，本着尽量维护合同有效的精神，最终判定合同效力系有效。

（2）有关合同是否解除

原告要求解除合同，理由是被告通知停工，经原告催告后仍不具备复工。同时，被告拖欠工程进度款项，金额巨大，造成原告无法继续施工。根据《建设工程司法解释》第9条的规定，发包人未按约定支付工程价款、致使承包人无法施工，且在催告的合理期限内仍未履行相应义务，承包人请求解除建设工程施工合同的，应予支持。尽管在诉讼中，被告提出项目重组、开复工有望等不同意解除合同，但均未提供实质性证据。故案件最终判令双方解除合同。

（3）涉案工程质量

被告申请对涉案工程质量提出异议并申请鉴定，以此阻却价款的支付义务。法院依法委托某建设工程检测有限公司进行鉴定。其间，应鉴定单位要求补充提供鉴定资料。鉴定单位出具的《司法鉴定报告》显示，涉案工程存在如下问题：8.6　涉案大楼已完成部分地下室1－11/（1/A－G）轴区域内1/E、2/E、5/E、7/E、9/E、11/E、1/G、5/G、7/G框柱柱形为矩形与设计不符；8.9　涉案大楼已完成部分的主体结构混凝土梁钢筋保护层厚度合格率不满足规范要求；8.10　涉案大楼已完成部分的主体结构梁、板、柱构件局部存在露筋、钢筋锈蚀等施工质量问题，部分板构件存在开裂、渗水等施工质量问题，应采取处理措施。原告总体上认可上述鉴定报告，被告提出异议。鉴定单位后出具了回复意见。法院对涉诉工程上述质量问题予以确认。被告为此支付鉴定费246,000元。对于以上质量缺陷分析：①框柱与设计不符，实际上是地下室框柱设计为圆形,实际施工完成为矩形,现已施工完毕。此构成外观缺陷,且恢复至设计外观将极其不经济、不合理,当承载力符合设计要求的情况下,可不予修复。造成这一质量缺陷的原因,可能是由于施工方出于经济、方便的考虑(圆形柱虽然较方形柱美观,但施工所需的模板需要定作,方形柱采用普通的模板即可),但被告派驻现场有甲方代表,同时施工现场还有监理工程师,如果不是甲方代表与监理工程师未尽现场管理监督、同意或者默许,原告作为施工方也不可能顺利地改变这一明显的与图纸不一致的施工。②涉案大楼已完成部分的主体结构混凝土梁钢筋保护层厚度合格率不满足规范要求。混凝土梁钢筋保护层厚度合格率的检测,系抽样检测。梁系建设工程中的主控项目中的关键项目,混凝土钢筋保护层厚度不足,使钢筋容易受蚀生锈,有效截面减少,影响结构受力,对耐久性也有影响。故应当予以修复。③涉案大楼已完成部分的主体结构梁、板、柱构件局部存在露筋、钢筋锈蚀,部分板构件存在开裂、渗水等施工质量问题。上述问题均为常规的施工过程质量通病,在后期施工中往往会予以弥补、覆盖。鉴于本案双方解除合同,则原告应当予以尽快修复。

综上,被告申请工程质量鉴定,但司法鉴定报告中的质量问题,并非主体结构安全性质量缺陷,原告进行相应的修复工作后,被告应当履行支付工程价款的义务。

(4)修复方案及修复费用

根据被告申请,法院委托具有工业与民用建筑设计甲级资质的杭州某建筑设计研究院有限公司对工程存在的质量问题进行复核并对修复方案进行鉴定。因鉴定需要,先行对涉案工程柱子截面尺寸及钢筋配置进行了补充检测,并由工程质量鉴定单位出具《检测报告》。杭州某建筑设计研究院有限公司出具司法鉴定报告,双方均无异议,法院依法予以采信。被告为此支付鉴定费用70,000元。后根据被告申请,法院委托工程造价鉴定单位浙江某工程管理咨询有限公司根据修复方案对修复费用进行鉴定,该鉴定单位出具修复工程造价鉴定征求意见稿。经征询双方意见后,鉴定单位出具修复工程造价司法鉴定意见书,意见为修复工程造价为168,948元。对该报告,原、被告均无异议,法院依法予以采信。

(5)涉案工程已完部分工程造价

根据原告申请,法院委托浙江某工程管理咨询有限公司对涉诉工程已完工部分造价进行鉴定。鉴定单位出具工程造价征求意见稿,经双方质证后予以修改,后鉴定单位出具《建设工程造价司法鉴定意见书》,确定工程造价为16,023,472元,其中,无争议部分为15,958,921元,争议部分为64,551元。原告为此支付鉴定费139,693元。针对争议部分造价64,551元,原告提供监理公司出具的证明及照片以证明争议部分工程已由原告实际施工,被告对原告提供的监理公司证明及照片不予认可,认为原告对争议部分工程并未实际施工。经审核,原告提供的监理公司证明系原件,且监理公司系施工时现场监理单位,清楚现场实际施工情况,法院对该证明予以采信,据此法院认定争议部分工程由原告实际施工。据此,法院认定涉诉工程已完工部分造价为16,023,472元。

(6)关于停工造成的损失

①进场材料损失。进场材料即为现场钢筋,具体数量双方均同意按照监理单位清点确认为准,即三级钢111.42吨,包括:原材料86.1吨和已配好料25.32吨;一级钢15.58吨,包括:原材料8.78吨和已配好料6.8吨。钢筋材料价双方均同意按照开工至停工当月的《宁波市建设工程造价信息》(综合版)的某区材料价格平均值计费,并按合同下浮率下浮。经向工程造价鉴定机构浙江某工程管理咨询有限公司询问,得知:依据《宁波市建设工程造价信息》(综合版)北仑区一栏施工期材料价格,HPB300(一级钢)钢筋平均价格为3342.38元/吨,计税3.577%并下浮12%后的价格为3046.5元/吨;HRB400(三级钢)钢筋平均价格为3304.5元/吨,计税3.577%并下浮12%后的价格为3011.98元/吨。关于宁波市2014年下半年建筑工地钢筋加工人工费市场价,鉴定机构告知为160~210元/吨。原告主张按照200元/吨计算并无不当。综上,经计算,进场钢筋价格为389,483元。涉诉工程因被告原因停工,由此造成进场钢筋损失389,483元被告理应赔偿。

②保险费损失37,814元。根据被告提供的工程造价咨询报告书,被告认可39,726元。原告主张少于被告认可的金额,法院直接按原告主张金额予以确认。

③总包管理费136,605元。根据被告提供的工程造价咨询报告书,被告认可116,605元,差距在人防工程的20,000元总包管理费,但人防工程造价未知。在审理中,对该20,000元主张予以放弃,双方取得一致。

④可得利润损失 2,016,756 元。原告主张的该部分,指的是如果不是因为被告的原因解除合同,未施工的部分仍然产生相应的可得利润。现因被告的原因不能继续施工,被告应予赔偿。法律依据是《合同法》第 113 条,该条规定:"当事人一方不履行合同义务或者履行合同义务不符合约定,给对方造成损失的,损失赔偿额应当相当于因违约所造成的损失,包含合同履行后可以获得的利益,但不得超过违反合同一方订立合同时预见到或者应当预见到的因违反合同可能造成的损失。"可得利益作为有效合同的违约责任,法律依据是充分的。但是司法实践中往往难以获得支持,原因是可得利益难以被证明。本案原告提供的是一份《核定征收通知书》,系某区地方税务局向原告发送,内容为对原告单位部分税种进行核定征收,其中企业所得税按建筑业行业 8% 予以征收。同样,该证据仅能反映税务部门对原告税务征收的标准,与具体的本案涉案工程的未施工部分的可得利润无关联性。最终,法院以原告就该部分损失提供的证据不足,未予支持。

⑤人工损失、设备损失及工程款利息损失。此部分涉及项目较多,亦委托司法鉴定,包括以下内容:

塔吊损失。塔吊为原告自有设备,原告主张按照市场租赁价格计算损失,没有事实依据。鉴定报告书对塔吊按自有设备评估损失(含维修保养费)为 307,487 元。

钢管、扣件、套管租赁费。原告主张按照其与钢管出租单位内部协议价计算租赁损失,但是原告并未与钢管出租单位进行结算,也并未实际支付租赁费。退一步,即使租赁费已经结算并支付,双方若对租赁内部协议价是否合理发生争议,仍需通过鉴定确定。鉴于钢管等租赁事实存在,鉴定报告书按照市场信息价确定租赁费损失,确认钢管、扣件、套管租赁费 852,295 元。而有关钢管租赁逾期的违约金尚未发生,将来是否会发生均处于待定状态,法院并未支持。

工地视频监控费 16,560 元、网络信息费 1650 元、工人遣散费 180,000 元、临时设施损失费 291,983 元、水电材料退场搬运费 2000 元、现场模板等整理归堆费用 5000 元,均系根据工程开工、停工及现场实际情况计算,原告、被告及监理单位等三方签证综合确认、合情合理,法院予以确认。

人工损失。原告主张人工损失包括:A. 停工期间借用人员的费用损失(包括机修工 3 人、保管员 1 人、清洁工 1 人、门卫 1 人、塔吊司机及指挥 3 人、夜间值班人员 2 人、地下室抽水维护人员 1 人),均应按照原告与第三方的员工借用协议确定。被告认为停工期间现场值班人员数量应以 2016 年 7 月 13 日现场查看的实际数量为准,即机修工 1 人(负责抽水)、门卫 2 人、保管 1 人。法院认为,原告员工借用协议系工程开工时根据工程实际情况签订的人员借用协议,至于停工期间现场人员数量应以实际为准。另外,工程停工后情况发生变化,按照常理,现场需求的人员理应会减少。原告现在并未提供证据证明现场值班人员的实际人数及工资支付的实际凭证。被告在工程监理单位在场的情况下,对现场人员进行确认为门卫 2 人、保管 1 人、机修工 1 人(负责抽水),这与涉诉工程鉴定过程中现场查看的情况并不矛盾,法院予以确认。鉴于停工期间现场人员值班的事实存在,鉴定机构根据市场价确定现场值班人员工资标准,合理合法,据此认定现场值班人员损失为 504,000 元。B. 停工期间工程管理人员的工资损失。原告主张建设系统备案管理人员 6 人及备案人员之外的管理人员从停工之日起至鉴定作出之日的工资损失均应由被告赔偿。法院认为,对于原告合理的停工等待复工期(原告起诉前五个月)的工资损失按照市场价由被告赔偿,正当合理。但是,原告得知涉诉工程复工无望后,及时提起诉讼,此时原告应采取措施避免损失扩大。另外,无论备案管理人员还是其他人员均是原告员工,由原告自主分配工作,并非为涉诉工程而单独聘用,停工后原告完全可以另行分配其他工作,因此,停工与原告是否应支付上述人员劳动报酬并无必然联系。现鉴定机构对备案管理人员工资除项目经理因证书未解锁影响招投标按月按市场价计算工资外,其他 5 人工资计算至起诉月(五个月)再加证书未解锁引起的补偿费用,同时再加上 1 名预算员至起诉月的工资,合理合法,法院予以确认。但是证书未解锁补偿费用应计算至鉴定报告作出之日,据此,认定停工期间工程管理人员的工资损失为 930,500 元。

工程款利息损失。原告、被告签订的《补充协议》明确约定若未如期支付工程款,本付款节点应付未付部分则按银行同期贷款利率的 2 倍支付违约金,该约定属于对工程进度款约定的违约责任,对其余工程款没有约束力。现原告、被告的合同解除,根据相关规定,剩余欠付工程款有约定的按约定,没有约定的按照中国人民银行发布的同期同类贷款利率计算利息。原告主张未付工程款全部按2倍利息计算损失于法无据。鉴定机构对于工程款利息损失的计算符合双方约定及法律及司法解释的规定，法院予以采信，据此认定工程款利息损失为1,621,919元。

总包管理费、进场材料、闲置设备及人工费用产生的利息损失。换个角度说，即"损失的利息"。该部分无依据，法院不予支持。

综上，法院对原告主张的人工设备及工程款利息等损失支持其中的4,713,394元。

(7)投标保证金20万元

原告在涉诉工程中标后，依约与被告签订建设工程施工合同并履行。在双方无其他约定的情况下，被告理应及时退还投标保证金。原告该诉求得到法院的支持。

最后，法院判决：(1)解除原告与被告签订的《建筑工程施工合同书》及《补充协议》；(2)被告应于本判决生效后十日内支付原告欠付工程款9,957,094元；(3)确认原告对被告尚欠的9,957,094元工程款就其施工的商务楼项目工程折价或拍卖所得的价款优先受偿；(4)被告应支付原告总包管理费116,605元，并赔偿停工给原告造成的进场材料损失389,483元、保险费损失37,814元、人工及设备损失3,091,475元，上述款项合计3,635,377元，应于本判决生效后十日内履行完毕；(5)被告应于本判决生效后十日内支付原告工程款利息1,621,919元；(6)被告应于本判决生效后十日内退还原告投标保证金200,000元；(7)驳回原告的其他诉讼请求。

【评析】本案系典型的建设工程施工合同纠纷，发生在建设方与施工总承包方之间，此类案件往往是建设工程合同纠纷中较为疑难的一种。双方针对案件的实体争议较多，案外矛盾不断，审理周期长，需要裁判者具有清晰、准确的审判思路。**案件在初步质证的基础上，先后进行了工程质量鉴定、修复方案鉴定、修复费用鉴定、工程造价（已完工程价款）鉴定、工程造价（索赔部分）鉴定等，多个鉴定之间既存在先行后续关系，又存在交织关系。**案件审理过程中又遭遇供电账户余额不足导致断电、台风天气引起的未拆塔吊安全隐患等，承办法官经受多重的考验，协调处理各种矛盾，最后顺利结案。

如果是无效合同,承包人仅仅履行了部分工程,已完工程质量合格,仍然是得以请求相对人支付工程价款的前提。法官应在查明合同无效的原因基础上,根据原被告之间的合同约定审理查明应付工程款及已付工程款,同时必须查明已完工程是否存在工程质量问题,或者是否存在可以阻却拒付价款的情形,如相对人有认可并接收建设工程、工程是否已经竣工、相对人已经与承包人进行了结算并明确表示支付期限。同时,判断除了工程价款以外的其他合同项下清理内容。需要指出的是,当无效合同部分履行时,承包人应当具有较高的证据收集意识,用以证明其所施工的工程内容及工程量,否则往往会出现现场被破坏、施工界面被覆盖等情况,最终导致举证不足,其主张难以得到支持。

3. 终止履行

建设工程施工过程中,有时会发生在施工范围的工程并未完成时,发包人与承包人达成新的协议,约定部分内容不再施工,双方提前终止履行的情形,较为典型的即为工程甩项。甩项工程是指某个单位工程,为了急于交付使用,把按照施工图要求还没有完成的某些工程细目甩下,而对整个单位工程先行验收。其甩下的工程细目,称甩项工程。甩项工程中有些是漏项工程,或者是由于缺少某种材料、设备而造成的未完工程;有些是在验收过程中检查出来的需要返工或进行修补的工程。因特殊原因,发包人要求部分单位工程或工程部位须用甩项竣工时,双方应另行订立甩项竣工协议,明确双方责任和工程价款的支付方法。终止履行是合同变更的一种,即双方协商一致变更了合同施工范围,但对变更后的合同价款不一定达成一致的意思表示。与上述“部分履行”不同,终止履行情形下,发包人与承包人对于合同不再履行、变更合同范围是一致的。终止履行的情形下,双方仍然产生已完工程造价争议、索赔事项争议等。在审理合同终止履行情形下的案件时,除了对于“合同是否继续履行”争议以外,其他争议焦点审理路径可参考上述“部分履行”进行。在终止履行情形下,双方往往还存在对于工程量减项减量的可得利益损失的争议。

4. 完工

完工即完成施工,指的是承包人已经完成施工范围内的全部施工任务并自检合格的阶段。完工是承包人的主观看法,也是一种事实状态。完工后,承包人将制作并向发包人提交完工报告且往往经由监理单位或甲方代表签字确认,发包人应当及时审核完工报告,并及时组织竣工验收。当涉及的是分包与总包之间的分包工程时,分包方也可以向总包方提交完工报告。完工可以看作施工方的主要里程碑之一:合同约定的施工内容已经完成,施工的主要义务已经结束,大规模的施工作业已经不再开展,可以安排施工人员、设备的退场;合同的主要义务即配合发包人进行竣工验收,如果有整改问题则及时予以处理;后续更多的合同内容为,工程竣工结算及保修期内的保修义务。另外,承包人也应当准备与分包方、材料设备供应商进行结算等。

在涉及法律意义上,完工时间对于判断工期有一定的影响。如果发包人无正当理由未能及时组织竣工验收,则违反合同义务。工期计算可计算至完工日期或其后的相应合理时期。此外,如果涉案工程长时间未经竣工验收,发包人亦未擅自投入使用,法律上付款前提条件难以成就。则完工可以作为判断工程质量是否合格的具有一定证明力的证据,故对付款与否会产生一定的影响。

第十四章
CHAPTER 14

竣　工

1. 竣工的法律意义

竣工，即竣工验收，代表工程完工验收合格。竣工验收指建设工程项目完工后开发建设单位会同勘察、设计、施工、监理、设备供应单位及工程质量监督部门，对该项目是否符合规划设计要求以及建筑施工和设备安装质量进行全面检验，取得竣工合格资料、数据和凭证。应该指出的是，竣工验收是建立在分阶段验收的基础之上，前面已经完成验收的工程项目一般在竣工验收时就不再重新验收。换句话说，竣工是工程合格的检验手续，也是取得工程“合格”证明的手续。

从法律意义上讲，首先，竣工代表发包人或者建设方履行了竣工验收的法定义务后，认可工程质量是合格的。其次，竣工代表工程建设完毕，从工程竣工验收的次日进入合同约定的质量保修期。再次，工程竣工后，法律意义上的“物”才算创设完成，建设方才能向相关部门进行竣工备案，办理不动产产权证，并用以抵押、出售、使用等。最后，通常情况下，工程竣工后，承包人才能报送工程结算资料，要求结算工程价款。

当建设工程施工合同有效时，竣工验收是双方进行结算的约定条件。只有竣工验收合格，承包人才能主张全部剩余的工程价款（除质保金以外）。当建设工程施工合同无效时，如果缺少竣工验收的证据，无效合同的承包人更加缺少请求发包人支付工程价款的基础。《民法典》第 793 条规定：“建设工程施工合同无效，但是建设工程经验收合格的，可以参照合同关于工程价款的约定折价补偿承包人。建设工程施工合同无效，且建设工程经验收不合格的，按照以下情形处理：（一）修复后的建设工程经验收合格的,发包人可以请求承包人承担修复费用;(二)修复后的建设工程经验收不合格的,承包人无权请求参照合同关于工程价款的约定折价补偿。发包人对因建设工程不合格造成的损失有过错的,应当承担相应的责任。"可见,竣工验收(合格)系承包人请求发包人支付工程价款的先决条件。否则,除非能够证明是发包人怠于或者拒绝组织竣工验收,承包人要求发包人支付工程价款的请求难以得到支持。

所以,**竣工作为建设工程最重要的里程碑之一,是法官审理建设工程案件必须要辨识的关键要点,也是律师作为代理人要牢牢把握的案件核心问题。**

案例 14-1 ▶ 案由:建设工程施工合同

原告:某明日建设有限公司。被告:某开发区投资有限公司。

【案情】2018 年 1 月 2 日,经招投标程序,被告代表国有投资出资方与原告签订《建设工程施工合同》,约定将某公办学校的新建体育馆、活动室工程承包给原告施工,承包内容为工程施工图范围内的建筑、结构、给排水、暖通、电气、智能化、装修等,建筑面积 4300 平方米,计划工期 400 日历天,工程总价为 1640 万元。合同签订后,至 2018 年 5 月 1 日,原告仅完成桩基和承台施工,主体结构施工尚未进行。因银行抽贷原因,原告资金链断裂,自 2018 年 5 月 10 日开始原告单方停止了施工。被告获知后两次发函要求原告复工,均未果。2018 年 6 月 1 日,原告起诉被告要求结算工程款并支付工程余款及利息,被告则抗辩工程尚未竣工、未满足工程结算的条件,要求原告加紧施工。

【审理】在审理中,法庭向原告释明,合同中约定的工程款结算的前提是工程竣工(或双方达成一致意思表示终止履行),施工方向被告报送结算资料和竣工资料,双方委托有资质的工程造价咨询机构予以审价,并经政府审计中心审计后完成结算。目前,原告要求结算工程款并不满足合同约定的条件。同时,原告既未提供工程已完部分质量合格的证据,也未提出解除合同的诉讼请求;即使原告提出解除合同,也可能并不满足合同约定的解除条件或者合同法中有关法定解除的规定。希望原告慎重处理诉权,在 7 日内明确诉讼请求和理由。

原告在释明后未在规定的期限内对诉讼请求和理由进行变更。本案最后以原告的主张没有法律依据为由,驳回了原告的全部诉讼请求。

【**评析**】承包人未完成合同主要义务的,既不能证明已完工程合格也无提出解除合同的情况下,无法依据合同和法律规定请求支付价款。其请求的基础不存在。只有涉案工程已经经过竣工验收合格,或者虽然未经竣工验收,但由于非可归责于承包人的原因(如发包人原因项目停滞、自然灾害等),双方解除合同承包人才得以请求给付全部已完工程价款。

2. 竣工的程序性事项

根据《建设工程施工合同(示范文本)》(GF-2017-0201)中通用条款的相应内容,竣工有以下相应的程序性事项值得注意。

(1)竣工验收的条件

工程具备以下条件的,承包人可以申请竣工验收:①除发包人同意的甩项工作和缺陷修补工作外,合同范围内的全部工程以及有关工作,包括合同要求的试验、试运行以及检验均已完成,并符合合同要求;②已按合同约定编制了甩项工作和缺陷修补工作清单以及相应的施工计划;③已按合同约定的内容和份数备齐竣工资料。

承包人应当已经全面完成施工范围内的施工任务,其间合同要求的试验、试运行和检测均已完成且符合要求;对于存在工程甩项的已经确认完毕、需要整改的工作内容已编制施工计划;竣工资料已经整理齐备。换句话说,承包人自觉"万事俱备,只欠验收"。

(2)竣工验收程序

除专用合同条款另有约定外,承包人申请竣工验收的,应当按照以下程序进行:①承包人向监理人报送竣工验收申请报告,监理人应在收到竣工验收申请报告后14天内完成审查并报送发包人。监理人审查后认为尚不具备验收条件的,应通知承包人在竣工验收前承包人还需完成的工作内容,承包人应在完成监理人通知的全部工作内容后,再次提交竣工验收申请报告。②监理人审查后认为已具备竣工验收条件的,应将竣工验收申请报告提交发包人,发包人应在收到经监理人审核的竣工验收申请报告后28天内审批完毕并组织监理人、承包人、设计人等相关单位完成竣工验收。③竣工验收合格的,发包人应在验收合格后14天内向承包人签发工程接收证书。发包人无正当理由逾期不颁发工程接收证书的，自验收合格后第15天起视为已颁发工程接收证书。④竣工验收不合格的，监理人应按照验收意见发出指示，要求承包人对不合格工程返工、修复或采取其他补救措施，由此增加的费用和(或)延误的工期由承包人承担。承包人在完成不合格工程的返工、修复或采取其他补救措施后，应重新提交竣工验收申请报告，并按本项约定的程序重新进行验收。⑤工程未经验收或验收不合格，发包人擅自使用的，应在转移占有工程后7天内向承包人颁发工程接收证书；发包人无正当理由逾期不颁发工程接收证书的，自转移占有后第15天起视为已颁发工程接收证书。除专用合同条款另有约定外，发包人不按照本项约定组织竣工验收、颁发工程接收证书的，每逾期一天，应以签约合同价为基数，按照中国人民银行发布的同期同类贷款基准利率支付违约金。

竣工验收的程序，首先由承包人在完工后、自检合格的基础上，向监理人发起竣工验收申请；监理人在审查的基础上，认为具备竣工验收条件的则报送发包人，发包人在28日组织竣工验收，认为不具备的，应当发回承包人提出整改要求；发包人应当在28日组织完成竣工验收；竣工验收合格的，发包人应当向承包人签发工程接收证书，竣工验收不合格的，承包人应当返工、修复等；工程未经验收或验收不合格，发包人擅自使用的，应当在7日内颁发工程接收证书。

(3)竣工日期

工程经竣工验收合格的，以承包人提交竣工验收申请报告之日为实际竣工日期，并在工程接收证书中载明；因发包人原因，未在监理人收到承包人提交的竣工验收申请报告42天内完成竣工验收，或完成竣工验收不予签发工程接收证书的，以提交竣工验收申请报告的日期为实际竣工日期；工程未经竣工验收，发包人擅自使用的，以转移占有工程之日为实际竣工日期。同时，司法实践中亦存在较多判决支持的裁判观点为：应当以勘察人、设计人、施工人、监理人及建设单位中最后一方在竣工验收报告上签字或盖章确认工程质量合格，作为竣工验收合格之日。

提交竣工验收报告至发包人组织竣工验收可能存在数日至数十日的空档期。但是，如果工程经竣工验收合格，是以提交竣工验收申请报告之日为竣工日的。及时组织竣工验收是发包人的权利，同时也是发包人的义务。如果发包人未及时组织竣工验收或者不签发工程接收证书，承包人事前固定证据证明提交验收申请报告之日显得尤为重要。实践中，特别要注意不能以建筑行政主管部门备案的竣工验收备案登记表中的备案之日作为工程竣工之日。工程未经竣工验收,发包人擅自使用的,以转移占有工程之日为实际竣工日期。

(4)竣工退场

颁发工程接收证书后,承包人应按以下要求对施工现场进行清理:①施工现场内残留的垃圾全部清除出场;②临时工程拆除,场地进行清理、平整或复原;③按合同约定应撤离的人员、承包人施工设备和剩余的材料,包括废弃的施工设备和材料,已按计划撤离施工现场;④施工现场周边及其附近道路、河道的施工堆积物,全部清理;⑤施工现场其他场地清理工作全部完成。

施工现场的竣工退场费用由承包人承担。承包人应在专用合同条款约定的期限内完成竣工退场,逾期未完成的,发包人有权出售或另行处理承包人遗留的物品,由此支出的费用由承包人承担,发包人出售承包人遗留物品所得款项在扣除必要费用后应返还承包人。

竣工退场,属于承包人的后合同义务,其应当及时还原施工场地,清理垃圾和其他废弃物,组织机器设备、人员等退场,并将工程转移给发包人。

(5)竣工结算申请

除专用合同条款另有约定外,承包人应在工程竣工验收合格后 28 天内向发包人和监理人提交竣工结算申请单,并提交完整的结算资料,有关竣工结算申请单的资料清单和份数等要求由合同当事人在专用合同条款中约定。除专用合同条款另有约定外,竣工结算申请单应包括以下内容:①竣工结算合同价格;②发包人已支付承包人的款项;③应扣留的质量保证金,已缴纳履约保证金的或提供其他工程质量担保方式的除外;④发包人应支付承包人的合同价款。

在竣工后,承包人方取得竣工结算申请的权利。该结算申请,实际上是承包人的单方主张,即承包人所完成的工程价款(含奖励款项、承包人索赔),发包人已经支付承包人的款项,根据合同约定承包人应当承担的合同质保金,以及发包人应当支付承包人的合同价款(含相应利息等)。对大多数的建设工程项目,发包人将在收到承包人提交的竣工结算资料后,委托工程造价审价单位进行审价,审价周期视项目的复杂程度、发承包双方的配合程度、审价人员的业务水平等因素,往往 3 个月至数年不等。故承包人提交竣工结算申请,系发包人启动审价程序的前提。

3. 完工/交工/竣工的联系与区别

从以上对完工与竣工的分析可以看出，完工注重的是承包人主观的角度，竣工强调的是建设工程各方主体经过验收程序，确认建设工程质量合格的客观状态。所以，完工是竣工的前提和基础。竣工是对完工的圆满评价，是真实的法律意义。

实践中，在涉及一些化工项目、EPC 工程、市政道路等特殊项目工程中，还存在一个交工的概念。交工验收，往往代表分部分项工程或者单位工程经过承包人的自检，认为已经达到合格的状态，故而移交给发包人。但该建设工程的竣工验收应当与其他区块、单位工程一并进行，否则无法进行试运行等。交工验收与完工的不同点在于，交工验收往往需要发包人的确认并转移占有。交工验收可以看作预验收，但其与竣工验收为不同的概念，无法直接认定为工程质量合格的证据。当然，如果当事人均认可其作为工程质量合格的证据，亦应当尊重当事人意思。还有一些化工工程，其主要建设工程内容为设备的安装、调试等，住建部门只管理土建部分，对于安装部分并无审批、备案等要求，也无须办理竣工验收备案手续，此时发承包双方往往将交工验收视为竣工验收，作为转移占有的前提。

比如，根据《公路法》《公路工程竣（交）工验收办法》，公路工程验收分为交工验收和竣工验收两个阶段。交工验收是检查施工合同的执行情况，评价工程质量是否符合技术标准及设计要求，是否可以移交下一阶段施工或是否满足通车要求，对各参建单位工作进行初步评价。竣工验收是综合评价工程建设成果，对工程质量、参建单位和建设项目进行综合评价。交工验收由项目法人负责（往往是政府投资公司或者代表政府履行发包人义务的交通局及下属机构等）。竣工验收由交通运输主管部门按项目管理权限负责。交通运输部负责国家、部重点公路工程项目中 100 公里以上的高速公路、独立特大型桥梁和特长隧道工程的竣工验收工作；其他公路工程建设项目，由省级人民政府交通运输主管部门确定的相应交通运输主管部门负责竣工验收工作。所以，交工验收合格后方才能进行试通车，而试通车 2 年以上，承包人已经完成交工验收时提出的工程质量缺陷等才能组织竣工验收，往往在通车 3 年以后了。所以，虽然通车可以视为投入使用，但并不是建筑法上的竣工。公路工程中的交工验收只能作为支付工程进度款的依据而不能作为结算工程款的条件。

实践中较为常见的还有工程试车。工程试车是指工程在竣工时期对设备、电路、管线等系统的试运行,看是否运转正常,是否满足设计及规范要求。双方约定需要试车的,应当组织试车,试车内容应与承包商承包的安装范围相一致。工程试车往往有以下几种:单机无负荷试车,如单台设备空载试用;联动无负荷试车,整套设备或多台设备一起空载试用,如水联动试车;投料试车,即按正常工作方式试机运行。三者的区别就如汽车不同层次的检测:纯点火的测试、制动系统的测试及整车试驾,代表的意义也是部分与整体的关系。竣工验收是投料试车的前提,对其他二者则并不适用。

4. 工程竣工验收报告

工程竣工验收报告是指工程项目竣工之后,经过相关部门成立的专门验收机构,组织专家进行质量评估验收以后形成的书面报告。可以说,工程竣工验收报告是对工程建设本身的较为全面的总结。主要内容有以下几部分:

(1)建设依据。

简要说明工程竣工验收报告项目可行性研究报告批复或计划任务书和核准单位及批准文号,批准的建设投资和工程概算(包括修正概算),规定的建设规模及生产能力,建设项目的包干协议主要内容。

(2)工程概况。

包括:①工程前期工作及实施情况;②设计、施工、总承包、建设监理、设备供应商、质量监督机构等单位;③各单项工程的开工及完工日期;④完成工作量及形成的生产能力。

(3)初验与试运行情况。

初验时间与初验的主要结论以及试运行情况。

(4)工程技术档案的整理情况。

工程施工中竣工验收报告的大事记载,各单项工程竣工资料、隐蔽工程随工验收资料、设计文件和图纸、监理文件、主要器材技术资料以及工程建设中的来往文件等整理归档情况。

(5)竣工决算概况。

概算(修正概算)、预算执行情况与初步决算情况,并进行建设项目的工程竣工验收报告投资分析。

(6)经济技术分析。

①主要技术指标测试值及结论;②工程质量的工程竣工验收报告分析,对施工中发生的质量事故处理后的情况说明;③建设成本分析和主要经济指标,以及采用新技术、新设备新材料、新工艺所获得的投资效益;④投资效益的竣工验收报告分析,形成固定资产占投资的比例,企业直接收益,投资回报年限的分析,盈亏平衡的分析。

(7)投产准备工作情况。

运行管理部门的组织机构,生产人员配备情况。工程竣工验收报告培训情况及建立的运行规章制度的情况。

(8)收尾工程的处理意见。

(9)对工程投产的初步意见。

(10)工程建设的经验、教训及对今后工作的建议。

5. 建设工程竣工验收备案

建设工程竣工验收备案,是指建设单位在建设工程竣工验收后,将建设工程竣工验收报告和规划、公安消防、环保等部门出具的认可文件或者准许使用文件报建设行政主管部门审核的行为。《建设工程质量管理条例》第49条规定:建设单位应当自建设工程竣工验收合格之日起15日内,将建设工程竣工验收报告和规划、公安消防、环保等部门出具的认可文件或者准许使用文件报建设行政主管部门或者其他有关部门备案。《房屋建筑和市政基础设施工程竣工验收备案管理办法》(2000年4月4日建设部令第78号发布,2009年10月19日住房和城乡建设部令第2号修改)第4条规定:建设单位应当自工程竣工验收合格之日起15日内,依照本办法规定,向工程所在地的县级以上地方人民政府建设主管部门备案。一般为区级规划部门所属的城建档案馆。

所以,建设工程竣工验收备案是行政管理行为,其获得备案的时间并非代表工程实际竣工时间。但是,从民事诉讼的角度,特别是一些实际施工人主张工程价款的案件,难以取得工程竣工验收报告或者业主实际投入使用的证据,向城建档案馆调取竣工验收备案表,实为获取证据的较为便捷的方法。同时,该表也是获取相应信息的公开渠道,如涉案工程基本情况,承包人、监理人等,项目经理、总监理工程师等。

6. 发包人出具的竣工证明

对于大多数的建设工程项目,建设方需要立项规划、报批报建。工程项目建设完工后,在施工单位自行质量检测评定(自检)的基础上,建设单位组织参与建设活动的相关责任单位(建设方、勘察方、设计方、施工方、监理方)共同对建筑工程的分部工程质量、观感质量、质量控制资料采取抽检复验和查阅资料的方式,根据设计文件、施工合同及相关标准以书面形式对工程质量是否合格做出确认,其后向建设、规划行政主管部门进行备案。但是,对于一些小型工程、装饰装修工程、非规划审批工程款等,并不存在勘察、监理等环节,也不存在所谓的“五方验收”手续。考虑到建设工程质量是否合格,系发包人着重关心的内容,发包人单方出具的竣工证明、交接证明,也是承包人可以作为工程质量业已取得发包人认可的有力证据。

7. 甩项竣工验收

甩项也即部分交工。甩项竣工是指某个单位工程,为了急于交付使用,把按照施工图要求还没有完成的某些工程细目甩下,而对整个单位工程先行验收。其甩下的工程细目,称甩项工程。甩项工程有些是漏项工程,或者是由于缺少某种材料、设备而造成的未完工程;有些是在验收过程中检测出来的需要返工或进行修补的工程。因特殊原因,发包人要求补发单位工程或工程部位须用甩项竣工时,双方应另行订立甩项竣工协议,明确双方责任和工程款的支付方法。甩项竣工验收通过后,即代表已验收部分质量合格,竣工时间由此确定,而对于甩项部分及整个工程而言,仍应通过双方后续的履行来确定。换句话说,已完成的施工部分,甩项竣工验收即具有竣工验收的效果,主张相应的工程款、质量保修金的起算、优先权的行使期限等均可据此确定。

案例 14-2 ▶ 案由:建设工程施工合同纠纷

原告:宁波某建设工程股份有限公司。被告:宁波天悦太阳能电力有限公司。

【案情】原告诉请被告支付工程款4824万元及逾期付款利息293万元。事实与理由:2014年11月,原被告双方就被告所建的高效晶体硅太阳能电池及组件项目一期二标段工程签订《建设工程施工合同》约定,工程内容为厂房(3#、4#、5#、6#)框架三层、办公楼七层,总建筑面积10万平方米,承包范围为施工图范围内的桩基、土建、水电工程,工程造价为1.48亿元,总价下浮8%,合同价款采用固定总价(但施工过程中出现设计变更、会审纪要、技术联系单、洽商记录、签证单、施工图纸更改、图纸答疑和预算编制说明、材料设备暂定价及施工方案调整因素的,可按实调整)。涉案工程于2015年3月开工。在投标时,高大模板承重架专项施工方案暂无法明确。其后在施工过程中,原被告双方对该方案予以明确,并对管桩、河沙、钢绞线、门窗、商品砼、防水宝、抗裂砂浆、乳胶漆等补差调价方案予以确认。2016年5月30日,原告、被告双方签订《工程补充协议》,确定因甲方建设资金不足、需要加快工程建设进度、早日投入生产以推动IPO上市计划,故办公楼、6#厂房已完成桩基和承台,其主体部分不再施工作为工程甩项,建筑面积由10万平方米变更为8.5万平方米,双方结算仍然按照招投标文件中的预算报价进行切割。

8. 分部分项竣工验收

建筑工程施工质量验收划分为单位工程、分部工程、分项工程和检验批。在分部分项竣工验收中,需要特别注意的是隐蔽工程验收。隐蔽工程验收是指对项目建成后无法进行复查的工程部位所作的验收。在施工过程中,会出现一些后一工序的工作结果掩盖了前一工序的工作结果的隐蔽工程,如地下基础的承载能力和断面尺寸,打桩数量和位置,钢筋混凝土工程的钢筋,各种暗配的水、暖、电、卫管道和线路等。为确保工程质量,在下一工序施工前,应由单位工程技术负责人或施工单位邀请建设单位、监理单位等对隐蔽工程进行检查和验收,同时绘制隐蔽工程竣工图,并认真办理隐蔽工程验收签证手续。《建设工程质量管理条例》第30条规定,施工单位必须建立、健全施工质量的检验制度,严格工序管理,做好隐蔽工程的质量检查和记录。隐蔽工程在隐蔽前,施工单位应当通知建设单位和建设工程质量监督机构。第37条规定,工程监理单位应当选派具备相应资格的总监理工程师和监理工程师进驻施工现场。未经监理工程师签字,建筑材料、建筑构配件和设备不得在工程上使用或者安装,施工单位不得进行下一道工序的施工。未经总监理工程师签字,建设单位不拨付工程款,不进行竣工验收。《建筑工程施工质量验收统一标准(GB 50300—2013)》第3.0.3条中规定,“对于监理单位提出检查要求的重要工序,应经监理工程师检查认可,才能进行下道工序施工。”《建设工程施工合同(示范文本)》(GF-2017-0201)通用条款第13.1.2条规定:“除专用合同条款另有约定外,分部分项工程经承包人自检合格并具备验收条件的,承包人应提前48小时通知监理人进行验收。监理人不能按时进行验收的,应在验收前24小时向承包人提交书面延期要求,但延期不能超过48小时。监理人未按时进行验收,也未提出延期要求的,承包人有权自行验收,监理人应认可验收结果。分部分项工程未经验收的,不得进入下一道工序施工。分部分项工程的验收资料应当作为竣工资料的组成部分。”在此种情况下,如果隐蔽工程对应的分部分项工程验收记录无法获取,但已经进入下一道工序施工的,可以认为前一道工序已经完成且质量合格,即使无法取得质量合格的证明亦可以主张工程款。

案例14-3 ▶ 案由:建设工程施工合同纠纷

原告:中国某二十冶建设有限公司。被告:宁波某麦芽有限公司。

【案情】2007年7月,原告、被告双方签订《桩基础工程施工合同》,被告将年产10万吨麦芽扩建桩基础工程发包给原告,合同总价945万元,采用泥浆护壁成孔钻孔灌注桩和预应力混凝土管桩。合同第29.1条约定,工程进度款按实际完成工程量的80%支付,办完交工验收、工程质量符合合同约定且承包人将工程交付发包人后10个工作日内,发包人支付至工程款结算价的85%,工程结算完成后支付至工程结算价的90%,全部工程验收合格并经由合法资质的机构进行沉降观测合格10个工作日内支付至工程结算价的95%,剩余5%作为质保金待本工程实际竣工验收合格之日起满2年且承包人完成相关保修责任后付清。2007年10月左右,桩基工程竣工。2007年11月28日,桩基工程上部土建工程开始施工。2009年1月2日,原告向被告提交《桩基工程结算书》,金额为10,155,349元。2009年4月11日,被告委托广州某工程造价咨询事务所有限公司出具工程结算报告,审定工程造价10,141,350.39元。但事后被告一直拖延而未向原告出具最终的工程结算报告。经原告催促，为推进结算，2013年9月15日，原被告双方就包括桩基础工程在内的结算签订《麦芽公司扩建项目结算差异分析表》，对桩基础工程结算差异进行了复核，双方各自提出了结算意见并在此基础上形成了暂定结论。其后，被告又推脱。2014年4月，双方又就桩基础工程结算进行了协商，达成了结算价。其后，原告又多次向被告及上属公司发函催促。截至诉前，被告陆续支付桩基工程款8,977,500元。

【审理】在审理中，双方对涉案工程造价达成一致意见。但是，对于桩基分项工程验收的记录资料，双方均无法提供。桩基施工完毕并自检后，作为最重要的隐蔽工程之一，施工单位邀请建设工程质量监督站参与监督，并委托桩基检测单位进行检测。由于该案历时日久，相应资料无法获得，则有关本案的桩基分项工程竣工时间无法确定，影响原告主张的逾期付款利息起算。原告主张2007年10月，被告认为应当按照工程整体竣工时间来计算。本案的特殊之处在于，上部的土建工程也是由原告施工的。在审理过程中，通过查阅施工过程资料和监理资料，发现上部土建工程开工时间为2007年11月28日。故最终按照此时间，确定为桩基分项验收合格之日和计算逾期付款利息的计算起始日。后本案进行了调解结案。

【评析】本案的被告即发包人，将涉案工程的桩基和上部土建分别发包给原告。有关桩基能否单独发包，各地的实践存在口径不一的处理方式。从功能性的角度来看，桩基属于地基与基础分部工程中的分项工程，并不具有独立的功能和使用价值，不能成为单独发包的标的，否则构成支解发包。此为案件注意点一。囿于年代久远，施工资料归档要求、桩基检测资料备案要求制度的不完善，一些工程的重要节点资料难以反映。涉案工程竣工验收且被告已经使用多年，早已超过了缺陷责任期。其间被告也存在怠于进行结算等情况。被告提出的以整体工程竣工验收时间作为桩基验收合格的时间，显然不符合逻辑和经验法则。本案最终采用以桩基上部土建开工时间作为桩基验收合格并起算质保期及利息的做法，更符合施工行业惯例，更接近案件客观真实，也能够更大程度地维护承包人的合法利益。

9. 发包人擅自使用

建设工程由于投资大、技术性强，关系广大人民群众的生命和财产安全，必须通过验收方可投入使用。相关规范有：

（1）《民法典》第799条规定，建设工程竣工后，发包人应当根据施工图纸及说明书、国家颁发的施工验收规范和质量检验标准及时进行验收。验收合格的，发包人应当按照约定支付价款，并接收该建设工程。建设工程竣工经验收合格后，方可交付使用；未经验收或者验收不合格的，不得交付使用。

（2）《城市房地产管理法》第27条规定，房地产开发项目的设计、施工，必须符合国家的有关标准和规范。房地产开发项目竣工，经验收合格后，方可交付使用。

（3）《建筑法》第61条规定，交付竣工验收的建筑工程，必须符合规定的建筑工程质量标准，有完整的工程技术经济资料和经签署的工程保修书，并具备国家规定的其他竣工条件。建筑工程竣工经验收合格后，方可交付使用；未经验收或者验收不合格的，不得交付使用。

（4）《建设工程质量管理条例》第16条规定，建设单位收到建设工程竣工报告后，应当组织设计、施工、工程监理等有关单位进行竣工验收。建设工程竣工验收应当具备下列条件：①完成建设工程设计和合同约定的各项内容；②有完整的技术档案和施工管理资料；③有工程使用的主要建筑材料、建筑构配件和设备的进场试验报告；④有勘察、设计、施工、工程监理等单位分别签署的质量合格文件；⑤有施工单位签署的工程保修书。建设工程经验收合格的，方可交付使用。

（5）《城市房地产开发经营管理条例》第17条规定：房地产开发项目竣工，依照《建设工程质量管理条例》的规定验收合格后，方可交付使用。以上法律、行政法规对未竣工而使用均作出明确的禁止性规定。

在现实中，存在诸多的未经验收而发包人投入使用的情况。有的是发包人因生产经营所需，急于投产运行；有的是承包人拖延配合办理竣工手续；有的是发包人故意拖延验收以逃避竣工付款责任；还存在针对工程使用期难以迟延的特殊性工程，承包人以拖延验收胁迫发包人擅自使用以逃避工程质量责任的情形。

但是，《建设工程司法解释》第14条明确规定，建设工程未经竣工验收，发包人擅自使用后，又以使用部分质量不符合约定为由主张权利的，人民法院不予支持；

但是承包人应当在建设工程的合理使用寿命内对地基基础工程和主体结构质量承担民事责任。其隐含的法理是,发包人对建设工程必须经过竣工验收方能判定质量合格,其后才能投入使用应当是明知的。既然已经擅自使用,说明发包人对建设工程的质量是认可的,或者虽有异议、尚愿意承受工程质量存在缺陷的后果,但若建设工程存在地基基础工程和主体结构的质量问题,则有可能对建设工程的结构安全性和功能适用性造成根本性的影响,根本违背订立建设工程施工合同的目的。故此种情况下,拟制认定发包人擅自使用即丧失主要权利,已远远超出了风险负担的范围。对于该条的理解,笔者认为,理论和实务应当细致深入一些:

(1)擅自使用指的是未经竣工验收即投入使用,违反法律法规的强制性规定,而并非指未取得承包人的同意。即使发包人与承包人一致同意未经竣工验收而投入使用,亦构成擅自使用。

(2)"使用"指的是构成建筑物功能性使用。一种观点认为,只要建筑物被发包人实际占有或控制即为使用。另一种观点认为,发包人在占有之后按照建筑物的用途或功能利用建筑物的才构成使用。还有一种观点认为,需要占有一定的时间、空间之后才能认为构成使用。考虑到擅自使用认定对发包人的不利影响,也涉及工程实践做法及与工程竣工验收制度的衔接,对于"使用"宜从严认定,一方面应该有按建筑物的用途或功能对建筑物的"利用"行为;另一方面应该有持续性的使用目的。具体应该结合个案情况进行认定。

(3)"擅自使用"最主要的后果是,发包人丧失了以工程未竣工验收故无法确定质量合格为由,得以拒付工程结算价款的权利。当然,发包人有证据证明涉案工程的地基与基础、主体结构存在质量问题的除外。(对于何为主体结构,并无明确的法律概念,在具体个案中需要从工程技术和法律两个角度结合判断。)但"擅自使用"的后果,并不包括承包人可以据此拒绝承担合同约定的保修义务。同时,以擅自使用起始之日(转移占有建设工程之日)为竣工日期,工程的质量保修期和质量保证金(保留金)的返还时间亦从擅自使用之日开始计算。故"擅自使用"可视为法律上针对发包人特殊的"拟制工程质量合格",即使可能存在与客观事实上的差距。

(4)对欠付工程款计息有影响。《建设工程司法解释(一)》第 27 条规定,"利息从应付工程价款之日计付。当事人对付款时间没有约定或者约定不明的,下列时间视为应付款时间:(一)建设工程已实际交付的,为交付之日;……"故而擅自使用之日就是工程的实际交付时间。如果双方没有对付款时间特别约定或者约定不明,擅自使用之日(交付之日)即为发包人应付工程款之日,欠付工程款的利息亦从该日起计算。

(5)发包人承担上述责任,应以其实际“擅自使用”的建筑区域为限。不能无限扩大范围,否则极容易导致发承包双方的利益严重失衡。如发包人仅仅使用的涉案的门卫等附属工程,不能以此认定主体工程拟制工程质量合格。

(6)特殊情况下,承包人仍不能免除返工、返修、整改、重做、继续施工等施工中的质量义务和质保责任,如承包人恶意利用发包人必须投入使用的特殊原因、承包人对质量问题和责任的事前确认、发包人在投入使用前即发现质量问题并通知承包人等。

案例 14-4 ▶ 案由:建设工程施工合同纠纷

原告:中国化学某建设工程有限公司。被告:宁波某化工公司。

【案情】2014 年 7 月 9 日,原告与被告签订了《宁波某化工公司重油裂解生成油分离装置工程项目建设施工合同》,约定被告将涉案工程发包给原告,主要约定有:(1)合同价款未约定;(2)合同工期 138 天,暂定从 2014 年 7 月 15 日至 2014 年 11 月 30 日;(3)承包范围为甲方提供的施工图纸及配套说明书的工程内容,具体包含土建(装饰)、厂区内给排水、暖气、管道、通风、炉窑砌筑、防腐及保温、电气仪表、机械设备、静止设备与工艺金属结构等(不含消防);(4)工程款支付为按照月进度支付已完工程量的 75%,单项工程完工及预算内审完成付至审价的 85%,工程竣工验收合格及竣工资料交付,预算终审完成后 20 日内支付至工程结算价的 95%,剩余 5% 作为质保金于工程质保期一年满后一个月内无息支付。

2014 年 7 月 22 日,双方再次签订补充合同,约定桩基主材预应力管桩采用甲供。

涉案工程于 2014 年 8 月 1 日开工。施工期间双方陆续签订多份补充协议,对工程范围、计价方法等作出变更。

涉案工程一直未办理竣工手续,双方对未办理竣工手续的原因存在争议。原告认为,被告怠于组织竣工验收,原告实际上早已于 2015 年 2 月 3 日提交了中间验收报告,要求竣工验收。被告认为,原告施工的压力容器管道安装应当通过特种设备检验研究院进行报送监检并取得合格证明后才能竣工验收,且原告并未提供竣工验收所需的各项资料。

在审理中,被告确认涉案工程自2016年7月5日开始试运行至今,至今仍未办理竣工验收手续。

【审理】鉴于原告无法提供其向被告提交中间验收报告的证据,亦无确切的证据证明被告实际投入使用的具体时间,故最终以被告自认的2016年7月5日将涉案的整体工程投入试运行的时间拟制为被告"擅自使用"的时间。通过现场踏勘,涉案工程在诉讼阶段一直在生产使用。

【评析】未经竣工验收的"试运行"能否拟制为"擅自使用",需要区分不同性质的工程予以对待。在本案中,虽然被告称涉案工程一直处于试运行阶段且未办理竣工验收,但实际上早已带料生产,故拟制为"擅自使用"无可厚非。实际上,对于一般的建设工程而言,"试运行"均为依附建设工程的功能性价值而提前使用,应当认定为"擅自使用"。如酒店装修未经验收即试运行对外营业,工业标准厂房未经验收即搬入机器设备开工生产等。但是对于有特殊要求的工程,短时间的"试运行""试车"不能视为"擅自使用",如合同约定的试运行作为竣工验收前的检测手续的,这种往往在涉及石油化工工业设备安装、电力设备设施等工程项目中较为常见。典型的如一些技术性较强的EPC工程,在试运行阶段,工程通过水联动、带料试车后,发包人对工程设备整体的产能、材料损耗、产品合格率等运行情况进行全面监控,符合各项指标后才进行下一步的竣工验收。此外,根据《公路法》等规定,高速公路应当在交工验收后交付使用一定时间后(往往是三年),再由省一级的公路局组织建设方、勘察、设计、监理等各单位参加的竣工验收,与一般的建设工程较为不同。故其投入使用也不能视为原《建设工程司法解释》中的"擅自使用"。

10. 发包人故意拖延验收

《民法典》第799条规定:"建设工程竣工后,发包人应当根据施工图纸及说明书、国家颁发的施工验收规范和质量检验标准及时进行验收。验收合格的,发包人应当按照约定支付价款,并接收该建设工程。建设工程竣工经验收合格后,方可交付使用;未经验收或者验收不合格的,不得交付使用。"该条中的第一个"竣工",应当理解为"完工",否则即为本末倒置。《建设工程质量管理条例》第16条第1款规定:"建设单位收到建设工程竣工报告后,应当组织设计、施工、工程监理等有关单位进行竣工验收。"此处的"建设工程竣工报告",应理解为"建设工程竣工申请报告",理由同上。建设工程竣工后,发包人应当按照相关施工验收规定对工程及时组织验收,该验收既是发包人的义务,亦是发包人的权利。《建设工程施工合同(示范文本)》(GF-2017-0201)通用条款第2.7条规定,发包人应按合同约定及时组织竣工验收。在工程建设实践中,多数发包人的主观意愿,往往希望建设工程早日完工投产,在施工过程中不断敦促承包人按期完工。当承包人完工并提交竣工申请后,尽量安排组织竣工验收。但是,在一些案件中仍然存在以下情形:发包人出于不同的目的在承包人完工并提交竣工申请后,迟迟不组织竣工验收:发包人工程款资金不足,难以支付工程结算款;发包人生产经营发生重大变更,项目投资计划有所变化;发包人希望晚办理竣工手续及后续的房产证,将固定资产移交时间延后,冲入成本的年月有所调整,以应对财务报表公开的需要等。

《建设工程施工合同(示范文本)》(GF-2017-0201)通用条款第13.2.2条对竣工验收程序作出规定:除专用合同条款另有约定外,承包人申请竣工验收的,应当按照以下程序进行:(1)承包人向监理人报送竣工验收申请报告,监理人应在收到竣工验收申请报告后14天内完成审查并报送发包人。监理人审查后认为尚不具备验收条件的,应通知承包人在竣工验收前承包人还需完成的工作内容,承包人应在完成监理人通知的全部工作内容后,再次提交竣工验收申请报告。(2)监理人审查后认为已具备竣工验收条件的,应将竣工验收申请报告提交发包人,发包人应在收到经监理人审核的竣工验收申请报告后28天内审批完毕并组织监理人、承包人、设计人等相关单位完成竣工验收。(3)竣工验收合格的,发包人应在验收合格后14天内向承包人签发工程接收证书。发包人无正当理由逾期不颁发工程接收证书的,自验收合格后第15天起视为已颁发工程接收证书。(4)竣工验收不合格的,监理人应按照验收意见发出指示,要求承包人对不合格工程返工、修复或采取其他补救措施,由此增加的费用和(或)延误的工期由承包人承担。承包人在完成不合格工程的返工、修复或采取其他补救措施后,应重新提交竣工验收申请报告,并按本项约定的程序重新进行验收。(5)工程未经验收或验收不合格,发包人擅自使用的,应在转移占有工程后7天内向承包人颁发工程接收证书;发包人无正当理由逾期不颁发工程接收证书的,自转移占有后第15天起视为已颁发工程接收证书。

《建设工程司法解释(一)》第9条规定:“当事人对建设工程实际竣工日期有争议的,人民法院应当分别按照以下情形予以认定:(一)建设工程经竣工验收合格的,以竣工验收合格之日为竣工日期;(二)承包人已经提交竣工验收报告,发包人拖延验收的,以承包人提交验收报告之日为竣工日期;(三)建设工程未经竣工验收,发包人擅自使用的,以转移占有建设工程之日为竣工日期。”该规定的渊源来自《民法典》第159条。《民法典》第159条规定:“附条件的民事法律行为,当事人为自己的利益不正当地阻止条件成就的,视为条件已经成就;不正当地促成条件成就的,视为条件不成就。”故有观点认为,发包人如果怠于组织竣工验收,承包人可以主张不正当阻止条件成就,视为条件已成就,并以其提交验收报告之日为竣工日期。当然,合同有约定的,按照约定执行。从广义上看,该种情况也是法律上的拟制“工程质量合格”之一。更有观点认为,工程质量是否合格,具有客观性,无法拟制。发包人故意拖延验收的,不能拟制“工程质量合格”,而应当认为发包人丧失“工程未经验收故无法确认质量合格而得的拒付价款”的抗辩而已。

案例14-5 ▶ 案由:建设工程分包合同纠纷

原告:屋面防水工程的分包人非凡公司。被告:建设工程施工合同项下的施工总承包人王水建设有限公司。

【案情】2015年6月,被告将某钢结构厂房工程中的TPO屋面工程分包给原告,承包方式为包工包料,工期为45天(从主体结构完工后开始),合同价款2850万元(固定总价)。其中,工程款支付约定为完工后支付合同价款的90%,分包人施工的屋面防水工程经施工总承包人及监理人、项目管理公司代表、业主验收合格后支付至5%,剩余款项作为质保金在保修期满后支付。随后,原告进行了施工,因各种原因,施工有所拖延。2016年12月,原告提交《分项工程完工报告》一份,载明:“我公司施工的TPO屋面全部完成检查,并于2016年12月15日全部完工并移交,请确认。”该报告加盖有被告项目部技术专用章,总监理工程师于2016年12月20日签字确认屋面系统已基本完成,并加盖工程技术专用章。次日，项目管理公司代表水某加盖项目管理公司印章并签字“屋面系统淋水及验收未进行”。其后，原告退场。2017 年 3 月，非凡公司以王水建设有限公司为被告提起诉讼，要求支付合同价款 95% 的工程进度余款。

在审理中，总监理工程师出具证人证言表明，屋面防水工程应当进行分部分项竣工验收。被告认为，由于业主方对工程设计有所变更导致拖延竣工，涉案工程至今尚未进行竣工验收，故原告要求支付至合同价款 95% 的支付条件尚未成就。

【审理】法院认为，被告王水公司系涉案工程的施工总承包人，其作为分包工程的发包人，在收到原告作为分包人提交的《分项工程完工报告》后应当及时组织业主、监理等验收，但直到案件庭审之日仍未组织。虽然被告辩称系业主规划和设计变更的原因，但未提供相应的证据。同时，即使因故未能组织竣工验收工作，被告也未将原因、下一步计划等及时告知原告。根据《屋面工程技术规范》（GB 50345—2012），金属板屋面施工完毕，应进行雨后观测、整体或局部淋水试验，檐沟、天沟应进行蓄水试验，并应填写淋水和蓄水试验记录。故上述水某签字的“屋面系统淋水及验收未进行”并不能说明原告未完工。在原告移交工程后，被告应当及时组织淋水试验，如存在问题应当及时告知原告处理。故被告怠于组织竣工验收以促成合同约定条件的实现，应当视为该约定的条件已经成就。结合本案的实际情况，据此酌定 2 个月时间为组织竣工验收的合理期间。故原告要求支付至合同价款 95% 的条件自 2017 年 2 月 21 日起已经成就。

【评析】虽然本案的被告不是建设方，但其系分包工程的发包人，仍然适用上述发包人故意拖延验收的处理规则。遗憾的是，本案判决酌定 2 个月时间为组织竣工验收的合理期间，实际上是不符合原《建设工程司法解释》第 14 条的规定。更为符合规定的则应当是提交《分项工程完工报告》并经监理工程师、项目管理公司代表签字确认之日即 2016 年 12 月 21 日视为竣工验收日期。当然，合同相对性的原理，这个竣工验收日期，仅仅对本案的原被告双方之间存在约束力，对案外人如发包人等则无约束力。

综上，竣工验收报告是承包人所施工的工程质量合格的直接证据，也是承包人得以请求支付工程价款的前提。除有效的建设工程合同中承包人主张工程进度款、发包人放弃或者不得主张工程质量是否合格的抗辩(见第十七章第7节)等案件外,大多数工程案件的审理,竣工与否是必须要查明的案件基础事实之一。作为裁判者,需要认识到竣工的特殊含义、熟悉竣工手续的办理过程等,明辨未能办理竣工的原因和责任,才能抓住案件审理的主心骨。在许多案件中,不存在规范的竣工验收报告,也无法查到竣工验收备案登记,那么发包人出具的竣工证明、甩项竣工验收、分部分项验收记录以及发包人擅自使用、拖延竣工验收的证据,往往也能够达到竣工的效果,同样需要引起高度重视,在涉及具体案件中尽最大可能地发现案件是否竣工或者拟制工程质量合格。

第十五章
CHAPTER 15

应付款（工程造价）

应付款指的是承包人要求发包人承担的主要合同义务。据不完全统计，建设工程合同纠纷（含建设工程施工合同纠纷、建设工程分包合同纠纷、装饰装修合同纠纷等）90%以上的案件，均为承包人（或分包人、实际施工人等）向发包人（或其他合同相对人）主张工程款。当欠付工程价款不明确时，裁判者便需要查明发包人应当承担给付义务的款项金额，即应付款。其中，主要是涉案工程造价几何的问题。除了工程造价以外，还存在其他的发包人应付款项，如承包人索赔款、欠付工程款（含进度款、结算款及质保金等）的利息、保证金（招投标保证金、履约保证金、农民工工资保证金等）、承包人借支给发包人或者垫付的其他款项（如土地征用补偿款、苗木补偿款等）、工程奖励金等。以上构成承包人可向发包人请求支付的全部内容，即项目应付总价款。

特别需要说明的是，如果涉案已完工程竣工验收不合格或者主体结构、地基与基础存在质量问题，经修复后仍不合格，或者未完工程承包人无法证明涉案工程的已完部分符合施工设计文件和工程建设的强制性标准，承包人将不仅不具有主张工程价款的权利，发包人还得以请求返还已支付的工程价款。在该种情况下，查明应付款（工程造价）并无必要，可以直接驳回承包人的诉讼请求。

1. 工程造价的法律意义

根据《工程造价术语标准》（GB/T 50875—2013）第2.1.1条的规定，工程造价指的是工程项目从投资决策开始到竣工投产所需的建设费用，可以指建设费用中的某个组成部分,如建筑安装工程费;也可以是所有建设费用的综合,如建设投资和建设期利息之和。工程造价按照工程项目所指范围的不同,可以是一个建设项目的造价,一个或多个单项工程或单位工程的造价,以及一个或多个分部分项工程的造价。工程造价在工程建设的不同阶段有具体的称谓,如投资决策阶段为投资估算,设计阶段为设计概算、施工图预算,招投标阶段为招标控制价、投标报价、合同价,施工阶段为竣工结算等。

建设工程合同通常会约定一个合同价格,用以明确承包工程项目的总金额。在合同文件中,是一个静态数值。合同价格是合同价值考虑市场供求关系等因素后的货币表现。在合同价形成之前都是一种预期的价格,在合同价形成并履行后则成为实际金额。竣工结算价就是最终"工程造价"。工程造价,往往指的是物化构成工程实体的造价。在不同的工程计价模式下,涵盖不同的内容。

在经济学层面,工程造价多数情况下实为价格而非价值,少数情况下体现为反映市场公允价值、供求关系、通行实际成本和利润率的价值。

在法律层面,工程造价就是市场价,而并非政府指导价,强调的是双方对工程价格形成的合意,强调的是对当事人真实意思的尊重。除非涉及《招标投标法》中规定的不允许低于成本价中标(实际上也很难证明)、必须招标工程出现"黑白合同"、双方合议达成的工程造价存在恶意损害第三人利益的嫌疑(如虚高工程造价以博得过高的建设工程价款优先受偿金额、破产案件中虚高债权以获取更高的分配受偿比例)以及政府投资项目出于对国有资金的严格审计管控等情况,司法应当尊重当事人对工程造价的合意。

所以,工程造价是指根据合同约定的计价方法计算的承包人施工的已完合格工程的价格,具有议定性、可预测性、唯一性。签约合同价仅仅是暂计价格,多数情况下会在履约过程中发生变化。工程造价具有较高的弹性,包括双方约定的索赔、未约定或约定不明的事项、计价方式的变更、调整的计价范围、协商增加或扣除的部分,甚至包括极端情况下的政府指导与干预。如宁波市住房和城乡建设局2020年2月18日发布的《关于疫情防控期间合理确定工程合同价款的指导意见》(甬建发〔2020〕12号)中第5条规定:"疫情防控专项经费。疫情防控期间复工的项目,要切实落实疫情防控措施,因复工增加的防疫管理(宣传教育、体温检测、现场消毒、疫情排查和统计上报等)、防疫物资(口罩、护目镜、手套、体温检测器、消毒设备及材料等)和防护人员补贴等费用,可在工程造价中单列疫情防控专项经费,按照现场作业及施工管理人员每人每天 40 元的标准计算。承包方应做好施工现场记录,收集保存现场人员名单、按实签证,作为计量依据。对于复工人员按项目所在地规定需要承包方安排集中健康观察的,在观察期间发生的住宿费、餐费、防疫物资等费用由发承包双方另行协商解决。"

2. 工程造价与工程价款

工程造价与工程价款的概念有一定联系,常被混淆。工程造价是工程价款的前提(预付款除外),工程价款是工程造价的归宿,也是承包人承包的根本目的。两者的区别有:

(1)工程造价进入应付的状态才成为工程价款,工程造价系发承包双方根据双方合同约定的工程造价取费方式、计算方法等,结合实际完成的情况所确定的工程价格,包含双方协商确定的计价项、量、价等。工程价款则指的是工程造价相对应部分的应付部分工程款债权。

(2)工程造价具有连续性,从无到有,从少到多,逐渐累积增高,直至竣工后达到峰值,双方结算后予以确定。而工程价款具有阶段性,无论是分为"预付款、进度款、结算款、质保金",还是按照月进度报表、形象进度报表等不同方式下确定的工程价款,均为在一定周期下的已完工程部分造价金额(往往被称为产值),但该金额并不一定后期的比前期的高,甚至可能后期的工程价款金额远少于前期的情况。如 1 月完成工程量 300 万元,2 月完成 150 万元,3 月完成 550 万元,4 月完工,完成 89 万元。

(3)甲供料、甲供设备情况下,其相应的甲供料、甲供设备价值计算进入工程造价,成为工程造价的其中一部分,但是计算工程价款时应予剔除,承包人无权向发包人主张该部分的造价。而甲供料、甲供设备保管费、调试费、安装费等仍然需要按照合同计取。

(4)在结算时,工程造价扣减相应的已付款金额、应扣款金额后的欠付部分,才是工程价款,才享有建设工程价款优先受偿权。《建设工程司法解释(一)》第 40 条第 1 款规定:"承包人建设工程价款优先受偿的范围依照国务院有关行政主管部门关于建设工程价款范围的规定确定。"此处"承包人"三个字似可删除,同时"建设工程价款范围"改为"建设工程造价范围"更宜。国务院有关行政主管部门并无关于建设工程价款范围的规定,而是有关建设工程造价费用构成的文件。

3. 常见工程计价方式

工程计价方式是指根据不同的计价原则、计价依据和计价方法确定工程造价的计价方法。法官和律师应当熟练掌握以下常见的计价方式。

【定额计价】定额是根据不同需要对某一事物规定的数量标准,是一种规定的额度。从总体的生产工作过程来考察,规定出社会平均必需的消耗数量标准,这种标准就称为定额。工程定额是指在通常的施工条件和合理劳动组织、合理使用材料和机械的条件下,完成一个常规项目的工程合格产品所必须消耗资源的数量标准,是项目施工过程中所投入的人工、机械、材料和资金等社会通常成本。换句话说,定额反映了某一特定时期的(当地)社会平均生产力水平,故而定额实为价值而非价格。工程定额计价是指根据招标文件,按照各国家建设行政主管部门发布的建设工程预算定额的"工程量计算规则",同时参照省级建设行政主管部门发布的人工工日单价、机械台班单价、材料以及设备价格信息及同期市场价格,直接计算出直接工程费,再按规定的计算方法计算间接费、利润、税金,汇总确定建筑安装工程造价。这种计价方式是沿袭计划经济时代相适应的工程造价管理制度,是国家通过颁布统一的估算指标、概算指标,以及概算、预算和有关定额,对建筑产品价格进行有计划的管理。**其重要的特点是它是一个包含量和价结合的问题,即以概预算定额所确定的消耗量乘以定额单价或市场价,经过不同的计算规则,得到量与价的结合,形成工程造价。**定额计价的优势是:对发承包双方而言,工程计价标准明确,双方均比较熟悉,易于操作、沟通。定额计价的缺点是:随着社会经济和建筑业的发展,定额体系无法适应市场的灵活性,难以体现企业竞争力——定额的社会平均消耗量及建设行政主管部门定期发布的材料预算价格脱离市场和社会实践。用通俗的话说,定额有时是通过"不靠谱"的定额消耗量×"不靠谱的"定额单价 ="相对靠谱的"定额价。目前,世界上只有中国、俄罗斯和非洲的贝宁使用定额计价方法来确定工程造价。定额体系除了各省级建设行政主管部门发布的地方定额,如浙江省建筑安装费用定额(2003 年),浙江省建筑工程施工费用定额(2010 年),还有特殊行业的行业定额,如《石油化工安装工程预算定额(2007 版)》。旧的定额不会随着新的定额颁布而失效,如当事人约定采用旧的定额,则仍然对合同当事人有约束力。

一个定额标准,不仅包括建设工程费用组成、施工费用计算规则、建设工程费用计算程序,还包括相应工程类别下不同的取费费率,是有关工程造价计算的“实体法与程序法”的结合。**采用定额计价方式下,工程造价=直接费+间接费+税金+利润**。直接费由直接工程费和措施费组成,直接工程费是指施工过程中耗费的构成工程实体的各项费用,包括了材料费(消耗的材料费总和)、人工费、机械费,即俗称的“人、材、机”三大要素。措施费是指为完成工程项目,发生于该工程施工前和施工过程中非工程实体项目的费用,包括:生产工具使用费、测量放线费、临时设施费、缩短工期措施费、垂直及超高增加费、大型机械安拆及场外运输费、脚手架搭拆费、安全文明施工费、材料二次搬运费、冬雨季施工增加费等。间接费包括施工管理费和规费。施工管理费一般有管理人员工资、办公费、固定资产使用费、工具用具使用费、差旅交通费、保险费及其他。规费一般包括:工程定额测定费、劳动保险统筹基金、职工医疗保险费、职工待业保险费等。利润在定额中为企业投资期望回报。税金是指国家税法规定的应计入建筑工程造价内的各项税负,包括:建筑安装工程造价内的营业税、城市维护建设税、教育费附加、水利建设专项资金及建筑税、增值税等。

随着建筑施工企业的发展,定额往往滞后于市场的发展变化。**承包人在企业报价时,为了突出竞争优势,或者双方经过博弈,往往采用下浮计价策略**。即在定额计价的基础上,对合同总价或部分价款进行一定比例的下浮计算工程款,如3%~20%,而双方约定上浮的较为罕见,往往出现在特殊工艺工程、赶工抢工工程以及其他特殊的情况下。下浮率是合同重要的计价依据之一,无论合同是否有效,均应当遵照执行。

案例15-1 ▶ 案由:建设工程分包合同纠纷

原告:某开发区信达机械水电安装有限公司。被告:中化某建设工程公司。

【案情】被告经招投标程序,中标了某福基石化有限公司发包的丙烷资源综合利用项目标段N工程项目。其后,被告(作为甲方)与原告(作为乙方)签订《工程分包合同》,约定被告将涉案工程中的给排水工程、土石方工程及管道施工(不含防腐保温工程)分包给原告施工。

对于工程造价结算,双方约定如下:(1)乙方编制结算交甲方审核,按甲方审核后的预算为基础进行结算。双方采用定额如下:安装工程执行《2007石油化工安装工程预算定额》,按国家、地方有关文件规定进行工、料、机价差调整、取费。建筑工程执行《2010年浙江省建筑工程预算定额》,按国家、地方有关文件规定进行工、料、机价差调整,取费按二类中值执行。(2)结算造价计算公式,土建工程:工程造价×110%;安装工程:工程造价(不含主材)×74%(下浮26%)。(3)特殊说明:①工程量结算依据:按施工图纸、设计变更、现场签证单(确认单)以及能体现工程施工内容的经双方确认的施工记录文件等相关资料;②由于地域价格的局限,土方开挖按定价18元/m^3,回填按定价15元/m^3,定价均含场内1KM以内挖运费用。(4)工程施工完成后一个月内,乙方将全部结算书及结算资料原件报甲方经营部门,乙方结算书除由负责人签字外还要加盖单位公章,报送结算书的同时应附工程量计算清单,甲方收到结算书后安排专人在3个月内对乙方报送的结算书进行审核、阶段完毕。(5)甲方委托乙方完成合同约定以外的零星工作,可由甲方现场代表(其他人签字无效)确认现场签证工程量(签证单上数字涂改无效)。(6)HSE费用。按定额费率计价的结算方式中以包含HSE费用,按工程造价的1.5%。(7)材料物资。甲方供应物资为管道施工主材,其他物资由乙方自购。其中可按施工期间造价信息调整、实找价差的材料有:商砼、水泥、黄沙、钢筋(包括圆钢和螺纹钢)、砖、塘渣、碎石、模板及支撑、水、井盖等,其他物资价差自负。甲供材料不计运输和保管费,超领部分按采购价的120%在结算时扣减,实际领用低于预算的,按照实际领用调整结算造价。

【评析】上述合同对合同价款的约定是典型的定额取费,要点分析如下:(1)安装工程部分执行《2007石油化工安装工程预算定额》并下浮26%,土建部分执行《2010年浙江省建筑工程预算定额》并上浮10%,此为本案原被告双方确定工程造价的主要基础;(2)部分项目采用特殊约定的方式确定,如土方开挖和回填及HSE(健康安全环境保证金),双方直接予以明确;(3)双方对工程结算的程序和零星工程等作出约定;(4)甲供材为管道施工主材,其他物资由乙方自负,其中商砼等实行价差可调。

【工程量清单计价】工程量清单计价,简称清单计价,指的是按照《工程量清单计价规范》的规定,在各相应专业工程计量规范规定的工程量清单项目设置和工程量计算规则基础上,针对具体工程的施工图和施工组织设计计算出各个清单项目的工程量,依据规定的方法计算出综合单价,并汇总各清单合价得出工程总价。在招投标方式订立合同的情形下,工程量清单是指投标人完成由招标人提供的工程量清单所需的全部费用。在建设工程招投标中,招标人自行或委托具有资质的中介机构编制反映工程实体消耗和措施性消耗的工程量清单,并作为招标文件的一部分提供给投标人,由投标人依据工程量清单自主报价的计价方式。在工程招标中采用工程量清单计价是国际上较为通行的做法。《工程量清单计价规范(GB 50500—2013)》第3.1.1条也规定,“使用国有资金投资的建设工程发承包,必须采用工程量清单计价。”

实行此种计价方式下,**工程造价=分部分项工程费+措施项目费+其他项目费+规费+税金**。工程量清单计价方式有如下特征,能够消除以往定额计价模式的一些弊端。

(1)工程量清单均采用综合单价形式,综合单价中包括了工程直接费、间接费、管理费、风险费、利润、规费等,一目了然,更适合工程的招投标。

(2)工程量清单报价要求投标单位根据市场行情和自身实力报价,注重工程单价的分析,在报价中反映出本投标单位的实际能力,从而能在招投标工作中体现公平竞争的原则,选择最优秀的承包商。

(3)工程量清单具有合同化的法定性,本质上是单价合同的计价模式,中标后的单价一经合同确认,在竣工结算时是不能调整的,即量变价不变。

(4)工程量清单报价详细反映了工程的实物消耗和有关费用,因此易于结合建设项目的具体情况,变以预算定额为基础的静态计价模式为将各种因素考虑在单价内的动态计价模式。

(5)工程量清单报价有利于招投标工作,避免招投标过程中有盲目压价、弄虚作假、暗箱操作等不规范行为。

(6)工程量清单报价有利于项目的实施和控制,报价的项目构成、单价组成必须符合项目实施要求,工程量清单报价增加了报价的可靠性,有利于工程款的拨付和工程造价的最终确定。

(7)工程量清单报价有利于加强工程合同的管理,明确发承包双方的责任,实现风险的合理分担,即量由发包方或招标方确定,工程量的误差由发包方承担,工程报价的风险由投标方承担。

(8)工程量清单报价将推动计价依据的改革发展,推动企业编制自己的企业定额,提高自己的工程技术水平和经营管理能力。

表 15-1 工程定额计价模式与工程量清单计价模式对比表[1]

名称	工程定额计价	工程量清单计价
单位工程基本构造要素	定额项目	清单项目
工程量计算规则	各类工程定额规定的计算规则	《房屋建筑与装饰工程工程量计算规范(GB 50854—2013)》《通用安装工程工程量计算规范(GB 50856—2013)》等各专业计算规范中规定的计算规则
计价依据的性质	指导价	含有强制性条文的国家标准
编制工程量的主体	由招标人和投标人分别按图计算	由招标人统一计算或委托有关工程造价咨询资质单位统一计算
单价的组成	人工费、材料费、机械台班费	人工、材料费、施工机具使用费、管理费、利润,并考虑风险因素
适用阶段	在项目建设前期各阶段对于建设投资的预测和估计;交易阶段价格形成的辅助依据	合同价格形成以及后续的工程价格管理阶段
是否区分施工实体性消耗和施工措施性消耗	未分离	将施工措施与工程实体项目进行分离,施工措施性消耗单列并纳入了竞争的范畴

全部使用国有资金投资或国有投资为主的大中型建设工程必须采用工程量清单计价方式;其他依法招标的建设工程,应采用工程量清单计价方式。依法不招标的建设工程可以采用工程量清单计价或计价表计价方式。凡是采用工程量清单计价方式的,无论资金来源是国有资金、国外资金、贷款、援助资金或私人资金,都必须遵守计价规范的规定。

【固定单价】固定单价合同,是指合同的价格计算是以图纸及规定、规范为基础,工程任务和内容明确,业主的要求和条件清楚,合同单价一次包死,固定不变,

[1] 尹贻林:《工程价款管理——基于 DBB 模式的建设工程投资管控百科全书》,机械工业出版社 2018 年版,第 12 页。

即不再因为环境的变化和工程量的增减而变化的一类合同。在这类合同中，承包商承担价格的风险，发包方承担量的风险。实际总价根据单位工程量的固定价格与实际完成的工程量计算，**即固定单价 = ∑固定价格 × 计价数量。**

案例 15 -2 ▶ 案由：建设工程分包合同纠纷

原告：梅盛茂。被告：海泰建设有限公司。

【案情】2008 年 9 月 30 日，被告海泰建设有限公司将某机电有限公司厂房工程 1#～6#厂房的桩基工程承包给原告梅盛茂，双方签订《桩基工程承包合同》，合同约定：承包方式为包工包料；工程计价：沉管灌注桩按 460 元/m^3 计算，以上单价包括桩基的测试费用、管理费、税金等工程所有费用。工程量暂按 7660m^3 计算，实际增减按业主、监理单位确认的工程量为依据，增加部分工程量按 440 元/m^3 计算；钢筋补差：钢筋一次性补价 255,000 元；工期确定在 2008 年 11 月 10 日前完成所有工程并退场完毕。2008 年 12 月 15 日，双方签订《补充合同》，不再保留"增加部分工程量按 440 元/m^3 计算"并变更工期至 2009 年 1 月 31 日止。

2009 年 3 月 31 日，建设方、监理单位、施工单位（原告签名）共同签订桩基砼工程量汇总表，确定砼方量为 9713.3m^3。其后，被告累次支付 314 万元工程款。

2018 年 12 月 21 日，原告向法院起诉要求被告支付欠付工程款 1,583,118 元及利息损失 902,377 元。在审理中，双方争议焦点集中在原告是否应当承担开票费用、超过暂定工程量 7660m^3 的部分 2053.3m^3 是按照 440 元/m^3 还是按 460 元/m^3 计算、原告主张工程款是否已经超过诉讼时效等问题上。

【评析】本案为典型的（全费用）固定单价，双方并未约定调整的方法，视为风险范围内不调整。双方合同中没有约定原告应当承担开票义务或者负担费用，则被告要求原告承担相应税款没有依据。《补充合同》与《桩基工程承包合同》基本相同，但是在"工程计价条款"部分未保留"增加部分工程量按 440 元/m^3 计算"，视为双方一致变更合同约定，故增加部分仍应当按照 460 元/m^3 计算。由于双方并未就工程价款进行结算，诉讼时效并未届满。固定单价合同通常适用于工程内容明确、单一的项目,如土石方工程、厂房仓库等的建设项目。其计价隐含的前提是施工范围完成,如存在未完成项目,则原有的固定单价计价方式极有可能不再适用。

【**固定总价**】固定总价也称为总价包干、一次性包死价,即合同当事人约定以施工图、已标价工程量清单或预算书及有关条件计算、调整和确认建设工程造价,在约定的范围内合同总价不作调整。固定总价合同一经签订,若合同约定的施工内容和条件不发生变化,量与价的大部分风险一般均由承包商承担,包括但不限于投标时的报价失误、合同履行过程中的人材机生产要素价格上涨等风险。承包商一般需承担工程量风险。在固定总价合同中,业主在提供工程量清单时往往忽视工程量清单计价规范关于"招标工程量清单准确性、完整性由招标人负责"的强制性规定,声明工程量清单仅作为承包商投标报价的参考,承包商应自行核对图纸及工程量,业主对工程量的计算错误概不负责。该声明是否有法律效力往往存在争议。

固定总价 = 原固定总价部分 ± 变更部分 ± 风险范围。固定总价合同适用于以下情况:(1)工程量小、工期短,估计在施工过程中环境因素变化小,工程条件稳定并合理;(2)工程设计详细,图纸完整、清楚,工程任务和范围明确;(3)工程结构和技术简单,风险小;(4)投标期相对宽裕,承包商可以有充足的时间详细考察现场、复核工程量,分析招标文件,拟订施工计划;(5)合同条件中双方的权利和义务十分清楚,合同条件完备,期限短(1 年以内)。

案例 15 -3 ▶ 案由:建设工程施工合同纠纷

原告:宁波某建设工程股份有限公司。被告:宁波天悦太阳能电力有限公司。

【**案情**】被告拟建的高效晶体硅太阳能电池及组件项目一期二标段工程,并邀请包括原告在内的三家总包特级资质承包商招标。在设计院提供的图纸基础上,各方以工程量清单的方式编制了工程投标报价文件。经过招投标,原告投报的商务标、技术标、经济标先后中标。2014 年 11 月,原被告双方就高效晶体硅太阳能电池及组件项目一期二标段工程签订《建设工程施工合同》约定，工程内容为厂房（3#、4#、5#、6#）框架三层、办公楼七层，总建筑面积10万平方米，承包范围为施工图范围内的桩基、土建、水电工程，工程造价为1.48亿元，总价下浮8%，合同价款采用固定总价（但施工过程中出现设计变更、会审纪要、技术联系单、洽商记录、签证单、施工图纸更改、图纸答疑和预算编制说明、材料设备暂定价及施工方案调整因素的，可按实调整）。在投标时，高大模板承重架专项施工方案暂无法明确，暂列金额3800万元。

其后在施工过程中，原被告双方对该方案予以明确，并对管桩、河沙、钢绞线、门窗、商品砼、防水宝、抗裂砂浆、乳胶漆等补差调价方案予以确认。2016年5月30日，原被告双方签订《工程补充协议》，确定因甲方建设资金不足、需要加快工程建设进度、早日投入生产以推动IPO上市计划，故办公楼、6#厂房已完成桩基和承台，其主体部分不再施工作为工程甩项，建筑面积由10万平方米变更为8.5万平方米，双方结算仍然按照招投标文件中的预算报价进行切割。

在审理中，双方对该高大模板承重架专项施工方案所涉及的金额是否在固定总价范围内存在争议。

【评析】在90%以上的固定总价合同的案件中，法官在审理时会发现由于原固定价包干范围不明确、原固定价包干范围内存在未施工部分等原因，合同总价无法“固定”，从而不得不委托鉴定，将固定总价合同打开、重新计价，此类案件往往是建设工程合同案件中较为疑难的类型。

【成本加酬金】成本加酬金是发承包双方约定以施工工程成本再加合同约定酬金计算、调整和确认建设工程造价的方法。此种计价方式下，承包人不承担任何价格变化和工程量变化的风险，不利于发包人对工程造价的控制。其中，酬金既可以约定为一定的比例系数，也可以约定为固定值。其计价公式为：**成本加酬金＝∑实际成本×（1＋酬金系数）或∑实际成本＋固定酬金。**

成本加酬金的计价方式往往适用于以下工程：（1）工程特别复杂，工程技术、结构方案不能预先确定，或者尽管可以确定工程技术和结构方案，但不可能进行竞争性的招标活动并以总价合同或单价合同的形式确定承包人；（2）时间特别紧迫，来不及进行详细的计划和商谈,如抢险、救灾工程。

【可调价】可调价合同又称为变动总价合同。合同价格是以图纸及规定、规范为基础,按照时价进行计算,得到包括全部工程任务和内容的暂定合同价格。它是一种相对固定的价格,在合同执行过程中,由于通货膨胀、市场变化等原因而使所使用的工料成本增加时,可以按照合同约定对合同总价进行相应的调整。当然,一般由于设计变更、工程量变化和其他工程条件变化所引起的费用变化也可以进行调整。因此,可调价实际上是约定了一定的风险范围,对承包商而言,其风险相对较小,但对业主而言,不利于其进行投资控制,突破投资的风险就增大了。

案例 15-4 ▶ 案由:建设工程分包合同纠纷

原告:夸父建筑安装有限公司(以下简称夸父公司)。被告:中建安装总公司(以下简称中建公司)。

【案情】被告系建设工程施工总承包方,承包了发包人信海公司发包的某小田湾石油化工工程的土建、安装部分。被告随后将其中的土建部分分包给原告施工。双方对于工程价款的约定主要有:

(1)合同金额4677万元。

(2)结算计价依据:执行主合同(被告与发包人之间签订的建设工程施工合同)中标清单综合单价,工程量以业主最终审定工程量为准,执行主合同的计费方式,在中建公司配合下,夸父公司全程负责业主进度报量、业主结算的编报并配合业主审计,同时全额承担由此产生的业主要分摊的审计费用。在业主审定的造价基础上,向甲方上交8.28%管理费(不含税金及规费,税金及规费由中建公司在决算时据实代扣代缴)。在合同实施期间,无论发生什么情况,综合单价都不作调整,工程量按时计算。

(3)中标清单综合单价包含完成合同各项所需的工资、工程直接费、材料费、安全文明施工费、措施费、临设费、管理费、利润、规费、税金、夜间施工费、设备和材料二次运输及装卸费、工程达标及创优费、保管费、成品保护费、配合试验/检验/调试费、缺陷修补及维护费及政策性调整等费用,以及合同明示的所有责任、义务和一般风险(包括民扰)。

(4)变更估价。分包人对承包人结算时执行承包人对发包人价格调整办法,物价波动引起的价格调整,发包人仅对构成永久性实体工程永久结构的钢材和水泥进行价格调差,调差依据是《宁波建设工程造价信息(综合版)》,调整的原则是对应钢材、水泥的相对差价,不计算投标人投标报价中标综合单价对应的主材价。材料调差价在工程结算时调整。

调差价的周期:构成永久性实体工程的钢材和水泥在开工当年每季度调整一次,其他时间段不作调整。

调差计算方法:每季度的三个月《宁波建设工程造价信息(综合版)》中"宁波市建筑安装材料市场信息价"表中载明的材料信息价的平均值(A)与2011年10月《宁波建设工程造价信息(综合版)》中的信息价(B)相比,涨跌幅在5%(含)以内的,材料价格不作调整,涨跌幅超过5%的,超过5%的部分全部调整。调差公式为:

$0.95B \leqslant A \leqslant 1.05B$,调差价 $=0$ 元;

$A > 1.05B$ 时,调差价 = 调差材料数量 $\times (A - 1.05B)$;

$A < 0.95B$ 时,调差价 = 调差材料数量 $\times (A - 0.95B)$。

调差材料数量计算:其他永久构筑物中的钢材和水泥数量,以调差周期内可以计入计量支付的混凝土结构施工时对应的时间为准,使用的钢材和水泥的具体量以施工图及经监理人审批的混凝土配合比计算出来的量为主。

在价格波动幅度较大时,发包人和监理人有权指示承包人调整以上主材进场时间,承包人应无条件服从,同时,发包人应合理补偿承包人由此产生的增加费用。材料价差调整后,由此产生的税金、运杂费、措施费等所有费用不作调整。

【评析】本案双方虽然约定的是参照主合同的综合单价,但是对钢材、混凝土实际上约定了风险范围5%,上下变动幅度超过时即应调差,并对调差的计算方法等作出明确约定。故本案双方之间约定的实际上是可调价。

以上几种计价方式并非完全相互排斥,有时在一个合同中会出现多个计价方式混合使用。例如,在某水电站EPC项目中,设计方面采用固定总价,因为设计的成本可以大致预估;设备采购采用成本加酬金合同,施工方面则采用单价合同,有时再附加一个最高限价作为成本控制。

4. 常见工程计价方式识别和运用

在一些案件中,由于当事人签约时对工程造价约定不清、矛盾、杂糅,对工程造价认识不清等,往往出现工程造价争议。

案例 15-5 ▶ 案由:建设工程施工合同纠纷

原告:郭天保。被告:国技鸿德低碳建筑有限公司(以下简称国技公司)、傅维庚。

【案情】原告起诉称,2016年7月8日,被告国技公司将某化学有限公司码头煤堆场的栈桥、楼梯及栏杆改造工程项目分包给被告傅维庚,双方签订《建筑工程项目安装承包协议》,约定安装工期为120天,招标价为146万元,并对双方权利义务等作出约定。一周后,即2016年7月15日,被告傅维庚将上述工程转包给原告,双方签订了《安装协议》,约定承包方式为包人工包机械,承包范围与上述一致,安装工期为120天,合同总价为98万元。其后,原告承租了案外人江苏常林吊装起重有限公司、张文中和吴锦荣等人的吊机,并签订了吊机协议。后原告施工至2016年12月30日,完成部分施工。2017年1月16日,两被告对工程进行结算,确认被告国技公司应付被告傅维庚工程款606,022元,但结算单中将吊机费遗漏。根据原告与出租吊机的单位结算,吊机费应为663,500元,故总工程款为1,269,522元,扣除现场材料费11,660元,施工垫付9100元,代付霍某等人工资55,965元,被告傅维庚代为支付给江苏常林吊装起重有限公司机械使用工程款15.5万元,已付工程款20万元,代付工程款35万元,被告国技公司还应支付原告工程款487,797元。根据原告与吊机单位签订的合同,原告逾期付款的将以合同款总额5%每日支付滞纳金,滞纳金即为被告国技公司未支付工程款而给原告造成的实际财产损失。综上所述,由于被告国技公司将建筑工程非法转包给没有施工资质的被告傅维庚,被告傅维庚又非法转包给实际施工人原告,这些非法转包合同均无效。根据《建设工程司法解释》第26条的规定,被告国技公司理应支付原告实际施工的工程款,被告傅维庚应当承担连带责任。故,原告主张应付工程款为结算工程款606,022元+吊机费663,500元=1,269,522元,已付各项工程款及应扣款项合计未781,725元,故尚欠工程款487,797元。另外,还有应当由两被告连带支付吊机费的30%作为损失即663,500元×30%=199,050元。诉讼请求即为要求被告国技公司支付工程款487,797元、损失199,050元,被告傅维庚承担连带责任。

经审理查明,被告国技公司亦并非涉案工程的施工总承包单位,其从案外人处承包了涉案工程,并将部分工程承包给被告傅维庚。双方签订的《建筑工程项目安装承包协议》合同价为146万元,以工程安装费包含人工费、施工机械使用费及租赁费、辅助材料、安全文明措施费等全费用的方式确定价款,作为合同附件的《钢结构安装工程报价单》对安装费的数量、单价等作出明确约定。而被告傅维庚与原告签订的《安装合同》与上述《建筑工程项目安装承包协议》相比,除了合同价款不一致以外,其余基本一致。作为《安装合同》的附件《工程量清单》,明确合同总价为98万元,并且备注:"综合单价含完成该项目的所有工作但不限于以下:材料采购、喷砂除锈、油漆、运输、组拼安装、补漆、面漆、成品保护、防护、脚手架等安全措施。"

另查明,2017年1月16日,业主代表、两被告及原告共同签订《傅维庚安装队某码头煤堆改造工程钢结构栈桥工程量结算书》,对傅维庚完成的1#、2#、3#栈桥及楼梯、圆仓等工程量、消缺人工吊机台班费等确认合计费用为606,022元,需扣除现场材料费、吊机费、施工用电费、借支款、代付工程款、质保金等,傅维庚安装费用为309,595元。原告亦在傅维庚签字边上签名确认。

同时,原告提供《机械使用工程款确认单》三份,用以证明其与江苏常林吊装起重有限公司、张文中和吴锦荣等发生吊机费金额663,500元。

在审理过程中,被告国技公司缺席,被告傅维庚委托了律师并提起了对原告的反诉,要求返还超付的工程款175,703元。

【审理】(1)本案立案案由有误,原告不应当在起诉时写明案由。本案所有主体均非发包人,故不属于建设工程施工合同纠纷。在审理中案由变更为建设工程分包合同纠纷。

(2)原告混淆了建设工程常见计价模式。在施行工程量清单计价的模式下,综合单价实际上包含了双方约定的所有费用。**综合单价,根据《建设工程工程量清单计价规范》(GB 50500—2013)第2.0.8条,指的是完成一个规定清单**

项目所需的人工费、材料和工程设备费、施工机具使用费和企业管理费、利润,以及一定范围内的风险的费用。所谓的吊机费,指的是施工费用中的机械台班费,是企业施工成本范畴。原告向案外人江苏常林吊装起重有限公司、张文中和吴锦荣等发生吊机费金额663,500元及相应的滞纳金,均为原告承包工程所应当承担的成本范畴,即人工费、材料费、机械使用费、其他费用等。工程造价指的是施工承包人可以据以向合同相对人主张的工程价款。故而,**除非双方约定采用成本加酬金的计价方式,承包人可获得求偿的工程造价本身与承包人实际发生的工程建造成本二者泾渭分明,毫不相关。**更何况,双方约定的工程量清单中已经明确"综合单价"包含了"安装费、运输费和租赁费"等。实际上,原告与案外人江苏常林吊装起重有限公司、张文中和吴锦荣的吊机费及滞纳金(违约金),可能约定得很高,也可能很低,但实际上与原告可主张的工程造价无关,这也符合经济原则和正常的商业秩序。如果该吊机费承包人可以向其合同相对人主张的话,难以避免原告与案外人江苏常林吊装起重有限公司、张文中和吴锦荣合谋恶意抬高吊机费以获得求偿。

(3)已经经过结算的案件一般不得推翻结算协议。本案中,2017年1月16日,业主代表、两被告及原告共同签订《傅维庚安装队某码头煤堆改造工程钢结构栈桥工程量结算书》,对傅维庚工程造价、应扣款作出确认。本案中,原告系傅维庚转包取得工程,其在傅维庚签字边上签名确认,说明其参与了工程结算并对结算内容予以认可,故原告可求偿的工程总造价即为606,022元。原告以漏算吊机费为由要求调增,明显不能成立。

(4)法律关系错误。原告要求国技公司承担付款责任、傅维庚承担连带责任,实际上没有依据。原告的合同相对人实际上是傅维庚而非国技公司,原告据以主张的《建设工程司法解释》第26条规定,"发包人只在欠付工程价款范围内对实际施工人承担责任",亦并非简单的连带责任——实际上是连带责任、共同责任还是补充责任,学理和实践均不一致。越来越多的观点同意此处发包人承担的是法律拟定的直接付款责任。

(5)原告不仅无法达到诉讼目的反而要返还超付的工程款。根据上述分析,原告施工的工程造价为606,022元,被告傅维庚等已支付工程款、应扣工程款781,725元,已经超付了工程款175,703元。在建设工程领域,超付工程款并要求返还的案例较为罕见,往往有特殊的原因。本案中不排除双方在施工、结算的过程中有媾和的情况,但当被告傅维庚明确提起超付工程款并要求返还的情况下,反诉被支持的可能性较大。也就是说,原告的主张不仅难以实现,反而要承担返还超付工程款的后果。

(6)鉴于以上5点,法庭在第一轮法庭辩论后休庭组织双方进行了调解:对原告而言,诉讼请求难以支持,反而很有可能反诉会被支持;对被告傅维庚而言,当时结算时超付工程款定然有不为人知的因素,如果将原告逼上绝路,效果很可能更加不好。最后,双方达成一致意见,原告撤回本诉,被告傅维庚撤回反诉,双方承诺纠纷就此处理完毕,今后无涉。

【评析】从本案可以看出,作为法官和律师,应将对常见工程计价模式的识别放到突出重要的位置。**在任何工程价款案件中,只有确定应付款(工程造价)、已付款等基本概念,才能够较快厘清案件思路,才不会在实务中产生混淆而犯低级错误。**本案是建设工程合同纠纷常见的一种案件,承办人一看案件案卷材料中的起诉状和证据,就知道原告将要败诉。这种情况下,遇到可以进行良好沟通的律师,法官可以充分行使释明并动员其撤诉工作,而并非需要到开庭后再予以处理。当然,如果律师难以沟通,则适度、小心行使释明,避免越界。

案例15-6 ▶ 案由:建设工程施工合同纠纷

原告:浙江某大弘工程爆破有限公司。被告:某街道办事处。

【案情】被告于2019年3月公开招标新一年度拆违工程,招标总价为198万元,范围为街道综合执法中队拆违范围内的违章建筑,计划工期为2019年3月至2019年12月。3月13日,开标后,原告依法中标,并于3月31日与被告签订了《某街道拆违工程施工合同书》和协议书,约定合同综合单价为24,502元,中标下浮值为5.03%。合同约定,工程不支付预付款,按每月完成的工程款进行支付。工程量的结算,由发包人向承包人提供拆违工作的任务通知单,在通知单规定时间内完成拆违项目后,由承包人向发包人提交已完成工程量的拆违工作确认单。发包人在接到拆违工作确认单三日内核实已完工程量,并在核实前一天通知承包人,承包人应提供条件并派人参加核实。发包人收到承包人拆违工作确认单后三天内未核实完工程量,从第四天起,承包人的工程量视为认可,作为工程款支付的依据。合同在实际履行过程中,被告从未制发过任务通知单,也未按时按月支付工程款。原告按照被告的要求,在规定的工期里完成了合同范围内的拆违工作。原告主张被告应当支付拆违工程款188万元。

原告提供的证据:《招标文件》、中标通知书和某街道拆违工程施工合同。

被告某街道办事处答辩如下:双方之间存在招投标关系及签订合同属实,但是原告完成的工程量没有证据确定,合同约定的综合单价有待进一步明确。

被告没有证据向法院提供。

【审理】从双方初步起诉与答辩上可以总结,涉案工程为拆除工程,即将“三改一拆”中认定为违章的建筑予以拆除,属于建设工程的一种。**所谓建设工程并不仅仅包含“建”,当然还包含“拆”**。故立案案由是正确的。

本案从未支付过工程款,故“已付工程款”没有争议,争议较大的是“应付工程款”,在本案中即原告施工的拆违工程的工程造价问题。由于原告提供的仅仅是合同静态审查的内容,即招投标文件、中标通知书及施工合同,仅仅是合同签约阶段的双方约定。政府投资工程经过招投标程序,形式上、资质上往往没有问题,但仍然需要审查。而合同效力,则往往是有效的。

本案的难点在于,双方在履行合同时没有按照合同约定的方式进行工程量的确认工作:发包人向承包人提供拆违任务通知单—承包人在规定的时间内完成拆违工作—承包人向发包人提交已完成工作量的拆违工作确认单—发包人核实已完工程量、承包人配合并参加—发包人按月支付进度款。本案的特殊点在于:(1)发包人发包的工程量是没有工程量清单的,具体的数量根据行政职能部门的要求,确认违章建筑并取得拆违任务后才进行施工。(2)拆违工程,无法如普通的工程楼,在竣工后仍然留存有建筑物、构筑物实物,在某些情况下即使没有图纸,也能够通过估值法等方法对工程量进行预估。**拆违工程往往没有留下拆之前的构造、样貌、分布等证据,即使有,也难以通过鉴定的方式确认工程款。**(3)拆违工程与其他工程不同,没有严格、统一、规范的验收手续,往往发包人单方认可甚至是口头认可接受成果,即视为竣工,故对拆违工程的竣工手续形式要件不能过于严苛。

从举证的角度看，已完工程造价的举证责任仍然在施工方，其或者举证曾将相应的拆违工作确认单及时提交给了发包人而发包人没有及时提出异议，或者举证其实际完成的工程量，结合双方约定工程造价。对于这两者，原告均没有证据。

本案的工程造价计价方式也存在重大问题：《某街道拆违工程施工合同书》和招投标文件均约定，本项目投标报价为（固定完全综合单价）可调总价，投标报价应为对应招标人提供的各个完全综合单价及合价基础上根据自身企业的情况填报的各个报价及合价，为包括税金在内的完全综合单价。除非合同中另有规定，均包括该人工、材料、机械成本、利润、税金、风险费、政策性文件规定费用等左右费用。完全综合单价为 25,800 元，中标下浮率为 5.03%。本合同工程量按实结算（业主有权根据实际情况调整工程量，中标方须无条件按业主要求完成的实际工程量按实结算）。结算总价的确定为：按业主确认的工作联系单中的实际工程量按实结算。发包人组织对承包人上报的结算进行审核，结算造价最终以审核部门审核为准。工程结算过程中，其核减率超过 5% 以上部分的审核费用及核增工程价款的审核费用，由承包人承担。承包人在付清承担的审核费后，方可进行工程价款结算。完全综合单价的组成如表 15－2 所示：

表 15－2　本工程招标预算书（招标控制价）

序号	分项工程	单位	完全综合单价（元）	备注
一	人工			包括税管费等所有费用
1	综合人工	工日	200	
2	气割电焊人工	工日	600	包括机械及材料费
二	机械			均含机械人工、耗材、税管费等
1	80 挖机	台班	1200	
2	120 挖机	台班	1500	
3	200 挖机	台班	1800	
4	260 挖机	台班	2400	
5	挖机平板车	台班	300	
6	25T 汽车吊	台班	1600	

续表

序号	分项工程	单位	完全综合单价(元)	备注
7	50T 汽车吊	台班	3200	
8	100T 及以上汽车吊	台班	10,000	
9	50T 铲车	台班	1200	
10	5T 自卸车	台班	800	
11	8T 自卸车	台班	1000	
三	合计		25,800	

从表 15－2 可以看出，所谓完全固定综合单价的组成基础，是构成工程价款费用的基本要素(人工、材料、机械)的价格简单相加，其并无法反映具体拆违工程项目所需上述基本要素的哪几种。如拆除 2 层楼的违章自建房，用 80 型号的挖机两台就够了，完全不需要 260 型号的挖机，而拆除一些高塔，则需要一台 100T 的汽车吊，25T 的汽车吊则不需要。双方约定的完全固定综合单价经下浮后为 24,502 元，对应的单位既非面积，也非立方，或者台班、人工等。只有在发包人对具体拆违工程所下的任务单中，对所需的人工、机械有明确的指令且符合现场拆违施工实际时，该完全固定综合单价的具体组成才有价格要素的价值，但仍然应当根据具体的项目来确定工程量。

综上，原告既无法举证总共拆违了几个工程，也无法举证具体拆违工程所需的价格要素和相应的工程量，所以本案无法通过鉴定或者计算的方式确定原告施工的工程价款。本案经充分释明后，原告认识到诉讼风险；同时在调解时敦促被告实事求是并以解决问题为出发点，最后双方达成调解协议，由被告支付工程价款 113 万元，原告负担诉讼费。

【评析】本案的工程计价方式实际上并不规范，使得承包人的举证责任大大加重。而承包人对项目控制又较为松散，导致其举证不能。幸得最后被告同意调解，如果本案被告缺席或者坚持举证责任在原告并且对原告所施工的工程量不予确认，原告将承担案件败诉的严重后果。

案例15-7 ▶ 案由:建设工程施工合同纠纷

原告:银城建设集团有限公司。被告:君伦置业有限公司(君伦公司);被告:鑫玉建设有限公司。

【案情】被告君伦置业有限公司系某汽车4S店、商务楼工程的建设方,被告鑫玉建设有限公司是施工总承包人,原告具有地基与基础工程专业承包壹级施工资质证书。

2015年7月,原告向君伦公司发送的《投标书(技术标)》中"施工组织方案"第4.1.6条成孔质量保证书中载明,"设备选择 本桩基工程(4)-3号中风化凝灰岩为持力层,在钻进过程中需要选择大扭矩钻机。选择GP-15或其加强型(18型),GP-15加强型(18)型会更适用些。"2015年9月25日,原被告三方签订了《桩基施工分包合同》,约定经业主方、总包方同意,将汽车4S店、商务楼工程桩基施工项目分包给原告施工,并对项目概况、施工工期等作出约定,其中工程价款约定为工程量清单的方式约定的综合单价。同年10月4日,三方达成补充协议一份,约定上述工程款支付义务方为被告君伦公司,付款进度不变。后原告进场施工,2016年3月,桩基工程通过竣工验收。2016年9月,因建设资金不足,项目停工。

原告向法院起诉要求两被告支付工程款。被告君伦公司在审理中提出的一项抗辩为:原告在投标时承诺本工程施工采用型号为GP-15或GP-18的钻机进行施工,但原告实际施工使用GP-10钻机。前者租赁费为每台3万元/月,后者为1.5万元/月。原告施工用了四台GP-10钻机,施工时间为4个月零20天,每台租赁差价为1.5万元/月,故施工成本降低了28万元。

【审理】法院就该部分判决认为,被告君伦公司就GP-10与GP-15钻机租赁费及差价、施工使用的钻机处理等均未举证。双方之间的合同中,对施工设备与约定不符时如何赔偿未作出约定,被告君伦公司也未举证证明钻机型号变化对工程造价、质量等造成影响,施工成本的降低与其并无直接关联,故对其据此要求扣减工程款的抗辩不予采信。

【评析】该工程采用的是钻孔灌注桩,钻机为施工主要设备之一。本案桩基工程已经竣工验收,就发包人而言,其所关注的质量问题没有异议,工程计价方式已经由双方进行了事前的约定。钻机适用型号、数量等关系到的是承包人的施工成本问题,与发包人应当支付的工程造价无关。此外,被告抗辩举证也不足。

案例 15-8 ▶ 案由:建设工程合同纠纷

原告:工程总承包人。被告:EPC 工程发包人。

【案情】2019 年 2 月,发包人将飞灰填埋场一期项目 EPC 发包给工程总承包人,工程范围包括设计、物资采购、工程施工等全部工作。工程施工包括库区土建、场区建筑物、构筑物、库区防渗膜、地表水导排、地下水导排、给排水、综合管道、照明、地磅、道闸、监控、渗滤液处理、景观绿化及场区道路工程的施工等全部工作。计划开工日期、计划竣工日期分别为 2019 年 2 月 25 日和 2019 年 5 月 31 日。合同暂定价为 8250 万元,工程施工工程量按实计算,土建和装饰工程适用《江苏省建筑与装饰工程计价表》(2014),市政工程适用《江苏省市政工程计价表》(2014)等。

工程竣工后,双方对工程结算的争议集中在土方运距问题上。原告认为,合同及招投标文件没有明确约定,按照会议纪要及工程联系单的方案,将土方运至 45 公里外的某地,应当按照 45 公里运距计算。被告认为,原告存在弄虚作假,实际土方的运距并未达到 45 公里,只有少部分车次运到了 45 公里外的某地,法庭应当在查明事实的前提下,按实际运距来计算。

【审理】经开庭审理,法官充分听取双方意见后,提出三个问题:(1)会议纪要确定运距为 45 公里的基础是什么?是否为真实意思表示?(2)如果承包人将土方运送距离缩短处理,对发包人的工程质量、工期等有没有影响?如果将实际运距延长、超过 45 公里,承包人能否要求增加工程造价?(3)如果承包人 3 秒钟就将土方给清理了,发包人能否主张土方处理未发生,将相关费用从工程造价中予以扣除?

发包人无法回答上述问题,随后,撤回了该部分主张。

【评析】本案似乎是假 EPC 工程。建设工程按实结算的“实”,并非指完全意义上的“客观真实”,而是指意志自治基础上的“拟制真实”。

案例 15 -9 ▶ **案由:建设工程施工合同纠纷**

原告:承包人。被告:发包人。

【案情】某房屋建筑施工合同对合同价款约定如下:(1)合同价款 2320 万元,固定总价,包干范围为甲方提供的(2016 年 5 月 10 日)设计院出具的施工图及双方 2016 年 7 月 2 日确定的《预算书》,风险范围包含各类建材市场的风险。(2)合同施工过程中依据修改图、设计变更或工程联系单、工程洽商记录进行按实结算,工程量计算规则及定额套用《某省建筑工程预算定额(2010 版)》《某省安装工程预算定额(2010 版)》《某省建筑工程节能预算定额(2010 版)》《某省建筑工程施工取费定额(2010 版)》及配套的有关补充定额,文件规定等。材料信息价、机械费价格指数、人工市场信息价按对应工程的施工期间月份工程所在地建设工程造价信息网上公布的平均价计取,取费按工业建筑三类,综合费用及施工组织措施费率取弹性区间中值(除缩短工期增加费不计),税金按城镇 3.513% 计取。主材价格确定先后次序,如工程所在区没有的,取所在市区价,上述均没有的,取某省价。无正刊信息价,按合理市场价。调差材料数量以结算的工程量为按审计中心执行《某省建筑工程施工取费定额(2010 版)》对应的工程类别进行建筑工程综合费用取费。暂定价、定价不下浮。

在施工过程中,因甲方建设资金不到位,承包人在完成部分工程后停工并通过诉讼行使合同解除权。随后双方针对已完工程造价委托司法鉴定。在鉴定过程中,原被告双方、鉴定人就鉴定方案产生争议。承包人认为,应当按照合同附件工程量清单确定的综合单价,结合现场勘验的已完工程量,进行计算。发包人认为,原处于固定总价范围内的应当按照同一取费标准折算比例,再乘以预算价,对于超过固定总价范围内的,应当亦按照固定总价工程量清单预算价格下浮计算。鉴定人对双方的鉴定方案均不同意,认为固定总价范围内的应当按照同意取费标准折算比例,再乘以预算价,对于超过固定总价范围的,应当按照合同约定采用相应的定额作为预算清单的补充,对相关的材料、人工等按照相应施工月份进行套价,且该部分不予以下浮计算,最后二者相加得出工程造价。

【审理】首先,本案约定的合同价款为固定总价 2320 万元,其中对固定总价的包干范围和风险是清楚的,双方应当执行该约定。鉴于涉案工程并没有完工,按照同一取费标准(比如合同约定的《某省建筑工程预算定额(2010 版)》

等)计算出已完成部分占据总的工程承包范围的比例,再乘以固定总价2320万元,即可得出固定总价范围内的已完工程造价。这是本案工程造价鉴定的主线。在这个角度,承包人是无理的。其次,在双方没有约定的情况下,按照定额计算出来的工程造价与固定总价包干价之间必然不相等,中间存在一定的下浮率,该下浮率并非天然适用于设计变更部分、新增部分等。该部分应当依照合同约定,采用定额作为补充按实计算,这是本案工程造价鉴定的副线。最后,将涉案工程固定总价已完部分加上设计变更、新增部分造价,加上双方约定的其他费用等,最后就是涉案工程总的已完工程的造价。

【评析】涉及固定总价的工程造价鉴定,应当在启动鉴定前对鉴定方案进行完整举证、论证。根据实务中的粗略统计,名为固定总价最后仍然启动鉴定的案件占据了绝大部分。换句话说,**固定总价最后结算时往往是固定不住的**,究其原因,往往是施工中存在变更、新增或减少,导致原固定总价包干的基础或风险范围发生了变化,而这又是很常见的情况,故需要进行调整。从这个角度,《建设工程司法解释(一)》第28条规定:"当事人约定按照固定价结算工程价款,一方当事人请求对建设工程造价进行鉴定的,人民法院不予支持。"并不能简单地按照字面理解——双方约定固定总价或者固定单价的建设工程合同案件,法院不能同意启动工程造价鉴定。**该条的适用实际上应当加上一个前提条件——固定价包干的基础和风险范围未发生变化且承包人完成了包干范围内的所有工作。司法实践中,该类案件反而往往无法固定。**所以,法官和律师碰到建设工程施工合同约定为固定总价的案件,一定要注意。

5. 一般情形下的工程造价的举证[1]

在建设工程施工合同纠纷中,根据"谁主张,谁举证"的举证原则,承包人主张支付工程欠款的,一般应由其对工程价款承担举证责任。在没有其他直接证据能够证明欠付工程款金额的情况下,承包人可以从以下三个方面收集证据以举证证明工程造价。(见表15-3)

---

[1] 常设中国建设工程法律论坛第五工作组:《建设工程施工合同纠纷证据指引理解与适用》,法律出版社2018年版,第111~114页。

(1)合同约定的造价及详细组成的证据

发承包双方在签订建设工程施工合同时,一般会对工程造价进行约定,如总价、固定总价、优惠后(下浮后)总价、暂定价等。如果是固定总价,合同中应当约定固定总价对应的明确施工范围、施工标准,否则可能因固定总价对应的范围不明确导致实质上无法达到总价固定的情况。工程造价不会是凭空而出,必定会有一定的基础。如采用定额计价模式下按照相应的定额标准,计算直接费、间接费、税金、利润以及一定的下浮率;采用工程量清单模式下的分部分项工程费、措施项目费、其他项目费、规费和税金汇总额;采用固定单价模式下的预估工程量和单价等。具体而言,可以举证招投标文件、合同及附件、预算书、工程量清单等予以证明,甲供料清单、批价文件、特殊成品设备购销文件以及具体的施工方案等也会对工程造价产生较大影响。一般而言,此部分的证据系承包人主张价款的基础,在施工中的变更等往往也是围绕本组证据进行一定程度上的变化,故承包人首先应当重视本组证据的收集。但是实质上,合同约定的工程造价是静态的、预估的数值,往往仅作为工程进度款项的支付基数和一些费用取费基数,并无法证明施工完成后的工程造价。仅在特殊情形下,是有一定的证明力。如签约合同价为固定总价 2.3 亿元,在工程设计未发生重大变化的情况下,施工人主张工程造价 3.2 亿元,则可以以此作为反驳、抗辩的理由。特殊情况是,如果发承包双方之间不存在书面的合同,或者虽然有合同但合同价款的主要条款未约定、约定不明,双方有关合同约定的价款及详细组成的证据将很难搜集,则可以按照市场价、信息价进行主张。

(2)施工过程中发生的补充、变更、确认的证据

在建设工程的施工过程中,有关工程质量、工期、施工范围、施工工期、人工和材料价格变化、外来因素、不可抗力等多种情况均有可能发生变化。同时,根据现场施工情况,施工单位可能会提出优化建议,设计单位也可能提出设计变更联系单等,均有可能导致工程量和工程价款的变化。当然这种变化既可能是正向变化也可能是负向变化。但都可以按照合同约定,列入合同价款的调整范围。比较常见的有:双方原合同约定乙方包工包料,现部分主材改为甲供料,则承包人有权主张甲供料保管费等;双方原合同约定无损探伤检测由乙方完成并单独取费,但施工中,发包人与承包人协商将无损探伤检测项目予以切割,交由案外人进行,则承包人有权向案外人收取脚手架使用费、水电费,或者与发包人协商补偿;双方合同中约定承包人负担钢材涨跌幅 ±15% 的风险,但施工中工期存在拖延,钢材的涨跌幅分别达到 -30% 和 +45%,发、承包双方就有关工期顺延及引起的材料涨跌风险进

行协商并达成协议;招投标阶段承包人系按照淡化海砂的价格进行投标报价,但是在施工过程中,建设行政主管部门发布行政规范,全面禁止使用淡化海砂,则原被告双方就河砂补差进行协商并达成协议等。

在施工过程中,建设工程施工合同中可能会约定双方按照形象进度支付工程款或者按照经审核的月进度报告支付工程款,也可能双方对部分已经完成的分部分项工程,如桩基分项工程进行中间结算,此亦可作为证明力较高的证据予以举证。

(3)施工完成后进行结算、确认、审价等证据

施工完成后,发承包双方对已完工程进行结算并签订结算协议,如果该协议真实有效,则应当作为工程价款的较高证明力证据,不能轻易排除其证据证明力。除非发包人举证该结算协议存在虚假、无效,或者存在可撤销、可变更的情形并在知道或者应当知道之日起一年内行使撤销、变更权,如承包人存在偷工减料、结算协议系不具有结算权限的人签订、结算协议存在重大遗漏和错误等。

此外,如果承包人提出工程造价主张,发包人已经进行确认,或者曾经自认相应的工程价款或者工程欠款,也可以作为重要的证据。

实践中,建设工程竣工后,发包人根据合同约定委托第三方工程造价咨询单位审价。如果由于发包人未支付审价费而导致工程造价咨询单位迟迟不能出具审价报告,或者发包人对其委托的工程造价咨询单位出具的审价报告不认可而承包人予以认可,或者发承包双方针对工程造价咨询单位出具的审价报告召开会议予以澄清、协商等并形成会议记录,以及承包人提交结算报告后发包人无正当理由迟迟不予回复并提出意见的,承包人亦可将相应的结算报告、审价报告作为主张工程价款的初步证据进行主张。此时,发生举证责任转移,由发包人对结算报告、审价报告中的异议项提出具体的主张。如果需要通过工程造价司法鉴定的方式予以确定,申请鉴定应当由发包人提起。这方面的举证责任分配,仲裁较司法更具有裁量权。

如果司法鉴定中,需要针对具体的工程量举证进一步的证据的,承包人和发包人均应当及时提供,怠于提供的,需承担相应的后果。法官亦可以依据当事人申请向有关部门调取相应的证据,如竣工备案的图纸、原始地坪标高、地质勘探报告(详勘)、验槽记录、监理日志、图纸会审记录、隐蔽工程检验资料等。

鉴于发包人对承包人提出的工程价款主张有审核的义务,若发包人对承包人提供的计价依据、主张的工程造价存在异议的,亦应提供相应的反证。如虽然工程已经通过竣工验收,但实际上存在甩项工程主张扣减甩项工程款的,可对存在甩项工程的事实、甩项的范围以及甩项工程款项进行举证。

表15-3　建筑工程施工合同纠纷证据分类一览表（v1.0）

合同流、资金（发票）流、资料（质量）流“三流合一”

（制表人：尚学伟）

建设工程行政监管　　施工图审时间点　　竣工验收时间点

时间 / 证据	事前预防原则	事中控制原则	事后检查原则	司法实操
	虚拟产品质量(施工图纸)完成，合格否？	实体产品质量形成，质量合格否？	实体产品完成，进入质保期	
资料流（质量）	审查后虚拟产品（施工图+勘察+审查合格报告）+技术交底（图纸会审记录） 实体产品形成计划（施工组织设计）（主要是人材机三方面） 相应监理材料（开工报告等）	虚拟产品勘察设计变更单 工程变更单（核定单），工程分步验收记录 相应监理材料：工程联系单，工程签证单等	工程质量检测报告 单位工程验收报告，验收记录 （五方勘察设计方，施工监理方，业主方） 单位工程竣工报告 相应监理材料	司法质量鉴定
资金流	定金 预付款	工程签证单 进度款支付单	工程计量单 工程结算单，工程结算审查书 （合同约定主要材料价格，甲供材料设备明细）	司法造价鉴定 （质保金）
合同流	建筑工程施工合同+中标通知书 工程招投标文件	工程补充协议，工程洽商记录	原合同+补充合同或协议+（签证）洽商记录	施工合同纠纷
	合同约定工期	履约中的工期变更增减	实际竣工工期	司法工期鉴定
	（施工合同履约前）	（施工合同履约过程）	（施工合同履约后质保期）	

时间轴　　施工开工时间点　　施工竣工时间点　　施工合同终止点

6. 协商一致达成合意

根据上述对工程造价的法律意义的论述,工程造价指的就是市场价,应当尊重当事人之间的合意。这里的合意不仅包括签约过程中形成的合意,如合同、清单、图纸,也包括履约过程中形成的合意和不完全合意,比如完整的签证和不完整的签证或者联系单,还包括在结算过程中的确认、协议等。通过协商一致确认工程造价,应当遵循以下几点:一是事前达成固定价的合同,如果履约过程中没有对固定价的包干基础和风险范围进行变更,则不应当予以调整。二是履约过程中对部分合同造价内容达成的确认,对双方均有约束力,除非双方就该部分达成新的协议或者权利方放弃了该权利,否则不得轻易推翻。三是协商后达成一致的,无论是当事人自行达成还是在法官的主导下调解达成,有关工程造价形成的协议具有最高的证明力,几乎不可被推翻,除非存在恶意串通损害第三人利益、违反法律法规禁止性规定等情形。如某工业厂房建设工程,承包人主张工程造价为1.38亿元,发包人主张9500万元。双方多次协商,无法达成一致,遂委托司法鉴定。《司法鉴定报告(征求意见稿)》载明的鉴定意见为:"无争议部分工程造价9700万元,有争议部分涉及工程造价为2460万元,具体包含15个大项、42个小项。"在针对《司法鉴定报告(征求意见稿)》的质证阶段,双方均表示可以协商。经法庭主持,双方共同确认有争议部分的造价按照50%计算为1230万元,工程总造价确定为10,930万元。法庭经审查后认为,不存在双方恶意串通的行为,遂终止质证程序,要求鉴定人直接出具《司法鉴定报告》,对双方针对工程造价达成的合议10,930万元进行确认。

双方就工程造价协商一致的,往往会达成结算协议。**发承包双方往往在双方约定的结算基础上,通过双方确定的结算方法、结算依据、结算程序并经过结算过程,最终达成一份结算协议。**从尊重当事人意思自治的角度,结算协议不可推翻。即使无效合同的进度款逾期付款利息、违约金条款等因无效而难以被支持;即使双方约定的结算方法、结算依据、结算程序双方没有遵守或者无效的,如双方约定中标合同不作为结算依据而是根据其他文件;即使双方结算的结果与市场价存在一定的差距或者当事人作出了较大的让步。详见第十七章。

7. 自认与确认

自认是指当事人对不利于自己事实的承认,分为诉讼中的自认和诉讼外的自认。诉讼中的自认,是指当事人在诉讼过程中,对另一方当事人陈述的不利于自己的案件事实的承认。根据《证据规定》第3条的规定:自认必须发生在诉讼过程中;自认是一方当事人对另一方当事人陈述的案件事实的承认;自认必须是明确表示的;自认必须具有合法性。《民事诉讼法司法解释》第92条规定,一方当事人在法庭审理中,或者在起诉状、答辩状、代理词等书面材料中,对于己不利的事实明确表示承认的,另一方当事人无须举证证明。对于涉及身份关系、国家利益、社会公共利益等应当由人民法院依职权调查的事实,不适用前款自认的规定。自认的事实与查明的事实不符的,人民法院不予确认。可见,我国对自认的效力,限定在诉讼过程中。对于诉讼外的自认,能否达成自认的法律效果,理论上有争议。但一般而言,只要自认的意思表示清晰,不存在欺诈、重大误解等情形,诉讼外的自认最起码也是较高证明力的证据,不能轻易否定其证明力。自认产生的法律效果就是对于主张方所主张的法律事实,免除了举证义务。对于作出自认的一方而言,自认的事实对其自身具有约束力。

确认指的是双方或一方对某事实或者金额等达成的一致共同意思表示,双方同意按此确定的事项作为双方权利义务进一步处理的基础。如建设工程案件中竣工时间关系到逾期付款利息和质量保修金返还的起算时间等,系裁判者必须查明的事实。一般情况下,双方可以提供竣工验收报告或者竣工验收备案登记表。但是,在总分包之间的纠纷中,分包人往往难以知晓工程具体的竣工时间。如果代理人没有提前调取竣工验收备案登记表或者调取的时候遇到障碍而对方又不予明确竣工时间的话,将导致竣工验收的时间这个案件审理的基础事实处于不确定状态。在此情况下,**法官可以组织双方共同确定某日视为竣工验收的时间并用以确定相应利息、质保金等计算的起算点——即使确认的事实与客观事实并不相符**。常见的有:对于某一期间的利息、违约金难以计算,双方共同确认为某金额;某索赔事项难以确定,双方共同确认为按照承包人主张的七折计入;同一总包下多个分包人之间对于用水用电未独立安装水表、电表,难以区分总包垫付水电费金额,各方协商一致确认按照总分包之间的工程造价比例来确定摊销比例;对于某工地事故责任双方应承担的责任比例双方确认为四比六等。

综上,在争议事项标的较小、争议不大、所需核对或鉴定评估等所需费用或时间代价较高、当事人愿意尽快推进案件进程等情形下,自认和确认有较大的用武之地。**无论是案件调解中还是作为判决的前置事项,自认和确认能够提高案件审理的效率和质量,法官可以加以善用。**

案例 15-10 ▶ 案由:建设工程施工合同纠纷

原告:华鑫建设有限公司。被告:金源不锈钢制品有限公司。

【案情】2018 年 6 月,被告将其新建厂房工程发包给原告施工,合同暂定总价 4500 万元,按照形象进度支付工程款。同年 7 月 1 日,原告进场开始施工。但被告受建设资金预备不足、中美贸易摩擦等因素的影响,出口份额大幅减少,进度款支付拖延。2018 年 10 月,原告停止施工,并向被告发送了停工告知书,要求被告支付拖欠进度款后再恢复施工。2018 年 11 月开始,被告的供应商、银行等向法院起诉被告要求支付货款、返还贷款等,立案标的 9000 余万元。2018 年 12 月,原告也起诉被告,要求解除双方之间的建设工程施工合同、被告支付已完工程的欠款 450 万元并赔偿停窝工、人员遣散、机械退场等各项索赔费用,并主张享有建设工程价款优先受偿权。

在审理中,原告主张已完工程造价为 930 万元,停窝工、人员遣散、机械退场等费用 218 万元。被告对原告的上述主张均不认可,并提出原告应当申请工程造价和承包人索赔的司法鉴定。庭审时,法庭询问被告:“你方对原告主张的工程造价 930 万元及停窝工、人员遣散、机械退场等费用 218 万元不认可,那你们认为是多少呢?”被告回答:“经我方跟踪审计单位核算,我方认为已完工程造价在 820 万元至 840 万元之间,停窝工、人员遣散、机械退场等费用 218 万元,我方认为原告未尽到防止损失扩大的义务,存在部分过错,该金额应当只有 180 万元。”原告随即表示:“我方同意就按照被告认可的最低造价 820 万元作为已完工造价,至于索赔部分,我们同意金额 180 万元,存在部分过错没有异议,但请法庭考虑,主要过错在被告方。”

随后,法官据以确定已完工程造价 820 万元,各项索赔款 180 万元中被告应承担90%即162万元作为裁判的基础,并最终就合同解除、欠付工程款项、逾期付款利息、索赔款项及建设工程价款优先受偿权等依法作出判决。

【评析】原告何以要按照被告认为的820万元至840万元中的最低金额确认呢? 一方面,承包人在主张时往往存在水分,该数字可能与原告自行内部核算成本时的差距并不大。另一方面,“时间就是金钱”,如果双方不能达成合意,本案极有可能需要经过工程造价鉴定,往往需要3个月至1年时间。在被告已经陷入经营困难的情况下,早日确认债权,就被告可变现财产早日执行到位,是更加重要的诉讼方略。原告无疑作出了明智的选择。

8. 固定总价无变更

《建设工程司法解释(一)》第28条规定,当事人约定按照固定价结算工程价款,一方当事人请求对建设工程造价进行鉴定的,人民法院不予支持。如上所述,固定总价合同是指合同的价格计算以图纸及规定、规范为基础,工程任务和内容明确,业主的要求和条件清楚,在合同风险范围内合同总价一次包死,固定不变的合同。在平行发包模式下,固定总价需要对应明确的包干基础和风险范围,如果施工过程中包干基础发生了变动、风险超过了合同约定的范围,固定总价仍然要予以调整。反之,固定总价范围内不得、也不应调整。在办理工程造价竣工结算时,只需要将固定总价部分增减变更签证等部分即可。

案例15-11 ▶ 案由:建设工程分包合同纠纷

原告:沈某。被告:朱某。

【案情】2018年7月,被告朱某将其挂靠承建的某海湾重工有限公司迁建项目综合车间钢结构工程承包给原告沈某施工,双方签订《安装合同》一份,约定工程承包范围为钢结构、预埋件、檩条、屋面板、采光板、支撑及天沟、油漆等一切相关工程(具体以甲方提供的设计院B版电子图纸为准);工程价款为66万元(其中油漆包工包料13万元,安装费53万元),此安装总价为一次性包干价。双方还对安装工期、付款方式等作出约定。

在审理中,双方对竣工时间均无法提供证据,后共同确认为2018年10月13日。双方对固定总价范围内的工作均已完成且未发生变更这一事实没有异议,但固定总价范围内的预埋螺栓本应由被告提供,因被告未提供,改由原告自行采购,价值3.7万元,原告并未主张其他费用(保管费、采购费等)。故原告最终主张的价款为66万加上3.7万元,合计69.7万元。

9. 通过已有证据可直接计算

根据经质证的证据,法官如果发现通过已经质证并可予认定的证据,可以直接计算涉案工程造价的,亦应当直接确认而无须启动工程造价鉴定。常见的情形有:

(1)双方对各分部分项工程造价无异议或者予以确认,仅通过简单数学相加或切割即可如施工总承包单位将其所承包工程支解分包给甲、乙两个实际施工人,现施工总承包单位与业主、甲所结算金额,乙均没有异议。故乙所施工的工程造价可以以二者简单相减即可。

(2)固定总价范围内无变更,另外增减部分签证索赔和其他费用。诚如上述案例【案例15-11】,固定总价范围内66万元没有增减,另外增加代付甲供材料的材料款。

(3)固定单价风险范围无变化,工程量双方予以确认

如标准厂房施工合同约定工程造价为固定单价1790元/平方米,暂定6000平方米。竣工后经测绘单位按照《建筑工程建筑面积计算规范》(GB/T 50353—2005)计算,建筑面积为6214.53平方米,另有人工费补偿签证120万元,故工程造价为1790元/平方米×6214.53平方米+120万元=1232.4万元。

(4)分包合同/转包合同/挂靠合同等约定,由总包与业主之间的结算或者以审计结论作为计算工程造价的基础,并下浮一定的比例,作为合同双方结算工程款的依据。如果分包人/违法分包人/转承包人/挂靠人对上述结算或审计结论没有异议,或者虽然有异议但未能证明其利益不当受损,则可以直接以结算金额或审计结论乘以相应的下浮率予以计算确定。

值得注意的是,法官认定可直接计算工程造价后,最好做一次心证公开,如"法庭认为,根据已有的证据,足以将固定总价金额加上变更签证部分及人工费补偿部

分金额,即构成本案的工程造价。所以,本案无须通过司法鉴定的方式确定工程价款。承包人申请工程造价鉴定是无必要的。双方是否清楚,是否有异议?”这样的好处是避免法官过于武断地作出决定,特别是针对一些计价范围存在争议的工程造价。比如,当事人可能对固定总价是否已经超过了合同签约时可预见的风险范围提出异议;当事人可能认为虽然出现了部分联系单和签证单,金额也明确,但是这个本身就是属于原固定价范围内的,即使施工过程中出现了联系单和签证单,但按照合同约定仍然不能另行计费;比如,某些计价是含税价,但原被告双方履约过程中出现了代开发票的现象,那么还存在部分税款返还的问题等。在心证公开后,如果双方当事人提出异议和相应充分、有依据的理由,则可以对计算方法进行修正;如果未能提出异议或者虽然提出异议但无合理依据,则可以径行判决。

10. 默示条款的适用

默示条款,指的是建设工程合同中明确约定发包人收到竣工结算文件后,在约定期限内不予答复或未提出异议,视为认可竣工结算文件的合同条款。《建设工程司法解释(一)》第21条规定:“当事人约定,发包人收到竣工结算文件后,在约定期限内不予答复,视为认可竣工结算文件的,按照约定处理。承包人请求按照竣工结算文件结算工程价款的,人民法院应予支持。”

从渊源的角度,首先《建设工程施工合同(示范文本)》(GF-1999-0201)在“通用条款”部分中规定:“33.2 发包人收到承包人递交的竣工结算报告及结算资料后28天内进行核实,给予确认或者提出修改意见。发包人确认竣工结算报告通知经办银行向承包人支付工程竣工结算价款。承包人收到竣工结算价款后14天内将竣工工程交付发包人。33.3 发包人收到竣工结算报告及结算资料后28天内无正当理由不支付工程竣工结算价款,从第29天起按承包人同期向银行贷款利率支付拖欠工程价款的利息,并承担违约责任。”“专用条款”除了违约责任外,对上述两条并未预留特殊约定的窗口。

其后,原《建设工程司法解释》从2005年1月1日开始施行。随后《最高人民法院关于发包人收到承包人竣工结算文件后,在约定期限内不予答复,是否视为认可竣工结算文件的复函》(〔2005〕民一他字第23号)中指出,“适用该司法解释第二十条的前提条件是当事人之间约定了发包人收到竣工结算文件后,在约定期限内不予答复,则视为认可竣工结算文件。承包人提交的竣工结算文件可以作为工程款结算的依据。建设部制定的建设工程施工合同格式文本中的通用条款第 33 条第 3 款的规定,不能简单地推论出,双方当事人具有发包人收到竣工结算文件一定期限内不予答复,则视为认可承包人提交的竣工结算文件的一致意思表示,承包人提交的竣工结算文件不能作为工程款结算的依据。”

在《建设工程施工合同(示范文本)》(GF－2013－0201)的“通用条款”部分中,“14.2　竣工结算审核(1)除专用合同条款另有约定外,监理人应在收到竣工结算申请单后 14 天内完成核查并报送发包人。发包人应在收到监理人提交的经审核的竣工结算申请单后 14 天内完成审批,并由监理人向承包人签发经发包人签认的竣工付款证书。监理人或发包人对竣工结算申请单有异议的,有权要求承包人进行修正和提供补充资料,承包人应提交修正后的竣工结算申请单。发包人在收到承包人提交竣工结算申请书后 28 天内未完成审批且未提出异议的,视为发包人认可承包人提交的竣工结算申请单,并自发包人收到承包人提交的竣工结算申请单后第 29 天起视为已签发竣工付款证书。”实际上变更了《建设工程施工合同(示范文本)》(GF－1999－0201)中的内容,对于“逾期不答复视为认可竣工结算文件”作为双方的通用约定处理,这是两份合同的重大区别。在“专用条款”中,双方可对“发包人审批竣工付款申请单的期限”“发包人完成竣工付款的期限”“关于竣工付款证书异议部分复核的方式和程序”三项内容作出特殊约定。而《建设工程施工合同(示范文本)》(GF－2017－0201)就该部分内容与《建设工程施工合同(示范文本)》(GF－2013－0201)相比没有变化。

默示条款来源于 FIDIC 示范文本,是国际上通行的规则,有利于敦促发包人及时履行结算审核的义务,保护承包人的合法权利。但是,在移植适用的过程中,由于建筑市场的不完善、法律意识的淡薄等,一些案件出现了利益严重失衡问题。是否适用、如何适用默示条款等往往成为建设工程案件中双方争议焦点。各地高级人民法院亦对此问题进行了规定。例如:

(1)《江苏省高级人民法院关于审理建设工程施工合同纠纷案件若干问题的意见》(2008 年)第 10 条规定,“建设工程施工合同中明确约定发包人收到竣工结算文件后,在合同约定的期限内不予答复视为认可竣工结算文件,当事人要求按照竣工结算文件进行工程价款结算的,人民法院应予支持;建设工程施工合同中未明确约定,当事人要求按照竣工结算文件进行工程价款结算的,人民法院不予支持。”

并在其后《江苏省高级人民法院建设工程施工合同案件审理指南》中进一步指出,“《建设工程施工合同司法解释》第二十条是发包人逾期不答复也不结算所承担的法律后果,前提是施工合同为有效。当合同无效时,当事人不得依据此规定请求按照竣工结算文件结算工程价款。”但是,在2018年6月26日发布的《江苏省高级人民法院关于审理建设工程施工合同纠纷案件若干问题的解答》中完全变更了上述观点:“9.《建设工程司法解释》第20条规定的按照竣工结算文件结算工程价款,审判实践中如何适用?建设工程施工合同专用条款中明确约定发包人收到竣工结算文件后,在合同约定的期限内不予答复视为认可竣工结算文件,当事人要求按照竣工结算文件进行工程价款结算的,应予支持。建设工程施工合同专用条款中未明确约定,当事人要求按照竣工结算文件进行工程价款结算的,不予支持。建设工程施工合同专用条款有此明确约定,发包人有证据证明在合同约定的期限内提出异议的,承包人要求按照竣工结算文件进行工程价款结算的,不予支持。建设工程施工合同无效的,不影响该条款约定的效力。”一方面,要求默示条款必须在“专用条款”部分明示,不仅排除了“通用条款”适用的效力,大大限缩了适用范围,而且在1999版、2013版、2017版示范文本的“专用条款”并无预留窗口的情形下,需要“专用条款”明示的情况下才能适用,未免强人所难。看得出,江苏省高级人民法院实际上对该问题采取了限缩的适用。另一方面,“建设工程施工合同无效的,不影响该条款约定的效力”,也与之前的意见不一致。可能其现在认为默示条款属于结算清理条款的一部分,但法理基础仍有进一步商榷空间。

(2)《浙江省高级人民法院民事审判第一庭关于审理建设工程施工合同纠纷案件若干疑难问题的解答》第14条规定,“建设工程施工合同明确约定发包人应在承包人提交竣工结算文件后一定期限内予以答复,且逾期未答复则视为认可竣工结算文件的,承包人可以请求按照竣工结算文件进行工程价款结算。建设工程施工合同虽约定发包人应在承包人提交竣工结算文件后一定期限内予以答复,但未约定逾期不答复则视为认可竣工结算文件的,承包人不能请求按照竣工结算文件确定工程价款。建设工程施工合同约定发包人在承包人提交竣工结算文件后未答复则视为认可竣工结算文件,但未约定答复期限,且经承包人催告后,发包人仍不予答复的,人民法院可根据实际情况确定合理的答复期限,但答复期限不应超过60天。建设工程施工合同中对此未明确约定,承包人不能仅以《建设工程施工合同(示范文本)》(GF-1999-0201)通用条款33.2条为依据,要求按照竣工结算文件结算工程价款。”该文件发布于2012年,对于能否适用2013版、2017版通用条款作为依据,目前也没有统一意见。

(3)《广东省高级人民法院关于审理建设工程合同纠纷案件疑难问题的解答》中指出,“建设工程施工合同约定,发包人收到竣工结算文件后,在约定期限内不予答复,视为认可竣工结算文件的,按照约定处理。即使承包人未在合同约定的期限内提交竣工结算文件,发包人收到竣工结算文件后亦应在合同约定的期限内答复,逾期未答复的,承包人请求按照竣工结算文件结算工程价款的,应予支持。承包人提交的竣工结算文件不符合合同约定或法律规定的条件,发包人逾期未予回复,承包人主张按照竣工结算文件结算工程价款的,不予支持,但可从逾期答复之日起计付应付工程款的利息,合同另有约定的除外。”

结合上述司法规范的时间,承包人若主张构成默示条款的适用,即发包人构成对竣工结算文件的认可,应当具备以下构成要件:(1)当事人对竣工结算“默示条款”存在有效和明确约定。如合同协议书、合同通用条款、专用条款、补充合同、会议纪要等,并尽可能证明涉案合同系有效合同。(2)承包人提交了符合相关规范及约定的、完整的结算文件。如分部分项工程量计算书,签证单和联系单,有关价款结算的补充协议、计价文件等。特别应当注意,不但需要举证结算文件合规、合约和完整,还应当举证证明发包人具有相应权限的人已经收到了上述结算文件,如发包人的签收记录,签收内容清单表等。(3)发包人未在约定的异议期内提出异议、提出异议或出具审核意见超过约定期限,或发包人在异议期内提出的异议明显不合理。

若发包人抗辩不适用“默示条款”的,可以从以下方面进行举证:(1)默示条款约定不明或无效;(2)承包人提交的竣工结算文件不完整或不符合相关规范要求的证据。如结算书缺页、变更签证资料不完整或与结算书不对应等;(3)竣工结算文件的签收人不是发包人的有权代表。如承包人提交的签收人无权代表发包人签收结算报告的证据;(4)发包人曾在默示条款约定的异议期内明确提出过合理异议的证据;(5)发包人提交承包人在异议期后就工程结算与发包人达成合意(签订结算协议或会议纪要、就部分工程结算进行确认等)的证据,该合意相当于双方当事人变更了原默示条款的约定,默示条款同样不再适用。

需要注意的是,司法实务界关于“默示条款”的适用问题还有以下争议:

第一,当事人虽明确约定发包人未答复视为认可,但未约定答复期限的,是否视为当事人对“默示条款”有明确约定?有裁判观点认为,“《建设工程施工合同司法解释》第二十条适用的前提条件,必须是当事人将‘收到竣工结算文件后,在约定期限内不予答复,视为认可竣工结算文件’的意思表示明确订入合同条款或者另外达成协议,同时对具体的答复期限也必须有明确的约定,否则不能适用‘不答复视为认可’这一规定。”也有观点认为,“建设工程施工合同约定发包人在承包人提交竣工结算文件后未答复则视为认可竣工结算文件,但未约定答复期限,且经承包人催告后,发包人仍不予答复的,人民法院可根据实际情况确定合理的答复期限,但答复期限不应超过 60 天。”若采纳前者的观点,则承包人不仅需要举证证明双方对“发包人不予答复视为认可”有明确约定,还需举证证明双方约定了具体的答复期限。若采纳后者观点,在当事人未约定具体答复期限的情况下,建议承包人举证证明其已经催告过发包人。

第二,关于发包人在答复期限内提出的异议是否应当具有合理性的问题,即所提异议仅是形式性的还是形式性与实质性兼备。有观点认为,发包人应当对承包人提交的竣工结算资料本着诚信原则进行审核,如发现承包人的结算报告确有问题,不但应当在答复期内提出异议,而且所提的异议应当说明理由,同时其异议的理由应当具有合理性。亦有观点认为,只要发包人在答复期内提出异议,即使其未对竣工结算资料进行审查,亦可否定“默示条款”的适用。若适用第一种观点,发包人抗辩不适用“默示条款”的,除需要举证证明曾在约定的答复期内提出过异议外,发包人还需要对其所提异议的合理性提供证据,承包人亦需要对发包人所提异议明显不合理提交相关证据。从制度价值的角度考虑,如果仅形式上的异议,如发包人给承包人反馈意见“我方不同意”即视为提出异议,将明显导致权利滥用的可能大大增加。而要求发包人提出实质性的异议甚至提供相应的异议说明、异议的证据等,未免亦上升到过高的举证责任要求上。二者似乎都走向了极端,二者之间存在大量的灰色地带却难以分割清楚。故满足形式上的异议,并准备有实质内容的异议,从举证的角度来看是更加稳妥的办法。

从实务来看,诉讼过程中法院往往采取更为保守的尺度,适用该默示条款、直接以送审价认定的可能性较小。与此相对,仲裁往往更为强调意思自治和当事人举证,适用默示条款的可能性更高。

11. 审价报告

结算审核报告是指建设方对施工人提出的工程结算书进行审核(可以由建设

方审核,也可以由建设方委托的中介造价咨询机构进行审核),经过与施工人核对,达成一致后出具的报告,可以作为最终结算的依据。建设方委托中介造价咨询机构进行审核后形成的报告,即为第三方审价报告。

工程竣工验收后,由施工单位向建设单位提交审核确认的以主张该工程的建筑安装工程施工造价为主要内容,并作为结算工程价款依据的经济文件,即竣工结算书。由于建设工程结算的编制是一项很烦琐而又必须很细致地去对待的技术与经济相结合的核算工作,不仅要求编审人员具有一定的专业技术知识,包括建筑设计、施工技术等一系列系统建筑工程知识,而且还要有较高的预算业务素质。但是在实际工作中,不论水平好坏,总是难免会出现这样或那样的错漏。如定额换算不合理,由于新技术、新结构和新材料的不断涌现,导致定额缺项或需要补充的项目与内容也不断增多。因缺少调查和可靠的第一手数据资料,致使预算定额或补充定额含有较多的不合理性。高估冒算现象在结算时较普遍,一些施工单位为了获得较多收入,不是从改善经营管理、提高工程质量、创造社会信誉等方面入手,而是采用多计工程量、高套定额单价、巧立名目等手段人为地提高工程造价。此外,由于工程造价构成项目多,且变动频繁,使计算程序复杂,计算基础不一等均容易造成错误。很多建设单位并不具有相应的能力独立完成工程竣工结算书的审核工作,而是委托具有相应资质的工程造价咨询单位进行委托审价。根据2006年颁布施行的《工程造价咨询企业管理办法》第22条的规定,“工程造价咨询业务范围包括:……建设项目合同价款的确定(包括招标工程工程量清单和标底、投标报价的编制和审核);合同价款的签订与调整(包括工程变更、工程洽商和索赔费用的计算)及工程款支付,工程结算及竣工结(决)算报告的编制与审核等”。故工程审价委托方为建设方,受托人为工程造价咨询公司。审价费用除了基本费用外,往往还有审价核增减费用。常见的为,核减超过5%范围的部分,按照超过部分的5%收取;核增部分按核增造价的5%收取(或者不收取)。在《建设工程施工合同》中,双方对该费用也会作出负担的约定,往往约定承包人应当承担核增减部分的全部或者大部分。比如,申报造价8000万元,基础审价费用15万元,最后核增100万元,核减700万元(即核减超过5%的比例部分为300万元),审价单位可得5%的审价核增减费用300万元×5%+100万元×5%=20万元。故审价单位可得审价费用共15万元+20万元=35万元。这样的制度安排,正是为了减少施工单位在报送竣工结算文件时高估冒算。否则,不仅无法获得虚高的工程款,还将承担过多的审价费用。

工程审价分为两种:一种是过程跟踪审价,另一种是竣工后委托审价。前者在工程施工前期即委托工程审价机构,依照工程进度按月或者其他周期对已完工程造价进行审核,审价人员过程中投入精力较长,但最后出具结论往往争议较小。后者指的是工程竣工后施工方向建设方提供竣工结算文件,再由审价机构进行审核。审价周期短则一至数月,长则数年,且审价结论往往存在争议。其工作流程为:审价机构接受委托—施工方提交竣工结算文件—建设方将竣工结算文件转交审价机构—审价人员熟悉项目资料—审价人员提出疑问和异议,施工方提供意见/审价人员提出需要补充资料,施工方予以补充—针对异议问题,召开建设方、施工方等澄清工作会议—(中间可能出现多轮的磋商、让步、妥协等)—收取审价费用—出具造价咨询报告书—施工方、建设方签字盖章确认。一些大型房地产企业、国有投资单位可能还存在集团内审、二次委托审价等程序。

所以,工程审价机构实际上是接受建设方的委托,帮助其对施工方呈报的竣工结算文件进行审核,对其不合理的费用主张予以剔除,并据以确定建设工程造价的行为。其并非如司法鉴定一样纯粹以客观中立的立场来处理造价争议。可能存在以下几种可能:

(1)承包人和发包人对审价报告没有异议,双方均在审价报告的结算审定表上盖章(或授权签字人签字)

则双方均盖章确认之日,视为双方共同达成一致意见,除符合撤销权行使的情形外,该审价报告对双方均有约束力,工程造价就此确定。下一步,即为双方共同在工程审价报告的基础上达成结算协议,对双方的债权债务进行完整的清理并制定后续双方权利义务等。

(2)发包人对审价报告不认可,承包人对审价报告认可

此种情况,往往发生在最后审定金额尚不满足建设方对工程投资的控制要求或者仍然想逼迫承包人作出进一步的让步。有观点认为,该审价报告因为是发包人委托的,所以哪怕发包人不予盖章确认,仍然对其有约束力。甚至认为,当审价单位因为发包人未支付审价费用而拒绝出具审价报告时,承包人可以垫付审价费用而取得审价报告,该审价报告也是对发包人有约束力的。该观点在法律上难以成立。审价报告是发包人作为委托人,审价报告的委托事项不满足发包人的要求,其报告并不能作为交付的成果,自然也就没有约束力。承包人不是委托合同的委

托人，其垫付审价费用明显会具有较高的道德风险问题。

（3）发包人对审价报告认可，承包人对审价报告不认可

该种情况，往往发生在审定金额满足了建设方对工程投资的控制要求，但是承包人认为审价报告存在明显问题，损害了其利益故不予接受。这种情况下，也不能以该报告金额作为工程造价确定的金额。

（4）发包人与承包人对审价报告均不予认可。该种情况下，审价机构有必要召集发包人和承包人进一步就争议部分进行梳理、澄清，出示计算依据和计算方法，提出证据，减少争议事项，就争议事项进行磋商谈判。

综上，仅仅在上述第（1）种情形下，审价报告可以作为双方一致的意思表示，能够直接作为确定工程造价的依据。但并非在其他三种情况下，审价报告就并无意义。如果对审价报告无异议（或者虽然之前有异议，但现在予以认可）的一方提起诉讼，对方在答辩和举证中并无实质性的异议，或者虽然有异议但是没有确切的证据予以证明。作为原告委托第三方中介机构——有资质、有专业技能、有经验的工程造价咨询公司出具的审价报告仍然是具有一定证明力的证据。如果没有针对工程价款的其他更高证明力的证据，法庭和仲裁庭可以就此采信该审价报告。特别是在承包人向建设方主张工程造价而发包人将缺席（甚至公告送达）的情况下，完全可以通过工程审价的方式避免缺席鉴定程序——在诉讼/仲裁前，对已完工程进行公证勘验，在勘验过程中需要及时标识工程量并达到足以据此计算的程度，并委托有资质的工程造价咨询单位（最好同时具有工程造价司法鉴定人资格），按照双方之间的合同、施工规范标准结合现场情况进行单方委托鉴定。当然，在现场勘验前应通知一下发包人尽到自己的通知义务。在单方委托鉴定报告出示后，可以征求发包人的意见。这种情况下，如果发包人怠于参与委托“准司法鉴定”行为，视为权利的放弃。同时，工程造价咨询单位所出具的报告，应当也是具有一定证明力的证据。没有其他证据的证明力能够推翻或者削弱时，可以据此确定工程造价。

此外，当存在一份审价报告的情况下，尽管并没有获得发包人、承包人双方的共同确认，导致需要重新审价、诉讼或仲裁并通过工程造价鉴定的方式确定工程价款。双方可以就审价报告中的内容按照分部分项或者费用组成等进行分解确认，区分无争议项目和有争议项目，明确争议焦点，为重新审价或者工程造价鉴定缩小范围，加快鉴定的进程。

需要特别说明的是，当发包人委托审价过程中，在规定的期限内，审价单位通

知施工方予以澄清、补充证据、提供资料等，均可视为对送审的结算文件提出异议，从而不再适用上述“默示条款”。

12. 结算报告

在审价报告或者双方协商的基础上，发承包双方就双方之间对涉案工程债权债务进行结算并具体形成结算报告。有效结算协议对工程造价或欠款金额一般都比较明确，除非存在结算报告虚假或者存在无效、可撤销等情形，结算报告系双方真实意思表示，应当确认其有效性。具体在第十七章“结算款”中展开。

13. 工程造价司法鉴定

工程造价司法鉴定为确定涉案工程造价的最后方法。当某一工程纠纷案件需要确定工程造价同时又不存在发包人可拒付工程款的合法理由（如主体结构、地基与基础存在质量问题且修复后仍不合格，涉案工程并未竣工验收，有效的施工合同中不满足结算条件，系承包人原因导致工程款结算无法继续等），如何通过各种办法确定工程造价是必经之路。上述协商一致达成合议、自认与确认、固定总价无变更、通过已有证据可直接计算、默示条款的适用、第三方审价报告（结算审核报告）以及结算报告均为行之有效的方法，可根据具体个案予以运用。

法官和仲裁员应当注意引导当事人穷尽上述第6条至第12条的七种情形的举证，对工程造价予以确定。当上述七种情形均无法适用故不能确定工程造价时，依法启动工程造价鉴定则为最后的选择，当上述七种情形中有一种就此可以确定工程造价时，亦不应启动工程造价鉴定。此亦关系工程造价鉴定启动与否的判断权问题，属于裁判中的决定权，但往往对案件最终结果有重大影响。思路清楚、有担当的法官，当根据上述七种情形可以确定工程价款时，面对当事人工程造价鉴定的申请，要勇敢地说不，即使同意启动鉴定，也应当再次释明、心证公开，告知其败诉的风险和因此拖延诉讼的后果等；当根据上述七种情形均无法适用故不能确定工程价款而双方均不申请鉴定时，向负有举证义务的一方进行释明，告知其如果不申请鉴定则可能承担相应举证不能的法律后果。经过释明后，当事人仍然不申请鉴定的，负有举证责任的一方（往往是主张工程价款的承包人）承担工程造价无法确定的法律后果。

特别要注意的是,工程造价司法鉴定是确定工程造价最后的手段,但它一定能够解决工程造价问题吗?答案是否定的。大多数建设工程合同纠纷案件,双方配合鉴定工作,基本能够较为准确的得出工程造价鉴定意见。少数的存在一定难度的案件,如非标产品过多,新工艺、新技术导致询价不合理,一些案件鉴定依据欠缺只能采用估值法等,工程造价鉴定意见将并不十分准确。而对于一些竣工图纸、签证、隐蔽工程验收记录等材料缺失、固定总价合同没有预算清单、现场已经被破坏甚至建筑物已经被拆除而无法还原的工程项目等,鉴定单位最终的意见只能是"无法鉴定"。如当事人不能进一步补充欠缺资料,则只能由负有举证责任的一方(往往是主张工程价的承包人)承担工程造价无法确定的法律后果。实践中,此种案件有3% ~5%。当事人的举证不能是导致工程造价鉴定无法进行和完成的主要原因。

14. 其他应付款

工程造价是承包人得以向发包人主张的主要款项,但并不是唯一的款项。尚有以下各类款项,常有代理人不自知而疏漏:

(1)利息

对于利息是属于损失还是属于法定孳息,理论和实务上均有争议。但是,《建设工程司法解释(一)》第27条规定:"利息从应付工程价款之日开始计付。当事人对付款时间没有约定或者约定不明的,下列时间视为应付款时间:(一)建设工程已实际交付的,为交付之日;(二)建设工程没有交付的,为提交竣工结算文件之日;(三)建设工程未交付,工程价款也未结算的,为当事人起诉之日。"对于欠付工程款,则应当支付相应的利息,并未区分是有效合同还是无效合同。所以,有效合同下,包括预付款、进度款、结算款及质保金每一期付款进度节点约定、应付款金额、实付款金额、欠付金额、欠付期间、计算的利率标准等,共同组成应付款的利息计算基础。许多工程发包人从施工合同开始履行便不断欠付工程款,穷年累月,欠付的工程款利息可能达到数百万元至数千万元之巨。大多数建设工程案件标的巨大,应付工程款项、资金汇付笔数较多,计算应付款将花费不少的精力,且往往与法官最后裁判的金额不一致。但总体上说,在查明案件基本事实中的款项支付约定、应付工程款(工程造价)、已付款等基础上,该部分是最不需要举证的事项,且得到支持的可能性较大。故本部分应当予以重视。

而在无效合同情形下,合同约定的付款条件、付款期限将并无天然的约束力,尽管实践中能否参照适用各地有不同的意见。有观点认为,无效合同下,竣工验收合格是无效合同的承包人取得要求发包人给付工程款的主张基础,故逾期付款利息也应当从此开始计算,而工程施工进度款的逾期付款利息则不受保护。

(2)保证金

保证金分多种。有承包人在招投标阶段的投标保证金直到工程竣工也未及时向发包人索回,有承包人在签订合同时向发包人提交合同价款5%~10%的履约保证金,双方约定直到工程竣工才能退还。但是,HSE(HEALTH, SAFETY& ENVIRONMENT)保证金并非属于我们所说的保证金款项,而是属于工程款中预留的一部分,工程竣工后如果没有发生施工事故,没有产生对施工人员健康、对周围环境的不利影响的情况下,按照约定予以退还,与质量保证金类似。关于保证金是否应当计算利息的问题,双方有约从约,无约定时从约定的应付之日或者主张之日可以按照银行同期贷款基准利率计算逾期付款的利息。

(3)甲方违约金

如果建设工程施工合同对发包人违约的情形及相应的后果作出预设约定,当发包人产生违约时,则应当按照约定向承包人支付违约金,为甲方违约金。如双方合同约定在发包人支付工程进度款不及时的情况下,承包人有权从欠付第28天开始要求发包人承担每日万分之五的违约金。

(4)奖励金

有时又称为奖励款、奖励费等,往往是发承包方在建设工程施工合同中约定一定的奖励条件、奖励方法和奖励金额。如若所建工程荣获“鲁班奖”“国家级优质工程奖”,则发包人一次性奖励承包人工程造价的3%或500万元(以二者中较高者为准);若能够在2018年12月20日前主体结构封顶,则每提前一天奖励5000元等。

(5)承包人索赔款

工程索赔是指在合同履行过程中,对于并非自己的过错,而是应由对方承担责任的情况下造成的实际损失向对方提出经济补偿和(或)时间补偿的要求。索赔是工程承包中经常发生的正常现象。由于施工现场条件、气候条件的变化,施工进度、物价的变化,以及合同条款、规范、标准文件和施工图纸的变更、差异、延误等因素的影响,使得工程承包中不可避免地出现索赔。索赔分为承包人索赔和发包人索赔。当承包人向发包人提出索赔并获得支持时,相应的索赔款项也属于发包人应付款项之内。例如,由于发包人提供并对外采购的槽罐到货时间比预定时间延迟1.5天,导致承包人原先租赁的大型吊机在现场闲置1.5个台班,该1.5个台班的机械租赁费及相关的其他费用,承包人可以向发包人提起索赔主张。关于索赔款能否作为工程造价的问题,存在一定的争议。大多数索赔事件同时构成违约,此类索赔款等同于违约金,不应计入工程款。有些索赔事件属于工程变更,本应通过变更签证解决后纳入工程总价,但因一方原因未能及时签证的,不得不转化为索赔来主张,这类索赔款应当属于工程款。而有些索赔款已经包含在工程进度款申请中,且已经由业主批准后同期支付的,视为双方合意确认进入工程造价。同样,如果索赔款包含在最终结算金额中,且已经由业主核准的,也可以作为工程造价的一部分。

案例15-12 ▶ 案由:建设工程施工合同纠纷

原告:顺峰建设有限公司。被告:房华置业有限公司。

【案情】被告将某小区开发建设项目承包给原告施工,双方根据1999版建设部示范文本签订了《建设工程施工合同》。其中"通用条款"的部分条款内容为:1.11　合同价款:指发包人承包人在协议书中约定,发包人用以支付承包人按照合同约定完成承包范围内全部工程并承担质量保修责任的款项;1.12　追加合同价款:指在合同履行中发生需要增加合同价款的情况,经发包人确认后按计算合同价款的方法增加的合同价款;1.13　费用:指不包含在合同价款之内的应当由发包人或承包人承担的经济支出;1.21　索赔:指在合同履行过程中,对于并非自己的过错,而是应由对方承担责任的情况造成的实际损失,向对方提出经济补偿和(或)工期顺延的要求。同时,双方在专用条款约定,发包人原因造成工期延误,承包人不得因工期而产生任何经济上的索赔。

在施工过程中,因发包人提供甲供材料不及时、施工地质条件与勘察文件存在较大差别等,造成施工方工期延误180天,且人工费用恰逢春节期间大幅上涨40%左右。双方未能结算工程款,承包人遂向法院起诉。其中一项诉讼请求为:因甲方原因导致工期延误 180 天,人工费应当予以调整 230 万元。经委托鉴定,人工费调增金额为 145 万元。

问题:该人工费调增是属于增加工程价款还是属于索赔?

【评析】本问题非常典型地反映了工程造价和工程索赔的联系与区别。

(1)工程造价的实质是市场价格,是建立在成本基础上的合理价格,是双方共同的意思表示,不仅包括具体的价款金额,也包括构成价款的计算方式、计算基数、计算结果。工程造价由双方对工程建设各部分确定的计价模式汇总而来,并充分考虑双方的意思自治性。例如,双方签约时确定的工程预算、中标通知书中的下浮率、采用的定额标准等。在履约过程中,如果双方协商变更计价方式、计价基础等,甚至直接商定某一部分的价格,应予充分尊重。若遇到双方无法协商事项,如根据合同约定或者法定标准能够计算相应的价格,亦应当计入工程造价。如合同约定遇到人工费、机械费、材料费涨跌的调整方法和公式等。此外,工程造价不考虑单方或双方的过错,应予计入造价的,就应该全部计入,不存在承担主次责任、打折计算的空间。

(2)工程索赔的实质是损失,是索赔方单向的主张,以实际已发生或者必然发生为基础。合同中可能对工程索赔的程序有约定,但对于索赔的计算有时是无法事先约定的,因为索赔事项、大小等往往事先不能预估。同时,在确定索赔责任的负担时,需要考虑单方或双方在索赔事件中是否存在过错及过错的大小等归责。更多的时候需要双方协商,或者借助法官的自由裁量权予以确定。

结合本案,双方的合同中对于工期延长导致的人工费用涨跌没有约定合同价款的变更,即合同约定的人工费超过风险范围时是否进行调差、如何进行调差没有约定。承包人无法据以追加合同价款(工程造价)。同样地,如果工期延长导致人工费用下跌,发包人亦无法据以减少合同价款。本案人工费上涨导致承包人施工成本上升的这部分,实际上是无法计入工程造价范畴的成本损失,应当要求赔偿,故为工程索赔的范畴。

至于本案中承包人与发包人之间约定"在专用条款约定,发包人原因造成工期延误,承包人不得因工期而产生任何经济上的索赔"是否无效,则是另外的问题。

特别说明的是价和费的关系,建设工程造价组成中的各种费用,并不一定是工程造价的必然组成部分,需要看不同的工程计价方式。

15. 项目应付总价款

实际上,工程造价及其他应付款构成项目应付总价款。但三者的概念在实务中容易混淆,法律上尚有以下需仔细甄别的注意点。

(1)工程造价首先指的是构成工程实体的造价

构成工程实体的造价,即**按照双方约定的计价方式计算的已完合格工程价格**。具体而言,不同的工程造价计价模式下,工程造价计算公式如下:

定额计价 = 直接费 + 间接费 + 利润 + 税金

清单计价 = 分部分项工程费 + 措施项目费 + 其他项目费 + 规费 + 税金

固定单价 = ∑固定价格 × 计价数量

固定总价 =(原)固定总价 + 变更签证 ± 风险范围

成本加酬金 = ∑实际成本 ×(1 + 酬金系数)或∑实际成本 + 固定酬金

(2)工程造价包含合意议定计入工程造价的款项

比如,针对发包人导致的开工迟延补偿款、夏季室外高温作业补贴、材料大幅剧烈暴涨调差款、冬雨季的赶工费用等,甚至与建设工程本身无关的款项。如发包人在兴建厂房的同时,毗连的旧厂房需要将一批货物装卸到集装箱车上。发包人与承包人商议:“你的工人给我20个人干一天,还是按照建设工程施工合同中的零星用工260元/天给你签证,计算到工程款里面”,承包人表示同意。装卸活动结束后,发包人给承包人出具了一份“联系单”——“今承包人向发包人提供20人小工,按零星用工计算260元/天,共计5200元”。表面上,该款项与建设工程毫无关联。但是,如之前所述,我国的建设工程造价指的是市场价,尊重契约自由、意思自治,双方议定将该零星用工计算入工程造价并未违反任何强制性规范,是为合法有效。

(3)工程造价不包含奖励金、违约金及索赔款,除非双方议定计入工程造价,保证金、利息不得计入工程造价

索赔款项亦为针对损失补偿部分,奖励费、违约金亦和本身工程造价并无直接关联,除非双方议定,上述款项亦计算入工程造价范畴,如(部分)承包人索赔,优质工程奖,提前竣工奖等。一些地产项目等,会约定工程造价的计算方式,将上述款项涵盖进来。而保证金与利息,则天然地与工程造价无关,不应计入工程造价。

(4)工程造价关系到开票、税费问题

承包人应当向发包人开具建筑业发票,税率由工程项目的特征、资金来源、承包人的性质等分不同层级(分13% 、9%、6%及3%四种)。而所应开发票的基数即为工程造价金额基础上的实际付款额。

(5)工程造价直接关系到质保金计取基数问题

根据示范文本,质保金仅为工程造价的5%。根据《建设工程质量保证金管理办法》(2017年6月20日 建质〔2017〕138号)第7条的规定,发包人应按照合同约定方式预留保证金,保证金总预留比例不得高于工程价款结算总额的3%,已经改变了之前的规定。该处的工程造价不能混淆为项目应付总价款,也不能在计算时扣除抵扣工程款的费用或已付工程款的费用。在某案件中,原告主张质保金的计算基数为工程造价减去甲方垫付水电费34.56万元,再乘以3%。这种计算方式是完全错误的,系对工程造价缺乏了解所致。

(6)工程造价关系到建设工程价款优先受偿权的范围问题

建设工程价款优先受偿权的受偿范围,包含构成工程造价的全部组成部分(含利润),但不包含利息。原《最高人民法院关于建设工程价款优先受偿权问题的批复》(已废止)中明确规定,建设工程价款包括承包人为建设工程应当支付的工作人员报酬、材料款等实际支出的费用,不包括承包人因发包人违约所造成的损失。该处的损失,宜扩大解释包括发包人违约所造成承包人索赔款、发包人违约金等。《建设工程司法解释(一)》第40条规定:“承包人建设工程价款优先受偿的范围依照国务院有关行政主管部门关于建设工程价款范围的规定确定。承包人就逾期支付建设工程价款的利息、违约金、损害赔偿金等主张优先受偿的,人民法院不予支持。”故此,建设工程价款优先受偿权对应的是工程造价部分欠付的款项,索赔款项、保证金、奖励费、违约金、利息等,均不属于建设工程价款优先受偿权的受偿范围。

(7)项目应付款作为发包人的全部金钱义务客体,可以与全部已付款及应扣款进行折抵计算,双方在自行清理或者诉讼/仲裁中可一并解决。如不同的判项中最后可以对双方互负履行标的进行折抵,以减少诉累。

第十六章
CHAPTER 16

已付款及应扣款

已付款指的是在诉讼或仲裁前或过程中,发包人已经支付给承包人的项目所涉款项,是实际发生的款项交付。应扣款指的是指双方业已确认,或者根据合同约定或者法律规定,应当由承包人负担的款项。此部分有可能已经发生,也可能尚未实际发生,但一般在将来必然发生。应扣款有发包人索赔、乙供转甲供材料设备、代付水电费、承包人违约金、审价核增减费用、罚款、损害赔偿金等。应扣款可以是一项权利,或者是一种期待债权。由于有承包人索要工程款的反向债权,发包人并不如通常债权一样积极行使。已付工程款与其他应扣款项是建设工程施工合同常见的一大争议点,在一些案件中,发承包双方对工程造价没有异议,但是对于已经支付的款项及是否应当承担相应的扣款存在较大的争议。建筑行业的现实特性是在工程项目承包过程中,挂靠、违法分包、转包现象较为普遍,发、承包双方之间还交织着挂靠人、实际施工人、项目经理等主体,个人利益、单位利益、部门利益交织杂糅,导致相当一部分的建设工程案件错综复杂。已付工程款与其他应扣款项一般应当由主张的一方即发包人举证。鉴于建设工程施工合同往往付款次数多、周期长、支付方式多样,当事人在举证时可以进行一定的简化。法官可以要求对方当事人予以核实,对无异议的部分直接进行确认,对有异议的部分要求补充证据并加以进一步质证。而一些案件需要以已付款和其他应扣款项证明其他内容的(如向第三方付款等),法官仍然需组织进行逐一举证、质证。已付款和应扣款项共同组成发包人对具体债权履行义务的抗辩。

1. 常见的已付款

一些规范的工程,已付款项支付较为规范。对法官而言,查明已付款较为方便。比如,工程总价较小,总共就三笔或者五笔工程款,法官查明相应的款项交付与否即可认定。对于多笔数、存在不规范方式付款的案件,则需要谨慎、积极查明已付工程款。其中,常见的已付款可能有以下几种方式:

(1)银行汇款

银行汇款是最为直接、有效的认定工程款方式。特别是发包人的银行账户汇款进入承包人的银行账户,款项内容备注为工程款。否定双方之间的部分往来并非属于工程款,较为困难——需要证明双方在工程发承包关系之外,还存在其他的法律关系,如借款、代付款等,并且举证证明双方就相应的具体款项有共同的意思表示。比如,工程施工后,发包人通过银行汇款向承包人支付了50万元。在施工完毕后的诉讼阶段,双方对于该50万元是属于退还投标保证金还是支付工程款存在争议。如何确定款项性质,首先看银行汇付的银行预留备注信息以及双方就款项性质问题的其他佐证,如邮件催讨投标保证金、短信通知"首笔工程款50万元已经汇付,请查收";其次看金额与合同约定是否符合,如50万元与投标保证金和合同约定的进度款支付金额是否吻合、合同中约定的付款进度、条件是否成就等,如果投标保证金实际也是50万元,而合同约定的首笔工程款为65万,则属于后者的可能不大;最后,如果款项性质没有备注,没有其他证据能够佐证款项性质,金额和合同约定均不符且无法与合同约定的付款进度、条件等印证,则按照债的清偿顺序,认定支付款项优先归还到期在先的债务,有结余则归还次级到期债务,以此类推。

案例16-1 ▶ 案由:建设工程施工合同纠纷

原告:皇恒建设有限公司。被告:法岩汽车部件有限公司。

【案情】2011年1月20日,原告与被告签订《建设工程施工合同》一份,主要内容为:(1)原告作为施工总承包方承包被告发包的新建厂房工程,承包范围为土建、安装总承包,合同工期为总日历天数300天,合同价款2000万元。

(2)该合同第三部分专用条款第23.2条约定,本合同价款采用一次性包干,但合同材料价款可进行调整。(3)专用条款第26.5条约定:上述工程总价的3%保修金待竣工验收合格之日起,一年后留1.5%,二年后留0.5%,三年后付清。(4)第26.6条约定:结算款其余待工程结算核定结束,房产证办出后15天付清。另外,该合同对付款方式未作明确约定。

2011年6月23日,涉案工程开工,开工报告制表人为胡国圣,项目经理为虞禾武。

在涉案工程竣工前的2012年11月19日,被告以"资本金用于工程款"为由,办理了73万美元资本金结汇,对应所得结汇4,541,841元人民币至原告账户。后原告于两日后即11月21日将该4,541,841元以转账的方式退还给被告,用途载明为"退还工程款"(第一次套汇)。

2012年11月27日,原告开具金额为4,541,841元的建筑业发票。同日,被告又以"资本金用于工程款"为由,办理了90万美元资本金结汇,对应所得结汇5,588,640元人民币至原告账户。后原告于次日即11月28日以转账的方式将该5,588,640元退还被告,用途载明为"退还工程款"(第二次套汇)。

2012年12月13日,原告开具金额为5,588,640元的建筑业发票。

2012年12月14日,被告再次以"资本金用于工程款"为由,办理了70万美元资本金结汇,对应所得结汇4,352,810元人民币至原告账户。同日,原告所属分公司汇款40万元给胡国圣。12月18日,原告所属分公司分三笔合计300万元汇付给胡国圣。同日,胡国圣汇款给被告法人的妻子马某3,352,810元。2012年12月26日,原告所属分公司汇款给胡国圣321,500元。2012年12月29日,胡国圣汇款给马某300,000元。2012年12月31日,胡国圣汇款给马某400,000元。

2013年1月10日,原告开具金额为4,352,810元的建筑业发票。

2013年2月7日,原告所属分公司汇款372,100元给胡国圣。

综上,被告结汇4,352,810元至原告,被告所属分公司累次支付胡国圣4,093,600元,胡国圣累次汇款马某4,052,810元(第三次套汇)。

2013年9月23日,国家外汇管理局某开发区支局就原、被告的上述2012年11月19日、2012年11月27日的结汇所得款项以擅自改变结汇资金用途为由,对被告课以罚款296,400元,但上述2012年12月14日70万美元资本金结汇未予认定为擅自改变结汇资金用途。

吊诡的是,2015年4月,原告对被告提起诉讼要求支付欠付工程价款、返还履约保证金并承担违约金。原告在诉状中对已收工程款的金额中,明确包含上述第三次套汇金额4,352,810元。

2015年5月26日,胡国圣向公证处对《声明书》进行公证,主要内容为:"上述三笔金额是由皇恒公司委托本人胡国圣进行支付,合计金额:4,052,810元。上述款项责任及权利由皇恒公司承担,与本人无关。"

在2015年6月,原告以上述4,352,810元亦为套汇款项,其中,4,052,810元已经返还给被告为由,要求从已付款中扣减相应金额,并向法院提出增加诉讼请求中的欠付工程款4,052,810元。被告予以否认第三笔为套汇,认为系胡国圣的借款,但其举证的借款时间、金额没有完全对应,更不存在套汇的共谋意思表示的证据。

【审理】对于第一、二次套汇,结汇金额和"退还工程款"金额及相应的发票金额一致,时间上存在明显的先行后续关系,且事后受到外汇管理部门的查处,双方均没有异议。对于第三次套汇,金额上有30万元的差距,时间上跨度较大,且款项并非单一路径返还,而是通过原告所属分公司、胡国圣、被告法定代表人妻子等多次繁复的操作完成。经审查,被告主张的借款关系,没有相关借款合意的证据,且多发生在第三次套汇以后。最后,法院对于第三笔套汇所涉的金额认定为同为套汇款项,应当从已付款中扣除4,052,810元,余款30万元作为已付款。

【评析】即使是银行汇款,在汇款的备注信息中最好对款项性质和内容等予以确定。银行汇款仅仅代表的是款项交付的事实和相应的路径。当发包人和承包人之间存在其他经济往来,如买卖关系、借款关系、租赁关系等,对于款项的性质尤其需要注意区分。法官应当根据双方的关系、逻辑的合理性、过往交易习惯等,在当事人穷尽举证的基础上,对争议款项予以综合、审慎认定。

(2)转账支票

转账支票是由单位签发的,通知银行从其账户上支取款项的凭证。转账支票只能用于转账,不能提取现金。它适用于各单位之间的商品交易、劳务供应和其他经济往来的款项结算。转账支票由付款单位签发后交收款单位,不准委托收款单位代签;不准签发空头支票和远期支票;不准出租出借支票。转账支票提示付款期限为10日,超过付款期的支票,银行不予受理;转账支票的权利时效为自出票日起6个月,在票据开出6个月内,收款人可持有关证明文件,向付款人请求付款。许多情况下,发包人会通过签发转账支票并交给承包人的方式交付款项,由承包人到发包人的开户银行办理转账。由于转账支票上注明收款人,银行凭发包人预留的印鉴样本比对后将发包人的相应金额予以支付。虽然转账支票也可以背书转让,但根据票据的无因性,转账支票予以兑付即视为承包人已收到转账支票的相应款项。

(3)现金支票

现金支票是指存款人用以向银行提取或支付给收款人现金的一种支票。中国现金管理制度和结算办法规定,在银行开户的各国有企业、事业、机关、团体等单位,只能在允许使用现金的范围内使用现金支票,并应写明款项用途,接受银行的监督。现金支票不可用于转账。已签发的现金支票遗失,可向银行申请挂失。现金支票提示付款期限为10日,若客户开出的现金支票超过付款期,开户银行不能受理。由于现金支票系支取现金,发包人将现金支票交付承包人后由其领取相应的款项,需要特别注意以下环节的举证:一是支票存根上的签名领取人,系承包人的授权人员,款项性质为工程款;二是银行支取现金支票的身份证查验确认环节;三是支取现金支票上的款项后,支取人确认收到上述款项的银行底单证据。同样,由于现金支票的无因性,发包人签发现金支票后10日内,现金支票上的款项被支取,即使现金并非由承包人所获得,亦应当视作承包人的已收款项。

(4)承兑汇票

承兑汇票分银行承兑汇票和商业承兑汇票。后者兑付的便捷性和信用情况均大大低于前者。银行承兑汇票,指的是由在承兑银行开立存款账户的存款人签发,向开户银行申请并经银行审查同意承兑的,保证在指定日期无条件支付确定的金额给收款人或持票人的票据。对出票人签发的商业汇票进行承兑是银行基于对出票人资信的认可而给予的信用支持。其特点是:信用好,承兑性强,灵活性高,有效节约了资金成本。银行承兑汇票作为短期的融资工具,期限一般在30天到180天,90天的最为普遍。银行承兑汇票由在承兑银行开立存款账户的存款人出票。对出票人签发的商业汇票进行承兑是银行基于对出票人资信的认可给予的信用支持。中国的银行承兑汇票每张票面金额最高为1000万元。许多贸易型、出口型企业的收款中往往会有金额大小和期限不一的承兑汇票,也会将该承兑汇票作为支付给承包人的工程款。合同对付款方式没有明确约定时,承包人能否拒绝承兑汇票作为工程款呢?理论上承包人并无权拒绝接受,但并非从交付承兑汇票之日视为交付工程款,而应当以承兑汇票期限届满、可予兑付之日作为交付工程款。否则,如果按照承兑汇票交付之日,承包人尚有最高180天才能兑付的空窗期,并无法取得款项,对其不公;而按照承兑汇票实际兑付之日,则存在承包人故意怠于兑付的情形,期限届满至实际兑付之日之间的未兑付责任应当由承包人自行承担。

实践中,承包人虽然接受了承兑汇票,但无法等到期限届满便急需兑付,只好通过承兑汇票掮客、经纪人等将承兑汇票以折扣价的方式予以转让。掮客、经纪人等收取票面金额的0.5%~5%的手续费。承包人是否可以向发包人追索呢?答案是否定的。理由是接受承兑汇票即需接受承兑汇票的期限。为了缩短期限而付出的手续费并非客观必然发生,与发包人无关。同样,发包人应当按照合同约定承担逾期付款的责任。当然,如果双方对承兑汇票的手续费负担有约定时则按照约定处理。

此外,承兑汇票并不如现金支票、转账支票等有存根,且承兑汇票多手背书转让的现象非常普遍。查明承兑汇票的交付情况、兑付情况十分不方便,往往需要至托收行查询连续的背书记录。而许多情况下,承兑汇票的交易无法从背书上反映出来。故在建设工程施工合同中,证明承兑汇票的交付是非常重要的举证环节。较为成熟的做法是,发包人将承兑汇票交付给承包人而又不想背书转让时,可以将承兑汇票予以复印,然后由承包人的经办人员签字或盖章确认“已收到该承兑”等字样。承兑汇票由于其特殊性,地下黑市交易难以禁止,更难以从资金流向、票据连续背书上反映出实际的款项交付情况。其后的多手交易均与发包人无关,在最后的期限届满前该承兑汇票兑付成功,即可视为承包人收到相应的款项。

(5)现金支付

建设工程施工合同中现金交付亦为常见的情形。特别是工程价款不高、存在违法分包、转包、挂靠等情形下,实际施工人往往现金交易并出具收条等予以确认。现金交易的好处是,不仅不容易追踪到款项脉络,更有交付的现实感。较多地区的农民工仍保留旧有习惯喜欢领取现金。从款项支付的法律风险角度,当存在承包人否认收到该款的情况,大额现金的交付仍然存疑。所以,保留以下证据并形成完整的证据链就显得非常重要：存有现金、提取现金、承包人要求支付现金的报告、承包人申请领款（现金）的审批单、现金交付、现金接受者系承包人的有权代表或授权的人、双方之间过往的交易习惯、发包人已经尽到审慎义务的证据等。

案例16-2 ▶ 案由：建设工程分包合同纠纷

原告：沈健宇。被告：朱记贤。

【案情】2013年5月17日，被告将某海湾重工有限公司迁建项目综合车间钢结构工程交由原告施工安装，双方签订《安装合同》一份，约定：（1）工程承包范围为钢结构、预埋件、檩条、屋面板、采光板、支撑及天沟、油漆等一切相关工程，其中油漆包工包料，按图施工；（2）合同总价660万元，包括油漆包工包料130万元，安装费530万元，安装总价为一次性包干价；（3）安装期限为2013年6月20日开始吊主体结构，时间为180日全部主体吊完，屋面系统盖完时间为20天……（4）付款方式为乙方（原告沈健宇）安装人员全部进场开始安装10日后，甲方（被告朱记贤）支付安装款总价10%，完成主体结构安装付总价30%，完成所有工程量后付总价45%，竣工验收合格后付总工程款10%，余款5%作为质保金，一年质保期满后结清。

2014年1月30日，原告向被告发送短信催讨工程款称："不想给工资、工人要去拆房子了"，被告于同年2月8日回复："正月十一，你到我公司来，我们对账一下"，同年12月4日回复："我出差有事，钱会安排"，2015年2月16日回复："会打给你的""还在业主等钱。不会少你的"，原告回复："工人等着"，被告回复："质保金没办法要明年了"，原告回复："质保期到期还超时了"，被告回复："兄弟真不好意思，只有一万元好汇了。真没钱了。"

另，2014年5月30日，涉案的某海湾重工有限公司迁建项目（综合车间）竣工验收合格。

关于已付工程款。双方对以下被告通过银行转账汇款方式支付原告的款项没有争议：2013年8月27日100万元，同年9月24日50万元，同年10月1日50万元，2014年3月6日120万元，同年8月27日20万元，同年9月15日30万元，同年12月12日20万元，2015年2月18日134,760元，合计4,034,760元。

【审理】本案的争议焦点为被告主张的其他已付款是否成立。

1. 被告提供收据一份,用以证明2013年5月20日曾向原告支付工程款50万元。该收据载明:"收据 今收到海湾重工有限公司迁建项目综合车间安装款人民币(伍拾万元整)¥500,000.00。收款人:沈健宇 2013.05.20。"原告对真实性有异议,认为:上述签名非原告所写;该落款时间早于合同约定时间,根据行业习惯,不可能在进场前被告就提前付款;该收据写于A4纸上,但是只有下半部分,被告应当提供上半部分。在审理中,被告陈述称:该收据上"沈健宇"三个字系原告所写,收款人及日期是谁写得不记得,"收据 今收到海湾重工有限公司迁建项目综合车间安装款人民币(伍万元整)¥500,000.00"为被告所写,该50万元现金交付给原告,没有其他证据可以证明。

首先,从证据的形式来看,收据是接受货币的一方出具给付款人的收款凭证,在原告具备相应文化水平的情况下,该收据上的文字多数系被告所写,不符合常理;其次,被告未在本院指定的期间对签名是否原告所写提起鉴定,则无法证实该签名的真实性;再次,该50万元现金交付与双方之间其他的款项通过汇款的支付方式不一致,不具有合理性;复次,2013年5月20日系双方签订合同后第三天,并没有达到合同约定的首批进度款支付条件;最后,该收据纸张的上半部缺失,被告无法提供上半部内容作为参考。故法院最终认为,被告提供该收据具有重大瑕疵,不足以证明其向原告支付工程款50万元的事实,故不予认定。

2. 被告提供出票时间分别为2013年7月23日和8月21日的承兑汇票(复印件)两份,用以证明曾向原告支付工程款200万元。被告陈述,其曾向原告交付承兑汇票二份,原告在复印件上分别签名并注明"收到承兑汇票壹张 具收人沈健宇,注贴息由支付方承担 2013.09.12"。原告认为,这个字可能是原告的字,但是原告没有拿到承兑汇票,也没有收到上述款项。当时的情况是,原告到被告处领取承兑汇票,被告将承兑汇票复印好后让原告在复印件上签字。但之后被告并没有把承兑汇票交给原告,所以原告让被告将签字的承兑汇票复印件撕毁。现要求被告提供具有原告签名的承兑汇票的复印件。经释明,被告未能在法院指定的期间提供该证据,原告的异议成立,故对该两份承兑汇票(复印件)不予确认。

【评析】建设工程案件中,款项交付往往较为不规范,常常发生争议。法官应谨慎应对,根据日常经验法则和交易习惯,依法作出认定。

(6)代付材料款

代付指的是承包人请求发包人代替承包人,将相应的款项直接支付给承包人的外部债权人,代付款项视为承包人已收工程款的行为。常见的是承包人购买材料的买卖合同货款,要求发包人支付相应的砼款、钢材款等,特别是在甲方指定材料品牌、型号和价格的情况下。代付并非属于规范的付款方式,承包人往往出于规避税费、自身陷入经营危机、银行账户有被他人保全等特殊情况。在代付情况下,发包人不仅应当举证其实际付款给承包人的债权人的付款证据,更应当举证证明存在承包人的委托、授权或者相应的认可,否则可能存在代付款项缺少代付的意思表示而承担相应的款项风险。

(7)垫付分包款

施工总承包单位内部下游可能存在数支分包队伍。当施工总承包单位存在某种特殊事由(如不愿意垫资、以分包商的压力转嫁给发包人、本身企业银行账户被查封等情形),可以请求发包人直接将部分工程款支付给其下属分包人,分包人所收款项视为承包人所收款项。此时,发包人取得承包人的"要求垫付分包款"的意思表示则尤为重要,否则亦有可能因超付、错付等产生较大的诉讼风险。如《北京市高级人民法院关于审理建设工程施工合同纠纷案件若干疑难问题的解答》第21条规定:"发包人主张将其已向合法分包人、实际施工人支付的工程款予以抵扣的,如何处理?承包人依据建设工程施工合同要求发包人支付工程款,发包人主张将其已向合法分包人、实际施工人支付的工程款予以抵扣的,不予支持,但当事人另有约定、生效判决、仲裁裁决予以确认或发包人有证据证明其有正当理由向合法分包人、实际施工人支付的除外。"《广东省高级人民法院关于审理建设工程合同纠纷案件疑难问题的解答》第28条中认为:"承包人请求发包人支付工程款,发包人主张对其已向实际施工人支付的工程款进行抵扣的,不予支持,但合同另有约定、承包人予以授权、生效裁决予以确定或者发包人有证据证明其有正当理由向实际施工人支付工程款的除外。"所以,发包人越过承包人向承包人下属垫付分包工程款的,应以不予认定为原则,以认定为已付工程款为例外。比较典型的是,劳务分包人下落不明等引发劳资群体纠纷时,行政主管部门要求总包人垫资代付以解决矛盾。总包人与劳务分包人之间存在合同关系,但与劳务分包人的下属劳务工人没有直接关系,往往对具体的劳务工人不熟悉,对劳务分包人与劳务工人是否存在欠付劳务费、具体的欠付金额不清楚,一些劳务工人实际上系以班组的形式从劳务分包人处再分包部分工程劳务,不排除隐匿劳务分包人已支付款项、虚冒债务的情况。故该种情况对总包人风险极大。理想的状态是,由劳务分包人与下属工人、班组结算,向总包人出具委托代付函,总包人将相应款项直接支付给劳务工人或者班组长。更多的现实情况则是劳务分包人置之不理,怠于处置劳资群体纠纷,总包人即陷入两难:如不付劳务费,则作为施工总承包方,将承担行政处罚、业主索赔、工期逾期等压力;如付劳务费,则超出了自己应当支付的范围,且往往难以核实其中虚报的劳务费。建议总包人可以注重收集并提供以下证据:与劳务分包人的合同,劳务分包人已完工程量的证据,劳务分包人离场的证据,劳资纠纷爆发、行政主管部门介入处理过程的证据,总包人通知劳务分包人处理的证据,劳务工人主张劳务费的证据,劳务工人系劳务分包人所属工人的证据,劳务工人有冒领、高估等将依法承担法律责任的声明,劳务费发放至劳务工人的证据(以银行汇款为佳)。

(8)项目经理收款

根据《建筑施工企业项目经理资质管理办法》,建筑施工企业项目经理是指受企业法定代表人委托对工程项目施工过程全面负责的项目管理者,是建筑施工企业法定代表人在工程项目上的代表人。如同一个工厂的车间主任,项目经理个人一般不具有收取工程款等经济权限。发包人主张已将相应款项交付给项目经理的,除了举证款项实际交付以外,更重要的是要举证项目经理具有相应的授权或者发包人相信其能够代表承包人收取工程款。除了举证合同中对款项交付方式以外,还可以举证实际履行中双方达成默示的交易方式的变更,以及"项目经理收取款项"这一交易习惯的存在或者发包人认可等。故项目经理收款,不视为承包人已收款为原则,视为承包人已收款为例外。

案例16-3 ▶ 案由:装饰装修合同纠纷

原告:承包人瑞祥公司。被告:发包人高青松。

【案情】原告与被告(由设计师周海强出面)于2014年8月18日签订《施工

合同》一份,约定由原告承包被告位于某家居市场广场的大食堂装修施工项目,合同价款为16万元,后变更为17万元。该工程由原告以包工包料的方式进行施工。双方约定付款方式为:合同签订后3日内,甲方(被告)支付给乙方(原告)不少于合同总价40%的预付款,计62,000元;施工15天内,甲方支付乙方不少于合同总价30%工程款,计46,500元;施工25天内付20%工程款,计31,000元,工程竣工验收完毕后15天内,甲方支付乙方不少于合同总价10%工程款,计15,500元。双方还约定,如甲方拖欠工程款或尾款,应向乙方支付拖欠金额日千分之五的违约金。另外,合同第5条第7款约定:"甲方支付工程款时,所开出的支票必须有乙方公司的全称:北京瑞祥佳艺建筑装饰工程有限公司或由乙方财务人员上门收款并开具专用收据或发票。如不是乙方的专用收据,则视为乙方未收到此工程款,甲方承担相应的责任。"合同签订后,原告委派严亚纲作为项目经理负责具体施工工作。2014年9月30日,严亚纲代表原告与被告进行工程决算并形成工程决算单一份,载明工程竣工验收时间为2014年9月30日,决算金额为170,000元,已付总价119,000元,剩余尾款51,000元。其中,甲方审核意见同意剩余尾款51,000元于2014年10月前付清。另外,被告之前支付给原告的119,000元均汇款至原告财务人员李恒婷的个人账户。

2014年10月15日,剩余51,000元经项目经理严亚纲催讨后,被告以现金方式支付给了严亚纲,其也出具了收条予以确认。

【审理】本案的争议焦点是被告向严亚纲支付51,000元工程款是否符合合同约定。原告认为,严亚纲是项目经理,但并没有收取工程款的授权。其不能代表原告收取工程款,也没有将工程款交给原告,故不符合合同中对付款方式的约定。为此,原告提供了专用收款收据复印件两份,用以证明按照合同约定收款时原告应当开具专用收据。被告认为,被告支付51,000元给严亚纲是因为严亚纲是原告的项目经理,能够全权代表公司。

在审理中,被告陈述,在本案合同之外,被告和严亚纲之间还存在款项往来。

最后,法院以交付款项不符合合同约定、严亚纲收取工程款不构成表见代理为由,判令被告高青松支付原告工程款51,000元并支付相应逾期付款利息。

【评析】（1）项目经理的职责和权限

根据住房和城乡建设部与原国家工商行政管理总局制定的《建设工程施工合同（示范文本）》（GF－2013－0201）第1.1.2.8条，项目经理是由承包人任命并派驻施工现场，在承包人授权范围内负责合同履行，且按照法律规定具有相应资格的项目负责人。根据《建筑施工企业项目经理资质管理办法》，项目经理是指受企业法定代表人委托对工程项目施工过程全面负责的项目管理者，是建筑施工企业法定代表人在工程项目上的代表人。项目经理在承担工程项目施工管理中，履行以下工作职责：对工程项目施工进行有效控制，执行有关技术规范和标准，确保工程质量和工期。另外，按照建筑施工企业与建设单位签订的工程承包合同，在授权范围内行使以下管理权力：组织项目管理班子；以企业法定代表人的代表身份处理与所承担的工程项目有关的外部关系，受委托签署有关合同；指挥工程项目建设的生产经营活动，调配并管理进入工程项目的人力、资金、物资、机械设备等生产要素；选择施工作业队伍进行合理的经济分配；企业法定代表人授权的其他管理权力。

综合上述管理性规定，项目经理的职责和权限来自施工企业的法定代表人的授权，主要是有关工程建设管理、资源调配等方面的生产经营活动，在此范围内的活动一般均应认定为代表公司的行为。如果发承包双方之间的合同没有关于授权项目经理收取工程款等经济财务事项的特殊约定，应当认定项目经理不具有此项权力。

（2）被告交付严亚纲51,000元不符合合同约定，严亚纲无权代表原告收取该款

涉案合同中对工程款支付也作出了特殊约定："甲方支付工程款时，所开出的支票必须有乙方公司的全称：北京瑞祥佳艺建筑装饰工程有限公司或由乙方财务人员上门收款并开具专用收据或发票。如不是乙方的专用收据，则视为乙方未收到此工程款，甲方承担相应的责任。"可以看出，原告在合同中严格排除财务人员以外的人收取工程款。本案中，原告指示被告将前两笔工程款119,000元汇付至原告财务人员李恒婷的个人账户，客观上不符合有关公司财务管理制度的规定，但原告予以认可，故应当认定该款系被告支付的部分工程款，双方存在履行合同有关工程款支付条款的具体合意，与合同约定"财务人员上门收款"

相比较也仅仅是一种变通。但是,涉案合同并无授权严亚纲代表原告收取工程款的约定,被告交付严亚纲51,000元的行为不符合合同约定的工程款支付方式。

(3)被告主观上不具有善意

一是被告与严亚纲在合同范围外有增补的装修工程,装修工程款也由被告直接支付给严亚纲,原告并不知情。在此情况下,如果将严亚纲收取的51,000元认定为代表原告收取的工程款,不能排除被告与严亚纲之间存在串通的可能,“瓜田李下”,被告更应当注意严格区分。二是之前两次付款均为被告支付给李恒婷的账户,被告也予以认可,可以认定双方存在“工程款汇款至李恒婷账户”的交易习惯,而第三次51,000元通过现金交付给项目经理严亚纲,违反了交易习惯,有违常理,被告没有合理解释。三是被告陈述称,严亚纲向被告表示其所属工人因工伤赔偿与原告存在纠纷,故要求被告不要将工程款支付给原告。在此情况下,被告更应积极与原告联系,防止工程款错付的发生。被告没有向原告核实,反而听之任之。综上,被告主观上亦不具有善意,其交付严亚纲51,000元也不构成合同法上的表见代理。

(9)挂靠人收款

与项目经理不同,挂靠人收款,视为承包人的已收款为原则,不视为承包人的已收款为例外。挂靠人是事实上的工程承包人,其自主管理、自负盈亏、自担风险。被挂靠人反而在工程项目上不具有独立意志,徒具躯壳。当发包人明知挂靠事实时,即使发包人与被挂靠人签订的《建设工程施工合同》中对款项的交付有明确约定,在被挂靠人并未实际参与项目经营管理的情况下,挂靠人以被挂靠人的名义收取工程款、借支工程款并将上述款项用于涉案工程,则仍然应将上述款项认定为合同项下的已付工程款。在此种情况下,双方之间有关挂靠人个人收取工程款的交易习惯,仍然具有较高的证明力。而如果《建设工程施工合同》中对款项给付有严格的限定并排除挂靠人可直接向发包人领取工程款的情形下,原则上不应将挂靠人收款视为承包人收款。

(10)预支款、借款

在无垫资或少量垫资项目中,承包人由于管理不善、款项用于采购材料或支付工资等,所得工程进度款不足以应付其对外所应付各类债务时,承包人向发包人提出在可得进度款范围以外，预支部分工程款，是为预支款。预支款为已付款的一部分，当无异议，甚至很大程度上构成超额领取的工程款。发包人如果资金充裕又不愿意承包人因为资金不足而陷入停工，就有可能会同意预支工程款。预支款一般不计利息。而借款，往往是发包人不同意无偿提前预支，而要求承包人以借款的名义向发包人取得款项。双方有时还约定利息，同时往往约定款项可以在结算时将本金和利息作为已付款进行抵扣。与上述项目经理、挂靠人收款一致，签订预支款、借款协议（或借条）是否视为承包人的行为，应当从岗位职责、法律关系、交易习惯、是否用于工程项目建设等方面区别认定。一般而言，挂靠人收取的预支款、向发包人的借款等均可视为发包人的已付款；而项目经理的预支款、借款如果不能证明系用于涉案工程，则难以被认定为发包人的已付款。

2. 已付款的举证简化

在建设工程合同案件审理中，一种常见的情形是发包人提供数十张至数百张的各类单据，用以证明发包人的已付工程款。如果上述单据未经当事人归纳、梳理，法官将可能花费数小时至数日的时间核对，导致案件的审理效率极其低下。一些时间跨度多年、款项笔数数十笔至数百笔的案件，相应的付款凭证、发票原件、合同原件等可能被装订在不同的财务账簿中，导致开庭时当事人不得不抱着数大箱证据供法庭核对原件，费时费力，极大地拖延了审理进程且存在灭失的风险。因此，强烈推荐，**法官可以要求发包人提供已付工程款、应扣款项的清单（见表16－1），由承包人予以审核确认，也可以要求双方均予提供，并仅对有争议的部分进行进一步举证和质证，对于双方无争议的款项，可以直接予以确认相应的付款时间、付款方和收款方、付款方式及金额，所涉及的证据可以直接予以略过不再质证，或者简单列明所涉证据，并将确认的事实直接作为发包人和承包人确认的"无争议事实"予以认定。**除非，法官认为已付款中可能存在虚假诉讼、恶意串通损害第三人利益等情形的。

表16－1　已付款示例

序号	时间	金额（元）	付款方式	付款方	收款方	开发票	累计数	备注
1	2011.7.12	234,452.23	银行汇款	发包人	承包人	是	234,452.23	预付款
2	2011.9.21	1,000,000.00	承兑汇票	案外人	案外人	是	1,234,452.23	进度款

续表

序号	时间	金额(元)	付款方式	付款方	收款方	开发票	累计数	备注
3	2011.10.21	500,000.00	现金支票	发包人	项目经理	否	1,734,452.23	预支款
4	2011.10.30	345,670.00	银行汇款	发包人	混凝土公司	否	2,080,122.23	乙供砼款
5	2011.11.7	465,783.00	银行汇款	发包人	承包人	是	2,545,905.23	进度款
6	2012.1.13	2,000,000	承兑汇票	发包人	案外人	是	4,545,905.23	委托支付
7	2012.1.20	570,000	现金	发包人	工人	否	5,115,905.23	代发工资

作为承包人,可以针对上述表格中的相应项目提出异议并补充证据。如收条是否属实、是否收到款项、款项的性质、是否开具发票等。在承包人对已付工程款自认的情形下,有经验的法官可以要求双方均提供已付工程款、应扣款项的清单,相同之处直接予以确认,不同之处进行有针对性的举证和质证,如要求进一步补充提供汇款凭证、领款申请书、支票存根等。这样可以在一定程度上防止承包人全面否认已收款项从而造成脱离客观事实(如以发包人提供的证据来拼凑自认的工程款金额,对发包人可能遗漏的款项不予确认)、降低审理效率的情况。此外,双方提供的表格也有可能存在双方对于部分时间确认不一(如发包人于 2018 年 12 月 29 日汇付 30 万元,但适逢元旦假日,银行系统升级,承包人于 2019 年 1 月 2 日才收到该款)、金额不一(如发包人汇付 30 万元,但选择手续费 50 元从中扣除,承包人实际收到款项 299,950 元)等,法官可引导双方抓大放小,共同确认,采用拟制事实——发包人于 2018 年 12 月 31 日汇款 30 万元给承包人。

3. 已付款的其他证明目的

已付款主要反映发包人履行合同付款义务的情况。在一些案件(特别是无书面合同的建设工程合同案件)中,挖掘已付款的具体联络过程、交易过程、背景等,具有更多的诉讼价值。如需要通过已付款、应扣其他款项以达到其他承包人尚未足以证明的目的——双方之间存在合同关系、双方付款方式通常是通过项目经理领取现金并出具收条、存在项目部提前借支工程款的惯例、工人工资由总包方直接向工人汇款等情况的,据以确定双方之间特殊的交易习惯、惯例和默示约定等。该种情况下,建议法官仍然需要在完整整理已付款、其他应扣款的清单和附随证据的基础上,按部就班、积极、审慎完成举证、质证程序并记录在卷,为法庭辩论提供事实基础而不能一味地寻求简化,为法庭辩论提供事实基础。

试以承包人与发包人所提供的已付款清单为例说明。

表 16-2 承包人主张的已付款汇总

日期	摘要(编号)	承兑及转账收入(元)
2011.6.21	—	1,000,000
2011.8.5	—	2,000,000
2011.12.2	—	400,000
2011.11.9	—	500,000
2011.11.23	承兑 7841	570,000
2011.11.25	承兑 93 万(无单)	1,230,000
2012.1.17	网银	600,000
2012.1.19	—	100,000
2012.3.4	—	150,000
2012.5.14	—	150,000
2012.6.1	承兑 2251/17 万/6450/18 万	350,000
2012.4.26	—	200,000
2012.7.20-24	网银	400,000
2012.1.13	承兑 4354/4355/4356	1,500,000
2012.8.7	承兑 8193	600,000
2012.9.13	网银	100,000
2012.10.31	网银	280,000
2012.11.14	网银	100,000
2012.11.30	网银	200,000
2012.12.14	网银	4,352,810

续表

日期	摘要(编号)	承兑及转账收入(元)
	网银	110,000
2013.6.9	承兑 2933/20/2934/20/2935/30/2936/30	1,000,000
2013.7.11	承兑 2950/20/2951/30	500,000
2013.8.26	网银	200,000
2013.9.11	—	100,000
2013.9.29	—	200,000
2013.12.16	—	400,000
2014.1.21	—	500,000
2013.7	汇票	170,000
2015.2.12	汇票	500,000
	合计	18,412,810

而发包人提供的表格如下。

表 16－3　发包人主张的已付款汇总

序号	付款时间	金额	付款方式	累计数	凭证	页码
1	2011.6.20	1,000,000	转账	1,000,000	光大银行回单	1
2	2011.8.5	2,000,000	转账	3,000,000	光大银行回单	2
3	2011.11.9	500,000	转账	3,500,000	工行回单	3
4	2011.11.23	570,000	承兑	4,070,000	20197841	4
5	2011.11.23	930,000	承兑	5,000,000	20197843	5
6	2011.11.25	300,000	转账	5,300,000	光大银行回单	6
7	2011.12.2	400,000	转账	5,700,000	工行回单	7
8	2012.1.13	500,000	承兑	6,200,000	21534354	8
9	2012.1.13	500,000	承兑	6,700,000	21534356	9
10	2012.1.13	500,000	承兑	7,200,000	21434355	10
11	2012.1.17	400,000	转账	7,600,000	光大银行回单	11

续表

序号	付款时间	金额	付款方式	累计数	凭证	页码
12	2012.1.17	200,000	转账	7,800,000	光大银行回单	12
13	2012.1.19	100,000	转账	7,900,000	光大银行回单	13
14	2012.3.2	100,000	转账	8,000,000	光大银行回单	14
15	2012.4.26	200,000	转账	8,200,000	工行	15
16	2012.5.11	1,500,000	转账	8,350,000	光大银行回单	16
17	2012.5.20	800,000	现金	9,150,000	收条	补1
18	2012.6.1	170,000	承兑	9,320,000	20156450	17
19	2012.6.1	180,000	承兑	9,500,000	20202251	18
20	2012.7.19	200,000	转账	9,700,000	工行	19
21	2012.7.24	200,000	转账	9,900,000	光大银行回单	20
22	2012.8.7	600,000	承兑	10,500,000	21808193	21
23	2012.9.13	100,000	转账	10,600,000	工行	22
24	2012.10.19	130,000	转账	10,730,000	光大银行	23
25	2012.10.25	150,000	转账	10,880,000	光大银行回单	24
26	2012.11.13	100,000	转账	10,980,000	光大银行回单	25
27	2012.11.24	200,000	转账	11,180,000	光大银行回单	26
28	2012.12.24	4,352,810	转账	15,532,810	通商银行	27
29	2013.1.25	110,000	转账	15,642,810	光大银行回单	28
30	2013.6.9	200,000	承兑	15,842,810	21272933	29
31	2013.6.9	200,000	承兑	16,042,810	21272934	30
32	2013.6.9	300,000	承兑	16,342,810	21272936	31
33	2013.6.9	300,000	承兑	16,642,810	21272935	32
34	2013.7.11	200,000	承兑	16,842,810	21272950	33
35	2013.7.11	300,000	承兑	17,142,810	21272951	34
36	2013.9	170,000	承兑	17,312,810	收条及承兑	35
37	2013.8.26	200,000	转账	17,512,810	光大银行回单	36

续表

序号	付款时间	金额	付款方式	累计数	凭证	页码
38	2013.9.5	100,000	转账	17,612,810	光大银行回单	37
39	2013.9.29	200,000	转账	17,812,810	光大银行回单	38
40	2013.12.16	400,000	转账	18,212,810	光大银行回单	39
41	2014.1.23	500,000	转账	18,712,810	光大银行回单	40
42	2014.1.26	60,000	承兑	18,772,810	收条及承兑	41－42
43	2014.4.11	100,000	承兑	18,872,810	收条及承兑	43
44	2015.2.12	500,000	—	19,372,810	收据(保证金)	44

在发包人和承包人分别就已付款提供上述两份表格的情况下,经过比对发现,显然发包人准备更为充分,且与所列证据的页码进行了编号对应。双方存在争议的即为六笔款项,即“发包人主张的已付款汇总”中的第17、28、36及42、43、44笔。就此,组织双方对其他部分的款项金额、收到时间进行确认,尽管部分款项具体时间存在一天的误差,并向双方释明确认的工程款款项相对应的已付款部分证据不再组织双方质证。同时,双方确认最后一笔支付的款项内容为50万元退还履约保证金,而非支付工程款。法官随后要求发包人就上述表格之中的第17、28、36及42、43、44笔提供相应的补充证据,如领款单、承兑汇票、收条等。

在进一步的审理过程中,发包人主张第36、42、43笔均为将相应的承兑汇票交付给承包人的代表吴桂深,由吴桂深出具收条确认已收到承兑汇票。承包人否认收到该笔款项,并认为吴桂深没有权利代表承包人收取承兑汇票。随后,经法官许可,发包人补充举证第30笔至35笔也是由发包人交付给吴桂深并签字、再由吴桂深交付给承包人的具体交易方式,以及相应吴桂深具有代表承包人收取承兑汇票的其他证据,欲证明双方存在“由吴桂深代为领取承兑汇票作为工程款”这一交易习惯,法官随后就该交易习惯是否存在进行了进一步的审查。

4. 应扣款

应扣款指的是根据建设工程施工合同约定或法定条件,发包人可以向承包人主张并在应付工程款等款项中予以扣减、抵销的款项。现实中往往存在下列

情况:

(1)发包人垫付的本身应当归属于承包人施工建造成本的款项

如合同约定为包工包料,但履行过程中,钢材、商砼实际由发包人代为采购,该采购合同的买卖款项即属于承包人的施工建造成本,除非双方变更合同承包方式为包工不包料并变更合同承包范围。常见的还有水电费。一些生产型发包人在扩建工程施工中任由承包人接驳水电管线,并未对承包人所需的水电分户计量,使双方以后结算难以计取。一些大型的工程项目存在多场地同时施工且未按规范要求分表计量,发包人客观上无法举证承包人实际消耗的水电费金额。由于水电费均属于施工中的建造成本,发包人垫付缴纳的情况下,应当可以向承包人追索。至于具体金额,可以考虑由鉴定人根据施工期间、工程所在地区的行业一般水平及适用定额,按照“倒扣指数”的办法,根据承包人完成施工范围的工程造价予以反推估量——尽管理论计算值往往会高于实际发生值。

(2)根据合同约定可扣除或暂时扣留的款项

前者如承包人逾期竣工违约金,当承包人无正当理由逾期竣工 10 天,按照合同约定 2000 元/天,故应当扣除 2 万元。后者如质量保修金,在工程结算时,将 3% 的工程款作为质量保修金予以暂扣,待合同约定的质量缺陷期届满后根据合同约定予以退支付。在总包人与分包人(挂靠人、违法分包人、转承包人)的总分包等合同中,往往对管理费、税金等作出约定,如按照乙方分包人(挂靠人、违法分包人、转承包人)所完成的工程价款的 3% 计取管理费,由总包代付代缴税费的,可向乙方分包人等额要求扣除。在一些合同中,往往还会对工程审价费用预先作出约定,如果设定一定的基数或者比例的审价费用由发包人承担,基数以外或者相应的比例外的审价费用,则由承包人负担,发包人可在工程结算时予以扣除等。

(3)发包人罚款

第一,需要确定双方之间的合同效力是有效合同或者是无效合同,以确定奖惩约定作为类似违约金条款是否具有当然的约束力;第二,所谓的奖惩事由是否客观发生、是否可归责于承包人、是否系发包人不正当地转移风险等证据;第三,奖惩的金额是否过高,是否造成“违约”时可预见的损失;第四,发包人有无按照合同约定时间、程序作出罚款决定,履行通知总监和对方的义务、给予承包人申辩机会等证据,实践中,总监理工程师代表发包人随意签署罚款通知书的情况较多,证明力不高;第五,在诉前或者诉中,承包人是否已对该罚款予以认可、足额缴纳、同意在工程款项中予以扣除等证据。根据诚实信用的原则,即使是无效的合同,如承包人对发包人提出的罚款事由予以认可、足额缴纳或者作出明确的意思表示同意在工程款项中予以扣除,其事后亦不得反悔。

(4)发包人索赔款

如施工过程中发生的建筑物、悬挂物倒塌、脱落造成的毗连单位的人员和财物损失,发包人在对外赔偿后,可以向承包人提出索赔。当然,索赔是否成立,仍应当按照合同约定审查。索赔的种类和内容繁杂,涉及的程序性要件较多,这也是案件审理的难点。

综上,对于应扣款中各类不同性质的款项,如果合同中有约定,则可以在结算时抵扣工程款;如果合同中没有约定,则可以提起反诉或者另行起诉主张。但每一笔款项均应当具备完整的证据链。

5. 已付款、应扣款的若干难点

在建设工程合同纠纷中,已付款往往与其他性质的款项交织,应扣款的扣款条件是否成就、扣款是否合理等较为复杂,产生以下若干审理难点,提醒法官注意。

(1)已付款中包含暂扣款、中间结算款

许多已付款中包含双方过程中的暂扣款、中间结算款,使应付款和已付款存在交织、杂糅。如按照月进度报表计算的已完工程量所对应的价款,支付75%作为工程款,同时扣除垫付的水电费。部分代付款项存在双方对采购材料、零星用工、联系单、签证等诸多完全或不完全的结算。在后期的施工过程中,对于暂扣款和中间结算款又发生多次的变更、撤销、抵销、增补等,导致已付款的数额非常复杂。

(2)款项金额与进度应付款难以对应,同笔款项包含不同性质的内容

简单举例,如根据月进度报表发包人应付工程款30万元,同时扣除垫付水电费1.5万元,另发生承包人代为采购甲供料20万元,发生零星用工2万元。发包人实际支付承兑汇票40万元。如果发包人与承包人就该实际支付的40万元,系包含以上款项中的哪几笔无法达成一致的话,法官就很难予以区分或者确定。这种情况下,法官往往需要协调双方予以明确,如已付承兑汇票对应的是,应付工程款30万元扣除水电费1.5万元加上零星用工2万元即为30.5万元,该实际付的30.5万元由40万元的承兑汇票予以支付,剩余9.5万元为支付材料款项的20万

元的一部分;或者将40万元的承兑汇票中20万元作为支付材料款项,剩余20万元作为30.5万元欠付工程款的一部分。也有观点认为,该种情况下,可以按照支付材料款项20万元与支付欠付工程款30.5万元之间的比例,对已付款40万元予以区分。但该种按照比例计算的方法,往往造成数字上不能取整,进一步加大计算的难度。如上述情况,按照20万元与30.5万元的比例对承兑汇票40万元的区分计算为代付材料费为158,415.84元,支付工程款为241,584.16元。所以,建议法官穷尽合同的条文约定,探究约定不同款项的付款方式和付款期限。当合同对此没有约定且无法适用推定先履行先到期债务原则时,优先认定已付款中首先履行的欠付工程款标的部分,将发生的履行其他性质款项统一列入最后结算,这样相对有利于计算。

(3)多项目合同的已付款交织

一些建设工程施工合同,发包人与承包人同时就不同的承包范围出现多份合同,比如,某商品住宅小区分为Ⅰ号、Ⅱ号和Ⅲ号标段,三个标段并非同时开竣工,而相应的已付款支付时并未明确所付款项针对的是哪一个合同项下的工程款。一些总分包合同中,总包方和分包人之间存在常年的合作关系,双方就多个位于不同辖区的不同工程(甚至不归属于同一个法院管辖,部分通过诉讼或仲裁已经生效,部分尚在审理中,部分尚未起诉等)支付的工程款并没有进行区分等。在这些情况下,敦促当事人协商自认、或者对对方所主张的款项分割进行确认,就显得尤为重要。如果相关案件已经审结或者已经在审理阶段,调取双方对已付款项的分割证据。如果当事人在不同案件中存在不同的陈述,而另一方较为稳定,则可以按照陈述较为稳定的一方分割。但是应当注意"禁止反言"的原则。如甲支付给乙20万元,其在甲乙之间有关A工程项目案件中陈述"该20万元是支付给乙的A项目工程款",随后在甲乙之间有关B工程项目案件中陈述"该20万元是支付乙的B项目的工程款",这样构成"一钱两用"。该种情况下,可以让甲就相应的款项作出明确确认并不得反复,或者也可以直接按照甲的第一次陈述予以认定(如果乙没有反对或者没有确切证据予以否定的话)。

6. 终极手段

已付款和应扣款的终极手段为财务审计。上一章提到,确定工程造价的最后手段是工程造价司法鉴定。对于已付款和应付款而言，有时存在数量极其庞杂、款项交付种类繁多、需要核对大量付款凭证等情形，法官既没有足够的时间（可能需要数日到数周），也没有相应的财务知识来核对、辨认和认定已付款事实。该种情况下，可以就发包人提供的所有付款委托财务审计——由会计师事务所按照会计记账准则，核对付款情况并逐笔核对领款单、款项交付记录、交易时间、经办人、具体交易方式等，并形成独立的汇总分析报告。财务审计费用由发包人预缴承担。其间，根据委托人（法院/仲裁委）的要求对有关需要统计的事项予以明确。最后形成财务审计报告，根据款项确定性的不同分为：无争议款项、汇款支付、现金支付、汇票支付等，确定分门别类的金额，汇总参考性意见，供法官参考。甚至对于一些不规范的付款，确认相应的付款过程、方式等，为确定双方之间的交易习惯、合同关系是否存在等其他证明目的奠定基础。法官应当在财务审计报告的基础上，根据举证责任分配、经验法则等裁判规则予以审慎认定。应当说，财务审计是法官据以定案的最后助手，也是查明已付款和应扣款的终极辅助手段。如果通过财务审计亦无法确定的已付款，法官经过审查后仍然无法认定，则发包人应当承担相应已付款举证不能的法律后果。

7. 已付款对造价的影响

理论上，工程造价与已付款没有关联。工程造价系根据合同约定计算的承包人施工的已完合格工程的价格，已付款指的是累次支付的预付款、进度款、结算款等。实践中，发包人往往将付款的金额、周期、方式等作为博弈的一个筹码，以此在结算和付款时要求承包人让利、抹零头等。

此外，承包人在收到工程款后需要开具相应的增值税发票。在过去几年中，增值税税负由 11% 调整为 10%，后又调整为 9%，累次支付的工程款所开具的发票税率可能并不相同。由于通常情况下，工程造价费用组成中的税金部分是固定的，承包人并不承担相应的风险，故税差（不）利益均归于发包人，所以计算工程造价时需要考虑税负调整的问题。即已付款的付款时间、金额实际上对工程造价也有影响。如果遇到国家政策调整，税率提升，则承包人可向发包人主张全额的增额。那种税差由双方各自负担一半的观点，看似公平，实非合理。

案例16-4 ▶ **案由:建设工程分包合同纠纷**

原告:分包人洪皇公司。被告:施工总承包人桑建公司。

【案情】某钢铁有限公司作为业主,以BT建设模式委托某环保集团有限公司作为工程的建筑管理建设单位(发包人)。发包人以EPC的方式将工程发包给工程总承包人某设计单位,工程总承包人将其中的土建安装等施工项目承包给被告桑建公司,桑建公司将涉案工程中的钢结构制作安装项目分包给原告洪皇公司,原告具有钢结构专业分包二级资质。

2017年10月,原告与被告签订分包合同,签约合同价为3180万元(含11%的增值税)。其间,被告分18次支付工程款合计20,202,218元,并开具11%的增值税发票。根据《财政部 税务总局关于调整增值税税率的通知》(财税〔2018〕32号),从2018年5月1日起,制造业等行业的增值税税率从17%降至16%,交通运输、建筑、基础电信服务等行业及农产品等货物的增值税税率从11%降至10%。2018年6月、7月,被告又支付230万元,并开具10%的增值税发票,此后再未付款。2019年3月26日,根据《住房和城乡建设部办公厅关于重新调整建设工程计价依据增值税税率的通知》(建办标函〔2019〕193号),工程造价计价依据中增值税税率由10%调整为9%。

【审理】在审理过程中,双方对于工程造价存在较大的争议。经委托工程造价司法鉴定,工程造价为26,837,831元,尚需扣除乙供改甲供的材料费、零星返工费、甩项部分费用、第三方施工部分费用、违约罚款部分费用、电费、资料费、伙食费、借款等各项费用共计1,295,618元,故工程结算价为25,542,213元,该金额含11%的增值税。

之后,鉴定人调整了工程造价的核算方法,先换算取得原税前造价,再按照现行税率进行换算,并加上已付款的实际多交税费部分,即25,542,213元÷1.11×1.09+20,202,218元÷1.11×(11%-9%)+2,300,000元÷1.1×(10%-9%)=25,466,906元,为调整后的工程结算价。因此,被告应支付的工程款为25,466,906元-20,202,218元-2,300,000元=2,964,688元。

【评析】对于涉及增值税调整分段窗口的建设工程合同纠纷,在查明已付款金额及开票与否对工程造价的影响时,法官需要借助鉴定人的力量,委托其去核算。

第十七章
CHAPTER 17

结　算　款

结算款指的是发包人与承包人就工程造价、其他应付款以及相应的已付款、应扣款，在结算的基础上达成的有关具体欠款数额的款项，又称工程欠款。结算具有终局性、一次性和意思自治性。故结算款是确认双方之间债权债务关系的直接证据和具有极强证明力的证据，难以被推翻。

1. 工程决算与工程结算

工程决算是与工程预算相对应的概念。工程预算是对工程项目在未来一定时期内的投入情况所做的计划，它可以通过货币形式来对工程项目的投入进行评价。它是加强企业管理、实行经济核算、考核工程成本、编制施工计划的依据，也是工程招投标报价和确定工程造价的主要依据。在招投标阶段，其反映为招标文件；在签约阶段，其反映为预算书。**在建设工程合同纠纷中，“预算书”是反映工程预算的直接证据，也确定工程计价方式、工程范围、承包方式、下浮率、合同价款具体组成和由来，还是众多案件中进行工程结算、工程造价鉴定等必不可缺的关键证据，缺少预算书将导致鉴定存在困难或者脱离签约时的真实意思。**

而工程决算则指的是在工程项目竣工后，对工程建设筹集到竣工投产全过程的全部实际费用进行审核、确认，即包括建筑工程费、安装工程费、设备工器具购置费用及预备费和投资方向调节税等费用。按照财政部、国家发改委和建设部的有关文件规定，竣工决算是由竣工财务决算说明书、竣工财务决算报表、工程竣工图和工程竣工造价对比分析四部分组成。前两部分又称建设项目竣工财务决算，是竣工决算的核心内容。

工程结算是指按工程进度、施工合同、施工监理情况办理的工程价款结算,以及根据工程实施过程中发生的超出施工合同范围的工程变更情况,调整施工图预算价格,确定工程项目最终结算价格。它分为单位工程竣工结算、单项工程竣工结算和建设项目竣工总结算,且往往包含索赔款项、其他费用及相应的已付款项。竣工结算工程价款等于合同价款加上施工过程中合同价款调整数额减去预付及已结算的工程价款再减去保修金。但工程结算主要关注于工程造价部分。如《建设工程施工合同(示范文本)》(GF-2013-0201)"通用条款"中的"15.3.2　质量保证金的扣留"规定,"保函金额不得超过工程价款结算总额的3%"。此处的"工程价款结算总额"指的是工程造价。

综上,通俗地说,工程预算指的是工程建设项目预计要投入的款项金额;工程决算指的是工程建设项目竣工后对实际支出的款项金额进行汇总计算,往往是内部行为;工程结算指的是发包人与承包人就工程建设项目的工程造价、其他应付款(含保证金、索赔款、奖励款等)及相应的已付款、应扣款,还有质保金、付款计划等各方面内容进行协商,据以确定最终欠付金额及后续履行的过程,是外部、双务行为。工程结算的最终成果即为结算协议或结算书。

2. 结算与竣工

《建设工程施工合同(示范文本)》(GF-2013-0201)的"通用条款"中第14.1条规定,"除专用合同条款另有约定外,承包人应在工程竣工验收合格后28天内向发包人和监理人提交竣工结算申请单,并提交完整的结算资料,有关竣工结算申请单的资料清单和份数等要求由合同当事人在专用合同条款中约定。"故此,工程结算应当在竣工验收(含甩项竣工验收)后进行。这一点较好理解,无论是有效还是无效建设工程合同,竣工验收合格承包人才能得以要求发包人进行工程结算并支付工程质保金以外的其他余款。否则,工程尚未完工、尚未竣工,如何确定工程质量合格?如何确定承包人最后实际施工的工程量多少呢?

但竣工必然是发包人与承包人结算的前提吗?凡有规则,必有例外。竣工是付款的法定前提,并非结算行为的前提。典型的如固定总价合同实际上在订立合同之时双方协商确定价款即为结算行为,如施工图范围内预算总价832万元,一次性包干固定总价800万元。当固定总价合同履行完毕后,如有必要可就变更范围及相应的签证等另行补充结算,如无必要则无须另行结算。另外,一些工程项目存在跟踪审计、中间结算、月进度报表,其均作为最终结算的基础,对发包人、承包人双方均具有约束力。进一步说,承包人完工后即与发包人开始工程结算工作,但工程竣工验收手续因非承包人原因一直滞后,直到工程结算完成、双方签字确认尚未完成竣工验收。该种结算是否有效呢?答案是肯定的,工程结算并不以工程竣工为先决条件,尽管绝大多数工程建设的工程结算均发生在工程竣工后。

3."大结算"与"小结算"

工程结算实践中有"大结算""小结算"的说法。小结算指的是仅针对工程造价(有时也包括已付款项等内容)的结算,往往存在于工程审价报告出具以后。**而大结算包含小结算,同时还包含上述承包人可向发包人主张的所有项目应付总价款(包含造价、奖励、承包人索赔等),发包人可据以抗辩或主张的所有已付款与应扣款在内的所有款项内容。**如果双方之间的结算协议对结算范围不明确,在没有确切证据的情况下,往往认定为"大结算",即结算已经包含了双方之间所有的应付总价款和已付款项。理由是,结算天然具有"了结、结清"的意味,结算过程是双方共同参与的过程,如果存在未确认的款项一般应当一次性协商清楚,未经确认视为在协商过程中予以放弃。

案例17-1 ▶ 案由:建设工程施工合同纠纷

原告:天功建设集团有限工程。被告:世贸房地产有限公司。

【案情】原告承包被告发包的某地块商品房项目Ⅰ标段。工程竣工后,原告提交结算申请报告。被告委托某工程造价咨询机构进行审价。审价报告出具后,双方签订了《某地块Ⅰ标段总承包工程最终结算书确认书》。

主要内容有:(1)承包商确认本工程的最终结算总价为人民币玖仟贰佰捌拾贰万元整(RMB92,820,000)。其中,原合同金额79,901,428元,变更/调整14,724,365元,逾期收房小业主违约赔偿金承担部分1,800,000元,最终承包金额92,825,793元。其他(让利)5793元,最终结算金额为92,820,000元。

(2)承包商确认上述最终结算已包含了题述合同项下雇主应当向承包商支付的所有款项,无其他需结算之项目、任何漏项,并且承包商确认就题述合同无任何其他的索赔、补偿或款项主张。承包商签署本确认书后,承包商在任何情况下(包括但不限于发现确实存在漏项、金额或工作量未足额结算)均不会在上述最终结算金额外,向雇主提出任何其他要求或主张。(3)至于题述工程的保修及整改工作,承包商同意雇主可在本工程竣工后的保修期内,保留及行使原合同所赋予雇主权利。若雇主对承包商有任何遗漏缺陷的扣款或承包商在保修或整改工作中对雇主有任何应付而未付的款项,则该款项将如数从保修金中扣除,如保修金不足以支付该扣款,承包商同意让雇主从承包商承担的雇主及雇主之关联公司的任何工程的合同款或雇主因其他原因产生的对承包商的应付款中扣除。(4)本确认书之内容构成承包商的承诺,一经承包商签署,即对承包商具有约束力,除非雇主同意就该等内容进行调整。承包商将全面执行承诺内容。

后双方就剩余工程金额及支付产生争议并成讼。被告提出应当扣减以下款项:代扣水电费、审价核增减费、质保期维修费用、以房抵债等款项。

【审理】双方达成的新的《结算书》并由法院出具民事调解书予以确认:上述《某地块Ⅰ标段总承包工程最终结算书确认书》中的应付款92,820,000元,扣除代扣水电费354,577元、审计核增减费用543,540元、质保期维修费用735,000元、以房抵债1,800,000元及相应的已付款项,尚欠7,200,000元,于调解书出具后2个月内容分两期等额支付;上述款项履行完毕后,双方就本工程无涉。

【评析】本案《某地块Ⅰ标段总承包工程最终结算书确认书》从性质上看,系双方在工程造价审价的基础上对工程造价的确认,实为“小结算”。在诉讼阶段达成的新的《结算书》,实际上是包含工程造价、已付款及应扣款等内容的“大结算”。

案例17-2 ▶ 案由:建设工程分包合同纠纷

原告:李三忠。被告:乐诸葛、陈洪志。

【案情】原告诉请要求两被告支付工程款1,030,553元并赔偿相应的逾期付款利息损失。

2010年9月28日，某政府下属事业单位建筑工务局将枫林机电工业园排污干管及泵站工程发包给一岩建设有限公司施工。随后，一岩建设有限公司将工程施工转包给两被告。2010年10月16日，被告乐诸葛以一岩公司的名义与原告签订了《枫林机电工业园排污干管及泵站工程沉井施工分包合同》，约定：乐诸葛将涉案工程中的17座沉井的钢筋制作、砼交管及下沉沉井工程承包给原告，但挖土机取土的工程量由乐诸葛自行施工；合同价款约340万元；承包方式为包工包料；工程款结算为乐诸葛收到工程款后按实际发生扣除5%税金，管理费15%，清单下浮率按甲方与总公司签订条款为准（-9.135%）。

但合同签订后，乐诸葛实际上将挖土取土的土方工程（包括土方开挖、回填、外运）也承包给原告施工，费用同比例下浮。原告按约完成了所有工程。

2012年12月21日，涉案整体工程验收合格。

2014年5月12日，被告乐诸葛、陈洪志向原告出具《承诺书》一份，内容为：关于枫林机电工业园排污及泵站工程，班组李三忠与总包单位乐诸葛、陈洪志结算承诺，现按暂定330万元扣除（进度款及材料代付款）付款，最终结算必须在一个星期内结算核对完成，并保证一个月内合同付清（保修金除外），如拖后支付，按银行贷款利息5倍赔偿；结算方法按双方签订分包合同结算，结算由总包单位协助结算。

2015年2月5日，原告与被告乐诸葛等在一岩公司所属项目部进行结算后达成《枫林机电项目沉井顶管班组结账单》，确认："沉井顶管班组李三忠与乐诸葛、陈洪志对于该工程沉井顶管按360万元（大写叁佰陆拾万元）正一次性结算清楚。沉井泥浆助沉费由乐诸葛、陈洪志与程良迪另行结算。特立此据！"原告李三忠在下方签字"同意，李三忠，领款按实际票据结算"。乐诸葛在下部签"同意此结算 乐诸葛"，一岩公司项目经理肖正鸣在最后落款"见证人：肖正鸣"。

而土方工程款，原告与两被告均未结算。根据评审中心对涉案工程的评审报告，沉井顶管分部分项工程总工程款为4,743,629元，其中土石方工程款为628,562.91元。原告申请对土石方部分工程造价进行鉴定。

【审理】本案的第一项争议焦点是2015年2月5日，原告与被告乐诸葛的结算工程款360万元,是否包含了土石方工程款。原告认为未包含土石方部分,被告认为已经包含所有费用。首先,2015年2月5日的结账发生在工程竣工后2年,如果没有包含的话,对土石方部分应当予以保留。其次,见证人肖正鸣的陈述较为客观,能够反映达成该结账的过程:双方在项目部算账,最终确定所有工程款360万元一次性了解,但李三忠担心实际拿到的钱有争议,所以加了"领款按实际票据结算"的备注。最后,即使按照双方之间的合同约定,审计价4,743,679元(含土石方工程),按合同施工招标文件清单价下浮9.135%为4,310,298元,再按合同的20%提取税金管理费为3,448,238元。原告应得工程款不会超过360万元,当时结算金额360万元系考虑到一定的让步。综上,原告申请土石方工程的工程造价鉴定没有必要,其完全可以通过合同约定的比例予以直接计算为456,914.95元。但该金额并无意义。综上,2015年2月5日达成的《枫林机电项目沉井顶管班组结账单》实际上为计算应付总价款(工程造价)的"小结算"。

本案的第二项争议焦点为被告提供出票日期2012年1月17日金额为20万元上海浦东发展银行的转账支票是否为已付款。被告持有该转账支票的存根,存根上附加信息为"付枫林机电沉井工程款计20万元整",收款人处有原告的签名"李三忠"。但原告否认收到上述款项。经法官向某银行调查取证,该转账支票上的款项20万元已于2012年1月20日兑付给了案外人某商务中心。原告在转账支票的存根上签名,代表其收到转账支票原件,其后该转账支票在10日内兑付,根据票据的无因性,无论兑付人是案外的何人,均视为原告已经收到该款。

随后法官向原告及代理人就上述两项争议焦点进行部分心证公开并制作笔录。根据360万元的工程总价款、原告自认的收款情况和20万元转账支票的兑付情况,原告已经足额领取应得款项。原告及代理人充分认识到诉讼风险,经商议后决定撤诉。法官随后予以准许。

【评析】本案的结算时"该工程沉井顶管按360万元(大写叁佰陆拾万元)正一次性结算清楚",非常笼统,反而难以推翻结算结论。当承包人在结算时认为可能有误、或者不包含某一部分时,应当予以备注,如暂按某金额计算,或者不包含某内容。本案中"一次性结算清楚"即还有包含所有费用总结算的意思表示。“泥浆助沉费用由乐诸葛、陈洪志与程良迪另行结算”可视为特殊约定条款,但并不包含原告所称的土石方部分。故原告所称的土石方部分不包含在结算款在内,难以举证证明。而20万元的转账支票是否视为已付款,则按照上一章“已付款及应扣款”部分的认证规则处理。

案例17-3 ▶ 案由:建设工程施工合同纠纷

原告:安皇建筑设备安装有限公司。被告:金茂置业有限公司。

【案情】原告于2015年6月30日与被告签订《建筑电气安装施工合同》一份,约定由原告承包涉案工程,双方对合同价款、付款期限等作出约定。2016年7月9日,涉案工程竣工验收合格。随后原告报送竣工结算资料,被告委托审价公司审价。同年12月11日,双方签订《关于支付强电工程计划的协议书》,主要内容有:

某家居电暖气安装工程施工决算以审计公司初审底稿为依据,经甲(被告)、乙(原告)双方友好协商充分认同审核结论并达成以下协议:

(1)工程决算造价为26,029,638元(不含252万元未审计联系单费用)。甲方已支付16,578,315元,乙方已开发票1000万元,剩余发票金额按8%扣除,由甲方自行开具,共欠工程款为26,029,638 - 16,578,315 - 16,029,638 × 8% = 8,168,951元(大写捌佰壹拾陆万捌仟玖佰伍拾壹元整)。

(2)支付方式:工程剩余欠款(大写捌佰壹拾陆万捌仟玖佰伍拾壹元整)分四次付清,分别于2016年12月30日前支付50万元整,2017年6月30日前支付100万元整,2017年12月30日前支付510万元整,尾款在2018年6月30日前付清。

(3)未审计联系单已上报请尽快协商解决。

(4)其他未尽事宜协商解决。

(5)双方彼此理解,共渡难关。若市场好转提前支付,若遇意外则友好协商。

四个月后,同一审价单位出具了《工程造价咨询意见报告书》,认为审核初稿价为22,214,322元。原告拒绝确认,但被告并未按《关于支付强电工程计划的协议书》付款，对于未审价的联系单部分也迟迟未表态。原告遂起诉被告要求按照《关于支付强电工程计划的协议书》确认的工程决算造价为26,029,638元，支付欠付的剩余工程款。

【审理】在审理中，被告提出，《关于支付强电工程计划的协议书》建立在审价单位的初审底稿基础上，但随后审价单位出具的《工程造价咨询意见报告书》显示存在400万元的核减，故应当按照后者来确定工程造价。《关于支付强电工程计划的协议书》从表面上看确实具备最终结算的要素。但从文体、文法、句式、遣词造句、协议出台的背景及双方当事人的心态等多角度考虑，本案中应当认定为"准结算价而非最终结算价"。双方有必要进一步完成结算造价审定（或者鉴定查明实际造价），两者比较后视差额情况酌情处理。若两者差额在合理误差（如建设行政主管部门对招标控制价的考核准确率一般2%）之内可视为最终结算，按协议执行；若存在超2%以外的部分，应作为不当获利予以核减，方能体现程序与实体公正相一致原则。

法院最终按照《关于支付强电工程计划的协议书》确认的金额26,029,638元作为双方结算的工程造价。

【评析】《关于支付强电工程计划的协议书》系双方在审价单位初审底稿的基础上，经过协商确定的，双方对于其存在一定的误差往往有一定预期，对付款金额、条件、时间等作出的约定，实际上是多轮博弈的结果，系双方真实意思表示，对双方均具有约束力。比如，付款时间安排确定为2年以上。被告提出以比较误差2%的方式确定是否"公平"更是毫无依据。其如果认为《关于支付强电工程计划的协议书》存在可撤销的情形，则应当在相应的除斥期间提出。逾期则撤销权消灭。

4. 结算成果

发包人与承包人或者总包人与分包人（挂靠人、转承包人、违法分包人等实际施工人）如不能就工程结算达成一致，则可能酿成诉讼或仲裁，并且随着矛盾的加深，保修义务、交付资料、配合备案、交付不动产等履行义务也可能受阻。而如果达成一致的，除少数案件双方仅口头确认、达成口头协议的，其他情况下往往签订《结算协议》，对双方的结算主体、结算范围、结算结果、让步情况及相应的欠付款项履行等予以明确。法官应当从以上方面对结算协议是否成立、是否有效进行审慎审查。

需要指出的是，基础合同的无效，并不意味着结算协议无效。在建设工程施工合同无效的情形下，当事人签订的结算协议如果独立于建设工程施工合同存在，系对既存债权债务关系的结算与清理，则可以认定为有效。最高人民法院（2014）民一终字第 61 号中认为，首先，从该结算协议的订立背景看，是因发包方未按双方约定支付工程进度款、退还履约保证金和支付利息的情况下签订的；其次，从该协议的订立目的和内容上看，是确认承包方已完工程范围及价值、明确欠款数额及发包方所应承担的逾期付款违约金责任。也就是说，发承包双方在签订结算协议之前，已就涉案工程价款结算问题达成一致意见。而签订结算协议只是对发包方未按约支付工程款及其所应承担的逾期付款违约金责任的另行约定。所以，该结算协议在性质上属于发承包双方对既存债权债务关系的结算和清理。确认结算协议在法律效力上的独立性和约束力，不违反法律、行政法规的效力性强制性规定。据此，认定该结算协议合法有效。同样，《江苏省高级人民法院关于审理建设工程施工合同纠纷案件若干问题的解答》第 7 条认为，合同履行完毕后当事人达成的结算协议具有独立性，施工合同是否有效不影响结算协议的效力。上述观点无疑是正确的。民商事案件以尊重当事人意志为原则。确定结算协议的有效性，有利于诉讼和仲裁的顺利解决，对当事人的利益平衡也大有裨益。反而，若司法或仲裁以“无效”为由推翻结算协议的效力，会造成当事人的利益失衡，也造成审理进程停滞，加大案件审理的难度，不利于化解矛盾。所以，只要双方达成的结算协议并没有恶意损害第三人利益等情况，就应当确认其效力。

在一些包工头所涉的分包（违法分包、转包、挂靠）等案件中，结算协议的最终形式往往为一张“欠条”，对应付款、已付款等均没有明确，而仅仅明确欠付款项金额，并且往往明确款项支付的期限。如《欠条》中载明：“今欠陈永安工程款合计人民币伍拾肆万零柒佰元整（540，700 元），于农历年前全部付清。孟某某 2016 年 6 月 30 日。”包工头在出具欠条时，往往还会“温柔的一刀”，即逼迫农民工或者小包工头在结算应得的款项上再次做出让步——往往是零头予以放弃。该种欠条属于结算结果中最为简明、证明力最高的，要予以推翻则十分困难。对于法官而言，往往只需要审查 2016 年 6 月 30 日以后，孟某某是否支付过款项、支付过几何款项即可。而少数情况下法官对该欠条有合理怀疑的，则应当进一步审查基础债权债务情况。

5. 结算三种结果

在结算过程中，双方往往存在多重博弈，诸多款项的最终确定往往伴随着相当艰苦的妥协、交易、让步、抉择等。

（1）结算款 = 项目应付总价款 - 已付款及应扣款

即发包人与承包人就项目应付总价款（工程造价、利息、保证金、违约金、奖励金、索赔款等）、已付款与应扣款（银行汇款、转账支票、现金支票、承兑汇票、现金、代付材料款、垫付分包款、项目经理收款、挂靠人收款、预支款、借款等）两大部分进行充分完整的确认，所有款项金额达成一致、没有出入，双方亦未作出妥协、让步，故结算款与二者之间的差额相等。该种情形为理想状态，实践中几乎难以碰到。发包人与承包人就部分价款、款项的性质、金额等存在争议才是正常情况。

（2）结算款≈项目应付总价款 - 已付款及应扣款

即项目应付总价款、已付款与应扣款之间的差额与结算款大致相当，一般后者不低于前者的20%。考虑到工程结算中，双方对工程量计算、询价结果、工程质量瑕疵、违约金的计算、混合过错导致的工期延误、索赔求偿的不确定性等有不同的预期和风险负担，加上结算款付款进度、质保期的质量维修等问题上发包人掌握较大的主动权，承包人作出一定让步是完全可能的。20%的幅度并无明确标准，但一般不会超过该范围。

（3）结算款 < 项目应付总价款 - 已付款及应扣款

即项目应付总价款、已付款与应扣款之间的差额与结算款不匹配，远远超过20%的可预期减让差额，甚至最终结算款仅为项目应付总价款、已付款与应扣款之间差额的3%～10%。该种情况也是合法有效的，但往往有特殊原因。比如，双方确定大部分的结算款通过以房抵债的方式处理，比如，发包人陷入不良经营状态，承包人急于求偿，比如，双方确定快速处理债务，或者另外新签订其他的建设工程合同等。如某案件，承包人主张欠付工程款4823万元及逾期付款利息578.4万元，发包人认可欠款金额890万元。经过工程造价鉴定及核算，发包人欠付工程款3800万元及利息391万元。但双方随即达成《结算协议》，确认发包人在一个月内支付承包人工程款410万元,双方之间的债权债务关系就此清理完毕。随后,发包人按约履行了上述款项。从外人的角度来看,3800万元及391万元的利息,合计4191万元,而结算款仅为410万元,仅为10%不到,令人匪夷所思。但实际情况是,发包人陷入重大经济危机,在不远的将来存在破产的较大可能。而一旦破产,针对发包人高达数十亿的债务,受偿率将不足1%。在这种背景下,双方签订结算协议确认410万元,仍然是双方的真实意思表示。

综上,第(2)种情形是最为常见的情况,三种情况下,都不影响结算协议的有效性问题。至于,"结算款 > 项目应付总价款 - 已付款及应扣款"的情况,实践中几乎没有。无论发包人是否国有,超过应付款项的金额超额结算,无论如何是无法通过审计或内部财务管理制度的。当"结算款 > 项目应付总价款 - 已付款及应扣款"时,则基于经济上"理性人"的基本前提,发包人愿意在承包人应得款项之外给予高价款,往往基于特殊原因考虑,裁判者应当主动审查,排除双方恶意串通、损害第三方利益的可能。

6. 结算协议无效或者可撤销

当事人主张结算协议无效或者可撤销的,应当按照《民法典》有关合同无效、可撤销的基本规定进行审查。

(1)签约主体不适格或无授权

签约主体不适格或者未经授权,可能产生结算协议未成立或者无效的问题。一方当事人欲否认结算协议的效力,往往会以在结算协议上签字的人员没有授权、超越授权、非本单位员工,或者加盖的印章非发包人印章、印章注明不得用于经济合同等进行抗辩。《民法典》第171条第1款规定:"行为人没有代理权、超越代理权或者代理权终止后,仍然实施代理行为,未经被代理人追认的,对被代理人不发生效力。"否定性主张一般分为两种:一种是否认签字及印章的真实性,有必要的情况下申请笔迹或印章鉴定;另一种是认可形式真实性,但否认其签字效力,或者主张双方对结算人员、结算程序、结算形式存在特定约定。当法官认为相对方难以举证且一方的否定性主张存疑或者有故意拖延的倾向时,可以要求当事人承担进一步的举证责任。比如,发包人否定签字人员是己方工作人员时,裁判者可能会要求发包人提供公司员工花名册及社保缴纳记录等进行核实。

在一方否定签订主体具有有效授权时，根据《民法典》第172条的规定，行为人没有代理权、超越代理权或者代理权终止后，仍然实施代理行为，相对人有理由相信行为人有代理权的，代理行为有效。《民法典》第504条规定："法人的法定代表人或者非法人组织的负责人超越权限订立的合同，除相对人知道或者应当知道其超越权限外，该代表行为有效，订立的合同对法人或者非法人组织发生效力。"相对方应提交证据证明签字人员属于有权代表或者构成表见代理。通常应证明己方相信对方签字人员具有代理权的事实或理由，这是表见代理成立的客观要件，比如，之前的合同履行中该签字人员经常代表对方在相关文件上签字。对于表见代理成立的主观要件，即善意无过失，一般应该由对方当事人举证主张构成表见代理的一方当事人存在过失、非善意。

实践中，比较突出的是项目经理签订结算协议的效力问题。一种是施工企业内部员工，真正代表施工企业进行工程项目管理的负责人，类似于生产企业的车间主任。项目经理的岗位职责和管理权限中，往往并不包含经济权限，除非具有特别授权。另一种是施工企业以外的个人，挂靠或者转包工程，其可能存有施工企业交付的项目部印章、技术专用章或者是私刻的印章。对于这两种情况，应当区别对待：前者，当作为承包人的施工企业不认可项目经理代表其进行结算或者不认可加盖有项目部印章的结算协议，原则上应当认定抗辩成立。但如果存在承包人对项目经理补充授权、对该结算协议认可、按照结算协议内容履行等情况下，也可以认定该结算协议有效。后者，由于施工企业本身并未介入工程项目的具体管理，也不承担盈亏的风险，实际上作为项目经理的挂靠人、转包人等才是工程的实际承包人，其对工程项目的结算应认定有效，除非建设工程施工合同中对结算程序和权限具有严格的限定且承包人自知道项目经理结算事宜后明确反对。

(2)结算形式不符

一是结算形式不符合合同约定。如合同约定结算协议必须由双方法定代表人签字并加盖公章，实际上结算协议只有双方驻工地代表签字。二是结算形式不符合双方交易习惯或者行业惯例。工程结算通常是先由承包人自行编制结算，加盖承包人印章并提交发包人审核后由双方共同确认。如果结算报告系由发包人以承包人名义编制并加盖印章而成，则显然并无结算的合意过程。结算报告不能采信。在这些情况下，结算的人员、背景、过程甚至具体事项的博弈经过，均可作为证明结算内容真实的重要证据。

案例 17－4 ▶ 案由:建设工程分包合同纠纷

原告:龙纹门窗厂。被告:大旗建设有限公司。

【案情】2013 年 7 月,被告大旗公司与建设单位天海公司签订《建设工程施工合同》,约定被告承包附房及多功能厅两个单位工程,合同造价 2325 万元,按照中标价一次性包干,工程量按实。合同的其他主要内容有:(1)承包范围:幕墙施工图中所有附房、多功能厅工程,包括:外墙花岗石、玻璃、铝板幕墙工程和侧向避雷工程及招标平台内容;(2)合同总价一次包定不作调整(包括面积大小、材料价格浮动等);(3)指定材料:双方对部分材料指定品牌;(4)付款时限:保修金 5%,竣工验收合格、付款结算 3 年后付 3%,5 年后付 1%,8 年后付 1%;(5)扣款:幕墙检测费、试验费、审图费等属幕墙范围费用由平行分包单位茂盛公司负担,幕墙设计费茂盛公司承担 20 万元,施工用水、电费按总价 0.5% 在竣工付款时向茂盛公司扣除,施工人员保险费按总价 0.13% 在第一次付款时向茂盛公司扣除,茂盛公司承担施工现场共摊的其他费用,并按规定全额开具发票;(6)附件:《招标平台》载明本工程采用固定总价合同,总造价经合同双方商定后,除石材部分有可能调整外,其余部分不作任何调整。

2013 年 10 月后,茂盛公司向被告报送预算,其中单位工程报价汇总表的总报价为 21,977,880 元,编制报价 21,113,835 元。3 个月后,被告和茂盛公司签订《外墙、幕墙装饰工程合同》,合同造价 1950 万元固定总价。

2014 年 10 月,被告、茂盛公司与原告签订《施工合同》,茂盛公司将上述合同中的幕墙、石材、金属门窗等工程分包给原告施工,合同价款 6,374,999 元(测试费、税金、图纸设计费、规费、预埋铁件费等另计),款项由被告直接支付原告。本合同总原则按被告与茂盛公司签订的合同为准。

其后,施工过程中,涉案工程曾经出现一些设计变更的联系单。

2015 年 12 月 30 日,原告制作《单位工程决算表》一份 10,005,073 元,被告盖章确认。

2016 年 1 月 31 日,多功能厅通过竣工验收,同年 7 月 6 日,附房通过竣工验收。

2016 年 12 月 6 日,发包人天海公司审定原告施工部分增加 422,883 元。一个月后,原告与茂盛公司与原告对五项费用负担进行分割。

【争议焦点】原告提供的《单位工程决算表》一份10,005,073元,是否原、被告双方对工程进行结算后的工程造价。

原告认为:该《单位工程决算表》有被告的单位印章,系原件,原告合法持有,系被告向原告出具的对工程价款的确认,实为认可,合法有效。

被告认为:印章属实,但该《单位工程决算表》并非双方之间的结算,否则不会仅仅只有该一张文件。该表系施工过程资料,系原告就其施工的部分希望发包人天海公司能够增加工程款而制作的结算申请资料,被告审阅后盖章。按照流程,作为总包方应当自行将该文件报送发包人,但被告当时因故请原告自行向发包人提交,故原告持有该文件。且该文件金额10,005,073元远远大于发包人与被告之间的结算,与常理不符。

【审理】法官经过审查后释明如下:"原告主张工程价款依据是工程决算单,但是从时间先后上出现在工程竣工以前,不符合工程常规。被告提出系工程过程资料,系就分包范围的工程款通过被告口径向发包人报送结算所需。从日常经验法则,被告陈述更为合理。且该《单位工程决算表》出具后,被告仍然与茂盛公司就五项费用进行分割,说明工程结算并未完成。如果原告没有补强证据,该证据难以作为双方结算的证据。目前,本案也没有其他证据能够明确工程造价,应当通过工程造价司法鉴定的方式确定。原告作为主张的一方,系申请义务方。如果不申请,将有可能导致原告主张工程造价不具有相应的证据支持而被驳回的诉讼风险,特此告知七日内书面申请。"其后,原告申请了工程造价司法鉴定,实际上放弃了该10,005,073元作为双方工程结算造价的主张。

【评析】本案是较为少见的对结算性质的文件予以否定的案件。否定的理由则是从该《单位工程决算表》形成的背景、形式、用途、时间、与逻辑的矛盾等角度阐述。

【注】本案例摘自浙江省宁波市北仑区人民法院(2018)浙0206民初4111号民事判决书,详细解读见【案例26-3】。

(3)结算内容虚假

通常指结算金额与事实不符,也非双方真实意思表示。产生这种情况的原因一般有:一是当事人故意伪造结算协议。二是发包人、承包人双方合谋签订虚假结算协议用于非法目的，如故意虚高结算金额以抬高不动产价值入账，期望向银行抵押贷款时取得更高的贷款额度，如故意压低结算金额以少开发票、逃避税收等。双方往往还存在系“真实意思表示”的其他结算协议，或者约定由双方另行结算。此时，可以按照《民法典》第146条“通谋虚伪表示”认定为无效。主张结算内容虚假的一方可提供证据证明与相对方不存在真实有效的施工合同关系、相对方存在伪造签名或公章、与己方人员串通、结算价款与实际施工内容有显著差异等。

(4)结算协议存在可撤销事由

《民法典》第147～151条规定了重大误解、以欺诈手段、第三人欺诈、以胁迫手段、显失公平五种可撤销事由。但实务中，证明结算协议存在前述情形非常困难。同时，需要注意当事人主张行使撤销权，是否已经超过了相应的除斥期间。

当事人主张结算协议无效或者可撤销并行使撤销权时，法官需要重点审查《结算协议》是否已经实际履行或者部分履行。《民法典》第490条规定：“当事人采用合同书形式订立合同的，自当事人均签名、盖章或者按指印时合同成立。在签名、盖章或者按指印之前，当事人一方已经履行主要义务，对方接受时，该合同成立。法律、行政法规规定或者当事人约定合同应当采用书面形式订立，当事人未采用书面形式但是一方已经履行主要义务，对方接受时，该合同成立。”第543条规定：“当事人协商一致，可以变更合同。”实务中，一方对结算协议成立、效力提出疑问时，相对方除了直接对其理由进行反驳并举证外，提交对方按约履行、部分履行或者接受履行结果未提出异议的实际履行方面的证据对于法官内心确信极为重要。

实践中，常有**当事人以自行委托的单方审价报告或者申请工程造价司法鉴定的方式，希望以此来推翻结算协议的真实性，往往是徒劳的**。如上所述，工程造价是市场价、协议价，具有特定性和排他性。正如买卖货物时，双方确定价格(尤其是履行并结算完毕)后，买方不能以其他人的价格更为优惠、成交价高于市场平均价等理由来否定合同价款，更不能以第三方市场询价、查询政府指导价或者委托第三方计算卖方的“成本”等方法，来主张结算协议存在“重大误解”“欺诈”“显失公平”“胁迫”等情形可以撤销。尤其是发包人与承包人就工程造价达成过“小结算”或者就工程项目达成过“大结算”，结算款的确定伴随着多轮的让步和协调，难以为第三人所知。除非结算主体针对结算报告某一部分有确切的证据证明存在错误、漏项等，并在法定期间内提起撤销，否则仍无法推翻结算协议。法定期间从知道或者应当知道之日开始计算——往往认定为结算之日。故撤销权的行使期间在建设工程合同纠纷案件中特别容易忽略而届满。此外,如上述【案例 17 - 1】中,双方结算协议中注明“承包商签署本确认书后,承包商在任何情况下(包括但不限于发现确实存在漏项、金额或工作量未足额结算)均不会在上述最终结算金额外,向雇主提出任何其他要求或主张”,说明承包商放弃了有的结算遗漏、错误部分主张的权利,亦为有效约定。

案例 17 -5 ▶ 案由:建设工程施工合同纠纷

原告:浙江腾源建设有限公司(以下简称腾源公司)。被告:浙江热典太阳能电力公司(以下简称热典公司)。

【案情】2011 年 11 月 24 日,原、被告双方签订了建设工程施工合同,约定由原告腾源公司承建被告热典公司投资建设的某太阳能电池及组件项目一期一标段的桩基、土建、水电工程。工程内容包括 A4、A5、A6 车间及配电房、高氮车间、地下污水池、冷却水池,总建筑面积 119,387 平方米。合同约定,工程造价采用固定总价确定,设计变更及联系单按实调整(总价下浮 7%)的方式,其中固定总价 132,886,389 元。该合同“价款与支付”项下约定为 50% 的带资项目。合同“竣工验收与结算”中约定:(1)被告热典公司在竣工验收后一个月内支付承包方合同约定价款的 95%;(2)设计变更单、会审纪要、技术联系单、洽商单、签证单、施工图纸更改、图纸答疑和预算编制说明、材料(设备)暂定价及施工方案,原告腾源公司在工程竣工验收后一个月内提交工程完整结算书,被告热典公司在竣工验收后二个月内完成工程结算审核,并支付增加项目造价的 95% 工程款,余款 5% 作为质量保修金。合同同时约定,竣工日满一年返还全部保修金的 60%,满 2 年 15 天内返清余款。竣工日期按竣工申请报告验收合格之日确认。另外,原、被告双方又另行签订了工程质量保修书,约定保修担保的金额为合同价格的 5%,竣工验收合格一年后 7 天内退 3%,满两年后 7 天内退 2%(保修金不计息)。

2011 年 11 月 28 日,原告腾源公司按约开工。2013 年 11 月 12 日,原告腾源公司与被告热典公司签订《补充协议》,约定 A6 车间一层及以上结构、冷却水池结构不继续施工,变更后的建筑面积为 80,400 平方米,工程总造价按变更以后实际结算为准。

2013年11月20日，原告腾源公司完成了A4、A5车间及配电房、高氮车间、地下污水池及A6车间的基础工程，并提交了相关的竣工验收申请报告。

2014年年初，原告腾源公司向被告热典公司提交了工程结算书及结算资料后（结算价为126,145,873元），被告热典公司委托工程造价咨询机构建行某分行对工程造价进行审核。此后，建行某分行召集原、被告双方对账。2014年4月2日，建行某分行将工程总造价的征求意见稿送达给被告，经审核的工程总造价为122,193,890元，并在该征求意见稿回执上明确载明，如未按时（2012年4月12日前）提出异议，将以征求意见稿确定的审核价为准。

2014年5月28日，建筑工程质量监督站组织了对涉案工程的单体验收，并提出需整改的内容。

2014年7月21日，在当地住房和城乡建设局的主持协调并见证下，原、被告达成《备忘录》，约定：(1)原告腾源公司已于2013年11月20日按被告热典公司要求完成施工任务，2014年5月28日建筑工程质量监督站已组织了对涉案工程进行了单体验收，原告已完成了建筑工程质量监督站要求的整改内容，并已提交了相关的整改报告，被告确认原告已整改完毕并符合要求；(2)根据原告腾源公司向被告热典公司提交的工程结算书及结算资料，原、被告同意“建行某分行”的审定价为122,193,890元，并以此作为付款依据，正式结算报告在建筑工程质量监督站出具竣工验收合格报告后15日内出具；(3)原、被告确认被告已付工程款93,558,437.90元，被告承诺在2014年8月30日之前再支付工程款23,635,452.10元，余款5,000,000元作为质量保修金按合同约定的期限支付，其中质量保修期2014年3月1日起算。

2014年7月底，涉案工程通过正式验收合格。此后，被告热典公司按《备忘录》约定支付了工程款23,635,452.10元。

2015年5月8日，因被告热典公司提出A4、A5车间（厂房）在使用过程中对伸缩缝出现问题需要维修，原、被告经协商，确定了维修方案。此后，原告腾源公司按维修方案完成了修复工程，被告热典公司也予以确认。

2015年7月8日，被告热典公司又以A4、A5车间墙面严重漏水、窗角漏水、屋面、天沟SBS改性沥青卷材起壳、屋面伸缩缝漏水为由，要求原告腾源公司查看现场、提出整改方案并要求在7月底之前完成。

其后,被告热典公司要求建行某分行出具完整的结算报告。该行提出新的意见——2014年4月2日的征求意见稿中存在大量的错漏项,并且较多签证单等未经核对原件,该行曾要求原告提供资料供核对,但一直未收到相应的材料。按照审价规则对现有材料进行复核,涉案工程造价为95,334,321元,在原有的122,193,890元基础上核减26,859,569元。

2015年11月,原告以被告未按照《备忘录》中约定的款项支付义务为由起诉要求被告予以支付,被告以《备忘录》所载的工程造价金额不能作为结算为由要求原告返还超付的工程款26,859,569元及相应的利息、代付的水电费等。

【审理】在审理过程中,原、被告的争议焦点为:《备忘录》的性质和效力,涉案工程是否重新结算。原告认为,《备忘录》是双方真实意思表示,是双方对工程造价、质保金处理、款项支付等达成的"一揽子"结算协议,合法有效,应当按此确定工程造价即可。被告认为,《备忘录》系在建行某分行出具的征求意见稿的基础上达成的,该建行某分行在其后出具新的意见,认为征求意见稿中存在大量的错漏项,较多的签证单等未经核对原件,故结算的基础本身不能成立,原告存在欺诈。应当按照其新的意见即95,334,321元来确定工程造价。如果法院认为该金额亦不能作为定案的依据,被告愿意提起工程造价司法鉴定,以此方式确定最终的工程造价,同时也可以证明《备忘录》中确定的工程造价是与客观事实不符的。

法院经审理认为,关于《备忘录》的性质和效力,可以从以下三个方面进行分析:

(1)从《备忘录》文本记载的内容看,既有就涉案工程的造价结算、工程尾款支付等达成一致的约定,也有双方因工程进度款支付的违约等问题各自保留意见的约定,可以看出原、被告就涉案工程的诸多问题有一个求同存异的协商过程。如果被告热典公司对工程价款存在异议,完全可以在文本中体现出来,但是,《备忘录》明确记载为审定价。同时,《备忘录》虽表明正式结算报告在质监站出具竣工验收合格报告后15日内出具,这仅是对出具正式结算报告程序性和时间性的限制,并非对涉案工程造价的意见保留。如果说,原、被告对涉案工程的造价仍持有较大异议的话,也不可能约定由审定机构在15日内出具正式结算报告。

（2）从《备忘录》的签订过程看，该《备忘录》是因原、被告在建设工程施工合同履行过程中，在原告完成合同约定的施工义务后，原、被告就工程交付和工程结算又发生争议，由建设行政主管部门牵头协调下签订的，原告的项目经理和被告的法定代表人均全程参与了该《备忘录》的协商和签订，最后住房和城乡建设局相关负责人作为见证人也在合同文本上签名。故能够认定在签订该《备忘录》的过程完全是出于原、被告的双方当事人的自愿和真实意思表示，也说明《备忘录》本身内容的确定性。

（3）从原、被告确定涉案工程造价结算的基础和事后履行情况看，《备忘录》确定涉案工程的造价有其相应的结算基础。原告在2014年年初提交相关结算材料后，被告即委托建行某分行开始审核。2014年4月，建行某分行已对涉案工程作初步审核，其审核意见稿的审核价为122,193,890元，而且在审核意见稿送达给被告的回执上也明确未在规定的时间内对审核价提出异议的后果，故被告作为涉案工程审价的委托方在《备忘录》签订前应已对工程造价有充分的了解，而《备忘录》确定的涉案工程的造价与此基本相同，表明当时被告是认可这一造价的。在该《备忘录》订立以后，被告按《备忘录》的约定在2014年8月30日之前支付了相应的工程款23,635,452.10元，且在此后一年左右的时间内也从未向原告提出任何工程款结算异议，甚至被告在2015年5月向原告主张保修责任时，亦未提及本案中的工程款异议，这显然不符合理性商业主体的正常行为模式，更加可以说明被告对《备忘录》约定的内容的认可。

综上所述，该《备忘录》是涉案工程施工完成以后，原、被告双方就工程造价达成的结算文件和施工完成后善后问题处理的协议。被告认为《备忘录》仅为付款依据而非结算依据，理由不足。《备忘录》是原、被告双方真实的意思表示，而且内容合法，应属有效，对原、被告均有约束力。原、被告双方虽在2011年11月24日签订有《建设工程施工合同》，但本案主要涉及的是工程价款结算争议之诉，且在《备忘录》中原、被告双方就此已达成一致，故应以《备忘录》确定的金额122,193,890元为准作为工程造价。同时，对被告提出的要求工程造价鉴定以确定《备忘录》所确定的工程造价是否属实的申请，亦不予准许。

【评析】本案即为典型的“大结算”后的“反悔”情形。从审价的角度，审价单位就同一工程项目出具两份截然不同、金额差距2600多万元的审价报告，是不符合审价规则的。《备忘录》从形成的背景、形成的过程、参加的人员、见证人员以及谈判的基础等角度，应当认定为双方真实意思表示。更为重要的是，双方亦按照《备忘录》的内容进行了部分履行。故被告现主张其存在欺诈的可撤销事由，不能成立。另外，本案也提醒当事人，在达成工程结算协议时应当慎重并注意证据保存。

7. 结算款的拒付抗辩

如上所述，工程结算与工程竣工并非必然的先行后续关系，同样地，结算完成后的结算款也并非当然应当支付。除了结算协议存在未成立、无效、可撤销等事由外，下列情况下，发包人仍得以拒绝支付结算款：

（1）建设工程施工合同中的所涉工程尚未竣工

几乎所有的建设工程施工合同均以工程竣工甚至试运行、投产一定时间作为支付结算款的先决条件和时间条件。如果非发包人故意拖延竣工验收而涉案工程未能竣工验收，则发包人有权拒付价款。如果在预验收和验收过程中，验收小组提出需要整改部分并以此作为无法竣工验收的理由，则承包人必须在规定期限内整改、维修完毕。

特别要注意的是，工程未竣工并非所有建设工程合同项下的拒付工程款抗辩。作为一项抗辩，首先应当由当事人主张，其次才是法官就双方约定进行审查。而在一些小额的工程项目特别是一些总包人与分包人之间的结算款，结算金额明确，总包人也作出承诺在一定期限内付清，但涉案工程并未竣工验收，同时也没有相应分包的分部分项工程竣工手续。这种情形下，总包人对支付工程款作出明确的意思表示，表明总包人对分包人的工程质量是认可的。同时，未经竣工验收的原因并不能归于分包人，甚至也不能归于总包人。

案例 17－6 ▶ **案由：建设工程分包合同纠纷**

原告：亓文涛。被告：谢灵枫。

【案情】原告亓文涛诉请判令谢灵枫支付工程款 6 万元及自 2017 年 10 月

16日起至实际履行日按中国人民银行同期贷款基准利率计算的利息。事实与理由:2017年6月,被告将某物流集团有限公司位于保税区内的E号和F号冷库装卸平台保温板安装工程交由原告施工。原告于同年9月20日完工并与被告一起丈量施工面积,计算工程总价为14万元。之后,被告于同年9月30日向原告出具结算单,承诺剩余6万元于2017年10月15日前一次性付清。但期满后,被告一直以各种理由推脱。后原告于2018年1月5日向法院起诉。

在审理中,被告以涉案工程尚未竣工为由进行抗辩,请求驳回原告的诉讼请求。

经法庭调查,涉案工程尚未竣工,系由于其他分包人所施工的门窗、栏杆扶手未按图施工,造成预验收未通过。

【审理】最后判决支持原告的诉讼请求。理由为:(1)被告做出承诺相应期限内付款,表明认可原告施工部分质量合格并放弃质量抗辩;(2)现未竣工验收并非可归责于原告的原因。

【评析】总包人、挂靠人等出具相应的付款计划、欠条等,容易被认定为放弃质量抗辩。在此种情形下,涉案工程是否竣工验收合格并无审查之必要。

(2)双方约定的付款时间和付款条件未满足

如双方约定结算完毕后三个月内支付工程结算款、承包人需将竣工备案资料交给发包人并配合办理竣工备案手续后一个月内支付工程结算款。在建设工程分包合同中,总包与分包单位有时会约定"背靠背条款",即只有当发包人及时支付工程款的情况下,总包才会同比例向分包单位支付,如果发包人未能支付工程款,总包有权拒付分包工程款。如果总包在与分包签订分包合同时便告知相应的施工计划和其与发包人之间有关合同价款的支付约定,且在发包人未能按约支付工程款时积极履行催讨等义务,总包有权以双方约定的付款条件未满足为由拒付工程款。

(3)工程存在质量问题,特别是地基与基础、主体结构存在质量问题

根据《民法典》《建设工程司法解释(一)》的规定,此为拒付价款的正当理由,毋庸置疑。建设工程的功能性、安全性关系到合同目的的实现,相关问题可能给发包人造成其他的损失。当然,发包人起码应当提出初步证据予以证明,而不能仅仅以"怀疑存在质量问题"为由拒付价款。

（4）发包人已经超付结算款

此处的结算款指的是“小结算”。应当说，**发包人超付工程款的情况属于非常情况，必有特殊原因**。通常建设工程施工合同履行过程中，发包人代表、监理工程师以及或存在的跟踪审计的造价工程师对已经完成的工程量及对应的工程款会进行计量，并且按照合同约定的月进度报表或形象进度支付已完工程款的一部分（如70%～85%），余款在结算后才支付。发生超付工程款的可能情况如下：发包人对工程造价失控，未能核减承包人所报工程价款虚高部分；发包人遭遇承包人堵门、拒绝交付竣工资料或配合验收、制造农民工群体事件等威胁而在成本核算未完成的情况下支付相应的款项；存在挂靠人借款、预支款等，原约定在结算时予以扣除，实际上挂靠人卷款而逃；大额款项支付错漏等。

8. 结算的法律意义

结算协议往往是指竣工后所做的总结算，是发承包双方就施工合同履行过程中产生的包括工程款争议在内的所有争议“一揽子”最终解决的协议。结算协议签订后，一方面，除非结算协议被认定无效或撤销，否则对于双方均具有拘束力，任何一方不能要求重新结算；另一方面，除非结算协议另有约定，发包人或承包人任何一方均不得就工程质量或工期损失主张索赔。《北京市高级人民法院关于审理建设工程施工合同纠纷案件若干问题的解答》（2012 年 8 月 6 日　京高法〔2012〕245 号）第 7 条第 1 款规定：“当事人在诉讼前已就工程价款的结算达成协议，一方在诉讼中要求重新结算的，不予支持，但结算协议被法院或仲裁机构认定为无效或撤销的除外。”第 24 条规定：“结算协议生效后，承包人依据协议要求支付工程款，发包人以因承包人原因导致工程存在质量问题或逾期竣工为由，要求拒付、减付工程款或赔偿损失的，不予支持，但结算协议另有约定的除外。当事人签订结算协议不影响承包人依据约定或法律、行政法规规定承担质量保修责任。结算协议生效后，承包人以因发包人原因导致工程延期为由，要求赔偿停工、窝工等损失的，不予支持，但结算协议另有约定的除外。”由此可见，结算协议在审判实务中对于证明己方的主张具有极为重要的意义。

正是由于结算协议难以被推翻，结算协议独立地具有有效性，使得结算协议成为建设工程合同纠纷案件中最为关键的证据之一。对法官而言，审理已经经过结算、达成结算协议的建设工程合同案件,审理难度并不特别大。

9. 财政审计结论与工程结算

国有投资的工程建设项目,招标文件或者建设工程施工合同约定双方的结算按照政府有关部门(往往是财政局下属事业单位政府投资评审中心)的审计结论为准。发包人亦往往以审计结论尚未出具为由拒绝结算付款。其出发点是为了防范国有资产流失、监督财政资金合理使用。但近年来受到广大施工单位的强力反对,原因是该合同条款损害了自愿、公平、公正的市场交易原则,以行政定价强行介入民事经济关系,拖延了结算进程,严重损害了施工单位的合法权益。2017 年 6 月 5 日,全国人大常委会法制工作委员会在《关于对地方性法规中以审计结果作为政府投资建设项目竣工结算依据有关规定提出的审查意见的复函》中提出,经过充分调研和征求意见,认定地方性法规中直接以审计结果作为竣工结算依据和应当在招标文件中载明或者在合同中约定以审计结果作为竣工结算依据的规定,限制了民事权利,超越了地方立法权限,应当予以纠正。据此,该问题有了明确的定性。

10. 结算协议的管辖问题

建设工程合同实行专属管辖(建设工程勘察合同、建设工程设计合同除外)。但是,现实中存在实行多项目、多合同的总结算(包括大结算和小结算),该种情况下如何确定管辖?原则是,结算中能够区分具体的合同、具体的工程项目的,应当予以切割,由不同的属地管辖法院处理。如果结算款中,无法确定具体的合同、具体的工程项目金额的,应当首先排除已经履行完毕的部分,对于未履行完毕的各个工程项目,工程所在地的各个法院均具有管辖权。当事人分别向不同的有管辖权的法院起诉的,以先立案的为准,后立案的法院应当将案件移送先立案的法院。该种情况下,法院有可能审理包含工程不在管辖区域的工程项目。由于结算协议的真实性、完整性往往得以认定,故案件基本上无须鉴定,审理该种案件并不十分困难。一旦结算协议得到否定性的最终认定,则当事人可以另行按照工程所在地分解起诉处理。

实践中,有部分裁判观点认为,当事人在诉讼前已经就工程价款的结算达成协议,如果就款项的支付存在争议,不包含建设工程的具体情况,则应当视为债务已经转化为一般债权，而不再是建设工程合同纠纷，不再适用专属管辖，可以按照合同纠纷的一般管辖原则予以确定，如（2018）京01民终9399号民事判决。该观点实际上难以自圆其说，无论是“大结算”还是“小结算”，确定判决金钱给付义务时，均无可避免审查已付款和应扣款问题。如上所述，已付款和应扣款的种类繁多、复杂，与工程建设的全过程息息相关，结算款确定后，仍有可能涉及质保期的工程质量问题保修责任、保修费用鉴定等事项，机械地割裂其与建设工程的联系，反而无助于案件的审理。故建议该观点应当慎重采用。

本篇小结

本篇从合同动态审查的角度，分割为履行、竣工、应付款（工程造价）、已付款及应扣款、结算款五个部分。动态审查指的是在初始的静态基础上，双方履行合同权利义务的情况。

如果建设工程合同并未实际履行，则可能构成的仅仅是缔约过失、返还保证金等处理。如果合同中的施工义务已经部分履行，则涉及较为复杂的问题：是否竣工、是否履行了一部分，已履行部分是否质量合格、已履行部分如何计算工程价款、有没有其他需要赔偿的损失、合同能否继续履行等。

完工与竣工名称不同，法律含义也迥异。虽然有时工程完工且承包人向发包人提交竣工验收申请、发包人怠于组织，可能会“视为竣工”，但多数情况完工与竣工还是存在截然不同的意义。完工更多的是承包人的主观看法，认为已经完成了主要的施工任务并质量合格，并可以申请发包人及时进行验收。而竣工更强调的是经过规范的竣工手续，发包人组织勘察人、设计人、施工人、监理人等五方共同对涉案工程质量合格做出肯定性的评价，其隐含的价值不仅包括质量合格本身，还包括竣工资料的齐备等。在此基础上，再向有关部门进行竣工验收备案。所以，竣工更加强调的是相对客观的事实状态。**百年大计，质量第一。审理建设工程案件，一定要紧紧抓住工程质量这个主心骨，把握“竣工”这一关键性的节点**，向双方当事人多问一句“工程竣工了吗？手续在哪里？”这样案件才不会出现大的偏差。在此，特别要注意的是，未完工程尚未到达工程竣工这一阶段，那么查明“已完工程是否符合施工设计文件和国家有关工程技术的强制性规范”来指代“竣工验收”也是公平合理的。

应付款（工程造价）问题是建设工程合同的核心问题，即承包人能够从发包人获取的所有款项金额。需要注意,应付款包括工程造价,还包括其他承包人得以向发包人主张的款项,如承包人索赔款、利息、违约金、奖励款等。对于"工程造价",许多工程技术人员和法官并不十分清晰其内涵和外延。法律意义上的工程造价与工程技术上的工程造价是存在区别的。工程造价不仅关系质保金的扣留基数,同时也是建设工程价款优先受偿权的担保范围、开具建筑业企业发票等的基础。特别应当注意的是,工程造价是市场价,是双方合意的结果。所以对于一些与工程无关的费用、索赔款项都可能计入工程造价的范畴。对于确定工程造价,法官应当在尊重当事人意思自治的基础上,采用遍寻的方法依次寻求予以解决。详见第十五章的七种方法。当采用该七种方法均失败的时候,才考虑启动工程造价司法鉴定。当然,有些案件中,采用七种方法之一确定工程造价存在不确定性时,同时启动工程造价鉴定亦未尝不可。但工程造价鉴定并不必然能够解决工程造价问题,"巧妇难为无米之炊",每年仍然有一定比例的案件由于当事人可提供的鉴定材料过少等原因而无法鉴定,则只能让负有举证责任的一方承担相应的法律后果。

与其他合同类纠纷不同,已付款及应扣款在建设工程合同案件中也往往较为复杂。法官组织相应的简化。让双方自行核对并签字确认,对争议的款项再做进一步审查是不错的方法。在审查已付款的过程中,一方面要防止双方串通、恶意损害第三人利益的行为,另一方面也要注意双方之间对于款项往来、交付、计算等具体的证据,可能构成交易习惯、规则,有助于内心确认是否存在有权代理、表见代理等。已付款的终极手段是财务审计,但对于财务审计报告,裁判者应当予以审慎审核,加以运用。应扣款部分,一方面分为垫付部分,如水电费等本应当由另一方承担的款项;另一方面则系合同约定的索赔、违约等条款结合具体事件的运用,那么合同约定的有效性、事件的真实性、损失的大小和各方的过错均为必要审查内容。虽然这一块当事人注意到并主张的情况并不多见,但如果出现了必然成为审理的难点。

结算款是另一大争议点。结算协议、结算报告、结算单、欠条,根据其内容可以分为"大结算"与"小结算",二者结算的范围是不同的。结算款的一大特点是,其往往是双方多轮协商、让步的结果,故难以从无效、可撤销的角度予以推翻。由于我国现行工程造价是市场价,工程造价是双方议定价格,所以当事人更不可能以其他工程造价计价方式或者通过申请司法鉴定、提交单方审价报告等方式来否定结算。所以,结算协议往往最终还是被认定为当事人的真实意思表示。已经过结算的工程案件,往往比未经结算的容易处理。法官对已经过结算的工程案件,基本无须花费大量精力在应付款(工程造价)等问题上。

“应付款”与“已付款”,实际上分别是发包人与承包人互为相反的抗辩或反诉请求。即使双方没有明确意思表示,在签订相关的结算时扣除、在判决的判项中予以抵扣,这是双方权利义务抵消的应有之义。也正是如此,“大结算”往往更认为是双方对权利义务的全面清理和二次确定,其具有鲜明的意思自治色彩。

第五篇　审理程序

- 第 十 八 章　庭前会议
- 第 十 九 章　调查取证
- 第 二 十 章　释　　明
- 第二十一章　现场勘验
- 第二十二章　开庭审理
- 第二十三章　庭审二次架构

建设工程合同纠纷案件经过静态审查的合同关系、合同内容、合同性质、合同效力，动态审查的履行、竣工、应付款（工程造价）、已付款及应扣款、结算款九大方面进行支解、拆分及深入分析，案件的基本情况、无争议事实、争议焦点已基本明确，审理思路逐步明朗。本部分需要结合诉讼的审理过程，对上述方法加以运用，将这九大方面与诉讼程序衔接起来，形成统一的整体。

第十八章
CHAPTER 18

庭前会议

《民事诉讼法司法解释》第224条、第225条对庭前会议作出了规定。庭前会议应当在举证期限届满后召开,根据案件具体情况,可以包括下列内容:(1)明确原告的诉讼请求和被告的答辩意见;(2)审查处理当事人增加、变更诉讼请求的申请和提出的反诉,以及第三人提出的与本案有关的诉讼请求;(3)根据当事人的申请,决定调查收集证据,委托鉴定,要求当事人提供证据,进行勘验,进行证据保全;(4)组织交换证据;(5)归纳争议焦点;(6)进行调解。故庭前会议既包括程序性事项,亦包括实体性事项。与审前程序中的送达、谈话、询问等不同,庭前会议实际上标志着案件已正式进入了实质审理阶段。

建设工程合同纠纷案件往往案情复杂、证据材料繁杂、争议焦点众多、审理难度较大。除了已经经过结算的案件外,基本难以做到"一步到庭"。但如果法官没有对案件进行梳理而直接开庭,审理过程中往往会出现节奏被打乱、质证无效率以及法官对当事人的意见和要求无法临场反应等情形,必然损害案件审理的连贯性,亦造成诉讼的拖延和无效率。通过庭前会议制度可以较好地梳理案件,为案件正式开庭审理做好准备。

需要指出的是,庭前会议并没有限定为一次。建设工程合同纠纷案件往往较为复杂,如有必要可以召开多次庭前会议,为最后的开庭审理做好准备。

1. 程序性事项

(1)核对各方身份情况。各方主体信息与诉状、工商查档信息是否一致,是否存在主体不适格的情况。如签约合同主体的名称现已发生变更,“上海十三冶建设有限公司”名称变更为“上海二十冶建设有限公司”。如已送达的当事人未到庭,应当马上联系并核实未到庭的原因,是故意怠于参加诉讼还是来往法院的路上出现交通问题等情形。法官需要核实参加庭前会议的所有人员身份,包括旁听人员是否有证人、法定代表人或者农民工等可能与案件有利害关系的人,防止庭审过程中出现突发情况。

(2)核实委托授权手续是否完整、真实。如果是律师代理,则应当提供当事人出具的授权委托书、律师事务所出具的公函及司法行政主管部门发布的律师证,三者缺一不可。如果是公司员工代理,除了授权委托书及身份证外,还应提供社会保险缴纳情况的证明或者连续工资发放的证据。如某建设工程合同纠纷案件庭前会议前,某建筑施工央企作为被告,其某员工手持一纸张包裹的木质印章当庭与律师办理委托手续。根据经验,央企的印章一般管理较为严格,一般均不会带出到法庭,更不会当庭办理委托手续。经过调查,该印章果然为分公司私刻的总公司印章。法官随后对其进行了严肃处理。

(3)核实各方提供的证据。核实证据(含证据清单)、答辩状、书面质证意见等是否已经交换,不存在缺页或模糊不清的情况。如存在证据缺页或模糊不清等情形的,则应立即重新复印、补充。当事人也可以以拍照的方式完成复制。

(4)核实送达手续是否完备,地址确认书是否填好,电子送达手续(移动微法院等网上案件审理事项)是否引入完毕,庭审直播等签字是否完备。

(5)核实保全是否已经完成,如果已经完成应当将保全措施的实施情况及时告知各方当事人。

(6)告知承办人员及审判组织的变化,包括因身体不适、工作调动等原因导致合议庭组成人员、法官助理及书记员的变动,应当及时告知各方当事人,避免当事人无端猜想,并询问是否申请回避。

(7)关注案件审限情况。在多被告的案件中,由于送达问题,可能在开庭时审限即已经经过一两个月,审限较为紧张,应重点关注。有必要的情况下,安排各方进行庭外和解一个月,以扣减相应的审限。

(8)告知本次庭前会议基本的思路和安排,是先组织调解,先答辩,还是先组织证据交换和质证;调解的话是先单独沟通,还是双方一并调解;预计本次会议需要的时间等,以利于参加庭前会议的各方有心理准备、安排返程车票等。

2. 起诉与答辩

（1）原告起诉

原告需要宣读起诉状，阐明自己的诉讼请求、依据的事实与理由。需要注意的是，诉讼费用负担并不属于诉讼请求，故“请求判令被告承担本案的诉讼费”可直接引导原告予以直接删除。如果原告所主张的事实和理由与诉状一致、并无变化，在征求其他当事人意见的基础上，可以简单略过。引导原告规范起诉状中事实与理由部分，不仅包含原告对案件事实的陈述，还包括其主张的法律关系、请求对方承担责任的法律依据等。具体而言包括：

①诉讼请求是否明确、具体。如“请求判令原告支付欠付工程款的利息 43 万元”，既无计算基数和标准，亦无计算起始、结束时间，则无从得知该金额如何计算。法院应当要求原告必须予以明确。

②诉讼请求是否矛盾或者不具有可操作性。如第一项诉讼请求为要求被告继续施工至竣工，而第二项诉讼请求则要求解除双方之间的合同，在确定本案不存在备位之诉的情况下，应向原告进行释明，要求原告予以选择。

③诉讼请求是否存在表述不清、不规范的情况。如“请求判令被告同意原告就其施工的涉案工程具有优先于抵押权和其他债权的优先受偿顺位，原告的上述款项在对涉案工程依法拍卖、变卖所得的价款中得以首先受偿”，明显将确认之诉的诉讼请求写成了给付之诉的诉讼请求，且大幅笔墨着重于优先受偿权的特征。而规范表述下“请求确认原告就其施工的某某工程在被告欠付的工程款范围内享有建设工程价款优先受偿权”即可。

④原告陈述的事实部分是否存在矛盾、不明确的地方，是否遗漏事实。如原告主张被告欠付工程款 4356 万元，但是起诉状上的事实与理由中，既没有原告主张的工程造价，亦没有工程已付款项金额，更没有工程结算资料，故无从得知该欠付金额是如何计算而来。又如，双方均对工程质量没有异议，但对于何时竣工验收没有陈述、也没有提供相应的证据，造成基本事实不清。以上法官均应当引导当事人予以明确。

⑤是否存在错别字。一些诉讼代理人在撰写诉状时未尽到审慎义务，诉状中出现较多的错别字，应予指出并敦促修改，特别是某些错别字对案件案情有影响的

情况。

⑥原告请求对方承担责任的法律依据。特别是原告有律师代理的复杂案件,原告请求权基础不明确可能对案件审理方向有根本性的影响,应当予以明确。

⑦是否准许或依职权追加第三人参加诉讼。特别是必要共同诉讼中、案件结果与案外人可能存在较强的利害关系等情形。如承包人起诉发包人主张工程欠款并确认建设工程价款优先受偿权,在涉案工程所转化的房子已经被抵押的情况下,案件审理结果必然会对抵押权造成冲击,故即使当事人没有提出,法院在了解到存在抵押的情况下,应当依职权追加抵押权人为第三人参加诉讼。

(2)被告答辩

针对原告的起诉,被告应当就案件总体意见、原告主张的事实是否有误或遗漏、法律关系是否准确、是否应当承担责任等方面进行完整答辩。被告如果提供书面答辩状的,应当送达对方或当庭宣读。如果被告答辩未能涵盖原告的全部主张,法官可以进行初步释明,要求被告进一步答辩。举例而言:原告主张其系幕墙分项工程的分包人,已完工程单方结算金额1433万元,已经收到工程款789万元,要求被告总包方支付欠付工程款644万元及相应的逾期付款违约金(每日支付合同总价款的0.5‰),理由是所承包的工程早已完工且被告认可质量合格,未经竣工验收并非原告的原因。被告答辩称:案由应当是建设工程分包合同纠纷而非建设工程施工合同纠纷,原、被告双方没有任何一方是涉案工程的发包人;对已付款项金额789万元没有异议;对已完工程结算金额1433万元有异议,双方多次协商不成,应当通过工程造价司法鉴定予以确定,且申请方为原告;被告不具有相应的幕墙施工资质,双方的合同系无效合同,原告主张违约金没有依据。另外,涉案工程至今尚未竣工验收,原因是原告所施工的幕墙工程在预验收阶段发现有多处渗漏、脱落等质量问题,被告多次要求原告整改,原告拒不履行维修整改义务,故原告在修复合格前无权主张工程款。据此,被告请求驳回原告的诉讼请求。

在原告起诉和被告答辩的基础上,法官对案件整体上的难度、争议点即有初步的把握。法官也可以在庭前先口头询问双方对案件的意见、对案件基础事实是否存在争议、双方的调解意愿等,这有助于法官尽快把握案件审理的整体方向和争议焦点。

起诉与答辩是原、被告双方就案件实质审理的第一次实质性交锋。在起诉和答辩以后,如果双方认为还有事实需要补充,应当允许增加,但应以有利于还原客观事实、有助于审理为原则。与案件审理本身无关的事实,不应准许增加。

3. 举证

举证、质证、认证是对证据审核的三个阶段。前两者在法官的组织下由当事人进行,后者由法官在审理中进行。《民事诉讼法》第 66 条规定:“证据必须查证属实,才能作为认定事实的依据。”第 67 条规定:“当事人对自己的主张,有责任提供证据。”根据《民事诉讼法司法解释》第 91 条的规定:“人民法院应当依照下列原则确定举证证明责任的承担,但法律另有规定的除外:(一)主张法律关系存在的当事人,应当对产生该法律关系的基本事实承担举证证明责任;(二)主张法律关系变更、消灭或者权利受到妨害的当事人,应当对该法律关系变更、消灭或者权利受到妨害的基本事实承担举证证明责任。”而根据《民事诉讼法司法解释》第 92 条的规定:“一方当事人在法庭审理中,或者在起诉状、答辩状、代理词等书面材料中,对于己不利的事实明确表示承认的,另一方当事人无需举证证明。对于涉及身份关系、国家利益、社会公共利益等应当由人民法院依职权调查的事实,不适用前款自认的规定。自认的事实与查明的事实不符的,人民法院不予确认。”第 93 条规定:“下列事实,当事人无须举证证明:(一)自然规律以及定理、定律;(二)众所周知的事实;(三)根据法律规定推定的事实;(四)根据已知的事实和日常生活经验法则推定出的另一事实;(五)已为人民法院发生法律效力的裁判所确认的事实;(六)已为仲裁机构生效裁决所确认的事实;(七)已为有效公证文书所证明的事实。前款第二项至第四项规定的事实,当事人有相反证据足以反驳的除外;第五项至第七项规定的事实,当事人有相反证据足以推翻的除外。”综合前述规定,当事人主张的事实应当以举证为原则,无须举证事项为例外。

举证的原则一般应当涵盖所主张的法律要件事实,并按照时间、证明目的等分门别类制作证据清单。故**证据清单应当与起诉状形成对应关系并且突出重点,详略得当,逻辑性、可读性强**。证据清单的制作也较为考验诉讼代理人的业务水平和责任心。

案例 18－1 ▶ **案由:建设工程分包合同纠纷**

原告:张强。被告:东光废料处理公司。

【案情】原告曾成立飞扬土建工程队,后因故注销。顾若贝系被告的法定代表人,原告与其熟稔。2012年6月,被告将某大桥建设工程中的土石方工程承包给原告,双方没有签订书面的合同。其后原告购买了挖机两台并组织了车辆进行土石方开挖、运送。其间,被告的法定代表人顾若贝曾支付土石方工程款项220万元。现顾若贝因涉黑而被刑事羁押,但涉案工程早已完工,大桥也正常运行2年。工程完工后,双方从未对已完工程造价进行结算。原告认为被告拖欠的工程款达到320万元,一直未付。故向法院起诉,请求判令被告支付欠付的工程款并承担自通车之日至实际付款之日按中国人民银行同期贷款基准利率计算的利息。

原告提供的证据清单如下:

表18-1 证据清单

编号	证据名称	份数	页数	原件/复印件	证明目的
1	结算单据和付款凭证			复印件	证明本案案件事实
2	短信			复印件	证明本案案件事实
3	挖机购买凭证、行驶证			复印件	证明本案案件事实
4	公证书			复印件	证明本案案件事实

【审理】在收到案卷资料后,法官对于该证据清单异常诧异,便给原告代理人律师打电话:"证据清单怎么连页数都没有,共三四百页让法官怎么看?"其回复:"请自行编号吧。"法官再问:"你所有证据都是为了证明本案案件事实,这个证明目的也太宽泛了吧?"其回答:"这是我的诉讼策略,不想让对方知道我要证明什么。"法官最后问:"但你让我法官也不知道你要证明什么了!"其冒出一句:"其实,这也是我的诉讼策略……"法官表示很无语。

法官通知召开庭前会议,被告并未到庭参加诉讼,案件缺席审理。进入举证质证阶段后,法官要求原告必须按照证据清单的次序依次出示证据,并详细说明证据所要证明的目的。原告遂开始分别举证。"第一组证据,结算单据和付款凭证,拟证明原告所施工的土石方工程的工程价款为540万元,被告仅支付了部分款项,尚欠320万元。"经审核,原告所谓的结算单据全部都是原告自己写的日记账,每日发生土石方多少车。其中仅有十分之一的账目中,有"肖某""林某"等签字,但身份情况不明。而所谓的付款凭证,则是7张金额大小不一的承兑汇票,金额只有105万元,出票人是天津等地商贸公司,看不出与本案的关联性。所以,第一组证据无法证明原告的证明目的。

"第二组证据短信,是原告给被告的老板娘发短信催讨工程款,内容是对方对所欠工程款为320万元没有异议"。审查证据时,原告并无任何证据证明所谓的短信备注中的"老板娘花姐"的具体身份,更重要的是短信内容中多次对欠付工程款表示否认:"我们老早钱付清了,你做人不要欺人太甚!""不要以为我老公出了事,你就可以乱来,不该给你的我一分都不会给的"等。原告的证明目的同样无法达到。

"第三组证据是我方为了承包土石方工程,购买了两台挖机,通过银行汇款74万元给案外人刘依冬,其后取得相应的行驶证的事实。"法官问:"这个与本案有关联吗?"原告诉讼代理人称:"有关联,证明我们是合法承包工程,同时合法地投入机械设备,产生了相应的机械台班费用。"从工程造价的角度,承包人购买挖机实际上是固定资产投入的可摊销成本,与工程造价根本无关联性。

"最后一组证据,是我方与案外人刘依冬就挖机的转让事宜签订的买卖协议,为了防止任何一方反悔,双方共同委托明州公证处进行公证并形成公证书一份"。法官再次问,"这个与本案有什么关联吗?"原告诉讼代理人称:"有关联,证明目的同第三组一样"。

最后,法官释明了相关诉讼风险后,询问原告本人是否撤诉,原告撤回了起诉。

【评析】从原告诉讼代理人对证据材料不编页码这一点,可以看出其对待诉讼是不认真的;从其对工程价款和工程成本的混淆,可以看出其是不懂工程造价的;从其当庭陈述的证明目的和证据内容明显不一致,可以看出其是不负责的;从其提供多组与本案无关的证据,可以看出其不懂得"打官司不是证据越多越好""证据不在数量而在于质量"。

案例18-2 ▶ 案由:建设工程施工合同纠纷

原告:杭州康宝净化工程有限公司。被告:广州承强医疗器械开发技术有限公司。

【案情】原告起诉称:2013年11月5日,被告广州承强医疗器械开发技术有限公司与原告签订《十万级GMP洁净厂房净化工程项目合同书》,约定原告为被告实施车间厂房净化工程。双方对工期与合同价款作出明确约定,付款方式为分期付款:(1)预付款为总工程款的30%;(2)工程施工材料进场验收合格签字、施工人员到位后,支付工程总额的20%;(3)施工、安装、调试完毕后竣工,经发包方确认后,于28日内支付合同总额的80%工程款;(4)由发包方委托第三方检测,通过之后再付合同总额5%的工程款;(5)承包人取得GMP证书之日起5个工作日内支付余下合同总额的10%工程款(总计已付95%的工程款);(6)自取得证书之日起,系统工程及设备进入保修阶段,质保金为合同总额的5%(保修期为12个月),发包方于保修期满后的一个月内向承包方支付全部工程余款。协议约定被告如延误支付工程款,执行通用条款,并每拖延一天按应付金额的1%进行处罚。此外,双方还对质量及验收、施工组织与工期、违约、索赔和争议等作了详细的约定。合同签订之后,原告依约开始施工,并于2014年4月22日通过自检完成施工,2014年8月19日顺利通过第三方检测。其间,被告支付了部分款项。2015年8月27日双方又签订了《补充协议书》,对剩余款项重新作出约定。

原告提供了证据清单如下:

表18-2 证据清单

序号	材料名称	数量	证明内容
1	《十万级GMP洁净厂房净化工程项目合同书》	16页	证明:(1)2013年11月5日,原告与被告签订合同,约定原告为被告实施车间厂房净化工程。协议约定工程总价款为1,200,000元整:①预付款为总工程款的30%;②工程施工材料进场验收合格签字、施工人员到位后,支付工程总额的20%;③施工、安装、调试完毕后竣工,经发包方确认后,于28日内支付合同总额的80%工程款;④有发包方委托第三方检测,通过之

续表

序号	材料名称	数量	证明内容
			后再付5%的工程款；⑤承包人取得GMP证书之日起5个工作日内支付余下合同总额的10%工程款(总计已付95%的工程款)；⑥自取得证书之日起,系统工程及设备进入保修阶段,质保金为合同总额的5%(保修期为12个月),发包方于保修期满后的一个月内向承包方支付全部工程余款。(2)协议约定被告如延误支付工程款,执行通用条款,并每拖延一天按应付金额的1%进行处罚
2	(1)工程竣工验收报告单;(2)广州承强精密净化车间器具资料移交清单;(3)十万级车间洁净室换气次数检测记录;(4)悬浮粒子及沉降菌测试记录;(5)净化工程分部分项施工签字验收单;(6)检测报告;(7)关于承强医疗净化工程余款支付回复单各一份	35页	证明:2014年4月22日,原告完成车间厂房净化工程,通过自检自测合格,2014年8月18日,被告委托第三方某神州清新空气检测有限公司进行检测验收,验收结论为合格
3	(1)补充协议书;(2)广州承强精密对账单;(3)中国农业银行大额支付入账通知书;(4)浙江增值税专用发票各一份	17页	证明:原告先后共计收到被告支付给原告的工程款1,006,172元整,2015年8月27日,原告与被告达成补充协议,约定被告最迟于2015年12月31日前支付余下合同总额的10%工程款(工程质保金),即111,948元。因此,被告还应支付工程款111,948元、违约金33,584.4元(按拖欠工程款的30%计算)以及相关利息损失

【评析】可以看出,原告提供的证据清单在详略分配上十分不均衡。(1)其中第一组《合同》的证明目的十分繁杂,与诉状重复,实际上可以总结为一句话:“2013年11月5日原、被告双方签订了建设工程施工合同一份,对工程价款、工

期、质量、质保金、付款进度、违约责任等作出约定"即可,而无须将合同内容的条款摘抄上去。(2)第2组证据中,主要证明目的为涉案工程完工后经过竣工验收、检测记录亦表明工程质量合格。但第7项"关于承强医疗净化工程余款支付回复单"系对工程款项支付的证据,应当归入下一组。综上所述,证明目的应当详略得当,并非越详细越好。

建设工程合同纠纷案件证据材料众多,证据可能达数组甚至数十组,证据材料可能有几百页甚至数千页。证据材料的整理和证据清单的制作,必须建立在当事人及代理人对案件有较清晰的代理思路的基础上。整理证据时,一种方法是按照时间先后的顺序罗列,其好处是先行后续的关系比较清晰,有助于发现具体事件的背景和相应的线索,缺点是多种法律关系、多法律要件所附证据杂糅交织,容易导致主线不清,难以厘清思路。另一种方法是按照法律要件事实及上述合同静态审查、合同动态审查的方法,对证据进行分门别类:(1)合同签约部分的证据,包括:合同、协议书、招投标文件、中标通知书、工程量清单、预算、图纸等;(2)合同效力部分的证据,如甲方同意分包的证据,分包人、总包人的建筑业企业资质证书等;(3)合同履行的证据,如开工报告、签证单、联系单、补充协议、会议纪要等;(4)竣工的证据,如业主出具的竣工说明、竣工验收备案登记表或发包人擅自使用建设工程的证据;(5)应付款(工程造价)的证据,如第三方审价报告,结算报告(小结算),会议纪要等;(6)已付款及应扣款的证据,如提供已付款清单、收条、转账记录、罚款签收单等;(7)工程结算的证据,如结算报告(大结算)、欠条等;(8)其他有关工期、质量及履行行为等方面的证据。通过对上述证据进行分门别类,证据组织和脉络比较清晰,如果同时和诉状的内容能够相呼应,则能够让法官较快地掌握案件基本情况,把握案件主要争议事项,也实现了诉讼代理人的第一层目标——让法官理解基本案情和主要争议。

4. 质证

质证通常指在诉讼或仲裁活动中,一方当事人及其诉讼代理人对对方出示的证据的真实性、合法性、关联性,以及是否有证明力及证明力大小等内容,进行说明、评价、质疑、辩驳、对质、辩论以及用其他方法表明证据效力的活动及其过程。《民事诉讼法司法解释》第104条规定:“人民法院应当组织当事人围绕证据的真实性、合法性以及与待证事实的关联性进行质证,并针对证据有无证明力和证明力大小进行说明和辩论。能够反映案件真实情况、与待证事实相关联、来源和形式符合法律规定的证据,应当作为认定案件事实的根据。”

由于我国诉讼仲裁活动并未施行强制代理制度,在实践中,诉讼代理人的业务水平和职业素养参差不齐,许多法官也并未对举证、质证的规范化、灵活度进行深入学习并熟练掌握,导致举证、质证活动存在诸多乱象:(1)质证意见为“我方有异议”“我方反对”,而对具体什么异议却不陈述或者拒绝表达。(2)“我方对证据的三性有异议”,问其证据是哪三性,代理人悻悻然而答不上来,或者杜撰出“完整性”“客观性”“可采纳性”“公平性”“准确性”等不一而足。(3)质证意见本身前后矛盾。如陈述称“对真实性、合法性、关联性有异议”,但接下来具体质证意见为“签证单是我们发包人代表签署的,但是所签订的事项超过了其授权范围,故不能证明我方认可相应的签证事项,更不能说明我方同意增加相应的工程量金额”,明显互相矛盾。(4)质证时只阐述单方主张的事实或加入单方的抗辩,而不围绕证据本身发表意见,长篇累牍陈述与证据无关的事实。如分包人起诉总包方要求支付欠付的分包工程款,并提供分部分项工程竣工验收报告证明工程质量合格。总包方的质证意见为:“根据我方与发包人签订的建设工程施工总承包合同,工程竣工验收后28天内总承包人将结算报告提交给发包人,发包人在三个月内审核完毕,双方结算工程款并支付至工程造价的95%余款作为工程质量保修金,待两年工程质量缺陷责任期满后再予退还。所以,原告主张的分包工程款的付款条件尚未成就”。该质证意见完全脱离证据本身而形成一个新的事实抗辩,是完全失败的质证。(5)质证时笼统地提出证明力意见,但对证据三性不予发表意见。比如,一些代理律师“万能”的质证方式:“我方认为,该证据不能证明对方所要证明的目的,反而能够证明我们的观点……”而不具体展开如何不能证明对方所要证明的目的、如何能够证明己方的观点。(6)质证时过于强调出示原件,质证过程过于按部就班,导致质证无效率、诉讼拖延。如分包人往往不持有整体工程的竣工验收报告,有时从发包人等处取得竣工验收报告的复印件。此时如果分包人起诉总承包人索要工程款,而总承包人恶意抗辩称工程尚未竣工,不认可分包人持有的竣工验收报告复印件,则分包人需要花费大量的精力和成本去补强证据。在这种情况下,如果法官有足够的确信,分包持有的竣工验收报告复印件属实,则应当敦促总承包人实事求是,对复印件予以认可,否则对滥诉、不诚信诉讼进行惩戒。另一种情况是,法官对所有证据不加区分地从头到脚、按部就班地质证、记录,没有对证据中无争议的进行直接确认、无用的证据引导当事人剔除或放弃,使质证过程非常漫长。

案例 18 -3 ▶ 案由:建设工程分包合同纠纷

原告:实际施工人包某。被告:施工总承包人东吴建设有限公司。

【案情】原告提供监理单位于 2018 年 12 月 17 日出具的证明、录音,拟证明原告与被告虽然在合同签约时确定承包方式为劳务清包,但在施工过程中,双方变更了承包方式,除部分甲供料以外,其余材料由其采购。

【审理】被告总承包人的诉讼代理人就该证据发表的质证意见为:双方之间的合同明确约定由原告劳务分包(包工不包料),现被告已经完成全部涉案工程,原告 2018 年 12 月 17 日的证明不能作为有效证据采信,也不能作为确定双方权利义务的证据。关于合同的变更,双方应对合同的条款重新作出具体的约定,双方的权利义务及违约责任等具体明确,拿证明当合同适用开创了法律界的先河,请法庭查证产生的原因和背景。原告为了利用发工人工资的紧迫性,开具证明以讨要工人工资为诱饵,让被告产生错误理解。从原告的几份录音看,被告并未否认原告包工包料的事实。所以,对方应当举证证明从 2018 年 12 月 17 日以后供应材料的证据,否则即证明被告从未履行过。

【评析】上段的质证意见看着很长,实际上犯了多项低级错误,有价值的内容并不多。"声情并茂"并不是质证的应有之义。所谓"外行看热闹,内行看门道",也许当事人会觉得代理人说得很多、说得很漂亮。但对法官而言,该种质证意见是最容易招致抵触的质证意见,也是诉讼代理人最容易失分、掉价的一种。

所以,法院在组织质证时,一方面要引导当事人进行有效的质证——有利于心证、有利于判断;另一方面,在可行的情况下,引导双方对质证程序进行相应的简化。如通过双方制作表格、比对,可以省略大量用以证明已付款的付款凭证等。**在双方存在一定互信、提前就证据组织过证据交换的情况下,可以将大量核对证据原**

件的工作在庭前由当事人自行完成。如果在时间有限的情况下，可以让对方当事人在核对证据原件的基础上，庭后补充提交书面的质证意见。当然，要提前引导原、被告双方注意发表质证意见的规范性。在组织质证的过程中，对于与案件无关的证据、已经被自认确认的事实所涵盖的证据等，均可以在自愿并将对方同意的基础上予以撤回，以提高效率。但对方不同意、该证据具有其他证明价值等情况下，不应准许提供证据的一方撤回证据。

质证时诉讼代理人、法官均应当注意以下几个要点：

（1）证据的真实性包括形式真实性和内容真实性

形式真实指的是印章、笔迹等是否真实，如果有异议，一般应当通过司法鉴定的方式予以确定；内容真实指的是证据是否系当事人的真实意思表示，或者是否属于冒用名义、无权代理、不具有民事行为能力或者存在重大误解、欺诈、胁迫等可撤销的情形。最为典型的是盖有项目部印章的借条，正确的质证意见为："对借条的形式真实性没有异议，是项目部的印章，也是项目经理出具的，但是对内容的真实性有异议，理由是：①我方与发包人签订的合同中明确确立了工程款项交付应当通过公对公银行汇款的方式进行，双方一直也是如此操作的；②我方出具给发包人的项目经理责任状中明确规定项目经理不具有经济权限，涉及资金调度、采购等均应报请公司费控人员批准后直报公司财务；③所谓借款 30 万元，借条上称现金支取，没有任何证据证明是用于工程建设项目上。综上，我方认为借款 30 万元，即使借款属实，也仅仅是项目经理个人的操作，并非承包人的真实意思表示，不能确认其真实性。"

（2）证据的合法性与合同效力不是同一范畴的概念

合法性指的是证据的来源和形式符合法律规定，而合同效力指的是法律赋予依法成立的合同以拘束力。常有诉讼代理人在发表质证意见时称："针对对方提供的《内部承包协议》，我方对其合法性有异议，对方并非建筑业企业的内部员工或者内设部门，不具有建筑业企业资质，不能承包建设工程，所以该合同系无效的，也是不合法的。"该质证意见明显混淆了两者的概念。

（3）要高度重视证据来源和形成过程

对争议证据（特别是案件明显违反常理的高风险案件）要高度注意证据的来源和形成过程。有必要的情况下，要求当事人到庭，接受法庭询问、对方质询，就证据来源和形成过程制作询问笔录，固定单方陈述，提出合理异议，并要求当事人合理解释相应的疑问。比如,建设工程合同纠纷案件中常见的私盖印章协议、大额工程款现金交付、招投标阶段标书制作过程等。法官应当提前准备好拟提问的问题,抽丝剥茧地向当事人询问,甚至在询问过程中就该事实部分禁止诉讼代理人插话、提醒、掩饰等。

(4)关联性与证明力的联系与区别

关联性指的是作为证据内容的事实与案件事实之间存在某种联系,关联性是实质性和证明性的结合,不涉及证据的真假和证明价值,其侧重的是证据与证明对象之间的形式性关系,即证据相对于证明对象是否具有实质性联系,以及证据对于证明对象是否具有证明性。证明性是指所提出的证据支持其欲证明的事实主张成立的一种"倾向性",是一种可能性,也就是一种概率。所以,证据的关联性是证据的本质属性。而证明力指的是证据对案件事实的证明作用与效力的大小。从逻辑上看,具有关联性的证据必然有证明力,而仅仅是大小的不同;而有证明力的证据,由于证明目的的不确定性,可能并不具有关联性。换句话说,关联性是确定证据是否存在证据资格的问题,而证明力是在关联性的基础上,进行证据证明价值和效用综合比较的心证基础。

(5)民事案件注重证明力的比较,包括正向的证明力和反向的证明力

与刑事案件"排除一切合理怀疑"的证明标准不同,民事案件采用的是"高度盖然性"标准,甚至是"优势证据"的证明力标准。《民事诉讼法司法解释》第108条规定,对负有举证证明责任的当事人提供的证据,人民法院经审查并结合相关事实,确信待证事实的存在具有高度可能性的,应当认定该事实存在。对一方当事人为反驳负有举证证明责任的当事人所主张事实而提供的证据,人民法院经审查并结合相关事实,认为待证事实真伪不明的,应当认定该事实不存在。法律对于待证事实所应达到的证明标准另有规定的,从其规定。一般认为,高度盖然性标准指的是70%~90%即可。但实际案件操作中,并非所有案件的证明力能够达到高度盖然性标准,有些案件仅仅能够达到60%~70%,这种时候往往以一方提供的证据所具有的证明力较对方更具有优势,即"优势证据原则"进行相应的事实认定。

需要说明的是,证据的证明力比较不仅是正向的竞争关系,同时也可能是反向证明力的相斥关系。有些时候虽然某一方的证据证明力极高,但是其存在重大疑问或者与其他证据相悖,则可能导致其综合证明力大幅下降,而对方提供的证据虽然证明力并不那么高,但经比较反而更加具有优势,更加符合逻辑、生活习惯、经验

法则。所以,法官对证据的审查不仅是正向的审查,同时也要注意对证据反向证明力的审查。

案例 18-4 ▶ 案由:建设工程施工合同纠纷

原告:王宇建设有限公司。被告:中海冠全置地有限公司。

【案情】被告将某小区开发项目Ⅱ标段工程发包给原告施工。工程竣工后,原告报送金额为1.2亿元的单方结算书给被告,被告委托造价咨询公司进行审价,审价报告中确定的审定价为1.05亿元(简称审价报告),双方均未签字盖章确认。被告将审价报告按照合同约定提交其母公司——某集团公司进行二次审价,并形成针对一审报告的复审报告(简称集团二审报告),在原有的1.05亿元基础上再核减300万元,为1.02亿元。其后,双方进行竣工结算,达成的结算造价为1.035亿元。但结算后不久,被告发现原告施工部分某剪力墙存在分布筋偷工减料的情况。虽然经设计验算,满足使用要求和安全性,但是经审价单位复核,总体应当扣除的钢筋材料款及相应的间接费用120万元。而原告提出结算时存在部分土石方计算错误的情况,应当调增200万元,并提供竣工图纸、验槽记录、计算稿等。被告见原告也不认可结算协议,随即提出,"Ⅰ标段与Ⅱ标段规模相当、地质条件一致且开竣工时间基本一致,但Ⅰ标段中被告与案外人皇宙建设有限公司的结算价仅9800万元",所以与原告签订的结算协议不是被告的真实意思表示,要求予以撤销。原告提出,原告对结算协议也不认可,因为根据施工过程中形成的月进度报表,累计金额为1.09亿元。同时,原告另行申请第三方审价单位重新审价,主张金额为1.1亿元。

【审理】以上有关本案的涉案工程造价的各组证据的证明力,在心证中可以形成比较。

表18-3　证据证明力比较

证据	金额(万元)	备注	证明力
审价报告	10,500	发包人委托造价咨询公司出具	65%
集团二审报告	10,200	发包人集团公司二次审核	70%
结算报告	10,350	"小结算"	95%

续表

证据	金额(万元)	备注	证明力
原告主张土石方调增申请书	10,550	结算报告基础上调增200万元,依据是竣工图纸、验槽记录、计算稿等	98%
被告主张偷工减料扣减款	10,230	结算报告基础上调减120万元,依据是现场勘验加第三方质量检测报告	97%
Ⅰ标段结算报告	9800	同项目不同标段,地质情况、工期相同	50%
月进度报表	10,900	承包人施工过程中形成	60%
单方重新审价报告	11,000	承包人单方委托审价报告	60%

【评析】

按照上述建设工程合同纠纷案件的审理思路和实践中的做法,首先,结算报告("小结算")的证明力极高,达到95%左右,一般难以推翻。除非能够证明结算报告存在遗漏、错误并及时行使撤销权等。若双方结算协议中约定:"本结算协议中若存在计算错漏等内容,视为放弃,今后不再另行提起主张",那么该结算协议的证明力几乎可以达到100%。如果结算协议中没有该条款,原告提供的竣工图纸、验槽记录、计算式等能够证明结算报告中确有计算错误,则"原告主张土石方调增申请书"的证明力更高,可以达到98%左右。

另外,被告提供的现场勘验加第三方质量检测报告,证明涉案工程存在偷工减料的情况。如果现场情况确实如此,且被告委托的第三方质量问题检测单位经过了合法正当的程序,进行了单方鉴定,可以使得证据证明力达到97%左右。但实践中,单方检测报告难以完全按照规范的要求确定样本容量、随机选取样本、检测数据输入汇总计算等,故该报告的证明力仍然有一定瑕疵。

其次,是集团二审报告和审价报告,虽然最终没有能够被双方确认,但是作为结算的基础性资料,仍然具有较强的证明力。如果双方均未对此发表具体的异议,其也可以单独作为定案的依据之一。

单方委托的审价报告也和上述集团二审报告和审价报告一样,如果是经过有资质的工程造价咨询单位审价得出的结论，即使没有对方当事人的参加，仍然属于具有一定优势证明力的证据。

月进度报表，也能够从一定程度上反映已完工程量。虽然从工程实践的角度，由于项目管理能力、资金调配安排、总监审核的力度等方面原因，几乎难有准确的金额。特别是在存在一些个人挂靠、转包等情况下，月进度报表的填报具有较大的随意性。但在极端案件中，如果没有其他证明力更高的上述证据，则月进度报表未尝不失为确定工程造价的一种好方法。特别是一些案件中，工程造价鉴定已经丧失了条件，月进度报表应当视作具有一定证明力的、能够反映工程造价的证据。

而同项目Ⅰ标段的工程结算报告，证明力只有50%左右，尚不能形成优势证据，更不要说成为具有高度盖然性的证据。因为不同的工程项目，管理水平、施工工艺、项目特征等本身并不具有足够的可比性，承包人的议价能力、让步程度等更加是因人而异的。

综上，以上均为与案件相关的证据，但证明力不一而足。**当存在更高证明力的证据时，应当采用更高证明力的证据，没有的时候才能采信次高的证据，以此类推。**但无论如何，难以采用同项目Ⅰ标段的工程结算报告来作为确定工程造价的依据，因其证明力不足将导致无法被认定。

5. 补充证据

鉴于法官及律师、当事人的诉讼能力参差有别，建设工程合同纠纷案件很少能够一次性完成举证质证，补充证据、二次开庭反而是常态。一些补充证据是法官作为裁判者要求的，一些补充证据是一方举证后需要提供反证的，一些补充证据则是当事人及其诉讼代理人因为疏忽而遗漏的。补充证据主要适用于以下几种情形：

（1）构成法律要件事实的证据必须要求双方当事人进行补充

如双方是否成立合同关系，双方有无书面的合同，双方合同的性质和效力等。常见的情形是，建设工程的分包人在取得承包人对欠付工程款所出具的欠条后，仅凭该欠条起诉，而对于双方之间存在的书面合同不予举证。在审理过程中，对于该欠条是否包含所有的合同范围、双方对未按约定支付款项应当承担的违约等存在争议,则原告必须补充相应的书面合同作为证据,才能更好地查明案件事实。如合同签订主体与诉讼主体不一致,当事人存在名称变更,则必须提供工商备档的准许名称变更的登记备案表或者企业信用网的查询证据。

(2)涉及可能存在双方恶意串通、损害第三人利益的情形,必须要求双方当事人补充证据

例如,一般情况下,双方在开庭审理中可以拟制确认竣工验收的日期以方便审理。但如果案件的实体结果有关建设工程价款优先受偿权确有可能得以确认、有可能损害第三人如不动产抵押银行、买房人的利益等情形时,仍然应当让双方出具正式的竣工验收备案登记表或者竣工报告为证据。

(3)有可能对案件审理方向和进程具有重大影响的证据,可释明补充证据

有时当事人拥有对案件审理方向和进程均有举足轻重作用的证据,但当事人可能没有意识进行收集、提交,此时可予以释明,因为此时当事人提供的某一份证据,其证明力可能较其他证据更高,也能够大大简化案件审理。正如买卖合同关系中完整的询证函,与建设工程合同中的"大结算"相类似,可以替代买卖合同、增值税发票、货款价值、付款凭证及付款计划等证据,使双方之间有关买卖的合同关系、合同内容、合同性质、合同效力、履行与否、是否履行完毕、应付款、已付款及结算款等所有内容均得以证明,且具有极高的证明力。所以,拥有真实、完整的询证函的买卖合同纠纷案件,审理难度往往也并不大。

(4)判决可能严重偏离客观事实,导致当事人利益严重失衡,应允许当事人补充证据

如承包人(个人)受某工厂法定代表人的要求建造厂房烟囱(23 米),建造完成后发包人尚未结算,该烟囱便因未办理建设工程规划许可证而被城管予以拆除,承包人向发包人提起诉讼主张工程款。但发包人提出该标的物已经毁损,无法计量实际投入,故拒付价款。原告原以为开庭时能够在被告实事求是的基础上与其协商,所以并未提交相应的工程价款的证据。实际上由于工程已拆除、没有设计图、未制作预算、双方没有签订书面合同等原因,原告确实难以提出相应的工程造价或者实际投入款项的证据。但如果据此就驳回原告的诉讼请求,将导致原告分文不得,发包人损失部分由承包人负担,双方利益严重失衡的局面。开完庭后,原告表示被告曾经认可原告实际投入的材料和人工 13 万元左右并有短信为证。该种情形下,仍应当允许原告补充提交证据。

作为裁判者，在通知、允许补充证据时，应注意以下几点：(1)适度释明，不得超过释明的边界，更不能直接提示、提醒甚至帮助举证；(2)补充证据应确定举证期限及逾期的后果，应平等对待双方当事人，不偏不倚；(3)指定举证期限的长短应当根据证据的类型、收集的程序和难易程度确定，既要保证当事人的诉讼权利，又要避免当事人拖延和滥诉；(4)如案件已经经过正常庭审的法庭辩论、最后陈述阶段，补充证据可以以谈话笔录、质证笔录、询问笔录等方式简单进行，但仍然应当询问双方是否需要开庭、是否需要就该补充证据发表辩论意见。否则，极有可能构成“剥夺当事人辩论的权利”这一案件发回重审的法定理由。当然如果双方均同意不再发表新的辩论意见和最后陈述意见的，也可以简便进行。

6. 处理反诉

反诉是指在正在进行的诉讼中，本诉的被告以本诉的原告为被告提起的诉讼。其存在的目的在于通过反诉与本诉合并审理，减少当事人讼累，降低诉讼成本，便于判决的执行。根据《民事诉讼法》及《民事诉讼法司法解释》的规定，本诉的被告可以向本诉的原告提起反诉。反诉的当事人应当限于本诉的当事人的范围。反诉与本诉的诉讼请求基于相同法律关系、诉讼请求之间具有因果关系，或者反诉与本诉的诉讼请求基于相同事实的，人民法院应当合并审理。

大多数工程价款案件是承包人起诉发包人、分包人（挂靠人、转承包人、违法分包人等实际施工人）起诉承包人（及其他实际施工人的合同相对人）。在送达之后，被告在提出各种单方主张事实和抗辩理由以外，往往会提出反诉，如返还超付的工程款、承担工期违约金、承担质量问题的保修义务等。**司法实践中，反诉获得支持的概率较本诉低得多，反映了反诉存在滥诉的可能性大得多。**例如，部分承包人起诉发包人索要欠付工程款的案件，发包人提出的反诉往往是要求返还超付的工程款。一方面，建设工程领域超付工程款是极为罕见的情形，必然有特殊缘由；另一方面，发包人在承包人提起诉讼前，如果确实存在超付工程款的情形，为何不主动出击、提起诉讼呢？因此，该种反诉很大可能最后会被认定为不能成立的“滥诉”。是否受理反诉是摆在法官面前的一个重要的程序性事项。在这个问题上，法官与仲裁员的出发点往往是不一样的。

对法官而言，案件的复杂程度来源于争议事项的复杂性和争议焦点的梳理。

在案件绩效考核主要以案件数量为指标的现实情况下,法官往往希望当事人能够予以切割,另案再诉,以免影响结案率、存案工作量、平均自然审理天数等指标。另外,一些案件确实不适合合并审理。例如,原告承包人提出的工程价款支付案件,如果已经经过结算,案件审理进程应该是较快的,可能一两个月就可以结案。而被告如果提出存在保修期的质量问题故应当扣减价款的反诉,可能必须经过工程质量问题鉴定(现象、原因、影响)、修复方案鉴定及修复方案的工程造价鉴定三个不同单位、不同性质的鉴定,鉴定可能需要一年或者数年之久。很明显,反诉将大大拖延本诉。那么将两者挂钩显然是不合理的。该情况下对于反诉请求另行起诉更为合理。又如,《建设工程司法解释(一)》第 14 条规定:“建设工程未经竣工验收,发包人擅自使用后,又以使用部分质量不符合约定为由主张权利的,人民法院不予支持;但是承包人应当在建设工程的合理使用寿命内对地基基础工程和主体结构质量承担民事责任。”对于该条解释的解读曾经出现过多种不同的认识,现逐渐达成共识——发包人擅自使用建设工程,其丧失的是一种抗辩权,即本可以以建设工程未经竣工验收为由拒绝工程价款的结算和支付,但由于擅自使用而导致不能得以拒绝。所以,在存在发包人擅自使用的情况下,发包人以工程质量不符合约定为由,要求拒付价款或者提起反诉的,法官可以对其抗辩不予采信或者予以切割——对其反诉不予受理。当然,如果建设工程的地基基础工程和主体结构存在质量问题的除外。

《建设工程司法解释(一)》第 16 条规定:“发包人在承包人提起的建设工程施工合同纠纷案件中,以建设工程质量不符合合同约定或者法律规定为由,就承包人支付违约金或者赔偿修理、返工、改建的合理费用等损失提出反诉的,人民法院可以合并审理。”该处的“可以”应当理解为一般原则,即发包人针对承包人起诉的工程价款支付案件所提起的相应损失、索赔、违约金等主张提起反诉,一般应予合并审理。当然,如果存在不适宜合并审理的情况除外。此外,当事人提起反诉也应当遵循诉讼诚信原则。一些案件中,作为被告的当事人在案件审理的较长时间不提起反诉,在案件最后一次开庭时才提出反诉(且往往需要鉴定),也是有违该原则的,不应予以受理。

而对仲裁员而言,案件并无结案率的硬指标压力。妥善化解社会整体矛盾、“一揽子”解决问题更加是仲裁的价值取向,而且即使对反请求部分予以切割,当事人另行提起仲裁后,新的案件一般仍然由该仲裁庭审理,无法推诿。所以,对反请求的提出情况,仲裁员较法官而言更能够接受。此外,法院的案件受理费与法官个人绩效全无关联,法官丝毫不关注反诉案件受理费是否收取、是否减半收取的问题。但是,仲裁反请求的受理费用并不减半收取且仲裁费与仲裁员的报酬存在一定的关联,此情况亦是法官和仲裁员对于反诉和反请求作出不同应对策略的原因之一。

7. 决定是否启动司法鉴定

建设工程合同纠纷案件审理的难点之一即为司法鉴定——是否需要鉴定、应该如何鉴定、鉴定过程的参与、鉴定意见的质证和采信等。一些疑难复杂案件,交融着多重的对外委托事项:工程造价鉴定、工程质量鉴定、修复方案鉴定、修复方案的工程造价鉴定、工期鉴定、财务审计、笔迹和印章等文检类鉴定、以房抵债的房屋价值评估等。多数的法官对上述流程可能不够熟悉,更遑论借此作出判断。实践中,"以鉴代审"是不良的风气,多是因法官对司法鉴定把握过于宽松,凡事均委托鉴定,唯鉴定至上。

在庭前会议阶段,判断并决定是否启动司法鉴定工作,是关系案件审理方向和进程的重要事项。《建设工程司法解释(一)》第 32 条规定:"当事人对工程造价、质量、修复费用等专门性问题有争议,人民法院认为需要鉴定的,应当向负有举证责任的当事人释明。当事人经释明未申请鉴定,虽申请鉴定但未支付鉴定费用或者拒不提供相关材料的,应当承担举证不能的法律后果。一审诉讼中负有举证责任的当事人未申请鉴定,虽申请鉴定但未支付鉴定费用或者拒不提供相关材料,二审诉讼中申请鉴定,人民法院认为确有必要的,应当依照民事诉讼法第一百七十条第一款第三项的规定处理。"该条第 2 款有被二审法院滥用"将案件发回重审"的风险。但是结合上下文文意,如果一审阶段对于是否申请鉴定已经进行充分释明,当事人应申请鉴定而未申请鉴定的,二审法院不应当将案件发回重审,而应当由当事人自行承担不利的后果。毕竟,对当事人而言,"后果自负"是其可预见的风险;而对法官而言,如其已进行了充分的释明而二审法院仍然予以发回重审,则是"一审法官自己负担别人过错",确为不公。

就应付款(工程造价)而言,根据本书第十五章中应付款(工程造价)的确定方法,如果法官通过已经质证的证据梳理,能够确定应付款(工程造价),则应不予鉴定;如发现没有能够证明工程造价的确切证据,则法官应当及时向负有举证责任的一方释明——目前没有确切的能够证明你方所主张的工程造价的证据,你方是否提起工程造价鉴定?如果不申请,可能承担举证不能的不利后果;如果申请,则应当预缴鉴定费并提供鉴定所依据的材料。

与工程造价不同,工程质量纠纷案件是否需要启动工程质量鉴定的情况要复杂得多。一般而言,发包人主张工程存在质量问题,首先需要有一定的初步证据,如单方检测报告、照片、录像等。该单方检测报告是否合法、合规,是否由具有资质的单位作出,直接关系其初步主张是否成立的问题。当事人主张显性的质量问题,如墙体开裂、柱子倾斜等,较易获得法官的认可。而对于非显性的质量问题,如采光度、安全度等,当事人则较难获得法官的认可。如果发包人提供的初步证据本身存在较大的瑕疵、证明力不足,则很可能导致其主张无法成立——或者说没有确切的证据证明其主张,而被法官认为无须进行鉴定。

对于工期鉴定,由于鉴定基础材料要求极高、不具备适格的鉴定机构或鉴定人,则鉴定工作往往发生"巧妇难为无米之炊"的退回情形。现实中,工期鉴定的鉴定意见往往是"无法鉴定",或者即使出具鉴定报告,也遭受当事人较大的质疑。

对于前述几种常见的鉴定类型,实践中可能存在法官过度依赖鉴定的情形。例如,对于不应该启动鉴定的,法官作出不同意鉴定的决策不够坚决;对于是否可以不启动鉴定一时难以作出决定的情况下,往往倾向于保守而最终选择鉴定;对于一些明显能够认定鉴定机构无法根据现有证据资料作出鉴定意见或者即使作出鉴定意见也往往不可采信的案件,法官往往不敢根据自己的能力和经验直接作出判断。仲裁施行一裁终局,一些经验丰富、专业知识过硬的仲裁员较之于法官而言更勇于行使该鉴定是否启动的判断权利。

对于建设工程合同纠纷案件而言,越早确定是否应当启动司法鉴定,案件往往也能够越早得到解决。一些看起来深不可测、难以逾越的问题,在鉴定过程中或者鉴定之后,将迎刃而解。**对法官而言,在"是否启动司法鉴定"这个问题上悬而不定、迟疑不决,实为最下策。**

8. 庭前会议示例

案例 18-5 ▶ 案由:建设工程分包合同纠纷

原告:梁先兵、刘永淼。被告:浙江杭东建设有限公司(以下简称杭东公司);被告:上海宏聚置业有限公司(以下简称宏聚公司)。

【案情】原告诉请:(1)确认原告对涉案工程价款享有优先受偿权;(2)杭东公司支付工程款21,043,772元并支付自2014年5月28日开始至实际履行之日按银行贷款基准利率计算的利息;(3)宏聚公司对上述第二项请求中的债权在工程价款欠付范围内承担连带(补充)清偿责任;(4)若杭东公司、宏聚公司未履行上述请求中的付款义务,则依法处置宏聚公司开发的、由梁先兵、刘永淼实际施工的拆迁安置保障性住房Ⅱ标段的建筑物,并在折价或者变卖后,所得价款由梁先兵、刘永淼在其工程款欠付范围内享有优先受偿权。

事实与理由:2013年5月,宏聚公司将某拆迁安置保障性住房工程Ⅱ标段的工程项目发包给杭东公司承建,双方签订了《建筑施工合同》,约定:工程承包范围为桩基、土建、安装、水电等工程,合同工期为2013年6月15日至2015年6月14日,合同价款为33,700万元。双方还对其他权利义务作出了约定。

合同签订后,2013年6月上旬,杭东公司将该工程桩基项目以内部承包的方式经口头约定后分包给刘永淼。杭东公司又于2013年9月同刘永淼及案外人刘志海、范春钧签订了一份《内部承包合同》,将工程整体转包给该三人,在上述《建筑施工合同》的合同价款基础上下浮3.13%。合同约定:工期要求730天,合同造价:32,644万元(含税),建设单位变更设计或者决算时按照施工合同需要增减工程造价的,则合同工程总造价相应增减,工程造价按合同约定按实调整。合同还约定了其他相关权利义务。

其中,刘永淼自杭东公司处将本案所涉桩基工程口头接受分包后,于2013年6月14日开始进场施工,后因资金筹备需要等原因,在征得杭东公司同意的情况下,与梁先兵建立了合作承包关系,按约共同组织施工人员,并以自己的设备、设施开始桩基工程的施工。至2014年5月20日,本案所涉的桩基工程顺利完成,并于2014年5月27日通过了某岩土工程检测有限公司的检测。之后,梁先兵、刘永淼将桩基审核汇总资料交给了杭东公司,要求杭东公司予以审核后作出最终结算。根据梁先兵、刘永淼的结算报告,除正常完成合同价款5100万元之外,另有增加工程量15,047,099元,合计总造价66,047,099元。

但直至起诉之日,杭东公司和宏聚公司均未能按约定履行与梁先兵、刘永淼间的合同,仅以不同形式陆续支付了本案所涉工程中的部分款项45,003,327

元,对尚欠的21,043,772元工程款均一直以工程结算尚未完成为由拖欠。其间,梁先兵、刘永淼曾多次向杭东公司催讨,并敦促其向宏聚公司行使决算事宜。但杭东公司一直怠于行使,且宏聚公司又借故拖延,致使梁先兵、刘永淼的工程款至今未能落实,引发诉讼。

为此,梁先兵、刘永淼依照《建设工程司法解释》第26条及《浙江省高级人民法院民事审判第一庭关于审理建设工程施工合同纠纷案件若干疑难问题的解答》第23条的规定提起诉讼。

【审理】立案送达后,法官召开了第一次庭前会议,笔录简要示例及相关评析如下:

原告一:梁先兵。

原告二:刘永淼。

两原告共同委托诉讼代理人(特别授权):张某、潘某,某法律服务所法律工作者。

被告一:杭东公司。

法定代表人:吉某,董事长。(未到庭)

委托诉讼代理人(特别授权):卢某,公司员工。

被告二:宏聚公司。

法定代表人:胡某,董事长。(未到庭)

委托诉讼代理人(特别授权):王某,某律师事务所律师。

审:经核对双方当事人身份符合法律规定,可以参加本案庭前会议。本庭今天依法就原告梁先兵、刘永淼与被告杭东公司、被告宏聚公司建设工程分包合同纠纷一案召开庭前会议。受合议庭委托由审判员周某某主持今天的庭前会议,由书记员李某某担任记录。根据《民事诉讼法》第44条[1]的规定,当事人有权对本案审判人员、书记员提出回避申请,双方当事人是否申请回避?

原告:不申请回避。

被告杭东公司:不申请回避。

被告宏聚公司:不申请回避。

〔1〕 现为2023年《民事诉讼法》第47条。

【评析】核对主体身份、代理情况、申请回避等事项,与开庭审理别无二致。

审:现在由原告或诉讼代理人陈述诉讼请求及事实和理由。

原代:诉讼请求、事实和理由:(详见起诉状,略)。

审:经审查,诉讼请求中第1项与第4项是同义反复,应当予以合并并按照规范表述修改;第3项诉讼请求中,到底是连带责任还是补充责任,原告需要明确并指出相应的法律依据;第5项诉讼费用的负担不属于诉讼请求。

原代:清楚了,我们恳请法庭给我们3天时间,将诉讼请求修正后一式四份邮寄给法庭。

【评析】对诉讼请求进行初步审查,存在不明确、矛盾等情形时,法官应积极行使释明权,要求原告予以明确。

审:二被告进行答辩?

被告杭东公司:双方尚未正式结算,原因是宏聚公司尚未与杭东公司完成结算,无法确定原告应得的工程款。利息部分应按照合同约定计算。

审:对建设工程价款优先受偿权是什么意见呢?

被告杭东公司:请法院依法判决,这一块杭东公司不发表意见。

审:宏聚公司进行答辩?

被告宏聚公司:详见书面答辩状。简要答辩如下:(1)两原告不是本案适格的原告,其提供的是内部承包合同而非工程分包合同,两原告行使的是工程施工内部管理权,合同还约定由杭东公司在资金、技术、设备、人员等方面对其予以支持和协助。根据两原告提供的两被告之间签订的建设工程施工合同专用条款第11条,承包人不得擅自转包和分包。假如该内部承包合同界定为工程分包,杭东公司将工程承包给无资质的个人,其行为亦无效。根据《建设工程司法解释》第4条,法院应当予以收缴违法所得。(2)两原告主张建设工程价款优先受偿权不能成立。个人不是主张优先受偿权的权利主体。涉案工程于2016年1月26日竣工验收备案,以此时点作为建设工程价款优先受偿权期限的起算时点,原告在2018年5月起诉,行使权利也已经超过了六个月的期限。根据《合同法》第286条的规定,承包人行使建设工程价款优先受偿权的前提条件是发包人未按约定支付工程价款,并在承包人催告后仍逾期不支付的,才可以主张从建设工程的折价或拍卖的款项中优先受偿。根据宏聚公司提供的付款对比表及相应的工程款支付凭证,宏聚公司已经按合同约定支付给了对方涉案工程价款33,811.8137万元,已经超过合同约定的造价金额31,254万元,不存在欠付工程款。(3)原告诉请要求宏聚公司承担连带(补充)清偿责任没有事实和法律依据。《建设工程司法解释》第26条并未明确为连带责任或者补充责任。(4)两原告与案外人刘志海、范春钧之间的关系不清,到底是挂靠、分包还是合伙关系现在并不清楚。(5)涉案工程存在两个标段,总合同金额为60,000万元,目前,杭东公司已经开具的发票为22,318万元,未开具发票的金额为34,850万元(尚不包括审价后联系单增减的部分)。如果杭东公司不能开具相应的发票,宏聚公司将不得不开具按25%税率计算的等额发票,并增加税金约8712.5万元。故要求法院责令杭东公司把未开具的发票补开后交给宏聚公司,否则宏聚公司有权在应付的工程款中暂扣该款项。(6)杭东公司违反合同约定,擅自违法转包。无论两原告与杭东公司之间是内部承包关系还是工程分包关系,其双方结算造价以及是否进行鉴定均与宏聚公司无关。综上,请求驳回原告对宏聚公司的诉讼请求。

【评析】被告宏聚公司的答辩意见详细但条理性有待加强。

审:法庭以进行询问的方式先行调查。两原告是合伙关系还是什么其他关系?

原代:是合伙关系,刘永淼占合伙份额10%,梁先兵占90%。

审:刘永淼、刘志海、范春钧三人之间是合伙关系还是什么其他关系?

原代:是合伙关系,但是后来范春钧实际上没有参与。刘志海负责土建部分,刘永淼找了梁先兵一起负责桩基部分,双方实际上对施工内容有切割。

审:两原告是否是杭东公司的员工?有无缴纳社保?杭东公司有无提供资金、技术、人员的支持及履行管理义务?

原代:不是员工,没有缴纳社保,杭东公司也没有提供任何支持。

被告杭东公司:原告陈述属实。杭东公司认可涉案工程的土建部分承包给了刘志海,桩基部承包给了梁先兵、刘永淼,他们是实际施工人。

被告宏聚公司:他们之间的关系和宏聚公司没关系。宏聚公司认为内部承包合同可以证明其是内部承包关系。

审:鉴于刘志海、范春钧与刘永淼之间亦存在合伙关系,原告称范春钧实际上没有参与,刘志海和刘永淼之间存在工程内容上的切割,而杭东公司对刘志海与刘永淼之间的分包关系予以确认。法庭责令原告联系范春钧予以确认,请联系到其本人后接受法庭询问。

原代:好的。

【评析】法官对主体之间的关系进行梳理和明确,原告刘永淼与案外人刘志海、范春钧之间原存在合伙关系,但没有实际履行,后两原告之间存在合伙关系,两原告的合同相对人即为杭东公司。

审:《内部承包合同》(小合同)从主体、时间、性质上,实为转包合同,比照建设方与承包人杭东公司之间的施工合同(大合同)下浮3.13%(含税),各方是否确认?

原代:确认。

被告杭东公司:确认。

被告宏聚公司:和宏聚公司无关,宏聚公司认为他们应该是内部承包,即使是转包也是总包合同所禁止的。

【评析】确定大合同与小合同中的工程造价之间的关系,仅仅是下浮3.13%的不同,双方的范围、内容等一致。

审:有关桩基部分的分部分项验收手续是否存在?有的话需要及时提交。

原代:有的,我们会抓紧时间收集。今天提供的是岩土公司有关桩基的检测报告十二份。

被告杭东公司:有的。

审:桩基的检测报告仅仅是桩基本身是否按图施工的一个证据,同样的还有桩基(管桩)的检验报告、出厂合格证等,这些都是过程证据,从证明力上看其具有间接性。如果有桩基部分的分部分项验收手续,同时,还有监理单位、建设单位的确认,证明力更高,则能够直接证明桩基分项工程是合格的,这些总共60多页的检测报告没有什么价值。

原代:我们抓紧收集。

被告杭东公司:有的,我方可以提供。

被告宏聚公司:宏聚公司对桩基分项工程质量合格没有异议,否则上部结构也不可能继续造上去。

【评析】如果能够提供桩基分项工程验收报告,则是证明涉案工程质量合格的直接证据,证明力很高。在此,法官应当引导当事人积极补充证据,以推进案件审理的简化。

审:原告主张桩基部分造价为原合同价5100万元+增加的15,047,099元,合计66,047,099元,杭东公司是什么意见,或者杭东公司认为应当是多少金额?

被告杭东公司:杭东公司不予确认,直到今天审价报告还没有出来,杭东公司不清楚金额是多少。

审:杭东公司需要核实一下,杭东公司认为是多少,下一次庭审应当正面回应。

被告杭东公司:好的。

【评析】法官尝试能否运用“自认和确认”的举证规则,同时摸清双方差距大不大。

审:原告主张已付款45,003,227元,各方有无异议?

被告杭东公司:与杭东公司计算的不一致,有850多万元的差距。

被告宏聚公司:他们之间具体付款情况宏聚公司不清楚,宏聚公司今天提供了所有工程项目中对杭东公司(包括直接支付给原告的部分款项)的所有证据,总共是四套,分别是467页。

审:宏聚公司今天当庭提交这么多证据,无法组织质证。对于已付款的质证,实际上也可以由你们三方律师共同核对。为了提高审理的效率,今天这么多的已付款材料我也不接收了,因为法庭没有时间和精力一份份核对。都说建立法律职业共同体,就已付款部分,希望更大层面上发挥你们三方诉讼代理人的作用。法庭特此提出要求,对于已付款,请各方提供已付款清单,注明时间、金额、付款方式、付款方、收款方、款项等内容,十日内提交法庭。下一步,法庭将对已付款中各方无异议的部分直接确认,有异议的部分各方再补充梳理证据。如果款项往来过多、确实复杂的话,也可以委托财务审计。

原代:清楚了,无异议。

被告杭东公司:清楚了,无异议。

被告宏聚公司:清楚了。宏聚公司仅与杭东公司发生合同关系及结算关系,与原告不发生任何权利义务关系。杭东公司与原告的结算和鉴定与宏聚公司无关。

审:杭东公司和宏聚公司之间有关工程款支付情况,同样需要如上述一样制作清单。

被告杭东公司:杭东公司实际收到22,245万元。

被告宏聚公司:宏聚公司已经支付338,118,137元。

【评析】被告宏聚公司当庭提供数百页的证据,当庭是不可能组织质证的。对已付款部分,法官通过引导当事人进行举证简化,并确定相应的梳理方法,调动诉讼代理人工作的积极性。这样定调以后,对于案件的已付款部分的认定将会比较顺畅。

审:杭东公司和宏聚公司之间有关工程价款结算的情况如何?

被告杭东公司:杭东公司提交结算报告已经近2年了,一直没有结果。

被告宏聚公司:一直在审价中,并且通知杭东公司补充相应的审价资料。据第三方审价机构回复,马上快有结果了,大概一个月左右。

【评析】审查工程造价问题,是否有其他方法能够确认,以避免工程造价鉴定。

审:有关涉案工程造价问题,目前原告并无确切的证据可以证明欠付工程款或者工程造价。作为主张欠付工程价款的一方,负有举证责任,原告应当提起工程造价司法鉴定申请并预交鉴定费用,现法庭通知你在七日内申请工程造价鉴定,逾期视为放弃,可能导致工程造价主张没有相应的证据支持而产生的败诉风险。鉴于本案的诉讼标的较大,鉴定费用预估在100万元至200万元左右,相应的诉讼风险由原告与诉讼代理人协商后自行负担。

原代:好的。我方已经准备好了。(当庭提交工程造价司法鉴定申请书)

审:法庭将在委托司法鉴定后,就鉴定方案、鉴定依据、鉴定方法、鉴定计划、鉴定费用、鉴定人员等具体事项,在鉴定人参与的情况下,召开鉴定准备会,也请各方提前酝酿,提出意见。

原代:好的。

被告杭东公司:清楚了。

被告宏聚公司:清楚了。

【评析】对案件是否应当启动鉴定、鉴定的申请方及相应的诉讼风险进行释明。

审:下面组织质证。(质证过程略)

审:最后,告知本案的保全情况。(宣读保全告知书)请各方按照法庭的要求继续诉讼活动,逾期按照民事诉讼法的规定处理。

原代:清楚了,好的。

被告杭东公司:好的。

被告宏聚公司:好的。

审:各方没有补充的话,今天庭前会议结束。笔录请阅,无误签名。

【综合评析】本次庭前会议法官准备得较为充分,审理思路清晰,将案件主要审理方向分为合同主体、合同性质、合同效力、竣工、已付款、应付款、是否结算、是否应当启动鉴定等部分,另外对程序性事项亦有所涉及,并多次行使释明权。庭前会议后,法官对整个案件的办案计划较为清楚,当事人及其诉讼代理人也清楚了下一步的工作重点。本次庭前会议体现了各种技巧的运用,取得了良好的效果。

第十九章
CHAPTER 19

调查取证

1. 相关依据

调查取证是指有调查取证权的组织或个人为了查明案件事实的需要，向有关单位、个人进行调查、收集证据的行为。《民事诉讼法》第 64 条对调查取证作出了规定："代理诉讼的律师和其他诉讼代理人有权调查收集证据，可以查阅本案有关材料。"第 67 条规定："当事人对自己提出的主张，有责任提供证据。当事人及其诉讼代理人因客观原因不能自行收集的证据，或者人民法院认为审理案件需要的证据，人民法院应当调查收集。人民法院应当按照法定程序，全面地、客观地审查核实证据。"第 70 条规定："人民法院有权向有关单位和个人调查取证，有关单位和个人不得拒绝。人民法院对有关单位和个人提出的证明文书，应当辨别真伪，审查确定其效力。"如果有义务协助的被调查单位拒绝或者妨碍人民法院调查取证的，可以按照《民事诉讼法》第 10 章"对妨害民事诉讼的强制措施"中的规定予以处罚。第 133 条规定："人民法院派出人员进行调查时，应当向被调查人出示证件。调查笔录经被调查人校阅后，由被调查人、调查人签名或者盖章。"根据第 211 条的规定，对审理案件需要的主要证据，当事人因客观原因不能自行收集，书面申请人民法院调查收集，人民法院未调查收集的，系再审事由之一。《民事诉讼法司法解释》第 95 条规定："当事人申请调查收集的证据，与待证事实无关联、对证明待证事实无意义或者其他无调查收集必要的，人民法院不予准许。"

建设工程合同纠纷案件中，往往需要调查取证，法官需要充分熟悉理解并运用以上规定。

2. 当事人申请调查取证

该种情况针对的是当事人无法取得,由有关机关保存的、但是对案件审理至关重要的证据。常见的有:

(1)工程竣工验收合格的证据

如分包单位无法取得竣工验收报告,该种情况需要向法院申请调查令,由律师或诉讼代理人向工程项目所在地县区级城建档案馆调取。

(2)总包人与分包人约定按照总包人与发包人之间的工程结算金额、合同约定或最后审定金额下浮一定的比例进行结算的证据

在总包人(甚至在法庭责令其提供时)仍不予提供的情况下,分包人只能向法院申请调查令,向建设方调取建设工程施工合同、向建设行政机关调取备案的建设工程施工合同或向审价单位调取审价报告等。

案例 19 – 1 ▶ 调查令示例

某市中级人民法院

调 查 令

(2019)××民初××号

某城建档案室:

我院受理原告A公司与被告B公司建设工程分包合同纠纷一案,原告无法取得相关证据。根据《中华人民共和国民事诉讼法》第六十七条规定,经本院许可,现由律师陆某来你处收集诉讼证据。请你们在核对持函人姓名、单位无误后,在有效期七日内向持函人提供本函所指定的证据。对本函指定调查内容以外的证据,你方有权拒绝提供。

二〇一九年×月×日

持函人姓名:陆某律师　　性别:男

执业证号:××××××××××××××××××

法律服务所全称:某律师事务所

请你方提供下列证据：

A公司焦炉煤气利用技术改造工程项目（土建部分）的相关资料：竣工图纸、变更联系单、签证单、打桩、基础资料、地质勘查报告、原地坪标高资料、地基验槽记录等。

请你方提供复印件（注明总页数并加盖印章），相关费用由持令人缴纳。如你方不能提供或不能及时提供上述证据，请在下方说明原因：

负责人签名：　　　　　　　　　　　　　　　　经办部门印章：

日期：

备注：此件由你方存档。如你方不能在有效期内提供证据或无证据提供，请将调查函及不能提供证据的书面说明一并交给持函人交还本院。

某市中级人民法院

二〇一九年×月×日

（3）款项交易往来的明细

为证明双方系挂靠关系，需要调取发包人与被挂靠人、被挂靠人与挂靠人之间的款项来往情况并进行比对，从侧面证明发包人的相应款项均由被挂靠人收取，在扣除一定比例的管理费（税金）后支付给挂靠人，以此确定双方之间的工程款支付关系。在以银行汇票、支票等作为工程付款方式的情况下，可向法院申请调查令，向有关银行查询款项交易的具体信息。

（4）工程图纸等技术资料

在进行建设工程造价鉴定时，需要提供涉案工程的设计图（含CAD电子图纸）、竣工图，有必要的话需要进行晒图，且费用不低。但部分分包人在分包时可能并未取得或未妥善保存分项工程对应的图纸，导致无法鉴定，此时可向法院申请调查令，向城建档案馆申请调取竣工图。

（5）地质勘察报告、设计方案等设计文件或某一具体数据、某一具体专业问题等

如B－36楼承板是属于钢结构的专业分包范围还是属于屋面防水的专业分包

范围，是否需要钢结构的分包资质等证据或问题，可向法院申请调查令，向勘察、设计单位申请调查核实。

(6)材料检验报告等

如用以证明工程质量缺陷的钢筋、混凝土的试验报告等，可向法院申请调查令，向建筑材料检测单位核实。

(7)公司内部治理情况或者人事任用情况的证据

如向市场监督管理部门查询企业登记信息变更材料、股东会决议等内部重大决策情况的证据；向社保管理机构查询某一具体人员是否在相关单位缴纳社保，用以证明是否存在劳动关系、是否符合表见代理的外观特征等的证据。

(8)其他情形

总的来说，上述调查取证的整体特征是当事人因为客观原因无法取得的相关证据，或者是曾经掌握部分证据但是因故遗失需要重新收集的证据等，由法院以签发调查令由当事人予以收集。现实中，此种证据收集方式可能会遇到障碍，如有些部门不予接收、配合等。律师等委托诉讼代理人应当及时告知其相应的规定，并向法官反馈调查取证的情况。如果所申请调查的材料对案件审理有重大影响，法官应当充分保障律师等诉讼代理人调查取证的权利，不能随意不予准许。有必要的话，法官应当亲自与被调查单位沟通，释明法律规定，维护调查令的权威。

3.依职权调查取证

如果当事人及其诉讼代理人因客观原因不能自行收集证据，或者人民法院认为审理案件需要的证据，人民法院应当依职权调查收集证据。与上述当事人自行调查取证或者以法院调查令的方式进行调查取证的正当性不同，人民法院依职权调查取证，实际上更为严肃、权威。在建设工程合同纠纷案件中，常出现在以下情况中：

(1)当事人陈述存在重大漏洞、疑点或者违反常理的地方，可以通过相关调查取证予以核实

如实际施工人向承包人索要工程款，承包人抗辩称已经通过领取现金支票的方式将相应的款项50万元现金交给了实际施工人。实际施工人抗辩称没有取得上述款项，也没有向承包人出具收条。至诉讼阶段，银行录像早已无法调取。而承

包人回忆称现金支票交给实际施工人时虽然其未签收，但在银行兑换现金支票时需要对领取人的身份情况进行核验并记录。故申请法院调取银行办理业务时的记录。经调取相应的书面记录，银行在客户支取该50万元时对实际施工人的身份证进行了核验，并留存记录存档说明其是该笔业务的经办人员。据此予以认定实际施工人从承包人处领取了工程款50万元。

（2）某些关键性的证人未到庭，仅提供书面证言，法官需要核实具体内容的

虽然民事诉讼法规定，证人应当到庭陈述证人证言，但实践中仍有大量的证人因各种原因无法到庭。一些案件中，证人可能与原被告双方均存在一定的过往交集，难以搁下中国人的"面子"或者不愿意介入原被告之间的纠纷。一些证人在与法官的电话沟通中表示："到法庭作证我是不会去的，如果法官过来，我会实事求是的陈述我知道的所有事情。"所以，法官可以换一种方式，由法官主动上门调查的方式，反而打消其"出庭作证就是帮另外一方"的顾虑。如果调查询问的场所刚好又系证人所熟悉的，亦能够化解其紧张感，有助于法官更好地发现客观真实。

案例19－2 ▶ 案由：建设工程分包合同纠纷

原告：屋面防水工程的分包人。被告：施工总承包人。

【案情】原告系屋面保温防水工程的分包人，起诉被告即涉案工程的施工总承包人要求支付工程款。在审理过程中，被告提供了一份诉讼代理律师向涉案工程的总监理工程师陆某调查笔录（打印）。主要内容为："我是项目总监理工程师，屋面保温防水工程是原告施工的，但其中B36钢板工程是由被告施工总承包人的钢结构分公司施工的。钢结构分公司采购的样品曾给甲方项目管理公司的现场人员看过。其购买的钢板运到现场后，甲方和我曾经对钢板进行了查验，符合要求后由钢结构分公司进行施工。原告实际上对这部分工程没有进行施工。原告提供的分项工程完工报告，不能视为其对屋面工程已经全部完工。这是原告的项目人员写好给我签字的，他说年底到了要回家，所以我签署的意见是'屋面系统已基本完成'，事实上还有许多地方需要原告整改，工程也没有进行淋水试验和验收。相应的情况甲方项目管理公司的代表衡某也清楚。"

经法庭调查，被告多次称调查笔录的签字人陆某及其提及的衡某均不愿意

来法庭出庭作证,并要求法官现场进行调查。

【审理】在数月后的某一天,法官与书记员在未与各方联系的情况下,直接来到涉案工程所在的项目部活动板房中,拟向陆某、衡某进行调查。衡某因出差,未能逢面。

陆某接受法官调查并在手写调查笔录上签字确认。主要内容为:“我是涉案工程的总监理工程师,被告提供的调查笔录是我本人签字的。涉案工程总体尚未竣工验收,也没有对屋面分部工程进行竣工验收,原因是业主对部分工程的设计进行了变更,导致竣工拖延。按道理讲,这么大的工程确实应该要进行分部分项的验收而不是仅仅做一个整体验收。原告确实施工了屋面工程,但B36板是谁买的、谁做的我也不清楚,因为具体施工人是代表原告、被告抑或是被告的钢结构分公司的我不清楚,作为监理方,我们只认施工总承包人即被告。之所以被告提供的调查笔录与本次本人陈述不一致,是因为之前的笔录是被告的律师打印好后让我签的,实际上我签字的意思是B36板是施工总承包施工的,我们只认施工总承包人。具体是谁的班组在做,作为总监我不清楚。一个工地往往有数十支分包队伍,我作为总监也不甚清楚,凡事只要找施工总承包方就可以了。”

【评析】从上述笔录可以看出,陆某并不清楚B36板到底是谁施工,且较之于之前被告诉讼代理律师向其所作的打印版笔录的内容,其作出了不一样的陈述。另外,陆某对于屋面防水保温工程未验收的具体原因也作出了解释。综合判断,第二份笔录的证明力更高。

(3)涉及身份关系、国家利益、社会公共利益的

此处的身份关系,不仅包括自然人之间的婚姻、亲属、同学等关系,还包括企业法定代表人工商登记变更、股权转让等内容。在建设工程合同纠纷领域,包工头通过其亲朋好友指定付款、收款等情况较为常见,有时需要通过认定亲属关系、紧密联系人等方式来查明身份关系。有可能涉及调查取证的内容有公安户籍情况、民政部门的婚姻登记情况、村(社区)的亲属情况及相应学校档案室的学籍情况等。

当案件涉及以次充好、偷工减料、重大安全事故等工程质量问题,可能损害国家、社会公众利益时,更要严格审查证据来源,审慎认定证据,尽可能向有关机关和

部门进行调查核实，防止当事人恶意串通等导致国家、社会公众利益受损。

(4)涉及关联案件中已经经过质证的证据、已经确认的无争议事实或认定的事实、相关的证据原件、相应的生效裁判文书等

由于建设工程合同纠纷往往证据材料众多，在审理案件时，如果相关证据已经在他案中经过质证、相关事实已经在他案中被认定并生效、双方已经确认案件事实无争议、生效判决书中已经查明的事实，除非有足以推翻的确切证据，否则法官可以在调取相应的案卷材料且予以说明后，作为法院依职权调取的证据进行出示、质证后直接采用。这样可以节省大量的法庭调查环节。但是，如果在新的案件中，有部分当事人并未参与相关案件，上述内容则并非对其有天然的约束力，而应当取得其认可。当事人也可以提异议并要求按程序予以举证质证。当事人如有确切证据可以证明上述内容与客观事实不符的，也可以要求法庭在上述内容的基础上予以修正。

4. 调查取证应注意的问题

(1)申请事项要明确

当事人及其诉讼代理人申请调查取证时，必须明确需要申请调取证据具体的内容、形式、数量、保管人或被调查人等，以及相应的证明目的。法官经审查后认为该证明目的与本案不具有关联性的，也可以作出不予准许的决定。如某案件中，原告申请调取事项为“涉案工程所有图纸”，但实际上一些有关水电安装部分的图纸与其所施工的土建部分并无关联，根本无须调取，对此调查取证申请，可要求原告明确具体调取的图纸类型，对无关部分不予准许。

(2)注明联系方式、地址等

当事人及诉讼代理人申请调查取证时，应当做好衔接工作，厘清被调查人的地址、主要业务事项的经办人员、需提交的手续等。如在某案件的审理中，原告申请法院调查相应的增值税发票是否已经进行抵扣。而被告地址虽然在某区范围内，但实际上系保税区内企业，所以法官到某区税务机关调查时并未查得相应的证据，而不得不周转其他地方，浪费时间和精力。

(3)当事人及诉讼代理人应及时向法院反馈情况

无论调查取证是否成功，在取得相应的证据后，应及时向法官提交调取的证据

材料,并根据调取的情况提交证据清单或者调整诉讼方向;如果未取得相应的证据,应及时向法官反馈相应情况。如果等到开庭的时候再予以提交或反馈,未能给法官充分的准备时间,可能会导致质证的无效率。

(4)制作调查笔录的调查取证,应当公正、客观,尽量发现、还原案件的客观真实,不误导被调查人

这要求法官在调查过程中,一方面要降低被调查人的敌意、拉近双方的距离,另一方面要尽量引导其陈述所知道的客观事实。在被调查人陈述明显不合理的情况下,可以以不同角度反复询问、总结确认案情等方式提出疑问,来印证其证人证言的可信度及证明力。

第二十章
CHAPTER 20

释　　明

1. 释明权[1]的一般含义

释明，即解释、说明、提醒。它既是法官的一项裁判职权，某种程度上也是裁判义务。对于合法、适度的释明，当事人不能提出异议；但对于错误、过度的释明或释明不到位，将误导或者偏袒一方当事人，甚至引发案件被发回重审或者信访风险。有关释明权的行使的规定，散见于《民事诉讼法》《证据规定》《民事诉讼法司法解释》等条文中，并无专门的法律法规。

释明应当遵循合法、公开、中立、适度、有利于诉讼的原则。释明的内容一般限于阐释法律规定、告知诉讼风险及诉讼相关的事项，但不得违反辩论原则、处分原则。释明应当根据案件审理的实际需要，在立案、送达、证据交换、调解、开庭、庭后等阶段适时进行。释明可以采用书面方式，也可以采用口头告知形式，但具有下列情形之一的，应当采用书面形式记录释明活动：(1)诉讼主体瑕疵或有遗漏的；(2)当事人主张的法律关系性质或民事行为效力与法院认定可能不一致的；(3)指定举证期间及告知逾期举证的法律后果的；(4)分配举证责任；(5)重新指定举证期间的；(6)拟采用拟制自认规则，对当事人的意思作出强制认定的；(7)拟适用拒证推定规则，对案件事实作出强制认定的；(8)其他可能对当事人权利产生失权效果，或者影响案件处理结果的。

一方当事人提出诉讼主张和诉讼理由后，应当由另一方当事人提出反驳主张

〔1〕 本章主要参考《浙江省高级人民法院关于规范民商事案件中法官释明的若干规定（试行）》（2009年12月1日　浙高法〔2009〕419号）。

和理由,包括权利发生、权利妨碍、权利消灭、权利制约等抗辩。法官不得帮助当事人提出权利抗辩事由和辩论理由。案件经合议庭评议、审判委员会讨论作出决定的,法官不得作与合议庭或审判委员会意见不一致的释明,亦不得向当事人泄露合议庭或审判委员会等内部讨论的不同意见。对未经合议庭评议、审判委员会讨论而可能引起争议的重大事项,法官不得释明。

案例 20-1 ▶ 仲裁案件无案由

申请人:承包人。被申请人:发包人。

【案情】申请人作为分包人起诉被申请人即发包人索要工程款。双方在2013年2月达成结算协议,确认发包人尚欠560万元工程款(含保修金)。2018年4月,申请人向某仲裁委提起仲裁申请。

【审理】次月,在仲裁开庭过程中,某边裁在被申请人答辩未涉及的情况下,向被申请人释明:"这个案子,工程竣工是在2012年9月,缺陷责任期满是2014年9月,申请人的仲裁请求看起来已经超过诉讼时效了,被申请人你们怎么不提诉讼时效抗辩?"被申请人的代理人随即在辩论中增加辩论意见"仲裁请求已经超过诉讼时效"。

申请人随后即向仲裁委提出书面异议。而后该边裁被撤换并受到严肃处理,但即使如此,也已经造成无可挽回的后果。

【评析】该边裁的释明明显构成帮助当事人提出抗辩事由,且无法通过其他程序予以弥补。被申请人在边裁的"帮助提醒"下提出诉讼时效抗辩,且该抗辩最终成立。

2. 程序性事项的释明

(1)诉讼的权利义务和诉讼风险

法院受理案件后,在向当事人送达应诉通知书、举证通知书等诉讼文书时,应同时送达诉讼风险提示书、权利义务告知书和廉政监督卡,告知当事人可能存在的诉讼风险、享有的诉讼权利及应履行的诉讼义务。适用简易程序审理的案件,可以口头告知。仲裁案件同样应告知当事人相关的权利义务和诉讼风险。

当事人对法官所告知的诉讼权利义务的相关内容有疑问的，法官应当作必要的释明，并在整个诉讼过程中，根据案件的具体情况，适时告知当事人正确行使诉讼权利、履行诉讼义务。如引导当事人提交答辩状、及时提供对其主张事实有利的证据、向律师咨询、符合条件的申请法律援助、积极应诉等。

（2）地址确认

在当事人起诉或者答辩时，应当要求当事人提供准确的送达地址，并告知其拒不提供送达地址、送达地址不准确、送达地址变更未及时告知法官、受送达人或其所指定的代收人拒绝签收的法律后果。

（3）主体

起诉状中所列当事人存在瑕疵的，如诉讼主体不适格、姓名（名称）有误等，法官应当告知当事人存在瑕疵情况并要求当事人在指定期限内予以变更。经释明，当事人仍不纠正的，法官可以视具体情况依法处理。人民法院依职权追加当事人的，应当向被追加的当事人释明追加的理由及其诉讼权利与义务。原告明确放弃对被追加的当事人主张权利的，法官应当向原告释明放弃权利的法律后果，并将放弃的情况制作笔录，在法律文书中叙明。

案例 20－2 ▶ 案由：股东损害公司债权人利益纠纷

原告：徐德亘，系澳门居民。被告：某房地产开发企业德润发展有限公司的工商登记股东——五月东方资产经营管理公司、开发区信业贸易事业有限公司。

【审理】在审理过程中，因被告主体、诉讼请求等均存在较多的错漏，法官通过电话多次联系徐德亘，要求其予以修正和明确。其曾多次修改诉状等材料，然仍不符合要求，其后便对法官的各种意见置之不理。

法官以国际快递向原告邮寄送达释明通知书一份，主要内容为："徐德亘：本院受理你与被告五月东方资产经营管理公司、开发区信业贸易事业有限公司股东损害公司债权人利益纠纷一案。根据《中华人民共和国民事诉讼法》第一百一十九条[1]的规定，起诉必须符合下列条件：……（二）有明确的被告；（三）有具体的诉讼请求和事实、理由……经审查，你所提交的起诉状、证据清单存在以

〔1〕 现为2023年《民事诉讼法》第122条。

下事项需要明确和修正:1. 诉状中第一被告'五月东方资产经营管理公司地址:浙江省某某市某某区新建路2号',经工商查询,其名称、住所地已经于2016年变更为'五月东方资产管理公司 地址:浙江省某某市某某区卫生弄30号'。2. 诉状中第二被告'开发区信业贸易事业有限公司'已变更为'开发区信立经贸公司'。3. 请明确,诉讼请求中利息损失的计算基数、计算标准、计算起止时点。4. 本案原告预缴诉讼费为80元,请明确要求两被告承担诉讼费10,446元的依据。5. 请明确,你方请求两被告承担责任的法律依据是否为:《最高人民法院关于适用〈中华人民共和国公司法〉若干问题的规定(二)》第十八条第二款'有限责任公司的股东、股份有限公司的董事和控股股东因怠于履行义务,导致公司主要财产、账册、重要文件等灭失,无法进行清算,债权人主张其对公司债务承担连带清偿责任的,人民法院应依法予以支持。'6. 请明确,是否因浙江华鑫房地产开发有限公司(后变更为浙江华金房地产开发有限公司)已解散并注销、生效判决已确认澳门艾迪集团(远东)发展有限公司已退股,故不将二者列为本案被告。7. 证据清单应注明证据页数、拟证明目的。"

后原告徐德亘在规定的期限内仍未对诉状进行修改。随后法官出具本案的裁定书:"经审查,原告的起诉状存在被告五月东方资产经营管理公司、开发区信业贸易事业有限公司名称、地址有误,诉讼请求不明确等情况。本院曾多次电话联系原告要求修改,并于2017年11月9日、2018年1月19日先后书面通知,均未果。依照《民事诉讼法》第一百一十九条[1],《最高人民法院关于适用〈中华人民共和国民事诉讼法〉的解释》第二百零八条第三款之规定,裁定如下:驳回原告徐德亘对被告五月东方资产经营管理公司、开发区信业贸易事业有限公司的起诉。"

【评析】如果法院从一开始即发送书面的释明通知,按照程序即可在送达后规定的期限届满后直接驳回起诉。对原告过于"仁慈"、过分"迁就"甚至引导诉状如何修改等,已经超过了法官的职权范围且存在风险,反而很可能会损害司法权威。

(4)审理程序

司法公开不仅是裁判结果公开,还包括审判过程公开。案件审理的各种程序

〔1〕 现为2023年《民事诉讼法》第122条。

性事项也应当及时告知当事人。如案件适用小额诉讼程序实行一审终审、简易程序转换为普通程序及其事由,案件原承办人及其他合议庭组成人员因生病、调岗、离职等原因需要更换等。对仲裁而言,仲裁庭组成人员变化等事项也应当及时告知当事人。法院依职权作出中止诉讼、终结诉讼等裁定或决定后,当事人有异议的,法官应当作必要的释明。

(5)财产保全

在案件审理过程中,法官在财产保全方面应当向当事人作以下释明:对于已经提出财产保全申请的,实施保全的法官应在实施保全措施后七日内告知申请人已采取保全的措施、期限、到期申请续保的权利以及逾期未提出续保申请的法律后果,以书面告知为宜。对于尚未提出财产保全申请的,法官在审理过程中发现义务人有隐匿、转移、毁损财产等可能直接影响债务履行能力的行为的,应当根据案件情况适时告知当事人可能存在的执行风险,询问其是否提出财产保全申请。同时,告知当事人作出财产保全裁定并不必然导致财产保全申请人胜诉,以及申请财产保全错误将可能承担的法律后果。当事人或案外人提出保全异议,异议成立的,应当及时告知保全申请人,避免使申请人错失变更财产保全申请的机会。对于已经采取保全措施的财产申请解封的,应当责令申请解封的一方提供足够价值和流动性的担保,并听取申请人的意见。如果提供的担保财产价值不足,则应及时告知予以增加担保财产。

(6)调解

法官主持案件调解时,应当向当事人作以下释明:调解的意义、原则和后果;调解结案可减半收取诉讼费用;特别授权代理人参加调解的效力;调解协议经各方当事人签名或者盖章后即具有法律效力的条件。当案件调解时引入案外人担保时,也应当告知案外人调解书对其的约束力和强制执行力。

3. 诉讼请求及法律问题的释明

(1)诉讼请求

当事人提出的诉讼请求不明确、不充分、不正确的,法官可以要求当事人就诉讼请求的具体内容进行说明。当事人的诉讼请求不明确,即当事人的诉讼主张不明了、有歧义或自相矛盾,法官应当要求当事人将诉讼主张陈述清楚,但应以当事人的真实意思为限,不能影响当事人对自己实体权利的处分。当事人的诉讼请求不充分,即当事人因对法律理解不够而不能充分提出诉讼主张,如应一并主张的诉讼请求没有主张,且可能产生失权后果的,法官应当根据案件的具体情况,告知其法律的相关规定。如当事人仅提出要解除双方之间的建设工程施工合同关系,但是对于合同解除后的双方权利义务如何清理没有提出主张。则法官应当予以释明,告知合同解除后的后续其他清理内容应当一并提出诉讼主张。经释明,当事人在法律的理解上并无障碍,仍坚持原诉讼请求的,应尊重当事人对自己权利的处分,根据当事人的主张进行裁判。当事人的诉讼请求不正确,即当事人的诉讼请求与相关法律的规定不一致时,法官应当告知不正确的原因及可能产生的法律后果,告知当事人可变更诉讼请求。经释明,当事人仍不变更的,可视案件具体情况依法处理。总之,法官对于诉讼请求的释明应当非常慎重。

(2)法律关系及请求权基础

当事人主张的法律关系性质或民事行为的效力与法院根据案件事实作出的认定很可能不一致,法官应当告知当事人可以变更诉讼请求。在告知当事人可变更诉讼请求时,应当告知当事人变更诉讼请求或诉讼主张并不意味着其必然胜诉。经释明,当事人要求变更诉讼请求的,法官应当重新指定举证期限,但各方当事人均表示无须重新指定举证期限的除外。在建设工程合同纠纷领域,最为常见的是合同效力问题。由于合同效力系法官必须审查、主动审查、不能有误的事项,所以,即使当事人双方对合同效力没有异议,法官也应当审查双方之间的合同是否有效。当法官查明的合同效力与原告所主张的不一致时,应当行使释明权,及时告知原告可以予以变更并指定举证期限(该举证期限可以不足十五日)。经释明,原告的意见与法官认为的合同效力一致的,根据变更后的请求权基础作出裁判;原告坚持其与法官不一致的合同效力的主张的,依法驳回其诉讼请求。当然,如果系诉讼且经过二审的案件,而后发现一审法官所释明的合同效力本身是错误的,则一审法官将承担案件发回重审的法律后果。

有时,当事人主张的法律关系性质或民事行为效力存有较大争议,法官一时难以认定的,释明时应当遵循谨慎原则。当事人主张的法律关系性质或民事行为效力明显有误的,法官可以视情况即时释明。

案例 20-3 ▶ **案由:建设工程分包合同纠纷**

原告:赵榕岳。被告:万豪装饰工程有限公司;被告:吴健海,系万豪装饰工程有限公司的法定代表人。

【案情】2014 年 8 月 7 日,原告赵榕岳与被告万豪装饰工程有限公司签订《建筑安装工程施工分包合同》一份,万豪装饰工程有限公司将某会所工程泥工部分分包给原告。2015 年 2 月 14 日,原告与万豪装饰工程有限公司的法定代表人吴健海结算后,万豪装饰工程有限公司向原告出具《施工班组承包项目结算单》一份,确认万豪装饰工程有限公司尚欠原告工程款 606,750 元及保修金 35,500 元,合计 642,250 元。其后,万豪装饰工程有限公司支付原告工程款 160,000 元。2015 年 9 月 29 日,万豪公司法定代表人吴健海向原告出具借条一份,载明"借条 今向赵榕岳借款人民币 ¥400,000 元,大写肆拾万元正,借款期限从 2015 年 9 月 1 日起至 2016 年 8 月 31 日止,每月利息为 ¥4000 元,利息与支付时间在每月的 1-5 日内汇入赵榕岳账户内。借款人:吴健海 2015 年 9 月 29 日"。同日,万豪装饰工程有限公司向原告出具《施工班组承包项目结算单》,确认尚欠原告工程款 82,250 元。上述 400,000 元即从万豪装饰工程有限公司所欠原告工程款转化而来,并没有实际的款项交付。其后,吴健海分三次共汇付原告借款利息 28,000 元,即截至 2016 年 3 月的利息已付清,其后利息未付。

原告认为:被告吴健海以出具借条的行为,表明其自愿加入原告与万豪装饰工程有限公司的债务关系,与万豪装饰工程有限公司共同承担其中的 40 万元债务,并于 2015 年 9 月 29 日以个人名义向原告出具借条予以确认。现起诉,请求判令:(1)被告万豪装饰工程有限公司支付原告工程款 482,250 元,并赔偿原告以该款为基数,按中国人民银行同期同档次贷款基准利率计算自 2015 年 2 月 15 日至实际清偿日止的利息损失;(2)被告吴健海对上述债务中的 40 万元承担连带责任,并支付原告以 40 万元为基数,按月利率 1% 计算自 2016 年 4 月 1 日起至实际清偿日止的利息。

被告万豪装饰工程有限公司开庭时缺席。

【审理】在审理中,法官向原告的诉讼代理人释明:"原告主张债务加入。因我国《合同法》中并没有对债务加入的规定,原告也未举证被告吴健海具有债务加入的明确意思表示。从原告提供的两份《施工班组承包项目结算单》、借条和支付利息的证据看,被告万豪装饰工程有限公司所欠的工程款 482,250 元中的 40 万元已经转为吴健海个人向原告的借款并仍应支付利息。故原告有关被告吴健海构成债务加入的主张与法庭查明的不一致,原告是否变更诉讼请求及请求权基础?如果不变,可能承担相应的法律风险;如果变更,也并不一定必然胜诉。”

遗憾的是,原告的诉讼代理人在休庭斟酌后,仍然坚持不变更诉讼请求。

法官最后判决:2015年9月29日,原、被告三方通过借条的内容、重新结算的方式,确认了万豪装饰工程有限公司尚欠工程款82,250元,另40万元转化为吴健海个人的借款,与本案系属不同的法律关系。原告关于被告吴健海对40万元工程款构成债务加入的主张不成立。经释明,原告坚持不变更诉讼请求和请求权基础,故原告要求万豪装饰工程有限公司支付欠付工程款482,250元并赔偿逾期付款利息损失的诉讼请求,法院支持82,250元及相应利息;原告有关吴健海对40万元工程款承担连带清偿责任并支付相应利息的诉讼请求,法院不予支持。

【评析】本案中,482,250元工程款中的40万元已经转化为个人之间的借款,有借条、结算单、支付的利息等予以证明,非常明确。原告有关吴健海个人构成债务加入的主张,显而易见难以成立。民间借贷关系与其主张工程款的建设工程分包关系系不同的法律关系。原告主张的法律关系与法院认定的不一致,法官依法作出释明。但本案原告仍然坚持了错误的选择,故只能承担相应的不利后果。

当事人的请求权基础不明确或存在竞合情形的,法官应当告知当事人予以明确或者作出选择。经释明,当事人仍不予以明确或作出选择的,法官可根据其提出的诉讼请求、事实和理由依法处理。比如,公交车在运营过程中,因司机操作不当将公交车翻入池塘中,引起乘客受伤。乘客起诉公交公司的基础是未适当履行合同义务的合同请求权,或者是公交公司构成侵权的侵权请求权。如果乘客作为原告在诉状中未予明确,则法院应当向其释明并要求其予以明确。比如,劳动者解除劳动合同并主张经济补偿金,是依照法律法规的规定抑或是依据双方之间有关经济补偿金的协议等,二者存在竞合,应当在释明后要求当事人明确。如果经释明,当事人仍不明确的,则可以遍寻其诉讼请求、事实和理由中能够反推其真实意思表示的请求权基础予以处理,如通过其主张赔偿金额的具体计算方法是否按照侵权责任法及相关司法解释的规定等。实在无法探寻其真实意思表示时,法官应当按照二者较有利于原告的原则依法作出选择。

案例 20－4 ▶ 案由:建设工程分包合同纠纷

原告:樊隆建材装饰服务部,系个体工商户,经营者王飞龙。被告:章宝、胡正波、宏华建设有限公司(以下简称宏华公司)、宁波兴隆电信设备制造有限公司(以下简称兴隆公司)。被告兴隆公司为涉案工程的发包人,被告宏华公司为施工总承包人,被告胡正波为被告宏华公司的法定代表人,被告章宝为项目经理。

【案情】原告诉请:被告章宝、胡正波共同支付工程款 25 万元;被告宏华公司承担连带清偿责任;被告兴隆公司在欠付工程款范围内承担连带责任。

原告起诉称:2016 年 11 月,兴隆公司与宏华公司签订《建设工程施工合同》,将某新建厂房工程承包给宏华公司施工。宏华公司承接该工程后,与被告章宝、胡正波签订工程项目管理经济承包合同。2018 年 3 月,章宝将其中的不锈钢栏杆、扶手生产安装项目分包给原告,合同价款 75 万元,双方没有签订书面的合同。其后原告按约完成了施工任务。2018 年 8 月 8 日,原告向章宝、胡正波催收工程款,被告章宝向原告出具了《结算会签表》两份,但未予付款。8 月15 日,原告再次向章宝、胡正波催收,被告章宝签字确认但仍然未实际付款。原告认为,被告宏华公司与被告章宝、胡正波之间的工程项目管理经济承包合同实质上是非法转包合同,章宝与原告间的分包合同属于违法分包。因此,上述转包合同、分包合同均无效。被告宏华公司与被告章宝、胡正波需对拖欠原告的工程款承担连带偿付责任。现工程已经完工并实际投入使用,被告兴隆公司作为被告应在未付工程款范围内对上述拖欠工程款承担连带责任。

在开庭审理前,因当时司法政策对非劳务分包适用《建设工程司法解释》第 26 条的实际施工人条款进行严格限缩,原告撤回了对被告兴隆公司的起诉。其余三被告均委托了法律工作者袁某代理本案。

被告章宝、胡正波答辩称:原告起诉的工程整体是由被告宏华公司承建的,被告章宝是项目管理人员,负责具体的管理事务,但没有缴纳社保,被告胡正波是宏华公司的法定代表人。两人的行为均是职务行为,对外应当由宏华公司承担责任。

被告宏华公司答辩：对原告完成施工的事实及主张的相应价款没有异议。但涉案工程整体审计没有完成，双方没有签订合同，所以结算不是有效的。对于原告所主张的工程款，应当提交审计单位进行审计，原告所主张的付款条件未成就。本案与被告胡正波无关，其没有签过字，对章宝的行为予以认可，是职务行为。

原告提供了以下证据：(1)备案的《建设工程施工合同》，拟证明兴隆公司与宏华公司的建设工程发、承包关系和具体约定；(2)《工程项目管理经济承包合同》（复印件），拟证明宏华公司违法转包工程项目给章宝、胡正波二人，二人系合伙关系；(3)《结算会签表》两份，拟证明章宝签字确认尚欠原告75万元工程款；(4)宏华公司工程用款申请单，载明工程名称兴隆公司新建厂房工程，拟证明章宝以宏华公司项目经理的名义签字同意支付工程款75万元并让原告向宏华公司的财务领取。

三被告均无证据向法院提供。三被告对原告提供的《工程项目管理经济承包合同》（复印件）真实性有异议。原告陈述该证据来源：原告在本案起诉前，曾经以承揽合同为由，在章宝住所地法院起诉要求其支付承揽款75万元。在开庭时，章宝亦委托法律工作者袁某代理本案。其开庭前当庭提交了《工程项目管理经济承包合同》（复印件），用以证明宏华公司将涉案工程转包给了被告章宝和胡正波二人。根据该复印件上的内容，宏华公司收取7.5%的管理费，将涉案工程整体承包给胡正波和章宝，盈亏均以四比六分成、承担。胡正波既作为甲方（宏华公司）法定代表人签字，也作为乙方（兴隆公司厂房项目部负责人）签字。但原告诉讼代理人未经质证，便撤回了起诉，理由是认为该证据已经能够证明被告章宝与胡正波之间系合伙关系。为了让更多的主体能够作为被告进入诉讼以提高受偿可能性，原告撤回起诉而到工程所在地以建设工程合同纠纷为由起诉。

在本案中，三被告的诉讼代理人袁某反而否认了《工程项目管理经济承包合同》（复印件）的真实性，其提出在之前的案件中并未经过质证程序，实际上在之前的案件中，章宝委托他时也没有原件。

【审理】在审理中，鉴于本案被告主体较多，法官行使释明权，要求原告明确相应的请求。

审:原告,请明确你所主张的合同相对人是谁?

原:是被告章宝个人。他欠付相应的工程款项一分未付。

审:那你请求胡正波、宏华公司承担责任的请求权基础是什么呢?

原:被告宏华公司作为兴隆厂房工程项目的承包人,以内部承包之名、行非法转包之实,将工程转包给了被告章宝和胡正波。章宝和胡正波是合伙关系,对外应当承担连带责任。宏华公司非法转包工程,也应当承担连带责任。关于请求权基础,暂无法提供相应的明确法律规定,庭后我们将提供相关判例。

审:经审理查明后,无论原告是和哪方存在合同关系,该合同也是无效的,特此释明。

原:确认,我方没有异议。

被:三被告没有异议。

审:法庭归纳本案的争议焦点:(1)原告的合同相对人是章宝个人,还是章宝所代表的宏华公司;(2)原告请求支付工程款及逾期付款的利息是否成就;(3)被告胡正波是否应当承担责任。双方对争议焦点有无异议?

原:无异议。

被:无异议。

审:请双方简要发表辩论意见。

原:(1)原告的合同相对人是章宝个人,其与原告达成口头的建设工程分包合同不是职务行为,其并没有提及宏华公司;(2)工程早已施工完成,发包人已经投入使用,所以付款条件已经成就;(3)宏华公司将工程非法转包给被告章宝、胡正波,故合同无效,被告胡正波、宏华公司应当承担连带责任……

第二次庭审中,法官再次释明如下:

审:本案经过两次庭审,双方的证据已经出示完毕,对于双方的主张,法庭已经充分关注。现公开部分心证如下:经审查,法庭认为,本案的首要争议焦点是原告的合同相对人是章宝还是其代表的宏华公司。根据目前已经查明的事实,原告不能够提供书面的合同,涉案工程在宏华公司的总承包范围内。虽然在《结算会签表》上系章宝个人签字,对尚欠原告的款项予以确认,但宏华公司工程用款申请单上明确载明工程名称兴隆电信,章宝以宏华公司项目经理的名义签字、同意支付工程款75万元并让原告向宏华公司的财务领取。三被告也认可章宝的行为是代表宏华公司的职务行为。故原告的合同相对人可以基本确定为宏华公司。原告所主张的法律关系与本庭查明的事实不一致，现告知原告可以变更相应的诉讼请求。如不予变更，可能存在全案被驳回的法律风险，当然，如果进行了相应的变更，也不代表必然胜诉。（释明法律风险）休庭十分钟。

原：清楚了，经过休庭时间和当事人沟通，我方坚持不变更诉讼请求和请求权基础，坚持章宝就是我方的合同相对人……

【案情】在第二次开庭后，法庭依法作出判决：原告提供的证据表明章宝系代表被告宏华公司的职务行为，故原告的合同相对人应确定为宏华公司。原告主张其合同相对人为章宝，与查明事实不符。经释明，原告拒不变更请求权基础和诉讼请求。故原告要求被告章宝、胡正波承担支付工程款及要求宏华公司承担连带责任，均没有法律依据。据此驳回原告的全部诉讼请求，本案所有诉讼费用由原告负担。

一审宣判后，原告不服提起上诉。上诉理由是：(1)虽然未提供《工程项目管理经济承包合同》原件，但原告系复印自其他法院的复印件且是被告章宝作为证据提供的，应当予以认定；(2)被告宏华公司现陷入债务危机且濒临破产，三被告存在一定利益冲突，共同委托统一诉讼代理人系违反规定。一审是被告章宝、胡正波将债务都推到宏华公司处，实际上为了躲避债务。后二审以同样的理由对一审判决予以维持。

原告又不服，向省高级人民法院提起了申诉。其后省高级人民法院审查后出具裁定予以驳回。

一年半以后，原告在程序用尽的情况下，不得不又回到工程所在地法院重新起诉宏华公司要求支付工程款。此时宏华公司已经无人应诉，案卷副本采用公告送达，又历经半年时间才取得对宏华公司的生效判决。

【评析】本案原告的诉讼代理人在办理案件过程中，犯了较多的错误，值得反思。(1)第一次起诉章宝时，原告在对方提供证据后未经质证便撤回起诉，致使证据的真实性无法确认。正确的做法是，即使案件需要撤诉，也应当要求法官先质证完毕。被告章宝的质证意见只对其本身有一定的约束力，对其他主体并无天然约束力。(2)原告以承揽合同为由在章宝住所地起诉,仅需要提供章宝签字确认的两份《结算会签表》即可。如果章宝认为构成有权代表,应当由其举证。本案涉及工程承包范围内的不锈钢栏杆、扶手的制作安装,作为分项工程的内容但不承担配合验收义务的部分,合同形式是否作为建设工程合同,本身有一定争议,作为承揽合同在被告所在地起诉本来亦无不可。原告为了所谓的追求诉讼利益最大化,以建设工程分包合同为由将其他主体纳入诉讼,在工程所在地法院起诉,反而将问题复杂化。(3)原告存在"过度举证"的问题。本来两份《结算会签表》已经能清楚无误地证明其合同相对人是章宝且能证明工程价款金额,证明力极高,本已举证到位。但原告画蛇添足地又提供宏华公司工程用款申请单,反而能够证明章宝是代表宏华公司的代表行为,故合同相对人应当是宏华公司。原告提供的该份证据,实际上是对被告有利的。(4)在法官行使释明权之后,无法理解释明的意义或者无法据以说服当事人,反倒是一意孤行,浪费了诉讼费和大量精力,令人遗憾。

当事人的诉辩意见不明确或自相矛盾,法官可以要求当事人陈述清楚,或经法官归纳、总结后,由当事人确认或补充。一方当事人的答辩或辩论意见未涵盖对方当事人的全部诉讼主张或辩论意见的,法官应当告知该当事人就对方当事人所提出的要点是否认同发表意见,必要时可将该方当事人遗漏的要点归纳或概括后,逐条进行询问。对双方当事人均未涉及但存在疑点且构成裁判基础的事项,法官应当进行释明。如承包人起诉发包人主张解除建设工程施工合同、支付欠付工程3000万元及索赔款、利息等1400万元,并要求确认建设工程价款优先受偿权。发包人在审理中提出原告要求解除合同没有合同和法律依据、对已完工程造价存在异议两项抗辩。法官可以进一步让双方围绕已付工程款有无异议、已完工程是否质量合格等构成案件裁判基础的事项发表意见并提供相应的依据。所以,在案件开庭审理的过程中,在**原告起诉并宣读诉状、被告进行答辩的基础上,并非其后便直接予以组织质证,而是可以对原告主张的事实不清部分予以明确,对被告的答辩内容进行整理,对遗漏方面进一步要求其补充答辩意见,有必要的情况下,可以要求原告针对被告的答辩意见补充案件事实、陈述意见,再由被告进行二次答辩**。当然,该程序也可以在举证质证以后进行。这样有助于尽早厘清案件整体思路。

当事人对法律用语、法律概念以及其他相关法律事项不能理解或者表示疑惑的,法官应当随时进行释明。在案件审理中,许多当事人在未委托诉讼代理人的情况下,对法官询问“是否依据《民事诉讼法》第 47 条的规定申请回避”中的“回避”的含义不清,法官可以就此释明:“如果你认为审理本案的法官及其他合议庭组成人员、书记员等与对方或者你方存在亲属、朋友等关系,有可能影响本案公正审理的,根据法律规定,你可以要求更换法官及书记员等,但是你方应当提供相应的证据。”进行这样释明后,当事人一般能够理解“回避”的概念。

4. 事实和证据问题的释明

对当事人的举证责任,法官除了以举证通知书的形式告知外,还可根据当事人提出的诉讼请求及其请求权基础所指向的法律规范中所包含的要件事实,具体释明案件的举证责任分配原则。当事人对要件事实的举证责任承担有异议的,法官应当明确告知当事人举证责任承担的理由,并告知其不遵从该种举证责任分配要求的法律后果。

如果当事人因法律认知能力较弱或情绪偏激等原因不能理性对待自己的举证义务,从而可能给案件公正处理带来影响的,法官在告知其举证不能后果的同时,应耐心做好解释引导工作。法官可以根据案件情况及当事人法律知识、诉讼经验等方面的实际情况,向当事人释明要件事实所要达到的证明要求。如果当事人所提供的证据不能达到证明要件事实的证明要求,或者当事人在证据上没有明显优势的,法官可以要求当事人继续提供证据。当然,为防范法官自身风险,该种释明一般应当书面记录。

在证据交换阶段,法官应当让双方当事人了解对方的诉讼主张和提交的证据,使双方当事人能针对对方提交的证据进行充分的辩驳、质证和提供相反证据。对证据交换的情况应当制作笔录。对在证据交换中经当事人认可并记录在卷的证据,在庭审中予以说明,据此方可作为定案的根据。如当事人向法院申请调查收集证据,经审查认为不符合《民事诉讼法》等规定的条件,应当及时向当事人说明理由,告知当事人按照规定的时间自行收集,并告知申请人举证期限届满前不能提供证据的,仍由负有举证责任的当事人承担举证不能的法律后果。当事人应当申请调查收集证据而未提出申请的,如该证据对案件的审理结果明显起到决定作用的,法官可以向双方当事人分析争议焦点,从诉讼证明的角度告知相关事项的证明要求，并可询问双方当事人围绕这一争议焦点是否需要法院调查收集证据，但一般不得直接指明某项证据。

对于当事人在举证期限届满后提供的证据，无论是否认定为“新的证据”，法官都应当向当事人说明理由。对方当事人拒绝对“新的证据”进行质证的，法官应当向其释明可能构成“放弃质证或者予以认可”的法律后果，并记入笔录。

在质证过程中，法官应当引导双方当事人围绕证据的真实性、合法性、关联性和证明力，充分发表质证意见，使法官对案件事实足以形成心证。必要的情况下，从法律概念、司法实践等角度阐释何为“真实性”“合法性”“关联性”“证明力”，引导当事人及诉讼代理人讲“法言法语”，避免质证的拖沓、无效以及大量阐述单方主张事实而非质证的情况发生。

在案件审理中，对案件的审理结果明显会起到决定作用的事项需要鉴定、评估、审计，但当事人未提出申请的，法官应当明确对该事项负有举证责任的当事人，并告知其在人民法院指定的期限内无正当理由不提出鉴定申请或者不预交鉴定费用或者拒不提供相关材料，致使待证事实无法查明的法律后果。当事人对法院委托鉴定、评估结论有异议的，法官应当确定异议期，并告知其逾期提出异议的法律后果。对要求重新鉴定的，应当告知当事人对符合重新鉴定的情形进行举证证明。在鉴定、评估、审计费用超过或接近争议标的金额，或者鉴定、评估或审计费用明显过高，不符合诉讼经济的要求时，法官可以告知当事人改用成本较低的证明方式。

司法实践中令法官反感的是，有一些工程案件必须通过鉴定的方式予以确定工程价款，主张工程价款的当事人在法官释明后仍然不申请鉴定，法官据此作出主张工程价款的证据不足的判决，当事人在二审的时候才提出司法鉴定申请。在这种情况下，法官该如何操作？《建设工程司法解释（一）》第 32 条规定：“当事人对工程造价、质量、修复费用等专门性问题有争议，人民法院认为需要鉴定的，应当向负有举证责任的当事人释明。当事人经释明未申请鉴定，虽申请鉴定但未支付鉴定费用或者拒不提供相关材料的，应当承担举证不能的法律后果。一审诉讼中负有举证责任的当事人未申请鉴定，虽申请鉴定但未支付鉴定费用或者拒不提供相关材料，二审诉讼中申请鉴定，人民法院认为确有必要的，应当依照民事诉讼法第一百七十条第一款第三项[1]的规定处理。”该规定第 1 款延续了对释明的要求和

〔1〕 现为 2023 年《民事诉讼法》第 177 条第 1 款第 3 项。

相应的后果，较为科学。但是第2款中“人民法院认为确有必要的，应当依照民事诉讼法第一百七十条第一款第三项[1]的规定处理”的规定在司法实践中争议较大。一种看法认为，《民事诉讼法》第177条第1款第3项是案件发回重审的规定，“人民法院认为确有必要的”是一句较为宽泛的限定，既然“确有必要”的判断权完全在二审法院，则在诉讼实践中完全可能出现二审法院“滥用发回重审权”“二审侵蚀一审裁判权”的情况。而一审法院则十分委屈——我既然已经释明过，负有举证责任的当事人就是不申请鉴定或者不配合鉴定导致鉴定无法进行，裁判中的释明权已经用尽，总不能代替当事人处分权利、强加鉴定吧？所以，在案件审判质效考核压力短时间内不会改变的情况下，一审法官在此问题上只会更加倾向于保守、对违反释明后义务的容忍度更高，甚至牺牲程序公平、诉讼效率来降低案件发改风险，如多次提醒当事人申请鉴定、允许当事人超过期限缴纳鉴定费、允许当事人更长时间准备鉴定所依据的证据、更加宽松得准许调查取证申请等。实质上，该种做法更为伤害案件审理的进程，长此以往，并不利于建设工程合同纠纷案件诉讼的健康发展。另一种看法认为，该条的两款应当结合来看，第2款的“人民法院认为确有必要的”，指的是一审法院应当释明而未释明、释明错误等情况，而不包括“当事人经释明未申请鉴定，虽申请鉴定但未支付鉴定费用或者拒不提供相关材料致使鉴定无法进行”的情况。遗憾的是，最高人民法院民一庭并未采用第二种观点。其倾向于认为“确有必要”：一是指鉴定对于查清案件相关事实确有必要，在理论上参照“认为需要鉴定”；二是指鉴定对于案件处理确有必要；三是指当事人不仅申请鉴定，而且表示愿意缴纳鉴定费用、提供相关材料[2]。实际上是滑向第一种理解的桎梏。可以预见，在未来的建设工程合同纠纷案件审理中，下列现象只会越来越普遍：一审期间不管法官如何释明，主张工程款的一方即承包人死活不肯申请鉴定、不提供鉴定的依据，法官惴惴然不敢以“证据不足”下判驳回承包人的诉讼请求。在审限届满之前，法官最终无奈驳回后，承包人立即上诉，并马上换了一副“嘴脸”：马上申请工程造价司法鉴定、表示愿意支付鉴定费并提供鉴定相关材料。而后二审法院遂以案件基本事实不清将案件发回重审，一审法院的承办法官气得直咬牙——这个锅，我不背，凭什么法官要负担当事人自己的过错的不利后果。随后一

[1] 现为2023年修正的《民事诉讼法》第177条第1款第3项。
[2] 最高人民法院民事审判第一庭编著：《最高人民法院建设工程施工合同司法解释（二）理解与适用》，人民法院出版社2019年版，第322～323页。

审另行组成合议庭再审一次——很可能花数月至数年。在存在保全的情况下，发包人很可能被该案件漫长的诉讼给拖垮。对承包人而言，有什么规制措施呢？无非是根据《民事诉讼法》第68条、第118条的规定予以训诫、罚款了事。对个人的罚款金额，为人民币10万元以下；对单位的罚款金额，为人民币5万元以上100万元以下。相对于建设工程合同纠纷案件标的动辄数千万、数亿，实为不痛不痒。综上，对于该条的适用与理解，反对的声音较多——以追求实体公正为幌子，抛弃举证时限上的程序公正，不仅降低司法效率，使一审法官不敢果断定案，更助长诉讼无赖的心理。

《建设工程施工合同纠纷鉴定指引》[1]第5条规定："（诉讼二审中鉴定申请的处理）当事人在诉讼二审程序中申请鉴定的，建议裁判者根据一审中当事人是否正确行使诉权以及一审未能提出鉴定申请是否可归责于当事人的不同情况予以处理：如一审中当事人提出过鉴定申请但被不当驳回，则可以将案件发回一审重审；如一审中负有举证责任的当事人经释明后未申请、或者虽申请鉴定但无正当理由未及时预缴鉴定费用、未提供其他必要协助导致鉴定程序无法进行的，则可视为其在一审中已经放弃鉴定申请，不应再次启动鉴定程序；案件符合依职权鉴定条件而在一审未予鉴定的，裁判者应考虑将案件发回重审。"对于该问题所提供的操作指引，实际上更为科学、合理、清晰。

有证据证明一方当事人持有证据，无正当理由拒不提供的，法官应当充分释明《民事诉讼法司法解释》第112条的规定，即可能推定对方当事人所提出的对其不利的主张成立。在庭审过程中，一方当事人陈述事实后，另一方当事人既未表示承认也未否认，法官应当向当事人充分告知其如仍不作承认或否认表示的，将可能被视为对该项事实的承认。但涉及身份关系的事实除外。当事人在法庭辩论终结前撤回自认的，法官应当作如下释明：对方当事人同意撤回自认的，法官应告知其撤回自认的法律后果；对方当事人不同意撤回自认的，法官应当询问自认一方当事人撤回自认的理由，并查明是否存在规定的"重大误解"的情形，如果撤回理由成立的，应告知对方当事人自认方有权撤回及撤回的法律后果。

5. 裁判的释明

一审案件宣告判决时，应告知当事人上诉权利、上诉期限和上诉法院，以及逾

---

〔1〕 见本书附录。

期提出上诉和逾期预交二审案件受理费的法律后果。对不具有强制执行内容的裁判文书,法官在宣判或送达裁判文书时应作以下释明:对确权判决,应告知当事人,确认的权利自判决生效时即具有法律效力,无须申请法院强制执行;对仅有撤销或解除合同之判决,应告知当事人此类判决无须申请执行,合同撤销或解除后相关财产权益纠纷,可另行起诉;对准予离婚的判决,应告知当事人在判决正式生效前不得再婚。

对具有强制执行内容的裁判文书,法官在宣判或者送达裁判文书时应作以下释明:告知权利人申请执行的法定期限;告知义务人迟延履行、拒不履行的法律后果;对具有金钱给付内容的判决,应向义务人告知判决书中"未按判决指定的期间履行给付义务的,应当加倍支付迟延履行期间的债务利息"等内容,促使其及时履行义务。以上均可在裁判文书中直接载明。法官也可以在裁判文书后附录中附上该裁判文书所使用的法律法规条文,以加强论证说理。

对于保留诉权的判决或者当事人对裁判不能完全理解、有误解等情况,法官应当根据案件的具体情况,可在判后答疑等环节进行适当的解释。

6. 建设工程合同案件中应充分重视释明权

建设工程合同纠纷案件尤为要注意释明权的行使。建设工程合同纠纷的专业性、复杂性等,导致法律关系复杂,当事人的主张与法官的理解等很可能出现偏差,需要通过不断释明才能逐渐抽丝剥茧、分门别类、逐个击破,最终将案件科学、合理地分解、理顺,查明案件事实,法官最终形成充分心证并有利于案件最终的处理。

(1)有关建设工程的效力性强制性规定较多,合同无效的情形较多,影响原告准确主张权利

许多当事人和诉讼代理人,在起诉时直接要求支付工程款、违约金等,从未考虑过双方之间的合同效力问题,默示认可涉案的合同是有效合同,并依据有效的合同阐述主张的事实与理由,并提出相应的诉讼请求。当法官提出合同无效时,当事人可能一时难以作出反应。即使有些当事人和诉讼代理人知道合同可能是无效的,但是为了追究更高的诉讼利益,可能先选择"基于有效"合同来起诉。一些当事人和诉讼代理人,明知合同是无效的,但是无法确定无效情形下如何准确主张权利和确定诉讼请求。

(2)部分当事人诉讼能力较弱,对合同无效的理解较为感性,以为合同无效即无法主张工程款,往往情绪较为激动

特别是一些包工头作为实际施工人,在释明时不仅应当告知合同系无效合同,还要告知无效的理由,特别要告知无效合同项下,当工程质量合格时,仍然得以参照合同约定主张工程价款。所以,实际施工人应当及时提供能够证明工程质量合格的证据。

(3)部分诉讼代理人的诉讼能力不足

一些诉讼代理人对证据的证明力和关联性不清楚,证据审查不到位,举证能力很低,不能有效质证和抗辩。发表质证意见时洋洋洒洒表达的内容很多,实际上缺少干货,或者质证意见、陈述前后矛盾,逻辑颠倒,违反常理。一些案件在真伪不明时,法官通过行使释明权进行举证责任分配并告知相应的法律后果,敦促当事人进一步穷尽举证,防止证据被隐匿或因诉讼代理人未能及时察觉的证据而影响裁判最终的结果。

(4)建设工程合同纠纷案件存在一定的行业特殊性

如临近年关时,发包人或总承包人可能会垫付实际施工人的工资,代付采购材料款,通过承兑汇票等支付工程价款,结算活动具有连续性、反复性和复杂性,结算协议往往是双方让步的结果等。推究当事人真实意思表示,不仅仅要看表面的直接证据,还需要有其他的间接证据予以补强。

(5)建设工程合同纠纷案件法律关系复杂

特别是涉及实际施工人依据《建设工程司法解释(一)》第43条主张包括发包人、转包人、违法分包人等情形下,各方的法律关系应当先予厘清。一些案件可能涉及工程造价、索赔、工程质量、修复方案、修复方案造价、工期鉴定、财务审计、印章和签字的文件鉴定等。一些案件可能涉及同一工程项目签订的不同内容的多份合同,不同工程项目签订的同一份合同,多个工程项目的总结算,多个工程项目已付款交织而未区分、发包人支付款项时越过总承包人而将款项交给分包人和实际施工人等。还有一些建设工程合同关系的当事人之间不存在书面的合同,难以确定合同相对人等。

(6)表见代理的情况较为普遍

在建设工程合同纠纷案件中,签订合同、交付材料、支付工程款、进行结算等,很多时候都交织着挂靠人、违法分包人、转包人以及项目经理、现场负责人等是否

构成表见代理的问题。实践中,建设工程领域的表见代理虽然存在扩张的倾向,但如何引导主张构成表见代理的当事人就表见代理的外观及证明自身主观无过错进行充分的举证和辩论,也考验法官对表见代理的精准把握。

(7)充分注重行使释明权,也是法官保护自己的良好手段

释明并非帮助、偏袒甚至是讨好被释明的当事人。一些重大问题通过书面释明的方式记录释明的过程,能够证明法官已经正确行使了审判职责,防止案件当事人在事后发现裁判结果不利时迁怒于法官。

(8)释明是加快案件审理进程的武器

一些案件立案后经过审查,法官认为案件很可能败诉、案件起诉主体错误的案件,及时释明可能使原告及时撤诉或者收集更加具有证明力的证据。许多有关证据方面的释明,往往指定质证期限、反证期限,防止当事人怠于应诉导致案件事实无法查清,防止当事人出于各种目的拖延诉讼。在经过审查,法官认为案件需要通过司法鉴定等方法才能予以解决时,敦促当事人及时提起相应的鉴定,防止案件审理了较长期限后才启动鉴定的情形。

(9)释明是法官的一种态度

一方面,是法官积极行使裁判权力,对案件高度负责、主导案件进程的表现;另一方面,一些释明代表着法官对案件存在的一种基本判断,一种基本确定的可能性。如果被释明的当事人一方不能理解或者背离释明的指向,极有可能导致不利的后果。**所以,释明权行使代表很重要的裁判活动,当事人和诉讼代理人应当慎重考虑法官所释明的意见,不应对释明的意见不予理会(除非自己有十足的把握,法官的释明本身是错误的),而应当积极促成释明的指引方向。**

案例 20-5 ▶ 案由:建设工程分包合同纠纷

原告:上海利骨人防设备安装有限公司。被告:浙江建筑安装股份有限公司。

【案情】2015 年 1 月 22 日,原告与被告签订《某中心区 E 地块人防工程防护(化)设备供货安装合同》,约定原告供货安装 E 地块二期某小区人防通风设备,合同总价为 170.5 万元,不含税金。工程于 2015 年 10 月 22 日验收合格。后应被告要求,原告开具了 85 万元的发票,其中不含税金额为 726,496 元,税

金123,504元。被告按照发票金额支付了85万元,尚欠97.8504万元未支付。另外,合同中约定,“如乙方(被告)不履行合同义务或者不按合同条款执行,应向对方支付总金额3%的违约金”。故原告诉请判令被告向原告支付工程款978,504元、违约金29,355元。

在审理中,原告提供以下证据:(1)《某中心区E地块人防工程防护(化)设备供货安装合同》,拟证明双方之间的权利义务关系,合同总价170.5万元及其他约定;(2)发票复印件四份,拟证明原告向被告开具发票85万元,其中不含税金额为726,496元,税金123,504元;(3)入账单两份,拟证明被告已支付85万元,其中税金为123,504元。

【审理】第一次开庭审理,被告缺席。庭审中原告对所有证据进行了举证,并进行释明。

审:原告,你认为《某中心区E地块人防工程防护(化)设备供货安装合同》是买卖合同还是建设工程合同?理由是什么?

原:我方认为是建设工程合同,具体是建设工程分包合同,原立案案由建设工程施工合同有误。理由是,我们是提供设备并进行安装,合同价款中包含材料费和安装费,构成人防工程的一部分。同时,合同中还约定了质量缺陷期。

审:原告是否具有建筑业企业资质?

原:没有。

审:法庭第一次释明。根据你方的主张,经审查,本案案由变更为建设工程分包合同。由于你方系不具有建筑业企业资质的个人,合同效力亦为无效,无效合同则不存在违约金的主张。你方是否变更相应的请求权基础和诉讼请求?

原:同意法庭的意见。我方明确法律依据是《建设工程司法解释》第2条,该条规定:“建设工程施工合同无效,但建设工程经竣工验收合格,承包人请求参照合同约定支付工程价款的,应予支持。”我方请求参照合同约定支付工程价款,因合同约定170.5万元系固定总价,我方主张工程欠款为978,504元,另外,主张从工程竣工之日按照银行贷款基准利率计算至实际履行之日的逾期付款利息。

审:你所主张的工程欠款978,504元是怎么计算的?

原:工程款170.5万元,开具的发票对应的税金123,504元,合计1,828,504

元,实际收到款项是85万元,二者相减计算而来。

审:法庭第二次释明,根据你所提供的证据170.5万元系不含税价,但已支付的款项85万元系银行汇款明细,并未区分是工程款还是税金。价款的变更应当是有约从约,法庭并不能直接认定已付款85万元中哪些是工程款、哪些是税金。换句话说,双方书面合同约定的是不含税价,实际履行中开具了发票,那么如果你方不能举证双方就价款达成新的意思表示,就只能认为价格不变,但是你方产生了合同履行风险范围外的费用,可以要求对方承担,此为损失,而并非必然进入工程价款。建议你方重新考虑诉讼请求。

原:明白了,那么在本案中有关税金这一块我们暂时不主张,此外,对于已经收到的85万元,都作为已收工程款吧,从诉讼利益的角度对被告也更加有利。我方变更诉讼请求要求被告支付工程款85.5万元及自从工程竣工之日按照银行贷款基准利率计算至实际履行之日的逾期付款利息。

审:请你方庭后3日内提供书面的诉讼请求变更申请书,为保障被告的诉讼权利,诉讼请求的变化,我们需要送达给被告。

原:好的。

审:有关证据部分,法庭第三次释明。根据《建设工程司法解释》第2条,无效合同项下的承包人主张工程价款的,前提也是建设工程质量合格。目前,你所提供的证据中没有这方面的证据,如果你不能及时提供,那么将承担举证不能的后果,也就无法主张相应的权利。

原:涉案工程已经整体验收了,人防工程也组织过验收了。但是这个应该是建设方和施工方之间的事情,我们作为分包人没有权利参与验收。

审:法庭讲证据,你方主张的事实应当有证据支持。竣工验收备案呢,你们可以申请调查取证。请三日内提出,逾期视为放弃。

原:清楚了。

【案情】随后,原告向法院申请调查令,向某市人防工程质量监督管理中心调查涉案人防工程的竣工验收报告。其后,原告及时向法院提交了调取的《某市人防工程防护专项质量监督报告》,并提交了《变更诉讼请求申请书》。

【审理】法院将该两份材料及重新指定举证期限七天的通知一并邮寄送达被告,并传票通知第二次开庭。第二次开庭,被告依然缺席。法院在两天后作出判决，依法支持了原告的诉讼请求。

【评析】第一次释明是有关法律关系、合同效力、请求权基础的释明；第二次释明是有关诉讼请求不明确的释明；第三次释明是有关证明标准及证据证明力的释明。经过三次释明，原告对法律关系、诉讼请求的把握已经与法官一致，并有针对性地作出调整、补充证据，使案件能够较顺利地取得法律效果。

第二十一章
CHAPTER 21

现场勘验

现场勘验,在民事案件中是指法官组织对争议标的及相关证据进行现场勘察和检验的调查取证活动。关于现场勘验,《民事诉讼法》第83条规定:“勘验物证或者现场,勘验人必须出示人民法院的证件,并邀请当地基层组织或者当事人所在单位派人参加。当事人或者当事人的成年家属应当到场,拒不到场的,不影响勘验的进行。有关单位和个人根据人民法院的通知,有义务保护现场,协助勘验工作。勘验人应当将勘验情况和结果制作笔录,由勘验人、当事人和被邀参加人签名或者盖章。”《民事诉讼法司法解释》第124条规定:“人民法院认为有必要的,可以根据当事人的申请或者依职权对物证或者现场进行勘验。勘验时应当保护他人的隐私和尊严。人民法院可以要求鉴定人参与勘验。必要时,可以要求鉴定人在勘验中进行鉴定。”

建设工程合同纠纷案件,必须充分重视现场勘验。**除了一些工程造价不存在争议、案情简单的案件外,无论是诉讼代理人还是法官,都应当去现场查看一次,熟悉现场情况**——这是办理建设工程合同纠纷案件的经验之谈。当事人或诉讼代理人也可以要求法官组织现场勘验,法官也可以主动组织现场勘验,或者联系好鉴定人一并进行现场勘验。建设工程合同纠纷案件的审理,也可能需要多次现场勘验。

1. 现场勘验的目的

(1)熟悉现场情况

建设工程本质上属于有关不动产的承揽合同,其规模巨大、无法移动、技术和材料高度聚集,争议复杂。现场勘验的首要目的便是熟悉现场情况,在此之前,当事人及诉讼代理人应当已经经过相应的踏勘,并引导法官进行现场勘验。熟悉现场情况,主要包含以下外在内容:工程性质是工业厂房、市政道路还是住宅小区或者其他建设工程,工程对周围的环境是否有影响;涉案工程的位置所在是在工业园区、单位厂房还是居民小区甚至荒山野岭之中;周围有无其他工程建设项目、是否具有参照标准;工程建设的已完成情况、是否已经实际投入使用等。

(2)了解承包人施工范围

要大致了解建设工程总体分为几个单位工程、几个分部工程,几个单位工程之间的布局、施工等存在什么样的关系。针对特殊的案件,要了解所承包的范围——是施工总承包,还是存在甩项,抑或存在支解发包。如果涉及建设工程分包合同的承包人(包括挂靠人、转承包人、违法分包人等实际施工人),要通过现场勘验的情况了解具体承包的范围,如幕墙分部、钢结构分部、桩基础、三通一平。特别是存在多个不同分部分项承包人的情况下,可能存在交叉施工的情况,确定相互之间承包范围的交接面就显得非常重要。

(3)明确案件争议范围

如建设工程质量争议案件中,通过图纸比对和现场指认,确定当事人所主张的工程质量问题的范围、位置,并现场直观感受。在建设工程造价争议案件中,双方对于某些部位的计量数量认识不一致等,也可以在现场勘验中予以明确。对于一些简单的纯工程量争议,可以在现场勘验中予以直接测量确定,如室内地板的面积计算,可以通过现场量取的方式,再根据损耗率计算所购地板的数量。一些数量较小且可以人工清点的工程量,如灯的数量等,也可以直接用清点的办法确定工程量。甚至一些隐蔽工程,双方对于是否施工、是否按图施工等存在争议,在不影响安全和生产的情况下,可以直接予以挖开、清空予以检测、查验、确认。通过现场勘验活动,法官对案件的主要争议有较为完整、全面的认识:是工程造价中的工程量争议还是套价争议,是施工后发现的质量违约行为还是工程保修质量问题;争议是否能够通过司法鉴定的方式予以确定等。

(4)帮助推进鉴定工作和争议解决

对涉及司法鉴定的建设工程合同纠纷案件,法官往往会应鉴定人要求组织各方一同参与现场勘验。现场勘验对于细化争议焦点、确认工程量、了解施工情况等起到重要的推动作用。特别是当事人一方或者双方不在裁判机关所在地时,当事人往往更加珍惜现场勘验的重要机会，精心准备，将相应的事实和意见向法官和鉴定人解释，使他们能够在较短的时间内了解案件概况。同时，在现场勘验的过程中，法官在鉴定人的配合下，较有可能敦促当事人抓大放小、避免拖沓将案件审理回归主要争议焦点，有时在较多的争议方面相互作出让步、达成一致意见，甚至一些案件在现场勘验的过程中就能够达成和解，顺利结案。

2. 现场勘验的必要性

对多数建设工程合同纠纷案件，现场勘验是必要的。勘验过程中能解决很多问题。笔者审结的案件中，40%左右的案件都经过了现场勘验工作。有时，一周时间有近3整天都在现场勘验。这对法官而言，是个巨大的挑战。一方面，可能因完全不懂建设工程，现场勘验时容易走马观花、被当事人牵着鼻子走；另一方面，花费较多的时间和经济成本，而不一定对案件审理有直接的帮助。但是，如果法官庭前会议组织有力，勇于学习工程法律知识并准备充分，善于借助鉴定人的专业知识，注重案件审理中的释明、引导、协调等，现场勘验工作也能够取得较好的效果，法官对于工程法律的实践性知识积累也会得到极大的提升。

必须现场勘验的案件有以下几种情况：(1)经庭前沟通，如果先进行现场勘验再开庭，双方能够减少争议、大大帮助法官理解案情的案件；(2)经过庭前会议，法官对于争议事项、争议范围、争议内容难以理解，需要现场指认帮助理解的；(3)工程质量争议案件，需要通过现场勘验来确定质量问题的存在、范围和影响，并据以作出判断是否属于保修范围的；(4)家庭装修案件等无合同案件，争议事项标的较小，但双方矛盾对立严重且关系当事人生活起居等切身利益的，如漏水、开裂、泛潮、脱落等；(5)发包人拖延竣工验收，但实际上已经擅自使用，需要通过现场踏勘等固定涉案工程已经投入使用等客观事实的。

没必要现场勘验的案件有以下几种情况：(1)双方对工程造价没有争议或者已经经过结算且结算协议真实有效的工程欠款案件，主要的争议在于已付工程款、应扣款等款项上；(2)双方虽然对工程造价存在争议，但工程量争议无须现场勘验而是通过施工设计文件和竣工资料等可以直接鉴定的，或者当事人对工程量没有争议而是对套价有争议，且相应施工内容准确无误、无须现场核实的；(3)承包人主张工程结算款但明确未达到工程款结算条件和支付条件的，如涉案工程未经竣工验收，承包人所完成工程存在质量问题且经发包人或者鉴定催告后拒不整改等；(4)案件争议较小、标的不大的、很有可能调解或者敦促履行后可能撤诉的案件；(5)现场勘验对案件审理没有帮助的案件，如建设工程已经竣工验收并投入使用，发包人主张承包人逾期竣工而承包人提出工期顺延抗辩的，双方之间的争议应当通过工期鉴定进行，由双方提供有关施工过程资料等，现场勘验对工期鉴定几乎没有价值。

3. 现场勘验的时间

现场勘验的时间应当根据法官对案件的梳理、掌握情况，结合具体案件的实际情况予以确定。总的原则是：反映客观真实情况、帮助尽快深入了解案情、有助于争议焦点的明确和解决。

(1)第一次开庭(庭前会议)前

如通过庭前电话沟通等，法官发现案件争议较大，基本事实不清，需要现场勘验才能尽快掌握案情的。如涉案工程虽然未经验收，但已实际投入使用，需要通过现场勘验来固定已经实际投入的证据的，可以临时通知现场勘验，避免发包人警觉而提前布置。这种情况下的现场勘验往往能够较大程度上提高审理的效率。

(2)第一次开庭(庭前会议)后

有关案件的基本事实和争议焦点均明确后进行。这样的好处是，现场勘验能够有的放矢，目的性比较明确。当事人和法官到达现场后，可以直奔主题，避免其他事项分散注意力。但该种情况下需要勘验的争议焦点事项，也往往较为疑难复杂，难以单纯通过现场勘验解决。

(3)选取鉴定人/确定鉴定方案/提交鉴定资料后，法官应鉴定人要求组织各方共同参加的首次现场勘验

这个过程，往往也是鉴定人熟悉案件情况、确定鉴定思路、撰写鉴定方案的基础。由于案情的不同、鉴定人的能力和工作习惯的不同，鉴定人要求现场勘验的时间也不同。一些案件鉴定的项目特别巨大且涉及土建、安装等不同专业，如石油化工工程、特种设备工程等，鉴定人可能希望在初步熟悉案卷资料后，即进行现场勘验，以助直观了解涉案工程概况，帮助建立直观印象，对后续鉴定工作中的工作划

分、图集整理、鉴定思路的确定有较大的好处。鉴定人在现场勘验后才出具鉴定方案并提交委托人(法院)要求确认。一些常见的房屋建筑工程案件中,鉴定人往往在撰写好鉴定方案并提交给委托人、收到鉴定费用后,才开始提出现场勘验。甚至一些简单的工程造价鉴定案件(如在已有的审价报告基础上仅针对争议项鉴定),鉴定人在收到鉴定材料后,先进行验算复核并对争议项予以单列,直到出具鉴定意见初稿前,才要求就争议事项进行现场勘验。

(4)鉴定报告初稿(征求意见稿)、正式稿等出具后进行现场勘验复核

该种情况下,主要是针对当事人提出的初稿(征求意见稿)、正式稿中现场可以核实的情况。该种情况下,往往争议事项较为细碎、明确,如争议的工程量可能现场直接清点即可确认,材料材质也可能凭肉眼直接区分;如某案件中有关大理石的两种石材英国棕和卡拉麦里金差异明显。如果争议事项单一,也可以双方指派技术人员共同前往现场确认,并将结果反馈给诉讼代理人,由诉讼代理人向鉴定人确认,避免现场勘验程序的烦琐。

4. 现场勘验的组织与协调

一方面,现场勘验工作的发起方应当是法官。如果当事人要求现场勘验,应当取得法官的许可。鉴定人在鉴定过程中如果需要进行现场勘验或者二次勘验的,应当向法官汇报,不得自行确定现场勘验并通知当事人,理由是鉴定工作的委托方是法院,鉴定人有义务将鉴定的计划、具体的过程等通报委托人,自行联系当事人可能存在道德风险。

另一方面,法官要敦促当事人做好现场勘验的准备。如涉案工程所在地址、何时何处集合、哪方可以带路等。如果是总包与分包或实际施工人之间的纠纷,可提前联系好建设方单位在现场勘验中予以配合。如厂区访客登记、包裹寄存、安全教育、安全帽发放、安全员陪同、午餐安排等。在遇到建设方或者当事人不配合的情况下,法官应当及时行使释明权,告知相应的法律后果。当事人应当提前安排熟悉工程项目现场的技术人员参加,如施工员、现场负责人等,建设方安排工程部、维修部等工作人员参加。双方在技术人员和法律人员的参加下共同进行现场勘验。此外,如果需要施工机械和器具等,当事人应当及时做好准备,如脚手架、铲车等,避免现场勘验的无效率。常见的器具有激光笔、测距仪、录音笔、卷尺等。

所以，为了提高现场勘验的效率，减少不必要的麻烦，法官有必要提前向双方发送现场勘验的通知，告知时间、地点、人员、主要事项等，并给双方预留准备的时间。该种通知可通过邮件群、微信群、移动微法院等以简便方式通知。

案例 21－1 ▶ 案由：建设工程施工合同纠纷

原告：发包人。被告：施工总承包人。

【案情】原告起诉被告主张涉案工程存在工程质量保修期内的质量问题。随后法院委托司法鉴定，对工程质量问题进行确认、汇总、检测等。鉴定人出具《司法鉴定意见书》后，双方均提出异议。法官经过审核后认为，双方的异议在法庭无法解决，只有在现场双方共同指认并由鉴定人解释才能解决。故随后组织二次勘验，并向各方发送电子邮件通知。

关于二次勘验的通知

各位：

鉴定报告出具后，双方均提出异议并申请鉴定人出庭。现决定鉴定人需出庭回答双方异议。时间为 2017 年 12 月 15 日 9:30，地点为涉案工程所在地即被告厂房所在地。基本流程为：原、被告双方、法官、鉴定人共同到现场针对争议的质量问题进行勘验，双方提出异议，并由鉴定人解释说明，时间在 2 小时左右。请双方技术辅助人员参加，建设方提供停车、指引等配合工作，大家提前安排好工作，准时参加，收到请回复！

【审理】随后双方在该案现场的二次勘验中进行了和解。

在一些案件中，双方当事人积怨颇深、矛盾对立严重，在现场勘验过程中极易爆发辱骂、推搡等肢体冲突，甚至出现承包人唆使农民工持械威胁等情形。法官应当提前准备预案，对不法行为严肃批评，要引导律师等诉讼代理人敦促当事人实事求是、理性解决纠纷。当冲突爆发后，应当在保护自身的前提下，通过录像、录音、拍照等方式记录相应的过程，及时报警处理，并向单位上级及时汇报。

5. 现场勘验笔录

现场勘验笔录是现场勘验的活动成果。其可能包含以下基本内容：(1)对案件勘验基本事实的确认，如承包人与分包人之间的工作交接面、质量问题的存在事实等，有必要的情况下，可以拍摄照片、录像等作为笔录的附件，也可以手工制作示意图以说明问题；(2)双方协商确认的事项，如对装饰装修工程中部分材料价格的确认；(3)对案件审理思路、鉴定方法、计算过程等双方达成一致意见的事项，如双方同意就涉案工程造价鉴定，采用支解的方法从简单到复杂，分为地基与基础、土建、安装及附属三个阶段进行，对材料调差的区间、放坡系数等进行确认等；(4)双方对案件事实各自保留的争议；(5)部分问题的澄清与解决情况；(6)部分现场测量、检测的数据收集情况；(7)进一步分配的举证责任和下一步工作任务；(8)其他。

现场勘验笔录应由法官及书记员、当事人及授权代表、鉴定人代表等签字确认。当事人对现场勘验笔录存在异议的，可以签字并保留异议。如果当事人拒绝签字，也不影响现场勘验笔录的证据效力。

在制作现场勘验笔录的过程中，可以携带电脑和便携式打印机一次性完成。不具备条件的，应当出具手写现场勘验笔录。但需要注意以下问题：(1)现场勘验笔录应当顶格、避免留白，防止事后添加文字。(2)若勘验过程较长如需要一整天，则现场勘验笔录可以分部出具并签字，而不能在一天中最后形成——有时当事人会因为其中最后一点意见的异议而拒绝对整个笔录签字，遇到这种情况就很不值得。(3)勘验笔录应当全面、客观、中立地记录能够反映案件事实的情况，不得先入为主、对某些证据选择性勘验。(4)在现场勘验时，拍摄照片不仅取景要全面，还要进行聚焦和取舍——将能够直接反映问题的部分拍摄下来。在拍摄过程中，也可以将法官及鉴定人、当事人及诉讼代理人等拍摄进去，这样更能够说明现场勘验的真实性和法官对案件审理的亲历性。(5)勘验笔录应当允许当事人拍照、复印等留存。

第二十二章
CHAPTER 22

开庭审理

以上的审理程序中,庭前会议、调查取证、释明、现场勘验等都不是必经的程序,有可能具体的案件不适用。但除非案件能够在开庭前撤诉、调解,否则案件开庭审理是必经程序。但开庭审理是体现公权力介入纠纷处理的直接方式,也是最终作出实体裁判的基础。具体案件中可能会存在案件中止、终结、延期开庭等各种影响开庭审理的程序性事件。

庭审驾驭是需要天赋的,也是可以后天锻炼的。庭审驾驭不仅考验法官对具体案件的熟悉情况,还考验法律功底、口头表达、庭审经验、审理思路、缜密程度、操控能力、协调能力等。成功的建设工程合同纠纷案件的庭审,不仅能完成既定的程序性工作,更能体现庭审实质化,当事人充分发表意见,法庭调查紧凑细密,争议焦点明确且辩论充分,整个庭审过程不仅能够为案件决断做好准备,同时也具有较高的观赏性和学习性,诉讼/仲裁的参与人及旁听人员均能从中获益。法官高屋建瓴,智珠在握;当事人及诉讼代理人准备充分、攻防有术、你来我往;庭审节奏如竹节敲板、行云流水、干脆利落。失败的建设工程合同纠纷案件庭审,不仅难以完成既定的庭审程序,往往陷入庭审混乱中,法庭调查与法庭辩论不清,质证无效率,当事人反复陈述同一事实或观点,整个庭审拖泥带水、如鲠在喉,旁听人员观感极差,当事人及诉讼代理人往往还对法官予以轻视。案件也往往多次开庭并难以决断。

建设工程合同纠纷案件的开庭审理,应当注意以下环节:

1. 排庭

诉讼实务中,排庭的具体操作在不同的法院、不同的法官有不同的操作方法。有的采用分庭室手动排期,有的采用按案件类型排期,有的按审判团队(并考虑相对固定的合议庭组成人员)排期,有的是网上电子排期。具体进行排期的,有些是法官本人,有些是法官助理,有些是书记员(速录员)等。在建设工程合同纠纷案件审理中,案件排期建议以下几点:

(1)承办法官自行排庭为宜

法官作为承办人,对案件情况最为熟悉——案件复杂不复杂、证据多不多、争议大不大等,同时还掌握案件的动态发展情况,法官对自己的时间安排最清楚,也是案件最终负责的人。此外,具体案件会不会提出反诉、被告送达工作的配合情况、被告在电话中的沟通意见等,只有承办法官最为清楚。很多法官一般周一上午不安排开庭,周五下午往往会有会议必须参加等,该时间应当避开。建议法官避免收到案卷后不加以阅卷而简单交付给法官助理或书记员进行排庭的做法。

(2)排庭需要考虑案件的疑难复杂程度和庭审计划,合理安排时间

如第一次召开庭前会议,则可能需要半天或者一天;工程造价鉴定意见(征求意见稿)在质证时,双方可能提出数十项数百项的争议项,可能需要数天的时间质证;如果已经经过庭前会议的梳理,案件基本事实和争议焦点十分明确、当事人意见已经基本表达的,可以安排较紧凑的时间开庭,如半小时、一小时等。

(3)排庭应当适度考虑人性化,尊重当事人和诉讼代理人

有观点认为,如果排庭对案件审理进程可能有影响的,也不必过于迁就当事人和诉讼代理人。也有观点认为,法官对当事人和代理人给予尊重和方便,不仅不会降低司法权威,而且更能减少隔阂、有益沟通。例如,一些较远的异地当事人或者诉讼代理人开庭奔波不易,可能来回路上花费数日,差旅费用也是不小的负担,因此,对于一些小的事项的质证、确认等,也可以通过书面质证、线上质证的方式避免开庭;提前联系双方当事人和诉讼代理人,了解对案件的基本意见,开庭安排尽量紧凑、周密、全面,开庭准备充分,减少开庭次数;不能随意取消开庭,开庭安排有变化应当及时通知当事人和诉讼代理人,以便其及时调整行程;对异地当事人和诉讼代理人,方便时征求一下对安排开庭时间的意见,避免冲突,一些当日能够往返的

异地当事人,可以安排在下午开庭,以便当日赶回,一些半天无法结束的开庭,应当安排在上午,并预留一整天的时间;当当事人及诉讼代理人提出相应的航班、列车时间时,合理情况下尽量加快审理节奏,不得恶意刁难。

(4)特殊案件需要特殊安排

涉及实际施工人、农民工工资等作为原告的案件,如果胜诉可能性较大,应当在9月开学前、农历年前尽早安排开庭、调解、判决并早日实现执行,避免农民工劳务报酬无法获偿而产生群体性事件;涉及人数众多的案件,排庭时可以安排中型庭或者大审判庭,满足旁听需求。涉及信访、维稳压力等案件,应当尽量错开“两会”等重要政治活动时间节点;一些案件当事人均有调解意愿且有可能的,或者当事人病危、准备出国留学等特殊情形的,应当尽快安排排庭,甚至可安排周末、节假日等;案情简单、案件类型及裁判思路统一甚至原告或被告系同一方的“串案”可以安排集中开庭,以提高审理效率。此外,农历年前,部分案件的当事人可能较平时更有意愿积极解决案件纠纷,更有意愿作出让步,以安心过年,故此时间段案件调解的可能性相对会大一些。建筑施工企业往往在农历元宵以后才正式上班,故在此之前应尽量避免排庭。

2. 阅卷并制定庭审提纲

对于大多数建设工程案件,除了分案后取得案卷应当及时阅卷外,开庭前一周和开庭前一天法官应当分别进行阅卷和制定庭审提纲。两者可以“前粗后细”或者“前细后粗”。

(1)阅卷注意事项

一般建议在开庭前一周完整细致地阅卷,并注意做好以下审查工作:

①电话沟通双方是否委托诉讼代理人,是否记得开庭。

②被告是否提出管辖权异议、原告是否提出追加被告和第三人等可能导致无法开庭的事项。

③合议庭审理案件应当提前与合议庭其他成员再次确认案件开庭计划,并进行庭前初步合议。

④证据是否均已交换,是否还需要补充有助于案件审理的必需证据。

⑤申请出庭作证的证人是否已经通知。

⑥针对原告的诉状、被告的答辩状及双方提供的证据,有哪些问题需要开庭时进行调查。

⑦准备释明的事项。

⑧双方的调解意愿。

(2)拟定庭审提纲

在阅卷的同时,应拟好庭审提纲。俗话说,“好记性不如烂笔头”。无论是律师、法官还是仲裁员,开庭前不阅卷都是场“灾难”,特别是建设工程合同纠纷案件。而阅卷的结果,就是庭审提纲。庭审提纲没有统一的格式,原则上简洁明了、方便梳理庭审思路、提示庭审计划即可。一般庭审提纲可以由三部分组成:案件基本信息、程序性事项、实体性问题,复杂案件还可以增加案件基础事实、审理大事记两部分。一些简单的、事实争议不大的案件,也可以在庭审提纲中提前撰写无争议事实,供双方确认。

①案件基本信息,主要有:案号、时间、地点、案由、当事人及诉讼代理人。有必要的情况下制作当事人关系图,便于法官厘清法律关系。

②程序性事项,即为开庭时需要处理的与诉讼活动有关的事宜。如当事人需要签地址确认书,移动微法院的认证和引入,诉讼费预收发票的交付,保全裁定及保全告知书的送达,被告主体材料的查验、身份证件或律师证的复印等。该部分内容较为琐碎,但是对推进案件审判进程、减少书记员工作仍然非常重要。

③实体性事项,包括有关案件审理实体性处理的各种疑问、释明、调查取证、证据出示、下一步工作安排等。

④案件基础事实指的是通过审阅案卷,双方当事人对案件事项基本无争议的部分。在审理中很可能通过以无争议事实的方式予以确认,如施工人何时中标,双方何时签订《建设工程施工合同》,何时开竣工,审价单位何时出具审价报告、金额几何等。

⑤审理大事记。一些疑难复杂案件可能需要通过数个鉴定、召开庭前会议和质证数十次、审理周期达到数年才能够解决。同时审理过程中还交织着鉴定报告的出具、现场勘验、保全事项处理等。在漫长的审理过程中,法官将审理大事记录,有助于掌握案件进程情况,特别是审限余量。

如果开庭前一周的阅卷和拟定庭审提纲较为周密,法官对案件的把握就会心中有数。万一有哪一部分事实、证据需要补充的,也能够提前在心理上做好准备,并尽量促成在开庭前敦促当事人补足、完善。在开庭前一天，法官最好将庭审提纲复习一遍，做到案件基本情况了然于胸，这样审理时才能有的放矢、张弛有度，不会漫无目的、慌张失措。

案例 22－1 ▶ 庭审提纲示例

▶ 案件基本信息

案号：(2017)1234 民 5678 号。

案由：建设工程分包合同纠纷。

原告：兴宇公司。

被告：1. 华宏公司；被告：2. 华宏北方分公司。

▶ 程序工作

1. 被告填写地址确认书。

2. 将国税部门发票认证情况的证据送达双方。

3. 庭外和解申请表需要双方配合填写并扣除审限。

▶ 实体问题

1. 案件时间轴

2011 年 4 月 5 日原告与被告 2 签订《哈思波工程管桩合同》。

2011 年 6 月 20 日原告与被告 2 签订《补充协议》，哈思波工程增加 16 万元地坪桩。

2011 年 6 月 20 日《泛雅汽车部件工程管桩合同》，陈苏庚与被告 2 负责人叶序签订。

2011 年 10 月 28 日－2012 年 1 月 5 日陈苏庚（代表原告）与 胡国圣（代表被告）结算。

结算价：哈思波 3,953,795 元，泛雅 1,085,484 元，合计 5,039,279 元（已支付 420 万元）。

2014 年 1 月 27 日胡国圣确认欠款 84 万元并出具《欠条》（关于欠条出具的过程需要重点调查）。

2.（无争议事实/已查明的事实总结）让原、被告双方进行确认

原告具有地基与基础工程专业承包壹级资质，被告 1 华宏公司具有建筑工

程施工总承包一级资质。涉案的哈思波项目、泛雅项目的施工总承包方均为被告1,监理单位均为浙江省省直建设工程监理有限公司。

2010年12月27日,哈思波汽车零部件有限公司与被告华宏公司就哈思波工程签订《建设工程施工合同(示范文本)》(含《房屋建筑工程质量保修书》),其中,承包人落款处除了被告华宏公司的印章及打印文字"法定代表人:余贺鼎"外,还有"委托代理人:胡国圣(签字)"字样。2011年1月26日,哈思波公司与被告华宏公司签订《建设工程施工合同补充协议》,其中载明"……11.承包人(华宏公司)承诺项目负责人胡国圣在约定的施工期限内到施工现场的天数为200天,其中,桩基和主体施工期间每月到施工现场的天数不少于……具体到施工现场的天数以监理单位的监理日志和发包人代表的记录为准。若项目负责人胡国圣到施工现场的天数少于约定的天数,每减少一天,承包人向发包人支付违约金1万元……"落款处除打印文字"法定代表人:余贺鼎"外,还有胡国圣作为委托代理人签名。

2011年4月5日,胡国圣以华宏北方分公司的名义、陈苏庚以兴宇建设有限公司南方分公司(以下简称兴宇南方分公司)的名义,就宁波哈思波汽车零部件有限公司厂区工程中的桩基工程签订了《桩基工程承包合同》,约定,华宏北方分公司将工程施工图中的预应力砼管桩承包给兴宇南方分公司,规格为PCA500-(100),桩长为42~45米,工期为2011年4月20日至7月20日,打桩费用为191元/米。本单价不开建筑发票,以提交工资单和材料发票形式付款。其中,预应力管桩由承包方自行采购。陈苏庚、胡国圣分别在双方落款处签名并加盖各自印章。

哈思波项目工程桩基打桩起始时间为2011年5月7日。

2011年6月10日,胡国圣作为华宏公司的参会人员参加了泛雅公司第一次监理例会,监理单位浙江省省直建设工程监理有限公司派驻的总监理工程师盛石慧亦签到。

2011年6月20日,陈苏庚以本人的名义、胡国圣以华宏北方分公司的名义就宁波哈思波汽车零部件有限公司厂区工程中的桩基工程签订了《桩基工程承包合同》,约定采用Φ377沉管灌注桩,桩长约为25米,总桩数位413根,工程造价16万元一次性包干,没有重大变更此结算价不作调整,本单价不开建筑发票，以工资单形式付款。该合同胡国圣签名处加盖被告2的印章。

2011年6月20日，胡国圣以华宏北方分公司的名义、陈苏庚以本人的名义，就泛雅汽车部件有限公司厂区工程签订《桩基工程承包合同》，约定：华宏北方分公司将工程施工图中的预应力管桩承包给陈苏庚，规格为Φ400-60ptc，桩长约为34米，总数量约为313根，工期为2011年6月23日至7月22日，费用为102元/米。本单价不开建筑发票，以工资单形式付款，提供材料发票。该合同胡国圣签名处并未加盖被告2的印章。

2011年7月15日，哈思波项目桩基验收合格。

2011年7月26日，泛雅项目桩基施工完毕，部分桩基通过隐蔽前验收。

2011年8月22日前，泛雅项目的桩基已经完成施工。

2011年10月28日，陈苏庚以兴宇南方分公司的名义，制作《（哈思波项目）建设工程（结）算书》《（泛雅项目）建设工程（结）算书》。其中，《（哈思波项目）建设工程（结）算书》载明，Φ500静压预应力管桩锤击数量19,845米，单价191元/米，Φ500静压预应力管桩送桩617.4米，单价17元/米，Φ377沉管灌注桩411根，一次性包干16万元，故报送价为3,960,891元（本工程结算根据2011年4月20日和2011年6月20日协商精神执行进行结算）。胡国圣审核意见为："Φ500静压预应力管桩送桩长度应为220m，核减人民币7096元，实际结算工程量为3,953,795元 胡国圣 2012年1月5日"。以上共计5,039,279元。

2014年1月27日，胡国圣、娄亦纹向陈苏庚出具欠条一份，载明："欠条 今欠陈苏庚桩基施工工程款合计人民币840,000元，大写：捌拾肆万元整（注：哈思波工地、泛雅工地），计划2014年5月付40万元，剩余部分在2014年8月付清。欠款人：胡国圣　娄亦纹 2014年1月27日"。各方均表示不清楚娄亦纹的具体身份。

上述事实部分，有原、被告各方提供的证据和在前案中的质证意见、陈述等予以证实。

3. 争议焦点

①胡国圣以被告2的名义签订合同加盖印章的行为是否代表被告2。

原告认为，合同上有被告2的盖章、有胡国圣的签字，可以认为胡国圣代表被告2。

被告认为,胡国圣何以取得印章不知,可能是胡国圣未经许可私盖。原、被告之间不存在桩基分包关系。

预判断:原告主张成立。

②胡国圣在决算单上签名、出具欠条的行为是否足以认定为代表被告2的行为。

原告认为,胡国圣是被告的代理人,即使其不构成代表关系,也构成表见代理。

被告认为,胡国圣与被告2不构成表见代理的关系,2011年6月20日胡国圣与陈苏庚签订的《桩基工程承包合同》,是以其本人名义而非被告的名义。

预判断:要综合三份合同的缔约过程、签约人身份、履行情况、结算情况、付款情形等综合判断。

4. 已付款情况

原告主张已收款420万元。具体明细如下:

2011年4月28日原告(通过陈苏庚)支付广厦公司50万元。

2011年5月23日原告(通过陈苏庚)支付广厦公司50万元。

2011年7月27(28)日被告支付承兑汇票50万元。

2011年8月10日被告转账给广厦公司70万元。

2011年8月15日被告转账给广厦公司130万元。

2012年1月13日被告提供(泛雅)承兑汇票2张分别为50万元,合计100万元。

2012年6月28日承兑汇票2张40万元。

2013年6月11日承兑汇票1张30万元。

被告主张:以上下划线部分350万元没有异议,均已支付给广厦公司,但都是被告直接将承兑汇票交付给广厦公司,与原告无关。

注意:发票和支票存根的原件,提供法庭核对及对方质证。

5. 需询问被告的问题

①两个工地是否有总承包方?项目部之间的距离是几何?

②原告主张的管桩类型是否属实:Φ400、Φ500及地坪桩?

③王德志是否是被告的员工？为什么合同约定由其来检查？人是否能够联系的到？能否通知其到庭质询？

④被告陈述管桩买卖合同联络人？签订过程？

⑤被告举证所主张的管桩采购款项支付情况。

6. 有关桩基采购部分的梳理

原告主张：

（哈思波——广厦公司）

2011 年 4 月 20 日陈苏庚与广厦公司联系，签订合同，采购 PCA500 管桩，名义是 170 元/米，实际是 157 元/米，陈苏庚在广厦公司联系后，将合同交与胡国圣，由胡国圣拿去盖章，并且其中一份交给了胡国圣。被告所提交的证据中的叶序的签字可能由此而来。

2011 年 6 月 22 日原告与广厦公司结算，19,845 米 ×157 元/米 =3,115,665 元。

（泛雅——银河公司）

2011 年 6 月 18 日陈苏庚以兴宇公司名义采购 PTC400 管桩。

2011 年 7 月 26 日兴宇公司与银河公司结算，10,642 米 ×83 元/米 =883,286 元。

被告主张：两项目的管桩均是从广厦采购的，泛雅的合格证也是广厦公司出具的。

问题：①被告与广厦公司的合同有关泛雅公司的桩型的合同有没有？有没有结算？总金额是多少？

②被告是与广厦公司谁联系的？联系方式如何？哪里人？为什么不能提供书面合同？

③被告主张与广厦公司结算后分别开具 3,210,523 元材料费发票，230,206 元运输费发票，合计 3,440,729 元。那么，已付款 350 万元超付了 59,271 元，有没有追回？

④16 万元的增补地坪桩是现场制作还是购买？如系购买，相应的供货单位和供货记录？

7. 被告2负责人叶序接受调查询问

①身份情况,在两个项目上担任的职位,与胡国圣什么关系?

②哈思波的管桩是你向广厦公司采购的?向谁?电话号码多少?怎么联系的?为什么联系?有什么证据支持?合同签订情况如何?

③你怎么解释,有陈苏庚签名的合同?

8. 其他问题

原告提供的桩位图,是要证明什么内容?如何证明?

【评析】本案案情较为复杂,涉及多份分包合同结算、原、被告双方均存在挂靠人与被挂靠人、行为是否构成表见代理、基础事实存在争议、已付款梳理困难等。如果不提前阅卷并制作庭审提纲,开庭时法官将很难做出及时、适当、充分的反应。

3. 开庭准备

根据《民事诉讼法》第140条的规定,开庭审理前,书记员应当查明当事人和其他诉讼参与人是否到庭,宣布法庭纪律。此阶段书记员工作较多,如提前打开审判庭、开启庭审记录机器设备、整理桌牌、清理桌子和椅子;核实诉讼参加人身份、引导证人进入候审区,核实旁听人员身份引导入旁听席,对未按时到庭的当事人进行电话联系,询问是否迟到或不参加庭审;接收当场提交的各类材料,如委托授权手续、答辩状、补充证据、调查取证申请等,整理完毕后交由承办法官处理。书记员应当将各种情况在法官到场后及时进行汇报,如当事人身患疾病坐轮椅进入法庭;原告诉讼代理人未携带律师证原件而仅仅携带律师证复印件等。

对承办法官而言,在庭审提纲的基础上,初步确定庭审计划并向合议庭成员、书记员进行初步沟通;收拾案卷材料带入审判庭。一方面,法官应当慎言慎行,避免表现得与某一方当事人或者诉讼代理人较为熟悉而使得对方产生不良揣测;另一方面,如果案件当事人之前并没有表达过对案件的意愿,可以组织先行口头询问——一方面了解调解意愿,另一方面了解该方当事人相应的大致意见,并对庭审思路进行修正。如案件争议焦点有三点,在庭前询问时对其中一点已经没有争议,则可以在审理中及时修正庭审方向。该种口头询问,既可以双方在场同时进行,也可以按照原告、被告、第三人的次序进行单方询问，视具体的案件灵活运用。但无论何种方式，应当避免暴露裁判结果、以判压调。如果时间允许，在口头询问时进行一定的心理疏导，也要敦促当事人及诉讼代理人实事求是，抓大放小，以解决争议为最终目标。

开庭准备阶段应当特别注意以下事项：(1)法官的庭审提纲及其他材料应当注意看管，防止在询问过程中人员走动引起信息泄露和证据遗失；(2)对于传票非本人签收的邮寄送达的当事人，如果未参加庭审，一定要另行联系核实，确认送达是否有效，一时难以判断的，宁可求稳不予开庭，向当事人主动沟通，发挥主观能动性，尽量敦促当事人到庭参加诉讼；(3)提醒当事人按照自己的证据清单提前准备证据原件，避免开庭时当庭寻找证据原件而引起庭审的拖沓，证据较多的，应当分门别类堆放整齐。

书记员宣布法庭纪律。法庭纪律往往在审判庭墙上悬挂公示。现行的《人民法院法庭规则》系 2016 年 4 月 1 日开始施行。如某地法庭纪律的宣布由提前录制的视频播放，内容有："根据《中华人民共和国人民法院法庭规则》的相关规定，现宣布法庭纪律。一、审判人员、人民陪审员进入法庭和审判长宣告法院判决时，全体人员应当起立。二、当事人和其他诉讼参与人必须听从审判长或者独任审判员的统一指挥，遵守法庭纪律，维护法庭秩序，不得喧哗、吵闹，发言、陈述和辩论需经审判长或者独任审判员许可。三、参加旁听人员必须遵守下列纪律：1. 未经法庭许可，不准录音、录像和摄影；2. 不准随意走动、进入审判区；3. 不准发言、提问；4. 不准抽烟；5. 不准在法庭内接打电话，随身携带的手机等通信工具应调至关机或震动状态；6. 不准鼓掌、喧哗、吵闹和实施其他妨害法庭审判活动的行为。新闻记者和外国人旁听同样应遵守上述纪律。四、下列人员不得旁听：1. 未成年人（经法院批准的除外）；2. 精神病人和醉酒的人；3. 其他不宜旁听的人。五、对于违反法庭纪律的人，可以根据情节轻重，予以警告、训诫、责令退出法庭、没收录音、录像和摄影器材，罚款、拘留直至依法追究刑事责任。六、本法庭为数字法庭，庭审过程将全程录音录像。"

但是，实际上法庭纪律的宣布目前贯彻得并不好。诉讼活动本身具有仪式性，宣布法庭纪律是诉讼活动严肃性的直接体现。目前，实践中存在以下问题：(1)播放提前录制的法庭纪律，相较于书记员现场宣读，庄重感较差。正如看电视时对于片头的剧序，看在眼里但基本不会入脑入心，而是自动过滤、不予理会。(2)法庭纪律本身设置不科学，逻辑性、可读性较差，对听众而言，“3. 其他不宜旁听的人。五、对于违反法庭纪律的人”，自然而然心里就想：“第 4 点怎么遗漏了？”条目应当统一编号至一级即可，一些相同情况应当予以合并，如“2. 不准随意走动、进入审判区；3. 不准发言、提问；4. 不准抽烟；5. 不准在法庭内接打电话”等。（3）第一条“审判人员、人民陪审员进入法庭，全体人员应当起立”贯彻地不好。在英美法国家、地区，法庭是庄严肃穆的所在，法官到庭时全体人员起立示意是基本礼仪。我国法律规则的设置中，审判人员进入法庭后、开庭前才宣布法庭规则，这个时候已经丧失了“全体人员应当起立”这一环节了。理想的状态应当是，法官、人民陪审员拟进入法庭前，由书记员喊“全体起立”，然后法官和人民陪审员进入法庭并入席。此种情况往往能够起到先声夺人的效果，对接下来的庭审纪律也会有积极的影响。（4）对违反法庭规则的行为规制和惩戒不够，特别是在民事案件的审理中，当事人爆粗口、坐姿不端、私自摄影录音、旁听人员交头接耳甚至遥控指挥等并不鲜见，法官往往并没有严格按照法庭规则执行，而是以当事人“不懂法”“诉讼能力较弱”等多次释明、引导，真正进行训诫乃至罚款、拘留等情况并不多见。实际上，对违反法庭规则行为的过度容忍，并不能换得一般民众对司法的支持，反而更暴露民商事案件中法院的无力。（5）对于原告违反法庭纪律，应予更高要求。一些案件中，原告态度嚣张，“拍桌子”“指着对方鼻子破口大骂”“侮辱”等情形并不少见，有些还存在推搡、殴打等情况。法院对其按照《民事诉讼法》第 10 章“对妨害民事诉讼的强制措施”中的“训诫”“罚款”“拘留”之外，能否适用“责令退出法庭”？有观点认为是可以。原告被“责令退出法庭”后，案件可以裁定按撤回起诉处理。其背后的逻辑是，原告既然到法院起诉要求处理纠纷就应当遵守法庭的规则，如果其不遵守法庭的规则，则视为放弃了通过正当的司法途径寻求权利救济的手段。该种处理司法实践中尚不多见。

开庭审理时，由审判长核对当事人，宣布案由，宣布审判人员、书记员名单，告知当事人有关的诉讼权利义务，询问当事人是否提出回避申请。为避免庭审拖沓，“告知当事人有关的诉讼权利义务”可以在庭前或者送达时以书面形式告知。至此，庭审的程序性事项初步完成，节奏应当鲜明而较快，一般不超过 5 分钟。

4. 法庭调查

法庭调查是庭审的主要环节，其任务是明确当事人主张、对证据进行梳理、查清案件法律事实或者形成内心确认，往往分成三个部分：

（1）当事人陈述

当事人陈述包括原告起诉、被告答辩及第三人陈述。

首先，原告宣读诉状。由于当事人身份情况和委托诉讼代理人的情况已经在之前的环节中核实，故双方当事人信息部分无须宣读。重点是诉讼请求、依据的事实及理由部分。建议诉讼请求部分应当再次当庭宣读，并明确与起诉状所载是否有变化、是否有增加或者减少。而事实与理由部分，如果与起诉状没有变化的，可以简要说明后予以省略。对于建设工程合同纠纷案件，常见的是原告表示增加、变更诉讼请求是否准许的问题。《证据规定》第 34 条规定：当事人增加、变更诉讼请求或者提起反诉的，应当在举证期限届满前提出。但是《民事诉讼法司法解释》第 232 条改上述规定为，在案件受理后、法庭辩论结束前，原告增加诉讼请求，被告提出反诉，第三人提出与本案有关的诉讼请求，可以合并审理的，人民法院应当合并审理。将增加诉讼请求的时限延长到了法庭辩论结束前。这对案件审理进程的影响很大，特别是建设工程合同纠纷案件的审理中，二者如何达到一个平衡，实际上陷法官于两难之中。一方面，《证据规定》中的诉讼请求增加或变更在举证期限届满前，几乎无法做到——工程造价鉴定报告出具后才有可能确定真正可认定的欠款金额，在此之前主张的工程造价仅仅是单方主张而并无法作为定案依据；另一方面，《民事诉讼法司法解释》中规定增加诉讼请求可以一直在法庭辩论终结前，又显而易见过长。如当事人可以利用该规则（且该规则是法官无法置之不理），在工程价款案件经过工程造价鉴定 2 年后、法庭辩论终结前，再提出有关工程质量等新的诉讼请求，新的诉讼请求经过调查、辩论后，在辩论终结前当事人又可以提出新的诉讼请求。如此不断往复，导致诉讼活动被人为恶意地拖延，不仅对对方当事人极为不公，也会造成司法资源的极大浪费。较为合适的做法是，在案件的审理中，一方面法官要积极行使释明权并限定举证期限、答复期限等，并告知逾期产生失权、视为放弃等法律效果；另一方面也允许在出现对案件进程有重大影响的事件（如司法鉴定报告出具并经过质证）后，重新指定举证期限。至于当事人在法庭辩论终结前临时、多次反复提出之前未主张的诉讼请求，应视其诉讼能力、诉讼意图、案件审理的具体情况等综合确定是否予以准许，即便准许，也以不超过一次为限，坚决避免当事人利用该规则多次、无正当理由提出增加或者变更诉讼请求。所以，法官对增加、变更诉讼请求准许与否，需要慎重应对，且其往往与重新指定举证期限相伴而生。该举证期限并不一定非得十天甚至十五天，而是根据案件的审理情况灵活掌握。如果仅仅是因为计算错误、新的年度统计标准予以发布（如各省市全社会平均工资的公布）等导致的纯标的金额略有增加，也可以不重新指定举证期限。与增加、变更诉讼请求不同，减少诉讼请求是指诉讼标的金额的减少，往往视作是对被告有益的行为，并不需要重新指定举证期限。减少诉讼请求的原因往往是原告自愿放弃、己方计算有误、对方债务清偿、鉴定报告出具等新的事实出现。

其次，被告答辩。被告答辩往往分成三个层面：对案件的整体意见，即原告主张成立、部分成立或者不能成立，所欠款项是否属实、是否愿意归还、是否有能力归还，是否能够调解等；对原告所主张的事实有无反驳、补充，原告主张事实是否存在错误、证据不足或者伪造、遗漏重要事实，被告是否有其他足以对抗的事实等；案件适用法律的意见，如双方是否存在合同关系、是否构成表见代理、被告承担连带责任是否具有法律依据等。在司法实践中，能提交答辩状的被告占不多，能够进行“完整”答辩的被告更是少之又少。大多数的被告进行的答辩仅仅是根据生活经验进行单方陈述主张案件事实和意见，其中，不乏大量的“没有证据支持”“非法律范畴”“与案件无关”“互相矛盾”甚至“对被告本身更为不利”的内容，需要法官予以甄别和区分，并在案件审理中积极行使释明权。特别是对被告答辩不完整的部分，可以以补充询问的方式，征求其答辩意见。

最后，第三人陈述。与原告及被告的诉讼地位有所不同，无论是有独立请求权的第三人还是无独立请求权的第三人，其对案件的诉讼权利均受到一定的限缩，如提起管辖权异议、撤诉等。但第三人陈述仍然是查明案件事实的重要部分。一些案件中第三人陈述对案件审理进程有举足轻重的影响，对其陈述的审查与对原告起诉、被告答辩的审查并无二致。

关于当事人陈述是否仅进行一轮，是否允许在此阶段进行询问，应当视案件审理进行具体判断。经过一轮的陈述，案件基本事实已经清楚、争议焦点已经突出，则可以就此结束；如果经过一轮陈述，各方当事人均存在诸多遗漏的情况，应允许第二轮补充。在此特别重要的是，该部分往往是原告也产生遗漏事实，所以原告补充的内容更是起诉状之外的，尤其应当注意记录在案。一些案件中，当事人要求或者法官认为需要在此阶段先行提问，以引导当事人“不经意间吐露真相”“陈述不利事实”等，更有利发现客观事实的，也可以予以询问、调查。

(2)举证质证

与之前“庭前会议”中的举证质证一致,法官应当组织对所有证据的真实性、合法性、关联性进行举证、质证。对于已经在庭前以证据交换、询问笔录、庭前会议笔录等方式进行质证的证据,在庭审中简要说明后即可略过质证环节。所以,如果经过庭前会议的梳理,在案件真正庭审的过程,该环节其实可以较为紧凑,仅质证之前未质证的证据、新补充的质证意见等。证据质证是案件审理的主要战场,法官应当引导原、被告双方讲法言法语、充分质证、完整质证;同时为尊重事实、提高效率,对复印件无争议的证据予以快速质证;对于案件无关的证据、证明力较弱的证据经说明并取得对方同意后允许撤回;对存在异议的证据,详细记录具体的异议内容,并视情况要求补强证据或者提供反证;对于不同组证据的证明力,允许当事人略作说明,但应避免就该问题长篇大论而将法庭调查中的证据质证变为法庭辩论。

实践中常见的还有,当事人对原本认可的证据,在开庭时表示不认可;或者原本不认可的证据,在开庭时表示认可。在此情况下,法官应当询问转变意见的原因。根据《民事诉讼法司法解释》第229条的规定,当事人在庭审中对其在审理前的准备阶段认可的事实和证据提出不同意见的,人民法院应当责令其说明理由。必要时,可以责令其提供相应证据。人民法院应当结合当事人的诉讼能力、证据和案件的具体情况进行审查。理由成立的,可以列入争议焦点进行审理。还有些当事人,在审理中预估诉讼风向不利,就不断提出所谓的新的证据。根据《民事诉讼法司法解释》第231条,当事人在法庭上提出新的证据的,人民法院应当依照《民事诉讼法》第68条第2款规定和司法解释相关规定处理。所以,法官遇到该种情况时,应当询问以下几个问题:该证据是否符合证据形式——证据原件、证据副本、证据清单、证明目的;该证据是什么时候形成的,说明理由为何进行“证据突袭”;与本案是否有关联。如果经审查,该证据对案件无实质影响,则可以以“不属于新的证据”“超过举证期限”“不符合证据形式”等理由,不予接收;如果该证据确实与案件审理具有重大关联,则应当对提交该证据的当事人(及代理人)进行训诫等,并询问对方当事人的意见是否当庭质证。如果对方当事人明确表示需要时间、不能当庭质证的,应当予以准许。逾期提供证据的当事人拒不说明理由或者理由不成立,法院根据不同情形可以不予采纳该证据,或者采纳该证据但予以训诫、罚款,并要求其负担对方当事人、代理人由于逾期提供证据而增加的差旅费用等。

当事人主张的事实,并不能当然成为定案的依据,而是应当通过证据规则进行科学、有逻辑、充分地酝酿、分析、检校、论证,才能推导出可以作为定案事实的"本院查明事实"。所以,举证是当事人主张事实的载体(包括反向削弱事实的载体),其并非客观事实的再现;质证是对主张事实载体的审验、质疑和辩驳,以确定主张事实存在与否、数量多寡等;认证是对主张事实载体适格与否的确认。以上即为举证、质证、认证三者的相互联系,举证是质证与认证的前提和基础,质证则是举证和认证的关键,认证是举证和质证的结果,三者都是不可忽视的一环。

在实践中,当庭认证的情况较少,甚至在一些裁判文书中也并不是对所有证据都进行"举证""质证""认证"的论述,往往是出于裁判文书详略得当的考虑有删有减。在建设工程合同纠纷案件审理的法庭调查中,更不建议当庭认证。理由是,当庭认证具有较高的风险,一旦认证错误将使法官陷入进退两难的不利状态;一些证据之间并非独立存在,相互间存在牵连,其证明力比较是较为复杂的形式逻辑、生活经验法则、专业技术知识综合运用的过程,非当庭能够完成,事后在制作裁判文书过程中仔细思考更为稳妥;如果案件无须当庭宣判,则并不需要当庭认证,一些案件当庭认证后,反而使案件丧失了调解的契机,也容易使一些当事人将矛头指向法官。

(3)相互发问及法庭询问

这个环节有时会被法官和当事人所忽视。实际上,在面对庄严肃穆的法庭,通过互相发问和法庭询问,运用一些交叉询问的技巧,确有可能揭开案件的真相。相互发问及法庭询问往往发生在当事人对基础事实存在"或黑或白"的不同陈述、当事人对案件事实陈述及其证据等出现明显矛盾或不合理之处、当事人遗漏对案件审理有重大影响的事实等情形下。对证人出庭作证时亦适用。为取得较好的效果,当事人与法官应当形成默契,相互配合。如设置较为周密的问题,能够获取真相而避免当事人警觉;利用法庭这一庄重的场景、法庭纪律的警示及法官的严正敦促形成强大的心理压力,最后使其不得不实事求是;循循善诱,引导当事人充分表达,即使明知其在说谎,"不怕多说,就怕不说";注重记录,情景代入,提出不合理疑问,细节处求证。如某建设工程分包合同纠纷案件,被告出具了收条一份,称已经通过其妻子将30万元现金交付给了原告,原告矢口否认收款,并表示收条是提前制作好并签字的,但是一直没有收到该款。为了查明案情,在法庭询问环节,被告一步步陈述:"家里开机械加工厂,本身就有存放现金的习惯""妻子晚上8点半一个人从箱子里拿着钱打黑车到原告家中交付""当天没有月亮,走的是沿海中线,大约27公里”等。庭后法庭向气象部门求证当晚整个区域一直下着小雨且夹着雪花;向交警部门调取录像,某必经路段在被告陈述的一小时期间并无其所陈述颜色、款式的汽车经过;被告家附近300米处即有银行,其土地拆迁款5万多元一直在银行中存立定期存款等。最后,以被告所陈述事实矛盾、证据不足为由,不予采信。

案例22-2 ▶ 案由:劳动争议

原告:包某。被告:上海中天华汇业有限公司。

【案情】原告包某原系被告员工,入职被告单位已经9年余,双方签订劳动合同,原告的工作岗位为核箱员。后被告因生产经营所需,取消了核箱员岗位,将所有该岗位员工的岗位调整为码头理货员,且待遇不变。原告以生产条件发生变化、年近退休无法胜任为由拒绝参加新岗位工作,连续十余日上班打卡但不从事具体工作。被告遂以原告不服从工作安排为由发送解除劳动通知书。包某向劳动争议仲裁部门申请仲裁,以被告违法解除劳动合同为由要求被告支付赔偿金。后劳动争议仲裁部门驳回了包某的仲裁请求。包某不服,起诉至法院。

【审理】在法庭调查阶段,双方所有证据已经质证完毕。法官进行询问,括号内为法官心证的过程。

审:被告,你们单位有多少员工?(你们单位是否职工人数25人以上,根据规定必须建立工会或者参加区域内联合工会)

被代:我们公司有1000多人,我们母公司有2000多人,是中型企业,不仅吸纳了较多人就业,也为国家和地方财政作出了贡献。

审:作为代理人,你进入单位多久了?从事人事经理岗位多久了?(你作为人事经理,是否清楚公司的规章制度,在涉及员工重大权利义务的事项时尽到足够的说明、注意义务)

被代:我进入单位五年了,担任人事经理已经3年了。

审:你们单位的工会主席是哪一位?(既然你这么清楚单位,抛个问题试试)

被代:我们单位的工会主席就是我们的法人、总经理陈某某,他应该很早之前就是工会主席了。

审:(根据《企业工会工作条例(试行)》第24条,企业行政负责人、合伙人及其近亲属不得作为本企业工会委员会成员的人选。很显然,陈某某不可能是工会主席)那你们提出与原告解除劳动,有没有通知工会。

被代:我们认为,像原告这样严重违反公司规章制度的行为,可以直接予以开除,无须通知的。

审:(不正面回答,那就说明没有通知过工会)

【评析】在本案的法庭调查中,法官提出了四个问题,逻辑上具有先后衔接性,且均有一定的隐含目的。被告代理人均未警觉法官提出各问题的出发点,最后暴露出"被告代理人作为人事经理居然不清楚工会主席是谁""被告解除与原告的劳动合同时,没有通知工会"这一对案件审判具有重大影响的事实,为案件的判决奠定基础。

法官在法庭发问的环节,问的问题不可能是废话;即使是废话,也是希望让当事人或者代理人放松警惕的"烟幕弹";如果律师、当事人不明白法官问的问题的真实意图时,往往会陷入强烈的不安之中。

5. 法庭辩论

法庭辩论,并非仅限于法律适用部分,应当主要围绕以下几个层级进行:争议的主要证据是否应当认定;对同一证明目的的不同证据的证明力大小进行比较;案件事实认定的主要争议;适用法律的争议;应承担责任的有无及大小、具体的金额计算是否正确、合理。一些关于认为法庭辩论部分仅针对法律适用问题的观点是错误的。

在法庭辩论开始前,法官应当首先归纳本案的争议焦点,并征求双方是否有不同意见或者需要补充。如果双方提出不同意见时,可以对争议焦点进行修正和确认。争议焦点的归纳与修正应当以全面涵盖双方争议,有助于案件判决为原则。同时,法官应当对法庭辩论进行引导,促使当事人双方围绕争议焦点发表辩论意见。

案例 22-3 ▶ 案由:建设工程分包合同纠纷

原告:隆鼎金属制品厂。被告:大旗建设工程有限公司。

【案情】被告作为建设工程施工总承包方承包了某办公大楼工程,后将涉案工程的玻璃幕墙部分分包给了原告。原告起诉被告主张欠付工程款650万元。

【审理】审:本案经过了半年鉴定工作,一次证据交换以及两次庭前会议,现在庭审已经进入法庭辩论阶段。本庭首先归纳双方争议焦点如下:(1)对于其他934.5万元历次通过承兑汇票、项目经理个人转账、代付等支付的款项没有异议,双方之间的已付款差距为72万元,即原告所欠周玲莉357万元石材款由被告承担后的减让款72万元,是否应当认定为已付款。(2)本案的应付工程款即为原告分包的玻璃幕墙工程的工程造价,在审理中依照双方提供的固定总价/固定单价的不同,按照两套鉴定方案进行鉴定,鉴定意见书中又分别提出了无争议部分金额和有争议部分金额两部分内容(是否按照招投标文件的下浮率下浮、中空钢化玻璃幕墙及电泳料铝型材材料补差)。这样,实际上鉴定意见总共有8个金额。请双方围绕应采用哪套鉴定方案、是否下浮、是否进行材料补差提出明确的主张和相应的理由。(3)原告在本案中主张工程款是否已经超过了诉讼时效,或者说诉讼时效的起算点。双方对本庭归纳的争议焦点有无异议或补充?

原代:没有异议。

被代:对法官归纳的争议焦点本身没有异议。但我们希望新增一个争议点,这个在上次庭前会议上已经提到,我方主张,虽然合同无效,但应当参照合同支付工程价款。所以,原告还应当参照合同约定,在应付款中扣除相应的水电费、施工人员保险费。

审:原告什么意见呢?

原代:这一块我方不同意扣除,因为水电费其实施工过程中已经扣除了,施工人员保险费也并非被告所支付。

审:法庭的问题是,有关扣除相应的水电费、施工人员保险费是否存在争议,是否归入争议焦点?并非指对该问题的具体意见。

原代:存在争议,同意归入争议焦点。

审:那么,我们争议焦点4为原告施工的工程价款中是否应当扣除施工水电费、施工人员保险费及相应的金额。

原代:没有异议。

被代:没有异议。

审:请双方围绕争议焦点发表意见,注意紧扣争议,原告、被告的意见及理由,之前在庭前会议、法庭调查环节已经阐明的意见可以简略表达。另外,由于时间关系,法庭辩论环节安排两轮,如果有发表不到位,可提供书面代理词。但谢绝本次开庭辩论部分未涉及部分。

【评析】争议焦点也是在庭审中不断产生、转换、消灭的。

而没有归纳争议焦点、没有法官引导和规制的法庭辩论,往往使辩论成为空洞的陈述、演说和情绪发泄,不仅造成程序的拖沓、矛盾的升级,也无助于案件的裁判。

法庭辩论中常见的一种情况是当事人在辩论时,又提出新的事实和证据,法官可视情况宣布中止辩论,恢复法庭调查,但并非必然准许。当事人在辩论阶段又提出新的事实和证据,本质上是诉权的不当行使,可一不可再,不应随意准许。法官应当如上所述询问具体的新的事实和证据是什么、为何不提前提交、与本案争议焦点是否存在实质关联性,并作出是否中止辩论、恢复法庭调查的决定。

在法庭辩论时,法官不得对案件性质、是非责任发表意见,不得与任何一方当事人进行辩论,以免产生倾向性意见,引发当事人异议。经过数轮辩论后,法官根据辩论情况征询各方当事人,如无补充意见,宣布辩论结束。

6. 最后意见

根据《民事诉讼法》第 144 条的规定,法庭辩论终结,法官按原告、被告、第三人的顺序要求各方陈述最后意见。

该最后意见应当是各方最终的、深思熟虑的意见,而不是就具体问题展开陈述、辩论等。原告的最后意见往往是:“请求法庭支持原告的诉讼请求”,被告的最后意见往往是:“请求驳回原告的诉讼请求”“请求驳回起诉”“请求依法判决”等。也有少数情况下,会出现“原告主张合理有据,我方暂时无力承担,请求法院酌情调解”等。

在此阶段，即使当事人存在代理人，法官也要征求当事人对案件的最后意见以充分保障其诉讼权利，并及时捕捉其可能展现的案件客观事实、不利自认以及诉讼请求全部或部分放弃等与代理人意见不一致之处，经确认后应以当事人意见为准。

7. 询问调解意愿

在最后意见陈述完毕后，法官应当及时询问双方的调解意愿。如果双方均有调解意愿，可以当场进行调解工作；如果双方或者一方没有调解意愿，可以不组织调解，也可以预留窗口期再行召集当事人进行调解。一些案件经过开庭审理的法庭调查、法庭辩论和最后陈述后，案件事实已经清楚，争议不大，则调解的可能性不大；一些案件虽然当事人回复“不愿意调解”，但其代理人可能已经认识到案件的基本走向和诉讼风险的，仍可以在庭后组织双方进行调解。除非案件事实已经清楚，法官的心证已经形成，而当事人的调解工作又异常难做，案件即日可作出判决而无必要花费精力调解。

当双方都有调解意愿时，可以让双方签署庭外和解表，根据《民事诉讼法司法解释》第 243 条的规定，可以扣除审限，法院也有了相应的缓冲时间撰写裁判文书。在调解过程中，一方面，可以了解当事人双方对案件的真实意图和心理预期，作为最终裁判的考量因素；另一方面，适度释明诉讼风险，引导当事人对案件最终判决的心理预期朝理性方向发展，增强裁判的可接受性。

具体有关建设工程案件的调解，将在第二十五章中展开。

8. 当庭宣判

如果案件被告缺席且案情清楚，法官在提前撰写好判决书主文的情况下，案件也可以当庭宣判。当庭宣判对法官的要求较高，要求对案件提前阅卷、询问案情非常充分，同时对案件作出裁判的各个程序性和实体性问题的方方面面均考虑周详，最大的难点在于当庭认证和“本院认为”及“判决主文”。大多数当庭宣判的案件实际上是已经撰写好裁判文书的。在建设工程合同纠纷案件中，往往仅出现在欠付工程款明确、当事人对事实没有争议或者原告诉讼请求无法支持等情形。

案例22-4 ▶ 案由:建设工程分包合同纠纷

原告:王载良,委托诉讼代理人肖某。被告:柳宇。

【案情】原告诉状上,第一被告为柳宇,第二被告为天津市施罗德飞帆有限公司。在立案时原告将第二被告予以划去并签名。

原告起诉要求被告支付劳动报酬款726,020元及利息(至付清此款时)。事实与理由:2017年7月22日,被告柳宇与原告签订了一份《工程承包协议》,双方约定原告承包某海滨花园小区项目C地块1#-34#楼的屋面防水、保温、屋面瓦安装工程,包工价格为60元/m^2。该公司经原告及下属工人施工后,原、被告双方没有及时结清账目,现被告欠原告工程劳动报酬款726,020元,有第三人彭军在场证明。

原告提供了如下证据:(1)《工程承包协议》,原告拟证明原被告之间存在建设工程分包合同关系及具体约定。原告提供的系原件,可予以认定。(2)《王载良工程量》,拟证明原告施工工程量及彭军签字确认尚欠726,020元,彭军与柳宇均系天津市施罗德飞帆公司的人员。法官经审查后认为,该证据并无被告或其授权的人签名,也没有其他证据予以佐证彭军的身份情况,难以认定。(3)收条两份,系中建某局项目部出具的,载明收到C区天津市施罗德飞帆公司住房押金2000元,原告拟证明被告曾为原告支付住房押金的事实。但该两份收条日期分别为2011年9月18日及2012年2月13日,而原、被告之间的合同签订于2012年9月23日,收条上也无法反映柳宇的相关情况。故该证据与本案无关,难以认定。

其后被告柳宇下落不明,需要公告送达。

【审理】公告之前,法官给原告王载良及其委托诉讼代理人肖某分别打了两个长达一小时的电话,阐明本案原告提供的证据既不能证明原告所施工的工程价款,也不能确认被告所欠的工程款,案件存在较大的诉讼风险,同时被告需要公告,对原告的举证责任更加重,希望原告及时补充证据或者案件暂时撤回起诉,待收集到充分、确切证据后另行起诉。但均无果,原告王载良及委托诉讼代理人肖某均自信满满,认为本案没有诉讼风险。

公告期届满后,开庭审理。庭审活动记录如下:

审:原告刚才到法庭迟到了十多分钟,也没有提前向法官报备。现对你方进行训诫。请起立。(原告及委托诉讼代理人起立)法院代表国家行使审判权,开庭是严肃的司法行为,必须予以尊重。原告在传票规定的时间应当及时到达法庭甚至提前达到法庭,提前做好准备,现在原告迟到十分钟才到庭参加诉讼,且无正当理由,造成了庭审延迟,现在法庭予以口头批评,清楚了吗?是否认识到自己的错误?

原代:清楚了,向法庭致歉。

审:请坐下,下面开始法庭调查。

原代:诉讼请求(……)事实和理由:(详见起诉状,略)

审:法庭向原告进行询问,第一个,你所谓的利息从什么时间开始计算?计算到什么时候?是以什么样的标准?你诉状之中并不明确,法庭要求你当庭予以明确。

原代:从起诉之日起,到付清之日为止,按照同期银行贷款基准利率计算。

审:第二个问题。劳动报酬款726,020元,这是你自己给柳宇干的活还是你包过来包括手底下的工人给柳宇干的活的钱?

原告:主要是从柳宇手里包过来的,跟工人一起干的活的钱。

审:下面由原告就自己的主张提供相应的证据,按照证据清单来。

原代:共有四份证据,第一份是原被告身份复印件,第二份是工程建设承包协议书,第三份是结算清单,第四份是收条。

审:身份证复印件本案中不属于证据,原告身份证及被告户籍查询信息,均已经过核对。第二份是承包协议吧?证明目的是什么?

原代:(出示原件)是的,证明双方工程承包的事实。

审:第三份证据是结算清单,证明目的?

原代:(出示证据)通过劳务工程结算,由他的项目经理彭军签字,他是柳宇所挂靠的公司的项目经理,柳宇跟彭军都是该单位项目经理,一个搞承包的,一个搞结算的。

审:彭军是柳宇的人,还是跟柳宇一样所属一个公司?什么公司?

原代:柳宇跟彭军就是公司下派的人,他们公司就是天津市施罗德飞帆公司,柳宇是承包项目的经理。

审:有什么证据证明柳宇是项目经理吗?

原代:暂时没有,法官可以去调查。

审:第四份证据收条?证明目的?

原代:第四份证据收条,就是当时我们在进场的时候,他们收取我们的费用都是由天津市施罗德飞帆公司收取的,这个钱还是我们原告垫付的。

审:一共2000元是吗?其他的还有吗?

原代:是的,这个钱还是我们自己掏的。其他的没有了。

审:原告对事实部分和书面证据有无新的补充?

原代:没有了。

审:法庭调查结束,下面进行法庭辩论,由原告发表辩论意见。

原代:被告柳宇是天津市施罗德飞帆公司的承包项目经理。原告为被告施工,被告尚欠我们实际工资劳动报酬22万多元。有该公司的彭军证明。我们认为柳宇是代表公司、受公司授权的职务行为。请求支持原告的诉讼请求。

审:发表第二轮辩论观点时已在第一轮辩论中阐述过的观点无须重复。原告有无第二轮辩论观点?

原代:我方要求被告柳宇及其所在的公司天津市施罗德飞帆公司支付我们的劳务报酬款。

审:你所起诉的被告并没有天津市施罗德飞帆公司啊?

原代:嗯。我们认为他们挂靠的公司就应当承担我们的劳动报酬。

审:原告已无新的辩论意见,法庭辩论结束。请原告陈述最后意见。

原代:请求法庭支持原告的诉讼请求。

原告:我同意我律师的意见。

审:因被告未到庭,本庭无法组织调解。下面休庭10分钟,由合议庭对本案进行评议。原告方请退庭。(敲……)

审:(敲……)下面恢复开庭。下面恢复法庭调查,询问原告。柳宇有没有付过你方工程款?

原:付过的,付过别的地方的工程款项,比如,湖北的、世贸的。付过几十万元是有的。具体付过多少不清楚。

审:本案因原告系不具有施工资质的个人,双方之间的合同系无效合同。但是,根据原《建设工程司法解释》第2条,涉案工程已经竣工验收的,承包人有权请求参照合同约定支付工程价款。原告是否清楚?

原代:对合同效力清楚了。

审:对本案法庭调查、法庭辩论等还有其他要补充的吗?

原代:这个事情,柳宇是基于天津市施罗德飞帆公司授权签订的合同,是职务行为。其他补充意见没有了。

审:(与陪审员点头示意交换意见)经过刚才合议庭评议,合议庭认为,本案事实清楚,证据充分,决定当庭宣判。法院对原告提供的证据认证如下(略),查明事实如下(略)。

法院认为,当事人对自己提出的主张,有责任提供证据。本案原被告之间存在建设工程分包合同关系,因原告系不具有建筑业企业资质的个人,合同效力系属无效。但原告既未举证其已经完成了施工、涉案工程已经竣工验收合格,亦未举证其所施工的工程量,其所主张的工程款726,020元没有任何证据能够证明。同时,原告在法庭辩论阶段认为被告的行为系职务行为,要求判令案外人天津施罗德飞帆有限公司承担责任,显然超越了诉讼权利。故原告举证不足,其诉讼请求,法院予以驳回。被告经法院合法传唤无正当理由拒不到庭参加诉讼,依法缺席判决。依照《合同法》第52条第5项,原《建设工程司法解释》第1条第1项、第2条,《民事诉讼法》第64条第1款、第144条[1]之规定,判决如下:(全体起立)

审:驳回原告王载良的诉讼请求。(敲……)本案受理费4690元,由原告王载良负担。(请坐)如不服本判决,可在判决书送达之日起十五日内,向法院递交上诉状,并按对方当事人的人数提出副本,上诉于中级人民法院。以上判决为口头判决,书面判决庭后十日内领取。原告是否听清楚?

原代:清楚了。我们从外地过来不容易,能否尽快给我们判决,我们需要提起上诉。

审:那么你们在审判庭等候半小时,半小时内领取判决书。

【评析】本案原告及代理人对建设工程法律不甚理解,也拒绝了法官的释明和引导。本案案情简单,真正能够认证的证据仅有合同,对于原告而言其他所谓的证据根本无法达到其证明目的。法官预估到了该种结果,故提前准备了判

[1] 现为2023年《民事诉讼法》第67条第1款、第147条。

决书，在取得合议庭一致意见后，于当事人最后陈述后径行作出了判决。

半小时后，原告收到判决书。其与代理人在审判庭当庭书写了上诉状。四个半月后，二审法院对本案作出了维持原判的判决。

9. 下一步安排及处理

不当庭宣判的案件，法官可以对下一步的计划作出安排。一方面，让参加庭审的各方清楚未完成事项，使案件争议问题更加集中；另一方面，也有助于实现司法公开的要求，促使各方及时行使诉权，保障诉讼的高效运转。在此环节，法官可以着重做好以下几个部分：

（1）本案是否定期宣判，宣判时间、地点是否确定；

（2）本案是否另行组织调解，调解时间、地点是否确定，调解有无前提条件，调解的参加人是否有具体要求；

（3）本案是否需要再次开庭，下一次开庭是否有必须要到庭的人员；

（4）双方需要补充什么证据，是否应当提出鉴定申请，是否应当补充书面的质证意见和代理词，应当在几日内提供；

（5）本案是否需要组织现场踏勘，是否需要提前与相关单位和部门沟通协调；

（6）其他有助于案件下一步决断、处理的事项。

也有些案件，如果在庭审之后，法官认为基本上可以作出判决，但又不想将宣判时间提前限定，可以在征求双方当事人的意见基础上作出安排："本案经过开庭审理，本庭将庭后充分考虑双方当事人及代理人提供的证据、发表的意见，及时作出判决。宣判时间现在无法确定，届时将以简便方式（电话、短信等）通知，经过征求双方意见，双方均表示不参加宣判，我们将邮寄送达判决书。如果经过研究，案件需要另行组织开庭，我们也将及时通知双方。"双方均表示无异议的，案件是否宣判、何时宣判等主动权均由法官掌握。

10. 庭审次序的优化

以上第 3 条至第 8 条系庭审的一般流程。但是法庭调查、法庭辩论部分实际上并不一定按照上述流程按部就班进行，而是根据具体的案情灵活调查。相关依据为《民事诉讼法司法解释》第228条，该条规定：“法庭审理应当围绕当事人争议的事实、证据和法律适用等焦点问题进行”；第230条，该条规定：“人民法院根据案件具体情况并征得当事人同意，可以将法庭调查和法庭辩论合并进行。”可以将庭审次序归纳为以下几种：

（1）按部就班型

即按照上述流程依次进行：原告起诉，被告答辩，原告举证并质证，被告举证并质证，双方发问，法庭依职权调取证据出示，法庭询问，法庭调查结束、开始法庭辩论，法官归纳争议焦点，原告辩论，被告辩论，原告二次辩论，被告二次辩论，法庭辩论结束、双方最后陈述。该种方法中规中矩，不会遗漏证据，缺点是针对性不强、庭审过程拖沓、争议焦点不够鲜明。

（2）争议焦点型

即按照下列流程依次进行：原告起诉，被告答辩，法官归纳无争议事实和争议焦点，无争议事实所涉证据略记，对争议焦点一双方举证、质证并辩论，对争议焦点二双方举证、质证并辩论，对争议焦点三双方举证、质证并辩论，双方最后陈述。该种方法对法官阅卷和庭审驾驭能力要求较高，针对性较强，同时对同一证明目的的证据进行统一比较，有利于尽快确定证明力大小。缺点是有时也会遗漏证据，同时，有些证据可能与数个争议焦点均有关，如竣工验收报告是否真实，关系到结算条件是否成就、质保期的起算时间、保修金的返还时限计算等。

（3）请求权基础型

按照下列流程依次进行：明确原告的诉讼请求及请求权基础、法律依据，原告作为主张法律关系存在的当事人，应当对产生该法律关系的基本事实承担举证证明责任。被告主张法律关系变更、消灭或者权利受到妨害的，应当对该法律关系变更、消灭或者权利受到妨害的基本事实承担举证证明责任。依次由双方进行举证、质证，并进行法庭辩论。该种方法适用于请求权基础不明、案件疑难复杂的情形等。

建设工程合同纠纷案件审理时，一般情况下可以采用第（1）种按部就班型。如果案件证据和争议焦点较多，完全可以采用第（2）种方法，把案件进行支解、拆分，引导当事人在确认无争议事实的基础上归纳争议焦点，然后就争议焦点进行举证、质证和辩论，如分为合同效力、工程造价、已付工程款、利息计算、建设工程价款优先受偿权等。这样无论是法官还是代理人、当事人都会更加有的放矢，也有利于案件思路的统一。

第二十三章
CHAPTER 23

庭审二次架构

庭审二次架构，指的是法官在庭前会议、开庭审理后，全面分析、梳理案件原被告各方陈述、举证、质证情况，启动证明力比较和认证工作，在此基础上组织、搭建、确定案件可认定的事实，归纳争议焦点，消化当事人意见，形成内心确信，并确定二次庭审方向、具体目标、流程等的诉讼准备活动。

所以，庭审的二次架构往往适用于疑难复杂、当事人与法官准备不足、第一次开庭未能完成庭审全部流程或者需要补充二次开庭的案件，不适用调解、撤诉案件，也不适用简单案件、当庭宣判案件。建设工程合同纠纷，基于其复杂性，往往可以适用该方法。庭审二次架构的立足之本为案件的最终处理——且往往是判决，要求再次开庭基本上应当是最后一次开庭，对作出最终裁决需要完成的各项程序性工作和实体争议的前置性问题均处理完毕。通俗地说，是奔着案件“真刀真枪”地作出实体判决去的，并且愿意经受当事人各方的质疑、二审法官的再次审查和审判绩效的考核。在某种程度上，反映了法官不再寄希望于当事人撤诉、调解或者“和稀泥”式地做工作，而是法官积极又专业地行使审判职权，依法、适法、用法，实现司法的裁判、教育功能价值的具体表现。至于在此过程中案件撤诉或者当事人达成调解，则属于副产品，但法官已不再寄希望于此。

1. 无争议事实的归纳和确认

无争议事实由当事人共同对案件基本事实不存在争议的部分进行确认，归纳无争议事实是法官的基本能力之一。归纳无争议事实，能加快庭审节奏，突出案件争议焦点。

（1）无争议事实归纳的方法。可以采用以下两种方法：

①根据当事人各方的陈述、答辩意见、质证情况，排除心证的判断，进行精练、删减、梳理，整理而成。此时，无争议事实的归纳，可以在庭前会议前、庭前会议后、第一次开庭审理后等环节，仔细审核堆砌而成。归纳时，注意将与案件裁判相关（包括当事人均未注意或提及）的事实进行罗列，同时注意逻辑性。该种方法实际上与撰写裁判文书的“本院查明事实”部分差别并不大。多数案件可以采用此方法归纳无争议事实。

②要求当事人双方就案件基本事实在起诉状、答辩状的基础上进行分别陈述并制作书面的材料——基本案情，并在双方提供的基本案情材料上概括双方无争议的事实。同时，就两份基本案情材料中有争议的部分，作为争议事实，在庭审中予以强化审查。该种方法在当事人双方较为配合、诉讼能力较强的情况下适用效果较好，如仲裁案件。

（2）无争议事实的归纳注意点。对于无争议事实的归纳，应当注意以下几点：

①归纳的无争议事实，采用以时间先后顺序罗列，兼顾案件审理的思路，一切出发点系为了有助于案件处理。如常见的工程价款案件，按照建设工程施工合同签约过程（招标、投标、中标、签订合同）、履约过程（开工、工程变更、完工、竣工验收）、结算过程（送达单方结算报告、发包人委托审价、审价报告出具）、款项支付（预付款、进度款、结算款、质保金）等，时间先后次序排列，同时，可以将所有款项支付整理在一起进行。这样无争议事实会较为清楚。而如果是工程进度款支付不足的案件，则合同中有关付款进度安排和实际款项的支付累计数，应当整理在一起。

②任一方当事人缺席的案件不适用无争议事实的确认。由于无争议事实的确认是各方当事人的共同诉讼行为，对所有当事人均具有约束力。任一方当事人缺席的案件，将导致无法确认，包括其中之一的被告或者案件的第三人。

③与自认规则一致，无争议的事实中涉及身份关系、国家利益、社会公共利益，以及当事人有恶意串通损害他人合法权益可能的情况的，即使当事人无争议，法官仍然应当予以审查，要求当事人提供证据予以证明。如被告项目经理称通过其妻子贾某给原告实际施工人汇付过 20 万元，原告认可收到该 20 万元，也认可贾某是被告项目经理的妻子。该种情况下，法官仍然应当责令被告提供其与贾某是夫妻关系的证据，如结婚证、婚姻登记档案复印件等。在建设工程价款优先受偿权的案

件中，发包人与承包人有时对某些案件事实，如竣工时间、是否催讨过工程款等没有争议，极有可能存在双方合谋串通损害第三人利益的情况，法官应当审慎调查。

④无争议事实归纳时所涉的证据可以仅作证据名称的说明，不再组织一一举证、质证和认证。由于民事案件的形式逻辑是证据—举证—质证—认证—可认定的事实。无争议事实直接确认可认定的事实，作为判决评价的基础，所以，可以略过质证等环节。当当事人认为部分证据仍然有单独的证明价值而对方对证据本身存有异议的，法官仍应当组织质证。

⑤无争议事实的归纳应当公正、客观、详略得当，避免滥用。对于双方主张的有关的事实均应当予以归纳，不得厚此薄彼，尽量以第三方中立的表述归纳事实而避免评价对错、是非。同时，建议在宣读无争议事实时语速要慢，保证当事人能够听清，或者提前打印出来让当事人双方有足够的时间审核、校对。特别是建设工程合同纠纷案件，通过证据概括出来的无争议事实所涉的金额、单位、时间等较多，要允许当事人一一核对。事后发现有误的，应当本着实事求是的原则，允许修正。在归纳无争议事实时不得加入无证据支撑的、有损当事人利益的事实。

⑥当遇到部分当事人不配合确认无争议事实时，不得强求，裁判文书应载明“本院查明的事实”。“无争议事实”与“本院查明的事实”存在本质的区别。前者并非当然成为裁判所依据的事实，而要经过法官的审核、确认后才行，故裁判文书中往往在本院查明的事实部分后，加上一句话：“以上事实双方没有异议，且由原告及被告分别提供的证据结合双方的陈述予以证实，本院予以确认。”而本院查明的事实，即为裁判所依据的事实，对当事人具有既判力和拘束力。两者的第二个区别是，当案件中部分当事人对事实和证据予以确认、部分当事人不予确认时，应当适用“本院查明的事实”而非“各方无争议的事实”。如分包人以自己为实际施工人为由，同时起诉了施工总承包人和发包人。在诉讼过程中，发包人坚称对分包事宜一概不清楚，对分包人与施工总承包人之间的分包合同、款项往来、工程量确认等证据均不予以确认，并提出与其无关，事实上分包人也确实与其没有直接的关系。该种情况下可采用“本院查明的事实”的表述。当然，各方如果对“本院查明的事实”能够确认的话，则也可以达到简化举证、质证和认证的效果。

综上，无争议事实的归纳考验法官梳理、归纳、总结的能力，是法官对案件加强掌控的较好手段，也考验法官庭审的智慧。完整、合格的无争议事实归纳，将使各方摆脱冗长、低效的庭审举证、质证过程，使各方回归到案件的争议焦点上来。

案例 23-1 ▶ 案由:建设工程分包合同纠纷

原告:分包人。被告:施工总承包人。

【案情】在审理中,法官归纳本案的无争议事实如下,双方均表示没有异议:

2012 年 11 月 7 日,原被告双方签订《钻孔灌注桩施工劳务分包合同》一份,约定由原告承包某副省级城市轨道交通 1 号线二期 TJ1214 标钻孔桩施工,工程款计价方式为综合单价,包括人工费、机械费、辅助材料费、施工用电、油、管理费、利润、税金(不含营业税、城市维护建设税、教育费附加),除甲供材料以外所有的材料费以及完成钻孔桩施工所发生的一切其他费用。其中,第 19 条"劳务作业变更"第 6 款约定:"免除责任 无论本合同中任何条款的任何约定,只要不是甲方(被告)自身原因造成乙方(原告)的任何损失和工期延误,在甲方未取得责任方的赔偿前,乙方应保障甲方免于承担任何责任。"第 22 条"劳务报酬的支付"第 3 款约定:"最终支付 全部工作完成后,经甲方认可后 14 天内,乙方向甲方递交完整的结算资料。甲方收到乙方递交的结算资料后 14 天内进行核实,给予确认或者提出修改意见。双方按照本合同约定的计价方式,并经甲方上级部门审批后,进行劳务报酬的最终结算,办理竣工结算后 3 个月内支付结算报酬的 95%,甲方办理结算资料后及时向乙方支付劳务报酬尾款,预留 5% 的劳务报酬作为质保金,待桩基工程完工后 2 年无遗留问题后一次性付清。"

2013 年 10 月 9 日与 2015 年 1 月 31 日,双方分别签订了《钻孔桩施工补充协议》各一份,对合同部分内容进行了变更和补充。2014 年 9 月,桩基工程竣工。同年 10 月 25 日,双方签订《某市轻轨 TJ1214 标钻孔灌注桩施工竣工结算清单》一份,确认结算金额为 6,724,217 元,质保金为 374,147 元。2015 年 3 月 19 日,双方签订了《合同封账协议》,确认:原告所承建的被告的工程已于 2014 年 10 月 25 日全部决算完毕,工程决算总价款 6,724,217 元,被告已支付 4,754,600元,按合同规定预留工程质量保证金 374,147 元,经双方核实,所清算的工程数量、单价、总价皆清楚无误,双方对工程决算无任何异议,不存在其他遗留问题。

被告至今尚未支付原告工程款的质保金部分 374,147 元。

另外,某市轨道交通 1 号线二期土建工程施工 TJ1214 标段的建设方为某市轨道交通工程建设指挥部,中铁某大桥局股份有限公司为承包人,被告系中铁某大桥局股份有限公司的子公司。某市轨道交通工程建设指挥部与中铁某大桥局股份有限公司签订的《某市轨道交通1号线二期土建工程施工TJ1214标段合同》第2.3.20.3条约定"专业分包及劳务分包、设备租赁必须经过发包人或总监理工程师审批及备案,经发包人或总监理工程师批准的分包,分包人不得再次分包"。原告与被告之间签订的《钻孔灌注桩施工劳务分包合同》并未取得发包人或总监理工程师的批准和备案。

以上事实有原告提供的《钻孔灌注桩施工劳务分包合同》《钻孔桩施工补充协议》《某市轻轨TJ1214标钻孔灌注桩施工竣工结算清单》及(2016)浙××××民终×××号民事判决书等证据予以证实,被告没有异议,法院予以认定。

2. 争议焦点的明确和修正

与"无争议事实的归纳"一起作为一个硬币的两面的,即为争议焦点的明确。实际上,在归纳无争议事实的过程中,各方当事人对所归纳的事实问题提出的异议,为双方就事实部分的争议,经过加工、整理后,即成为争议焦点。争议焦点的明确,既要求尽量简明,又应做到尽可能具体。有些案件中,法官归纳的争议焦点过于笼统,导致双方辩论的效率非常低,如"本案的争议焦点是原告向被告主张工程欠款1200万元是否有事实和法律依据""本案的争议焦点是原告的诉讼请求是否应当得到支持""本案的争议焦点是被告的抗辩是否成立"等。也有些法官审理案件根本不归纳争议焦点,而是任由各方当事人自由发挥,进行法庭辩论、书写代理词等。**对于建设工程合同纠纷案件而言,归纳无争议事实和明确争议焦点是法官应当尽可能采用的审理方法。**特别是争议焦点归纳后,要允许各方当事人发表意见,即是否认同、是否有所补充。常见的争议焦点集中在以下几个方面:

(1)双方之间是否成立口头或书面的合同关系,被告是否是原告的合同相对人;

(2)双方之间的合同性质、合同效力;

(3)合同中约定的主要义务是否履行,是否履行完成,是否适当履行;

(4)发包人的应付工程款(工程造价)是几何;

(5)已付工程款和其他应扣款是几何;

(6)某协议、纪要是否构成结算,是"大结算"或"小结算",是否系双方真实意思表示;

(7)涉案工程是否存在质量问题和工期延误,承包人应承担何种责任及责任大小;

(8)当事人是否存在违约及其他责任、不真正义务,引起的损失大小,各方的过错和应承担的责任大小;

(9)承包人是否享有建设工程价款优先受偿权;

(10)原告的诉讼请求与请求权基础是否相一致,是否超过诉讼时效。

以上为建设工程合同纠纷中常见的十个方面的争议焦点,除此之外,还有可能存在其他方面的小的争议焦点,如利息和违约金的计算、是否适用《建设工程司法解释(一)》关于实际施工人条款等。但大多数工程欠款案件的争议焦点都可以归结到上述十个方面之中。

在具体的案件中,争议焦点可能是上述十个方面中的其中数个,实际上也应当根据案情进行细化。如标前合同、备案合同及备案后签的《补充协议》三份合同的关系、性质和效力,应当以何者作为发、承包双方进行结算的依据;被告主张的已付款30笔中,有两笔系汇款至原告承包人的项目经理个人账户,该两笔是否应当认定为已付工程款;发包人在擅自使用的情况下,承包人应当承担工程质量保修责任的保修期起算是从转移占有之日还是从工程质量缺陷整改完毕之日等争议焦点越集中、具体,案件审理思路就越清晰。

3. 争议焦点充分调查和辩论

在归纳争议焦点后,应当对争议焦点提请双方进行充分的辩论,并要求双方如果有对该争议焦点的补充证据,应当及时提供并组织调查。例如,原告分包人主张非合同范围中的部分工程系由其施工,系被告总包人的项目经理口头指示,但未能提供相应的证据,而被告总包人对上述事实拒不承认。在二次庭审架构中,法官要求原告进一步提供其在合同范围外施工的确切证据、被告授意或者默许的证据,并释明如果举证不能可能导致的不利法律后果。

在就争议焦点进行辩论时,法官应当注意以下几点:

(1)无争议事实、已查明事实部分不允许辩论,更不允许随意反悔、撤回

有些当事人对自己确认的事实随便变更、反复,将案件复杂化,制造麻烦和混乱,希望扰乱法官思路、乘机"浑水摸鱼",对该种行为必须予以规制。如某代理律师开庭时发表辩论意见第一句是:"之前我方的陈述与今天不一致的,以今天陈述为准。"无争议事实、已查明事实是归纳争议焦点的基础,任由当事人对其突破不仅有违诉讼诚信,更将导致案件审理的混乱。故法官应当及时提醒,如多次重复则应当予以打断、制止。

(2)能够明显判断的争议焦点点到为止

该类争议焦点或系法律适用问题并无更多的技术含量,或系法官已经充分了解双方实质性争议并已经形成了足够确定的内心确信,故无须过多辩论,当事人点到为止即可。如"承包人没有建筑业企业资质证书所签订的合同效力""未结算的工程欠款是否已经超过诉讼时效""无效合同项下发包人能否请求参照合同约定结算工程价款"等。如果当事人或者委托诉讼代理人浑然不知,法官可以及时提醒:"有关本项争议,双方已经对各自的意见进行了完整的阐述,本庭已经充分听取,如果双方没有更多的实质性意见,我们对于该争议焦点的辩论到此为止"等方式引导双方及时停止无谓的辩论。

(3)法官不懂的部分应当要求当事人重点辩论,这往往是涉及工程技术方面的争议

当事人可以准备运用可视化的各种方法,如图表、模型、动画、照片、视频、举例、比对等方式予以展示。如某土方工程中,招投标文件中设定的放坡系数为0.75,但实际上现场的施工条件根本无法满足。案件的争议焦点,即为按照合同文件规定的系数计算土石方的工程量,还是按照实际开挖时的施工工作敞口情况计算。面对这样一个争议焦点,当事人可以准备的补充材料有:有关权威规范、教材中"放坡系数"的概念;涉案工程土石方工程的施工平面图和剖面图(也可以用示意图)用以书面展示放坡系数的计算方法即 $m = b/h$,土壁边坡坡度的底宽与基高之比;放坡系数的确定所涉及的参考因素,如土壤类别、深度、含水量、基坑开挖和支护方法、周围环境等;实际开挖的基坑敞口和支护方法等。如果法官一时无法理解,应当允许当事人就该争议问题再次阐述、说明。一般情况下,当事人及委托诉讼代理人均愿意尽最大可能向法官解释说明,以争取案件朝有利己方发展。在此需要说明的是,法官在听取当事人的意见后,应当另行向有关单位、专家核实,或者

自己通过权威渠道小心求证,防止偏听偏信、被当事人或委托诉讼代理人误导。如【案例 12-5】中,为了求证 B-36 是属于钢结构专业分包资质范畴还是属于屋面防水资质范畴,法官曾向三十余位监理工程师、结构工程师、造价工程师、建设主管部门工作人员及高校学者等求证探讨,获得的答案是两者各自参半,当事人拟进一步补充证据,但证明力均不高。直到法官购买了相应的工程技术专业书籍《钢结构》后,这个问题才获得真正解决。

(4)合同效力和请求权基础必须提及

作为合同案件的审理基石,双方当事人特别是原告,就合同效力及请求权基础必须明确表达,另一方有不同意见的也应该充分阐明。如果当事人在法庭调查和法庭辩论环节没有明确,法官可主动询问要求当事人予以明确。

4. 争议焦点与无争议事实的转化

争议焦点与无争议事实,并非泾渭分明,也并非审理伊始就能轻易剥离。在诉讼的过程中,随着时间的推进、矛盾的演变当事人的心理状态可能发生不断的变化,可认定的、具有较强证明力的证据越多,当事人越有可能实事求是,避免隐瞒和刻意歪曲事实。随着审理的进程,不断抽丝剥茧、层层深入,无争议事实逐渐明朗、增多,争议焦点越发集中、具体,最后拨云见日,泾渭分明,二者均不再变化。在此过程中,法官作为裁判者,逐渐形成并强化自己的内心确信。

所以,争议焦点归纳以后的继续调查,有可能是当事人就该争议焦点阐述清楚、不再保留争议,或者通过放弃、协商、交易、调解等消弭了有关该争议焦点的矛盾,故此争议焦点将不再保留。如果是就事实达成一致的,则共同确认为无争议事实的一部分,如果是就损失范围和金额、责任承担、款项交付等权利义务达成一致的,则可以在裁判文书中作出表示为“双方一致确认”的方法,如“双方共同确认原被告双方就施工期间建筑工人意外身亡的人身损害事故分别承担 2:8 的赔偿金额”“双方共同确认原告施工人逾期完工 245 天,其中可顺延天数 180 天,超期 65 天,应按照合同约定的 5000 元/天承担相应的逾期竣工违约金”。

另外,在归纳无争议的事实以及在对其后的争议焦点进一步调查和法庭辩论时,仍然有可能发现双方在争议焦点以外还存在其他的争议,所谓的“无争议事实”中仍然存在当事人实际上有争议的部分。对此应当及时对该部分进行切割,如果不能达成一致，也应当增加争议焦点，并要求就该部分进行充分举证并应在法庭辩论部分重点辩论。需要特别指出的是，如果当事人在法庭调查部分没有提出，而是在法庭辩论部分纯粹抛出之前并未提出的单方主张事实且未提供证据予以证实的，经释明后法院可以不允许就该部分恢复法庭调查。理由是，该种情况下当事人明显具有诉讼恶意，如果随意允许法庭辩论阶段就无争议事实予以推翻或者提出新的事实，将极大地妨碍诉讼进程。换句话说，诉讼庭审的主导者应当是作为居中裁判者的法官，法官不能被任一方当事人随意“牵着鼻子走”。

争议焦点与无争议事实的转化，可能发生在庭前会议中、证据交换后、法庭调查后、法庭辩论后甚至庭审结束后。二者是此消彼长的关系。理想的审理结果是无争议事实归纳完整、清晰，争议焦点数量较少但明确具体，且往往系法律适用问题，法官基本已经经过审理后形成了内心确信和价值判断。该种情况下，法官据以尽快作出判断的可能性较大。

5. 诉讼请求与请求权基础的二次审查

在经历上述无争议事实的归纳、争议焦点的明确和修正的环节后，为了下一次开庭取得较好的效果、避免重复开庭，法官应当在查明既有事实的基础上，对诉讼请求与请求权基础进行二次审查。如原告诉请要求被告支付欠付工程款 140 万元，但经过工程造价司法鉴定工程造价为 940 万元，庭审调查的无争议事实中原告已经领取的工程款为 970 万元，实际上原告不仅已经超额领取了工程款，还面临着超付工程款返还的问题。再如，原告要求甲和乙两公司承担连带责任，但一直未能明确，甲公司与乙公司何者承担基础付款责任、何者承担连带责任以及要求承担连带责任的依据和基础是什么。如原告认为丙个人与其存在合同关系，要求丙承担付款责任，同时认为丙的行为构成对丁的表见代理，要求丁承担连带责任，其所主张的法律关系本身存在矛盾等。上述举例的三种情况，法官均可在查明后及时行使释明权，询问原告是否变更诉讼请求、明确相应的请求权基础等。

本篇小结

本篇从案件审理程序的角度，对建设工程合同纠纷案件应当注意的环节进行了完整梳理。特别是庭前会议、调查取证、释明权行使以及现场勘验，体现了本类型案件相较于其他类型案件的特殊性。在开庭审理的过程中，法官也可以采用庭审流程优化、庭审二次架构的方法以提高审理的效率。而无争议事实的归纳与争议焦点的修正则是相辅相成的两个环节，对于案件审理化繁为简、明确审理思路具有重大的作用。

第六篇　审后程序

- 第二十四章　案件决断
- 第二十五章　调　　解
- 第二十六章　民事判决书的制作与改进
- 第二十七章　建设工程合同纠纷案件二审

在经历证据交换、庭前会议、开庭审理及相应的多轮操作后，案件进入审后状态。主要工作核心即为法官如何尽快高质量地将案件审结。故案件审后程序必然以案件决断为核心，以案件审结为目标，运用各种手段使案件得到有效处理，并考虑案件法律效果和社会效果的统一。

第二十四章
CHAPTER 24

案件决断

案件决断指的是案件实体处理的最终判断,指的是实体性决断,是法官审理思路、裁判思路的集中体现,但不包括审理过程中的各种程序性问题的处理。经过阅卷、询问、证据交换、现场勘验、开庭审理(法庭调查、法庭辩论、最后意见)、调解等审理过程,以及非正式的谈话、走访了解、案件讨论等,法官对案件会形成完整的判断,并为案件最终处理奠定基础。对于审判法官而言,如何尽快以风险最小的方式将案件审结系内心的出发点。在此,除了较为特殊的“发现不具有管辖权而裁定移送有管辖权的法院”的情况以外,深入讨论以下三种结案方式的优选问题。

撤诉、调解、判决三者,系根据不同的案件具体情况,由法官依据自己的能力、经验、判断进行综合、灵活运用的决断方式。一般而言,撤诉的“性价比”最高,调解次之,判决最次。就建设工程合同纠纷而言,撤诉、调解贯穿整个诉讼过程中,也许会产生迂回,也许时机一蹴而就,但不管怎么样,法官不能寄希望于撤诉与调解,判决是最终的落脚点,许多时候只有对相关的争议如何判决已经心中有底,调解与撤诉才会可能。

1. 是否有望撤诉

撤回起诉,简称撤诉,是指在人民法院受理一审案件之后,宣告判决之前,原告要求撤回其起诉或者撤回对部分被告起诉的行为,体现了原告对自身诉权进行自由处分的权利。对法官而言,撤诉案件将计入调撤率,基本没有信访风险,没有事实认定风险,无须组织排庭、拟定庭审提纲和组织开庭,无须花费大量的精力撰写判决书，拟定并签发撤诉裁定书基本半个小时内可以解决，裁定书一经送达即时生效。对于一些案件系当事人自行和解或者经主持调解好后履行完毕而撤诉的，往往案结事了，纠纷矛盾处理完毕。对当事人而言，相应的诉讼费用可以部分退还；如果法庭辩论尚未终结的话，可以变更相应的诉讼请求，那么可退回的诉讼费用将更加高。需要指出的是，如果案件本身有保全的话，即使当事人没有申请撤回保全，撤诉本身实际上构成《民事诉讼法司法解释》第 166 条第 1 款第 4 项“人民法院认为应当解除保全的其他情形”，法院也应当依职权予以解除保全。

常见的建设工程合同纠纷撤诉情形有以下十种：

（1）主体不明

不能确定明确的被告，无法提供被告准确的身份信息或注册信息。如仅提供被告个人的电话和地址，无法确定被告是否真实存在，或者被告为法人的，无法查询获得相应的工商登记信息。虽然该种情况也可以驳回起诉，但引导当事人撤诉是更优的选择。

（2）主体不适格

如公司授权员工签订建设工程分包合同，但原告错误地起诉了该员工个人。

（3）缺少关键性证据原件

如合同原件、欠条原件遗失等，导致原告所主张的事实基本上不能成立的。

（4）非司法手段更为快捷

建设工程合同纠纷案件的审理同样必须遵守《民事诉讼法》有关审理程序的规定，案件审结到生效往往会经过数月至数年之久，双方都将投入大量的精力。有时，双方通过互相信任的第三方进行调解、协商，反而能够较快地处理纠纷。如 2017 年，北京市成立了北京市建设工程造价管理协会经济纠纷调解中心，拥有一定数量有经验的建设工程经济纠纷处理专业人士，很多时候，通过该调解中心解决纠纷，反而比通过诉讼解决更为便捷高效。

（5）法院不具有管辖权

如原被告双方之间实际上存在仲裁协议、明确约定纠纷处理方式为仲裁且选定适格的仲裁机构，案件应当驳回起诉的；或者受诉法院并非建设工程所在地，案件需要裁定移送具有管辖权的法院。在此种情况下，引导、动员原告主动撤回起诉未尝不是一个较好的选择。当事人应当考虑到受法院之间的移送程序限制，法院间的移送可能需要较长时间，远不如自己撤诉后重新去涉案工程所在地法院重新立案来得方便快捷。当然，有管辖权的法院存在立案困难情况则另当别论。

(6)按撤诉处理

诉讼中会存在一定数量的案件，原告未能在通知预缴受理费后7日内缴纳，或者在传票通知的开庭日忘记出庭，按照《民事诉讼法》第121条、第146条的规定，可以裁定按自动撤诉处理。

(7)撤诉为协商的先决条件

一些从事建设工程行业的人，或者来自乡土人情较为浓郁地区的人，对诉讼行为的认知较为机械和感性，有时觉得自己所述一言九鼎，可以答应一定时间内支付工程款，但前提是要求原告先撤回起诉，理由诸如“被人起诉要走霉运”等。如果原告愿意相信，法官当然也准许撤诉，毕竟不影响当被告未履行时原告可以再次起诉的权利。

(8)案件需要中止

有些建设工程合同纠纷案件，被告涉及刑事犯罪处于刑事侦查或者羁押状态，无法会见、开庭，本着“先刑后民”的原则，案件应当裁定中止审理。也有一些案件，需要以其他案件的审理结果作为定案的依据，也应当中止审理。在此种情况下，也可以引导原告暂时先撤回起诉。

(9)诉讼目标阶段性达到或者完全达到

有些建设工程合同纠纷案件，原告起诉要求合同相对人支付欠付的工程款，以应对年关的农民工工资等。如果双方经过协商，合同相对人愿意先支付一部分以应急，剩余部分通过委托第三方审价或者另行协商的方式确定的，也可以暂时撤回起诉。如通过诉讼，被告已经自觉履行了相应的工程欠付款项，双方已经不存在争议，此时撤诉，皆大欢喜。

(10)案件将要败诉或者诉讼意图不能实现

如通过法庭调查和法庭辩论，原告对诉讼结果已经有充分的预期，就目前的阶段而言，案件极可能败诉，则可能暂时撤回起诉，留待寻得更有利的证据时再行起诉；或者即使胜诉，但是由于被告对外尚欠巨额债务，参与分配无望，实际上无法实现债权等，原告也有可能申请撤诉。

在时间上，撤诉可以贯穿于诉讼的全过程。立案以后经过承办法官审查，如果发现案件实际上是诉讼主体有误、案件不可能胜诉、实质目标无法达到等，均可以联系原告引导其撤诉。也有部分撤诉出现在案件已经经过了庭审、调查以后等，如果系出于当事人的真实意思表示,也应当准许撤诉。

需要特别注意的是,《民事诉讼法》第148条规定的“宣判前,原告申请撤诉的,是否准许由人民法院裁定”,原告申请撤诉并非应当准许。《民事诉讼法司法解释》第238条规定:“当事人申请撤诉或者依法可以按撤诉处理的案件,如果当事人有违反法律的行为需要依法处理的,人民法院可以不准许撤诉或者不按撤诉处理。法庭辩论终结后原告申请撤诉,被告不同意的,人民法院可以不予准许。”如果存在该条规定的情形,人民法院可以裁定原告不准撤诉。一般理解,上述条款主要针对的是以下情况:(1)涉及社会公众利益,案件撤诉有可能损害国家、集体或者第三人利益的;(2)原告多次以同样的事实与理由起诉被告后撤诉,造成被告多次被迫应诉,如同意原告撤诉后,原告仍有可能再次滥诉的;(3)案件经过庭审查明系虚假诉讼的;(4)有违反《民事诉讼法》等违法行为需要处理的。在建设工程合同纠纷案件中,如工程质量可能涉及公众安全,在未确定维修方案、维修意向前,也可以不予准许撤回起诉。一旦查明案件系虚假诉讼,则可以不予准许撤回起诉并坚决驳回原告的诉讼请求。

有些案件,原告的诉讼目的被证明不可能达到,如经过工程造价司法鉴定,原告主张的欠付工程款不仅不存在,还存在超额领取工程款的行为;如承包人所建工程存在工程质量问题致使无法使用,其无法主张工程价款,建设工程价款优先受偿权明显已经超过行使期限等;有些案件因为当事人对法律关系和诉讼程序的不熟悉,实际上所列的被告主体有误等。

如果案件撤诉依然有望,则法官有必要询问原告意见,释明诉讼风险等。毕竟,对法官而言,撤诉是案件结案的较好方法。特别是案件当事人自行和解或者经过调解后已经履行的案件再来申请撤诉,案结事了、没有任何诉讼风险。

2. 是否有望调解

调解指的是诉讼双方当事人自行或者在法官的主持下达成调解协议并请求人民法院出具民事调解书予以确认并赋予强制执行力的过程。调解反映了双方既存在一定的互信,又存在一定的猜疑(需要作为公权力机关的法院赋予保障)。

经过前期的工作,双方是否具有调解意愿、双方的差距是否较大、是否存在对案件结果判断信息失真的情形、是否具有调解的契机、当事人的真实意图是什么、代理人能否助调解工作一臂之力,抑或是在调解工作中起到相反的作用、争议焦点中是否存在不可调解事项等,法官已经了然于胸。

对法官而言,调解也是化解矛盾纠纷、推进案结事了的好办法。其优势在于:同样也计入调撤率,信访风险较低,没有事实认定的风险,调解的案件近半数能够自动履行、案结事了,无须组织开庭与撰写判决书,调解过程一般一小时到两小时,如果达成调解协议一般也能在一个小时内完成调解的结案工作,最重要的是,调解能够回避判决中难以回避又把握不准的疑难问题。对当事人而言,调解系双方自愿,诉讼费用以调解金额计算可以部分退还,调解书送达后即生效比之判决加上诉期及二审程序短得多,法律风险比判决要小得多,也能够维系当事人个人情感之间的一些"面子",避免双方之间彻底反目。

当然,调解也并非毫无缺点,其缺点主要有:建设工程合同纠纷领域容易存在虚假诉讼的情形,特别是在建设工程价款优先受偿权、挂靠人以被挂靠人的名义与案外人签订分包或者采购合同等案件中;公告案件不能调解、缺席案件不能调解,除非原告愿意将未到庭的被告撤掉并与其他被告调解;一些疑难案件,双方当事人的心理预期差距较大,多轮、持久的调解工作所耗费的精力甚至可能远超过判决,故对于案件事实明确、较容易作出判决的,没有必要耗费过多的精力在调解上,调解与否完全取决于投入产出的性价比上;调解过程中容易过早暴露法官心证和审理倾向性意见,调解中语言、行为的不适当,极容易被敏感的当事人所误解并被投诉调解存在偏袒;调解容易存在缺漏主体、调解内容不具有执行性等;有些调解虽然前一日各方表示无异议,但次日签字时某一方或各方又反悔,较为挫伤其余各方的积极性;有些调解虽然达成,但代价是原告做出一些让步,如果调解内容对方没有按照约定履行,存在当事人事后反悔及责怪法官的可能;调解案件有时双方对蝇头小利,比如案件受理费、保全费、鉴定费负担产生争执,因而搁浅;一些案件中,调解过程中参与人越多,达成调解的可能性越小,效果越差。在此呼吁当事人与委托诉讼代理人,如果已经在开庭前与对方达成和解或者准备撤诉,最好第一时间联系法官,而不要拖延至开庭当日至法庭中才告知法官要调解或者撤诉,因为此时法官或许已经花费了数日整理庭审提纲等,消耗了大量的精力。

针对建设工程合同纠纷的特殊性,调解的技巧需要更加灵活地运用,本书将在第二十五章详细介绍。

3. 判决是否难以回避

相对而言，判决是最为刚性的，判决反映了双方当事人彻底地丧失互信，公权力介入后作出强制性判断。判决导向性较强，在倡导司法公正公开的今天，近几年作出的大多数判决书，在中国裁判文书网上都能够查询，同类案件具有一定的可比性。有时，撰写一份事实清楚、证据充分的判决书可能只需花费一个小时的时间（如原、被告双方已经达成结算协议、欠付工程价款清楚的案件），相对“漫无边际”“天马行空”般的调解更加简单、迅速。另外一个层面，判决也是最能够体现法官核心工作内容和司法判断、指引、教育价值的路径。一份优秀的判决书，不仅能够对相关案件产生较大的影响，也能够敦促当事人息诉服判，吸取教训。另外，相对而言判决的风险也是最高的，有案件上诉发回重审或者改判的风险、有信访风险，并且判决书的拟定、讨论、签发可能耗费大量的时间、精力。

判断是否作出判决需要衡量多方面的因素：如案件是否事实清楚、证据充分，法律适用是否有疑义，事实存在真伪难辨、法律上恰好处于灰色地带，尚存在较大争议，由此上诉的改判风险大不大。如果撰写判决书，相应投入的时间、精力成本是数小时还是数日抑或是数周、数月；是否还存在判决的前置条件——如某证据的质证、某事实的查清、某争议事项的国内判例研究等；判决所需要计算的工程款金额、相应的利息和违约金等是否难以计算；案件是否需要提交法官专业会议、审委会讨论，是否需要再向其他法官请教、交流；合议庭意见是否统一，是否需要另行组织对案件再次合议；庭审的次数总共是几次，需要誊录笔录、扫描证据、整理案卷的书记员的工作量有多少等，也是需要考虑的方面。

此外，案件是否存在信访风险，判决是否与社会治理、稳定大局有关，是否符合当前的司法政策和党政中心工作，是否对社会风气和价值具有正向的引导教育意义，也是判断是否出具判决的重要影响因素。

4. 先行判决

先行判决，又称部分判决，是相对于全部判决而言的，是人民法院对已经审理清楚的部分事实和部分请求作出的判决。仲裁中也有先行裁决的制度。《民事诉讼法》第156条规定:"人民法院审理案件,其中一部分事实已经清楚,可以就该部分先行判决。"这表明我国民事法律上明确了人民法院可以根据具体案情,采取分段审理的程序审理民事案件。但实践中,该条贯彻得并不理想,就当事人提出的多项诉讼请求,法官往往在最后统一判决。

先行判决适用于部分诉讼请求明确或者无争议、可以先行处理的情形。同时,先行判决的诉讼请求对当事人的诉讼期间权利义务会产生重大影响,能够及时将不确定的状态固定明确下来。先行判决制度设置的本意一方面是满足当事人因生产、生活急需对方尽快履行义务;另一方面是确定当事人的权利义务。一些案情复杂的案件,难以在短期内查清全部事实。如果一直悬而未决,不利于确定当事人的权利义务,此时可以先就查清的主要事实进行判决。先行判决制度本质上是一种中间措施。实践中,先行判决理论和实务上的研究均不足,存在诸多问题留待解决,如是否需要等待先行判决部分生效后才能继续审理其他部分;如果当事人对先行判决的部分提起了上诉,一审法院是否还有权继续审理其他部分;如果上诉是移送全案还是移送先行判决部分的案卷;先行判决部分与其他部分存在交织、牵连时,先行判决部分有误是否发回重审,如发回重审则其他部分是否也需要变更承办人等。

先行判决对建设工程合同纠纷案件更为典型。如发包人支付工程款不足致使工程在未完工时即停工,俗称"半拉子工程",承包人据以提出:(1)解除建设工程施工合同;(2)支付已完工程造价对应的欠付工程款及相应的利息;(3)赔偿停窝工及退场等损失;(4)确认在欠付工程价款范围内承包人享有建设工程价款优先受偿权。在以上诉讼请求中,第(1)项是独立的,往往也是最无争议、容易查清的。第(2)、(3)项往往需要通过工程造价鉴定的方式才能够确定,鉴定周期为三个月至数年不等。第(4)项有赖于第(2)项诉讼请求明确后,才能予以确定。故对第(1)项,完全可以采用先行判决的方式予以处理,以避免承包人损失的扩大:解除双方之间的建设工程施工合同后,承包人的所属项目经理、主要技术人员等可以从建设行政信息网上予以解锁,方能派驻其他项目工地;承包人可以将大型机械设备进行退场,遣散建筑工人,清点工地现场未使用的建筑材料并采取止损措施,将工地交还给发包人;承包人对乙供料部分的对外采购合同及时终止和清理等。

如承包人施工进度严重滞后于合同约定,致使发包人合同目的不能实现、承包人存在违法分包或者无资质施工等情形,发包人据以起诉并提出诉讼请求:(1)解除双方之间的建设工程施工合同;(2)承包人及时腾退并归还工地;(3)承包人交付已完工程的施工资料。承包人则可以提出反诉:(1)发包人支付已完工程造价相对应的欠付工程及利息;(2)发包人赔偿承包人的可得利益损失;(3)确认承包人在欠付工程价款范围内享有相应的建设工程价款优先受偿权。上述本诉及反诉的诉讼请求中,如果发包人的第(1)项"解除双方之间的建设工程施工合同"和第(2)项"承包人及时腾退并归还工地"能够成立,则完全可以先行判决。发包人有机会重新发包、组织新的承包人进场施工以完成工程建设目标。

5. 多手准备

有些疑难复杂案件,法官在开完庭后一段时间也难以作出判断,左右为难,不知如何判决才是准确的,而案件调解、撤诉也无从着手。对于这种情况,**法官一方面要摆正心态,不能寄希望于案件调解或者撤诉,如果能够调解或者撤诉,那是撞到运气;另一方面,要沉下心来,以"撰写判决"为落脚点,对案件的情况做一次全面、细致的梳理,从裁判者的角度对证据、事实、法律等做重新拷问并撰写进判决书中**。这既是基本功,也是"硬功夫"。这种情况下往往能够发现争议问题、发现法官自己之前没有注意的细节等,特别是在案件当事人举证、对方质证及法院认证部分,对于证据采纳与否、不同证据证明力的比较等能够有更为细致、周密、稳定的判断。一旦法官通过撰写判决书形成坚实的判决基础,自然而然对案件的把握更为全面,对是否再次进行调解或者引导当事人撤诉也更有底气。

在撰写过程中,可能会发现与之前判断不一致的问题、新发现的待查明事实或者能够对一方当事人的陈述、主张等造成重大影响的内容,法官应当予以记录下来,引而不发,以"有助于案件顺利结案"为出发点,及时向当事人进行询问、核实等,并适当做调解、撤诉工作。所以,一些案件在最后一次开庭前将判决书拟好,是有必要的,能够在较大程度上减少案件出现其他未深思的但可能导致裁判方向再次调整的因素。

6. 宣判的确定

当确定判决的方向和具体内容后,法官及时完善、整理判决书,并通知宣判。

宣判时间的确定一般考虑以下几个因素:(1)判决是否坚实,是否仍有进一步完善的空间,是否仍存在部分内容需要调查、印证等,如同类型案件已经在二审阶段即将作出终审裁判;(2)案件是否仍然具有调解、撤诉的转机,如当事人表示再宽限数日以解决矛盾纠纷;(3)案件是否在审限内还有一定富余天数,是否处于月末、季末、年末的结案高峰期,有碍审判质效考核;(4)案件当事人对判决是否具有一定的认知和预期;(5)宣判时间是否避开重大节日,如农历春节或者重大政治事件"两会召开"等。

在宣判的方式上,如果案件矛盾较大,双方又表示不参加宣判或者同意法院以邮寄判决的形式径行宣判的,可以不宣判。如果案件结果与一方当事人预期差距较大、当事人有可能有过激行为的,有必要提前申请调警等预案。如果是由当事人参加的定期宣判,宣判活动比照开庭的程序进行。如果是合议庭审理的普通案件宣判时,合议庭也可以授权其中一名成员(不一定必须是承办人,但不应当是人民陪审员)代为宣判。如果判决内容较长,如数十页甚至上百页,合议庭可以自行协商确定宣读判决书的分工。宣判后当事人应当在宣判笔录上签字。拒绝签字的,不影响宣判笔录的效力。

宣判前,如果当事人仍然有调解意愿的,法官仍应当尽可能给各方机会,再次调解。如果时间届满,虽然双方仍然未达成调解协议,但争议确实较小、极有希望达成调解协议的,经双方同意,也可以取消宣判、继续调解并确定宣判时间。**但法官必须避免在宣判前向当事人或委托诉讼代理人透露判决内容来影响调解,否则极有可能被当事人投诉"以判压调"。**

案例 24-1 ▶ 案由:装饰装修合同纠纷

原告:达奇建筑工程有限公司。被告:京洙物联有限公司。

【案情】2020 年 4 月,原被告双方签订《建设工程施工合同》一份,约定被告将其所承租的某金融中心 3#楼装修工程发包给原告施工,并对工程范围、合同价款、计价方式、付款期限、竣工结算等作出约定。该合同采用 2013 版示范文本,其中,通用条款第 14.2(1)条第 2 款约定,发包人在收到承包人提交的竣工结算申请书后 28 天内未完成审核且未提出异议的,视为发包人认可承包人提交的竣工结算申请书,并自发包人收到承包人提交的竣工结算申请单后第 29 天起视为已签发竣工付款证书。工程竣工后,原告于同年 9 月 10 日将涉案工程的结算书（金额为295万元）交付给被告，被告于9月17日签收。但被告未能在合同约定期间完成审核或者提出异议。按照合同约定，应当视为认可原告的决算金额。目前，被告仅支付工程款1,874,600元，尚未达到合同约定的95%。现原告起诉要求被告支付原告工程款929,049元。

被告答辩称，原告所谓的竣工结算书签收人并非被告有权接收人员，原告提交的竣工结算文件存在高估冒算、偏离市场价格，被告对该结算书有大量的异议。

【审理】在审理中，原告提出财产保全，查封了被告的银行账户；被告提出了反诉，主张原告应当赔偿逾期竣工违约金11,333元，并向被告报送完整的竣工验收资料，包括但不限于竣工图纸、隐蔽工程验收记录、施工联系单、开工报告、材料检测报告（包括防火材料的检测报告和需要消防部门认可的防火试验报告等）。同时，被告提出了延期开庭审理申请、延期举证申请、调查取证申请、工程造价司法鉴定申请等。双方矛盾升级。

在庭前会议的基础上进行了第一次开庭审理，将已有的证据均质证完毕、双方均发表辩论意见，法官对于案件判决基本形成思路。随后组织了分别调解并探究双方的诉讼目的及主要考虑点。对原告而言，结算书存在一定的高估冒算是行业常见的情形，其对于“逾期视为认可”的“默示条款”在本案是否能够得到支持存有一定的疑虑。此外，如果提起工程造价司法鉴定，原告补充施工资料已经缺失，结果将更为不利。原告获知被告陷入重大经营危机，希望能够将质保金部分提前支取，但仍然可以按照合同约定继续承担保修责任。对被告而言，一方面，自身存在怠于履行对结算书审核的过错；另一方面，其法定代表人及发起人股东王某涉嫌数百亿元的投资风险问题和群体性事件，目前已经被公安机关控制。公司人心涣散、员工大部分已经裁退，无意在案件上过多纠缠。就公司经营而言，不可能继续承租涉案房屋，故对后续质量问题亦不会过多在意，但目前阶段需要尽快解封银行账户以处置经营方面的其他问题。所以总的来说，双方均极力避免案件进入费时费力的工程造价鉴定。经过调解，原告愿意做出让步，但要求将质保金也纳入调解范围。但调解至中午13时，双方所报金额差距仍然达到10万元，调解失败，双方退庭，被告代理律师表示将赶回广西。

法官再次梳理案情,并查找“默示条款”被支持的相关案例,确定案件裁判基础较为坚实。下午,与被告的现实际控制人进行电话联系,阐明诉讼风险和接下来如果启动工程造价鉴定的相应操作流程,其很快接受了法官的建议,并立即联系其代理律师从机场返回法院签署调解协议。当日下午16:30,案件顺利达成调解。

【评析】该案的调解即为建立在判决判断基调上的调解。

第二十五章
CHAPTER 25

调　　解

调解被誉为解决纠纷宝贵的“东方经验”，为案件处理的三大方式之一。调解成功的，人民法院出具民事调解书；当场履行的，也可以允许原告撤回起诉，或者仅制作调解笔录而无须出具民事调解书。

1. 调解的原则

《民事诉讼法》第 9 条规定：“人民法院审理民事案件，应当根据自愿和合法的原则进行调解；调解不成的，应当及时判决。”第 96 条规定：“人民法院审理民事案件，根据当事人自愿的原则，在事实清楚的基础上，分清是非，进行调解。”所以自愿、合法是调解的首要原则。实践中，“在事实清楚的基础上，分清是非”未免强人所难。如果事实已经清楚，案件判决亦不是难事，法官并不会具有太多的调解动力。另一个层面上，“水至清则无鱼”，事实清楚的基础上，当事人也往往对案件判决结果具有较为理性的预期，使得案件调解的余地被大大压缩。所以，对于法律职业共同体中，无论是法官、仲裁员还是律师，对调解均有各自的理解。

建设工程合同纠纷案件的调解，既具有民事案件“重公平”的特点，如包工头的一些款项交付通过现金交付、手续简单，风险较大，也有商事案件“重契约”的特点，比如，即使合同无效，工程逾期竣工违约金仍具有现实的基础。所以，尽最大限度上还原客观真实，尊重当事人意思自治和契约自由，也是建设工程合同案件调解的原则。所以，法官在调解的时候还应当遵从以下几点：

(1)实事求是

一方面,要求作为裁判者的法官实事求是,不搬弄是非、不威吓恫吓,法官可以不说,但说的内容必须真实、必须经得起考验。另一方面,在调解的过程中,法官还应当敦促双方当事人本着实事求是的原则,对一些不利的事实或者结果也要予以承认或者接受,否则双方难以维系调解的基础。在诉讼中,常有一方当事人吃亏、受委屈但苦于没有证据的情形,在调解时往往以对方认可、承认为调解前提。如张三向李四借款20万元,一个月后现金归还3万元,但出于证据意识的淡薄,没有留下收条等交付记录,后李四起诉张三并在张三提出抗辩已归还3万元现金时,矢口否认。在案件调解时,法官敦促李四认可收到归还的3万元,并在此基础上组织双方进行了调解。

(2)调解结果不能游离判决结果过远

在大多数情况下,判决的结果是调解的基础。双方对于利息的多寡、款项履行期限的长短、付款方式的变通等进行商议,是构成调解后双方履行调解协议的"润滑剂"。如果调解结果游离判决结果过远,最终因故调解不成而不得不出具判决书后,当事人的一方或者双方将对法官充满敌意,会认为法官在调解过程中有隐瞒事实、损害当事人利益的行为,并误以为法官与对方当事人存在不正当关系。而如果调解结果与判决结果差距不大,那么在收到判决结果后,当事人也能够和调解方案印证思考,到底是调解还是判决对自己更加有利。

(3)调解是收益与风险系数相乘的理性判断的结果

过往的社会观念中,调解即为"老娘舅""大阿嫂"热心调处纠纷,做做双方工作,协调双方作出让步。比如,在家庭纠纷、邻里纠纷等,调解员了解双方纠纷发生的来龙去脉,判定是非曲直,侧重心理疏导,采用共情、鼓励、引导等方式取得信任,厘清矛盾纠纷的源头,帮助当事人认识到自己的不足,最终实现矛盾双方的和解,此种做法往往能够彻底解决问题。该种方法适合于"熟人社会",调解成本较高,周期较长,但因该种方法解决纠纷较为彻底,其应当是人民调解、妇女组织调解等应当采用的方式,在家事案件中可以吸收采用。但是,对于商事诉讼案件,并不完全适合。而真正与现代商业社会司法调解相适应的即为收益风险比较法——充分促使当事人准确认识案件可得收益,如可获取的工程款及利息金额等;充分敦促当事人准确认识案件风险,如败诉可能性、败诉后的如执行程序、"失信人制度"、案件判决的获胜概率、二审程序的时间和诉讼成本等。举例而言,如果有100%的可能性明日将获得10万元,同时有10%的可能性明日将获得100万元,二者的名义收益是一样的:10万元×100% =100万元×10% =10万元,但对于大多数人而言,更愿意选择前者。愿意选择后者的为风险偏好者,比如本身即为富豪,实际上100万元也好、10万元也好,对其边际效益是远远低于一般人的。这一点在建设工程案件中往往特别明显。建设工程行业是劳动力密集型行业,建筑施工企业往往对现金流有着强烈的偏好。比如,在案件调解时,调解方案是总金额为600万元工程款加利息和违约金200万元,如果第二年则变为工程款600万元加利息违约金400万元,但承包人仍较愿意选择前者的方案予以调解。

(4)回避合同效力等当事人不关注的问题

就大多数当事人而言,其并不关注合同效力问题。所以在调解时,应当以当事人意思自治为前提,由当事人自己先提出调解方案,法官在听取双方当事人方案的基础上予以融合、删减,形成合力。如果一开始即由法官提出调解方案,往往可能游离当事人一方或者双方的心理预期太远,招致双方的排斥。此外,在调解中不可流露价值和结果判断,如告诉当事人一方“本案双方合同是无效的,所以对方不能按照合同约定来收取违约金”。这样反而是抬高了当事人的心理预期,为案件调解制造了障碍。调解的目标是解决问题,法官在调解中不能随意制造障碍。

2.调解的时机

理论上,案件立案以后至宣判前均可以调解,甚至某些案件在诉讼前可以委托人民调解委员会进行诉前调解,也有少数案件在宣判后,当事人仍然要求法官组织双方在判决的基础上再次调解,达成双方之间的和解协议,此时法院不再出具民事调解书。除了当事人主动联系法官要求调解的案件外,法官调解可以掌握以下几个时机:

(1)首次阅卷后的送达阶段

首次送达副本给被告时,如果法官有时间,则尽量亲身参与送达,可以与当事人进行简要的询问交流:“原告主张的欠付工程款有没有问题”“这张支付承诺书的签名是否你所签”等。如果案件简单、证据充分,如双方对工程款结算清楚、被告出具欠条予以确认等,在送达时即可询问被告的调解意愿、调解方案并及时反馈原告。如果被告提出了原告所主张事实之外的其他抗辩,导致案件出现其他较为复杂的争议焦点时,往往一时难以判断是非,很难在此阶段进行调解。

(2)保全完成后

被告被冻结了银行账户或被查封了房屋、车辆等,刚好遇到被告有经营需要,如需要该公司银行账户缴纳招投标保证金、发放职工工资,房屋进行银行抵押贷款及车辆过户等。该种情况下,如果被告所欠款项属实,其将矛盾尽快解决的意愿往往比较强烈,否则,诉讼的拖延可能导致产生更多的不利影响。

(3)首次召开庭前会议/开庭审理前

一般此时举证期限已经届满,被告已经就案件证据进行了初步收集和整理,可能未能收集到对自己有利的证据;被告可能已经与原告进行沟通,或者通过相熟的第三方斡旋等;被告可能已经就起诉状及证据材料副本、案件的相关情况向律师等进行了一定的咨询后发现,自身确实存在过错,案件处理结果可能对自己不利,应当予以调解以阻止事态恶化。

(4)第一次开庭结束后

如果案件无须进行司法鉴定,在第一次开庭后,当事人通常会对案件审理情况做预估,确定诉讼的方向,降低自身的不合理预期,了解对方的真实意图等。在此情况下,双方具有一定的调解基础。

(5)工程造价鉴定报告初稿、正式稿出具后

经过工程造价鉴定,当事人往往均穷尽所能提供相应的证据。鉴定报告初稿出具后,以无争议金额为基础,当事人对于其中的争议事项是否能够补充证据给法院往往更为清楚。但另外一个角度,该鉴定过程已经历时很久,当事人希望案件快速结案。如果争议事项金额不大,则愿意予以直接放弃或者做一定的让步。当正式稿出具后,双方的争议事项往往更少,也就具有了谈判调解的基础。

(6)最后一次开庭后、宣判之前

最后一次开庭时,法官庭审的指向性更加强——仅仅针对作为判决依据尚欠缺的遗漏、补正部分,所以,庭审程序往往节奏较快。甚至有些案件在最后一次开庭时,判决已经"呼之欲出"。聪明的律师能够从中猜测法官判决的思路,并及时与当事人调整己方的诉讼策略,寻求调解处理。在收到宣判传票后的期间,也较有可能达成调解。

3. 调解的方法

传统的民事案件调解方法五花八门,有"心理缓和法""矛盾疏导法""批评教育法""因案制宜法""直觉观察法""合力调解法"等。建设工程合同纠纷案件的调解,也可以参考上述几种方法,并结合具体案件适当调整。

(1)双方自行协商调解

该种情况适用于双方对于基础事实争议不大、尚保留一些情面、被告具有履行意愿、被告违约具有非可归责其本身的意外因素等情形。如原告个人起诉劳务公司劳务工程款的案件。原被告双方对所欠的劳务工程款金额没有争议,原告作为劳务施工班组已经与被告合作多年,被告因总承包单位未及时拨付工程款已经提起诉讼、目前尚未取得生效判决,原告仍抱有以后再从被告处承接劳务工程的意愿等。在双方自行协商下,确定还款方式、还款计划,此时法官无须过多参与。在涉及调解方案中,如果双方已经差距不大,则同意当事人就诉讼费用按照调解后的标的收取,并可以将诉讼费用的负担作为调解的其中一个考量因素,敦促双方继续做出让步,促成调解成功,如原告负担诉讼费用的一半或者全部。但如果双方矛盾冲突对立严重,双方自行协商不仅可能难以收到较好的效果,还有可能扩大矛盾,双方互相指责,"话说死、事做绝",叫嚣"我哪怕倾家荡产也要官司打到底""打到最高院",不利于案件的调解。

(2)法官分头调解

该种情况适用于双方彼此互信较差,但对法官信任度较高的案件。由法官按照原告—被告—原告—被告的方式,多轮调解,了解并转达双方各自的调解方案,遇到不合理诉求时及时批评教育,在道德上谴责错误行为。对于一些实际发生但证据暂时欠缺的款项交易,敦促当事人实事求是予以认可。否则事后再行发现当事人说谎,将有可能按照《民事诉讼法》中的相关规定规制。这样做的好处是一方面可以让无过错的一方感到法官是非分明、公正可信;另一方面也敦促当事人逐渐调整心态,认清现实,理性处理纠纷矛盾。对于建设工程合同纠纷案件,常有实际施工人以怂恿农民工堵门、占道等方式追讨工程款,这样做实为权利不当行使。

(3)结果演绎法

多数的建设工程合同纠纷案件的矛盾点在于当事人的经济利益。在调解过程中，一方面法官不能以判决的取向来压人，另一方面也要适度释明案件的诉讼风险，既包括实体风险也包括程序风险、执行风险。如案件必须经过司法鉴定的，可以适度对司法鉴定的流程、所需材料、时间跨度、相应的费用等做一些介绍；双方已经达成结算、当事人仍然要求启动工程造价司法鉴定的，可以提供一些相关的上级法院的判例；被告单位面临破产等案件，释明及时调解的重要性，如果进入破产程序可能参与分配的比例比调解低得多；一些工程质量问题双方矛盾尖锐，如果判决修复的话双方在履行中矛盾更加对立，实际上可以扣除质保金或者通过第三方替代履行的方式进行调解。

(4)引入第三方协助调解

一些案件中，法官对工程专业技术问题难以明白，又担心当事人的解释存在误导，可以引入第三方权威专家等参与调解。如【案例10－2】中，法官引入某造价咨询公司以“准司法鉴定”的方式对当事人争议的工程范围、工程量、工程造价进行了现场勘验和计算，当事人全程参与，最后造价咨询公司提供书面的意见确定工程造价金额，当事人对该结果均信服，据此达成调解协议。法官也可以引入政府主管部门、行业协会、人民调解委员会等专业人士进行调解。

(5)争取代理律师支持

建设工程合同纠纷案件较高比例的当事人都会委托律师，多数当事人对自己聘请的律师抱有较高的信任。法官应当对当事人聘请了律师感到庆幸，不能因为该律师的专业能力未能达到期望而肆意批评和打击。当事人聘请了律师，法官无须担心案件公告、缺席，排期上较具有主动权。律师发表质证意见、组织质证等，总归较当事人更为规范、严谨。就诉讼程序和法律适用，法官在调解的过程中进行一定的说明，律师一般也能够较快领会并传递给己方当事人。在调解中，法官需要争取律师的支持。大多数案件，律师也愿意减少矛盾、促成调解——代理费已经收取，多次出庭只会使得成本增加，案件的结果却不一定更好，对代理人个人利益而言采用判决方式其时间的边际效益是递减的。特别是一些涉及当事人人数众多、存在维稳压力的案件，法官和律师应当配合，合力化解。当然，一些风险代理案件、律师对案件判断不准确的案件，仍然可能存在难以说服律师的情况，法官仍应极力争取。此外，在一些合同类案件中，双方对于违约责任约定败诉方负担律师费的，应当尽力保障律师费用纳入调解范畴。在具体调解款项上，在败诉方承担金额不变的情况下，优先保障律师费部分金额，不轻易对该部分要求让步，这样更能够得到代理律师的支持。一些异地律师出庭的案件,如果案件必须经过鉴定才能查明工程款,律师也更乐于敦促当事人协商达成一致意见,以避免多次异地出庭工作。

4. 调解的技巧

在具体案件的调解中,可以运用一些调解的技巧,更加有利于调解成功,帮助调解协议规范化、具有可执行性,保障当事人的合法权益。

(1)大大降低原告的心理预期

许多案件,原告诉讼之时,自信满满,觉得正义站在自己一方,案件必赢。实际上其未能全面分析案情,对案件方向不具有清醒的认识,对诉讼活动存在不切实际的认知。法官及时点破其证据、事实中的缺陷,可以有效降低其心理预期,达成调解协议的可能性也增加。

案例 25-1 ▶ 案由:建设工程分包合同纠纷

原告:江东威风排气烟道设备厂,法定代表人王某。被告:东方建设集团有限公司。

【案情】2017 年 12 月 19 日,原、被告双方签订了《施工安装合同》一份,约定原告为被告承包的某凯旋门小区项目安装排气烟道,双方对数量、单价等作出了约定。2019 年 3 月,双方结算后签订《烟道排气道安装工程结算书》,确认其工程量为 97.77 万元,原告于同日向被告开具建筑业统一发票。原告起诉要求被告支付工程款 97.77 万元及违约金 13.5 万元。

【审理】在开庭前,原告法定代表人王某准时到庭,被告委托诉讼代理人事前电话联系法官称,因交通原因将迟到十五分钟到庭。法官遂先要求原告准备一下证据原件,并准备庭前接收证据原件。但原告的回答让人大吃一惊:"合同原件是有的,但《烟道排气道安装工程结算书》没有原件,只有复印件,当时被告所属的项目部的张工结账后加盖了工程技术专用章后,复印了一份给我,原件应该已经报送被告公司了,法院可以要求被告提供。发票也只有复印件。"

随后法官告知原告,如果没有证据原件,对方律师到庭后开庭时很可能会提出该项异议,如果对方否认结算协议的存在,法院不可能责令对方提供。且当事人对自己的主张,有责任提供证据。即使责令对方提供证据,被告如果拒不提供,法院也不能据此判决原告的诉讼请求成立。故本案最好的操作是被告到庭后先不开庭,先询问被告的调解意愿,如果被告能够调解,则原告必须促成调解并做适当放弃。在缺少关键证据的情况下,"确认工程款债权"比"获得更高的获偿金额"及"尽快获偿"重要得多。

被告律师到庭后,在未开庭、未质证的情况下,双方达成了调解协议:(1)被告应于调解书出具后2个月内支付工程款70万元,原告放弃其他诉讼请求。(2)诉讼费用由被告负担。

【评析】原告并未聘请律师,否则其对证据准备将有更深层的理解。本案虽然看起来原告做了一些让步,但是实际上更好地保证了其工程款债权。本案也幸亏被告代理人晚到法庭、法官得以有机会向当事人核实证据情况。所以,建议法官开庭前有必要向当事人核实一下证据原件是否准备。

案例25-2 ▶ 案由:建设工程施工合同纠纷

原告:上海晓航金属结构工程安装有限公司。被告:横星4S置业有限公司。

【案情】被告公司经销各类奔驰车,开办有4S店。2011年12月20日,原告与被告签订《奔驰展厅玻璃幕墙装饰工程施工合同》,约定原告为被告所属的4S店展厅玻璃幕墙及骨架制作安装,承包方式:包工、包料、包安装,合同对工程款价款进行了约定,玻璃幕墙1,082,423元,钢龙骨安装单价为7500元/吨,钢龙骨施工图纸由原告设计并经被告确认,安装完毕后按实进行结算。付款方式:合同签订后一周预付合同总价的30%作为预付款,骨架安装完成、玻璃进场后3天支付合同价款的50%,工程完工验收10日内付至工程结算总价的95%,工程总造价的5%为质保金,竣工满两年无质量问题于7日内支付。

合同签订后,原告组织加工、制作和安装并完成全部工作。2012年5月,双方结算工程造价为110.7万元。2012年8月13日,被告要求原告开具全额发票后付款,原告当日将发票开给被告。但被告并未付款。2013年3月,原告工作人员前往被告处催款时发生交通事故,原被告双方协商由被告的所属修理厂为原告修理并垫付其修理费27,850元。原告先后于2015年7月11日、2016年8月4日向被告发送律师函催讨,被告均未回应。原告于2016年12月5日起诉至法院,要求被告支付欠付的工程款86.21万元。

【审理】在阅卷过程中,法官发现原告发送律师函时,已经超过当时《民法通则》规定的2年诉讼时效。同时,原告代理律师表示,无法提供诉讼时效中止、中断的其他证据。法官遂与其沟通,被告现在经营正常,确认债权、重新拟定支付计划系解决本案的最佳之道。

在开庭时,被告的公司员工徐某(也是合同签订人)来参加开庭,其表示欠付工程属实,但原告施工的工程存在质量问题,要求扣减维修费用10万元。其没有携带相应的委托手续。法官告知公民代理单位参加诉讼,应当提供劳动合同、社保缴纳记录或者连续的工资发放记录用以证明是公司员工。徐某表示其系被告法定代表人的小舅子,日常在公司出任副总经理,但是没有缴纳社保,难以作为公司的委托诉讼代理人。所以,徐某要求法庭晚一个小时开庭,其马上回公司让公司另行委托相熟的律师参加庭审。

法官认识到,如果被告委托了律师,只要业务水平不是特别差,均会发现本案原告主张工程款已经超过诉讼时效,并很有可能提出抗辩,那么原告的诉讼请求将全部予以驳回,于是决定组织双方进行富有建设性的调解。最终,原告主张的工程款86.21万元打八折,扣减维修汽车费用,并减让了6万元汽车维修费用,另外增加3万元利息,合计631,830元,被告同意在一个月内履行完毕,逾期或者未足额支付,原告有权另行主张违约金60,000元,并就未付部分和违约金一并立即申请强制执行。

随后,双方当场签署调解协议,徐某让其单位的其他员工将公司印章等委托手续送到法庭,并当场盖章确认。

【评析】本案原告的证据存在重大缺陷,不过被告在事实上亦存在理亏之处。法官敦促原告及时抓住"来出庭的人不懂诉讼时效"这一千载难逢的好机会,作出让步后予以调解。最后,双方均对调解结果非常满意。对原告而言,大部分的债权获得了保障,诉讼的主要目标已经达到且避免了"诉讼时效届满"这一致命伤;被告认为其通过调解谈判,促使原告作出了20%的未付价款让步,相应的利息部分也金额调低,调解方案整体上是有利的。

虽然徐某不是严格意义上被告的员工，但是其是原《奔驰展厅玻璃幕墙装饰工程施工合同》中代表被告的委托代理人，对案件情况最为了解。在取得公司授权的情况下，准许其作为公民代理委托是恰当的。

（2）多筹码综合调解

案件进入法院后，在双方调解的博弈中，必须综合研判己方与对方手上各自有哪些筹码、哪些方面可以做出让步，甚至这些筹码和让步可能超离于案件本身之外。对原告而言，其筹码有：诉讼的发起和终结（撤诉）的权利、申请保全对方银行账户及其他财产（一旦保全行为执行到位将更占据主动地位）、增加或减让诉讼请求、申请追加被告、申请调查取证乃至承担诉讼费用。在一些案件中，承包人作为原告还将以下内容作为谈判中的掣肘手段：将转包、违法分包、挂靠等行为向建设行政主管部门举报投诉；承包人无法获偿农民工工资时将可能发生向建设方追讨、进行堵门等非理性行为；占据工地拒绝向发包人交付；承包人把持竣工验收资料、材料检测记录、特种设备监检证书不向发包人交付或者不配合发包人办理竣工验收手续等。对被告而言，其筹码有：不同意支付工程款的权利，要求通过工程造价司法鉴定来确定工程价款，提起工程质量问题、工期违约问题的反诉，根据合同的约定扣取工程款（如工地发生重大安全事故、承包人向发包人代表进行商业贿赂以获取不当利益、代付水电费），追究承包人未经发包人同意的违法分包及转包、挂靠等违法行为的责任，在司法程序允许的情况下尽可能拖延诉讼等。

案例 25－3 ▶ 案由：建设工程施工合同纠纷

原告：天宫建设集团有限公司。被告：盛茂房地产开发有限公司。

【案情】2014 年 1 月，原、被告双方签订《建设工程施工合同》，约定原告承建被告开发的某商品住宅楼小区Ⅰ标段工程，双方对工程价款、支付方式等作出约定。后原告进场施工，涉案工程于 2016 年 1 月 16 日通过竣工验收。在原告提交工程决算报告后，被告一直拖延审核。直到 2018 年 1 月 17 日才确定总工程价款为 11,117 万元，但仍未按约支付。原告起诉要求被告支付工程款 11,837,221 元，赔偿利息损失 736,547 元。

被告提出多项抗辩:被告曾垫付水电费326,768元;原告应承担审计核减费103万元;涉案工程存在保修期质量问题,原告未能履行保修义务,被告另行委托第三方维修花费563,233元;双方在另案中以房抵债360万元等。

【审理】本案于2018年6月立案,被告曾提出管辖权异议,双方曾签署庭外和解申请,原告曾提出财产保全申请,被告提供银行保函担保予以解除保全。2018年10月21日召开庭前会议,双方又补充了大量证据,并分别予以质证。

2018年12月20日,在立案半年左右,双方在法官的主持下达成了有关双方矛盾纠纷的"一揽子"调解协议,主要内容如下:

1. 被告应付原告工程款720万元,应于次年1月底前支付360万元,次年2月15日前付清剩余工程款;

2. 原、被告双方就本案已经发生的工程款及原告应承担的水电费、维修费、审计核减费等其他费用均不得另行主张;

3. 如果被告有一期未按约定支付工程款,原告有权就全部未付部分申请强制执行,同时被告需要另行支付减让的工程款及赔偿金150万元;

4. 本案受理费62,200元,减半收取31,100元,保全费5000元,合计36,100元,由双方各半负担18,050元。

【评析】虽然本案双方对应付工程款(工程造价)没有异议,但是对于已付工程款和应扣款项存在较多争议。案件审理过程中,双方投入了大量的精力和诉讼成本(诉讼费用、代理费用、担保费用等),也消耗了大量的司法资源。最后,在多轮的博弈中,双方用尽了各自的筹码,形成了综合的调解方案,最后案结事了。

(3)加入案外人担保,撤回对未送达方的起诉

在建设工程合同纠纷案件中,存在两种现象:一种是有些建筑施工企业履行能力较差,但是其法定代表人或者项目经理有较好的履行能力;另一种是法定代表人或项目经理履行能力较差,但建筑施工企业有较好的履行能力。一些案件虽然被告认可债务、愿意调解,但提出较长时间(3个月以上)后才履行或者才开始履行,或者履行期间较长,如一年以上至数年,原告对被告的履行能力和不可控风险存在顾虑,可以要求追加案外人提供信用担保,对被告债务承担连带责任。这里的案外

人指的是被告主体以外的人,既可以是公司也可以是个人,一般有被告单位的法定代表人,被告单位的项目经理或挂靠人、内部承包人,被告的夫妻另外一方,被告的其他近亲属等。一些多被告的案件,如果部分承担担保责任的被告跑路、服刑、罹患重病、下落不明无法送达等,原告也可以考虑暂时撤销对其起诉,而与其他被告主体先行达成调解协议,有利于事情的解决。

案例 25－4 ▶ 案由:建设工程施工合同纠纷

原告:江苏华山建设有限公司。被告:向闻天,上官云。案外人:黄某。

【案情】原告江苏华山建设公司起诉称:2014 年 10 月 31 日,原告与永定禅寺签订《关于永定禅寺建安工程施工协议书》一份,就永定禅寺建安工程的具体内容及履约保证金等事项作出了约定。2014 年 11 月 7 日,原告通过银行转账的方式将 300 万元履约保证金支付给永定禅寺,由住持即被告向闻天收取,永定禅寺出具收据。2015 年 5 月 7 日,原告与永定禅寺、上官云签订《施工补充协议》,确认:永定禅寺收悉原告支付的履约保证金 300 万元;如因永定禅寺自身原因导致工程无法于 2014 年 11 月 25 日开工,永定禅寺则无条件退还原告履约保证金 300 万元,并赔偿原告临时设施、机械、设备损失 80 万元及其他损失;被告上官云承担连带担保责任。现涉案工程因永定禅寺自身原因无法进行施工,请求判令:(1)向闻天返还原告履约保证金 300 万元,赔偿原告该款利息损失 322,687 元;(2)被告向闻天向原告支付设施设备赔偿款 80 万元及逾期付款利息损失 25,777 元;(3)被告上官云对被告向闻天的付款义务承担连带清偿责任。

在案件调解过程中,案外人黄某称其中 150 万元实际上系其代原告支付的,要求返还。

【审理】经法官主持调解,各方自愿达成如下协议:

(1)被告向闻天确认应返还原告江苏华山建设公司履约保证金 300 万元并赔偿原告机械设备及其他损失 110 万元,合计 410 万元,原告自愿放弃其他诉讼请求;

(2)原告江苏华山建设公司将上述款项中的 150 万元债权不可撤销地转让给案外人黄某;

(3)上述款项中的剩余款项260万元,被告向闻天应于2016年4月15日前支付50万元,于2016年6月12日前支付210万元,上述款项履行完毕后,原、被告之间就永定禅寺建安工程项目无涉;

(4)如果被告向闻天有一期没有按时足额履行,则上述260万元视为全部到期,原告有权另行主张违约金20万元,并就未履行部分和违约金一并立即申请强制执行;

(5)被告上官云对被告向闻天的上述第三条、第四条付款义务承担连带清偿责任;

(6)本案受理费由被告向闻天、上官云负担。

(4)分期付款优于一次性付款

建设工程合同纠纷案件的诉讼标的往往较大,当事人往往提出在较长时间内如半年或者一年后一次性支付。从民事案件的调解实践上看,应当尽量避免一次性支付,采用分期付款更好。如欠款300万元,被告提出半年后付清,原告提出立即支付。法官制作调解方案时,可以制定每月支付50万元以分散被告的资金压力,半年内付清。采用这种设计,一方面,被告前期往往有履行意愿和能力,原告可以前期先获偿一部分;另一方面,每月付款能够及时跟踪被告的经营状况,如果出现中途拖欠不付的情况,可以通过制定违约金条款的方式保障剩余债权。而如果采用半年后一次性付清的方式,除非有财产抵押担保,否则被告临近期限"破罐破摔"、直接拒付的可能更大。

案例25-5 ▶ 案由:建设工程分包合同纠纷

原告:乔水建设有限公司。被告:上海宜谷环境科技有限公司。

【案情】2016年8月10日原、被告双方签订一份《沥青路面分包施工合同》,约定被告将A1地块道路工程中的沥青路面工程分包给原告施工,并对合同价款、施工期限、付款方式、逾期付款责任等作出约定。合同签订后,原告于同年9月17日进场施工,并于同年10月13日施工完毕。后双方两次结算,确认工程款合计1,325,861元。被告至今仅支付工程款40万元。原告起诉要求被告立即支付工程款925,861元、赔偿利息损失224,246元、律师费63,004元和财产保全担保费4600元。

在审理过程中,被告对欠付工程款没有异议,双方协商确定工程款及其他所有损失、费用,被告共计需向原告支付100万元。但被告提出需要9个月、农历年前一次性付清,原告认为付款时间过长,风险较大。

【审理】经法官主持调解,双方达成如下协议:

(1)被告确认尚欠原告工程款、律师费、保全担保费、逾期付款利息损失等合计100万元,原告同意被告分期付款:2018年7月31日前支付原告30万元,此后2018年8月至2019年2月每月月底前支付10万元,原告自愿放弃其他诉讼请求;

(2)如果被告有一期没有按期足额履行,则未履行部分全部视为到期,原告有权另行主张违约金20万元,并就未履行部分与违约金一并立即申请执行;

(3)本案受理费13,800元,减半收取6900元,保全费5000元,均由被告负担。

(5)违约金条款

在调解协议中引入违约金条款,一方面对履约主体(原告或者被告均有可能)形成强有力的制约,体现违约金惩罚性的特点;另一方面也能够补偿在调解过程中原告所作出的让步。违约金的比例应不超过应履行而未履行部分的30%,主要是为防止原被告双方串通虚高债权金额。但少数情况下,也可以超过该比例,不囿于30%的比例。

案例25-6 ▶ 案由:建设工程施工合同纠纷

原告:宁博建工有限公司。被告:月天公司。

【案情】2015年11月,原、被告双方签订《建设工程施工合同》,约定被告将某厂房工程Ⅱ标段交予原告施工,总建筑面积112,589平方米,承包范围为施工图范围内的桩基、土建、水电工程,工程造价为147,713,543元,总价下浮7%,采用固定总价确定。双方还对工期、付款方式等作出约定。合同签订后,原告按约进场施工。施工过程中,双方先后形成多份签证单等。2018 年 9 月 23 日,该工程竣工验收合格。原告报送结算书给被告,造价金额为 162,324,050 元。2019 年年底,被告聘请的造价咨询公司将审核的计算稿发送给原告,要求原告确认。原告审核后发现不合理核减工程款情况严重。被告已支付工程款为 9785 万元。要求被告支付工程款 49,863,543 元及相应利息 8,793,301 元。

【审理】在审理中,案件经历了工程造价鉴定、工程质量鉴定、修复方案意见出具、修复方案的造价鉴定等,历时 2 年有余。后双方达成调解协议如下:

1. 原、被告双方确认,截至调解日,被告已向原告支付本合同项下工程款 9785 万元(不包括市政附属设施建设工程),另被告代原告支付咨询费 50 万元、水电费 742,927 元(含市政附属设施建设工程),由被告负担、不再向原告追索;

2. 除上述第一款约定外,被告应于本协议签订后 7 个工作日内支付原告工程款 430 万元,原告自愿放弃其他诉讼请求。若被告未能按约足额履行,原告有权按照未付部分的 30% 主张违约金,并按鉴定单位出具的鉴定报告金额(139,495,662 元,包括无争议金额和争议金额)扣减被告已经支付款项后的余额部分,立即申请强制执行;

3. 被告撤回对原告有关工程质量案件的起诉并申请解除财产保全,同时,被告放弃就《建设工程施工合同》项下工程质量问题追究原告的法律责任;

4. 由于市政附属设施建设工程双方争议较大,原被告双方关于市政附属设施建设工程的验收、结算事宜,双方另行协商,协商不成,任一方均可起诉;

5. 上述协议履行完毕后,除上述市政附属设施建设工程外,原被告双方在《建设工程施工合同》项下的权利义务两清。

本案受理费 41,200 元,减半收取 20,600 元,保全费 10,000 元,工程造价鉴定费 644,000 元,均由原告负担,工程质量鉴定费 90,000 元,由被告负担。

【评析】原告起诉时主张的工程款及利息合计 58,656,844 元,现同意被告仅需支付其中的 430 万元,余款放弃,显违常理。经过查实,被告单位陷入重大经营危机、资不抵债,很有可能将陷入破产,所以原告愿意做出较大的让步。但调解协议中亦体现了原告的担忧,如果被告未能按期足额支付,则原告有权按照鉴定报告全额作为工程造价,扣减被告之前已经支付的工程款 9785 万元和本次430万元中履行的部分后的余额及违约金立即申请强制执行。作为博弈的对价,被告亦放弃了以质量问题为由向原告主张的权利。对于市政附属设施建设工程部分,双方作出了切割,另案进行处理。

(6)抓大放小,分部调解

一些案件涉及不同单位之间的工程等,矛盾的性质不一样。调解时法官可以促成双方抓大放小,分部调解,优先解决主要矛盾和解决争议较小的事项,而对于次要矛盾或争议较大的事项进行切割予以另案处理。这样求同存异,促使双方矛盾逐渐减少而非扩大。特别在鉴定的过程中,也可以贯彻该方法。

(7)中间调解

在一些建设工程合同纠纷案件的审理中,为化解矛盾,需要各方进行中间调解,如发包人支付部分工程款,承包人申请解除财产保全等。中间调解并不能解决实体性的最终问题,只能算是对案件的暂时处理。也有一些案件,原告起诉时并没有达到案件完全处理的前提条件,且短时间内仍然不能做到。而案件不可能一直中止等待条件具备,故也可以进行中间调解。

案例25-7 ▶ 案由:建设工程分包合同纠纷

原告:沅晓机电安装工程有限公司。被告:肥城建工有限公司。

【案情】被告系某汽车制作厂改建工程的施工总承包人。2018年3月4日,原告作为分包人与被告签订了《管廊搭建工程施工合同》,约定原告承包该改建工程中的管廊搭建部分等,双方对工程价款、计价方式、工期、质量、保修金等作出约定。原告于2018年6月7日施工完成后即退场。但其承包范围内的部分钢结构支架的防腐保温油漆未涂装。

2018年12月底,原告起诉要求被告支付欠付工程价款89万元、违约金85万元,且申请财产保全,冻结了被告的四个银行账户。

被告提出了管辖权异议,同时书面答辩称:原告承包部分尚有部分工程量未完成,原告承包部分并未经过分部分项验收,整体工程也未经验收,被告有权拒付价款;此外,原告在未完成施工的情况下即退场,被告申请提起反诉,要求原告承担违约金43万元。由于临近年关,被告申请保全置换,要求解除财产保全,原告认为被告提供的财产价值不足、变现能力较弱,不予同意。

【审理】后法官组织双方调解。在调解中了解到:涉案整体工程预计于2019年3月竣工,被告急于将账户解封,以便年前能支付相应的农民工工资。为化解矛盾,法官组织双方进行了中间调解,将主要争议——原告施工的工程质量是否合格,工程造价应当是多少——予以搁置,并提出新的调解思路:

(1)被告应于2019年2月1日(农历十二月二十七日)前支付原告工程进度款50万元;

(2)原告同意上述款项履行完毕后,立即解除对被告的所有财产保全措施;

(3)原告应配合被告与建设方之间的竣工验收、结算事宜,如原告未向被告提供相应的签证单、联系单致使被告无法向建设方主张的,被告有权拒付该签证单、联系单部分所涉的款项;

(4)原告与被告最迟于2019年4月底之前就涉案工程启动结算工程,如至2019年5月底仍未达成结算协议,原告有权另行提起诉讼,在此之前,双方均不得提起对对方的诉讼;

(5)2019年6月1日后,无论哪一方提起诉讼,均不得提起诉讼财产保全申请;

(6)本案诉讼费8800元,减半收取4400元,保全费5000元,合计9400元,由双方各自负担4700元。

其后,双方均按照上述调解协议履行。

【评析】本次调解实际上回避了主要的实体矛盾——工程造价、工程质量问题,对合同效力、违约金等亦未审查。竣工验收或者质量合格是承包人得以请求支付工程价款的前提。本案以保全、解封为契机,将主要矛盾延后,待工程质量问题予以确定后,由双方自行协商,协商不成另案起诉。此调解系中间调解的典型。实际上,原告委托诉讼代理人曾表示,能否案件中止审理三个月,待涉案工程完全竣工验收后再行处理。该建议被法官一口回绝,理由是竣工时间不受当事人主观控制,本案并不符合中止审理的条件。且如果法官花费大量时间、精力,案件仍要中止,挂在审判管理系统的未结案中,其没有动力促成调解。

(8)附选择条件的调解

有些案件当事人愿意调解,但是出具两套调解方案,如果满足其中一个条件,则采用第一种调解方案;如果不满足该条件,则采用第二种调解方案。法官在组织调解的时候将两套方案都制定完毕,根据当事人的要求设立条件实现的期间。在期间届满时根据或有或无的具体情形择一出具调解书。这种情况往往发生在当事人愿意调解但又存在一定的幻想的情况下。法官采用提前制作笔录的方式固定,将当事人的权利限定在两种情况中,避免了案件最终调解不下时仍然需要出具判决的情况。有观点认为,该种调解方式实际上限制了当事人的诉讼权利,容易招致非议。也有观点认为,该种调解方式实际上是基于要求调解的当事人额外的机会,其愿意签字确认调解协议,就应当承担相应的诉讼风险。虽然《民事诉讼法》第102条规定:“调解未达成协议或者调解书送达前一方反悔的,人民法院应当及时判决。”但本调解方式并非属于调解未达成协议的情形,除非双方调解书中未载明“本调解书自双方签字后即生效”,否则并无反悔的空间。

案例25-8 ▶ 案由:建设工程分包合同纠纷

原告:蓉山新型材料有限公司。被告:章津灵。

【案情】盛茂某小区Ⅰ标段工程由天宫建设集团有限公司(以下简称天宫公司)承建。原告系涉案工程墙体保温装饰分项工程的实际施工人。2013年8月,原告与被告签订了《墙体保温装饰分项工程分包合同》,其中,被告以甲方(盛茂某小区Ⅰ标段项目部)委托代理人的身份签字,并在签名处加盖“技术专用章”。工程完工后,2014年5月29日,被告与工程内部承包人夏建峰向原告出示了手写的结算书一页,载明“最终结算金额为166.8万元,已经支付10万元,尚欠156.8万元未付。”被告在下方落款处签名。夏建峰在旁边签字“属实”并签名。为此,原告先后向基层、中级及高级人民法院提起一审、二审、再审的请求,要求项目承包施工的单位天宫公司支付该笔工程款,理由是被告的行为构成表见代理。然而,最终三份裁判文书均排除了天宫公司的付款责任。被告是上述合同签订人、结算签字人,原告只能向被告主张相应的欠款156.8万元。

经审理查明,已付款10万元亦由被告现金交付给原告工作人员。由于生效判决已经确定了被告与夏建峰不构成表见代理,作为合同缔约人、结算签字人和款项收取人,被告败诉风险较高。

【审理】在审理过程中,被告称其系夏建峰之表兄,其实际上是受其雇佣的项目现场管理人员,而夏建峰是挂靠天宫公司承包工程的。被告同时申请追加夏建峰为被告,未获准许。被告申请法院向夏建峰进行调查,核实其系涉案工程的实际承包人和老板,项目人员的组成、工资发放、材料商的确定、各款项的收取和支付等工程重大事项均由夏建峰作出决策,被告仅仅是项目管理人员。经被告联系,法官曾向夏建峰调查,其称对外负债数百万元,虽然认可被告的上述意见,但是拒绝签字,也表示拒绝承担责任。

在通知宣判后,被告联系法官希望再次召集双方进行调解。法官随后召集了原、被告双方再次调解。被告称希望再给予半个月时间做通夏建峰的工作,让其承担一半责任;原告表示同意,但表示如果半个月内失败,则应当由被告承担全部责任,并不再开庭或者出具判决。经过法官组织调解,形成了以下附选择条件的调解协议。

鉴于原、被告双方之间的案件已经经过开庭和多轮调解,为化解矛盾,解决纠纷,双方特设立以下调解协议:

(方案一)(1)被告应于半个月内支付原告16.8万元,3个月内支付40万元,上述款项履行完毕后,剩余工程款100万元及逾期付款利息21.2万元(暂计算至起诉之日,以后以100万元为基数按银行同期贷款基准利率计算至实际履行之日)由夏建峰负担,于2017年6月30日前付清,与被告无涉。(2)如果被告未按约履行,则被告与夏建峰对应付工程款156.8万元及逾期付款利息21.2万元扣减被告实际履行款项后的余额承担连带责任,于2017年6月30日前付清。

(方案二)被告应于半个月内支付原告工程款156.8万元及逾期付款利息21.2万元(暂计算至起诉之日,以后以100万元为基数按银行同期贷款基准利率计算至实际履行之日)。

特别提醒,如果夏建峰在半个月内经被告通知来到法院,对方案一进行签字确认,则法院根据调解方案一出具民事调解书;如果被告未通知,或经通知后夏建峰未能来法院签字或者表示不同意,或者未能按照调解方案一履行,则法院根据调解方案二出具民事调解书。上述两套方案中的诉讼费用均由被告负担，半个月后到期则根据夏建峰是否签字确认的情况选择其中一套方案出具调解书，内容不再更改，自本调解协议双方签字后立即生效。

其后，去做夏建峰的工作，未果。半个月后，法官根据调解协议中的方案二出具了调解书。

【评析】两种方案可以看出，实际上第一套方案只要被告能够现金履行56.8万元并让夏建峰背上剩余的债务，被告就此能够解套。遗憾的是，其无法触动其表弟夏建峰接盘。此种调解方式下调解协议与调解书出具的时间不一，内容上有所删减，但避免了宣判程序，也简化了审理程序，在一些建设工程合同纠纷案件的调解中可以参考适用。

5. 调解中防范虚假诉讼

近年来，虚假诉讼案件屡见不鲜，表现为当事人对具体的案情不熟悉，履行义务的一方实际上没有履行能力，被告对原告的诉讼请求直接予以确认而对证据质证不关注，较为果断地答应对方调解方案等。在建设工程合同纠纷案件中，突出表现为虚增债务金额以参与分配、挂靠人作为实际施工人与发包人串通等领域，有时也存在其他不良意图的情形。特别是涉及建设工程价款优先受偿权的案件，法官在审理、调解时应当特别引起注意。

除建设工程价款优先受偿权案件以外，有时当事人也希望通过调解达到不可告人的其他目的，如个别清偿等。法官在调解时不妨将调解事宜放一放，仔细思考一下，“事出反常必有妖，人若反常必有刀，言不由衷必有鬼”，不可轻易放松警惕被人利用。

案例 25－9 ▶ 案由：建设工程分包合同纠纷

本案例涉及两案。

【案情】甲案由法官A承办。原告高某。被告名城建设有限公司（以下简称名城公司）。被告源鑫生态木业有限公司（以下简称源鑫公司）。

原告高某以其为劳务分包的实际施工人为由，主张施工总承包方被告名城公司支付欠付工程款538,407元,建设方被告源鑫公司在欠付工程价款内承担连带责任。在审理中,名城公司确认尚欠原告高某工程款538,407元,源鑫公司认可虽然其与名城公司尚未完成结算,但尚欠名城公司工程进度款3,584,000元。

乙案由法官B承办。原告许某。被告名城建设有限公司(以下简称名城公司)。被告源鑫生态木业有限公司(以下简称源鑫公司)。

原告许某以其为实际施工人为由,主张施工总承包方被告名城公司支付欠付工程款645.8万元及相应的利息,并请求确认享有建设工程价款优先受偿权。在审理中,由于原告所施工范围的工程量尚不确定,法官B组织启动了工程造价司法鉴定,鉴定内容为:涉案工程总造价,许某施工部分的造价。

两案中,被告名城公司的代理人均为律师陈某,被告源鑫公司的代理人均为律师潘某。

由于甲案案情较为简单,法官A遂于2018年12月11日予以宣判,判令被告名城公司支付原告高某工程款538,407元,被告源鑫公司在欠付名城公司工程款内承担清偿责任。该情况法官B并不知情。

12月12日,律师潘某电话联系法官B,称由于案件尚在鉴定中,靠近年关,原告存在农民工工资压力,故各方已经达成初步和解协议,源鑫公司愿意支付原告工程进度款500万元并汇付至原告指定的第三方账户,被告名城公司没有异议,案件本身进一步鉴定。法官B称,既然你们自行达成了协议,那么按约履行即可,无须出具调解协议。

12月13日,潘某又电话联系法官B,称由于名城公司现经营困难,源鑫公司的老板对名城公司不放心,还是希望法院出具调解书予以确认。法官B称,出具调解书是不可能的。潘某又提出,是否可以以询问笔录的方式进行记录。法官B表示同意,并约定次日各方来法院。

12月14日,乙案的三方律师来到法院。法官记录笔录如下:

原代:临近年关,原告手下的农民工工资问题突出,容易引起社会不稳定因素,为了减少矛盾,我们三方经过协商,达成了《先行付款协议书》(出示该协议,落款时间为2018年11月14日,原告及名城公司已经签字、盖章,源鑫公司尚未盖章)。为了保证有效实施并对案件审理有所裨益,特此告知法院。

审:名城公司什么意见? 对源鑫公司直接支付原告500万元并汇付至原告指定的账户认可吗?

名城代:是的,对于该协议我方确认,该500万元确定作为支付的进度款。

源鑫代:我方也确认。

审:那么法庭愿意看到各方减少矛盾。本案尚在鉴定中,请各方配合鉴定人工作,早日出具报告,笔录无误签字。

(随后,源鑫公司委托诉讼代理人持印章在《先行付款协议书》上捺印。源鑫公司随后付给原告许某工程款500万元)

数日后,源鑫公司以在乙案中已经支付实际施工人500万元、目前已经不存在欠付工程款为由,对甲案提起上诉,要求予以改判,并称:《先行付款协议书》是在法官B的主持下达成的调解协议,合法有效。所以,案件出现了新的事实,应当对甲案予以改判。

法官A向法官B求证是否组织调解,法官B才知道甲案的存在及判决的事实。经外围了解,许某与源鑫公司的法定代表人有特殊关系,源鑫公司不想将工程款支付给其他实际施工人,更愿意交付给许某。

在二审审理中,上诉人源鑫公司撤回了上诉。

【评析】律师潘某利用法官A、法官B之间对对方案件审理情况的信息不对称,在取得判决后、案件未生效期间,采用签订《先行付款协议书》的方式个别清偿,促成暂时不存在欠付工程款的事实,主观上存在恶意串通。尽管要求出具《民事调解书》未能得逞,但也造成了一定的负面影响。

6. 特殊群体的调解

(1)国有企业、政府部门等

国有企业、政府部门及代表政府履行发包人义务的政府投资公司等,对调解的接受度较低。该群体作为当事人的特点是“重面子、不重钱”。许多时候,宁可接受大概率、高昂的判决败诉风险,而不肯接受相应损失较低的调解方案。原因主要在于国有企业等均存在审计(包括内部和外部),相应工作人员从个人职业风险的角度出发,较愿意接受判决、甚至是经历二审的判决,程序用尽,息诉认判,主动履行。

至于案件处理效率、收益高低、执行可能性大小等,均让位于职业风险。此外,国有企业有时存在内部不统一、法务部门过度弱化等问题,在诉讼阶段,各个主体的利益出发点也与企业整体利益最大化的目的不契合。如作为分管业务条线的负责人和作为分管法务条线的负责人的意见有时会存在不一致;作为委托诉讼代理人的企业法务人员需要通过巨额的败诉结果来增强其内部发言权;委托代理的律师与国有企业存在明招暗定、与对方存在利益输送的情形等。

但另一方面,如果案件判决中实体认定有“违法分包”“转包”“主体结构分包”“重大安全事故”“串标”“拖欠农民工工资”等违法行为,国有企业、政府部门等往往对此特别忌讳,也可将此作为调解的基础。一旦该问题曝光,法官可能将上述线索以司法建议的方式转送建设行政主管部门,将可能带来较为严重的不利后果,如行政罚款、取消参加招投标的资格等,企业内部也会有问责的机制。所以,调解时可以充分释明上述风险。

技术处理上,国有企业、政府部门等的“重面子”往往还体现在调解时难以接受诉讼费用的负担方案上,其往往认为负担诉讼费用则意味着案件败诉。故调解时可以将诉讼费用累加到付款义务中,而诉讼费用名义上仍然由对方负担。在项目明细上,国有企业、政府部门等对“索赔款”“赔偿款”等名目较为排斥,故如果国有企业、政府部门要履行付款义务,不妨改为“材料补差款”“调差款”“补偿费”等,甚至可对调解明细予以模糊处理,列为“调解款”即可。在付款期限上,国有企业、政府部门等往往需要更长的付款手续,但出具调解书后不履行的可能性较小。在违约金条款上,国有企业、政府部门等往往也不愿意接受违约金条款,这一点调解时应取得对方当事人的理解。

此外,国有企业、政府部门等具有一定的社会资源,调解时也会借助案外人的沟通渠道。对方当事人可能会考虑双方过往的历史合作关系、今后工程项目合作的可能性以及地方社会的人脉资源等因素综合考虑调解方案。

(2)上市公司

上市公司作为企业界的“领头羊”,对公司规范治理、公司运行信息披露有更高要求。此类企业涉诉,往往成为必须披露的事项。如果应披露而未披露,则可能受到处罚;如果按要求披露,则可能对公司股价、市场预期等造成不利影响。如根据《上海证券交易所股票上市规则》(2023 年 8 月修订)的规定,上市公司应当及时披露涉案金额超过 1000 万元,并且占公司最近一期经审计净资产绝对值 10% 以上的重大诉讼、仲裁事项。上市公司连续 12 个月内发生的诉讼和仲裁事项涉案金额累计达到上述标准的,适用该条规定。上市公司披露重大诉讼、仲裁事项包括:案件受理情况和基本案情,案件对公司本期利润或者期后利润的影响,诉讼、仲裁事项的重大进展情况及其对公司的影响,包括但不限于诉讼案件的初审和终审判决结果、仲裁裁决结果以及判决、裁决执行情况等。

如果上市公司作为原告或者申请人,信息披露对其影响一般较为有限。如果上市公司作为被告或者被申请人,则上市公司较有意愿速战速决,及时处理纠纷并将纠纷处理结果予以公告,避免商誉承受不利影响,所以,在调解中亦有可能做出让步。

(3)挂靠人等实际施工人

建设工程合同纠纷案件中,很多时候委托律师的实际委托人和名义委托人可能不一致,如挂靠人委托律师、支付代理费,但由被挂靠人出借授权委托书。即委托诉讼行为也存在"挂靠"现象。究其原因正是因为工程项目的实际承包人是挂靠人,被挂靠人在诉讼中享有的诉讼利益其实际上归挂靠人所有,被挂靠人在工程项目上的亏损等根据挂靠协议、内部承包协议等亦由挂靠人、内部承包人承担,被挂靠人对诉讼目标并无明确的指向性。在该种情况下,调解时应当与挂靠人等商谈,了解其真实意图,听取其对调解方案的意见,甚至了解代理律师的利益与挂靠人利益不一致的情况。在审理过程中,旁听席落座的旁听人员往往是挂靠人等实际施工人。案件结果与其休戚相关。过分征求被挂靠人公司负责人、代理律师的意见,实际上目标和手段并不匹配,效果只能是"缘木求鱼"。

7. 调解书的履行

一部分达成的调解协议,属于案件清晰、双方对事实没有争议、出具调解书以给予承包人快速解决纠纷、获得申请执行的权利。该种调解,双方均清楚调解书实际上更多的是形式上的,调解书确定的履行期满原告及时申请执行即可。另一部分案件的调解确实属于双方协商的结果,双方在协商阶段均抱着按约履行的目标订立调解协议。此种情形下,如果民事调解书确定的履行期届满,法官不妨提前向履行义务的一方打电话敦促履行,也可以发送《调解协议履行敦促函》等提醒履行义务的一方履行,以提高民事调解书的自动履行率。如果存在履行义务的一方存在客观的理由可能拖延支付,如转账手续的原因等,也可以告知对方,避免误会的产生。如果存在履行义务的一方电话关机、不接电话等怠于沟通的情况,则可及时将该情况告知对方,敦促其及时做好申请执行的准备。

第二十六章
CHAPTER 26

民事判决书的制作与改进

民事判决书是指人民法院按照《民事诉讼法》规定的程序审理案件,就当事人之间的实体权利义务作出裁判制作的法律文书。《民事诉讼法》第155条规定:“判决书应当写明判决结果和作出该判决的理由。判决书内容包括:(一)案由、诉讼请求、争议的事实和理由;(二)判决认定的事实和理由、适用的法律依据;(三)判决结果和诉讼费用的负担;(四)上诉期间和上诉的法院。判决书由审判人员、书记员署名,加盖人民法院印章。”所以,民事判决书是法院价值判断、实体裁判方向的最终体现,也最能刚性地反映司法诉讼公正裁判、明断是非、定分止争的价值取向。民事判决书也是法官在查明案件事实的基础上,运用法律知识和严密逻辑审理案件,对案件进行最终实体处理的、最重要的工作成果之一。

1. 民事判决书的结构

判决书的基本结构包括:标题(法院名称、文书名称和案号)、正文(首部、事实、理由、裁判依据、裁判主文、尾部)、落款(署名、日期)三大部分。

(1)标题是判决书的起始,包括法院名称、文书名称和案号。其中较为常见的错误为:涉外裁判文书未冠以“中华人民共和国”国名;案号编写存在错误;判决书和裁定书混用等。

(2)正文是判决书的核心,是实体审理的书面记载,包括首部、事实、理由、裁判依据、裁判主文、尾部等部分。

正文的首部包括诉讼参加人及其基本情况、案件由来和审理经过等,以体现审判程序的合法性。首部具有较强的格式要求,基本没有法官自由发挥的空间。常见的不足是首部对案件由来、审判组织和审理经过存在描述不清的情形,无法全面反映案件审理情况,不符合案件公开的要求。如有些判决书的下列情况没有阐明:案件来源是新收立案,还是发回重审,抑或移送管辖、指定管辖、提级管辖等;案件立案日期为何;适用何种程序,是否存在程序转换,审理方式是否为公开审理,参加庭审的人员是何人;是否存在其他程序性事项,如中止诉讼、管辖权异议等情形。如若存在前述遗漏情形,则当事人或案外人在阅读判决书时,易对审判是否公开、审判程序是否合法、是否超审限等问题产生疑虑。

正文中的事实、理由、裁判依据、裁判主文部分是正文的主要部分,也是反映案件审理思路、心证公开的核心部分。事实是基础,理由是关键,结论(裁判依据、裁判主文)是全文之归宿。裁判文书的优化,主要针对的是本部分。

正文中的尾部,应当写明诉讼费用的负担和告知事项。其中,诉讼费用的负担包括案件受理费和其他诉讼费用的负担,该部分不属于可诉讼争议的事项。较为常见的其他告知事项主要包括:对于裁判主文中具有金钱给付义务判项的,应当在所有判项后另起一行写明适用《民事诉讼法》第264条规定的相应内容;对于依法可以上诉的一审判决或者一审不予受理、驳回起诉、管辖权异议的裁定等,应当另起一行写明上诉权利、方法、期限等相应内容;对于二审判决应当写明“本判决为终审判决”的内容。

(3)落款(署名、日期)是判决书的结束部分,应当由参加审判案件的合议庭组成人员或者独任审判员署名,载明作出裁判的日期,并加盖法院印章和“本件与原件核对无异”印戳。该部分是裁判文书完结的标识。

案例26-1 ▶ “反面”裁判文书解读

【案情】某《民事判决书》部分内容如下:

湖南省某某市人民法院

民事判决书

(2016)湘3322民初223号

原告:黄同归,男,1975年8月20日出生,汉族,职业,住所地(略)。

委托诉讼代理人:黄家英,某法律服务所法律工作者。

被告:福建东枢建设有限公司,住所地(略)。

法定代表人:某某某,董事长。

委托诉讼代理人:李效均,福建怀思律师事务所律师。

被告:福建东枢建设有限公司重点小二型水库除险加固工程项目部,住所地(略)。

负责人:周围,经理。

原告黄同归与被告福建东枢建设有限公司(以下简称东枢公司)、被告福建东枢建设有限公司重点小二型水库除险加固工程项目部(以下简称东枢公司项目部)建设工程施工合同纠纷一案,本院于2016年6月2日立案后,依法适用普通程序,公开开庭进行了审理。原告黄同归及其委托诉讼代理人黄家英,被告东枢公司的委托诉讼代理人李效均及被告东枢公司项目部负责人周围到庭参加了诉讼。本案现已审理终结。

(事实、理由略……)

当事人围绕诉讼请求依法提交了证据,本院组织当事人进行了证据交换和质证,对当事人无异议的证据,本院予以确认并在卷作证。对有争议的证据和事实,本院认定如下:

(认定事实略……)

本院认为,本案中黄同归出具的欠条,足以证明黄同归参与涉案水利工程建设,被告尚欠原告工程款未予支付,被告存在违约行为。现原告诉请要求支付,于法有据,应予支持。因东枢公司项目部不具备独立法人资格,周围以项目部的名义出具欠条的行为属职务行为,其法律后果应由东枢公司承担。对于周围提出的原告系其合伙股东,因无证据证明,本院对其主张不予采信。依照《中华人民共和国合同法》第六十条、第一百零七条,《中华人民共和国民事诉讼法》第六十四条[1]规定,判决如下:

一、福建东枢建设有限公司偿付黄同归欠款86万元,限本判决生效后10日内履行完毕;

二、驳回原告其他诉讼请求。

如果未按本判决指定的期间履行给付金钱义务,应当依照《中华人民共和

〔1〕 现为2023年《民事诉讼法》第67条。

国民事诉讼法》第二百五十三条[1]规定,加倍支付迟延履行期间的债务利息。

案件受理费10,600元,由福建东枢建设有限公司承担(本判决生效后七日内交纳)。

如不服本判决,可以在判决书送达之日起十五日内,向本院递交上诉状,并按对方当事人的人数或代表人的人数提出副本,上诉于某某市中级人民法院。

审判员　来某某

(院　印)

二〇一六年九月二十一日

本件与原件核对无异

书记员　慕　某

【评析】本判决存在以下问题:

①被告福建东枢建设有限公司重点小二型水库除险加固工程项目部系临时性机构,并不具有独立的财产,明显主体不适格,"本院认为"部分也已经认识到这个问题,但最终仍然成为被告之一,显然诉讼主体错误。

②案件审理过程部分称案件适用普通程序进行审理,且尾部诉讼费用也是全额收取,但当时尚未开始施行普通程序独任审,而落款处仍只有审判员一人,属低级错误。

③2016年6月2日立案、2016年9月21日判决书落款(且尚不一定当天宣判),明显超过了简易程序3个月的审限。其间是否证据交换、开庭几次、何日开庭等均没有写明,不符合司法公开的精神。

④本案任何一方当事人主体均非建设方,故案由不应列为建设工程施工合同纠纷。

⑤对于双方的举证、质证以及法院认证的情况未能在判决书中体现,特别是对于最主要的证据——欠条,缺乏分析、论证。本案未能归纳争议焦点,致使裁判方向与争议焦点不能对应。

⑥本院认为部分,引用的实体法条是"《中华人民共和国合同法》第六十条、第一百零七条",分别是"当事人应当按照约定全面履行自己的义务""当事人一方不履行合同义务或者履行合同义务不符合约定的,应当承担继续履行、

[1] 现为2023年《民事诉讼法》第264条。

采取补救措施或者赔偿损失等违约责任”，均为针对合同有效的条文。欠条并非结算协议，本案的原被告之间并不存在合同关系，争议焦点应当是“周围以被告所属项目部的名义出具欠条是否构成表见代理”，故属于适用法律错误。

除了案件由来和经过部分需要表述当事人的诉讼地位以外，其他事实、理由、裁判依据、尾部等部分均只须表述当事人的姓名、名称（或简称），无须再次表述诉讼地位，第二项判决主文中，应将“原告”后加上姓名“黄同归”。

民事判决书的制作，要求结构完整、条理清楚、详略得当。在规范的基础上，要求明白、平实、可信、辨析，贯彻公开、公平、公正、合法的原则，并力求达到格式规范、表述准确、繁简得当、避免低级错误、公开认定事实的过程和理由、对争议焦点作出实质性回应，公开心证和判决的理由，增强判决的说理性、可读性。以下为民事判决书常见的错误和缺憾。

2. 当事人意见归纳不足

建设工程合同纠纷案件往往涉及从项目立项、签约、开工建设、竣工、交付至结算等全过程，当事人主体可能有发包人、总承包人、分包人、实际施工人、挂靠人等多方主体。当事人提交的诉讼材料中对事实的陈述往往长达几页至十几页，且逻辑性不强。在书面的意见（如原告的起诉状、被告的答辩状、第三人的书面陈述意见、各方代理意见等）之外，尚有庭前会议笔录、质证笔录、询问笔录及开庭笔录中的陈述、自认等。如果不加以归纳，全盘照抄、照收，看着似乎尊重当事人的意见，实质上是不负责任的表现，将使判决书中当事人意见部分极为冗长、逻辑性不强。同时，还可能存在当事人用词不准确、不规范、不文明的现象，致使判决书的可读性大为下降。所以，在尊重当事人真实意思的基础上，进行必要的归纳、总结、提炼，不夸大、也不歪曲当事人的意见，既是对当事人负责，也是对法官归纳总结能力的考验，法官应当加强该能力的锻炼。

3. 证据列举烦冗

证据的举证、质证、认证是案件审理的核心环节。长期以来，判决书中对证据部分的写法存在较为严重的公式化倾向。有的在“查明事实”后,单列“以上事实,有……证据为证”等模糊方式完成证据引用;有按证据分类笼统说明:“以上事实,有人证、书证、物证、鉴定意见等证据予以证实”等;前述表述均不符合要求。按部就班详细列举证据名称、来源、证明对象的做法,虽非有错,但至少在建设工程合同纠纷案件中,并非可取之道。实际上,列举证据的方法涉及与查明事实、争议焦点衔接的问题,尚无统一的格式要求,且应当因案而异。证据的列举往往有以下几种方法:

(1)统一列举式

如在原告诉称后,统一将原告所提交的证据材料进行列举证据名称予以附后。“上述事实,原告提供了《建设工程施工合同》、决算报告、竣工验收报告、已付款清单等予以证实”。该种方法对于双方对事实争议不大、焦点不多的案件较为适用。

(2)逐一举例式

如在原告诉称后,逐一列举原告所提交的各种证据及证明对象等,甚至在诉状中将证据清单与诉状结合予以标识引用。这种方式较为全面、直观,但也往往会使得判决书叙事凌乱、逻辑不清。当出现证据数量较多、当事人人数较多等情况时,质证时就会出现程序特别琐碎、拖沓的后果,该种写法显得较为笨拙。如原告提供了证据 A1 至证据 A12,第一被告提供了证据 B1 至 B10,第二被告提供了证据 C1 至 C8,在每一证据分列的基础上再阐述其余各方的质证意见,最后在质证意见的基础上进行认证,工作量非常大且很多时候并无价值。

(3)内容证明式

在原告指明证明对象或者双方确定争议焦点后,针对具体问题列举相应的证据,并在此基础上进行相应的举证、质证和相应的认证。该种方法针对性强,且适合进行证明力的比较,更符合逻辑思维的过程。

当然,一些疑难复杂的案件,证据和事实繁杂交织,一些对立严重的案件往往会出现截然不同的证据解读。法官应当慎重应对,根据实际情况,分门别类予以加工梳理,为判决打下坚实基础。

4. 事实认定错漏

证据的举证、质证、认证,是案件审理的主战场,以此形成判决书中认定的事实。认定的事实,可以由当事人双方无争议的事实同时加上需补强的证据(如身份关系的自认)等转化而来。但更多的情况,是由可采信的证据中吸收相应有用部分堆砌而来。事实认定部分,常见的错误是:认定了一大堆与案件本身无关联的事实;认定的事实不具有可采信证据支持;认定的事实与可采信证据矛盾;遗漏必须认定的事实等。如承包人签约时的公司名称与诉讼阶段的公司名称不一致,之间发生了名称变更,尽管双方未提出意见,法官应当责令承包人提供其名称变化的工商登记核准通知书或者工商查档名称变更备案登记等,否则难以证明双方系同一主体。

当然,一些争议事实的认定本身就是属于争议焦点,则可以暂时予以保留,在分析争议焦点的部分进行论述。

5. 争议焦点归纳不准确

案件的争议焦点既可能是某一份证据是否采信,也可能是某一个主张事实是否成立,还可能是某一法律适用的问题。根据形式逻辑的三段论:“大前提”—“小前提”—“结论”,大前提是法律规定,小前提为案件的具体情况,如果小前提符合大前提的条件,则可以得出相应的结论。如在第二十三章“庭审二次架构”的“争议焦点的明确和修正”中,建设工程价款案件的争议点往往集中在十个方面。在涉及具体的案件时,应当根据案件的具体情况加以区分、细化和明确。如双方对工程造价存在争议,可能涉及的争议焦点有:承包人所提交的单方决算报告是否适用“逾期未提异议视为认可”的默示条款;某次会议纪要是否构成双方对工程造价的结算;能否以双方共同确认的5%的保修金为720万元来反推工程造价为14,400万元;鉴定报告中涉及金额为800万元的具体四项争议项是否应当支持等。而如果法官归纳争议焦点为“承包人所完成的工程价款是几何”,则显得过于笼统,不够具体和明确。当某法律问题两造均无争议,但法官认为应当加以论述分析时,亦可予以提出问题,如“本案需要解决问题:原告作为专业分包的施工人,是否享有建设工程价款优先受偿权”。

6. 论证说理不清

民事判决书论证,包括民事法律关系的性质、民事法律行为的效力、诉讼请求所依据的请求权基础、归责的原则、相应的法律适用等。论证说理应当注意繁简得当以及专业与通俗之间的平衡。说理,可以采用事实情节为基础,运用法学理论知识,在查证事实与适用法律之间进行推理,或者以逻辑演绎为主,兼采其他论证结构等。

建设工程合同纠纷案件的民事判决书论证说理不清,往往体现在:法律规定的模糊地带,持各异观点均存在,如何选择个案参照的论点;双方对主要争议焦点针锋相对,判决最终二者选择其一的出发点如何,心证过程如何;正向论证尚不足以形成心证,逆向论证亦不足以排除合理怀疑,双方均存在举证责任的情况下,结果意义的证明责任由哪方承担等。比如,某建设工程施工合同纠纷,承包人完成施工后,将单方结算报告提交给发包人委托的第三方造价咨询企业予以审价。审价报告出具后,承包人予以认可并盖章确认。造价咨询企业也在结算审定表上签字,唯独发包人未签字亦未盖章确认。承包人向法院提起诉讼,以该造价咨询企业出具的咨询报告上的金额来主张工程造价。发包人怠于应诉,法院则以“发包人未提出合理异议”及“造价咨询企业出具的咨询报告系出于发包人的委托”为由,认为其结果对发包人有约束力。为便于处理矛盾纠纷,最后判决发包人以该咨询报告上的金额作为双方之间确定的工程价款。虽然实体处理较为公正,但论证说理上有待补强:①接受委托审价的造价咨询企业在各方签字用印确认前,是否曾经召开审价工作会或澄清会议,对涉及的造价争议进行充分论证并达成一致意见;②发包人是否曾向造价咨询企业表示尽可能推迟出具审价报告,以缓解付款压力;③发包人的部分相关经办人员对审定金额是否没有异议,甚至表示承包人“已经很吃亏”“作出较大的让步”“我们能够理解”,且造价咨询企业出具审价报告后,发包人从未明确提出具体的异议项目、相应的理由并附上依据等。补强以上三点理由,能够综合反映审价报告总体上具有客观性、真实性,在发包人未提出确切异议的情况下,属于具有一定证明力的证据,可以作为定案的依据。

论证说理不清还体现在对诉讼费用的负担,特别是鉴定费用的负担不作说明,直接在判决尾部予以确定。尤其是在鉴定费金额比较大的情况下,容易引起当事人的疑虑。

7. 提高民事判决书质量的建议

结合建设工程合同案件的特殊情况,应提高建设工程合同纠纷案件判决书的可读性、逻辑性,对判决正文部分应当详略得当,增强判决书的论证说理,发挥判决书的定分止争作用。除证据材料较少、事实争议不大的案件外，**法官在判决书中要尽可能避免大段式一证、一质，尽量避免逐一举例式质证，尽可以采用统一质证、统一认证的方式。**由于建设工程合同纠纷案件涉及的法律关系复杂、时间历程较长、所涉证据数量较多，争议焦点主导式为推荐的写作方式。

（1）在对原告诉称、被告答辩进行总结的基础上，载明庭前会议或者质证笔录中确认的“无争议事实”，该事实应当按照时间先后和内容不同进行整理加工，而该无争议事实所依据的各方当事人的证据，应在简要说明后均略过举证、质证和认证环节。部分事实未经确认、或者在无争议事实的基础上增加部分内容时，可以提出“本院查明以下案件事实”，也能避免大量的证据举证、质证、认证部分。

（2）归纳案件争议焦点，按照不同的争议焦点，归纳双方对争议焦点的各自的意见、所提供的证据、认证的过程及查明的案件事实，并分别作出相应的判断。争议焦点简单的情况下，也可以略过证据举证、质证与认证环节。

（3）所有争议焦点处理完毕后，可以另起一段对争议焦点情况进行总结，也可以直接通过“本院认为”作出价值判断并作出判决主文。

这种争议焦点主导式的判决书写作方式天然地较为适合建设工程合同纠纷案件，能够使判决书省略大量不必要的证据列举，也大大增强了判决书的可读性和逻辑性。

此外，在撰写判决书时，对于利息计算问题，可以采用区间加基数、利率的计算过程代替金额数字；对于涉及基数、利率等存在变化难以表述时，可以计算至某一特殊时间节点，如竣工验收合格后 2 年、质量缺陷责任期满，“经核算，截至 2018 年 12 月 31 日，应负担的利息为 785,633.34 元”，而对于具体的计算过程可以列附表的方式放入副卷备查即可。

案例 26－2 ▶ 民事判决书示例：先归纳案件事实，再就争议焦点分层递进

【案情】

某市某区人民法院

民事判决书

（2018）某 0101 民初 12340 号

原告：王忠祥（身份信息略）。

委托诉讼代理人:严某,某律师事务所律师。

委托诉讼代理人:司某,某律师事务所律师。

被告:江苏盛腾建设集团有限公司,(住所地略)。

法定代表人:官某,董事长。

委托诉讼代理人:贺某,某律师事务所律师。

第三人:肥东鑫成劳务有限公司,(住所地略)。

法定代表人:童某,董事长。

原告王忠祥与被告江苏盛腾建设集团有限公司(以下简称盛腾公司)、第三人肥东鑫成劳务有限公司(以下简称鑫成公司)建设工程分包合同纠纷一案,本院于2018年9月1日预立案后,多次召开庭前会议,并先后启动工程造价司法鉴定及补充鉴定。本案于2018年12月20日立案受理,适用简易程序于2019年1月30日、2019年2月27日公开开庭审理。原告王忠祥及其委托诉讼代理人严某、被告盛腾公司委托诉讼代理人贺某到庭参加诉讼,第三人鑫成公司经本院传票传唤,无正当理由未到庭参加诉讼。本案现已审理终结。

原告王忠祥向本院提出诉讼请求:判令被告盛腾公司支付工程款531,917.50元。事实与理由:2011年,被告承包了某小区二期工程并与开发商签订了施工总承包合同。2012年1月,原告经鑫成公司法定代表人童某介绍进入上述工地工作。2013年年底,由于童某未发放农民工工资,劳资纠纷爆发。在政府有关部门的要求下,童某代表鑫成公司与被告核账并出具委托支付书,委托被告向原告支付欠付工程款86,238.15元。但原告所施工的压力焊及套筒部分并未计算在原告与鑫成公司结算内,故要求被告一并解决。被告表示同意按照实际金额计算支付给原告。故原告与被告签订《劳务班组结算表》一份,暂计其中维护钢筋57,000元、电渣压力焊237,500元、套筒325,000元,暂计金额619,500元。扣减原告与鑫成公司已经结算的维护钢筋26,608元,应付款为679,130.15元。后2014年1月27日,被告通过其员工曹威组汇款479,100元、支付承兑汇票200,000元,合计679,100元。此后,被告不再与原告核对工程量,也未向原告支付工程款。原告认为,原告施工的压力焊、套筒按实计算应当是1,094,417.50元,扣减原、被告暂结算时已经计算并支付的562,500元,尚余531,917.50元,被告应当支付。

被告盛腾公司辩称,被告不是原告的合同相对人,原告的合同相对人是第三人鑫成公司;原告主张的欠付工程款没有证据支持;即使存在欠付工程款,原告的主张已经超过了诉讼时效。

第三人未到庭参加诉讼,也未提供书面意见。

本院查明以下案件事实:

2011年,被告盛腾公司成为某小区二期2#地1标段总承包方。随后,第三人鑫成公司法定代表人童某安排劳务人员进场提供劳务作业。其中,原告带领的钢筋工班组于2012年1月进场作业。2012年12月15日,盛腾公司与鑫成公司签订《建设工程施工劳务分包合同》一份,约定盛腾公司将涉案工程以包清工的方式承包给鑫成公司,分包范围为所有工程的泥工、木工、钢筋工等(含别墅、高层、地下车库、商业等)。

2012年10月19日至2013年12月12日期间,盛腾公司共向童某支付劳务费59,601,649元,其中曹威组多次代表盛腾公司支付工程款,金额1000元至40万元不等。

2013年3月16日,原告与鑫成公司签订了《钢筋工劳务分包合同》,鑫成公司以盛腾公司的名义将某小区2#地块1标段设计图纸内所有结构钢筋配扎等工程承包给原告,主要内容为:作业包括主体、二次结构、配料、绑扎、焊接、直螺纹等套管的安装连接、屋面钢网层以及材料进场时的配合以及二次运输;结算方式为按照平方计算的固定单价,其中,别墅区地下室及底板100元/平方米,别墅区地上三层为55元/平方米,高层地下室为100元/平方米,人防±0.00以上同算35元/平方米;补充条款,人防地下室另补15万元。

2013年6月5日,第三人鑫成公司曾向被告盛腾公司报送《关于劳务费调增的申请》,以盛腾公司原项目负责人代某曾经承诺等为由,要求对劳务费予以调增。其中载明"六、电渣压力焊、套筒连接费用按实结算。理由:工地地方偏远,人员组织困难,根据贵公司的安排,由我司帮忙组织电渣压力焊、套筒连接的劳务工人,费用由我司垫付,结算时按实结算。"

2013年12月6日,涉案工程通过竣工验收。

2013年12月12日,人力资源和社会保障局与住房和城乡建设局联合向鑫成公司发送《通知书》一份,载明:"你公司分包的某小区二期2#地块1标段劳务工程(发包方为江苏盛腾建设集团有限公司),因你公司相关负责人涉嫌逃匿,致使民工工资无法核实而出现农民工集体讨薪事件,涉及人数多、金额大……要求你公司法定代表人或授权委托人于2013年12月25日之前携带相关资料前来处理农民工工资事宜,否则将依法严肃处理,构成犯罪的,移交司法机关,追究相关负责人的刑事责任……"

后童某与劳务班组核对工程劳务费。2013年1月8日,鑫成公司员工沈可铎出具证明一份,载明"王忠祥 套筒、压力焊、工程量如下:地下室全部 高层:48#、49#、50#、51#,叠院28栋别墅、2号配电房 证明人沈可铎 2013年1月8日"。2014年1月9日,沈可铎与童某出具证明一份,载明"所有套筒、压力焊由班组王忠祥代做(数据提交公司)……"并以每平方米10元的价格确定商业、商业地下室、1号配电房总金额为95,190元。同日,童某代表鑫成公司与原告进行结算并签订《劳务班组结算单》一份,确定原告施工的工程款为5,886,238.15元(别墅、地下室、高层等均按照《钢筋工劳务分包合同》中的单价计算,含围护梁26,608元),另外,人防工程量大增补15万元,已支付595万元。

2014年1月15日,第三人鑫成公司向盛腾公司出具《工程劳务费结算、支付委托书》七份,载明"……现工程已竣工,在相关政府部门协调下,我司结算后未付劳务费……现委托班组实际负责人领取我公司与贵司的劳务分包结算中的相应款项……作为我司所领的劳务费……"总金额为13,958,776.95元,后原告实际支付劳务费13,971,772.95元。其中,鑫成公司就钢筋工程王忠祥出具的《工程劳务费结算、支付委托书》中载明,鑫成公司与其结算金额为6,036,238.15元,已支付595万元,余款86,238.15元,委托盛腾公司予以支付。

2014年1月26日,盛腾公司派驻现场处理财务的人员曹威组向原告支付金额20万元承兑汇票,并出具承诺一份,载明:"承诺 王忠祥在项目部所拿的贰拾万元承兑,如在2014年4月没有兑现,可以退货此项目,换取现金。曹威组 2014年1月26日"。随后,曹威组于次日汇付原告479,100元,合计679,100元。

2014年1月31日春节。

2014年4月14日,天虹会计师事务所无锡分所向原告发送《债权债务申报通知》一份,主张内容为:受公安局委托,对江苏盛腾建设集团有限公司常州分公司经营承包人代某案件进行财务审计，现根据审计要求需对某负责人在2012年11月16日之前和2012年11月17日至2014年2月28日在宜兴、无锡、常州、宁波等地承接建设工程项目过程中的债权债务及往来情况进行申报以供核对。

2014年5月4日，盛腾公司以鑫成公司超额领取劳务费为由向我院起诉鑫成公司、童某。本院于2015年6月1日作出民事判决，认定上述盛腾公司与鑫成公司签订《建设工程施工劳务分包合同》因鑫成公司没有建筑施工劳务分包资质而无效，判令鑫成公司返还盛腾公司超额领取的工程款775余万元及相应利息。鑫成公司不服，提起上诉。二审法院于2015年9月17日作出民事判决，予以维持原判。

另查明，原告与被告盛腾公司签订有《劳务班组结算表》一份，时间不明，主要内容为：(1)工程名称为某小区2#地块1标，施工单位为江苏盛腾建设集团有限公司，劳务班组王忠祥；(2)劳务内容：围护钢筋、电渣压力焊、套筒；(3)情况说明：套筒、电渣压力焊当初代某委托童某联系，由王忠祥施工。当初单价未定，现在结算时经公司协商确定单价，数量暂定。数量以2014年春节过后核对为准。其中，维护钢筋95吨，单价600元，小计57,000元；电渣压力焊95,000个，单价2.5元，小计237,500元；套筒50,000个，单价6.5元，小计325,000元。以上合计619,500元，备注数量暂定。该结算表下方有原告及被告代表顾陈成、舒肖杰的签名。

以上事实有原告提供的民事判决书、《承诺》、个人活期明细查询、证明材料、《证明》《劳务班组结算单》《劳务班组结算表》《债权债务申报通知》以及被告提供的《劳务分包合同》《证明》《通知书》《童某劳务工程款委托付款情况统计》《工程劳务费结算、支付委托书》，以及本院依法调取的案卷材料中《童某付款明细》《关于劳务费调增的申请》等证据予以证实，本院予以认定。第三人就本案未提出证据，亦未发表质证意见。至于原告提供的计算表等，系单方制作，内容真实性无法确认，本院不予认定。

本案的争议焦点如下：

1.《劳务班组结算表》的签订时间及内容。

原告认为，该表签订在2014年1月，春节前几天。童某在劳资纠纷爆发后来到工程所在地，原告与其结算是2014年1月9日，对围护钢筋作了大致计算，但是计算的单价不准确。后来在和舒肖杰协商时，定下来补偿原告600元/吨，总共补差57,000元，后来曹威组付钱时，又将童某已经计算的围护钢筋金额予以扣除。

被告认为，该表形成时间为2013年12月至1月。2013年12月，由于鑫成公司未及时结清劳务费，造成农民工上访闹事，政府相关部门要求被告出面协调处理相关劳务费。被告指派舒肖杰到场与各班组负责人进行初步核算，在童某尚未出现前（2014年1月9日前）出具了结算表。该表所有数据来源系各个班组自行申报，被告无法具体核对，所以在结算表中明确具体的数量以节后核对为准，表明被告是在童某无法出现前，按照政府要求安置好农民工回家过年的问题。后2014年1月童某来到工地后，根据其与班组的结算，出具了委托书，被告根据委托书的金额进行了付款。原告提供的童某出具的《证明》也表明，在2014年1月9日已经将王忠祥代做的压力焊数据移交公司，故《劳务班组结算表》不存在进一步核实的问题。

本院认为，《钢筋工劳务分包合同》从合同内容上看“作业包括主体、二次结构、配料、绑扎、焊接、直螺纹等套管的安装连接……”是包含压力焊、套筒的，属于原告向鑫成公司承包的范围。但《关于劳务费调增的申请》、证明、《劳务班组结算单》《劳务班组结算表》等又表明其并不在原告与鑫成公司的结算范围。《劳务班组结算表》没有时间，则应该根据其内容结合本案的其他证据予以认定。童某在爆发劳资纠纷后来到现场核对工程量的时间应当为2013年12月12日至2014年1月9日，确切时间尚无证据予以证明。本院分析如下：

首先，如果诚如被告所称《劳务班组结算表》系在童某来现场核对工程量之前作出，王忠祥代表钢筋劳务班组向盛腾公司上报施工劳务，则《劳务班组结算表》的内容就不会仅仅包含围护钢筋、电渣压力焊与套筒三部分工作内容而是其所施工的所有钢筋部分。

其次，从《劳务班组结算表》的内容上看，明确发生在原告与被告之间，由代某委托童某联系原告施工的。后续2014年4月14日天虹会计师事务所无锡分所向原告发送的《债权债务申报通知》，也能够印证盛腾公司与原告之间很可能存在债权债务关系，否则不会无端发送《债权债务申报通知》。

再次，沈可铎与童某于2014年1月9日出具的证明称“所有套筒、压力焊由班组王忠祥代做(数据已交公司)"实际上与《劳务班组结算表》中的"……套筒、电渣压力焊当初代某委托童某联系,由王忠祥施工。当初单价未定,现在结算时经公司协商确定单价,数量暂定……"能够印证。虽然其下方备注了商业地下室、配电房等各业态的单价与金额,但原被告双方均对该单价和金额不认可,故对原被告均无约束力。同时,与《关于劳务费调增的申请》中载明"六、电渣压力焊、套筒连接费用按实结算。理由:工地地方偏远,人员组织困难,根据贵公司的安排,由我司帮忙组织电渣压力焊、套筒连接的劳务工人,费用由我司垫付,结算时按实结算"等内容也有衔接。

复次,从款项组成上看,原告的陈述能够形成完整的证据链:(1)原告与鑫成公司2014年1月9日结算5,886,238.15元(含围护梁26,608元)+人防工程量增补15万元=6,036,238.15元,鑫成公司已支付595万元,余款86,238.15元,委托盛腾公司予以支付86,238.15元。(2)《劳务班组结算表》中确定的金额为619,500元(其中围护钢筋57,000元)。(3)由于《劳务班组结算表》中确定的围护钢筋57,000元实际上已经包含了上述2014年1月9日原告与鑫成公司结算金额中的围护梁26,608元,故重复部分予以扣减。所以,原告所得劳务费为86,238.15元+619,500元-26,608元=679,130.15元,零头抹去,则与曹威组实际支付的679,100元能够对应。而被告对于支付给原告679,100元的由来和组成明细等,以相关经办人员已经离职为由无从解释。既然与原告没有有关套筒、压力焊的分包关系,在鑫成公司与王忠祥核对完毕、仅要求委托支付86,238.15元的情况下,无故支付原告679,100元如此高的金额显违常理。

最后,从时间上看,上述实际支付679,130元的计算中,包含了扣减围护梁26,608元,则不应当早于2014年1月9日鑫成公司与原告结算之前。此外,被告盛腾公司支付款项时间在2014年1月26日、27日,所有鑫成公司委托被告支付劳务费的工作已经完成。如不属于被告应当支付的劳务费,完全可以停止支付。

所以,原告主张《劳务班组结算表》系发生在其与童某2014年1月9日结算后,具有相应的证据支持,符合逻辑。被告主张系童某来现场之前原告与被告达成的,但未提供相关证据且无法合理解释其中重大疑点,本院不予采信。

2. 原告应获得的劳务费。

如上分析,《劳务班组结算表》从性质上可以看作原告与被告之间有关压力焊、套筒及围护钢筋的暂定金额,系双方之间存在有关压力焊、套筒及维护钢筋的分包合同关系的确认。鉴于其后双方并未达成正式结算,本院委托司法鉴定,并形成《司法鉴定报告书》,鉴定意见为电渣压力焊数量为108,467个,套筒数量为89,439个。原告对《司法鉴定报告书》有异议,认为遗漏四幢高层48#、49#、50#、51幢的±0.00以上部分没有计算,并补充提供了《钢筋焊接接头(电渣压力焊)力学性能检测报告》43份,用以证明相关施工情况,被告对真实性没有异议。本院委托补充鉴定后,鉴定单位出具了《司法鉴定报告(补充鉴定)》,鉴定意见为电渣压力焊数量在原有基础上增加53,613个。

原告对两报告没有异议。被告对两报告的真实性没有异议,但认为不能作为原告主张工程款的依据,理由是原告未提供工程量均由其完成、款项应由被告负担的证据。即使存在有关压力焊、套筒的工程款未付,原告也不能证明其并不包含在被告增补给鑫成公司的500万元中。本院认为,综合以上《关于劳务费调增的申请》《劳务班组结算单》《劳务班组结算表》等证据,原告王忠祥经第三人鑫成公司联系,与被告之间存在有关套筒、压力焊等单独的分包关系的事实明确。鑫成公司已确认所有压力焊、套筒由王忠祥施工,且被告也未举证存在其他的施工方,《劳务班组结算表》也表明数量系暂定。故通过司法鉴定的方式确定相关工程量,本院予以认定。至于被告所称即使存在有关压力焊、套筒的工程款未付,原告也不能证明其并不包含在被告增补给鑫成公司的500万元中。但被告增补给鑫成公司的500万元在被告与第三之间的工程价款案件生效后才确定,且明确是增补给鑫成公司,故与原告无关。

综上,电渣压力焊数量为108,467个+53,613个=162,080个,套筒数量为89,439个。按照《劳务班组结算表》中确定的单价分别是2.50元/个及6.5元/个,总价为405,200元和581,353.50元,合计986,553.50元,扣减去《劳务班组结算表》中已经结算的电渣压力焊237,500元和套筒325,000元,尚余424,053.50元。

本院认为:虽然原告与第三人之间签订有《钢筋工劳务分包合同》,但《劳务班组结算表》实际上确认了原被告之间存在有关电渣压力焊、套筒施工的单独分包关系,系对原合同的变更,且鑫成公司也无异议。由于原告是不具有施工资质的个人,合同效力显为无效。但涉案工程验收合格,原告有权请求参照合同约定支付工程价款。经审理查明，被告尚欠原告部分工程款。原告的诉讼请求，本院部分予以支持。被告有关双方不存在合同关系的主张，无法成立，本院不予采信。因原被告在签订《劳务班组结算表》后并未达成正式的结算，债权债务尚未确定，故被告主张已经超过诉讼时效，本院不予支持。第三人经本院合法传唤无正当理由拒不到庭参加诉讼，依法缺席判决。依照《合同法》第五十二条第五项，《建设工程质量管理条例》第二十五条，原《建设工程司法解释》第一条、第二条、第十六条第一款之规定，判决如下：

一、被告江苏盛腾建设集团有限公司应于本判决生效后七日内支付原告王忠祥工程款424,053.50元；

二、驳回原告王忠祥的其他诉讼请求。

如果未按本判决指定的期间履行给付金钱义务，应当依照《中华人民共和国民事诉讼法》第二百五十三条[1]规定，加倍支付迟延履行期间的债务利息（加倍部分债务利息=债务人尚未清偿的生效法律文书确定的除一般债务利息之外的金钱债务×日万分之一点七五×迟延履行期间）。

受理费9119元，减半收取4559.50元，由原告王忠祥负担729元，由被告江苏盛腾建设集团有限公司负担3830.50元；鉴定费24,000元，由原告王忠祥与被告江苏盛腾建设集团有限公司各半负担。

如不服本判决，可在判决书送达之日起十五日内，向本院递交上诉状，并按对方当事人或者代表人的人数提出副本，上诉于某省某市中级人民法院。

本判决生效后，如义务人拒绝履行，权利人可在判决确定的履行期间的最后一日起二年内向本院或者与本院同级的被执行的财产所在地人民法院申请执行。

审判员　周某某

二〇一九年三月十二日

本件与原本核对无异

书记员　李某某

[1] 现为2023年《民事诉讼法》第264条。

【评析】

本案及其判决存在以下几个特点:

1. 所涉事实复杂、主体多、证据杂,第三人与被告之间曾有工程价款案件。由于积怨已深,第三人从立案之初怠于应诉。如果采用"一证、一质、一认"的证据组织方式,将使判决书异常冗长,所以,法官采取了先列"本院查明事实",对案件基本事实予以组织确定,其后归纳争议焦点,就争议焦点双方发表意见、提出证据并论证说理。

2.《劳务班组结算表》的形成时间关系到合同变更、是否构成结算的两个重要问题。由于原告本与第三人之间存在书面的劳务分包合同关系,但结算时并不包含压力焊与套筒部分,而是与被告之间存在《劳务班组结算表》。那么,该证据是被告认可其与原告之间存在有关压力焊与套筒的单独劳务分包关系,抑或仅仅是代第三人支付呢?需要通过对该证据的内容、相关的背景、其他证据的佐证情况以及反向推理证伪等逻辑演绎的方法,综合认定前者是更为合理的解释。这里涉及论证说理的方法。

3. 有关应付款,通过工程造价司法鉴定、补充鉴定予以确认。在此基础上,对已经结算并部分支付的款项予以确认,据以计算尚欠的工程款。逻辑上具有连贯性。

一审判决后,被告不服提起上诉,后本案二审判决予以维持原判。

案例 26-3 ▶ 民事判决书示例

【案情】

某市某区人民法院

民事判决书

(2018)浙 0206 民初 4111 号

原告:宁波市鄞州龙鼎门窗厂(统一社会信用代码:91330212554525570T)。住所地:宁波市鄞州区五乡镇蟠龙村。

投资人:屠文龙,该公司总经理。

委托诉讼代理人:徐飞,宁波市恒欣法律服务所法律工作者。

被告:宁波市北仑大研建筑工程有限公司(统一社会信用代码:

91330206753272879U)。住所地:宁波市北仑区大碶宁穿路323号。

法定代表人:陈良忠,该公司总经理。

委托诉讼代理人:周静尧,浙江凡心律师事务所律师。

委托诉讼代理人:顾杰赟,浙江凡心律师事务所律师。

原告宁波市鄞州龙鼎门窗厂(以下简称龙鼎门窗厂)与被告宁波市北仑大研建筑工程有限公司(以下简称大研工程公司)建设工程分包合同纠纷一案,本院于2018年6月25日立案受理后,由审判员周某某适用简易程序审理。经原告申请,本院作出财产保全的裁定,该裁定已执行。在审理过程中,本案启动工程造价司法鉴定。鉴定工作完成后,本案于2019年1月23日公开开庭进行审理。原告龙鼎门窗厂投资人屠文龙及委托诉讼代理人徐飞、被告大研工程公司委托诉讼代理人顾杰赟到庭参加诉讼。本案现已审理终结。

原告龙鼎门窗厂诉请判令被告支付工程款6,605,073元并赔偿自2013年2月1日起至实际付清之日按月利率6%计算的利息。在审理中,原告变更诉讼请求为请求判令被告支付工程款3,384,273元及自2013年2月1日起至实际履行之日按银行同期同档次贷款利率计算的利息。原告主张事实如下:2011年12月5日,被告作为发包方与深圳市茂华装饰工程有限公司(以下简称茂华公司)作为总包方、原告作为分包方签订《施工合同》,将海天总部大楼的附房、多功能厅的玻璃幕墙、石材幕墙、铝合金门窗等分包给原告。合同总价6,374,779元(该款不包括测试费、税金等),并约定工程款由被告直接支付给原告。在施工过程中,建设方宁波海天科技有限公司(以下简称海天公司)和总包方提交浙江宝业幕墙装饰有限公司设计所进行项目的部分修改增加。2013年1月30日,原告与被告就施工工程决算为10,005,073元。其间,2012年1月19日被告以转账支票的形式支付原告50万元,后陆续由被告及被告项目经理沈志龙支付290万元,余款6,605,073元均未支付。原告认为,《施工合同》合法有效,双方决算后工程款明确,被告的行为构成根本违约。在审理中,原告确认《施工合同》为无效合同,请求参照合同约定支付工程款。

被告大研工程公司答辩请求驳回原告的诉讼请求,理由如下。1.事实概况。2010年8月8日被告总承包海天公司总部大楼工程,总造价8100万元,双方签订《建筑工程施工合同》用以备案。实际该工程由被告和宁波市北仑区江南建筑工程有限公司(以下简称江南公司)联合施工,江南公司负责主楼部分,被告负责南北裙楼部分。同日,被告与海天公司就裙楼工程又签订《建筑工程施工合同》,合同造价2325万元。2011年3月10日,被告将涉案工程的外墙装饰工程分包给茂华公司,合同造价1950万元。2011年12月5日,被告、茂华公司及原告签订《施工合同》,约定将涉案工程附房、多功能厅(南北裙楼部分)的幕墙工程分包给原告,合同造价6,374,779元。附房与多功能厅(南北裙楼部分)由被告承包施工(2325万元),附房、多功能厅的幕墙工程(约637万元)由原告分包施工,被告与海天公司结算,原告与被告结算。涉案的多功能厅于2013年3月28日竣工验收,附房于同年8月6日竣工验收。2.结算与付款情况。工程竣工后,被告向海天公司上报了南北裙楼的决算,海天公司于2014年1月2日审核并出具《结账汇总》,其中原告施工的裙楼幕墙部分,增加工程款445,140元。2014年1月17日,茂华公司与原告就幕墙工程合同内固定价款1950万元的划分进行了结算,原告可分得合同内价款6,158,853元。故原告可得工程款总额应为6,158,853元+445,140元=6,603,993元。被告累次通过现金、转账、代付工资、代偿借款、代付材料款等方式向原告支付工程款。2013年7月13日,原告投资人屠文龙确认,除石材款外,被告已向原告支付工程款465万元。2014年1月30日,被告项目经理沈志龙转账给屠文龙1万元。此外,被告还代付原告欠朱卓亚的石材款30.08万元和欠钟林利的石材款239万元。故被告累次合计支付735.8万元,已超付工程款。3.原告的起诉已超过诉讼时效,根据合同约定的付款进度,原告应当于2015年8月6日主张合同总价款的95%,2016年1月2日前主张增加部分的工程款。即使考虑诉讼时效的中断事由,被告最后一次付款为2014年1月30日,原告最迟应当于2016年1月30日主张。4.原告应得工程款中,还应当按照合同约定扣除0.5%施工水电费、0.13%施工人员保险费,未届期的质保金部分也应当扣除。

本院查明以下案件事实:

2010年8月18日,被告与海天公司签订《建筑工程施工合同》一份,约定由被告承包海天公司总部大楼工程,总造价8100万元,承包范围为土建、钢结构、消防、水电、桩基。该合同经过建设主管部门备案。同日,双方又签订《建筑工程施工合同》,主要约定如下:1.被告承包海天公司总部大楼工程,承包范围为南北裙楼(以与主楼的伸缩缝为界),南北裙楼区域内桩基,南北裙楼土建,南北裙楼给排水、消防、消防报警系统,南北裙楼强、弱电系统,南北裙楼部分的玻璃幕墙、石材幕墙,以及《海天集团总部招标平台》《海天总部大楼招标平台补充》上规定的所有需报价项目;2. 合同价款2325万元,因投标预算图纸更改而发生的工程量变化、因海天公司签订的工程联系单而发生的工程量变化应予以按实调整,本合同结算方式为按中标价一次性包干,如有上述调整,工程量按实结算,单价参考预算所有材料价格不作浮动;3. 竣工结算时,被告应支付工程的水电费用,金额为合同总额的5‰或按水电表的使用度数;4. 合同附件包括《海天集团总部大楼招标平台》《海天总部大楼招标平台补充》《联合施工协议》;5.《联合施工协议》主要内容为被告与江南公司共同承建海天总部办公楼工程,办理报建等手续的总承包合同由被告与业主签订,所有施工技术资料由被告负责,被告负责南北裙楼的所有施工项目内容,江南公司负责主楼、地下室的所有项目的内容,双方的总造价分别为2325万元、5775万元,双方与业主单独结算。

2010年12月30日,茂华公司编制了预算书一份,提交给被告,单位工程报价汇总表中总报价21,977,880元,编制报价金额21,113,835元。

2011年3月10日,被告与茂华公司签订《海天总部办公大楼外墙装饰工程施工合同》一份,被告将外墙装饰工程分包给茂华公司。主要约定有:1. 承包范围为幕墙施工图中所有主楼、附房、多功能厅的外墙花岗石、玻璃、铝板幕墙工程和侧向避雷工程及招标平台内容(附招标平台);2. 合同总价1950万元,总价一次包定不作调整(包括面积大小、材料价格浮动等);3. 双方对部分材料指定品牌;4. 保修金5%,竣工验收合格、付款结算3年后付3%,5年后付1%,8年后付1%;5. 幕墙检测费、试验费、审图费等幕墙范围内的费用由茂华公司负担,幕墙设计费茂华公司承担20万元,施工水费、电费按总价0.5%在竣工付款时向茂华公司扣除,施工人员保险费按总价0.13%在第一次付款时向茂华公司扣除,茂华公司承担施工现场共摊的其他费用,并按宁波市北仑区的规定全额开具发票;6. 作为附件的《海天集团总部大楼幕墙工程招标平台》载明本工程采用固定总价合同,总造价经合同双方商定后,除石材部分有可能调整外,其余部分不作任何调整。

2011年12月5日,被告作为发包方、茂华公司作为总包方、原告作为分包方共同签订《施工合同》一份。主要内容如下：1. 经发包方、总包方同意，将海天总部大楼的附房和多功能厅的玻璃幕墙、石材幕墙、铝合金门窗分包给分包方施工；2. 工程承包范围为幕墙图中所有附房及多功能厅的外墙花岗石幕墙、玻璃幕墙、铝合金门窗；3. 合同总价为 6,374,779 元，不包括测试费 31,150 元，税金 663,833 元，图纸设计费 178,000 元，规费 612,158 元，预埋铁件费 230,056 元（预埋铁件总包方已经施工完毕），幕墙开窗内开内倒五金件 372,738.4 元，测试费、税金、规费、图纸费、预埋铁件费、五金配件费由总包方、分包方按照总包给总包方的总价根据比例进行平摊（根据总包方的投标报价书的金额，分包方按总工程款的 5% 付给总包方作为管理费）；4. 付款办法，竣工验收合格后付至总工程款的 95%，5% 为保修金，保修期 8 年，保修金于验收合格 3 年后付 3%、5 年后付 1%、8 年后付 1%，由发包方直接向分包方付款；5. 施工水费、电费，保险费由分包方根据发包方给总包方的合同条款付给发包方；6. 本合同总原则以发包方与总包方签订的合同为准。

在施工过程中，原告取得施工图一套，浙江宝业幕墙装饰有限公司先后出具多份设计联系单，对部分材料、做法等进行变更。在鉴定过程中，双方确认竣工情况即为原施工图加联系单部分，没有单独的竣工图。

2013 年 1 月 30 日，原告曾出具《单位工程决算表》，载明就宁波海天科技有限公司总部办公大楼幕墙工程（裙房），分部分项工程量清单计价、石材、其他增加项目、型材更改及税金等合计 10,005,073 元，被告在决算上盖章确认。

2013 年 2 月 28 日，宁波海天科技有限公司总部办公大楼多功能厅通过竣工验收。同年 8 月 6 日，附房通过竣工验收。

2014 年 1 月 2 日，经被告上报裙楼部分决算，海天公司审核后，确定原告施工的幕墙工程增加工程价款为 422,883 元。

2014 年 1 月 17 日，茂华公司负责人金玲法与原告投资人屠文龙就幕墙工程签订手写材料，双方对管理费、税费、设计费等分担进行分割。

以上事实，有原告提供的《施工合同》、《设计联系单》、施工图纸、《单位工程决算表》、转账支票、银行流水清单及被告提供的《建筑工程施工合同》《海天总部办公大楼外墙装饰工程施工合同》《施工合同》《竣工验收报告》《海天总部大楼裙房结账汇总（大矸建筑公司）》等证据，结合双方的陈述予以证实，本院予以认定。

本案的争议焦点分别分析如下：

第一，原告施工的工程造价。

原告认为2013年1月30日被告盖章的《单位工程决算表》载明原告施工的工程造价10,005,073元，被告已经认可。被告认为，该决算表是经原告要求向建设单位海天公司出具的决算报审材料，表中的金额是报审价而非审定价，更不是原、被告之间的结算价。本院认为，该《单位工程决算表》出具之时涉案工程尚未竣工验收，且与其后2014年1月17日茂华公司负责人金玲法与原告投资人屠文龙就幕墙工程签订的手写材料上载明的金额也矛盾，同时该《单位工程决算表》仅有一页，不包含具体的内容明细，故与工程结算的形式不符，不能作为双方的结算依据。被告的解释较符合日常经验法则，本院予以采信。

经释明，2018年8月29日，原告申请工程造价司法鉴定，本院随后启动了鉴定。在现场勘验过程中，依法确定按照原、被告双方各自主张的固定单价、固定总价两套方案进行鉴定并要求鉴定单位执行。鉴定单位浙江国信工程管理咨询有限公司于2018年11月21日出具征求意见稿后，双方分别提起了异议。后鉴定单位出具了《工程造价鉴定意见书（固定单价）》《工程造价鉴定意见书（固定总价）》。在审理过程中，因双方对部分争议事项进行确认，鉴定意见书的鉴定意见也发生了部分修正。原告预缴鉴定费78,030元，被告预缴46,818元。

《工程造价鉴定意见书（固定单价）》无争议造价为9,910,970元，争议造价为-996,660元（该项争议造价为按实结算总价下浮11.27%的金额）。

《工程造价鉴定意见书（固定总价）》无争议造价为8,068,938元，争议造价为-88,747元（该项争议造价为联系单部分下浮11.27%的金额。）

关于鉴定方案的选择，原告主张采用固定单价的方案，理由是无效合同则应当按照固定单价计算。被告主张应当采用固定总价的方案，理由是被告与茂华公司签订的《海天总部办公大楼外墙装饰工程施工合同》即为固定总价，且被告、茂华公司、原告共同签订《施工合同》中明确约定本合同总原则以被告与茂华公司签订的合同为准。本院认为，无效合同情形下，应当参照合同约定结算工程款，故合同计价条款对双方仍然适用。原告要求按照固定单价结算工程款，没有任何依据。由于被告与茂华公司签订的《海天总部办公大楼外墙装饰工程施工合同》即为固定总价,且被告、茂华公司、原告共同签订的《施工合同》中明确约定本合同总原则以被告与茂华公司签订的合同为准,此系双方的真实意思表示,故参照合同约定结算工程款时必然要考虑固定总价的原则。所以,应当采用固定总价方案的鉴定意见。

关于争议造价即工程造价是否下浮 11.27% 的问题。原告认为,下浮率 11.27% 无法律依据,也不符合鉴定机构权限。原告所主张鉴定的依据是固定单价,依据实际施工的工程量进行鉴定,而鉴定机构擅自使用下浮率,违反中立原则。被告对下浮率没有异议,认为应当予以下浮。本院认为,固定总价合同进行下浮是工程实践中的常规行为,体现了投标报价的竞争力。固定总价的下浮率本身属于计价方法之一,合同无效情形下仍应当参照适用,否则承包人反而因合同无效而获得违法利益。鉴定通过比对根据茂华公司的预算报价 21,977,880 元与签约合同固定总价 1950 万元计算下浮率,客观中立,应予适用。故工程造价应当进行相应的下浮。

综上,原告施工的工程造价为 8,068,938 元 - 88,747 元 = 7,980,191 元。

第二,被告主张的应扣款项。

参照合同约定,应扣款项有以下内容:

1. 施工水电费按总造价的 0.5% 计取,计 39,900.96 元。

2. 施工人员保险费按总造价的 0.13% 计取,计 10,374.25 元。

第三,被告已经支付给原告的款项。

被告提出了 2012 年 5 月 7 日至 2014 年 1 月 30 日的转账记录、借条等证据,用以证明被告累次支付 440 万元,另曾代原告向朱卓亚支付 300,800 元。原告对此均没有异议,有异议的事实如下:

原告为承包本工程施工,向案外人钟林利购买石材。2013 年 12 月 12 日,原告投资人屠文龙与钟林利就石材进行结算并签订结算协议,载明:"海天南北裙房石材结算金额计叁佰贰拾玖万元正 < ¥:3290000./ >,已支付玖拾万元正 < ¥:900000./ >,尚欠石材款计贰佰叁拾玖万元正 < ¥:2390000./ >本石材欠款同意总包沈志龙支付。"

其后沈志龙先后以银行承兑汇票、银行汇款等向钟林利付款。2015 年 9 月 30 日,钟林利出具《协议》一份,载明:"兹沈志龙欠钟林利 870000(大写捌拾柒万),今收到人民币400000元,大写(肆拾万元正),自愿放弃追讨。收款人:钟林利2015.9.30日”。

以上事实有被告提供的石材结算表、汇款凭证、承兑汇票复印件、《协议》以及双方的陈述等予以证实。

双方争议的焦点是原告是否有权向被告主张《协议》中免除的47万元。本院认为,根据2013年12月12日屠文龙与钟林利签订的结算协议,钟林利同意原告尚欠其239万元同意由沈志龙支付,而实际上其后的债务确实由沈志龙负担。故钟林利与原告之间的债务就此消灭。换句话说,沈志龙代原告消灭了239万元的债务,应当视为已付款。至于钟林利是否向沈志龙主张、主张金额多少等均与原告无关。原告也未举证其后钟林利曾向其主张239万元债务。故原告无权向被告主张该47万元。

所以,被告目前已支付款项及可抵扣款项为440万元+300,800元+239万元=7,090,800元。

第四,被告尚欠原告的工程款及相应的利息。

参照合同约定,由于质保期尚未届满,被告尚可扣取工程造价的1%作为质保金。故被告尚欠原告的工程款为:工程造价7,980,191元×(1-1%)-施工水电费39,900.96元-施工人员保险费10,374.25元-已付款7,090,800元=759,313.88元。

由于原告承包的部分并没有分部分项竣工验收,应已整体竣工验收作为竣工验收合格。2013年2月28日,宁波海天科技有限公司总部办公大楼多功能厅通过竣工验收。2013年8月6日,附房通过竣工验收。由于原告承包幕墙工程部分被包含在两个单位工程中,工程造价无法区分,故应当以后者作为竣工时间起算质量保修金返还时限。按照中国人民银行同期贷款基准利率,经核算,2013年8月7日至2018年8月6日工程款利息为201,537.6元。从2018年8月7日开始,原告可以759,313.88元为基数主张逾期付款利息。

本院认为:在本案中,由于未经业主许可分包、原告不具有建筑业企业资质等原因,原告与被告、茂华公司签订的《施工合同》系无效合同。但涉案工程已经竣工验收,原告有权请求参照合同约定支付工程款,并主张相应的逾期付款利息。原告的诉讼请求,本院部分予以支持。被告抗辩理由中的合理部分,本院予以采信。被告主张的诉讼时效问题,因双方并未结算,故不予采信。依照《中华人民共和国民法总则》第一百五十三条,《中华人民共和国合同法》第五十二条第五项、第二百六十九条、第二百七十二条第一款,《最高人民法院关于审理建设工程施工合同纠纷案件适用法律问题的解释》第一条、第二条、第十六条、第十八条,判决如下:

一、被告宁波市北仑大矸建筑工程有限公司应于本判决生效后七日内支付原告宁波市鄞州龙鼎门窗厂工程款759,313.88元,利息201,537.6元(按中国人民银行同期贷款基准利率计算至2018年8月6日,以后以759,313.88元为基数计算至实际履行之日);

二、驳回原告宁波市鄞州龙鼎门窗厂的其他诉讼请求。

如果被告未按本判决指定的期间履行给付金钱义务,应当依照《中华人民共和国民事诉讼法》第二百五十三条[1]及相关司法解释之规定加倍支付迟延履行期间的债务利息(加倍部分债务利息=债务人尚未清偿的生效法律文书确定的除一般债务利息之外的金钱债务×日万分之一点七五×迟延履行期间)。

本案受理费33,874元,减半收取16,937元,保全费5000元,合计21,937元,由原告宁波市鄞州龙鼎门窗厂负担10,233元,被告宁波市北仑大矸建筑工程有限公司负担11,704元;鉴定费124,848元,由原告宁波市鄞州龙鼎门窗厂负担99,347元,被告宁波市北仑大矸建筑工程有限公司负担25,501元。

如不服本判决,可在判决书送达之日起十五日内,向本院递交上诉状,并按对方当事人的人数提出副本,上诉于浙江省宁波市中级人民法院。

本判决生效后,如义务人拒绝履行,权利人可在判决确定的履行期间的最后一日起二年内向本院或者与本院同级的被执行的财产所在地人民法院申请执行。

审判员　周某某

二〇一九年二月一日

本件与原本核对无异

代书记员　李某某

---

[1] 现为2023年《民事诉讼法》第264条。

【评析】本判决被《中国建设工程法律评论》评为2019～2020年度“建设工程案件优秀判决书”，系全国唯一获奖者。本判决结构清晰、逻辑严密、语言规范、论述专业，其优点主要体现在以下几个方面：

1. 判决书重点突出、结构简洁、思路清晰，论证合理。该判决书采用“查明事实—争议焦点”式写作方式，在“查明事实”部分，按照案涉工程的合同签订、履行、结算、争议等逻辑顺序进行总结、提炼，在“争议焦点”分析部分，重点对工程价款的认定、已付款项的认定等方面展开论证，整体上重点突出、结构简洁、思路清晰，论证合理。特别是在证据的处理上，把证据的认定与事实查明和争议焦点的分析结合起来，避免了大量冗繁的举证、质证和证据认定过程。

2. 其分析、论证体现了法官对处理建设工程合同争议案件的专业水准。该案法律关系复杂，涉及建设方、总包方、承包方、分包方之间的合同关系以及工程价款结算、付款关系，价款结算中涉及计价方法是按照固定总价还是固定单价之争，涉及下浮率的认定之争，涉及造价鉴定问题等。主审法官较好地处理了这些专业问题，并在判决书中进行了分析和认定，体现了法官在处理建设工程合同争议方面较高的专业水准。例如，在对于双方当事人是否已完成工程结算的认定上，由于建设工程项目的结算是一个复杂的、专业的过程，如果当事人对于是否已完成结算有争议，通常应当结合双方的结算过程、结算资料等进行综合认定。该判决书较好地体现了这一规则，认定总包方对分包方的报审材料虽盖章但并无结算意思表示的，不能作为对工程造价确认的依据。在下浮率的采信上，也较好地体现了建设工程施工行业工程价款调整的习惯性做法。

3. 语言规范，用词专业，总结提炼到位。该案件为建设工程施工合同纠纷案件。建设工程施工合同纠纷案件中，往往涉及大量的专业术语和行业内的习惯用语。该判决书中无论是事实查明部分，还是对争议焦点的分析论证部分，使用的语言均为建设工程施工行业内规范的用语，是一篇能让建设工程行业的专业人员看得懂的好判决书。

同时，本判决也存在一些值得进一步完善之处，主要表现在以下三个方面：

1. 关于《单位工程决算表》并非工程结算书的论证尚可进一步增强。在工程分包、劳务分包特别是指定分包实践中，分包方向总包方提交结算资料并由其再提交给建设方以供审核的情况并不鲜见。因此，判断《单位工程决算表》是否为工程结算书的实质，在于如何认定被告在该决算表上盖章的性质，即该盖章的目的是确认原、被告之间的工程价款数额，还是仅通过被告向建设方“上报”该决算表并由建设方进行审核。该判决书主要从签署时间、内容形式及与其他材料的矛盾等方面来论证《单位工程决算表》并非工程结算书，稍显单薄。若判决书能结合建设方审核原告幕墙工程增加价款的事实，进一步从原、被告及建设方之间关系的角度对决算表的性质进行论证，并通过2014年1月17日签订手写材料的行为来论述决算书并非最终结算，可能会使判决书的该部分说理更为充分。

2. 由法院直接确定按固定总价的计价方法进行鉴定更为妥当。一般来说，鉴定原则应当由裁判机构在委托鉴定函中予以确定。裁判机构在鉴定前难以确定的，鉴定人可按不同的合同约定或证据作出选择性鉴定意见。本案中，根据原告、被告和茂华公司签订的《施工合同》以及被告、茂华公司签订的《海天总部办公大楼外墙装饰工程施工合同》，即能够确定造价鉴定应依据的计价方法——固定总价，因此，由法院直接确定按固定总价的计价方法进行鉴定更为妥当。这样更有利于减少当事人的诉讼成本，提高审判效率。

3. 判决书在对下浮率的认定分析上稍嫌不足。建设工程中的下浮率问题涉及当事人的重大利益，虽然下浮是工程实践中的常见行为，但在具体的个案中还需要结合计价基础、合同约定、适用条件等进行具体分析和认定。该判决书若能结合合同约定、行业规范的规定等展开进一步分析，可能会使判决书的该部分说理更为充分。

一篇优秀的建设工程判决书，应具有以下三个特点：

（1）裁判在某一方面具有突破或创新：

第一，对于涉及建设工程领域的裁判规则缺乏或者不明确的争议问题建立明确的裁判观点，且说理充分、严谨；

第二，对于涉及建设工程领域的既有裁判规则有重要补充、完善；

第三，对于涉及建设工程领域的争议事实的查明和证据论证有创新妥适的处理方法。

（2）清晰梳理、凝练概括、准确认定案件事实，严谨归纳争议焦点，妥当运用证据法则，精准理解和适用法律规范。论证路径清楚、层次分明、逻辑严谨，阐述精当完备。

(3)遵循法律文书格式规范和文字、标点符号等使用规范。文字使用准确、精炼,概念表达照顾法律建工专业需求,遣词造句不可随意,篇幅繁简两宜,避免繁复拖沓;标点符号严循国家标准,规范使用以便流畅研阅,充分体现法律文书之严谨严肃。

总体而言,一篇优秀的工程类裁判文书,应当兼具法律与建工双重专业气质,应当体现类案审判实践特点,应当承载裁判者对建工领域基本专业常识、基本市场环境、基本交易规则的专业性的理解与表达。

8. 对起诉状与证据清单的反思

对法官而言,如果收到的起诉状与证据清单不规范,实属案件审理的"悲剧"。起诉状、证据清单撰写中易出现的重大缺陷有:

(1)起诉状的事实与理由部分未按时间先后顺序陈述事实,思路不清

如案件事实时间轴凌乱、内容颠倒、杂叙杂议,则不具有可读性。法官需要重新制作思路图或庭审提纲才能了解基本案件事实。

(2)内容过于缩减,逻辑性不强,将主张事实作为免证事实,陈述案件事实较多,但真正能够被证据证明的内容较少

如某建设工程施工合同纠纷,在双方没有结算的情况下,承包人主张欠付工程价款45,362,343.4元。对基本事实中的"原告主张工程造价""被告已经支付的工程款"等基本事实不予陈述,使得法官对主张事实存有疑问。

(3)隐瞒、歪曲基本事实和证据内容,使主张事实缺乏可信度

如某案件原告在起诉状中称"原告曾多次向被告主张欠付工程款,被告对欠付金额没有异议,但一直借故推托"。就该部分举证时,原告列举了其多次向被告法定代表人的妻子的短信催款:"最起码还欠我10万元,年前一定给我,否则小心出不了门!"但对方回复的短信是:"做人要有良心,给你的钱老早就超了,你别趁着我们家东子现在进去了,就以为我好欺负,逼我上绝路,大家同归于尽……"该短信证据根本不能证明原告所主张的事实。这种诉状、证据清单中的证明对象及证据内容不能基本对应,是一种拙劣的伎俩。

(4)证据清单编排、组织不力,不能体现与起诉状中陈述的事实一一对应的关

系，没有做到详略得当、编排有序

较好的证据清单的编排方式实际上应当是与起诉状所陈述的事实理由具有一一对应关系。在时间先后的基础上，同一证明内容或逻辑上对应的证据应当列在一起。在有必要的情况下，证据清单后可以附上相应的说明，对证据具体的内容进行描述，并且对于证据复印件中的特殊内容进行重点标识。

案例 26－4 ▶ 起诉状及证据清单示例

【案情】

起　诉　状

原告：兴源生态建设集团有限公司，住所地（略）。

法定代表人：丁千张，职务（略）。

委托诉讼代理人：上海黄桥律师事务所律师，葛清，电话（略）。

被告：纽恩杰瑞动力科技股份有限公司，住所地（略）。

法定代表人：叶永丰，职务（略）。

诉讼请求如下：

1. 解除原被告双方之间所签订的《建设工程施工合同》；

2. 判令被告向原告支付欠付的工程款 13,266,519 元及利息（以该款为基数，按照中国人民银行同期同类贷款利率计算，从 2014 年 7 月 12 日起计算至实际给付完毕之日止，后附详细利息计算清单，利息暂计算至本案起诉之日为 1,000,442 元）；

3. 判令被告向原告赔偿停工期间管理人员工资 52.8 万元（自 2014 年 7 月 21 日起计算至起诉之日，以后计算至实际履行之日）、人员遣散费 145.6 万元、进场材料损失 67.8 万元及设备退场费用 211.5 万元；

（上述款项合计 19,043,961 元）

4. 确认原告就其施工的纽恩杰瑞新建厂房工程在 19,043,961 元范围内享有建设工程价款优先受偿权。

事实与理由：

（签约过程）2013 年 1 月，就被告所属的新建厂房工程，原告经过招投标程序后中标（证据 A1 中标通知书），随后原告与被告签订了《建设工程施工合同》（证据 A2）一份。合同对工程造价、承包范围、工期、质量、验收手续、违约责任等作出约定。

（履约过程）2013 年 5 月 12 日，原告进场开工（证据 B1 开工报告），并按照进度陆续完成 1#、2#、3#及门卫附属工程的承包任务。施工过程中，因被告及设计单位原因，出现大量工程变更的技术联系单和签证单。涉案工程于 2014 年 6 月 21 日完工（证据 B2 竣工验收申请报告），并随后于 2014 年 7 月 12 日竣工验收合格（B3 竣工验收备案登记表），原告随即于同年 7 月 14 日向被告交付了工程（B4 工程竣工交接表）。

（结算过程）2014 年 7 月 25 日，原告将金额为 22,004,940 元的竣工结算资料（证据 C1）报送被告的甲方代表苗仁峰签收（C2 签收清单）。但被告迟迟没有出具审核意见。直到 2014 年 11 月 21 日，被告才告知原告已经委托第三方方正工程造价咨询有限公司审价。但审价单位仅仅在 2015 年 6 月向原告要求补充材料（C3 通知）及 2015 年 7 月 22 日组织双方召开一次澄清会并签订会议纪要（C4 审价澄清会纪要）后，至今已经超过一年，再无回应。

（支付款项情况）在施工过程中，被告支付工程预付款、进度款均不及时。截至起诉前，原告共收到被告 14 笔工程款合计 8,738,421 元（证据 D1 已付款清单）。

（建设工程价款优先受偿权）2015 年 4 月 17 日，原告曾通过律师向被告发出了《催告函》一方（证据 E1），向被告催讨所欠工程款并主张建设工程价款优先受偿权，但并未得到被告的回应。

原告认为，原、被告之间的《建设工程施工合同》合法有效。双方均应当按约履行。被告在收到原告的竣工结算资料后未及时出具审核意见，审价单位组织不力，使得结算价迟迟无法确定，且至今仍不确定何时能够确定。原告无奈只得起诉，请求判如所请。

证据清单如下：

表 26－1　证据清单

序号	证据名称	页数	证明对象
A 签约过程	A1 中标通知书	2	经招投标后原告中标
	A2 建设工程施工合同	45	双方签订书面的合同，对工程造价、承包范围、工期、质量、验收手续、违约责任等作出约定
B 履约过程	B1 开工报告	2	2013 年 5 月 12 日原告遵照指令开工
	B2 竣工验收申请报告	3	原告于 2014 年 6 月 21 日完工，并报请验收
	B3 竣工验收备案登记表	14	涉案工程于 2014 年 7 月 12 日竣工验收合格
	B4 工程竣工交接表	4	2014 年 7 月 14 日向被告交付了工程
C 结算过程	C1 竣工结算资料（含签证单、联系单及索赔等）	433	2014 年 7 月 25 日，原告向被告报送结算资料，金额为 22,004,940 元
	C2 签收清单	1	甲方代表苗仁峰代表被告签收
	C3 通知	2	2015 年 6 月审价单位要求补充材料
	C4 审价澄清会纪要	5	2015 年 7 月 22 日审价单位组织召开审价澄清会并形成会议纪要
D 已付款项	D1 已付款清单	1	原告共收到被告 14 笔工程款合计 8,738,421 元
E 优先权	E1《催告函》	1	2015 年 4 月 17 日原告发函请求确认优先受偿权

【评析】本案原告提供的起诉状层次明显、逻辑清楚、重点突出，且能够与证据清单相呼应。对方当事人可以有针对性地答辩和举证。裁判者通过审查，能够快速了解案情并明确争议焦点，有助于案件的审理。

第二十七章
CHAPTER 27

建设工程合同纠纷案件二审

建设工程合同纠纷案件的上诉率、申诉率往往较高。一方面，源于案件的复杂性、专业性，一审不一定将案件梳理得非常清晰、到位，判决的结果与当事人预期存在差距故导致上诉；另一方面，案件的标的、矛盾的对立性以及利益综合统筹安排，也往往使一方当事人倾向于用上诉来拖延付款义务等。由于各地对案件级别管辖的标的额限制不一致，建设工程合同纠纷的二审可能是中级、高级人民法院或者最高人民法院。铁路中级法院和海事法院所审理的一审建设工程合同纠纷，二审由其所在省高级人民法院审理。

根据《民事诉讼法》第173条的规定："上诉状应当通过原审人民法院提出，并按照对方当事人或者代表人的人数提出副本。当事人直接向第二审人民法院上诉的，第二审人民法院应当在五日内将上诉状移交原审人民法院。"故在案件宣判且当事人提出上诉后，一审法院仍有以下事项需要完成：接收上诉状及材料并进行审查、发送预缴上诉费用通知、将上诉状及材料送达对方当事人并接收答辩状等材料、归档扫描、移送案卷（含正卷、副卷）等。由于案卷材料较多，实体卷移送仍有必要。二审法院立案庭在收到专人送达或机要件邮寄的案卷后，应当及时立案并分配给相应的承办部门和承办法官。

1. 初步审查

二审法官在收到案卷材料后，首先应当对案件进行初步审查。初步审查的内容主要分为以下几个方面：

(1)上诉状的格式

上诉状的格式和内容是否符合规范要求,如有无遗漏一审当事人,当事人名称等是否错误,上诉法院是否错误,上诉状中是否存在侮辱、诽谤等激烈言辞,上诉请求是否明确具体、是否超过一审的诉讼请求,上诉理由是否矛盾等。如果存在格式、形式方面的错误,应当及时书面通知当事人补正,如果存在内容上的瑕疵和错误,有必要书面通知上诉人在规定的期限内改正,并明确逾期的不利后果。案件当事人双方均上诉的,双方互为上诉人与被上诉人。

(2)上诉费缴纳

查询随卷材料中有无二审诉讼费缴纳的财务收据,如果没有,则需要向单位财务部门核实是否已经收到二审诉讼费但尚未登记入账。由于《预缴二审诉讼费用通知书》中载明的二审诉讼费缴纳的时间为收到该通知后的七日内,逾期将视为撤回上诉处理,故二审诉讼费是否及时缴纳,关系到二审程序是否正式启动的问题。如果财务查询仍未查询到二审诉讼费缴纳的情况,则应当在确认《预缴二审诉讼费用通知书》送达日期的基础上,与上诉人进行核实——是否已经汇出款项或者忘记缴纳该款,是否存在律师或者法定代表人等待交诉讼费的情况,相应的付款记录能否出示等。经过核实,如果上诉人确实未能在规定期间缴纳诉讼费,则及时作出裁定。在非必要的共同诉讼中,部分当事人未缴纳诉讼费,不影响其他上诉人的二审案件继续进行。

(3)各方主体、委托诉讼代理人,案件诉讼标的及上诉标的等

俗话说,“知己知彼,百战不殆”。法官如要牢牢把控案件,则应当深入了解案件中将要打交道的人的情况。法官需要初步审查案件各方主体情况,案件标的大小,委托诉讼代理人情况。确定是否存在需要回避的事项,案件是否标的额巨大而具有影响力,委托诉讼代理人是否系专业从事建设工程案件的律师,诉讼风格和思路如何等,对前述问题应当初步形成直观印象。有些大型的建筑公司往往委托较为专业的建设工程律师作为委托诉讼代理人,对建设工程诉讼的经验和能力往往高于法官,法官应予尊重并注意措辞,在必要的情况下可从公开资料来源查询其专业特长等。

(4)判断案件属于哪一类争议

通过对案件的初步审查,对案件的上诉点进行归纳总结:是有关一审的程序问题,还是关于合同性质、合同效力、工程范围、工程造价、工程质量、工期、已付款、应

扣款、工程索赔、利息、保证金、质保责任、修复费用等方面的问题。这对于归纳案件争议焦点、评估案件审理难度以及下一步的审理安排具有重大价值。

2. 阅卷

承办法官需要仔细阅卷。对于建设工程合同纠纷二审案件而言,多数的案件案卷数量较多,三本至十余本案卷数百至上千页实属正常,有些案件案卷数量甚至达到几十本甚至上百本、上万页。很明显,对全部材料进行查看是没必要的,但对案件实质性内容有关的案卷材料必定也隐藏在其中。如何能够在最短时间内阅卷、了解案件、把握争议焦点、厘清办案思路、确定审理方向,也是考验承办法官抓主要矛盾、抓大放小的审理能力。与刑事案件二审全面审不同,民事案件的二审是部分审。《民事诉讼法》第175条规定:“第二审人民法院应当对上诉请求的有关事实和适用法律进行审查。”即二审应当围绕当事人的上诉请求进行。

(1)审阅一审判决、裁定

很多情况下,当事人提供的上诉状逻辑混乱、条理不清,如果二审法官直接看上诉状就会发现难以下手,无从得知其主张的主要观点对应的是哪个范畴。而看一审的判决、裁定,是快速掌握案件基础事实和审理情况的最快路径。二审法官需要仔细阅读一审的裁判文书,需要精读案件由来和审理经过部分、无争议事实或查明事实部分、争议焦点分析论证部分及本院认为部分,如果通读一次仍未明白、未形成逻辑,可以再次审阅。在有必要的情况下,在审阅的时候制作主要事件时间轴、各方关系图等帮助理解,直至对一审裁判文书形成基本的掌握。

(2)二次审阅上诉状等材料并阅卷

法官需要二次审阅上诉状等材料,并结合一审判决、裁定对照审阅涉及相应的关键证据等,厘清上诉请求、上诉理由的具体内容、相应依据和法律逻辑。对于一审、二审案卷材料做分门别类,其中,当事人未上诉的、无争议的事实及其所对应的案卷材料可以略过。如上诉人对已付款没有异议,但是对相应的工程造价有异议,则案卷中有关已付款部分的清单、付款凭证、收条等均可略过。对有争议的事实,有必要找出相关的证据材料、质证笔录(庭前会议笔录、庭审笔录等)及代理词等予以高度关注并仔细审阅。此外,对于一审副卷中有关案件争议焦点的备忘录、情况说明、审理报告、评议笔录等部分,也应当予以重视,充分审阅有助于了解案件相关背景、一审考虑的平衡点等内容。要特别关注当事人在二审阶段提供的各类证据,确认其是否与争议焦点相关、是否属于新证据等。

(3)与当事人进行沟通

在阅卷的基础上,法官可以对案件中不熟悉的部分、上诉方的理由,解释不到位的部分等进行电话或者当面询问沟通。同时,了解上诉人的上诉意图和心理预期、案件背景情况、双方调解意愿等。对于被上诉人和其他诉讼主体,如原审第三人等,也可以提前询问其答辩意见等。法官应当对各方当事人的心理做到大致有数。

(4)初步判断属于哪种类型的上诉案件

常见的有以下几种:

①纯粹拖时间型。上诉人也清楚上诉无理,但不愿意主动履行反而希望二审程序越慢越好,给对方当事人尽量制造障碍。如某装饰装修合同纠纷,一审判决被告发包人应承担付款200万元的义务,但发包人实际上已经停止经营且双方矛盾较大,在判决后被告以一审判决存在工程款2,044,560.76元不应当四舍五入为2,044,561元为由上诉。甚至一些案件的当事人上诉系以自身的“不利益”为由上诉。如上述案件中,被告提出工程造价计算错误,实际工程造价应当为2,045,500元为由,要求重新鉴定等。

②不切实际型。上诉人知道自己的上诉请求不切实际、极有可能难以得到支持,但仍抱着希望企图试试运气,该种情况往往发生在没有代理律师参与的情况下。一些建设工程案件的实际施工人为包工头,由于管理能力、技术的问题,其承包范围的款项实际上无法涵盖其支出的成本,往往会提出高出成本的诉讼请求——能够保证不亏就行——而对诉讼请求是否合理在所不问。这种情况下,上诉人往往难以沟通。

③确有争议型。一些案件所涉的争议焦点在理论和司法实践上确有争议,有些争议还非常大。法律法规等对该问题没有明确的规定,无论哪种观点都能找到许多的支持案例,也能找到相反的案例。另外,凡有规则必有例外,世界上没有两个案件的情景是完全一样的,具体案件中必须考虑个案的特点进行平衡把握。对于其中的度,不同的法官可能“仁者见仁,智者见智”。如个案中挂靠人的对外借款是否构成表见代理、挂靠人所属施工员签收的送货单是否视为货物已经收到、劳务分包人中途退场情形下已完工程量的举证义务在哪一方等。

④明显错误型。有些案件经过阅卷后,可以基本判断案件确有错误。如承包人为个人,从某建筑劳务公司分包了脚手架搭拆部分的劳务。由于个人明显系不具有建筑业企业资质,合同显然是无效的。但一审判决对合同效力没有审查而是默认其为有效合同,并根据合同中载明的违约金条款直接判决了相应的违约金,案件显然是错误的。如在【案例 26 - 1】,第二被告的主体名称为“福建东枢建设有限公司重点小二型水库除险加固工程项目部”,实际上被告并不具有诉讼主体资格,一审判决未审查和释明并最终作出判决,案件显然也是错误的。

⑤难以判断型。有些案件纷繁复杂、审理难度非常大,确实难以直接作出判断;有些案件所涉的争议事实过于专业,法官难以理解,无法第一时间把握案件争议核心;有些案件涉及多个争议点,各个争议点之间存在关联性,需要抽丝剥茧、循序渐进,花费大量的精力才能理清;有些案件涉及其他相关案件,而其他案件并无结果等。

3. 庭前会议

《民事诉讼法》第 176 条规定:“第二审人民法院对上诉案件应当开庭审理。经过阅卷、调查和询问当事人,对没有提出新的事实、证据或者理由,合议庭认为不需要开庭审理的,可以不开庭审理。第二审人民法院审理上诉案件,可以在本院进行,也可以到案件发生地或者原审人民法院所在地进行。”《民事诉讼法司法解释》第 331 条规定:“第二审人民法院对下列上诉案件,依照民事诉讼法第一百七十六条规定可以不开庭审理:(一)不服不予受理、管辖权异议和驳回起诉裁定的;(二)当事人提出的上诉请求明显不能成立的;(三)原判决、裁定认定事实清楚,但适用法律错误的;(四)原判决严重违反法定程序,需要发回重审的。”

在阅卷的基础上,承办法官基本上会形成有关案件的审理思路。多数情况下,可以由承办法官单独组织召开二审的庭前会议,对各方当事人就案件进行询问,听取意见,以节省合议庭排庭时间,提高案件的审理效率。类似于聆讯,庭前会议需要解决以下事项:

(1)程序性事项

如告知合议庭组成人员,听取当事人双方对案件的具体意见,组织证据交换等。对上诉人提及的有关一审程序违法等事由,予以充分重视、调查核实。此外,法官也可以就双方未提及但法官认为有必要的方面进行调查、询问等。

(2)各方当事人对一审认定的事实有无异议

如果没有异议,则直接记录在卷;如果有异议,则需要明确具体异议的内容及相应的依据。在此环节,需要注意的是仅仅针对事实部分,不涉及法庭辩论等环节。多数案件中当事人在一审查明的基础上,存在的异议事实并不多。

(3)各方当事人有无新证据提交,如果有,则完成新证据的认定及质证

该"新证据"不一定是"新的证据"。《民事诉讼法》第68条规定:"当事人对自己提出的主张应当及时提供证据。人民法院根据当事人的主张和案件审理情况,确定当事人应当提供的证据及其期限。当事人在该期限内提供证据确有困难的,可以向人民法院申请延长期限,人民法院根据当事人的申请适当延长。当事人逾期提供证据的,人民法院应当责令其说明理由;拒不说明理由或者理由不成立的,人民法院根据不同情形可以不予采纳该证据,或者采纳该证据但予以训诫、罚款。"实践中,较为常见的是当事人二审提交的证据,实际上在一审时已经收集,但因当事人故意或者重大过失而未提交。此时二审需要判断,如果和案件实体确实有重大关联,则可以经质证后采纳该证据但应予以训诫、罚款。"新的证据"包括:一审举证期限届满后新发现的证据,当事人在一审诉讼的举证期限内因客观原因无法提供的证据;在一审开庭审理时提出的已发现但因客观原因当时不能提供的证据;一审庭审结束后新发现的证据;新产生或者虽已产生但当事人难以知晓的证据;一审举证期限届满前申请法院调查取证未获准许而二审法院认为应当准许并依当事人申请调取的证据等。

(4)归纳二审案件的争议焦点并让当事人发表初步观点

在上述两步的基础上,充分尊重当事人诉讼权利,对二审争议焦点进行归纳、总结并及时关闭异议窗口。争议焦点可以根据调查和辩论的情况不断细化直至细化为不可分割的最小单元,并根据沟通、协调的情况予以调解、确认等处理。当事人可以就具体的争议焦点,有针对性地发表初步辩论意见。辩论不充分的,可以另行提交代理词。

在庭前会议结束后,合议庭应当按照合议的程序,就案件进行初步交流。如果有时间,合议庭其他成员也可以有针对性地阅卷。承办法官向合议庭介绍案情并对所介绍案情的事实负责。合议庭讨论后,认为案件事实清楚、不需要开庭的,可以书面审——多数案件为维持一审判决、裁定。合议庭认为案件上诉人确实存在

上诉点需要进一步调查或者开庭审理的，拟定调查的方向、下一次开庭时间。合议庭认为案件需要改判或者发回重审的，应当进行正式的合议程序并记录在案。有必要提交专业法官会议或者审委会讨论的，及时拟定计划。

4. 二审庭审

在庭审前，承办法官应当制作庭审提纲，列明本次庭审所需要调查的事项、争议焦点等，并与合议庭进行简要沟通，确定开庭的时间、庭审的分工等事项。

庭审过程依照二审普通程序进行：程序性事项、法庭调查、法庭辩论和最后陈述等。在庭前会议中已经确定的程序性事项和实体性处理等，可以在庭审中予以简要说明后略过，如是否申请合议庭成员回避，双方当事人已经查明的事实和争议焦点等。实际上，多数案件在二审庭审前，承办人和合议庭对案件裁判思路、方向已经形成初步的判断。二审庭审主要需要解决的是在争议焦点明确的基础上，合议庭通过庭审的方式聆听双方的具体意见和观点，且尽量给予当事人充分表达意见的机会。

5. 一、二审法官之间的交流

一审法官从分案之日至案件审结的过程中，对案件的方方面面有深入的了解，包括：具体的案情、各方的主张、委托诉讼代理人情况、所有的证据、庭审的过程、具体的争议焦点、调解的方案、现场实际情况、案卷资料的装订整理等，长达数月至数年的亲历性毋庸置疑，案卷材料也从少至多累积形成，对各方当事人及委托诉讼代理人接触少则数次、多则数十次，故对案情一般均非常清楚。二审法官主要通过阅卷、询问等方式了解案情，难免存在偏差、生疑之处，一些证据的穿插、论证说理所对应的逻辑次序等恐怕也并非短时期通过阅读案卷即可熟悉，对一些争议焦点的判断，可能一审法官已经搜寻了大量的文章和案例。故二审法官需要善加利用一审法官对案件的熟悉，及时了解相应的情况，《法官法》等并未禁止不同层级法官之间的内部交流。从案件审理的角度，这种交流是有益的、必要的。交流的方式，可以是电话交流，也可以当面交流。交流的主要内容有：

(1)案情交流

如案件的相关背景,其他关联案件情况,一些在判决中、案卷中未能体现的材料,如向有关部门走访调查的情况、部分涉密会议情况、当事人过往诉讼情况(是否存在滥诉、缠诉、信访等情况)、现场勘验的直观情况、庭审的陈述情况(二审不一定会将一审的开庭重新听一遍)等。

(2)调解交流

双方当事人对调解的意向和尺度如何,当事人与委托诉讼代理人的意见是否统一,各方当事人是否存在继续让步的空间,各方当事人的决定权人是谁、是否容易沟通,一审宣判后调解意愿有无变化,一审法官是否愿意继续做一方当事人的工作以促成调解等。

(3)观点交流

以保密为前提,对于具体的法律问题,二审法官可以就相应地判断与一审法官做一定的交流,特别是一审判断的依据和基础,一审权衡和判断的心证等。有关观点的交流并不以说服对方为目的,但应当开诚布公、表达充分、交流顺畅。

(4)相互配合

如果二审法官认为案件需要再次现场勘验、走访调查、补充证据、询问鉴定人、解释说明等,一审法官可以尽量配合、协调各方,以案件妥善处理为最终目的。

6. 二审决断

二审合议庭在充分了解案情、听取双方意见的基础上,对案件所涉的争议焦点进行认证评议,及时作出决断:维持一审判决、裁定;全案改判或者部分改判;纠正认定部分但不改变案件结果(瑕疵维持);因案件基本事实不清或程序严重违法等将案件发回重审;召集当事人进行调解;敦促当事人撤回上诉或者撤回起诉;案件需要中止或者终结诉讼等。

需要说明的是,二审案件的决断与一审可能存在一定程度上不同的侧重:

(1)考虑既有的裁判规则

二审的裁判在区域内具有权威性,必须考虑是否与既有的裁判规则存在冲突,避免出现同案不同判的情形。这里的裁判规则,既包括最高人民法院、上级法院发布的各类规范性文件、指导性意见,也包括就一般规则出具的解答、批复、答复等,还包括最近一段时间的案例。如有关被挂靠人是否对挂靠人对外违法分包的工程款承担连带责任,不同时期、不同省份存在较多不同的裁判意见。二审裁判不仅需要统筹收集上述规定、观点,也需要对内部本合议庭、本部门、本院的该类案件裁判意见进行梳理,防止随意突破既有裁判规则的情形发生。

(2)有错必纠抑或有错值得纠

一份判决动辄数十页,存在部分疏漏在所难免。二审针对的是当事人的上诉请求部分,是关系到当事人诉讼权利的主要部分。如果一审判决存在错误,如笔误、瑕疵等,二审可以补正或者组织双方协调。如竣工验收报告为 2017 年 12 月 13 日,竣工验收备案登记为 2017 年 12 月 27 日,但一审判决中将竣工验收时间认定为 2017 年 12 月 27 日,属于典型的认定事实错误,对当事人的质保期起算、逾期付款的利息等具有影响。但如果二审引导双方当事人抓大放小、拟制 2017 年 12 月 27 日视为验收通过之日并由此起算质保期及逾期付款的利息,当事人表示同意的,也可以不予改变。如果一审判决中的部分内容确有错误,但双方均未对该部分提出异议,也可以不予处理——潜在的逻辑是,没有上诉的部分视为认可,当事人未提异议,二审亦无另起波澜的必要。

(3)利益平衡

由于具有一审判决的基础,二审中根据上诉的情况,更加容易判断当事人的利益平衡问题,并作出相应的调整,主要是自由裁量权部分,如违约金过高时的调整、无效合同的过错分担比例、预期可得利益的考量等。

(4)解决矛盾纠纷为最终出发点

一审往往案件数量较多,可能存在急于结案,就案论案、"囫囵吞枣"的情况,未考虑精细化处理。二审为终审,作出的判决、裁定为终审判决、终审裁定,对当事人具有最终的约束力(不考虑再审等情况),所以更为权威。二审法院层级更高,考虑案件的角度、视野、格局与一审均存在不同。在法律效果的基础上,二审更要考虑社会效果、政治效果。

7. 二审调解

与一审一样,调解也可以贯穿整个二审审理期间,有关调解的原则、时机、方法、技巧等详见第二十五章。同时,建设工程案件的二审调解也有一定的侧重。

(1)以终审权为后盾

在二审调解不成的情况下,二审多数会出具判决或者发回重审等,对当事人而言,诉讼的最终结果处于尚不确定、但即将确定的状态。二审如果对相应的风险进行预判和释明,当事人可能对自己的风险有足够的认识,有助于认清事实而就此同意调解方案。但法官行使释明权时,必须注意充分保护自己,对案件的结果以“有一定的风险”“可能承担不利的后果”“相比较于判决,调解更有利于解决问题”等方式表达,避免直接、明确、生硬地将自身的个人判断告知当事人,从而被投诉“以判压调”“未审先判”等。

(2)以一审调解方案或一审判决为基础

许多工程案件,当事人上诉后对调解方案的差距往往是建立在一审的调解方案或者一审判决的基础上。法官可以充分倾听其调解意愿、把握调解底线,对原有的调解方案进行一定幅度的修正,或者在一审判决的基础上进行调整。在有必要的情况下,可以要求一审法官协助调解。当然,如果二审判决可能与一审判决有较大的出入时,调解应当以二审的裁判思路为原则进行。

(3)把握好契机

许多建设工程合同纠纷案件双方在二审时已经消耗了大量的精力,庭前会议、庭审结束后及宣判前均为调解的有利时机。当事人之间的掣肘较多,互相让步的手段也较为丰富,有利于调解。二审法官也要善于及时捕捉到当事人的调解意愿和心理底线。如靠近年关承包人对现金极度渴望而愿意做出让步;发包人存在可回收债权;发包人面临破产;标的物建筑工程即将被拍卖、执行等。一些建设工程合同纠纷案件标的较大,所涉的诉讼费也较高,有时在调解中也是较为有利的一个筹码。

8. 二审维持

尽管建设工程合同纠纷案件的上诉率高、发回改判率高,但多数上诉案件的最终结果往往是二审判决维持。根据《民事诉讼法》第 177 条第 1 款第 1 项的规定,原判决、裁定认定事实清楚,适用法律正确的,以判决、裁定方式驳回上诉,维持原判决、裁定。

(1)全案维持

对于一审判决、裁定认定事实清楚,适用法律正确的案件,二审旗帜鲜明地予以支持并全案维持。此往往出现在双方当事人均未补充提供证据或者提供的证据对案件无影响、上诉人明显属于滥诉、恶意诉讼等情形。二审维持,不仅对一审是一种鼓励,对当事人也有一个较好的教育意义。同时,裁判文书的拘束力、执行力在上诉的情况下以二审为准,故其也是案件执行的依据、作为他案中证据的依据。

(2)一审虽有遗漏、瑕疵,但不影响实体结果

《民事诉讼法司法解释》第 332 条规定:“原判决、裁定认定事实或者适用法律虽有瑕疵,但裁判结果正确的,第二审人民法院可以在判决、裁定中纠正瑕疵后,依照民事诉讼法第一百七十七条第一款第一项规定予以维持。”如一审虽然存在作为鉴定依据的证据未经质证致使鉴定意见存在瑕疵的问题,但二审重新补充质证后,鉴定意见并未发生变化。或者一审某些诉讼请求部分在处理中遗漏,如发包人要求承包人开具欠付工程款的建筑业统一发票,在二审中双方就该部分自行和解或者由法官组织进行了调解的。

9. 二审改判

根据《民事诉讼法》第 177 条第 1 款第 2 项的规定,原判决、裁定认定事实错误或者适用法律错误的,以判决、裁定方式依法改判、撤销或者变更。

(1)事实认定错误,但不影响实体结果,故仅对认定的事实进行修正,或者说“瑕疵维持”

《民事诉讼法司法解释》第 332 条规定:“原判决、裁定认定事实或者适用法律虽有瑕疵,但裁判结果正确的,第二审人民法院可以在判决、裁定中纠正瑕疵后,依照民事诉讼法第一百七十七条第一款第一项规定予以维持。”如一审中,承包人主张欠付工程款 300 万元,经过审理,一审认定实际上发包人已经超付 79 万元。在二审中承包人提供新的证据证明已付款中实际上有 15 万元是退还的履约保证金而不属于工程款,故二审认定发包人已经超付 64 万元。故原告的诉讼请求仍然不能得到支持,案件结果为“认定事实有误,但实体处理正确”。

(2)适用法律错误

二审需要重点论证一审适用法律错误对裁判结果的影响,对适用法律错误要注重基础规范适用范围、条件的说理。如对矿山边坡治理工程引用《建筑法》、对承包人解除权的判项引用了《民法典》第 787 条“定作人在承揽人完成工作前可以随

时解除合同,造成承揽人损失的,应当赔偿损失”的规定等。

(3)关键事实认定错误、责任方错误

如对于工程延期开工是由于发包人未能提供设计图纸、未办理审批手续,还是承包人组织建筑工人、备料不足,抑或是共同原因。在该种情况下,往往出现的是举证责任分配错误,致使当事人承担了结果意义的举证证明责任。此外,还有工程款及利息计算错误(基数、标准、期间)、取值标准错误、抵扣错误等。

(4)自由裁量权

不同的法官对于案件自由裁量的行使有不同的认识,有时出于案件平衡的原因也会对部分实体处理结果予以修正——哪怕案件查明事实并无变化。对于自由裁量权行使范围,二审法官具有终局的决定权。此类二审改判往往也不会导致案件质效考核认定为瑕疵案件。

10. 发回重审

根据《民事诉讼法》第177条第1款第3项的规定,原判决认定基本事实不清的,裁定撤销原判决,发回原审人民法院重审,或者查清事实后改判;《民事诉讼法》第177条第1款第4项规定,原判决遗漏当事人或者违法缺席判决等严重违反法定程序的,裁定撤销原判决,发回原审人民法院重审。同时,《民事诉讼法》第177条第2款规定,原审人民法院对发回重审的案件作出判决后,当事人提起上诉的,第二审人民法院不得再次发回重审。即发回重审以一次为限。该处的“基本事实”,指的是用以确定当事人主体资格、案件性质、民事权利义务等对原判决、裁定的结果有实质性影响的事实。《民事诉讼法司法解释》第323条规定:“下列情形,可以认定为民事诉讼法第一百七十七条第一款第四项规定的严重违反法定程序:(一)审判组织的组成不合法的;(二)应当回避的审判人员未回避的;(三)无诉讼行为能力人未经法定代理人代为诉讼的;(四)违法剥夺当事人辩论权利的。”《民事诉讼法司法解释》第324条规定:“对当事人在第一审程序中已经提出的诉讼请求,原审人民法院未作审理、判决的,第二审人民法院可以根据当事人自愿的原则进行调解;调解不成的,发回重审。”《民事诉讼法司法解释》第325条规定:“必须参加诉讼的当事人或者有独立请求权的第三人,在第一审程序中未参加诉讼,第二审人民法院可以根据当事人自愿的原则予以调解;调解不成的,发回重审。”

在建设工程合同纠纷案件中，案件发回重审并不少见，常见的发回理由即为“基本事实不清”。如《建设工程司法解释（一）》第32条规定：“……一审诉讼中负有举证责任的当事人未申请鉴定，虽申请鉴定但未支付鉴定费用或者拒不提供相关材料，二审诉讼中申请鉴定，人民法院认为确有必要的，应当依照民事诉讼法第一百七十条第一款第三项[1]的规定处理。”但实际上，“基本事实不清”与“无法查清”是相对的概念。民商事案件法官的职权是居中裁判，举证义务根本上归于当事人。如果法官已经尽到了足够的提醒、引导、释明，当事人对举证的义务和相应举证不能的风险较为清楚，最后案件仍然处于“无法查清”的状态，则将案件发回重审，对一审法官并不公平。

其中，需要注意的是“违法剥夺当事人辩论权利”，未进行送达或者送达不规范往往是发回重审的主因。如果法官未能将变更诉讼请求申请书（不包括纯金额减少的诉讼请求变更）、补充的证据材料送达对方，实际上即构成了本条的违法情形。此外，还有一审程序中已经提出的诉讼请求，原审人民法院未作审理、判决的，或者必须参加诉讼的当事人或者有独立请求权的第三人，在第一审程序中未参加诉讼，第二审人民法院可以根据当事人自愿的原则予以调解；调解不成的，发回重审。而未审理反诉的，则调解不成，告知另行起诉。

建设工程合同纠纷案件存在过高的“发回重审”的倾向。但实际上，发回重审的案件，一审法院将耗费更多的精力。故二审法院审理建设工程案件可以把握以下原则：“能维持的，尽量不改判；能改判的，尽量不发回”，以保持司法的稳定性。一些建设工程疑难案件经历一审、二审、重审一审、重审二审、再审等多轮诉讼，消耗大量司法资源，于当事人利益也是巨大的损失。

案例27－1 ▶ 案由：建设工程分包合同纠纷

原告：华建工程安装有限公司。被告：程达化工有限公司。

【案情】被告于2016年9月将其总承包的某石油化工工程其中的土建、安装施工部分分包给原告，双方签订建设工程施工合同，并对合同价款、工期、质量、违约金等作出约定。其后，原告施工至中交验收后退场。双方对已完工程

[1] 现为2023年《民事诉讼法》第177条第1款第3项。

造价存在争议，多次协商不下，原告提起了诉讼。在一审审理过程中，原告提起了工程造价司法鉴定，并提供了施工图纸、联系单、签证单、预算书、图纸会审记录等各类材料。被告确认上述材料作为鉴定依据。随后，经历了长达1年的工程造价鉴定，中间产生无数的纠纷。最终，一审法院根据《鉴定意见书》作出判决确认已完工程造价为6831万元（仅达到原告主张金额12,533万元的54.5%），并据此判决了相应的欠付工程款754万元。

原告不服上诉至二审法院，并提交《中标通知书》一份，要求将案件发回重审，理由是：根据《建设工程司法解释》第21条，当事人就同一建设工程另行订立的建设工程施工合同与经过备案的中标合同实质性内容不一致的，应当以备案的中标合同作为结算工程价款的根据。涉案工程实际上经过招投标程序。虽然本案并非法定强制招标项目，但是根据工程所在地高级人民法院的裁判意见，即使是非法定强制招标项目，只要经过了招投标程序，即受《招标投标法》的约束，应当按照招投标文件而非预算书作为工程结算的依据。

【审理】二审采纳原告的观点，将案件发回一审法院重审。

一审重审立案后，原告自知诉讼无望，随后撤回了案件的起诉。

【评析】实际上，该《中标通知书》在一审中已经出现。由于本案存在违法分包的问题，合同是无效的。虽然"即使是非法定强制招标项目，只要经过了招投标程序，即受《招标投标法》的约束，应当按照招投标文件而非预算书作为工程结算的依据"是确实存在的审判指导意见，但该意见适用的前提是——双方对于结算依据存在争议，一方主张采用招投标文件，一方主张采用预算书。本案中，双方对于采用预算书作为鉴定的依据是没有争议的，该预算书是原告自己提供、被告质证认可，鉴定人的鉴定方案中提出将其作为鉴定的依据双方亦予以确认，在长达一年多的鉴定过程中，原告从未提出该预算书不应成为鉴定的依据。所以，根据"禁反言"的原则，不能因为原告对鉴定意见存在异议而反悔推翻鉴定依据。最为关键的是两点：(1)原告自行制作的单方结算书，也是根据该预算书中的工程价格结合实际工程量来主张的；(2)从内容上看，该预算书中的内容与招投标文件的内容一致，没有任何区别，即预算书即为签约时将招投标文件直接转化，所以，依据预算书或者招投标文件进行计算，结果也是一致的。故本案二审发回重审存在一定的争议。

本篇小结

本篇伊始，对案件决断进行了论述——撤诉、调解、判决。对法官而言，优选前两者，有助于提高案件审判质效、降低案件风险，但后者更能体现司法的价值功能。其中，建设工程合同纠纷领域先行判决的运用尚有待加强。案件的调解是一门艺术，法官应当遵循调解的原则，熟练掌握各种调解的方法和技巧，并特别注意防范调解中的虚假诉讼案件。此外，民事判决书的制作，也能体现法官的整体思维和业务素养。与起诉状、证据清单等相对应，判决书也存在详略得当、重点突出、思路清晰的要求。本篇对于二审审理亦做了一些思考。

第七篇　司法鉴定

建设工程案件中,涉及工程造价、工程质量、工期等专业问题的争议较多,往往需要通过司法鉴定的方法予以确定。《全国人民代表大会常务委员会关于司法鉴定管理问题的决定》第1条规定:“司法鉴定是指在诉讼活动中鉴定人运用科学技术或者专门知识对诉讼涉及的专门性问题进行鉴别和判断并提供鉴定意见的活动。”司法鉴定的方法包括科技手段、专门知识、实践经验和职业技能。建设工程司法鉴定,指的是在诉讼或仲裁中,依当事人申请或者依职权委托有关鉴定机构对建设工程所涉各种专门性问题进行鉴别、判断并提供鉴定意见的活动。

第二十八章
CHAPTER 28

司法鉴定的法律意义

《民事诉讼法》第 79 条规定:“当事人可以就查明事实的专门性问题向人民法院申请鉴定。当事人申请鉴定的,由双方当事人协商确定具备资格的鉴定人;协商不成的,由人民法院指定。当事人未申请鉴定,人民法院对专门性问题认为需要鉴定的,应当委托具备资格的鉴定人进行鉴定。”此为司法鉴定的法律依据。

1. 鉴定意见是法定证据种类之一

《民事诉讼法》第 66 条规定:“证据包括:(一)当事人的陈述;(二)书证;(三)物证;(四)视听资料;(五)电子数据;(六)证人证言;(七)鉴定意见;(八)勘验笔录。”鉴定意见是八种法定证据之一。从形成时间上来看,鉴定意见是形成于诉讼活动之中的。司法鉴定的委托方是法院或者仲裁委,在诉讼活动之前形成的,不是司法鉴定。当事人未经法院而自行委托相关单位出具的报告,如《咨询报告》或《检测报告》,不具有鉴定意见的证据属性。

与其他证据种类不同,鉴定意见存在以下特点:(1)形成于诉讼过程中,而其他证据往往形成于诉讼活动之前;(2)鉴定意见形成过程中,当事人可全程参与并有充分的机会提出意见,该意见有可能对鉴定产生一定的影响,其他证据往往一次性收集完毕,对方当事人只能事后提出异议;(3)鉴定意见的出具人为与案件不相关、中立且具有较高公信力的第三方,而其他证据,可以自行收集或者向相关利害关系人收集;(4)鉴定意见的出具并非无偿的,鉴定机构根据规定收取相应的鉴定费,而其他种类的证据收集往往不需要单独产生费用。从本质上看,鉴定意见更类似于言词证据。

在建设工程合同纠纷案件中,最为常见的是工程造价鉴定(含索赔鉴定)、工程质量鉴定,罕见情形为工期鉴定。

2. 鉴定意见多是间接证据

鉴定意见在可以直接证明案件有关事实的情况下,为直接证据;如果需要通过结合其他证据加以佐证等才能达到证明目的的,则为间接证据。如在借贷纠纷案件中,当事人提供一段录音反映借款的合意及款项交付的过程,对方当事人对真实性提出异议并申请对音频中的声纹是否是该方当事人进行鉴定。如果鉴定意见明确该声纹即为对方当事人本人,音频文件完整、未经剪辑,则其真实性可以认定,结合其音频的内容中双方对借款的合意、借款期限、利息支付、还款方式等表达清楚无误,即为能够证明案件事实的直接证据。而在一些案件中,当事人首先对印章、签名的真实性提出异议。如果鉴定意见仅仅是对印章、签名的真实性从技术的角度予以鉴别、判断,尚不足以认定案件事实的发生,仍然需要结合款项交付的证据、履约的证据等才能作出认定,则该鉴定意见为间接证据。

建设工程合同纠纷案件中,涉及最多的是工程造价司法鉴定。经过司法鉴定得出的工程造价司法鉴定意见是直接证据吗?答案为否。工程造价司法鉴定系工程造价鉴定人根据法院的委托,依据委托人提供的证据材料和质证意见,通过查阅图纸、资料,现场勘验,运用建筑技术计算规则和造价管理知识,通过复杂的计算,确定工程造价的鉴定活动。其是中立的第三方即鉴定人提供的意见,认为涉案工程的造价为几何。故工程造价司法鉴定意见,有赖于当事人提供,如合同、图纸、计算书、签证单、陈述、现场勘验笔录等证据才能确定案件工程造价的依据。

3. 其他对外委托事项

目前,大多数的法院对司法鉴定工作等单独设立部门,如司法鉴定管理处、对外委托办公室、拍卖办公室等,统一处理相应的对外委托事项。下面对与司法鉴定活动容易混淆的一些方法进行简要介绍。

(1)检测

检测是指用指定的方法检验测试某种物体指定的技术性能指标的活动,适用于各种行业范畴的质量评定,如承揽合同纠纷案件中机器设备产品质量是否合格、买卖合同中标的物的不合格率是否低于合同要求等。在建设工程合同纠纷领域,主要用于确定原材料,如钢筋、混凝土等是否符合国家标准。该类争议往往产生在施工过程中,通常双方协商即可解决,往往不会由此演变为诉讼案件。但是,在工程质量纠纷案件中,当事人可能会提出某些钢筋的直径、屈服系数、抗拉系数等性能标准不符合建筑规范和合同要求,则需要委托相应的产品质量检测机构进行检测。

(2)测量

测量是按照某种规律,用数据来描述观察到的现象,即对事物作出量化描述的活动。测量是对实物的量化过程。一些案件中,双方对于价格没有异议,但是对于具体的数量存在争议。就此,可以组织双方进行清点,如钢材数量等;难以清点的,如双方对于某场地大理石面积存在异议,则可以委托测绘院、勘察院等进行测量;一些未完工程的材料,如砂石、混凝土砖、钢管扣件、土石方清点数量等,可以通过形成面积、高度进行估算,或者通过堆砌、称重等方式计算。

(3)审价

审价是指社会中介机构在工程项目通过竣工质量验收后,根据合同约定、定额标准及有关工程技术资料、造价信息等,对工程结算造价进行审查核对并提出意见的工作。审价单位往往是工程造价咨询公司,其受发包人委托或者受发、承包双方共同委托进行审价工作。在司法活动中,法庭可以就审价报告中的部分问题向审价单位征求意见,但并无"审价"这一专门程序。

(4)审计

审计是指基本建设项目竣工投产试运行后,审计机关对项目的投资效益、投资质量、国有资金运行状况按照审计机构的有关规定进行审核评价,实行行政经济监督的行为。而工程审计是依据国家《审计法》等相关规定,对工程概、预算在执行中是否超支,有无隐匿资金、截留基建收入和投资包干结余,以及有无以投资包干结余的名义私分基建投资的违纪行为等情况进行监督的活动。常见的即为财政局下属的财政评审中心等部门,对国有投资工程项目进行审计——自行审计或者委托第三方造价咨询公司审价。审计一般指的是政府行为,并非民事法律行为。但如果某些破产案件、股权纠纷案件、工程案件涉及公司经营、财务报表、资金往来等情况,法官无法厘清,也可以委托财务审计单位进行梳理。

(5)评估

评估是指运用各种数理方法,如成本法、市场比较法、剩余法、收益法、现值市价法等对标的物价值进行测算的活动,往往针对的是车辆、房产、机器设备等价值较大的标的物。对于机器设备的折旧、火灾灾后货物残值、知识产权、贵重珠宝首饰的价值评估,也可以委托资产评估事务所进行。在执行案件中,拍卖房地产的前提便是要进行评估。受标的物种类与价值、市场竞争程度、评估的时间节点等因素影响,评估结果往往与成交价格存在一定的差距。

(6)专家(咨询)意见

一些案件法律争议所涉的技术性问题,无法通过上述方法确定。经当事人要求或者裁判者依职权向有关行业专家、从业人员及了解情况的人进行咨询,听取看法,并酌情予以处理。如对于土建部分劳务作业大清包与地下室部分劳务作业大清包价格的比例,并无特定的市场价,也无相应的规范能够作为依据。法官可以向三家以上有较高公信力的建筑劳务公司、造价咨询公司、房地产开发公司等专家进行了解,记录他们的意见,并作为参考因素酌情处理。例如,对于未完工的工程设计工作完成进度的评价,实践中往往并无相应的鉴定机构,从事该设计工作的设计单位往往是行业翘楚、本身最为权威。在设计合同中途解除的情况下,如何确定已完工作的比例并据以确定相应的设计费较为疑难。同样,也可以找相应的三家同等资质以上的设计单位、施工单位和建设单位等,征求相应专家的意见,酌情确定。故对于专家意见中专家的身份并无特殊要求,凡是具有一定可信度、较为了解相关专业知识的人均可提供意见。专家(咨询)意见本质上与证人证言并无差别,系没有确凿证明力证据情况下的参考依据。而裁判者对其是否采信、采信程度如何等,具有较高的自由裁量权。

(7)测谎

“测谎”是通俗的说法,科学的表述应该是心理检测技术,即利用多道生理记录仪记录人体生理指标,并根据记录结果,形成诊断性评价或鉴定意见,以判定被测人是否存在相关心理痕迹或是否说谎。测谎通常使用一套设计好的问题提问被测试者,同时使用多道生理记录仪不停地检测、记录被测试者的生理指标变化情况,如脉搏、血压、呼吸、皮肤电阻等,最后基于仪器记录的数据情况,综合分析被测试者心理痕迹存在与否或是否说谎。测谎技术在过往数十年中得到迅猛的发展，并逐渐运用到多领域，影视作品中对其功能、价值夸大到令人咋舌的程度。一些案件中，对于“非黑即白”的事实争议问题如“字是否被告所签”等双方争执不下，当事人要求进行测谎。实际上，即使在测谎技术发展得最为成熟的西方国家，测谎的准确性也不能达到百分之百，而是在百分之八九十左右。目前，测谎在我国审判领域亦不乏运用的案例。但测谎结论至今并未作为司法鉴定意见予以认可。目前的司法实践中，如果案件审理确实需要，在取得当事人同意的情况下，法院系统可以联系市级检察部门或公安部门对此提供技术支持，但实施起来仍然较为不便。测谎如要取得较好的测试效果，需要提前熟悉案情，并根据案情设计有针对性的系列问题，且需保证被测试者体能正常，不受到外界因素干扰。此外，还有两种人难以排除：一种是说谎不打草稿、自己都对所陈述事实坚信不疑并不断加深强化的人；另一种是特别容易紧张、焦虑，无论出庭还是就医、测试等都可能产生精神上应激反应的人。所以，总体而言，测谎结论可以作为参考意见，结合案件所涉的其他证据予以综合认定事实，可以在民商事案件中逐步探索扩大适用的范围，同时总结提炼经验，以期发挥更大的作用。

4. 与工程案件有关的其他鉴定

在建设工程合同纠纷案件的审理中，往往也包含着其他几种鉴定，如笔迹鉴定、印章鉴定、形成时间鉴定，有助于判断证据的真实性，查清案件事实。其中，笔迹鉴定、印章鉴定的特点是鉴定意见往往为“是”或者“否”两种意见，罕见情形下鉴定意见为“根据目前提供的证据无法鉴定”“我单位技术力量不足，无法鉴定”。当鉴定意见为“是”时，仍有必要结合其他证据确定案件事实；当鉴定意见为“否”时，则主张法律关系或事实存在的一方将直接承担举证不能的后果。故笔迹鉴定、印章鉴定对当事人的权利义务影响较大，推翻鉴定意见也不大可能。

（1）笔迹鉴定

笔迹鉴定系最常规的鉴定之一。如一方当事人出具合同、收条、欠条、借条、签证单等证据时，对方当事人很可能否认签名系其本人所写，并且否认存在合同关系、收到款项、确认欠款、借支款项及签字确认签证单等。法院组织双方提供鉴定所需的检材即关键性证据，并要求双方提供可参考并经质证的证据、书写的样本等作为比对,通过各种方法对照比较字体的大小、间距、框架、笔势、力度以及简写、笔画错漏、特殊标记等,最终提出鉴定意见——是否为某当事人所写或者与其他证据上的签名是否具有同一性。不可否认,笔迹鉴定包含着鉴定人的主观判断因素,但整体上准确性仍然较高。特别需要注意的是,笔迹鉴定的检材必须提供原件,否则无法鉴定。

笔迹鉴定意见尚需结合其他证据综合来看才能作为定案的依据。如在建设工程合同纠纷案件中,已付款的不规范情况实属常见。在双方存在争议的情况下,法庭不能直接委托司法鉴定,而是应当查清双方陈述是否属实,如合意的产生及达成的过程,交易的过程(交易时间、地点、人物、款项来源),书写的形成过程(书写人、笔、纸张),过往的交易习惯等,如果存在重大矛盾,可以直接否定该证据的真实性的,则完全无须鉴定。

(2)印章鉴定

建设工程合同纠纷案件中可能存在多种印章,如法人章、合同章、项目部章、技术专用章等。印章往往是单位授权的重要凭证,也是构成表见代理外观的最重要的证据之一。当事人提出印章鉴定,应慎重应对,否则可能产生鉴定无意义的后果。如建筑施工企业的总公司授权交付给(或者默许)分公司持有一枚内容为总公司名称的印章,以方便分公司在承接业务,特别是招投标时及时以总公司的名义提交投标文件等。该种情况在国有大中型建筑施工企业中较为常见,甚至存在以该印章授权委托律师参加诉讼等情况。在诉讼中,总公司作为被告可能抗辩称:原告提供的合同上的印章与总公司经过备案的印章不符,双方不存在合同关系。又如,在挂靠人挂靠有资质的建筑施工企业时,挂靠人自行刻制了被挂靠人的印章,在施工过程中,挂靠人以被挂靠人的名义对外签订商事合同并加盖了该枚印章,被挂靠人或不知情、或怠于管理。其后,该对外商事主体起诉被挂靠人时,被挂靠人提出该印章与其自身持有的、经过备案的印章不符,以此为由否定双方存在合同关系、亦不构成表见代理。在以上两种情况下,合同上的印章与被告所持有的、经过备案的印章不一致的情况,当无异议。许多案件中凭肉眼即可作出判断,根本无须鉴定。从举证的角度,当事人更应当举证涉案工程为被告所承包、该印章在工程过程资料上曾经多次使用并经被告认可,可供举证的资料,包括会议纪要、联系单、补充协议等。

另一种情形是,在印章与文字存在重叠的情况下,二者形成的先后顺序关系到证据形成过程和证据来源问题,对案件审理也有重要意义。

案例 28－1 ▶ 案由:劳动合同纠纷

原告:李泉智。被告:欧百特灌溉设备有限公司。

【案情】原告曾为被告员工,2012 年 2 月入职行政助理职位,被告系外商投资企业,双方签订劳动合同,合同期至 2014 年 5 月 13 日为止。在劳动合同期内,因原告与被告财务经理在工作场所打架,被告向原告邮寄《解除劳动关系通知书》,以原告严重违反公司规章制度为由,解除了与原告之间的劳动关系。后原告以被告构成违法解除劳动合同为由提起劳动仲裁。同时,原告提供《协议》一份,称被告曾与原告达成一致意见,如被告与原告解除劳动合同,将赔偿原告 20 万美元。

被告在劳动仲裁阶段对印章真实性没有异议,但提出多项抗辩:原告既非股东亦非高管,仅仅是驾驶员,与 20 万美元的价值极不匹配;该《协议》没有被告任何人签字,显然违背常理;既然为协议,总有对价,但该协议完全无法体现原告的对价;原告对签订《协议》的背景未阐明;被告单位的注册资金仅 50 万美元,不可能与普通员工签订高达 20 万美元的解除劳动合同赔偿协议;被告在仲裁阶段才获知《协议》的存在,并立即向公安机关报警。

最后,劳动仲裁委员会以《协议》显违常理、不公平等理由认定其系在违背被告真实意思的情况下订立的,对原告的仲裁请求予以驳回。原告不服仲裁结果,向法院起诉。

【审理】在诉讼案件审理过程中,原告陈述签订《协议》的背景:公司主要管理人员黄某系美籍华人,对公司情况、公司所在地的风土人情等均不熟悉,原告作为行政助理(驾驶员)对其照顾较多。黄某对原告较为器重,先后将公司安保、食堂、车队等交由原告负责。但由于公司现在经营状况欠佳,原告的薪资不高,原告偶有提起另谋职业。2013 年 10 月 14 日晚,黄某在办公室中对原告加以安抚,希冀原告继续安心工作,并作出承诺公司不会亏待原告,否则愿意赔偿。黄某电脑打印上述协议内容后,加盖了公司印章并将《协议》交付给了原告。该《协议》有且仅有一份。

其后,被告先后提出两项鉴定申请:(1)要求对原告陈述《协议》过程是否真实进行测谎;(2)被告公司黄某从未接触过该《协议》,要求对该《协议》上是否有黄某的指纹进行鉴定。法官释明,第一项鉴定申请实施较有难度,第二项客观上无法进行,纸张上的指纹保留时间不长,且仲裁、诉讼阶段已经数十人曾手持该《协议》查看,故即使存在指纹也早已被覆盖、重合,恐怕无法鉴定,建议提起印章与文字形成先后顺序的鉴定。被告随后提起了该鉴定:日期为2013年10月14日的《协议》中打印文字"甲方:盖章"与公司印章印文形成的先后顺序。其后,某司法鉴定中心出具了《司法鉴定意见书》,主要内容如下:

(1)鉴定/检测方法:《文书鉴定通用规范》(SF/Z JD 0201001-2010)、《朱墨时序鉴定规范》(SF/Z JD 0201007-2010)规定。

(2)检验过程:经检验,打印文字与印章有交叉重叠部分,具备检测条件。将检材置于体视显微镜及奥博层析视频显微镜下观察,发现红色印文有被褐色打印文字笔画覆盖的迹象。

(3)鉴定意见:日期为2013年10月14日的《协议》中打印文字"甲方:盖章"与公司印章印文形成的先后顺序为先盖印文后打印文字。即先朱后墨。

法院最终认定原告陈述的《协议》出具过程与鉴定意见中的形成顺序矛盾,该《协议》真实性不予确认,故驳回原告的诉讼请求。原告上诉后,二审予以维持。

【评析】印章与文字的形成先后往往与证据来源、形成过程息息相关,在疑难案件中不妨仔细推敲,尝试不同的路径,寻找突破口。本案对建设工程合同纠纷案件也具有较强的借鉴意义。

(3)书写形成时间鉴定

书写形成时间鉴定可分为文件的相对形成时间鉴定和文件的绝对形成时间鉴定。所谓相对时间检验,是指有比对样本的检验,通过将检材与样本进行比对,来确定检材的形成时间是在样本的先或后;所谓绝对时间检验是直接对检材进行时间检验,不需要比对样本。《最高人民法院司法行政装备管理局关于对外委托文件制成时间鉴定有关事项的通知》(2008年2月29日　法司〔2008〕12号)规定:"一、一般情况,对外委托文件制成时间鉴定时,应要求送检单位提供比对的样本,若送检单位不能提供样本,目前只有少数鉴定机构用多次测定法能鉴定三个月以内的制成文件;极个别公安部门的鉴定机构能鉴定六个月以内的制成文件,由于受各种客观因素的影响,送检鉴定的检出率不高。对此,人民法院的司法技术人员应对委托案件的鉴定条件和鉴定机构的资质、能力进行审查,对落款时间和怀疑时间超过六个月的,要求送检单位必须提供比对的样本。二、由于检材与样本在纸张、墨水、油墨、保存环境等方面的不同都会对鉴定结果产生决定性影响,鉴定机构自备的样本不可能满足与送检材在纸张的种类及颜色,墨水、油墨的色料及染料的主要成分,保存环境的温度、湿度等方面相同。因此,不能使用鉴定机构的自备样本进行文件制成时间鉴定。"目前,除了对于圆珠笔书写的文件,在以同样用圆珠笔书写的不同时间的样本作比对时,可以采用薄层分析法,实验效果较好,其他材料形成的文件时间尚无国家或行业内认可、统一的检验、鉴定方法。目前书写形成时间鉴定的技术尚不成熟,难以作为定案的依据,仅具有参考的价值。

5. 鉴定意见的证明力

有一种错误的看法认为,司法鉴定系由裁判机关委托、双方共同参与的,所以公信力更高,证明力也更高。实际上,鉴定意见从本质上讲,属于言词证据,其并非具有天然的高度证明力。证据的证明力与证据形式并无直接关联。同样,**鉴定意见的证明力并不绝对高于上述检测、测量、审价、审计、评估、专家意见等,而应在具体案件中具体分析适合的手段、与其他证据结合形成的综合证明力问题。**

此外,不同的委托方法可能也会存在一定交叉。如进行某些工程造价司法鉴定时,无法避免对所涉材料进行市场询价,而所询价格的范围、地域、期间等均对价格有一定影响,与评估的方法较为相似。《建设工程造价鉴定规范》(GB/T 51262—2017)第5.1.2条规定:"鉴定人应根据合同约定的计价原则和方法进行鉴定。如因证据所限,无法采用合同约定的计价原则和方法的,应按照与合同约定相近的原则,选择施工图算或工程量清单计价方法或概算、估算的方法进行鉴定。"故鉴定中仍有可能采用与评估并无二致的"估算"方法。在具体的案件中,应当视材料是否完整、充分、详细,优先选用前者,受证据所限时依次采用后者。用通俗的话说,有更精准的方法则用更为精准的,否则退而求其次。而证明力,也依次递减。

特别需要注意的是,司法鉴定意见多为间接证据。如工程造价鉴定意见,本质上是鉴定人根据双方提供的证据材料,结合图纸、现场勘验情况,根据工程技术计算规则及工程经济管理知识等,运用专业知识计算工程造价的复杂工作。鉴定意见中难以避免地存在一些错漏项目——无论鉴定人是否足够勤勉——量的增减、价的高低等均是鉴定人根据规则计算而来的。但鉴定人所熟悉的具体专业知识是存在不一的,询价的范围和区间是不一的,确定相应的系数可能采用区间内的任一值。换句话说,鉴定人实际上仍然具有一定的自由度。工程造价鉴定案件一般能够保证 90% 至 95% 的准确性即已经难能可贵。正因如此,不同的鉴定人就同一套鉴定材料最终出具的鉴定意见几乎必然是不一致的。也正因如此,司法中法院应极力避免多次鉴定、重复鉴定,以防止多个鉴定意见难以抉择从而损害司法权威。

最后,追本溯源,鉴定意见是第三方对争议事项表达的意见,适用在双方存在争议的情况下。如果当事人已经就鉴定所涉事项达成一致的意思表示,则一般应该以当事人意见为准。如鉴定人对已完工程造价鉴定后认为,工程造价 8200 万元,但实际上发、承包双方曾经达成结算协议,一致确认工程造价为 8900 万元。鉴定意见的证明力显而易见没有结算协议高,当事人更不能以鉴定意见确认的工程造价 8200 万元来否定结算工程造价 8900 万元的证明力,提出撤销结算协议等。

6. 鉴定不能

鉴定作为特殊的举证方式,产生在诉讼阶段。但鉴定并非万能,并不能解决所有问题。实践中,鉴定不能的情况并不鲜见。主要存在以下几种情形:

(1)鉴定依据严重不足,无法鉴定

比如,当事人未能提供鉴定检材或者鉴定检材为复印件,工程造价鉴定时,当事人未能提供施工图纸或竣工图、预算书或招投标文件等致使合同约定计价不清、无法计算等。

(2)客观条件不具备

如拆除工程未能保存相应的资料致使无法现场勘验、无法确定工程量;隐蔽工程无法还原施工情况和所使用材料,建筑物的所有权人/管理人有正当理由不予配合现场勘验等。如包工头从承包人处分包了某厂房工程的水电安装工程,双方未签订合同、预算等。在施工过程中,发包人支付工程款不足,承包人解除了合同。随后承包人亦经济恶化,停止经营。包工头向承包人主张相应的已完工程对应的工程欠款,但既无法提供施工图纸,亦无法提供预算等资料。其所完成的工作大多数为隐蔽工程,无法确定已完工程量。经委托鉴定后,鉴定单位以客观条件不具备为由退回了鉴定。

(3)鉴定人不具备相应的资质和能力

有些鉴定项目需要特殊的资质、技术、设备等,超越了鉴定人所持有的范围。

在鉴定不能的情况下,鉴定单位应当将鉴定委托退回。鉴定不能导致的就主张的事实无相应的证据支持,由负有举证义务的一方承担相应的后果,即结果意义上的举证证明责任。

7. 三大鉴定的关系

从比例上看,建设工程案件中,工程造价鉴定最为常见,约占据85%左右,工程质量鉴定10%左右,工期鉴定甚至不到5%。当然,在部分案件中,可能涉及两个以上的鉴定,甚至工程造价鉴定、工程质量鉴定、工期鉴定都涉及,极少数案件还涉及工程质量问题的修复方案鉴定等。几个鉴定之间是什么关系呢?

(1)质量鉴定先行。如果案件涉及工程质量问题特别是主体结构、地基基础的质量问题,则应当先进行工程质量鉴定。经鉴定,工程确实存在严重的质量问题,有可能导致建筑出现功能使用、安全性方面的问题,足以构成发包人拒付工程款的抗辩以及赔偿请求权的基础的,对于案件下一步处理具有决定性影响,可能使后续的造价鉴定不用进行。哪怕经鉴定,工程质量问题并非特别严重,一般承包人也应当在整改、修复后再继续主张。在许多已经交付的工程案件中,发包人拖延结算、支付工程款的原因往往是工程质量存在问题,如偷工减料、渗漏等,曾通知承包人予以修复而承包人置之不理。发包人由此心中有气,拒绝结算,双方矛盾升级。只有经过工程质量鉴定,将质量问题的存在与否、范围和影响、发生原因、责任方、修复方案、修复造价等问题解决,才有助于“一揽子”、彻底解决矛盾纠纷。还有一些“半拉子工程”案件,承包人并无证据证明已完工程质量合格,无法满足请求解除合同、结算已完工程款的前提条件,所以需以工程质量鉴定的方式来证明已完工工程质量合格。故而,判断某建设工程案件是否需要工程质量鉴定,系案件审理的关键步骤之一。

(2)造价鉴定是主体。多数案件的争议焦点在造价方面,可能涉及承包人高估冒算的行为,或者发包人利用优势地位强压强扣的行为等。此外,施工过程中存在的违约、罚款、事故以及发包人索赔、承包人索赔等情形均可能引发矛盾冲突。法官应当认识到,工程造价争议是建设工程案件最为常见的争议,造价鉴定是最终的解决办法。如果造价鉴定无法进行，则承包人很可能将承担不利的后果。造价鉴定意见出具并经过质证后，法官就可据此确定大多数的诉讼请求金额，如确定工程造价金额，判断是否存在欠付工程款的情况，并计算欠付款项的金额、质保金金额；判断进度款是否及时拨付，并计算欠付款项的利息、尚未开具发票的税款金额，等等。许多案件，在工程造价鉴定完成后，案件也随之具有了调解的基础。

（3）关于工期鉴定。多数情况下，工期鉴定可以在工程造价鉴定结束后再启动，原因是工期争议可能会与造价争议一并协商解决，如此可避免多次鉴定。而少数情况下，双方矛盾激烈、对工期争议较大，当事人坚持主张工期违约金，则可以在启动工程造价鉴定的同时，委托工期鉴定。由于《建设工程造价鉴定规范》将工期鉴定归入造价鉴定人员的执业范畴，故可以委托同一家单位进行工程造价鉴定和工期鉴定，但应关注该单位有关工期鉴定的经历和业绩。同时，委托同一家单位进行工程造价鉴定和工期鉴定，有助于鉴定人员熟悉情况，避免证据复印、移交和重复熟悉等烦冗、无效的环节。另外，罕见情形下，双方对于工期延误存在争议，而工期延误导致材料费、人工费大幅涨跌、超过风险范围，即双方对工期的争议使得工程造价鉴定的基础存疑。该种情形下，工期鉴定甚至要先行，至少不能晚于工程造价鉴定进行。

综上，法官在审理案件过程中，应及时理清思路，明确案件发展方向，妥善处理三大鉴定的关系，为最终顺利结案奠定基础，避免长期踌躇不前、荒废审限。

第二十九章
CHAPTER 29

工程造价鉴定

根据《建设工程造价鉴定规范》(GB/T 51262－2017)第2.0.1条的规定,工程造价鉴定是指鉴定机构接受人民法院或者仲裁机构委托,在诉讼或仲裁案件中,鉴定人运用工程造价方面的科学技术和专业知识,对工程造价争议中涉及的专门性问题进行鉴别、判断并提供鉴定意见的活动。

工程造价鉴定是建设工程合同纠纷案件中最为常见的司法鉴定活动,大约有30%的建设工程合同纠纷都会涉及工程造价鉴定问题。同时,由于专业性强、争议大、周期长,工程造价鉴定往往被视为拖延案件审理的主要原因。法院审理建设工程合同纠纷案件最大的问题,即为过于依赖鉴定,“以鉴代审”备受诟病。**工程造价鉴定的基本流程有:启动鉴定,选取鉴定机构,鉴定准备会,鉴定方案,缴费,补充资料,现场勘验,核对工程量并套价,问题澄清及争议项梳理,鉴定意见(征求意见稿)出具及质证,鉴定意见(正式稿)出具及质证,补充报告,鉴定事项结束。**本章将根据鉴定的流程先后进行梳理。

1. 鉴定的启动

(1)申请人

根据《民事诉讼法》第79条的规定,工程造价鉴定的启动首先系依当事人申请,当事人未申请鉴定、人民法院认为需要鉴定的,可以依职权启动。当事人申请鉴定的,法院应当进行审查。根据《民事诉讼法司法解释》第121条的规定,申请鉴定的事项与待证事实无关联,或者对证明待证事实无意义的,人民法院不予准许。

而依职权鉴定主要针对符合依职权调查取证的情况,即涉及身份关系(在建设工程合同纠纷案件中不适用)、国家利益、社会公共利益的情形,如工程质量是否符合建筑技术规范的强制性标准等。

鉴定的申请人与举证责任义务人并非完全等同。鉴定的申请人往往是负有举证义务的一方即承包人;但鉴定的申请以自愿为原则,故在一方当事人申请鉴定、另一方当事人同意的情况下,即可确定鉴定的申请方。如发包人申请鉴定,承包人予以同意,则鉴定的申请人即是发包人。鉴定的申请人主要的义务即为预缴鉴定费用。如果双方都提出工程造价鉴定申请,则双方均为申请人,并共同承担预缴鉴定费用。但作为鉴定依据的证据材料仍依据举证责任分配的方式,要求双方提供。如果不能提供,则应当由负有举证义务的一方承担相应的法律后果。

实践中,还存在的一种情形是,发包人申请了工程造价鉴定,其后在鉴定的过程中又反悔,不再预缴费用。法官不能就此认为其应当承担不利的法律后果并直接按照承包人的主张确定工程造价,而是应当向负有举证义务的一方进行释明,要求其申请鉴定。

负有举证义务的一方,如果经释明后,仍未申请鉴定,则应当承担举证不能的法律后果。《建设工程司法解释(一)》第 32 条第 1 款规定:"当事人对工程造价、质量、修复费用等专门性问题有争议,人民法院认为需要鉴定的,应当向负有举证责任的当事人释明。当事人经释明未申请鉴定,虽申请鉴定但未支付鉴定费用或者拒不提供相关材料的,应当承担举证不能的法律后果。"值得注意的是,该处在规定了"当事人经释明未申请鉴定,虽申请鉴定但未支付鉴定费用或者拒不提供相关材料的"之外,还应当增加"当事人申请撤回了鉴定"的情形。

(2)申请鉴定的时间

《证据规定》第 31 条规定:"当事人申请鉴定的,应当在人民法院指定期间内提出,并预交鉴定费用。逾期不提出申请或者不预交鉴定费用的,视为放弃申请。对需要鉴定的待证事实负有举证责任的当事人,在人民法院指定期间内无正当理由不提出鉴定申请或者不预交鉴定费用,或者拒不提供相关材料,致使待证事实无法查明的,应当承担举证不能的法律后果。"应当说对申请鉴定的时间规定是明确又严格的,可以防止当事人证据突袭、滥用权利、阻碍诉讼活动进程。虽然《民事诉讼法司法解释》第 121 条规定"当事人申请鉴定,可以在举证期限届满前提出",但措辞已经从"应当"变成了"可以"。从文义解释的角度,"可以"也就意味着"也可以不”。所以，申请鉴定的时限已经发生了变化，“在案件受理后，法庭辩论结束前，原告增加诉讼请求，被告提出反诉，第三人提出与本案有关的诉讼请求，可以合并审理的，人民法院应当合并审理”。既然增加诉讼请求、提出反诉等都可以在法庭辩论结束前提出，举证也应当可以。在某种程度上，《民事诉讼法司法解释》将举证期限回到了“随时主义”。

遗憾的是，这是有问题的，并且在实践中造成了重大困扰。

一个案件审理经过法庭调查、法庭辩论，法官在二轮法庭辩论意见后准备结束法庭辩论时，会总结到：“如果双方没有新的辩论意见，法庭辩论结束。”一方当事人说：“我们有新的辩论意见，我们认为本案的工程造价金额不清，应当通过司法鉴定的方式确定，我们现在提供单方结算报告，并申请工程造价司法鉴定。”根据《民事诉讼法司法解释》，法官则必须接受并审理，其后很有可能另行组织开庭。经过半年至一年的鉴定、审理后，法官最后一次开庭，在双方发表辩论意见后准备结束法庭辩论并进入最后陈述时，另一方当事人提出：“我方认为涉案工程存在质量问题，现提起反诉要求对方赔偿损失并申请修复费用鉴定。”那么案件仍然无法审理终结，如此循环往复，不知何时才能结案。程序设计上的缺陷，给当事人不当行使诉权预留了窗口，实质上既损害了当事人的审限利益，也大大损害了司法的权威。

更遗憾的是，《建设工程司法解释（一）》在申请鉴定的期限上采取了更为宽松的态度。第 32 条第 2 款规定：“一审诉讼中负有举证责任的当事人未申请鉴定，虽申请鉴定但未支付鉴定费用或者拒不提供相关材料，二审诉讼中申请鉴定，人民法院认为确有必要的，应当依照民事诉讼法第一百七十条第一款第三项的规定处理。”《民事诉讼法》第 177 条第 1 款第 3 项规定：“原判决认定基本事实不清的，裁定撤销原判决，发回原审人民法院重审，或者查清事实后改判。”并且，还有一些法官认为，由于未经鉴定程序致使案件事实不清的，为防止二审鉴定后鉴定意见无法保障两审终审的审限利益，应当以案件发回重审为原则，改判为例外。因此，案件一审未鉴定而导致的后果很可能为案件发回重审。故可预见的是，一审法官在审理建设工程合同纠纷案件时必然倾向于启动鉴定——哪怕是不必要，或者明显不必要的——虽然一审认为不必要，但是不敢保证二审持同样的观点。所以，这在无形中会形成负向激励，建设工程合同纠纷案件的鉴定启动比例将越来越高、自然审限将更长、上诉率将更高。不难想象虚拟案件的场景将越来越多。

案例29－1 ▶ 案由：建设工程施工合同纠纷（虚拟案件）

【审理】一审法官向承包人释明称：你方没有确定的证据证明工程造价，需要申请鉴定，否则，可能存在举证不能的法律后果。请申请鉴定吧！

承包人说：不行，就按照我方提供的单方结算报告判吧！

法官说：单方结算报告是单方主张，你方又不构成默示条款的适用，真的无法按照单方结算报告判给你。

承包人说：不行，不管你说什么，我就是不申请鉴定。

其后法官不惜"屈尊降阶"多次释明，引导承包人申请鉴定，但均无果。

数月后，审限届满前，法官无奈之下只好驳回承包人的诉讼请求。承包人随后提起上诉，"一审法院应当启动工程造价鉴定而未启动，致使基本事实不清，根据《建设工程司法解释（一）》第32条第2款，请求将案件发回重审或启动鉴定后改判。我方愿意提起鉴定申请并预交鉴定费用。"

二审法院收到材料后，认为承包人的要求合理，为了保障鉴定意见的"两审审限利益"，或者不愿意增加麻烦，由二审法院启动鉴定、组织多次开庭等，于是将案件发回重审。毕竟撰写发回重审的裁定只需要不超过半小时的时间，而组织二审鉴定、质证并根据出现新事实作出相应的判决，可能要花费数日至数周的时间。

一审法院的承办法官很可能面临此种困境：无论如何公正、勤勉、专业，花费数月甚至数年办理的案件，都有可能被非归于己方的原因发回重审，审判质效等业绩考核均受重大影响，这对法官的积极性打击是极大的。

【评析】该规定实际上由一审法院、一审法官莫名其妙、不可推辞地承担了当事人逾期举证、怠于申请鉴定的负面影响，并不符合权责相一致的基本法理，由此必然将在实践中引起较大的争议。另外，对方当事人无端被案件拖累数年。如果存在财产保全，更加是雪上加霜、寸步难行。

综上，有鉴于建设工程合同纠纷案件的复杂性、专业性，鉴定申请的时间限定在举证期确实过短，有碍案件事实的查明，而鉴定申请的时间扩张至法庭辩论终结前甚至诉讼的二审程序中，亦确实过分迁就负有举证义务又怠于行使权利的当事人。寻找二者的平衡点，将申请鉴定的期限限定于一审中，对鉴定与否明确进行释明后的指定举证期限（如7日、10日或者15日）内，则更加科学、合理。法谚云，“法律不保护躺在权利上睡觉的人。”如果经释明，当事人仍未在举证期限内提出鉴定申请，则视为放弃申请鉴定的权利。且根据诉讼诚信的原则，不应当在其后的诉讼中保护其“反悔”的行为。如《建设工程施工合同鉴定指引》第5条规定：“（诉讼二审中鉴定申请的处理）当事人在诉讼二审程序中申请鉴定的，建议裁判者根据一审中当事人是否正确行使诉权以及一审未能提出鉴定申请是否可归责于当事人的不同情况予以处理：如一审中当事人提出过鉴定申请但被不当驳回，则可以将案件发回一审重审；如一审中负有举证责任的当事人经释明后未申请、或者虽申请鉴定但无正当理由未及时预缴鉴定费用、未提供其他必要协助导致鉴定程序无法进行的，则可视为其在一审中已经放弃鉴定申请，不应再次启动鉴定程序；案件符合依职权鉴定条件而在一审未予鉴定的，裁判者应考虑将案件发回重审。”

（3）启动鉴定的审查

法官需要对当事人提交的鉴定申请进行审查。有必要的情况下，应对是否依职权鉴定进行研究判断。

①鉴定申请的审查。启动鉴定之前，法官应当对鉴定是否符合以下原则进行审查：其一，必要性原则，即争议事实虽涉及专门问题，但通过当事人的举证质证人民法院可以认定的，不予鉴定。其二，关联性原则，即鉴定事项应当与待证事实具有充分关联性，能够为查明待证事实提供依据。其三，可行性原则，即鉴定事项应当属于能够通过司法鉴定得出鉴定意见的事项。其四，最小化原则，即在委托鉴定前应尽量排除无争议事项，只对有争议事项进行鉴定。由于鉴定事项往往较为专业，当法官一时难以判断时，建议要求当事人就具体案件鉴定申请的必要性、关联性、可行性、最小化等充分发表意见，有必要的情况下，可以与鉴定人、鉴定委托办公室工作人员等进行讨论、研究后再行判断。特别是不予准许鉴定的案件，应当格外审慎。

②应当不予启动工程造价鉴定的情形。**在审查案件过程中，如果存在“协商一致达成合议、自认与确认、固定总价无变更、通过已有证据可直接计算、默示条款的适用、第三方审价报告（结算审核报告）以及结算报告”等情形，或者发包人以“竣工验收不合格，主体结构、地基与基础存在质量问题且修复后仍不合格”为由抗辩成功的，则不应当启动工程造价司法鉴定。如果已经启动了司法鉴定后才发现存在上述情形的，亦应当及时要求终止委托鉴定。**

③暂时难以判断是否应当鉴定的情形。在一些案件中,对于是否应当启动鉴定,裁判者一时难以判断。如存在结算协议真实性存疑、"默示条款的适用"是否满足行使条件等情况,法官一时难以判断。建议法官可以行使释明权,同意先行启动鉴定程序,毕竟鉴定程序之中存在移送委托、选取鉴定机构、出具鉴定方案、补充资料、现场勘验、召开鉴定工作会、出具征求意见稿等多项程序,时间跨度较长。同时告知如果确定不再需要鉴定则可以随时喊停终止——当然鉴定机构将酌情退还部分预缴的鉴定费用。此外,对于被采取保全措施的被告,告知可以提供适格的担保以避免较长时间的鉴定程序对经营产生持续性的不利影响,减少相应的损失。

鉴定是关系案件审理进程的重大事项,合议庭审理的案件,应当进行评议后决定。无论是否启动鉴定,法官均应将结果及时告知各方当事人,这样才符合司法公开的要求。如果不同意鉴定,应当及时告知不同意鉴定申请的理由;如果同意鉴定,对方当事人不同意的,应当询问其不同意鉴定的理由,并告知当事人可保留异议。在审理过程中,如果当事人补强了证据,法官审查后确定当事人的异议成立,则应当及时纠正程序。

2. 鉴定的委托

(1)鉴定决定书

在启动鉴定后,承办法官应制作《鉴定决定书》,详细载明案件名称、鉴定项目、鉴定要求、鉴定费用预缴方等,并与鉴定材料等一并交给鉴定办公室。相关材料交付给鉴定办公室后,方能开始计算扣除审限,但不影响在鉴定过程中法官组织各方当事人就鉴定事项以外的案件其他方面进一步调查、审理,如已付款项等。从交付鉴定决定书时开始,承办法官应注意鉴定过程信息公开问题,将鉴定的重要事件、节点等及时告知各方当事人,保障其知情权。

(2)确定鉴定机构

《民事诉讼法》第79条规定:"……当事人申请鉴定的,由双方当事人协商确定具备资格的鉴定人;协商不成的,由人民法院指定。当事人未申请鉴定,人民法院对专门性问题认为需要鉴定的,应当委托具备资格的鉴定人进行鉴定。"故确定鉴定机构首先考虑双方自行协商,协商不成的可以通过抽签、摇号等方式随机选取。各地法院对建设工程造价鉴定机构均有相应的名录,且定期进行更新。

工程造价鉴定机构均由工程造价咨询企业担任。目前,许多地区尚未将工程造价鉴定纳入司法登记管理制度的范围。工程造价咨询企业应当依法取得工程造价咨询企业资质,分为甲级、乙级两个等级;工程造价咨询企业应当在其资质等级许可的范围内从事工程造价咨询活动,甲级工程造价咨询企业可以从事各类建设项目的工程造价咨询业务,乙级工程造价咨询企业可以从事工程造价 2 亿元人民币以下的各类建设项目的工程造价咨询业务;未取得工程造价咨询企业资质从事工程造价咨询活动或者超越资质等级承接工程造价咨询业务的,出具的工程造价成果文件无效。工程造价咨询企业从事工程造价咨询活动不受行政区域限制,但出于司法鉴定管理的需要,司法机关往往提供本省、直辖市和自治区范围内的鉴定机构名录供当事人选择。如果双方协商确定由区域外的工程造价鉴定机构进行,则需要办理相应的手续。

至于鉴定机构中具体从事鉴定活动的鉴定人,当事人并无选择权。鉴定机构根据所委托的鉴定项目具体情况、存案工作量及造价工程师的专业与经验等,调配内部人员。如所涉项目为市政、安装专业,则安排市政、安装专业的造价工程师,鉴定人员一般由三人以上组成,其中负责人、审核人等必须是登记于该鉴定机构的注册造价工程师,一些辅助人员不应在鉴定意见报告书上署名。

鉴定机构的选择与鉴定工作的进程息息相关,法官应当特别关注。从实践上看,“大所遇到小案子”“小所遇到大案子”较容易力不从心。一些大型的工程造价鉴定机构,如果承接了 10 万元标的的装饰装修工程,则鉴定费往往只有 3000 元左右,尚不足以覆盖其鉴定人员的人工、差旅、就餐等成本。而一些小型的工程造价鉴定机构,承接了标的额巨大、专业方向极强的工程项目,则可能没有相应的技术支持而导致拖延诉讼。如一家专门从事房地产项目审价工作的造价咨询企业,受委托对某大型石油化工安装工程项目进行鉴定,其安装专业人员欠缺、对相应的《石油化工行业安装工程预算定额》也极不熟悉,不仅鉴定速度慢,而且容易出错。此外,异地鉴定时需要多次看现场来回奔波、与各方协调交流,与当地鉴定人相比可能存在沟通不畅的情形。但也有较多项目,当事人对本地鉴定人缺乏信任度,强烈要求委托异地鉴定。对方当事人如果坚持不同意,则只能随机抽签确定。

确定鉴定机构需要注意以下几点:以尊重当事人意见为原则,双方如果能够协商一致的,应予确认;双方无法达成一致的,如果就待选的鉴定单位可以协商排除的,如经济欠发达地区、路途较远的或者曾经被曝光存在职业道德风险事件等,亦予确认排除,最后在剩余名单中选取,既可以由当事人选取,也可以由法官选取,方式可以灵活多样——抓阄、剪刀石头布、抽签、摇号等均可;剔除曾经或者至今与当事人一方或双方存在业务往来、可能影响公正鉴定的机构,如鉴定机构就其他项目与发包人尚存在委托审价的业务关系。总之,法官可以尽量居中协调、缩小对鉴定机构的差异对待,但应避免直接推荐鉴定机构。

(3)鉴定准备会

确定鉴定机构后,建议组织由裁判者、鉴定人员、当事人及其代理人共同参加的鉴定准备会,以便高效推进鉴定工作。准备会也可以在鉴定人熟悉案件基本材料并撰写《鉴定方案草稿》的基础上召开。鉴定准备会的主要目的和内容可以包括以下方面:第一,鉴定人员提出需要双方提供的鉴定资料并向裁判者建议提交的时限,由裁判者征求争议双方意见后确定;第二,对于双方存在争议的鉴定资料,裁判者在听取争议各方和鉴定人员意见后,决定是否作为鉴定依据;第三,**裁判者就鉴定范围、鉴定标准和方法听取争议各方和鉴定人员意见,并作决定**;第四,裁判者要求鉴定人员指定鉴定期限和鉴定步骤,并听取争议各方和鉴定人员意见后,作出决定。

在鉴定准备会上,鉴定人在阅读案卷材料、听取意见的基础上发表意见:鉴定委托事项是否反映案件争议焦点、是否具有可行性;鉴定的标准、范围是否存在不明确;鉴定时限预估要多久;鉴定人认为各方当事人必须补充的证据及质证意见包括哪些;鉴定思路如何确定;鉴定工作的难易程度等。

在法官主导、鉴定人参与的鉴定准备会上,各方当事人达成的有关鉴定标准、方法、范围等合意,均应当及时记录,并作为鉴定依据留存。在当事人关系尚处于缓和期时,法官如果敦促双方就鉴定中的一些变量达成一致,帮助鉴定人确定计算的基数和方法,则可以大大缩减鉴定人的工作量。如双方合同中对于工程量清单范围外的约定部分采用定额计价没有异议,但是对于采用2003定额还是2010定额没有约定,在鉴定准备会上可以协商确认;如合同约定材料调差,但是对于调差的期间没有约定,则法官可以提出按照行业惯例施工期间前80%的工期进行调差,双方没有异议的话,也可以直接确定。

总之,**鉴定准备会是统一思想、减少争议、确定鉴定工作总体方向的会议,有助于防止鉴定工作走弯路,有助于法官、鉴定人与各方建立互信,增强对案件的整体把握,与庭前会议有异曲同工之妙,法官与鉴定人均可善加运用。**

(4)鉴定方案

《建设工程造价鉴定规范》第 3.6.1 条规定:“鉴定人应全面了解熟悉鉴定项目,对送鉴证据要认真研究,了解各方当事人争议的焦点和委托人的鉴定要求。委托人未明确鉴定事项的,鉴定机构应提请委托人确定鉴定事项。”第 3.6.2 条规定:“鉴定人应根据鉴定项目的特点、鉴定事项、鉴定目的和要求制定鉴定方案。方案内容包括鉴定依据、应用标准、调查内容、鉴定方法、工作进度及需由当事人完成的配合工作等。鉴定方案应经鉴定机构批准后执行,鉴定过程中需调整鉴定方案的,应重新报批。”所以,无论是否经过鉴定准备会,鉴定方案对工程造价鉴定必不可少。法官可以组织鉴定准备会对鉴定方案进行审核、修正并确认,也可以在委托鉴定后先行召开鉴定准备会,要求鉴定人根据鉴定准备会的内容制作鉴定方案。鉴定准备会与鉴定方案两者相辅相成,但鉴定方案仍然需要出具并进行质证。

鉴定方案的内容,往往包括以下几个方面:项目概况、鉴定目的、鉴定范围、鉴定依据、鉴定方法说明、实施步骤、所缺资料、鉴定时间安排、鉴定人员、鉴定费用、其他需说明事项。较容易产生争议的为鉴定范围、鉴定方法和所缺资料,如工程计价按照固定总价还是按照工程量清单鉴定,材料报验审批表、施工图纸由哪一方提供等。法官应当积极承担案件审理的主导权,尽量组织协调双方当事人对鉴定方案的各项内容达成一致。确实存在争议的,在积极听取当事人各方及鉴定人的意见后,酌情作出鉴定中的各种决定,并允许当事人对鉴定方案保持异议,而并非只要一方当事人不同意,鉴定方案即无法付诸实施。

值得注意的是,当事人确定的鉴定方案对其具有约束力,可视为双方新达成的补充协议,即使其中部分内容如计算依据、方法、系数、期间等与原先的合同约定不一致,当事人也没有反悔的可能。

鉴定方案实际上是鉴定工作的总体工作计划和安排,法官应当积极主动参与到鉴定方案的制定和完善工作中,克服技术知识的缺乏,提纲挈领,牢牢把握案件鉴定的主导权,避免将鉴定方案推至一边,放任鉴定人按照自己的思路进行鉴定,从而导致“以鉴代审”的情况发生。

(5)鉴定费用

鉴定费用在鉴定方案中应予载明。各省市针对工程造价鉴定费用的收取大多出具了指导性文件,但是对工程质量鉴定费用和工期鉴定费用没有相应的标准,主要由鉴定人自主收费与行业自律相结合。如根据《北京市高级人民法院委托鉴定、审计、评估计费暂行办法(试行)》(京高法发〔2005〕10号)第7条的规定,工程造价咨询收费,以被委托事项总额,按差额定率累进收费方法计取,如表29-1所示:

表29-1 北京市工程造价司法鉴定收费标准

档次	计费额度(万元)	差额计费率(‰)
1	3000以下(含)	3
2	3000~5000(含)	2
3	5000以上	1

而《浙江省高级人民法院对外委托司法鉴定部分鉴定项目协商收费参考意见》,工程造价鉴定采用累进递减收费,取费如表29-2所示:

表29-2 浙江省工程造价司法鉴定收费标准

资产范围(万元)	500以下	500~1000	1000~2000	2000~5000	5000~10,000	10,000以上
取费费率(‰)	7	6	5	4	3	2

如某工程造价鉴定项目,计费基数为8900万元,按照北京市的司法鉴定标准司法鉴定费用为:3000万元×3‰+(5000万元-3000万元)×2‰+(8900万元-5000万元)×1‰=16.9万元,而按照浙江省的司法鉴定标准计算为:500万元×7‰+(1000万元-500万元)×6‰+(2000万元-1000万元)×5‰+(5000万元-2000万元)×4‰+(8900万元-5000万元)×3‰=35.2万元。两者差距超过一倍还不止。

鉴定费用计取的基数问题,在实践中争议颇多。当事人往往认为鉴定机构存在乱收费的情形。法官在启动鉴定前,应询问双方对涉案工程造价的意见,如承包人认为是7500万元,发包人认为是6000万元。如果双方争议不大,则可以尝试协商确定。如果差距较大或者协商不下,则应当按照两者之中的更高者作为鉴定费用的收费基数,而不以双方争议金额1500万元(7500万元-6000万元)作为鉴定费用的基数。原因是1500万元争议金额往往并非单纯就某一项目有争议,而是反映在组成工程造价的各个部分中,且该1500万元往往不是双方单纯对工程量、价格的差异累加,更有可能涉及一些项目费用是否应当计取、以何种标准计取的具体争议累计,从鉴定的角度无法进行单独区分。甚至该1500万元可能系发包人认为应当计入甲部分(可能包含数十项)532万元,但承包人认为甲部分不应当计入而应当计入乙部分2132万元的抵销后金额。故争议金额虽然为1500万元,实际上并不能反映案件争议范围和标的。但如果双方对具体的单位工程、分部分项工程中,某些部分工程造价金额没有异议的,则可以从基数中剔除。如双方对1#、2#办公楼工程造价分部为1460万元、724万元及3#宿舍楼桩基部分109万元没有异议,则可以在基数中相应地扣除上述金额。

此外,在基本费用以外,有些地区的鉴定费用还包含其他费用,如交通费、住宿费、取证、听证费用等,一般按照基本费用的5%～20%收取。部分案件如果存在特殊情况的,可以增加难度系数,调增基本鉴定费的30%。如鉴定材料的真实性需要鉴定机构查实的,因当事人原因未及时提供材料导致鉴定期限延长的,或因当事人原因导致较大范围的重新核算或补充鉴定的,清点、取证、查账等工作特别繁杂、超出一般估计的。如果需要增加难度系数,则要鉴定机构提出申请并附上合理理由,报请委托人(法院)同意后确定。实践中,装饰装修工程、石油化工项目的安装工程等,特别细碎、繁杂,可以考虑酌情予以调整;当事人提出要求按照不同的鉴定方案进行鉴定,导致鉴定方案发生重大变化的,也应当予以调整。

鉴定费用往往由申请的一方预缴,但也不排除当事人自行确定各方共同预缴的情形。少数案件中,法院可以依职权确定预缴方及预缴的比例。如某建设工程分包合同纠纷案件,原告为违法分包的实际施工人,被告为施工总承包人,第三人为发包人。被告施工总承包人将厂房工程承包后,其中大部分分包给了原告,剩余少部分自行完成施工。施工总承包合同约定的计价方式为施工图及预算基础上的固定总价,在实际施工过程中,存在部分工程甩项。由于被告陷入银行抽贷引发的财务危机,公司停止了经营,原告及被告均没有确切的证据证明所完成施工的造价,故案件启动工程造价鉴定。关于该案的鉴定目的,原告希望通过鉴定确定其所完成施工范围的工程造价,第三人希望查明原合同范围内的甩项部分金额,被告则无明确意见且无力缴纳鉴定费。故法官最终决定由原告预缴鉴定费用的60%,第三人承担40%。

需要说明的是,鉴定费用的预付与最终的承担是两回事。鉴定费用的预缴是为了保障鉴定工作的顺利进行、防止鉴定工作的报酬无法实现,故司法鉴定活动应当尽量按照规定预先全额收取。负有预缴鉴定费用义务的一方,如果确实存在特殊原因希望鉴定费用优惠、缓交、先予支付部分费用等,应在法官的参与下与鉴定机构沟通。法官可在充分释明风险的基础上,尊重鉴定单位的意见,但应特别注意防止职业道德风险。鉴定费用的最终负担是由法官根据案件审理的具体情况,如举证义务方、各方提供证据的配合程度等,结合鉴定意见与诉讼请求的对应关系,依职权决定的事项。

当事人应当在规定的期限内向鉴定机构缴纳鉴定费用,鉴定费用应当由当事人直接汇付至鉴定机构对公账户,法官不得代收代付。鉴定机构应当根据缴纳的情况,及时向缴纳的当事人开具鉴定费发票,而不以鉴定费用的最终负担情况确定开具金额和对象。在规定时间内不缴纳鉴定费的,法院有权通知鉴定机构终止委托,鉴定程序终止。

(6)鉴定期限

根据《建设工程造价鉴定规范》第3.7.1条的规定,鉴定期限由鉴定机构与委托人根据鉴定项目争议标的涉及的工程造价金额、复杂程度等因素在下表规定的期限内确定。

表29-3　鉴定期限

争议标的涉及工程造价	期限(工作日)
1000万元以下(含1000万元)	40
1000万元以上3000万元以下(含3000万元)	60
3000万元以上10,000万元以下(含10,000万元)	80
10,000万元以上(不含10,000万元)	100

鉴定机构与委托人对完成鉴定的期限另有约定的,从其约定。鉴定期限从鉴定人接收委托人按规定移交证据材料之日的次日起计算。鉴定事项涉及复杂、疑难、特殊的技术问题需要较长时间的,经与委托人协商,完成鉴定的时间可以延长,每次延长时间一般不得超过30个工作日。每个鉴定项目延长次数一般不得超过3次。在鉴定过程中,经委托人认可,等待当事人提交、补充或者重新提交证据、质证、勘验现场、对征求意见稿反馈意见等所需的时间,不计入鉴定期限。故鉴定期限从鉴定所需的必要材料补充提交并质证完毕开始起算,至鉴定机构出具鉴定意见书(或补充鉴定意见书)后的异议期届满时止,可扣除其中非可归责于鉴定人的期间。

但在实践中,大量的工程造价鉴定会超过规定的鉴定期限,大多数的案件自然鉴定期限(从委托之日至鉴定报告出具之日)往往有半年、一年、两年,有些甚至三年、五年，极大地损害了当事人的诉讼权益和司法权威。造成鉴定拖延的主要原因往往是法官将鉴定事项对外委托鉴定机构后没有跟进、敦促，鉴定机构不予以充分重视，在收到鉴定费用后未及时有效组织技术力量开展鉴定工作，鉴定机构向法院提出需要补充的资料和质证意见等没有及时得到回应致使鉴定工作无法继续推进，有些鉴定机构要求当事人配合鉴定工作遭到拒绝后，无力推进，寻求法院帮助又不得而果等。**作为裁判者的法官对鉴定工作不熟悉、责任心不强、对鉴定工作的控制力不够，往往是造成鉴定期限过长、鉴定人"以鉴代审"的罪魁祸首。**

3. 鉴定的实施

鉴定的实施是指正式开展鉴定工作的活动。接受委托、出具鉴定方案并经质证、收取鉴定费后，鉴定机构应当及时开展鉴定的具体工作。其主要包括以下几个方面：

（1）补充提交证据

在委托鉴定时，法官往往会复印相应的证据及审理材料（质证意见、庭审笔录）等，制作移交清单，与鉴定决定书一并交付鉴定办公室。但上述证据及审理材料，往往是不足以进行鉴定的。囿于工程技术和施工实践的知识缺乏，法官往往无从也并不清楚需要补充哪些材料。鉴定机构的鉴定人在审阅材料的基础上，根据涉案工程项目的特征，往往提出需要当事人补充提供的证据。通常工程造价鉴定所需的证据清单见表29－4。

表29－4　工程造价鉴定所需证据清单

序号	证据材料类别	具体证据
1	合同	合同协议书（及预算书）、补充协议、会议纪要
2	招投标文件（如有）	招标文件、标前会议纪要、投标书（含商务标、技术标，均要求纸质及电子稿）、中标通知书、询标答复、评标报告、甲方标底（清单）
3	设计文件	招标图纸、施工图（含CAD图纸）、竣工图、地质资料、图纸会审纪要、图纸交底
4	施工资料	建设用地规划许可证、建设工程规划许可证、施工许可证、开工报告、竣工验收资料、工期签证、质量证书、隐蔽工程检验资料、施工组织设计、专项施工方案、施工记录（原始地坪标高、验槽记录、材料报验记录、施工日志等）、交接记录、会议纪要

续表

序号	证据材料类别	具体证据
5	结算资料	工程结算书(纸质及电子版)、工程量计算稿(纸质及电子版)、变更联系单、签证单、甲供材料清单、批价文件、月进度报表
6	其他资料	主体资料、资质证书、资质平移文件、监理日志

在具体的案件中,可能会有所取舍。如工程未经招投标程序,则"招投标文件"就不需要提供。鉴定人应比照法庭已经提供的证据清单,根据工程项目的具体情况,提出尚待补充的证据目录,并发送给法庭,由其敦促当事人在规定的期限内(一般为7~15日)补充提供。

案例29-2 ▶ 案由:建设工程分包合同纠纷

原告:徐剑博。被告:勇鑫生态林业股份有限公司。第三人:铭成生态建设有限公司。

【案情】被告为发包人,第三人为施工总承包人,原告从第三人处承包了某厂房工程的部分内容。后原告起诉索要工程款,需要通过鉴定的方式确定原告所施工部分的相应工程造价、第三人自行完成部分的工程造价。委托鉴定后,鉴定人经查阅相关资料,结合本案的实际情况,提出需补充以下资料:

(1)施工招投标文件;

(2)证明各自施工范围的证据材料(必须提供);

(3)包干预算文件及明细(必须提供);

(4)招标时的设计图纸、工程联系单等(必须提供);

(5)甲供材料清单(必须提供);

(6)竣工图纸;

(7)工程量计算书;

(8)开竣工资料;

(9)打桩、基础资料;

(10)工程质量验收记录备案表;

(11)经审批的施工组织设计；

(12)原地坪标高资料、地基验槽记录等；

(13)特殊材料发票(如有发生)；

(14)成品(含设备)购销合同；

(15)其他能证明工程造价、工期等的资料。

【评析】需补充的证据，应当结合具体的工程项目和双方已经提供的证据提出。

在该种需要补充证据的情况下，理想的状态是当事人及时收集补充。但实践中会出现各种状况，最为常见的是关键证据缺失，无从收集，如未能提供预算书、施工图纸等，则需要法官敦促对方当事人积极提供，或者在查阅单方证据的基础上本着实事求是的原则予以确认；如未能提供竣工图纸，则需要法官开具调查令向城建档案馆调取并进行晒图；如未能提供地勘报告、设计图纸(含 CAD 图纸)，则向勘察院、设计院调取；如案件涉及总分包之间的工程量争议，双方均同意以甲方委托的审价报告确定工程量的，也可以向发包人或者有关的审价单位调取。

(2)审查质证情况及补充质证

在收集证据之后，法官需要注意对证据材料的质证情况进行总结，该总结应既包括之前提交的证据，也包括新补充提供的证据；鉴定人也应当对庭前会议笔录、质证笔录、庭审笔录等诉讼材料中的质证意见进行梳理，总结尚未质证部分、质证意见矛盾部分等，提请法庭予以明确。

对鉴定人而言，最为理想的状态莫过于——证据材料经补充后收集完毕，法庭组织对所有证据完成质证且发表的质证意见明确、具体，不存在需要补充的其他证据，当事人对鉴定的范围、方法等不存在争议等。但此种状态在实践中基本没有可能。对许多法官而言，完成质证即为难以逾越的障碍——即使花费较长的时间记录了当事人的质证意见，也完全不清楚质证意见能否作为鉴定的依据。所以，为了避免证据质证的无效率，建议可以采用如下操作：法官应当在鉴定人的协助下组织、整理和完成质证工作；法官需重点关注鉴定人提出的质证意见中矛盾、遗漏等部分；法官主要主导有关鉴定工作的基础证据的质证，如合同书、开竣工报告、资质证书等，有关技术资料，如预算书、招投标文件、图纸、签证单与联系单，可以授权鉴定人组织质证并由法官及时确认,毕竟一些工程案件涉及数百页至上千页的图纸、签证单等制作,往往需要花费数日,法官可以组织各方当事人、鉴定人在某一审判庭连续质证,并每(半)日进行一次汇总;法官应注意引导鉴定人科学、合理、有效组织质证,对于当事人有异议的情况,应当详细记录具体的异议和理由。

实践中,一些法庭未经质证,就将鉴定材料交付给鉴定机构;鉴定机构也没有安排质证,直接就此出具了《工程造价鉴定意见书(征求意见稿)》,甚至是《工程造价鉴定意见书》。当事人往往提出异议,认为鉴定依据未经质证,鉴定报告不应采信。《建设工程司法解释(一)》第 33 条规定:“人民法院准许当事人的鉴定申请后,应当根据当事人申请及查明案件事实的需要,确定委托鉴定的事项、范围、鉴定期限等,并组织当事人对争议的鉴定材料进行质证。”第 34 条规定:“人民法院应当组织当事人对鉴定意见进行质证。鉴定人将当事人有争议且未经质证的材料作为鉴定依据的,人民法院应当组织当事人就该部分材料进行质证。经质证认为不能作为鉴定依据的,根据该材料作出的鉴定意见不得作为认定案件事实的依据。”故组织质证是法庭组织鉴定的必要程序之一,一般不允许略过。为提高质证效率,法官可以邀请鉴定人辅助质证、授权鉴定人组织质证,对于当事人提出争议而未予以质证的证据,也可以在鉴定过程中随时补充质证。

但是,质证仅仅是保障鉴定活动公正的手段而并非工程造价鉴定的目的。完整、规范、详细、按部就班的质证,往往带来低效率的副作用。在保障当事人公平享有鉴定中权利的前提下,作出一些创新性的安排,亦无不可。实践中,一方提供的证据虽然系复印件,但是对方予以认可的情况比比皆是。而一些案件中,由于证据材料繁杂、数量巨大,当事人均同意将材料交付给鉴定机构,由鉴定人自行进行分步计算,再将鉴定意见书(征求意见稿)提交当事人核对、发表质证意见,此种方式也未尝不可。如果当事人对鉴定意见书(征求意见稿)的具体内容提出了异议,且要求对所涉分部分项工程工程量、价格等鉴定依据进行核实,鉴定人有必要将计算工程量所依据的证据材料、确定项目子目价格的文件及相应的计算书予以提供。当事人对相应的证据材料、价格文件等提出异议并提供证据的,鉴定人可以补上质证环节,提请法官注意并重新确定涉及该部分的证据能否作为鉴定依据,最后根据法官的要求出具相应的计算结果。对于双方对金额没有异议的部分,则可以直接确认结果——当然,前提是双方当事人认可该种鉴定方式、法官给予当事人充分的时间(如一个月)对鉴定意见书(征求意见稿)酝酿、提出异议。该种鉴定的操作,在许多案件中均能大大加快鉴定进度。

补充证据及质证并非在鉴定实施后即可一次性完成。随着鉴定的推进、现场勘验的进行，仍然会有一些项目细目所涉的证据需要补充。此时，法官可以组织双方通过邮件、微信等方式进行质证后，通知鉴定人予以计算、归入鉴定意见，而并非所有证据必须以当庭提供、对方发表书面质证意见等方式进行。毕竟，法官更加关注的是鉴定的结果而非过程。

此外，部分案件中的证据也存在证明力比较和优选的问题。当具有更高证明力的证据无法提供时，当事人可以提供次一级证明力的证据用以鉴定。如施工人无法提供原始地坪标高和地基验槽记录，则难以证明所涉场坪情况并据以计算土石方工程量。但如果施工人提供地质勘察（详勘）报告，鉴定人亦可以根据当地基础地质情况结合其他相近工程的情况，采用一般的标准予以估算确定。

（3）成立鉴定工作组

法官有必要成立鉴定工作组，将相应的人员组织起来，统一推动鉴定工作的进程。以诉讼为例，鉴定工作组的成员应包括：承办法官、法官助理、书记员，原告代理人、项目负责人及技术辅助人员（施工员、预算员等），被告代理人、项目负责人及技术辅助人员，鉴定人（造价工程师、复核人）。各方可以将自己的工作邮箱、工作手机号码、QQ 号码或工作微信号等公开并成立邮件群、QQ 群、微信群等，有涉及鉴定工作的事项均可通过微信群、邮件群或者移动微法院等进行通知。

一方面，确定定期（如每个月第一周的周二上午）召开鉴定工作会议，由鉴定人向鉴定工作组通报：本月完成工作情况、进度条预计到达百分之多少、鉴定过程中遇到什么障碍和困难、下一步计划进行什么工作、需要各方补充提供什么材料及配合什么工作事项、剩余工作预计需要多久完成、需要特别告知的情况等。定期召开鉴定工作会，有助于各方统一思想、及时掌握鉴定工作进展、缩小各方争议，同时，也能最大限度地保障鉴定工作公开。

另一方面，在确定定期会议之前一周左右，法官有必要与鉴定人就一周后的鉴定工作会是否召开，会议时间大致多久，主要召开哪几方面的内容，需要补充什么证据，是否通知项目经理、现场负责人、预算员等人到庭，是否同步现场勘验等问题进行大致交流，同时，由法官或者鉴定人向各方发送开会通知，有助于各方计划时间和行程，特别方便异地当事人和代理人安排飞机、火车等交通工具。

(4)现场勘验

鉴定人初步熟悉资料、完成证据补充和质证等工作后,应当与法官联系确定是否进行现场勘验以及具体时间和流程。对多数案件而言,现场勘验是必要的——鉴定人可以通过现场勘验,大致了解项目概况,熟悉不同的单位工程之间的关系、不同的图纸之间的关系,了解双方主要争议,促使接下来的鉴定工作可以围绕中心,有的放矢。同时,通过现场勘验,能够了解到是否还存在需要补充的证据等。鉴定中的现场勘验,在法官参与的情况下,由鉴定人主导,对鉴定人而言是一定的考验。鉴定人既要事前准备充分,又要根据现场快速进入鉴定人的角色状态,同时类似“项目经理”需解决勘验过程中的各种情况,如携带工具不足、双方当事人的争执、技术人员不实事求是等,引导双方“斗而不破”,充分发现现场实际情况并拍照留存。

现场勘验的具体流程等,详见第二十一章“现场勘验”。需要说明的是,现场勘验原则上法官应当参加,勘验笔录应当由各方签字确认。现场勘验可能不止一次,鉴定人可以就鉴定中需要双方解释的问题、需要二次现场勘验的问题记录下来,在定期的鉴定工作会上提出并一并解决,避免多次重复现场勘验。

(5)确定鉴定思路

鉴定人应对工程造价的确定方法有清晰的思路,在案件中引导法官。工程造价争议常见的难点有:已拆除项目难以提供图纸和现场勘验,隐蔽工程没有竣工图纸无法还原施工情况,部分新型材料在价格信息价中询价不能,施工期间对材料价格调差的影响需要考虑工期延误的过错等。但是,鉴定中最大的困难仍在于当事人对鉴定工作的不理解和不配合,甚至故意制造障碍。鉴定人应根据案件具体情况,及时确定鉴定思路并与法官沟通交流,克服相应的困难。根据鉴定项目的难易程度,鉴定人可以分别考虑不同的鉴定思路。

①仅针对异议项目进行鉴定。部分案件争议内容较为集中,或者双方之前已经经过第三方审价,双方仅对部分事项存在争议。该种情况下仅需针对该争议进行鉴定,一般较为简单甚至无须现场勘验,仅依据双方提供的材料进行鉴定即可。

案例29-3 ▶ 案由:建设工程分包合同纠纷

原告:王忠祥。被告:江苏舜特建设有限公司。

【案情】原告与被告之间存在建设工程分包合同关系,原告承包内容为某小区建设项目建设中钢筋工部分的电渣压力焊、套筒。原告主张:电渣压力焊(别墅83,794根+四幢高层59,481根+配电房附属小房子288根)×2.5元/根=358,907.5元;套筒:别墅与人防区98,740个×6.5元/个=641,810元,另外,商业地下室和1#配电房合计93,700元。以上合计1,094,417.50元。

被告对价格没有异议,但是对数量有异议。

【审理】原告申请工程造价鉴定(工程量及工程造价),并申请向城建档案馆调取相应的施工设计图、竣工图。城建档案馆提供了光盘资料(含结构施工图)。《鉴定决定书》中的委托事项为:对某小区竣工图中所使用的电渣压力焊、套筒数量进行鉴定。

鉴定人随后出具《鉴定方案》,提出:(1)原告提供的结构施工图光盘,被告质证意见为无法确认,请重新提供各方认可的竣工图;(2)提供双方确认的钢筋连接方式(机械连接的详细说明,哪些部位、直径多少开始设置等);(3)接头质检报告;(4)钢筋施工隐蔽资料;(5)相关联系单、签证单;(6)其他一切与工程鉴定相关的资料。

其后,经原告申请,法庭出具调查令向发包人调取工程施工图及竣工图(电子稿),共1.5G大小,同时,向城建档案馆调取房屋建筑竣工结构图光盘并复制、密封、加盖印章。上述证据经过质证后作为鉴定依据。

鉴定意见为:因结构总说明中对电渣压力焊、套筒取值范围无具体说明,且没有其他资料说明,钢筋接头:纵向受力钢筋直径≥16按电渣压力焊考虑,横向受力钢筋直径≥16按套筒考虑;电渣压力焊108,467根,套筒89,439个。

其后,原告对鉴定意见提出异议,认为没有计算维护梁95吨钢筋的套筒、四幢高层±0.00以上部分楼层柱子的电渣压力焊。原告补充提供了钢筋焊接接头(电渣压力焊)力学性能检测报告、钢材焊接试验报告汇总表等,用以证明钢筋焊接方式等。法庭随后对原告逾期提供证据的行为进行了训诫,重新组织了质证并提起了补充鉴定。

鉴定机构随后出具《补充鉴定意见》,增加电渣压力焊53,613个。经质证后,法庭认定电渣压力焊数量为12,080个,套筒数量89,439个,工程造价为986,553.5元。

【评析】本案争议焦点明确,鉴定工作无须现场勘验,也无从勘验——钢筋、套筒属于隐蔽工程,连接处早已被混凝土覆盖,且数量巨大无法清点。就该部分的工程造价鉴定,实际上是根据钢筋的规格、以施工组织措施确定钢筋连接方式后,按照竣工图纸计算即可,属于最简单的工程造价鉴定。

②当事人自行核对确定。双方当事人分别指派预算人员,对承包人所制作的单方结算书,进行分条确认并提出相应的异议;承包人没有制作单方结算书的,按照合同约定的工程计价原则和方法,双方自行核对工程量、套价。鉴定人在双方合同的基础上,根据所掌握的资料、证据和质证意见,对双方共同确认的部分,直接摘录到鉴定意见书中,对存在争议的部分,提出明确的鉴定意见。该种方法适用的前提是双方较愿意配合工作、较实事求是,也较能体现双方意思自治。

③鉴定人"推倒重来",自主计算。该种方法适用于当事人所提供的单方结算书错、漏、谬事项太多,不同部分杂糅、重复等交织穿插,令人费解,以至于对方当事人几乎对整个报告所有部分工程量、价格、造价等均有异议。鉴定人认为不如自己重新制作计算书,按照自己的理解进行鉴定,由双方对鉴定意见书(征求意见稿)进行质证并提出异议、补充证据的方法。该种情况下,鉴定人对鉴定工作的参与度最高,需要鉴定人对项目情况、图纸和计算方法特别熟悉、专业,最终的鉴定意见也往往最能经受住考验。

④"蚕食"。一些工程案件中,所需的图纸数量特别巨大,鉴定工作特别烦琐,且参与核对的技术人员不肯对工程量进行签字确认,双方矛盾尖锐,每次召开鉴定工作会、进行质证等工作均水火不容,争执不下。鉴定人可对工程项目按照单位工程等方法予以切割,每次召开鉴定工作会仅处理部分内容,但对于无争议内容和在鉴定过程中达成一致的部分,每次均由双方签字累加汇总,同时,提请法官对有争议部分及时进行调解等,这样逐渐"蚕食"的方式解决疑难、复杂的工程造价鉴定。"蚕食"也包括促成当事人就具体的部分达成和解。《建设工程造价鉴定规范》第5.1.4条规定:"鉴定过程中,鉴定人可从专业的角度,促使当事人对一些争议事项达成妥协性意见,并告知委托人。鉴定人应将妥协性意见制作成书面文件由当事人各方签字(盖章)确认,并在鉴定意见书中予以说明。"该种情况下,往往在两三次鉴定工作会后,当事人开始接受并理解鉴定的思路与方法,后期的鉴定进程会逐渐加快。

⑤按照分部分项进行鉴定。一些疑难复杂案件，可以本着先简单后复杂的方法，在鉴定中逐步统一鉴定思路。按照分部分项出具鉴定意见书（征求意见稿），在各方就该部分无异议或者争议事项明了、可以据以判决时，再进入下一部分的鉴定，将一个工程案件的鉴定报告拆分成数份小报告。

案例 29－4 ▶ 案由：建设工程分包合同纠纷

原告：中国化学工程某建设有限公司。被告：克源塑胶有限公司。

【案情】2013 年 5 月，原告与被告签订了《建设工程施工合同》，约定由原告承包被告发包的重油裂解生成油分离装置工程，合同对工程价款没有约定。后 2015 年 6 月，原告将工程交付给被告，被告投入生产运行。

2016 年 3 月，原告将被告起诉至法院，要求支付工程价款。原告主张工程造价为 51,193,301 元，被告不予认可。随后，原告申请工程造价鉴定，并提供了相应的证据（A4 纸证据 8000 余页，图纸 400 多张，另有其他证据十几捆，所有证据并未制作证据清单，证据装满了一皮卡车，堆积如山）。法官将证据退还原告，要求其按照规范进行整理。一个多月后，原告补充提供了证据，但仍然多达数十本，且证据组织的逻辑性不强，无从下手组织质证。

2016 年 7 月 15 日，法官决定启动工程造价司法鉴定。

2016 年 9 月 18 日，鉴定机构出具《司法鉴定方案（初步方案）》，双方当事人对该方案提出较多的意见和建议。在鉴定工作会上，法官提出：(1) 本案涉及多份合同，部分合同尚存在约定仲裁条款，所涉工程范围大且存在交织；(2) 本案证据材料极其繁多、复杂。故建议鉴定人按照分部鉴定：首先是桩基部分，其次是土建部分，最后是安装部分和技改维修部分。这样先简单、后复杂，各方也可以在鉴定的过程中磨合工作习惯。各方均表示无异议。鉴定人随后根据鉴定工作会确定的事项出具了完善后的《鉴定方案》。

2017 年 2 月 22 日，鉴定机构出具了《工程造价司法鉴定意见书（桩基部分征求意见稿）》，两套方案的鉴定意见分别为 2,730,546 元、2,703,586 元。2017 年 2 月 27 日，双方在鉴定工作会上共同确认为 2,703,586 元。后鉴定机构按照该金额出具了《工程造价司法鉴定意见书（桩基部分）》。

2017 年 6 月 22 日，鉴定机构出具了《工程造价司法鉴定意见书（土建部分征求意见稿）》，鉴定意见为6,843,349元，另存在8项争议项。双方共提出45项异议（其中35项为新补充鉴定内容），并补充大量的证据。2018年1月18日，鉴定机构出具了《工程造价司法鉴定意见书（土建部分）》，鉴定意见为7,366,328元，另存在7项异议。2018年1月26日，法官与鉴定人再次在风雪中组织现场勘验并进行现场调解，双方确定土建部分工程造价为7,496,235元。

2018年11月8日，鉴定机构出具了《工程造价司法鉴定意见书（安装及技改部分征求意见稿）》，鉴定意见为25,727,004元，另存在2项争议。其后，2018年12月20日，鉴定机构出具了《工程造价司法鉴定意见书（安装及技改部分）》，鉴定意见为26,005,512元，另存在4项争议项需要判决。

【评析】该案件鉴定工作历经2年有余，双方一开始矛盾特别尖锐，随着鉴定工作的推进，逐步趋于理性。法官与鉴定人通力配合，将鉴定工作进行分段拆解，最终就工程造价司法鉴定圆满完成了工作任务。

（6）确定工程造价鉴定方法

工程造价鉴定的是价格，特殊情况下是价值。但从司法鉴定的原意来看，工程造价鉴定实为鉴定发包人“应付”已完合格工作造价的金额，而非鉴定承包人“已做”成本造价的数额。当然，工程造价鉴定并非仅指竣工时的应付造价，还包括未完工程造价鉴定、已完工程造价鉴定等情形。而工程造价在通常情形下实为价格，是具有特定性、唯一性、意定性、时效性等特征的合同价；工程造价在特殊情况下体现为价值，即以定额价、市场价为基础的成本价，如工程计价约定不明、费用索赔、合同无效造成的损失、当事人涉嫌串通虚高工程款债权时查明工程实际投入成本以查清是否存在恶意串通等情形。辨别该种区别，有助于理解确定工程造价鉴定方法。

通常情况下，工程造价的确定，采取以下递进的方法，法官必须掌握：

①合同约定计价方法的，按照/参照合同约定的计算工程款/折价补偿。

②因设计变更导致建设工程的工程量或者质量标准发生变化，当事人对该部分工程价款有约定的，按约定；没有约定且不能协商一致的，结算工程价款时可以参照签订建设工程施工合同时当地建设行政主管部门发布的计价方法或者计价标

准，即最新定额加信息价，合同未约定该情形需要下浮的，无须下浮。

③合同未约定计价方法或者约定的计价方法无法适用的，重新确定计价方法，如解除固定单价合同并重新定价。

④合同具体项目约定不明确或者没有约定的，如清单缺项、漏项，重新报价或者采用定额加信息价。

⑤项目特征描述不符的，重新组价。

⑥信息价缺失的，采用乙供改甲供、询价或者市场个别价、实际发生的成本价。

工程造价鉴定方法也遵从上述方法，确定工程造价鉴定方法，属于鉴定中裁判权的延伸。法官应当积极承担起确定工程造价鉴定方法的职责，避免权力旁落；当事人对鉴定方法有提出意见的权利，但是否采纳该意见，由法庭作出判断，当事人并无决定权；鉴定人有解释、建议的权利，但同样没有决定权，否则往往会引发“以鉴代审”。工程造价鉴定方法的确定，应当遵循以下原则：

①委托至上。工程造价司法鉴定的委托人是人民法院，鉴定机构对委托人而非对当事人负责。故确定工程造价鉴定方法，应当遵从委托人的指令而非当事人的要求和主张。工程造价司法鉴定中，委托书上的工程造价鉴定方法与当事人主张不一致的情况并不罕见，显然应当以前者为准。当鉴定机构认为司法鉴定委托书中所确定的鉴定方法有违当事人约定和法律规定时，应当提请委托人注意并再次确定，而不能将鉴定工作中止或者自行按照理解采用其他的鉴定方法。同样，如果当事人对鉴定机构所采用的在鉴定方案、庭前会议、鉴定准备会、鉴定工作会等环节已经确定的鉴定方法有异议，不能直接指令或者要求鉴定人予以变更，而应当向法庭提出意见或建议。极端情况下，即使委托人确定的鉴定方法超越了合同约定，鉴定人仍应遵照执行。

②约定优先。当事人对工程造价确定的方法有约定的，优先适用该约定，如双方当事人在合同中约定的计价原则、计价方式、计算规则、取费区间、调差范围和依据、让利幅度（下浮率）等。此处的合同不仅包括双方之间达成的书面《建设工程施工合同》，还包括中标通知书、招投标文件（包括商务标和技术标）、预算书、已标价的工程量清单等，以及履约期间达成的与工程造价有关的会议纪要、签证、补充协议等合同性质的文件。

③尊重新的约定。在诉讼特别是鉴定过程中，当事人自行达成的或经鉴定人或法官协调达成的有关鉴定依据（如双方均确定按照“黑合同”进行鉴定）、计算方

法(如采光井、阳台是否计入建筑面积)、鉴定变量(如放坡系数确定为1.25、地板损耗率确定为0.07)等,甚至某一具体材料、设备的价格,某具体分部分项工程造价确定等新的约定,必须予以尊重。《建设工程造价鉴定规范》第5.1.4条和第5.1.5条也体现了该原则。

④未约定或约定不明时按照通行标准。在鉴定过程中,当事人对于具体某一分部分项工程或者工程细目的造价未约定、约定不明时,鉴定人及法庭可以就该部分工程造价如何确定听取当事人意见,酌情按照通行计算规则、标准、方式等进行鉴定,如重新组价,并在鉴定报告中予以特别说明。如按照工程所在地发布的最新定额标准和信息价计取增项工程,采用施工工期前80%作为材料调差的区间,一些隐蔽工程按照通行做法推算等。当事人就该部分提出异议的,应当承担举证责任。此外,如果就某一部分未约定、约定不明,双方就鉴定方法无法达成一致,鉴定人也无法确定通行标准的,则可以由施工方举证其实际投入成本情况,鉴定人结合关联性、合理性予以确定该部分的工程造价。

⑤鉴定中贯穿着调解。根据《建设工程造价鉴定规范》第5.1.5条的规定,鉴定过程中有条件的应当进行调解。法官与鉴定人需要相互配合,鉴定人从专业的角度阐释工程技术问题、计价规则、清单与定额等相关规定、行业惯例等,法官在理解争议具体事项的基础上,从法律角度进一步分配举证责任、风险告知、心证公开等,并引导当事人实事求是、抓大放小、作出让步、达成和解,以顺利推进鉴定进程和案件的实体审理工作。

⑥鉴定方法应综合考虑准确性、可行性、安全性和经济性。在可选择的情况下,鉴定中一般优先采用准确性更高的鉴定方法。如工程造价鉴定中一般根据竣工图确定工程量,当竣工图与现场不一致时,后者具有更高的准确性而得以作为具有更高证明力的鉴定依据。正如工程质量鉴定中对钢筋性能的抽检,样本容量越大,其鉴定所得的重量、屈服系数、抗拉系数等物理性能数值越多,越能够反映整体的钢筋性能情况并据以判定安全性。至少,抽检的样本不得少于规范要求的最少数值。另外,鉴定方法应当考虑可行性、安全性和经济性。一些鉴定方法虽然具有更高的准确性,但可能使工程结构破坏、难以修复、造成更大的安全隐患——典型的如钻芯取样法获取工程钢筋和构件以检测性能,抽检数量越多、对建筑物的破坏越大。一些鉴定方法虽然具有更高的准确性,但耗时耗力,极其不经济。如对于未完工程施工现场的钢材、混凝土砖和河砂的材料数量清点。如果采用人工丈量钢

材、手工清点并堆砌混凝土砖、将河砂重新收集起来并倒入容器中计量立方等三种方式，将取得较为准确的数值，但可能需要雇用较多的人力、配置特殊的机器设备（如带有称重功能的叉车）、耗费较多的时间。在实践操作中，完全可以采用估值等方法简易确定。《建设工程造价鉴定规范》第5.1.2条也体现了上述观点。

⑦鉴定方法的确定应考虑当事人过错和公平原则。根据《建设工程造价鉴定规范》第5.10.6条规定，单价合同解除后的争议，按以下规定进行鉴定，供委托人判断使用：A.合同中有约定的，按合同约定进行鉴定；B.委托人认定承包人违约导致合同解除的，单价项目按已完工程量乘以约定的单价计算（其中，单价措施项目应考虑工程的形象进度），总价措施项目按与单价项目的关联度比例计算；C.委托人认定发包人违约导致合同解除的，单价项目按已完工程量乘以约定的单价计算，其中剩余工程量超过15%的单价项目可适当增加企业管理费计算。总价措施项目已全部实施的，全额计算；未实施完的，按与单价项目的关联度比例计算。未完工程量与约定的单价计算后按工程所在地统计部门发布的建筑企业统计年报的利润率计算利润。根据第5.10.7条的规定，总价合同解除后的争议，按以下规定进行鉴定，供委托人判断使用：A.合同中有约定的，按合同约定进行鉴定；B.委托人认定承包人违约导致合同解除的，鉴定人可参照工程所在地同时期适用的计价依据计算出未完工程价款，再用合同约定的总价款减去未完工程价款计算；C.委托人认定发包人违约导致合同解除的，承包人请求按照工程所在地同时期适用的计价依据计算已完工程价款，鉴定人可采用这一方式鉴定，供委托人判断使用。实际上均涉及了根据违约责任方的不同确定不同的鉴定方法问题。

但也有观点认为，工程造价鉴定应当是相对较为客观的评定，鉴定方法的确定不应考虑合同效力、合同解除事由、当事人过错、利益平衡等各种主观判定或者无甚关联的因素，该等因素是合同解除或者合同无效引起的损失应考虑的范畴。该观点更为符合法理。

（7）鉴定人进行核对、算量、套价、澄清、汇总、验算等

此部分为鉴定人自身的案头工作，也是技术性工作，鉴定人直接依靠自身的专业技能完成。需要强调的是，鉴定人在该部分工作中并不具有很高的自主权，如合同的计价原则、证据是否采信、工程造价是否下浮等。此外，法官应当关注鉴定人的进展情况，防止久置案头。鉴定人在具体鉴定的过程中，如果遇到需要澄清的事项，可以电话联系双方技术人员予以澄清，但应避免与一方当事人单独接触，以免

损害公正性。

(8)鉴定中的协调与配合

鉴定过程中,法官与鉴定人及当事人各方应当保持较好的沟通、交流,充分运用电子邮件、微信等方式提高沟通的效率。法官始终应当把握鉴定的进程,并且以鉴定工作顺利推进为基本目标,敦促当事人配合鉴定人的工作。一方当事人持有证据拒不提供的,按照《民事诉讼法》的相关规定予以训诫、罚款等。各方当事人如果需要调取证据,法官在审查并确定其申请合理时,应当充分保证其相应的权利。当需要现场勘验时,敦促发包人或者建设工程的所有人、使用人、管理人配合案件的审理工作。一些鉴定工作需要提前布置现场、安拆脚手架、布设电缆甚至组织辅助的施工队伍等,协调相关单位做好准备。必要情况下,应当向相关单位发送书面的通知,提前联系沟通,确保鉴定工作的顺利推进。

案例 29 -5 ▶ 案由:建设工程施工合同纠纷

原告:茂盛园林设计有限公司。被告:小泱江旅游发展有限公司。

【案情】2019 年 5 月 30 日,原、被告签订《小泱江亲子乐园绿化项目施工合同》,总价 22.8 万元,面积约 1200m^2,约定原告为被告所开发的小泱江亲子乐园项目进行绿化施工,首付款 50%,地面平整、草坪铺设完毕后 3 个工作日支付 30%,工程全部完成后支付尾款。涉案工程于 2019 年 6 月 9 日完工并移交被告。其后原告在数月中多次催促被告付款、办理验收手续并表示如有质量问题愿意指导养护等。被告一直拖欠未付尾款。原告于 2020 年 11 月 10 日向法院起诉,以被告仅支付首付款 50%、一直拖欠余款为由,要求被告支付剩余工程款 11.4 万元。

被告抗辩称:原告施工的部分草皮存在质量问题,如积水、不平整等,工程至今没有竣工验收,被告可以拒付工程价款。涉案工程存在部分承包范围未施工的问题,已施工部分存在的质量问题已经由出租土地的村集体自行修复,所以即使被告应当支付工程款,也应当扣除应由原告承担的相应费用。在审理过程中,被告申请进行以下鉴定:1. 涉案工程是否质量合格的工程质量鉴定;2. 施工范围内未施工部分的工程造价鉴定;3. 已完成部分中现存质量不合格部分的修复造价鉴定;4. 村集体自行修复部分的工程造价鉴定。

【审理】经初步审理，法官作出如下判断：1.涉案工程为市政绿化工程，原告施工内容为平整场地加铺设马尼拉草皮，并非如房屋建筑等可能存在主体结构或者地基与基础方面的质量问题。所以无论涉案工程是否存在质量问题、相关范围大小，在被告已经接收工程并使用一年多的情况下，均不可能构成对原告请求支付工程款的有效抗辩。所以工程质量问题甚至可以不鉴定。2.如果原施工范围内的部分确实存在当时原告施工应完成而未完成的情况，计算应付款项时可以在固定总价中扣减相应面积比例的价款。3.如果按照市政工程的施工规范，确实存在场地平整度不达标的部分，则应当通过现场勘查确认具体范围，并鉴定相应的修复费用——起挖草皮、平整场地、铺种草皮的费用。4.对于村集体修复部分，可以按照面积进行工程造价鉴定。所以，法官在对被告提交的鉴定申请书进行审核后委托了工程造价鉴定：1.对固定价应扣减部分（未完成施工部分、平整度不达标等质量不合格需要返工的部分）进行造价鉴定；2.对于需修复的范围的修复造价进行鉴定。

法官判断该鉴定为相对简单的工程造价鉴定。时近春节放假，故要求各方配合、加快进度。在委托鉴定并选定鉴定机构后，法官和鉴定人取得了联系，确定：2天后现场勘验，勘验后2日内出具鉴定意见书，再3日内开庭时请鉴定人出庭，然后结束鉴定工作。鉴定人表示理解。

随后，法官开始了现场勘验工作。在勘验过程中发现，临近江边小树林的328m^2左右的草地，原本属于施工范围，但是在现场勘验时没有草皮。对此，被告主张原告未施工，原告主张当时已经施工，但是因时间已经过去1年半，草皮很可能被他人偷走。而且从现场看，没有草皮的地方存在足迹形成的小径，说明周边居民在河边散步导致草皮死亡、消失也是完全可能的。

鉴定人与现场勘验1日后就出具了《征求意见稿》（电子版）并发送承办法官审核。法官随即发现鉴定人误解了法官的委托要求：其在《征求意见稿》（电子版）中，扣除了河边所谓草皮未施工部分的造价（A），对于平整度不达标部分的施工费用（B）亦进行了扣除，计算了修复的费用（C）。同时，《征求意见稿》（电子版）在定额依据、利用草皮与新购草皮的比例等方面也存在问题。法官随后与鉴定人电话联系，并提出：A部分列入争议项，不能由鉴定人径行扣除；B、C两项中存在重叠，二者是选择其一的关系，如果扣除了B，则不能计算C，如果计算了C,则不能扣除B;定额依据、取费系数需要在鉴定依据、计算稿中明确,计算稿可以发送双方供核对;利用草皮与新购草皮的比例应当考虑修复的季节以及宁波本地的通常标准;计算C部分应当采用鉴定时的价格,而非原合同价格,理由是现在零星修复的价格与签约时的价格当然不同。至于被告提出的村集体修复的部分,可以计算金额,但不能当然予以扣除。此外,法官还与鉴定人就鉴定的目的、思路以及可能的裁判思路进行了交流,交换了意见。

法官曾与鉴定人沟通,本案鉴定工作简单,无须出具《征求意见稿》,可以直接出具正式报告。但鉴定人表示,出具《征求意见稿》为系统流程设置中的必经程序。鉴定人随后根据与法官的沟通情况,出具了《工程造价鉴定意见书(征求意见稿)》。由于提前进行了沟通,鉴定单位内部的三级复核一路绿灯,次日就用印完成并发送法官PDF版。随后,法官在移动微法院中将PDF版发送给双方代理人并通知第2日开庭审理。

在开庭过程中,双方对《工程造价鉴定意见书(征求意见稿)》均无异议,予以确认,其中涉及的争议项由法院判决。法官随后告知鉴定人并记录在笔录中:请鉴定人依照《工程造价鉴定意见书(征求意见稿)》直接出具正式报告,鉴定事项结束,开具发票后系统中可以终止委托鉴定工作。开庭当日,由于被告代理人无法联系上被告法定代表人而无法获知调解意愿,案件无法调解。本案在当日开庭后,次日就此作出判决。判决认定:1. 现状无草坪,原告称已施工后被破坏,被告称实际未施工,涉及金额4932元。但涉案工程早已交付给被告,被告从未提及原有范围存在未施工部分。至于现在现场勘验时不存在草皮,不能反推将近两年前的2019年6月未施工。故该部分不予扣除。2. 现状地坪不平整部分,涉及扣除金额9268元。3. 现状无草皮,需要重新铺设部分6648元。法院认为,理由同上述第1点,现状无草皮的责任不在原告,无须重新铺设。4. 现状不平整的修复造价24,582元。鉴定人认为,该部分系由于原告施工平整度不符合规范造成的修复费用,且已经将上述第2点的9268元包括在内,法院经审核后予以认定。综上,法院认定该草坪不存在未做需扣除部分,但施工质量确实不符合规范引起平整度不达标,应当由承担修复责任,修复费用24,582元从工程款中予以扣除。5. 此外,被告提出草地上中间一大块系村里在2020年10月更换的,要求扣减该部分价格。原告提出异议认为被告从未通知修复。

法院认为,原告的异议成立,被告既然未对该部分履行通知义务,系自行更换,则与原告无关。

最后,法院认为,原告与被告之间的《小泱江亲子乐园绿化项目施工合同》因原告不具有资质而无效。但涉案工程早已施工完成且在2019年6月9日至12日之间已经交付被告使用,被告迟迟不办理竣工验收,对款项进行推诿,构成不正当促成条件不成就,视为条件已成就。故而原告有权参照合同约定请求被告予以折价补偿,同时扣除施工质量不符合规范要求的部分需进行修复的费用,即被告应向原告支付22.8万元-11.4万元-24,582元=89,418元。

【评析】本案鉴定过程中,鉴定人的鉴定思路与法官不一致,出现了偏差。通过双方的有效沟通,鉴定人调整了思路,出具的《工程造价鉴定意见书(征求意见稿)》经受住了双方当事人的考验,双方直接予以认可。**法官在本案鉴定过程中与鉴定人进行交流,并不是干涉鉴定人独立出具鉴定意见、"以审代鉴",而是保持交流畅通,让鉴定人与法官在同一思路上进行鉴定,避免走弯路。**从鉴定工作的角度,本案从现场勘验至《工程造价鉴定意见书(征求意见稿)》经过质证没有异议、鉴定工作就此结束,仅仅花费了7天时间,可以说鉴定效率非常高、鉴定效果非常好。本案在如何提高鉴定工作的效率方面亦具有一定启发价值。

4. 鉴定意见书

鉴定工作的成果为鉴定意见书,造价鉴定中分为鉴定意见书(征求意见稿,又称初稿)和鉴定意见书(终稿),少数情况下还存在补充意见书。二者的区别是:在形式上,前者为过程资料,鉴定单位不盖章、鉴定人不加盖个人的注册造价工程师印章和签名,后者均需要盖章并签名;在内容上,前者仍具有较高的不确定性,后者系较为确定的结果。

(1)鉴定意见书(征求意见稿)的出具

鉴定意见书(征求意见稿)是鉴定机构出具的供当事人双方提出异议的过程报告。由于工程造价鉴定往往是非常烦琐、复杂、庞大、高强度的计算、判断过程,鉴定人产生疏漏也难以避免,为保险起见,以鉴定意见书(征求意见稿)的方式向当事人公开,并征求其意见。鉴定意见书(征求意见稿)反映了案件鉴定意见的基本情况,一般情况下,即使需要调整,幅度和范围均不大,除非鉴定人对合同的计价原则等理解产生了重大偏差。

(2)当事人提交《异议书》

法官在收到鉴定意见书(征求意见稿)后,应及时发送给当事人并附上通知,要求当事人在规定的时间内提出异议,逾期视为放弃。当事人如果对鉴定意见书(征求意见稿)有异议的,应当在收到后7日内提交书面的《异议书》。工程造价鉴定项目特别复杂、所涉异议内容特别多的,当事人提出延期提交《异议书》的,可以准许。当事人以合理理由提出异议时,应当明确具体的异议事项、异议内容及相关的证据,而不能仅仅提出“我方不予认可”或“我方对此保留异议”。

(3)向鉴定人转交《异议书》并要求反馈意见

法官在收到《异议书》后应当及时转交给鉴定机构,并询问是否书面回复意见或者是否需要再次召开鉴定工作会。鉴定机构应当视《异议书》的具体内容予以确定。如果《异议书》中载明的事项合理有据,则应当自行调整。

(4)对鉴定意见书(征求意见稿)组织质证

多数情况下,针对鉴定意见书(征求意见稿)的《异议书》,鉴定人会坚持自己的意见。法官应当组织对鉴定意见书(征求意见稿)召开鉴定工作会予以质证,确认鉴定意见书(征求意见稿)中无争议的部分,对有争议的部分进行逐项梳理、解释、调解、澄清等,各方提供相应的依据用以证明己方观点、说服法官和鉴定人。根据《建设工程造价鉴定规范》第5.2.6条的规定:“鉴定机构收到当事人对鉴定意见书征求意见稿的复函后,鉴定人应根据复函中的异议及其相应证据对征求意见稿逐一进行复核、修改完善,直到对未解决的异议都能答复时,鉴定机构再向委托人出具正式鉴定意见书。”所以,在此过程中,实际上每一项异议项都是案件判决的一个争议焦点。故法官应当尽可能地对异议项予以化解、消除,尽量不进入需要判决的部分。当事人特别要注意将《异议书》中的争议问题通过生动、形象的方法进行表达,简明扼要地阐述清楚,力争说服法官和鉴定人。如某建设工程分包合同纠纷案件鉴定意见书(征求意见稿)出具后,双方共提出异议项目12项,法官采取的方法有:将1项工程款的利息剔除鉴定范围,将2项涉及材料变更部分予以重新组价,将3项争议项予以调解,建议承包人将其所主张的异议中3项明显无法成立的部分予以撤回,1项异议项由双方“打赌”并在3日内补充证据予以确定,最后2项异议项要求鉴定人出具两套计算结果。法官采用该种逐个击破、巩固战果的方式，使得征求意见稿通过一轮质证即可转为正式报告。

从另外一个角度来看，当事人在制作《异议书》时，首先应当思路清楚。如第1页开篇可以如此介绍："我方对鉴定报告中无争议的部分没有异议，另外有异议的部分涉及造价3147万元，详见我方《异议书》第2页至第43页；我方认为遗漏部分涉及造价2345万元，详见我方《异议书》第44页至第97页"。其次，应当抓大放小，抓重点。如某案件审理中，承包人所提的《异议书》不懂得抓大放小，所提异议达到数百项甚至上千项，且很多异议项目显然无法成立，一些异议项目明明已经得到处理，仍然重复计算；一些异议项目虽然争议较小，但是所涉问题异常烦琐、复杂，难以短时间内辨别是非等。法官组织当事人、鉴定人等进行了三天三夜的鉴定意见书（征求意见稿）质证，仍只完成1/3的质证，只能就其余部分进行书面质证。建议承包人应当首先主张鉴定意见书（征求意见稿）中显而易见存在错误、己方依据非常充分的，其次主张所涉金额重大、对案件结果有重大影响的。对于己方证据欠缺、金额较小的部分应当抓大放小，及时割舍。

特别需要强调的是，鉴定意见书（征求意见稿）出具后，也是案件调解的好时机。许多案件中，双方对案件的基本面已经有了相应的判断，对争议项愿意作出让步、协商解决。故此时，也可以组织一次调解。

（5）鉴定机构出具鉴定意见书（正式报告）

鉴定机构在审查《异议书》的基础上，结合鉴定工作会的情况，及时出具鉴定意见书（正式报告），代表了鉴定机构的最终成果。鉴定意见书一般包含无争议造价和有争议造价。无争议造价系根据鉴定过程中核对、确认等情况计算而来，当事人对项目和金额均无异议的部分。对无争议造价部分，当事人认为部分内容不属实的，仍可以提出相应的异议并附上相应的证据，要求予以修正。有争议造价部分，往往涉及多个事项，且通常由法官最终判决确定。鉴定机构出具鉴定意见书（正式报告）仍然需要提供给双方质证并安排异议期，如果双方提出相应的异议并补充证据的，可以再次吸收进工程造价部分。异议期可根据案件实际情况指定。

对于这些异议项，法官可能并不清楚其中的内涵、争议的实质在哪里。鉴于鉴定机构的中立性，其无法在鉴定意见书中表达倾向性观点。法官如果发现这些争议事项难以回避，则必须特别组织双方及鉴定人就争议事项进行解释说明：该争议涉及工程上的哪一个分部分项，双方争议点是在工程量还是价格，鉴定人如何解释该问题,当事人提出的异议是否具有相应的证据支持,如果必须作出判决,那么目前鉴定意见书中载明的金额是否明确、具体、可作为判决的依据。如果这些问题不能解决,法官有必要要求鉴定人进一步明确相应的部分。法官也可以单独听取鉴定人的意见或者另外寻求其他专业人士的意见。总之,必须在法官心里有数、确定案件可以如何进行判决的情况下,鉴定工作会才达到最终的效果。当然,法官也可以对争议事项进行调解。

(6)鉴定人出庭

当事人申请或者法院认为有必要的,应当通知鉴定人出庭,接受各方就鉴定意见进行的提问、质询。《民事诉讼法》第81条规定:"当事人对鉴定意见有异议或者人民法院认为鉴定人有必要出庭的,鉴定人应当出庭作证。经人民法院通知,鉴定人拒不出庭作证的,鉴定意见不得作为认定事实的根据;支付鉴定费用的当事人可以要求返还鉴定费用。"第82条规定:"当事人可以申请人民法院通知有专门知识的人出庭,就鉴定人作出的鉴定意见或者专业问题提出意见。"

实际上,在工程造价鉴定领域,鉴定人往往会积极参与质证、庭前会议、现场勘验等环节。对《鉴定意见书(征求意见稿)》的质证即为对鉴定成果的完善过程,鉴定人一般不会缺席。但如果在某些专属于专业技术范围内的事项,当事人提出异议并一定要鉴定人接受己方的观点,或者该问题已经经过多轮重复质询,鉴定人可书面说明后,向法庭申请不再出庭作证。

(7)鉴定机构出具补充鉴定意见书

某些案件中,当事人补充了相应的证据,证明了鉴定报告中存在遗漏、错误等,虽然超过了举证期限,法官一般也会要求鉴定机构按照实事求是的原则,通过补充鉴定的方式予以修正,如【案例29-3】中即存在此种情形。该补充鉴定意见书也属于鉴定意见书的一部分。

5.若干程序性问题

(1)当事人提出核对鉴定人的计算稿,法院是否要求鉴定人出具

鉴定工作是鉴定人的专业技术领域工作,司法活动首先应当尊重、信任鉴定人的专业能力和专业素养。当事人在鉴定意见书及其征求意见稿出具后,要求鉴定人提供所有计算稿,是无理要求,是将自己置于鉴定人之上的审查人的角色,造成

角色错位，且往往存在“拖延鉴定”等不良目的。故对于该要求，法院不应予以支持。如果当事人对鉴定意见书及其征求意见稿的部分内容有异议，应当自行提出己方主张的“量”“价”“造价”及相应的证据和计算稿等，用以说服鉴定人进行相应的修改。此时，鉴定人经过核对，如果确认当事人的主张是正确的，则及时予以修正；如果鉴定人坚持自己的意见，则有必要指出当事人的计算稿存在错误或者提供自己的计算稿以供核对并向法庭说明。

(2)鉴定人能否提出承包人可主张但未主张的部分

在许多案件中，承包人提出的证据中有单方的结算报告，发包人不予认可。鉴定过程中，对于该结算报告中存在的承包人可主张但遗漏的部分，鉴定人是应当计入造价，还是应当视而不见？有观点认为，本着“不告不理”的原则，鉴定人不能提出承包人可主张但未主张的部分，该部分应视为承包人自行放弃。也有观点认为，建设工程造价鉴定并非工程审价，鉴定人是站在中立第三方的立场计算工程造价，该工程造价应当是一个相对客观的金额。承包人未主张，并不能代表其自行放弃。换个角度，如果承包人未提出单方结算书，鉴定人仍然应当将该部分计入。现实中，多数的鉴定人本职工作为造价咨询企业从业人员，更多时候是代表发包人的利益，故倾向于前者的观点。但实际上，后者的观点更为符合工程造价司法鉴定的本质。

(3)鉴定中对结算方式的承诺和约定问题

当事人一方对结算方式等作出单方承诺，或者双方就结算方式(包括但不限于计价原则与方法，如面积计算规则、工程量计算规则、材料调差的范围与期间、适用的定额标准、下浮率、人工费单价补差等)出于明确意思表示而达成协议，在鉴定过程中应当予以充分尊重。《建设工程司法解释(一)》第 23 条规定：“发包人将依法不属于必须招标的建设工程进行招标后，与承包人另行订立的建设工程施工合同背离中标合同的实质性内容，当事人请求以中标合同作为结算建设工程价款依据的，人民法院应予支持，但发包人与承包人因客观情况发生了在招标投标时难以预见的变化而另行订立建设工程施工合同的除外。”第 22 条规定：“当事人签订的建设工程施工合同与招标文件、投标文件、中标通知书载明的工程范围、建设工期、工程质量、工程价款不一致，一方当事人请求将招标文件、投标文件、中标通知书作为结算工程价款的依据的，人民法院应予支持。”故涉及招投标项目，法官需要特别注意当事人提出的结算依据是否有与招投标不一致的问题。但上述规定适用的前提是,双方在诉讼中对于结算方式存在争议。根据意思自治和诉权自主处分的原则,如果当事人均认为应当以某一份合同作为结算依据的,无论是不是"黑白合同",法院不应予以干涉而强行要求鉴定人按照招投标文件或"白合同"进行结算。

(4)鉴定中的"逾期视为放弃"的效力

鉴定人向法院发送的《工程造价鉴定意见书征求意见函》中,会提及"如贵方在上述期限内不能提交反馈意见,可能将被视为贵方认可该项目的鉴定意见,承担相应的法律后果"。一些鉴定人发送的通知中,也会提及:"如有遗漏,请在规定的期限内提起,逾期视为放弃并视为认可鉴定意见。"法院向当事人发送通知时,也往往会附上"如有异议,请于收到本通知后七日内书面提起,未在规定期限内提起的,将视为放弃异议的权利"等说明。一般而言,该种通知属于明示的特别事项告知,如果鉴定人或者法官指定的期间是合理的,则该"逾期视为放弃"是有效的。该条款有助于当事人及时、谨慎地查看相应的报告,避免不断提起异议从而拖延鉴定工作的进程。但如果当事人超过期限提供异议书,涉及标的重大、对当事人的利益有重大影响,且当事人有合理理由的,仍应参照证据规则予以宽松化处理,实事求是地保障其权利。当事人未能提供合理理由的,仍应当按照民事诉讼法中超过举证期限的规则进行处理。

6. 若干实体性问题

(1)固定单价合同中途解约时如何确定工程造价

案例29-6 ▶ 案由:建设工程施工合同纠纷[1]

一审原告、反诉被告、二审上诉人:青海方升建筑安装工程有限责任公司。一审被告、反诉原告、二审上诉人:青海隆豪置业有限公司。

【案情】2011年9月1日,青海隆豪置业有限公司(以下简称隆豪公司)与青海方升建筑安装工程有限责任公司(以下简称方升公司)签订《建设工程施

---

〔1〕 载《最高人民法院公报》2015年第12期。需要说明的是,此文仅是学术层面探讨,且分析之依据仅是公开的裁判文书所载明的内容,并未核对原始证据材料,不排除存在谬误和疏漏的可能,敬请批评指正。

工合同》，约定：由方升公司承建隆豪公司投资开发的海南藏文化产业创意园商业广场（以下简称涉案工程）；工程建筑面积为36，745m^2，最终以双方审定的图纸设计面积为准；工程单价1860元/m^2，单价一次性包死，合同总价款68，345，700元。

2012年6月13日，隆豪公司、方升公司、监理单位、设计单位、勘察单位、质检单位共同达成《海南州共和县藏文化产业创意园基础、主体验收会议纪要》，各方确认工程基础和主体结构质量合格，但也强调存在部分须整改内容。

2012年6月19日，方升公司向隆豪公司发出《通知》，要求隆豪公司于2012年6月23日前支付1225.14万元工程款，否则将停止施工。

2012年6月25日，隆豪公司发出《通知》：方升公司不按约履行合同，拖延工程进度，不按图施工，施工力量薄弱，严重违约，导致工程延误、给隆豪公司造成了巨大经济损失。隆豪公司主张解除合同，要求方升公司接到通知的一日内撤场、拆除临时设施。后双方解除了合同，方升公司撤场。

2012年6月28日，隆豪公司与四川省鸿盛实业集团有限公司（以下简称鸿盛公司）签订《建设工程施工合同》，以包工包料的方式将方升公司未完成的全部工程第二次发包给鸿盛公司施工。2012年7月22日，隆豪公司与青海兴业建设有限公司（以下简称兴业公司）签订《建设工程施工合同》，将鸿盛公司未完成的施工内容第三次发包给兴业公司施工。

2012年7月9日，方升公司向青海省高级人民法院（以下简称一审法院）起诉，请求判令隆豪公司向方升公司支付欠付的工程款22，439，200元及相应的违约金。隆豪公司提出反诉，请求判令方升公司赔偿隆豪公司损失4，926，190.40元以及违约金2，558，829.80元。

在审理过程中，原、被告双方确认已付工程款为31，057，562元。另外，双方对税率为3.36%并由隆豪公司代扣代缴无异议。

关于已完工程的质量及维修问题，一审中，隆豪公司向法院申请质量鉴定，鉴定机构出具的鉴定意见书显示：隆豪公司主张的质量问题主要系方升公司在施工中施工措施不到位或未按图纸施工造成，该部分的维修费用共计248，000元。

【主要争议】本案的主要争议焦点为方升公司已经完成的工程造价如何确定。

(1)一审法院观点

一审审理中,法院根据方升公司的申请,委托鉴定机构对已完工程造价进行鉴定。鉴定机构通过计算合同约定总价与施工图预算总价的比例,得出造价下浮比例,再计算已完工程预算价格并乘以造价下浮比例,从而得到已完工程实际造价。具体的计算过程为:①涉案工程合同总造价=合同单价×建筑面积=1860元/m^2×36,691.76m^2=68,246,673.60元;②依据设计施工图纸及《青海省建设工程消耗量定额(2004)》等相关资料,涉案工程施工图预算总价为89,098,947.93元,即合同价与预算价比例为68,246,673.60元÷89,098,947.93元=76.6%,下浮率为23.4%;③依据双方签订的《建设工程施工合同》、设计施工图、《青海省建设工程消耗定额(2004)》等相关资料,涉案工程已完工程预算价格合计为40,652,058.17元;④涉案工程已完工程实际造价(不含签证变更部分)为40,652,058.17元×76.6%=31,139,476.56元,加上双方无争议的变更项目83,361.1元以及加气砼墙面抹灰项目50,000元,故已完工程价款合计31,139,476.56元+83,361.1元+50,000元=31,272,837.66元。

综上所述,从已完工程价款中扣除代缴税金1,050,767.35元(31,272,837.66元×3.36%)、已付工程款31,057,562元,隆豪公司已经超付工程款835,491.69元(31,272,837.66元-1,050,767.35元-31,057,562元)。一审法院据此判决方升公司向隆豪公司支付超付工程款835,491.69元及质量缺陷修复费用248,000元。

(2)二审判决观点

一审判决作出后,方升公司和隆豪公司均不服,分别向最高人民法院提起上诉,最高人民法院经过审理作出二审判决。关于如何确定已完工程造价,二审判决认为一审判决存在明显不合理之处。第一,无证据证明鉴定的全部工程预算价89,098,947.93元是当事人缔约时所依据的预算价。第二,用鉴定所得的两个价款进行比对得出的下浮比例,与当事人的意思表示没有任何关联,如此计算所得价款当然不可能是合同约定的价格。第三,如采用这一种方法,隆豪公司应支付的全部工程价款大致为:31,139,476.56元+13,500,000元(被隆豪公司指定分包出去的屋面工程价款)+14,600,000元(剩余工程价款)=

59,239,476.56 元。由此,隆豪公司应支付的全部工程价款将明显低于合同约定的总价 68,345,700 元,两者相差 910 余万元。显然,如采用此种计算方法,将会导致隆豪公司额外获取 910 余万元利益的现象。

鉴于此,二审判决最终依据政府部门发布的定额计算已完工程价款为 40,652,058.17 元。采用此种计算方法,隆豪公司应支付的全部工程价款为:40,652,058.17 元 + 13,500,000 元(被隆豪公司分包出去的屋面工程)+ 14,600,000元(剩余工程的工程价款)= 68,752,058.17 元,比合同约定的总价 68,345,700 元仅高出 36 万余元。此种处理方法既不明显低于合同约定总价,也不过分高于合同约定总价,与双方预期的价款较为接近。

最终,二审判决认定涉案工程已完工程实际造价(不含签证变更部分)为 40,652,058.17 元,加上双方无争议的变更项目(83,361.1 元)、加气砼墙面抹灰项目(50,000 元)、现场监理签署的签证(1,451,136.16 元),合计 40,652,058.17 元 + 83,361.1 元 + 50,000 元 + 1,451,136.16 元 = 42,236,555.43 元,并据此对一审判决结果作出改变。

【评析】根据此案公开的裁判文书,二审判决推翻合同约定的固定单价、改用《青海省建设工程消耗量定额(2004)》计算已完工程价款,其裁判理由主要有以下几点:第一,隆豪公司未按约支付工程款,且强行解除施工合同,将剩余工程另行发包,属于单方违约行为。以定额计价,更能维护施工单位作为守约方的利益,体现公平正义、诚实守信的价值取向。第二,本案中约定的固定单价 1860 元/m^2,系对土建、安装两个阶段的整体报价,土建部分一般施工风险和难度较高,利润相对较低;安装部分风险和成本相对较低,利润相对较高。若仍以合同约定的 1860 元/m^2 作为已完工程价款的计价单价,则对方升公司明显不公平。第三,按照定额计算的已完工程价款与屋面工程款、剩余工程款相加所得的总工程款,与合同约定的总价款68,345,700 元更为接近。

但是,上述三点理由并不令人信服。以下结合此案裁判文书原文,逐一进行分析。

(1)隆豪公司已足额支付了工程进度款,并不存在单方违约情形

合同明确约定按已完工程量的 80% 支付进度款,而二审判决却以合同总价的 80% 作为进度款支付依据,由此认定隆豪公司未按时足额支付工程款,属于

认定事实错误。施工合同专用条款第26条约定:“主体结构封顶后10日内支付至已完工程量的80%,待竣工验收和具备备案条件后,预留5%保证金后于30日内一次性付清剩余工程款。”本条是有关工程进度款支付的约定,采用的是通常的月进度计算方式而非形象进度计算方式。一审法院正是根据此条文,在已完工程造价为31,272,837.66元的前提下,认定隆豪公司支付的进度款已超过合同约定的主体封顶后支付80%的比例。二审判决却不顾“已完工程量的80%支付进度款”的约定,直接按照“合同约定总价”的80%,计算隆豪公司在主体封顶后应付54,670,000元(合同约定总价68,345,700元×80%),并以此认定隆豪公司支付不足构成违约,实质上有违当事人在合同中的真实意思表示。

实际上,此案应先确定已完工程造价的具体金额,然后才能根据已付款的情况来认定隆豪公司是否存在支付进度款违约的事实。然二审判决误将上述顺序颠倒,犯了典型的逻辑错误——在先认定隆豪公司存在进度款支付违约、且方升公司如约履行合同的前提下,以维护公平正义、诚实守信的价值取向兼综合考虑双方当事人的过错等理由,最终推翻了原合同约定的计价方式,采用定额计价。该认定有悖于进度款应当以已完工程量的80%作为支付标准的合同约定。如果按造价下浮比例计算已完工程造价,隆豪公司不构成进度款支付违约。按造价下浮比例计算,已完工程造价为31,272,837.66元,应支付进度款31,272,837.66×80% =25,018,270元,但隆豪公司已付款31,057,562元。是故,二审判决认定隆豪公司支付工程进度款违约难以令人信服。

(2)关于合同解除

基本案情提到,2012年6月19日,方升公司发出《通知》,要求隆豪公司于2012年6月23日前支付1225.14万元工程款,否则将停止施工。《建设工程司法解释》第8条规定:“承包人具有下列情形之一,发包人请求解除建设工程施工合同的,应予支持:(一)明确表示或者以行为表明不履行合同主要义务的……”据此,方升公司在不具备抗辩权的情形下,明确表示不履行合同的,隆豪公司有权提出解除施工合同。基本案情又提到,2012年6月25日之后双方解除合同,方升公司撤场。从解除方式上看,属于双方协议解除施工合同,而非二审判决认为的强行解除。至于解除合同的后果,双方并未形成一致意见,则应根据原《合同法》中有关合同解除的规定处理。

(3)涉案工程存在施工质量缺陷

方升公司未按图施工导致涉案工程存在质量缺陷,可证明方升公司在合同履约过程中亦存在过错,依据二审判决的逻辑起点:改采定额计价的前提是施工方如约履行合同。现方升公司未如约履行合同就不符合改采定额计价的前提条件,二审判决在认定事实和适用法律之间存在自相矛盾的逻辑错误。2012年6月13日形成的《海南州共和县藏文化产业创意园基础、主体验收会议纪要》载明涉案工程存在须整改内容,而且鉴定机构出具的《质量鉴定意见书》亦载明涉案工程存在的质量问题,主要系方升公司施工措施不到位或未按图纸施工造成,相应的维修费用248,000元由方升公司承担。

(4)安装工程的利润高于土建工程的判断没有依据

二审判决主观认为安装工程利润高于土建工程并没有任何依据,也违反了当事人的意思自治与行业交易惯例,属于裁判主观判断替代客观论证的问题。试问,何以得出该结论?何以证明该结论?

以“平方米单价”计价是工程发承包双方经常采用的一类常见结算方式,也是当事人的真实意思表示。实践中分为两类情况:第一类是有投标报价或预算价的,此时应按照投标报价或预算价确定已完工程的造价;第二类是没有投标价或预算价的,此时应按照“已完工比例×平方米单价×实际建筑面积”确定造价。但是,二审判决主观认为“土建部分一般施工风险和难度较高,利润相对较低;安装部分风险和成本相对较低,可以获取相对较高的利润”,这一观点既没有事实依据,在工程实践中也不存在该行业惯例。风险与利润主要由发承包双方之间的博弈最终确定,在市场经济竞争中具有不可预测性。

(5)屋面及其他工程系隆豪公司单独发包,其造价不应对方升公司已完工程造价的认定产生影响

二审判决改用定额计价,其中一个重要理由是如果按预算造价比例下浮,隆豪公司应支付的全部工程价款大致为:31,139,476.56元+13,500,000元(被隆豪公司分包出去的屋面工程价款)+14,600,000元(剩余工程价款)=59,239,476.56元,这明显低于合同约定的总价68,345,700元,两者相差910余万元。二审判决认为隆豪公司在单方违约的前提下,不应以此违约行为获取

额外910余万元的收益。该14,600,000元剩余工程价款仅仅是合同约定的暂估价格,显然与方升公司已完工程造价并无关联,更不能以之反推其是否合理的问题。

另外,二审提到的“已完施工工期与全部应完施工工期的比值作为计价系数,再以该系数乘以合同约定总价进行计价”没有任何依据,并无公认工程造价著作、教科书涉及此种计价方式。工程建设的工程造价并非与施工工期存在正相关的线性函数。此种计价方式既不符合工程造价的计量科学,也不符合工程的施工实际,纯属主观推定和自创,反而会引起反向激励。二审以“定额计价的已完工造价4065.2058万元+被隆豪公司分包的屋面工程1350万元+剩余项目的工程款1460万元=6875.2058万元”比合同约定总价6834.57万元仅高出36万元的理由认为合理,该说理实际上突破了对价值判断中主观因素严格限定的原则:一是定额计价;二是平方米固定单价计价。这是两种完全不同的计价方式,是“有他无我”的互斥性逻辑关系,不具有孰优孰劣的可比性,不可混为一谈,更不可依此方式改变当事人在合同中的真实意思表示。

且不说隆豪公司不存在单方违约的事实,即使隆豪公司存在支付违约的事实,法院也只应该判令其承担相应的违约责任。根据原《合同法》第97条的规定,违约责任的三种形式分别是:继续履行、采取补救措施、赔偿损失。改变定额计价不属于上述三种形式的任何一种。换句话说,**诉讼中裁判者并无权调整工程计价方式**。假定隆豪公司确实存在违约事实,方升公司可以要求隆豪公司赔偿损失,包括但不限于临时设施投入、施工人员遣散等实际损失,亦可以主张预期可得利益损失。如果违约损失难以举证、难以计算等,裁判者可以根据过错程度,在损失界定和计算等方面充分行使自由裁量权,保障守约方的利益。但方升公司却未主张该等诉请。

(6)依合同约定按已完工比例×平方米单价×实际建筑面积计算完工造价,比采用定额更能体现法律公平正义的价值

二审判决在采用定额计价时,其适用的法律条文为原《合同法》第62条第2项,该条款规定:“价款或者报酬不明确的,按照订立合同时履行地的市场价格履行;依法应当执行政府定价或者政府指导价的,按照规定履行。”但是,适用该条进行合同漏洞填补的前提是根据原《合同法》第61条,即通过协议补充、体

系解释、交易习惯等仍无法确定工程价款。而本案并不属于上述情形，不具备适用该条款的条件。

另外，各地高级人民法院出台的指导意见亦支持“按比例折算”的方式计算工程价款。例如，2018 年出台的《江苏省高级人民法院关于审理建设工程施工合同纠纷案件若干问题的解答》第 8 条规定：“建设工程施工合同约定工程价款实行固定总价结算，承包人未完成工程施工，其要求发包人支付工程款，发包人同意并主张参照合同约定支付的，可以采用‘按比例折算’的方式，即由鉴定机构在相应同一取费标准下计算出已完工程部分的价款占整个合同约定工程的总价款的比例，确定发包人应付的工程款。”其他地区高级人民法院的指导意见亦多采用此种方式，例如，《北京市高级人民法院关于审理建设工程施工合同纠纷案件若干疑难问题的解答》第 13 条、《广东省高级人民法院关于审理建设工程施工合同纠纷案件若干问题的指导意见》第 5 条等。固定单价与固定总价一样，技术上可以确定比例系数。

【反思】

(1)工程价款不等于工程造价。实践中，两者往往被混淆适用，其实两者是一定程度上相似但实质上不同的概念。工程造价进入应付款范畴的，方为工程价款。

(2)工程造价是双方合意的价格，相对是封闭、主观的。工程造价可以事后协商改变，或者根据事先约定的计算规则予以确定，但不应由第三方评价公平、公允与否。赔偿损失才是合同履行过程价值判断的体现，才应当考虑解约事由、各方对错、责任比例等。建设工程案件属于民商事案件中公认的疑难复杂案件，难点之一就在于如何在纷繁复杂的证据材料中找到当事人的真实意思表示，而只有找到当事人的真实意思表示，才能做到真正意义上的息诉服判。多数情况下，当事人在缔约、履约时的投标报价最能够反映其真实意思表示，例如，施工单位提交的投标报价文件，以及竣工时提交的竣工结算报告等。而定额仅能反映某地区、某阶段社会正常生产条件下完成一定工程量所消耗的人工、材料、机械台班数量标准，并不能体现当事人自身的施工技术水平，不宜以此直接推翻当事人固定单价的计价约定。

(3)2018 年 3 月 1 日开始施行的《建设工程造价鉴定规范》(GB/T 51262—

2017)第5.10.6条规定:“单价合同解除后的争议,按以下规定进行鉴定,供委托人判断使用:1.合同中有约定的,按合同约定进行鉴定;2.委托人认定承包人违约导致合同解除的,单价项目按已完工程量乘以约定的单价计算(其中,单价措施项目应考虑工程的形象进度),总价措施项目按与单价项目的关联度比例计算;3.委托人认定发包人违约导致合同解除的,单价项目按已完工程量乘以约定的单价计算,其中剩余工程量超过15%的单价项目可适当增加企业管理费计算。总价措施项目已全部实施的,全额计算;未实施完的,按与单价项目的关联度比例计算。未完工程量与约定的单价计算后按工程所在地统计部门发布的建筑施工企业统计年报的利润率计算利润。”

第5.10.7条规定:“总价合同解除后的争议,按以下规定进行鉴定,供委托人判断使用:1.合同中有约定的,按合同约定进行鉴定;2.委托人认定承包人违约导致合同解除的,鉴定人可参照工程所在地同时期适用的计价依据计算出未完工程价款,再用合同约定的总价款减去未完工程价款计算;3.委托人认定发包人违约导致合同解除的,承包人请求按照工程所在地同时期适用的计价依据计算已完工程价款,鉴定人可采用这一方式鉴定,供委托人判断使用。”

可以发现,对于总价合同解除后的鉴定方法,《建设工程造价鉴定规范》也可能受到本案例的影响。

最后,固定单价合同中途解约的案例并不鲜见。解约可能源于发包人原因或者承包人原因,也可能源于双方共同的原因,甚至是意外事件、不可抗力等。此类司法公报案例应当具有较高的公信力和现实指导价值,但本案实质上对既有的、逐渐统一的司法裁判规则造成冲击,将使得更多的类似案件当事人主张按照定额重新计取工程造价而排除原有的真实意思表示,甚至通过追求与本案相似的案情外观以寻求更高的诉讼利益。换句话说,本案并未表现出“充分的”特殊性,足以排除其他案件类似引用所可能造成的负面影响。长期来看,本案判决并不利于司法裁判规则的提炼、整理和统一,也无利于建筑市场的有序发展。

(2)隐藏的下浮率也是合同计价原则,应予尊重

案例29-7 ▶ 案由:建设工程分包合同纠纷

原告:龙纹门窗厂。被告:大旗建设有限公司。

【案情】2013年7月,被告大旗公司与建设单位天海公司签订《建设工程施工合同》,约定被告承包附房及多功能厅两个单位工程,合同造价2325万元,按照中标价一次性包干,工程量按实。合同的其他主要内容有:(1)承包范围:幕墙施工图中所有附房、多功能厅工程,包括外墙花岗石、玻璃、铝板幕墙工程和侧向避雷工程及招标平台内容(附招标平台);(2)合同总价一次包定不作调整(包括面积大小、材料价格浮动等);(3)指定材料:双方对部分材料指定品牌;(4)付款时限:保修金5%,竣工验收合格、付款结算3年后付3%,5年后付1%,8年后付1%;(5)扣款:幕墙检测费、试验费、审图费等属幕墙范围费用由茂盛公司负担,幕墙设计费茂盛公司承担20万元,施工用水、电费按总价0.5%在竣工付款时向茂盛公司扣除,施工人员保险费按总价0.13%在第一次付款时向茂华公司扣除,茂盛公司承担施工现场共摊的其他费用,并按规定全额开具发票;(6)附件:《招标平台》载明本工程采用固定总价合同,总造价经合同双方商定后,除石材部分有可能调整外,其余部分不作任何调整。

2013年10月后,案外人茂盛公司向被告报送预算,其中,单位工程报价汇总表的总报价为21,977,880元,编制报价21,113,835元。3个月后,被告和茂盛公司签订《外墙、幕墙装饰工程合同》,合同造价1950万元固定总价。

2014年10月,被告、茂盛公司与原告签订《施工合同》,茂盛公司将上述合同中的幕墙、石材、金属门窗等工程分包给原告施工,被告予以同意,合同价款6,374,999元(测试费、税金、图纸设计费、规费、预埋铁件费等另计),款项由被告直接支付给原告。本合同总原则以被告与茂盛公司签订的合同为准。

其后,施工过程中,涉案工程曾经出现一些设计变更的联系单。

2015年12月30日,原告制作《单位工程决算表》一份,所涉金额为10,005,073元,被告盖章确认。如表29-5所示:

表 29-5 单位工程决算表

序号	单项工程名称	数量/m^2	单价/元	金额(元)
1	分部分项工程量清单合计	0	0	6,761,699
2	石材	7000	37	259,000
3	其他增加项目	0	0	2,698,103
4	型材更改	30.485T	1600	48,733
5	税金	0	0	237,538
6	合计			10,005,073

决算:(盖章)　　法定代表人:(签字或盖章)

2013 年 1 月 30 日

2016 年 1 月 31 日,多功能厅通过竣工验收;同年 7 月 6 日,附房通过竣工验收。

2016 年 12 月 6 日,发包人天海公司审定原告施工部分增加 422,883 元。一个月后,原告与茂盛公司对上述“测试费、税金、图纸设计费、规费、预埋铁件费”五项费用负担进行分割。

【审理】在审理过程中,法官释明原告提供的《单位工程决算表》10,005,073 元不能作为双方结算的依据,原告作为主张工程价款的一方应当提起工程造价司法鉴定。随后,原告提起了申请。

经过数月的鉴定,鉴定机构出具鉴定报告(征求意见稿)对于工程造价进行了下浮 11.27% 处理。理由是:茂盛公司向被告报送的预算中,单位工程报价汇总表的总报价为 21,977,880 元,实际上是茂盛公司根据自身情况计算的工程造价,编制报价 21,113,835 元是其投标报价,而 1950 万元为签约价、实际成交价,实际成交价 1950 万元与预算报价 21,977,880 元之间存在 11.27% 的下浮率。该下浮率虽然没有直接体现,但是是客观存在的,反映了茂盛公司的真实意思表示。同时,2014 年 10 月,被告、茂盛公司与原告签订《施工合同》约定:“本合同总原则按被告与茂盛公司签订的合同为准。”说明其也愿意遵守前份合同的约定,包括工程计价的原则——当然包括下浮率 11.27%。

原告认为:下浮 11.27% 无法律依据,也超越了鉴定机构的权限。下浮率不符合依据实际工程量鉴定的要求。原告所主张鉴定的依据是固定单价,依据实际施工的工程量进行鉴定,而鉴定机构擅自使用下浮率,违反了中立原则。

法院最终认为，固定总价合同进行下浮是工程实践中的常规行为，体现了投标报价的竞争力。固定总价的下浮率本身属于计价依据之一，合同无效情形下仍应当参照适用。否则，承包人反而会因合同无效而获得违法利益。鉴定通过比对根据茂华公司的预算报价21,977,880元与签约合同固定总价1950万元计算下浮率11.27%，2014年10月，被告、茂盛公司与原告签订《施工合同》约定："本合同总原则按被告与茂盛公司签订的合同为准。"故该下浮率应予参考适用，工程造价应当进行相应的下浮。

案件宣判后，双方均未提起上诉。

【评析】在转包、(违法)分包等情形下，下浮率往往与管理费、让利等交织，一般较为明确。本案的特殊性在于下浮率隐藏在投标报价和签约价之间、且下游合同明确遵从该约定。**作为合同约定的计价原则，无论合同是否有效，该下浮率均应当尊重并适用。**

(3)未约定又无法鉴定时，应当参照同类或相类似的标准

案例29－8 ▶ 案由：建设工程分包合同纠纷

原告：深腾建设有限公司。被告：心诚劳务公司。

【案情】2014年3月，原告经招投标成为隆湖蓝海岸住宅小区二期1标段施工总承包方。随后，被告心诚劳务公司安排劳务人员进场提供劳务作业。2015年12月15日，原告与被告签订《建设工程施工劳务分包合同》，约定将上述涉案工程的劳务部分以包清工的方式承包给被告心诚劳务公司，但被告心诚劳务公司没有建筑业劳务分包相关资质证书。

《建设工程施工劳务分包合同》的主要约定如下：(1)工程概况：建筑面积146,247m^2；结构类型：框剪、框架结构；(2)承包形式：包工包料(乙方包清工、按安全文明施工、包工期质量)；(3)分包范围为隆湖蓝海岸二期2#地块1标段工程所有工程(别墅4拼12栋，6拼6栋，高层4栋，地下车库，商业等)；(4)工作内容为设计文件所包含的所有泥工(混凝土)工程，木工(模板)工程，钢筋工程的所有工作，以及以上工程通用的安全生产、文明施工、环境管理工程；(5)合

同总价暂定为34,960,405元，本合同综合单价按建筑面积一次性包干，综合单价中包括并不限于乙方的人工费、材料费（乙供材料）、人、材价格上涨风险、机械费、配件、管理费、利润、往返车旅费、工期奖、质量奖、安全生产文明施工费、小型器具、工具费、医疗保险费、保险费、税金等一切费用。其中各业态综合单价如表29－6所示：

表29－6　合同约定的劳务费计算

序号	业态	建筑面积（平方米）	综合单价（元/m^2）	小计（元）
1	地下车库	56,874	/	/
2	叠院	41,039	475	19,493,525
3	高层	38,750	320	12,400,000
4	商业	9584	320	3,066,880
合计		146,247		34,960,405

2016年6月5日，被告向原告发送《关于劳务费调增的申请》，要求调增相应的劳务费，具体金额未明。2016年12月6日，涉案工程通过竣工验收。原告共向被告支付劳务费59,601,649元。因被告未支付下属劳务班组劳务费，爆发大规模劳资冲突。有关政府行政部门要求原告必须妥善解决。2016年12月12日，人社局与建设局联合向被告发送《通知书》一份，要求被告法定代表人或授权委托人携带相关资料处理农民工工资事宜。后被告与下属劳务班组核对工程劳务费。2017年1月15日，被告向原告出具《工程劳务费结算、支付委托书》7份，委托劳务班组直接向原告领取劳务费13,971,772元。后原告主张已经超付劳务费，要求被告返还劳务费7,755,286元。

【审理】上述表格中，地下车库实际上即为“叠院、高层、商业”三者的地下室部分。从文义解释的角度，地下车库的“综合单价”“小计”都标示为“/”，说明“该部分在承包范围、但是不计劳务费”。但是，该解释并不符合双方当事人的真实意思表示。双方在诉讼阶段均表示签订合同时虽然合同已经履行，但双方对地下室的劳务费单价并未达成一致意思表示。诉讼过程中，双方对于被告完成的劳务费分别制作表格如表29－7所示：

表29－7　原告制作的被告应得劳务费

序号	单位工程	建筑面积(m^2)	单价(元/平方米)	合价(元)
1	叠院	41,263.44	475	19,600,134
2	叠院地下室	42,191.69	475	20,041,054.53
3	商业	8840.01	320	2,828,803.2
4	商业地下室	530	320	169,600
5	高层	38,628.68	320	12,361,177.6
6	高层地下室	16,929.27	320	5,417,366.4
7	劳务补偿			5,000,000
合计		148,383.09		65,418,135.73

经过比对，双方实际上一致的部分，以及原告在审理中予以认可的配电房、机电房、游泳池等部分，予以灰色标识如表29－8所示：

表29－8　被告制作的被告应得劳务费

序号	业态	建筑面积(m^2)	综合单价(元/平方米)	小计(元)
1	叠院	41,263.44	475	19,600,134
2	高层	38,628.68	320	12,361,177.6
3	商业	8840.01	320	2,828,803.2
4	商业地下室	530	475	251,750
5	地下车库	62,778.7	475	29,819,887.25
6	配电房1#、2#	311	800	248,800
7	机电房、游泳池	84	800	67,200
8	增补			7,677,800
9	合计			72,855,552.05

双方的争议点集中在以下几个方面：(1)商业地下室的单价；(2)地下车库(叠院、高层，不含商业)的面积，及相应的单价；(3)增补劳务费金额。

首先，原告提供的地下室面积(不含商业部分)与被告提供的地下室面积

（不含商业部分）面积差距 3512.8m^2。经查阅发包人及审价单位提供的《工程预算审定表》六页和《隆湖蓝海岸住宅小区二期 1 标段建筑面积统计表》，该差距金额为叠院采光井面积，按照《建筑工程建筑面积计算规则》（GB/T 50353—2005）第 3.0.5 条的规定，地下室面积应按外墙上口（不包括采光井、外墙防潮层及其保护墙）外边线所围水平面积计算。故采光井部分不计入建筑面积。

其次，在合同未约定的情形下，如何确定地下室车库的劳务费单价。法官本拟走访隆湖蓝海岸住宅小区二期 2 标段的施工总承包人，向其调查劳务费价格情况，两个标段规模、开竣工时间相近，位置毗连、故地质情况一致，所以有一定参考价值。但经调查，2 标段中的总包是将施工劳务部分按照木工、钢筋工等单独分解，承包给不同劳务公司的，而本案是将所有劳务都承包给被告，两者承包方式不同，完全不具有参考价值。法官随后走访了工程造价鉴定机构的注册造价工程师，其表示：建设工程中的劳务费单价主要是市场主体双方协商，外人无法通过司法鉴定的方式予以确定。合同中地下车库单价没有约定，应视为已经考虑在叠院、高层等地上建筑单价范围内。随后，法官向某具有资质的建筑劳务公司调查，其表示：地下车库的劳务费单价要看总合同金额、工期和项目的具体情况而定，一般会比地上高一些，但也有不少劳务费更加低，没有统一的标准。合同对单价没有约定是极不正常的状态。就合同本身而言，原告主张地下的与地上的参照一致也能够成立。

最后，在合同未约定的情形下，如何确定商业地下室部分劳务费单价。被告主张叠院地下部分单价 475 元/m^2，与地上单价一致。法官在实际走访调查后，发现商业地下室面积小、结构单一，叠院和高层地下室较为复杂，叠院地下部分布局、功能、高度等与高层地下室、商业地下室存在明显的差异。如高层地下室劳务费单价与叠院地下部分一致，则不符合常理。由此，对该案并未委托司法鉴定，而是判定地下室部分劳务费可以参照相应地上部分的综合单价计算。

至于增补部分，被告主张为 7,677,800 元，原告认可 500 万元。由于被告并无确切的证据证明原告曾同意其主张的金额，故以原告认可的金额为准。据此，本案作出判令返还相应超付的劳务费 775 万元的判决。

【评析】本案中，被告主张所有地下室均按照 475 元/m^2 计算，相比较原告主张的“地下参考地上”而言，更为不具有依据、没有合理性。故法官在向有关单位调查、补强印证后采信了原告的主张。但本案的美中不足之处在于鉴定程序未能启动，如果鉴定过程中鉴定人认为，根据本案的实际情况无法鉴定地下室劳务费单价，则证明力将高于两位造价工程师的意见。此外，更为合理的方式是：(1)按照浙江省2010定额，分别计算叠院、高层、商业地上部分的劳务费，与三者劳务费单价475元/m^2、320元/m^2和320元/m^2乘以相应建筑面积计算所得的劳务费进行比较，获得一定的下浮率；(2)根据叠院、高层、商业三者地下室按照定额计算的劳务费，与上述下浮率相乘，最后计算三者地下室部分的劳务费金额。该种计算考虑到了同一工程的实际状况、下浮率，所得出的不同部分劳务费金额，证明力更高——尽管可能游离于475元/m^2、320元/m^2更远。但双方均未提出该种鉴定方法，特别是被告一直怠于应诉，导致案件缺席审理。不能不说，这是一个遗憾。

本篇小结

工程造价鉴定是建设工程合同中最常见的鉴定，也是当事人、代理人等最为关注的部分之一。本篇从证据的角度，对司法鉴定、工程造价鉴定及其他建设工程合同常见的委托事项进行了介绍，并梳理了工程造价鉴定部分的流程：启动鉴定、选取鉴定机构、鉴定准备会、鉴定方案、缴费、补充资料、现场勘验、核对工程量并套价、问题澄清及争议项梳理、鉴定意见(征求意见稿)出具及质证、鉴定意见(正式稿)出具及质证、补充报告、鉴定事项结束。此外，对于工程造价鉴定中的程序性、实体性问题分别作了重点论述。

第八篇　工程质量、工期审理路径

- 第 三 十 章　工程质量问题概述
- 第三十一章　工程质量案件初步审理
- 第三十二章　工程质量鉴定
- 第三十三章　修复方案及其造价
- 第三十四章　工　　期

第三十章
CHAPTER 30

工程质量问题概述

工程质量问题为统称，一般分为工程质量缺陷、工程质量通病、工程质量事故。三者既有一定的交织，亦有不同的侧重。

1. 工程质量缺陷

工程质量缺陷是指建设工程施工质量中不符合规定要求的检验项或检验点，按其程度可分为严重缺陷和一般缺陷。严重缺陷是指对结构构件的受力性能或安装使用性能有决定性影响的缺陷；一般缺陷是指对结构构件的受力性能或安装使用性能无决定性影响的缺陷。

按照工程质量缺陷的阶段，可以分为施工中的质量缺陷和施工后的质量缺陷。施工中的质量缺陷自有监理、发包人代表等在施工过程中提出并要求承包人予以整改，否则承包人不能进行后续施工且应承担相应的责任，具体情形包括检验材料不合格、施工不规范、安全措施不到位、建筑物位置偏离等。施工后的质量缺陷，是指承包人完工后或因发包人原因解除合同时，向发包人主张工程价款时的工程质量缺陷。对于后者，其处理方法有[1]：

(1)返修处理

当工程的某些部分虽然未达到规范、标准及设计的要求，存在一定的缺陷，但

---

[1] 全国一级建造师执业资格考试用书编写委员会编：《建设工程项目管理》，中国建筑工业出版社2014年版，第207～208页。

可以通过返修等措施后达到约定的质量要求,又不影响使用功能和外观要求的,可以进行返修处理。如某钢筋砼结构出现麻面现象、马牙槎设置不合理等。

(2)加固处理

对于一些工程中结构安全性承载力不足的问题,可以通过加固处理,使建筑物恢复或者提高承载力,重新满足结构安全性与可靠性的要求,使结构能够继续使用或改作其他用途。如增设承重柱,增加分布筋,补充碳纤维钢筋网等,但有可能需要牺牲部分使用空间和功能。

(3)返工处理

部分工程质量缺陷无法通过返修和加固处理解决,必须采取重新制作的方法。如某市政道路路基未处理,填土未经夯实,造成密实度不够,引起地基不均匀沉降,需要将不合格路基土挖出、回填并重新压实。

(4)限制、降级使用

当质量缺陷按照修补方法处理后无法保证达到规定的使用要求,拆除又将造成资源的极大浪费时,可以考虑卸载或者降级使用。如经过验算,某桥梁使用了部分不合格钢筋,无法满足原定的10T的通车重量,则该桥梁的通行设置为5T。

(5)不作处理

有些工程质量缺陷虽然不符合规范的要求,但情况不严重,对结构安全或使用功能的影响很小,经过分析、论证、法定检测单位鉴定和设计单位等认可后可不作专门处理。如房屋层高不足但不影响使用,厂房出现放线定位偏差且超过一定的标准。有些施工质量缺陷,在后期的施工工序中可以得到弥补,如抹灰层的平整度超过极值;也有些质量缺陷,虽然经检测达不到设计要求,但经设计单位验算,仍然能够满足结构安全和使用功能。

(6)报废、拆除、填埋处理

如果工程质量缺陷无法通过各种方法予以处理,应及时办理报废、拆除、填埋处理。

2. 工程质量通病

工程质量通病是指各类影响工程结构、使用功能和外形观感的常见性质量损伤,犹如“多发病”一样,而称为质量通病,一般出现在施工过程中。部分工程质量通病在后期施工中得以纠正或掩盖，部分工程质量通病对建筑物的使用有一定影响。目前，建筑安装工程最常见的质量通病主要有以下几类[1]：①基础不均匀下沉，墙体、散水开裂。②梁、柱混凝土强度不足，出现蜂窝、麻面、露筋。③预制构件裂缝，预埋件偏位，预应力张拉不足。④墙面渗水、漏水，抹灰起壳、裂缝、起麻点、不平整。⑤地面及楼面起砂、起壳、空鼓、开裂，墙纸粘贴不牢、空鼓、褶皱、压平起光，饰面板、饰面砖拼缝不平、不直、空鼓、脱落，喷浆不均匀，脱色，掉粉等。⑥金属栏杆、管道、配件锈蚀，门窗变形、缝隙过大、密封不严。⑦水暖电卫安装粗糙，不符合使用要求。⑧砖墙接槎或预留脚手眼不符合规范要求。⑨结构吊装就位偏差过大。

3. 工程质量事故

根据住房和城乡建设部《关于做好房屋建筑和市政基础设施工程质量事故报告和调查处理工作的通知》，工程质量事故，是指由于建设、勘察、设计、施工、监理等单位违反工程质量有关法律法规和工程建设标准，使工程产生结构安全、重要使用功能等方面的质量缺陷，造成人身伤亡或者重大经济损失的事故。如住宅阳台、雨篷倾覆，桥梁结构坍塌，大体积混凝土强度不足，管道、容器爆裂使气体或液体严重泄漏等。有时造成人员伤亡，后果严重，往往影响建筑物的安全和使用功能。如果导致建设工程无法降级使用、难以修复，则必须推倒重建。如某设计图纸要求为某地建造烟囱，但图纸标识不规范，承包人查看图纸时并未发现图纸颠倒，误以为需要挖一口井，施工至一半时方察觉有误；又如，某厂房工程需要在东南角制作一个加工设备承台和一个碱池，需要距离货梯 4 米以上。由于放线测量不准，最后距离仅 2 米，严重影响叉车通行，需要拆除重建，造成工期严重拖延和重大财产损失。

工程质量事故的产生原因：

(1)违反基本建设程序，如未制作可行性研究就开始施工；无证设计或超越资质等级设计；专项措施方案未经专家论证即开始实施；无图施工等。

(2)地质勘察报告不准确，如未认真进行地质勘察、随便确定地基承载力；勘测钻孔间距太大、样本数过少，不能全面准确反映地质情况；地质勘察深度不足，没有

---

[1] 吴水根、李辉：《建筑工程质量验收与质量问题处理》，同济大学出版社 2008 年版，第 7～8 页。

查清深层有无软土层、墓穴、空洞、流沙等;地质勘察不详细、不准确,导致基础设计错误等。

(3)设计计算存在的问题,如结构方案不正确;结构设计与实际受力情况不符;作用在结构上的荷载漏算或少算;结构内力计算错误、组合错误;未按规范规定验算结构稳定性;违反结构构造的规定,以及计算中的公式、系数、标准等出现错误等。

(4)建筑材料、制品质量低劣,如结构材料物理性能不良,化学性能不合格,水泥标号不足,安定性不合格,钢筋强度低,塑性差,混凝土强度达不到设计要求;防水、保温、隔热、装饰等材料质量不良;构件质量不合格等。

(5)建筑物使用不当,如未经核算就在原有建筑物上加层;任意改变用途,加大设备荷载;在结构构件上随意开洞、割筋、留槽;未清除楼面积渣,未进行必要的维保等。

(6)使用不成熟技术,如对某些特殊工程的结构受力分析不当等。

(7)施工中不当理解、运用结构理论,诸如未遵循土力学原理,造成不应发生的塌方或建筑物移位、沉陷、开裂;不能正确区别预制构件在使用和施工过程中的受力特点;忽视砌体施工的稳定性;对装配式结构施工中各阶段的强度、刚度和稳定性认识不足;施工荷载不控制,造成严重超载;不验算悬挑结构在施工中的稳定性;模板与支架,以及脚手架设置不当;混凝土结构中,任意改预制为现浇,造成传力途径或内力受力性质改变等。

(8)施工工艺不当,如土方开挖出现流砂时,未正确治理;打桩或其他分部分项施工顺序不当,相邻建筑施工顺序错误;砌体工程组砌方法不当,通缝、重缝多;混凝土浇筑成型方法错误,形成孔洞或冷缝;混凝土拆模时间过早,导致裂缝和局部垮塌等。

(9)施工组织管理不善,如不熟悉图纸,盲目施工;图纸未经会审,仓促施工;任意修改设计方案;未按施工规范操作;对进场材料不按规定检查验收和存放;缺乏合格的施工技术人员;没有完善的技术责任制度;施工方案考虑不周,技术组织措施不当;技术交底不清;不做隐蔽验收或其他中间验收;分包人之间配合差;总包怠于履行管理职责等。

(10)灾害事故,如地震、大风、大雪、火灾、爆炸、水灾等意外事件引起整体失稳倒塌等。

根据工程质量事故造成的人员伤亡或者直接经济损失,工程质量事故分为四个等级:

①特别重大事故,是指造成30人以上死亡,或者100人以上重伤,或者1亿元以上直接经济损失的事故,如2016年11月24日,江西省宜春市丰城电厂三期在建项目冷却塔施工平台倒塌事故,造成70余人死亡;

②重大事故,是指造成10人以上30人以下死亡,或者50人以上100人以下重伤,或者5000万元以上1亿元以下直接经济损失的事故;

③较大事故,是指造成3人以上10人以下死亡,或者10人以上50人以下重伤,或者1000万元以上5000万元以下直接经济损失的事故;

④一般事故,是指造成3人以下死亡,或者10人以下重伤,或者100万元以上1000万元以下直接经济损失的事故。(本等级划分所称的"以上"包括本数,所称的"以下"不包括本数。)

4. 工程质量问题的五个维度[1]

建设工程质量问题表现多种多样。从建设单位及建设工程的使用者的角度,可划分为以下五个维度(见表30-1):

(1)结构安全性

建设工程在正常施工、使用的情况下,结构应能承受可能出现的各种荷载作用和变形而不发生破坏;在偶然事件发生后,结构仍应能够保持必要的整体稳定性,例如,厂房结构平时受自重、吊车、风和积雪荷载时,均应坚固不坏;而在遇到强烈地震、爆炸等偶然事件时,容许有局部的损伤,但应保持结构的整体稳定而不发生倒塌。结构安全性损害主要是指结构或构件超出最大承载能力而产生的变形,包括结构因超过承载能力而破坏,结构或其一部分作为刚体失去平衡,以及在反复荷载下构件或连接发生疲劳破坏等。如存在有可能损害建设工程结构安全性的情形,承重柱钢筋植入不足、混凝土标号过低等,将带来较高隐患,严重的可能导致房屋坍塌。"百年大计,质量第一",结构安全系建设工程质量中首先应当保障的部分。当建设工程存在结构安全性损害的可能时,宜报请工程质量监督机关主持结

[1] 以下有借鉴曹文衔博士有关建设工程质量纠纷案件的学习讲义,特此说明。

构安全性鉴定,以排除安全风险。

(2)功能适用性

功能适用性是指建设工程满足使用目的的各种性能,如房屋满足人们居住和生产场所的功能,防浪堤的作用是防止波浪翻越坝顶、减轻对坝体冲击等。建设工程的功能适用性,一方面,有赖于建设工程设计文件的科学性、合理性;另一方面,有赖于具体的施工质量是否合格、施工过程是否严格按照设计要求进行。特别是一些精密工程如实验室净化工程,一旦建设工程施工过程中存在疏忽,尽管外观上与合格工程并无差别,但极有可能导致工程无法达到设计的要求,无法实现建设工程的价值和利用目的。

(3)耐久性

耐久性是指在正常维护的条件下,建设工程应能在使用年限内满足各项功能要求,即抵抗自身和自然环境双重因素长期破坏作用的能力。耐久性越好,建设工程的使用寿命越长。如外墙保温层的保温功能是典型的耐久性功能要求;如根据《建设工程质量管理条例》第 40 条,外墙面的防渗漏最低保修期为 5 年,也是耐久性的一种体现;化工工程对管道防腐保温期限也有特殊需求。

(4)环境健康影响性

环境健康影响性是指建设工程对使用人及周边的人身、财产等造成的环境、健康类的影响,通常为负面影响。例如,装修工程完工后的甲醛含量严重超标;又如,某些机电设备安装工程长期存在噪音;再如,有些水电站工程对河域内的生态环境有较大影响,对周遭居民的生产生活均具有较大影响甚至安全隐患等。

(5)外观缺陷

建设工程质量通病中存在多种外观缺陷,往往对使用功能、外观美观等具有一定影响。有些外观缺陷可以予以补正,有些则难以修补,但不影响建设工程的整体安全和功能的也可以不予修复。如某案件中,某 4S 店展厅设计的柱子为圆形柱,更为美观,但施工过程中做成了方形柱,后工程经过了竣工验收。经设计验算,该方形柱能够满足承载力的要求。虽然该外观缺陷是明显的,但实无修复必要。

表 30－1　建筑工程专业术语的通俗化解释

专业术语	通俗化解释	备注
结构安全性	可不可用?	不安全的产品不可用
功能适用性	适不适用?	产品的使用功能
耐久性	能用多久?	产品有效期或保质期
环境健康影响性	好用否?	人、产品、自然三者和谐相处
外观缺陷	好看否?	基于产品实用功能上的美观

上述五个维度中,安全性、适用性和耐久性可概括为结构的可靠度,是建设工程质量安全中最需要注意的维度。

5. 显性质量问题与隐性质量问题

建设工程质量问题许多是显性的,如墙面开裂、屋面漏水等;有些则是通过技术测量等手段才能发现的隐性质量问题,如层高不足或超限,地坪不平,住宅中客厅的窗地比不符合要求等,部分隐形质量问题甚至需要经过一段时间的观测才能确定是否存在,如地基不均匀沉降。有时,建设工程存在一些非直观性的功能性缺陷,如大广场的平地设计、施工时设置了台阶等。有些质量问题,则需要在实验室检测、检验的基础上,通过技术手段加以计算才能确定,如承重墙敲开、构造柱的破坏对房屋整体安全度的影响等。

显性质量问题较为直观,多为外观缺陷,能够为人所重视,但往往并不严重。实际上,部分案件中当事人所主张的质量问题,并非法律意义上的质量问题,如瓷砖的隐裂缝、装修的瑕疵、混凝土表面裂缝等。与之相比,非显性的质量问题往往为人所忽视,但对建设工程的功能及使用人的安全等具有更大的影响。

司法实践中,二者的区别主要表现在举证的形式上。**显性的质量问题往往通过现场照片、影像资料等即可达到证明目的,隐性的质量问题则往往需要通过专业的第三方检测等方式才能完成初步举证义务。**

6. 工程质量与造价、工期

对于工程质量,主观上发包人、承包人均希望质量标准越高越好,但必须考虑经济性的问题。对发包人而言,工程质量标准的提高,直接关系到工程造价问题。如钢筋混凝土结构建筑的抗震等级从二级调整至一级,涉及框架柱、框架梁、框支柱、筒体、剪力墙、连梁等主要结构的布筋等增强,施工组织措施、工艺也将发生变化,工程造价将大幅上升。对承包人而言,所花费的工程成本也将相应增加。

此外,工程质量反映在工期上,则表现为必须尊重客观的施工规律,“慢工出细活”是有一定道理的。为了“抢工期”而牺牲工程质量,终将得不偿失甚至造成严重的后果。如江西丰城发电厂“11·24”坍塌特别重大事故的调查报告就表明,该事故与压缩工期、突击生产有关。国务院调查组查明,冷却塔施工单位河北亿能烟塔工程有限公司施工现场管理混乱,未按要求制定拆模作业管理控制措施,对拆模工序管理失控。事发当日,在7号冷却塔第50节筒壁混凝土强度不足的情况下,违规拆除模板,致使筒壁混凝土失去模板支护,不足以承受上部荷载,造成第50节及以上筒壁混凝土和模架体系连续倾塌坠落,造成事故发生。

所以,建设工程项目管理必然是工程造价、质量、工期三者的动态平衡。

第三十一章
CHAPTER 31

工程质量案件初步审理

1. 请求权基础的分类和初步证据

无论是在承包人提起的工程欠款诉讼中,发包人将工程质量问题作为拒付、扣减工程款的抗辩,还是在发包人单独提起的质量缺陷之诉中,建设工程存在质量缺陷这一事实往往均由发包人进行举证。发包人首先可以提供涉案工程存在工程质量缺陷的初步证据,即工程质量缺陷的现象、范围和初步分析。如墙面和屋面漏水的照片、视频,墙体裂缝的数量、宽度、长度及深度等。发包人主张非显性的工程质量缺陷,如地基不均匀沉降、某梁柱承载力超过极值时,应当提供相应的第三方检测报告、观测记录、验算说明等,用于证明工程质量缺陷的确切存在、影响及原因。在此基础上,发包人可进一步主张涉案工程质量缺陷属于结构安全性、功能适用性、耐久性、环境健康影响性及外观缺陷中的某种或数种,根据不同情况确定要求施工人承担质量缺陷责任的请求权基础。在多数情况下,工程质量问题均由发包人主动提起诉讼或者在承包人索要工程款的案件中提起抗辩或者反诉。即使在承包人与分包人(实际施工人)之间就工程质量存在争议的情况下,承包人往往也不愿意将质量问题暴露于司法机关的审查之下,更倾向于协商解决。同样的情况凸显于房地产项目中,房地产公司作为发包人,也往往不愿意通过司法程序解决,以避免小业主的恐慌和行政主管部门的关注。

发包人提出建设工程存在质量问题的诉请或抗辩时,应区分以下不同的请求权基础,据以确定需要提出有关工程质量问题的初步证据:

(1)非由于承包人原因导致工程停工、承包人根据合同约定或法律规定行使解除权的,或者承包人以合同无效为由要求终止履行、结算工程价款的,发包人就承包人已完成的工程存在工程质量缺陷,进而提出以减少价款或者拒付价款的抗辩时,应提供质量缺陷的初步证据

《民法典》第793条规定:“建设工程施工合同无效,但是建设工程经验收合格的,可以参照合同关于工程价款的约定折价补偿承包人。建设工程施工合同无效,且建设工程经验收不合格的,按照以下情形处理:(一)修复后的建设工程经验收合格的,发包人可以请求承包人承担修复费用;(二)修复后的建设工程经验收不合格的,承包人无权请求参照合同关于工程价款的约定折价补偿。发包人对因建设工程不合格造成的损失有过错的,应当承担相应的责任。”第806条第3款规定:“合同解除后,已经完成的建设工程质量合格的,发包人应当按照约定支付相应的工程价款;已经完成的建设工程质量不合格的,参照本法第七百九十三条的规定处理。”所以,无论建设工程施工合同是否有效,已完部分工程质量合格(或者说已完部分工程是否符合施工设计文件和建设规范要求)是支付工程价款的前提。承包人可以从资料上的可追溯角度出发,提供检验批、分部分项、单位工程、主体结构验收资料及材料检验检测报告等,作为证明已完部分合格的初步证据。而发包人则可以通过照片、视频以及检验、检测等方式提出确切的证据证明建设工程已完成部分存在质量缺陷,即不满足设计要求或者建设规范强制性要求。如漏筋、楼面板保护层偏小、梁构件截面尺寸过大、钢筋分部间距过大、钢筋物理性能(重量、直径、屈服系数、抗拉系数、伸长率等)不符合要求、墙体裂缝、外观缺陷等。

(2)已经办理了竣工验收手续,发包人主张竣工验收手续不真实的,应当提供确切的证据予以证明

竣工验收手续在项目管理中属于信息和档案(纸质及电子)管理中的内容,包括产品生产过程中形成的过程资料及政府行政管理资料。

竣工验收手续仅是书面证据的一种,并不具有天然的最高证明力,竣工验收手续是否真实有效受多方面因素影响,其不能对抗实质存在的建设工程质量缺陷。产品质量是否合格,具有客观性,在项目管理中属于实体质量控制的内容。一般来说,实体质量真正合格的工程,其对纸质资料的验收手续亦合格;但验收手续合格的工程,其实体质量未必合格。所以,一方面,应当审查竣工验收手续在形式上是否真实、合法,如竣工验收是否由业主组织进行(假冒业主的名义、由质监站或者监理组织的竣工验收手续无效)、相关签字盖章的人员是否适格、有无重大遗漏等。

另一方面,应当确认竣工手续在内容上是否真实,如要考虑验收过程中的文件审查是否基于错误的文件来源而作出的判断、是否存在明显不符合客观事实的记录、是否存在相关资料未上报的前提下签认资料完整齐全的情况、是否存在甩项而提前验收但未注明的情况等。较为常见的情形是,建设方为了融资需要,与施工方签订协议,明确直接办理竣工验收或者甩项验收后,其验收手续仅用于备案,不代表工程实际质量合格。

(3)承包人已向发包人提交竣工验收报告或交工验收资料、发包人未在约定期限或合理期限内积极组织竣工验收的,构成《民法典》第159条"附条件的民事法律行为,当事人为自己的利益不正当地阻止条件成就的,视为条件已经成就;不正当地促成条件成就的,视为条件不成就",发包人丧失工程价款抗辩权。

发包人可举证不具备竣工验收条件、其曾就质量缺陷向承包人发出整改通知、未组织竣工验收系由于非可归责于发包人的其他原因所致等。具体可以作为证据的资料,包括:发包人代表或者监理工程师发送的整改通知及送达证明,未竣工验收系由于承包人未依法按约提交完整的竣工资料、农民工堵门群体事件、连续台风侵袭等超正常自然气候条件的相关证据等。

(4)承包人举证证明建设工程已经通过竣工验收、甩项验收、发包人擅自使用等,进而主张付款条件已经成就的,发包人主张主体结构或地基与基础质量存在缺陷并以此抗辩拒付价款的,应当提出充分的证据。(主体结构等术语的解释见表31－1。)

表31－1　建筑工程专业术语的通俗化解释

专业术语	通俗化解释	备注
主体结构	又称上部结构,地面以上的柱,多为以梁、板、柱为主体的搭积木式组合的建筑物框架,类似于骨架、龙骨	用船类比建筑: 水线以上是上部结构,水线以下的船体是基础,船下部的提供浮力的那一部分海水是地基
地基基础工程	又称下部结构,地面下的建筑物叫基础,基础下一定范围的土体叫地基。基础是人工的,如桩基等,地基多是天然形成的土体或岩	
桩基	建筑基础中的一种,高层建筑常用桩基,如同海上石油钻井平台的支柱,深入到海底硬质石头中	同样的水泥构件,地面上叫柱,地面下叫桩

虽然竣工验收报告系建设工程质量合格的重要证据,证明力较高,但是发包人仍可以提供确切的证据证明已经办理竣工验收手续的工程仍存在主体结构、地基

与基础的质量问题，以此有针对性地削弱、排除竣工验收报告的证明力。在具体案件中，质量问题是否属于主体结构、地基与基础工程部分的问题，是建立在技术标准基础上的法律判断，可适当征求设计人的意见。在工程未经竣工验收、发包人擅自使用的情况下，对于非属于主体结构或地基与基础部位的质量缺陷，如果属于保修范围，则承包人仍然有义务予以修复。如果不属于保修范围，则发包人不再享有要求承包人修复的权利。

（5）工程竣工验收合格的，发包人有证据证明已完成的主体结构及地基与基础工程以外的工程内容，实际与竣工图纸不符的，可以提出确切的证据要求予以加固、修复及扣减价款等，但不可以据以拒付工程款

此类似买卖合同中的质量瑕疵担保责任。如非主体结构的分布筋，竣工图纸中在某一区域内有16组钢筋，但实际植入钢筋仅10组；又如，竣工图纸显示为双面钢筋网，但开凿后发现为单面钢筋网。发包人可以采用无伤探测、现场开槽见证取样等方式，确定施工人偷工减料的情况，并在满足结构安全和使用要求的情况下，以此要求扣减承包人的相应价款、承包人承担相应的修复费用等。

（6）工程竣工验收合格后，发包人主张涉案工程存在保修范围内的质量问题的，应当举证证明质量缺陷的相关证据

如相关质量缺陷的具体位置、大小、方向、深度、面积、影响等处于保修范围，以及发包人曾经及时向承包人催告承担保修义务但承包人未履行，或者承包人经多次维修仍然未能予以修复的证据。如渗漏、保温层剥落等，可以采取列表加照片的方式固定诉讼请求，以轴线、标高、跨度、长度等描述质量缺陷的基本方位和属性，防止诉讼请求错漏、描述不清而导致案件基本事实不清、案件审理拖沓。

（7）当事人提交其自行委托的工程质量检测报告的，裁判者不能仅以其系单方面委托而否定其效力，应引导对方当事人对该报告进行完整质证，全面判断已有证据是否相互印证、形成的综合证明力是否足以证明工程质量问题存在

如果单方委托制作的检测报告不足以/足以形成心证，建议裁判者予以释明，分别引导反驳/主张的一方申请工程质量鉴定，逾期不申请则承担相应的结果意义举证责任。当然，本建议主要针对的是非直观性的质量问题。需要特别指出的是，质量问题的举证仍然需遵守民事举证的一般规则，并且随着案件的调查，可能会出现举证责任的转移问题。如发包人举证涉案工程存在质量问题，如露筋、裂缝、平整度不足等常规质量缺陷，承包人仅拿出单位工程验收资料、分部分项验收合格资

料等反驳证据，是不足以对抗质量缺陷证据的，则应当由承包人申请鉴定。又如，发包人举证涉案工程存在隐性的质量问题，如混凝土强度不足、钢筋保护层厚度不足、梁构件荷载超越极值等，并提供相应的检测报告，如果该报告的检测方法、检测人员资质、取样方法等符合规范，则视为具有较高证明力的证据，承包人提出反驳意见则应当由承包人申请鉴定；如发包人提供的该报告不符合规范，则证明力不足，无法证明发包人的主张，故鉴定申请应当由发包人提出。建议裁判者审慎应对工程质量鉴定申请，合理分配举证责任。

2. 组织质证并认证

多数情况下，发包人针对质量问题所提出的证据，并不符合规范。有些案件的发包人，提供了三四张照片，用以证明工程存在渗漏，但是不能体现在哪个建筑物、什么部位，也不清楚是何时拍摄、是否已经超过了保修期等。有些案件的发包人，提供了异地并不知名的检测鉴定单位出具的报告，称经过检测氯离子含量远远超标，拟证明承包人所使用的是海砂而非河砂，故工程质量存在缺陷，但报告中对于取样人员、取样部位、取样方法、检测方法等均未进行介绍。鉴于此，法官有必要对原告所提出的证据进行一定程度的整理和引导，帮助其规范举证，敦促对方有针对性地质证。

此外，从证据形式的角度，建议如下：①当事人提供照片以证明存在显性质量问题的，应当同时举出近景（能够直观表现质量问题的内容，如裂缝、渗漏等）、中景（相应的取证人员、取证过程）及远景（质量问题所在的建筑物及相应的部位）的照片，照片应当彩色打印，同时，最好有视频记录完整的取证过程。在取证过程中，为反映取证的时间，或者拍摄周边银行、医院、行政服务中心等机构提供的时间连续记录，或者在视频中完整体现最新一期的报纸，能够证明“截至本日，质量问题表现如下”，以防止质量问题的主张超过质保期。②当质量问题所涉及的部位、内容、数量等较多时，如墙体开裂、渗漏等，应当制作统计表格，按照轴线、标高等予以标识并结合具体照片表明方位，这样在诉讼请求中也不会遗漏。③一些隐性的工程质量问题，应当委托有资质的第三方工程质量检测单位（最好具有工程质量司法鉴定人资格）检测，并出具相应的《观测记录》《试验报告》《检验报告》等，检测的方法、过程应当严格按照鉴定规范的要求进行取样、试验、读数、计算等，以增强报告的证明力。

案例 31－1 ▶ **案由:建设工程施工合同纠纷**

原告:帆扬汽车部件有限公司。被告:皇衡建设集团有限公司。

【案情】2011 年,原告将某厂房工程发包给被告施工。涉案工程于 2013 年 2 月 1 日甩项竣工。随后,原告投入使用。在使用过程中,存在屋面及外墙渗漏、墙面及地坪开裂等质量问题。根据双方签订的《房屋建筑工程质量保证书》,被告应当在收到保修通知后 7 天内派人修理。但原告通知后,被告未理睬。原告另行委托了某防水技术有限公司对原告厂房屋面、外墙开裂等出具防水修复专项施工方案,维修金额预算为 707,909 元。原告诉讼请求为要求被告赔偿维修费用 70 万元。

原告提供了外墙面、内墙面、楼梯间等处照片 5 张,证明房屋存在质量问题。

【审理】法官组织现场勘验时,原告现场指认数十项工程质量问题。为此,法官在质证的基础上进行心证公开:原告在 2015 年发现质量问题并通知被告,虽然被告称原告未提供需要维修的清单,但被告在收到通知时也没有与原告沟通协商、没有实际维修。根据合同约定,被告应当履行保修义务。在有关工程价款的另案中,被告也没有现场核实等。故被告提出保修期已经届满的观点,难以采信。另外,根据目前的证据,原告提出的诉讼请求也需要进一步明确——是否需要被告维修。需要维修的部位应当事先统计,仅凭照片不能说明什么问题。法庭要求原告制作完整的要求被告维修的清单,根据轴线、标高等确定相应需要的维修部位,以进一步明确诉讼请求。

随后,原告整理了需要维修的清单如下,同时附上了每个需要维修部位的照片。

表 31－2　需要维修部位的清单

序号	所属车间/办公楼	工程图纸坐标	质量问题描述	备注
1	成品仓库	M2 ~ 1/M2	屋顶漏雨	墙顶漏雨非常严重
2	办公楼 2、3 楼	S1 ~ U1	墙面漏雨	
3	办公楼 1 楼	W1 ~ Y1	墙面漏雨	
4	呆滞物料放置区	S6 ~ W6	墙顶漏雨	

续表

序号	所属车间/办公楼	工程图纸坐标	质量问题描述	备注
5	呆滞物料放置区	Y6 ~ Y11	墙顶漏雨	
6	模具仓库	Y12 ~ Y15	墙顶漏雨	屋顶 2 处漏雨非常严重
7	电泳车间	Y15 ~ Y18	墙顶漏雨	
8	涂胶车间	X20 ~ X21	屋顶、墙顶漏雨	屋顶 2 处漏雨
9	磷化车间	Y21 ~ Y24	墙顶漏雨	Y21/24 角落处漏雨严重
10	精益线动力科区	L16 ~ 1N16	墙顶漏雨	
11	炼胶车间门口	H24 ~ G24	墙顶漏雨	
12	外协件仓库	A21 ~ A24	墙顶漏雨	
13	冲压车间剪板区	A14 ~ A16	墙顶漏雨	
14	模具车间	A7 ~ A11	墙顶漏雨	

该清单制作完毕后，针对清单中所列明的异议点，法官再次组织双方及相关技术人员共同参加现场勘验，确定质量问题的存在。

【评析】法官需要在组织质证的基础上，及时完成认证，为案件的后续处理打下坚实的基础。

3. 决定案件审理方向

建设工程质量案件的举证、质证较为复杂。在初步举证、质证的基础上，法官有必要组织现场首次勘验。勘验完毕后，法官应尽量做到以下几点：

（1）案件基础事实查清

如双方是否存在书面合同，合同效力如何，合同中对工程质量问题有无特殊约定，工程何时开工、何时竣工或发包人是否擅自使用，是否发生过通知维修等事实。以上内容是判决或调解的前置性事实，一般情况下双方均不会有异议。

（2）确定工程质量问题是否可能存在

在查明基础事实与对质量问题的证据进行质证的基础上，法官应当对工程质量问题是否可能存在作出判断：质量问题明确存在（如对方诉前或诉中认可、证据中显示的质量问题明确）；没有证据显示质量问题存在（如发包人一方仅仅是“怀疑”某部位存在质量问题，但没有证据，承包人抗辩工程已经竣工验收合格）；质量问题可能存在，但法官无法作出确切判断，更无法判断其影响、范围和责任。

（3）心证公开并就鉴定问题征求双方意见

对于工程是否可能存在质量问题的上述判断形成后，可以同时向双方进行心证公开，并就是否进行工程质量司法鉴定征求双方的意见，确定申请一方。如果双方当事人均申请启动司法鉴定，法官应当同意。一些案件中，发包人申请工程质量鉴定但承包人不同意的，应当听取承包人具体的异议理由。当承包人同意鉴定而发包人不同意鉴定或者双方均不申请鉴定时，应当向其释明举证义务的一方及目前证据的证明力情况，告知如果不启动鉴定，可能使得其所主张的事实不具有足够的证据支持，其需要承担相应的法律风险。如果双方有补充证据或者合理意见，应当及时消化吸收。

（4）决定是否启动工程质量司法鉴定

建设工程质量纠纷案件最终启动司法鉴定的比例非常高，除非案件被关联案件（如建设工程造价纠纷案件）所消化，否则多数案件将不得不通过司法鉴定来解决。原因是工程质量问题相较于工程造价问题更为专业、复杂、技术性强，委托专业的鉴定人就事实部分进行鉴定是确定工程质量问题是否存在的必经之路。如果案件涉及工程质量问题的有无、范围、影响、原因、修复方案、修复费用、其他损失等无法通过既有证据直接作出判断，则启动工程质量鉴定将无法避免。

第三十二章
CHAPTER 32

工程质量鉴定

建设工程质量鉴定，是指鉴定机构接受委托，运用建设工程相关理论和技术标准对有质量争议的工程进行调查、勘验、检测、分析、复核、验算、判断，并出具鉴定意见的活动。其中，调查、勘验、检测，多数需要工程现场作业，又称外业工作。特别是检测工作，分现场原位检测和采取样本检测，均属于外业工作。其中，采取样本检测在现场取样，然后在实验室做样本分析。而分析、复核、验算、判断，均为内业工作，即在办公室做的工作。

相对于建设工程造价，建设工程质量问题专业性更强，法官基本无法作出事实层面上的判断，包括：质量问题是否存在，属于哪种性质的质量问题，影响大小如何，是否在保修范围，是否需要修复，修复方法有哪几种，最为经济、合理的是哪一种，修复方案需要花费多少造价等。所以，80%以上的工程质量案件，需要通过工程质量司法鉴定解决事实上的争议。

与工程造价鉴定不同，工程造价鉴定的主要工作是造价工程师作为鉴定人的文案、计算工作，甚至可能无须现场勘验，当事人的参与度相对较低。而工程质量鉴定必须经过现场勘验的环节，对于工程质量问题的认定、取样、检测、计算等更需要注重当事人的参与。在报告出具方面，工程造价鉴定往往需要经过征求意见稿和正式报告两个环节；而工程质量鉴定无须经过征求意见稿，可直接出具正式报告。在当事人对鉴定意见的异议方面，当事人对工程造价鉴定会提出较多的异议项、保留项并相应补充证据，法官需要由多到少缩减争议项；而工程质量鉴定的鉴定过程中当事人高度参与，鉴定意见高度专业，双方当事人往往无法提出有针对性的异议。

1. 启动鉴定

经过庭前会议、庭审，对原被告双方的证据进行举证、质证，结合现场勘验的情况，法官需要对工程质量鉴定是否启动作出明确的决定。

(1)不予准许鉴定

发包人提起工程质量鉴定但没有任何表面证据，而仅仅是怀疑，如怀疑地下室顶板配筋不足、数根桩基存在断桩但未加以处理等；如果建设工程已经竣工验收，发包人未提出验收手续虚假而是仅仅以非主体结构和地基基础的其他部位存在质量问题为由要求拒付价款的，基于其抗辩本身无法成立，则无须启动工程质量鉴定；对于工程质量问题双方已经协商达成一致意见，如减少工程款，当事人没有新的事实和理由要求重新鉴定的，也不予准许。

(2)申请人

工程因发包人原因停工，承包人提出解除合同，又不能举证涉案工程已完部分经过检验批、分部分项、单位工程等验收手续的，或者虽然存在手续，但是发包人提出验收手续虚假、实际存在工程质量缺陷的证据的，应当由承包人申请工程质量鉴定，对已完工程质量或者发包人提出的具体工程质量缺陷进行鉴定，以证明所完成的部分工程质量是合格的。在其他情况下，工程质量鉴定的申请人一般是主张工程质量缺陷存在的一方即发包人，并由其预缴鉴定费。

(3)鉴定的释明

经过审理，发包人认为工程存在质量缺陷但法官认为证据尚不足以证明时，应当行使释明权，提醒发包人申请工程质量鉴定，否则，其诉请可能因证据不足被驳回。法官无论是否同意鉴定，均应当告知双方是否鉴定、相应的理由。

2. 鉴定的委托

(1)鉴定决定书

在启动鉴定后，承办法官应制作《鉴定决定书》，详细载明案件名称、鉴定项目、鉴定要求、鉴定费用预缴方等，并与鉴定材料等一并交给鉴定办公室。鉴定委托书后应附上鉴定申请书。囿于技术、认识等原因，当事人所申请的鉴定事项、范围，与法院要求的可能并不一致，应当以后者为准，但法院应与当事人进行充分的沟通。

委托事项多数情况下需涵盖以下三项：确定质量缺陷的数量并进行统计；鉴定质量缺陷产生的原因；明确其范围及影响。第一，“确定质量缺陷的数量并进行统计”，是指在当事人主张的基础上，通过现场勘验的方式对诉讼请求范围进行一次确认，本质上是当事人主张、法庭审查的一个过程。由于条件、方法、技术、经验的原因，法官不经过现场勘验，则无法确定诉讼请求的范围，但仅凭法官自身也无法通过现场勘验确定诉讼请求的范围，所以，需要在当事人、鉴定人的参与下一并予以确定。鉴定人应当及时标注现场勘验得到的数据。如果在现场勘验的过程中，发现某一部分明确不存在质量缺陷而是当事人误认，经当事人同意后也可以在鉴定范围中予以剔除。第二，“鉴定质量缺陷产生的原因”，指的是鉴定人从专业技术的角度，对形成质量缺陷的各项因素从因果关系上进行分析，如材料不合格、未按图施工、自然损耗、交叉施工配合不足、使用不当、意外原因等。第三，“明确其范围及影响”，是指在查看现场的基础上，还应当明确该质量缺陷的范围，如长度、深度、厚度，以及可能产生的影响、后果，如导致屋面渗漏、影响采光、机器设备加速老化甚至存在安全隐患、影响使用等。

(2)确定鉴定机构

各省、市、自治区高级人民法院对工程质量鉴定机构也往往有名录，但目录中可选择的数量比工程造价鉴定机构少得多。选择工程质量鉴定机构，仍然首先考虑双方自行协商，协商不成的可以通过抽签、摇号等方式随机选取。当事人一般愿意选择较为权威的、资历较老的鉴定机构。对于特殊的工程项目，当事人也可以协商确定在区域范围外的鉴定机构。

(3)鉴定费用

与工程造价鉴定费用不同，工程质量鉴定费用并无统一的标准，各地甚至极少有指导性意见。鉴定费用往往由鉴定机构比照质量检测咨询，考虑鉴定项目的难易、远近等因素，先申报一个金额。当事人或者法院对该金额有异议的，可以要求鉴定机构说明其组成，鉴定机构往往会接受协商并确定鉴定费用。鉴定费用通常由申请鉴定的一方先行缴纳，其后根据案件实体审理情况判决最终承担。

鉴定费用的多寡往往还与鉴定的范围直接相关。许多时候质量鉴定的鉴定人存在扩大鉴定范围的倾向，需要引起警惕。如某在建工程质量鉴定，法院作为委托人，要求鉴定机构对已完工程质量是否符合施工设计文件及相关建筑技术标准进行鉴定。鉴定人在实际鉴定过程中,将鉴定范围衍生为:桩基础;混凝土构件体系:截面、钢筋保护层、楼板厚度、钢筋数量;混凝土强度;构件和外观;牛腿柱位移检测;建筑物层间位移检测;房屋梁柱倾斜度测量(房屋整体倾斜测量),存在严重的过度鉴定问题。特别是桩基础检测,其鉴定报告载明:"现场收到某岩土工程检测有限公司出具的检测报告显示,桩基符合设计要求。故桩基础质量合格"。一方面,证据未经质证不能作为鉴定依据、鉴定人单方收取当事人材料系违规行为;另一方面,该部分的检测鉴定毫无意义,相应的鉴定费用应当予以扣减。

(4)鉴定准备会

在现场勘验的基础上,法官在确定鉴定机构后,组织由裁判者、鉴定人、当事人及其代理人共同参加的鉴定准备会,以便高效推进鉴定工作。鉴定准备会也可以在鉴定人熟悉案件基本材料并撰写《鉴定方案草稿》的基础上召开。鉴定准备会的主要目的和内容,与工程造价司法鉴定一致,可以包括以下方面:第一,鉴定人员提出需要双方提供的鉴定资料并向裁判者建议提交的时限,由裁判者征求争议双方意见后确定;第二,对于双方存在争议的鉴定资料,裁判者在听取争议各方和鉴定人员意见后,决定是否作为鉴定依据;第三,裁判者就鉴定范围、鉴定标准和方法听取争议各方和鉴定人员意见,并作决定;第四,裁判者要求鉴定人员指定鉴定期限和鉴定步骤,并听取争议各方和鉴定人员意见后,作出决定。同时,在鉴定准备会上,鉴定人在阅读案卷材料、听取意见的基础上应就如下事项发表意见:鉴定委托事项是否反映案件争议焦点、是否具有可行性;鉴定的标准、范围是否明确;鉴定时限预估要多久;鉴定人认为各方当事人是否需要补充证据及质证意见;鉴定思路如何确定;鉴定工作的难易程度等。

总之,鉴定准备会是统一思想、减少争议、确定鉴定工作总体方向的会议,有助于防止鉴定工作走弯路,有助于法官、鉴定人与各方建立互信,增强对案件的整体把握,与庭前会议有异曲同工之妙。法官与鉴定人均可善加运用。

(5)鉴定方案

工程质量鉴定的鉴定方案,往往包括以下几个方面的内容:项目概况、鉴定目的、鉴定范围、鉴定依据、鉴定方法说明、实施步骤、所缺资料、鉴定时间安排、鉴定人员、鉴定费用、其他需说明事项。较容易产生争议的为鉴定范围、鉴定方法和所缺资料。如房屋渗漏工程质量鉴定,是按照完整的屋面确定还是按照渗漏点确定等,直接影响鉴定工作范围和鉴定费用。抽样数量从理论上讲,全部检测是最理想的,但工作量有时会非常大。因此,相关建设工程规范,对于按批进行检测构件的抽样作了规定。如《回弹法检测混凝土抗压强度技术规程》(JGJ/T 23—2011)规定:按批量进行检测时,应随机抽取构件,抽检数量不宜少于同批构件总数的30%且不宜少于10件。当检验批构件数量大于30个时,抽样构件数量可适当调整,并不得少于国家现行有关标准规定的最少抽样数量。抽样方法应遵守"随机抽样"原则。所谓随机抽样,是指总体的每一个个体都有被抽到的可能,并且每个个体被抽到的可能性相同,而不是凭人们的主观意图去挑选。为了保证随机抽样的随机性,可以将待检样本编号或编坐标,用掷骰子等确定随机数的方法来确定所抽样本。

《建筑基桩检测技术规范》(JGJ 106 -2014)第3.2.6条规定了建设工程桩基随机抽样的特殊要求:"验收检测的受检桩选择,宜符合下列规定:1　施工质量有疑问的桩;2　局部地基条件出现异常的桩;3　承载力验收检测时部分选择完整性检测中判定的Ⅲ类桩;4　设计方认为重要的桩;5　施工工艺不同的桩;6　除本条第1~3款指的受检桩外,其余受检桩的检测数量应符合本规范第3.3.3~3.3.8条的相关规定,且宜均匀或随机选择。"这是建筑工程桩基检测规范的最核心技术要点,也是质量体系认证及质量控制的核心内容。所以,在检测、鉴定时首先应进行有针对性和目的性的选检,然后再进行随机抽检。该条第1、3、5款是关于桩本身的规定,第2款是关于桩所在土质环境的规定,第4款是关于桩在不同部位的重要性的规定。

法官应当积极承担案件审理的主导权,与鉴定人紧密配合,尊重规范要求,牢牢把握鉴定目的,尽量组织协调双方当事人对鉴定方案的各项内容达成一致。确实存在争议的,在积极听取当事人各方及鉴定人的意见后,酌情作出鉴定中的各种决定,并允许当事人对鉴定方案保持异议,而并非只要一方当事人不同意,鉴定方案即无法付诸实施。

鉴定方案实际上是鉴定工作的总体工作计划和安排,法官应当积极主动参与到鉴定方案的制定和完善工作中,克服技术知识的缺乏,也要客观、积极听取鉴定人有关鉴定中技术问题的意见和建议,提纲挈领,牢牢把握案件鉴定的主导权,避免将鉴定方案推至一边,放任鉴定人按照自己的思路进行鉴定,从而导致"以鉴代审"的情况发生。

案例 32－1 ▶ 案由：建设工程施工合同纠纷

原告：宏辰置业有限公司。被告：百帆建设有限公司。

【案情】原告作为发包人与被告签订了《建设工程施工合同》一份，约定原告将某高档住宅小区项目工程（包括1#、2#、3#、4#、5#五个单位工程）承包给被告施工。工程承包范围为施工图范围内的土建、水电及室外附属工程，包工包料。工程质量标准约定为合格。合同签订后，被告进行施工。后因原告建设资金不足，涉案工程多次停工。被告向法院起诉原告。后生效判决确定：(1)解除双方之间的建设工程施工合同；(2)宏辰公司应支付百帆公司欠付的工程款1.8亿元，利息4700万元；(3)宏辰公司应赔偿停工损失、人员遣散等各项费用2300万元；(4)百帆公司就涉案工程享有建设工程价款优先受偿权。

后原告自行委托了某工程质量检测机构对百帆公司的已完工程质量进行检测，主要检测结论为：(1)楼面板厚度、现浇楼面板钢筋间距、楼面板保护层厚度、现浇楼面板混凝土抗压强度不符合设计值及《混凝土结构工程施工质量验收规范》；(2)露筋、裂缝；(3)部分钢筋重量、尺寸不合格。

原告起诉，要求被告对上述质量问题予以修复，并根据单方检测报告，提出修复范围数百项。

【审理】对于上述质量问题，法官并不了解，在组织初步现场勘验，听取双方意见后，分别作出判断为：钢筋、混凝土等，关系到结构安全性、功能适用性质量问题，需要通过司法鉴定予以确定；部分裂缝、露筋基本属于施工通病，但施工方也有义务整改。关于本案工程质量鉴定，又存在以下争议点：

(1)工程质量鉴定由哪一方提起

原告认为，已经初步举证工程质量存在问题，所以，应当由被告提起。被告认为，原告提供的证据系单方制作，且存在重大的瑕疵，现场勘验仅仅能够反映一些施工中的质量通病，并不足以判定相应的工程质量问题的有无、影响大小等。从举证的角度，应当由主张工程质量问题存在的一方启动。

法院认为，根据“谁主张，谁举证”的原则，双方之间的合同已经解除，工程质量问题的举证义务方为原告，且原告不仅应该举证质量问题的存在，还应当证明这些质量问题的范围、影响等。原告并未完成其举证义务。法院释明后，原告提起了工程质量鉴定申请。

(2)鉴定的范围

有关钢筋工程质量鉴定,原告主张存在工程质量问题的钢筋为已完建筑工程中的楼板、剪力墙使用的10mm钢筋。但是,实际上已完工程包括5栋大楼、共计30层左右,均已经基本完成结构封顶,建筑面积22万平方米。

鉴定人出具的《鉴定方案》中,确定:“三、检测鉴定范围及内容:对已完工程的剪力墙、楼面板中直径10mm的钢筋进行以下检测鉴定:3.1　钢筋直径检测;3.2　钢筋重量偏差检测;3.3　钢筋屈服强度检测;3.4　钢筋抗拉强度检测;3.5　钢筋伸长率检测;3.6　钢筋弯曲性能检测;3.7　根据检测结果,出具鉴定意见。”“五、鉴定方法及步骤:采用现场取样、封样并送至公司实验室进行力学性能检测等方法,检测步骤如下:5.1　提供经双方确认的纸质建筑施工图、结构施工图及电子版;5.2　经现场勘验后,初步确定取样部位,并报双方及原设计单位确认;5.3　现场钢筋取样,经双方签字确认后封样;5.4　钢筋抽样送公司实验室测试;5.5　根据检测结果,出具鉴定意见。”

表32-1　抽检构件数量

楼号	剪力墙	楼面板	层数	样本数
1#楼	5根/层	5根/层	28	280根
2#楼	5根/层	5根/层	30	300根
3#楼	5根/层	5根/层	30	300根
4#楼	5根/层	5根/层	33	330根
5#楼	5根/层	5根/层	18	180根
地下室	20根	20根	2	80根
合计				1470根

对于上述《鉴定方案》中的取样范围,双方存在争议。鉴定人表示,这将是浩大的工作。如果双方能够提供相应的检验批次和进场使用情况,也可以按照检验批次进行。但是双方均无法提供。经过双方协商,确定每栋楼的第5、7、9、11、13、15层(不包括设备层),根据图纸(结构图、配筋图),在轴线附近随机确定剪力墙、楼面板钢筋各5根,由此样本数缩减为380根。鉴定人确认,此种安排符合建筑结构抽样检测的最小样本容量要求。

3. 鉴定的实施

在经过鉴定准备会、确定鉴定方案并且当事人交纳鉴定费后,工程质量鉴定开始正式进入实施阶段。主要分为以下几个步骤:

(1)补充证据、熟悉资料

鉴定人要求委托人(法院)提供经质证的竣工图、设计文件、招投标文件(技术标)、设计图、地勘报告等资料,法院可以敦促双方及时提交并组织质证。鉴定人在阅读上述材料的基础上,往往需要对设计文件(图纸)进行复核,查验是否存在问题,并根据案件的实际情况组织人员、器具等。

(2)现场勘验、检测、调查、取样等

鉴定人在法官组织的、各方当事人参加的现场勘验中,对实物外观、施工状况等进行查看,针对存在质量异议的部分,以目测、观测等方法,并辅以计量、摄影、录像等手段,对质量问题的存在与否、影响范围等进行确定。在涉及争议点较多的情况下,有必要携带标记笔、标签纸等进行标号确认。同时,也可以通过比对图纸、现场实测等方法,确定施工是否符合设计文件和建筑技术规范的要求。一些能够现场确定读数的,可以现场见证读数后记录在勘验笔录上,如回弹法测试混凝土抗压强度等。一些不能够现场确定读数而需要通过实验室检测的,则根据规范的要求,在双方共同见证下,选取相应的检材并封样做好标记——既可以现场混拌油漆制作特殊颜色的标记,也可以密封起来后,由双方当事人共同在封条上签字确认,现场勘验的过程应当制作现场勘验笔录。

(3)实验室检测

实验室检测是现场勘验的延伸。鉴定人在双方参与的情况下,对实验室检测的过程、技术、方法和设备等进行介绍。同时,注意检测设备的清零和校正以保证其准确性。在双方见证下,共同检查检材并启封,依次记录试验情况。鉴定人应注意每个检测数值出现后,及时向在场的当事人公开并记录在卷,每检测完一个批次后可以请双方签字确认。一些建设工程质量问题严重、影响重大的案件,当事人如果对检测过程不信任,也可以采用录像等方式记录试验全过程。

(4)整理数据并形成报告

鉴定人根据相应的检测数据,结合经质证的证据,依照规范的要求进行整理、计算，结合相应的工程技术规范要求，进行分析、论证，作出有关工程质量问题的专业判断并形成《鉴定意见书》。

4. 鉴定意见书

工程质量鉴定最终成果的体现即为《工程质量鉴定意见书》。鉴定人应当签字并经鉴定机构盖章确认后，向委托人即法院出具。

（1）工程质量鉴定意见书没有征求意见稿

造价鉴定过程中，鉴定人并未实际参与施工的全过程，对施工的具体情况可能并不熟悉，同时工程造价涉及的子目、价格、数量等繁多，计算方法复杂，故出现错漏实属难免。鉴定机构出具征求意见稿的方法能够较好地弥补上述缺陷。但工程质量鉴定往往争议较为集中，国家有关工程技术规范和双方提供的有关工程设计文件往往并无争议，同时工程质量鉴定过程中，双方往往全程参与勘验、取样、检测等过程，鉴定意见中对于鉴定意见如何形成也会作出较为完整的说明。故当事人如果存在异议，一次性提出即可，鉴定人视情况决定是否书面回复、重新鉴定、补充鉴定。

（2）工程质量鉴定意见不应是“合格”或者“不合格”，而应当是工程质量是否符合施工设计文件及相关建筑技术标准

鉴定人的鉴定，与《建筑工程施工质量验收统一标准》确定的程序并不一致，往往并无相关勘察人、设计人、监理人等参与。鉴定的范围也往往是建设工程的分部分项或者其中的一部分。即便部分构件、部位存在不符合质量要求的情况，亦无法直接认定工程质量“不合格”。不合格的工程不得交付使用，一旦对已投入使用的工程作出不合格的鉴定意见，将在法律和规章上引起混乱，影响正常的生产、生活秩序。

工程质量鉴定意见中较为常见的结果是：虽然有建筑通病、外观缺陷应予修复，但修复后不影响结构安全和使用功能；某些材料、构件等经检测不合格，是否影响结构安全性需要设计单位进行验算、复核，如部分钢筋存在质量不合格的情形，需要扩大检测样本范围；建设工程质量虽然不符合原设计要求，但不影响结构安全性，对利用价值影响不大，如办公楼层高比设计少了5cm，地下室设计为圆形柱、施工中改为了方形柱等。对于鉴定意见不明确的，法官可以要求明确是否对建设工

程的结构安全性、功能适用性、耐久性、环境健康影响性及外观缺陷构成影响，构成何种影响，以及影响程度、今后可能发生的变化等。

（3）鉴定意见书的质证

当事人对鉴定意见书的质证，仍然围绕鉴定目的、内容、依据、鉴定人的资质、鉴定方法的科学性等方面进行。由于该部分专业性较高，常规性的质疑往往也很难推翻鉴定意见书，此时，可能需要专家辅助人的帮助。《民事诉讼法》第 82 条规定："当事人可以申请人民法院通知有专门知识的人出庭，就鉴定人作出的鉴定意见或者专业问题提出意见。"《民事诉讼法司法解释》第 122 条规定："当事人可以依照民事诉讼法第八十二条的规定，在举证期限届满前申请一至二名具有专门知识的人出庭，代表当事人对鉴定意见进行质证，或者对案件事实所涉及的专业问题提出意见。具有专门知识的人在法庭上就专业问题提出的意见，视为当事人的陈述。人民法院准许当事人申请的，相关费用由提出申请的当事人负担。"第 123 条规定："人民法院可以对出庭的具有专门知识的人进行询问。经法庭准许，当事人可以对出庭的具有专门知识的人进行询问，当事人各自申请的具有专门知识的人可以就案件中的有关问题进行对质。具有专门知识的人不得参与专业问题之外的法庭审理活动。"

5. 鉴定后的决断

工程质量鉴定意见经过质证、可以作为定案依据后，法官面临案件处理的第二个决断点。此时，由于出现了鉴定意见书这一新证据，原告可以申请变更诉讼请求，法官也应该告知原告可以申请变更诉讼请求，特别是对于主张要求修复的工程质量问题应当予以明确。法官是继续审理此案件还是促成案件终结，应当根据具体案情来确定。具体处理建议如下：

（1）经过鉴定，工程不存在质量问题。建议法官敦促原告就此撤回有关工程质量的本诉或反诉，并承担鉴定费用和诉讼费用，尽量止损。

（2）经过鉴定，工程存在质量通病、外观缺陷等瑕疵，但不影响建设工程的结构安全性、功能适用性的，法官可以敦促承包人进行整改、修复，并就无法修复部分承担减价、提高保修年限等责任，促使双方进行和解。

（3）经过鉴定，虽然工程存在一定功能适用性、耐久性问题，发包人仍然愿意接受该工程的，双方可以协商对工程价款作减价处理、或由承包人赔偿相应的费用。

(4)经过鉴定，工程存在一定的涉及主控项目，如钢筋、混凝土、柱、梁、板等部位的质量缺陷，但由于双方所申请鉴定的范围过小，对于工程结构安全性、功能适用性的影响暂时无法评估，需要启动二次鉴定。即按照规范要求扩大鉴定范围以寻求更翔实的数据，并将数据转交给原设计单位进行工程结构承载力的余量验算复核，以此确定是否需要修复等问题。

(5)经过鉴定，工程质量存在一些非涉及主体结构、地基与基础的质量问题。发包人的诉讼请求为要求承包人对质量问题进行修复，承包人愿意进行整改、修复，发包人对此也无异议的，则可以直接判令修复或调解修复。如果双方对如何修复存在争议，则需要法院进一步审理。

(6)经过鉴定，工程质量存在严重的质量问题，危及结构安全，修复后仍不合格或者修复不经济、无法达到合同目的的，则应当告知原告可以变更相应的诉讼请求。

第三十三章
CHAPTER 33

修复方案及其造价

工程质量的修复方案,是指因工程质量未达到合同约定或法定标准,需返工、修复直至工程质量达到合同约定或法定标准而需采取的计划或方案。通俗地说,修复方案就是怎么修才能达到合格的标准。依据《民法典》第793、799条的规定,建设工程竣工后,发包人应当根据施工图纸及说明书、国家颁发的施工验收规范和质量检验标准及时进行验收。验收合格的,发包人应当按照约定支付价款,并接收该建设工程。建设工程竣工经验收合格后,方可交付使用;未经验收或者验收不合格的,不得交付使用。建设工程施工合同无效,但是建设工程经验收合格的,可以参照合同关于工程价款的约定折价补偿承包人。建设工程施工合同无效,且建设工程经验收不合格的,按照以下情形处理:(1)修复后的建设工程经验收合格的,发包人可以请求承包人承担修复费用;(2)修复后的建设工程经验收不合格的,承包人无权请求参照合同关于工程价款的约定折价补偿。换言之,工程质量合格是承包人得以请求工程价款的前置性条件。当工程质量不合格无法通过竣工验收时,承包人应当进行修复,如果修复后仍然不合格,则丧失了请求支付工程价款的权利,同时,还可能承担赔偿损失的责任。如果是在竣工验收合格后的缺陷责任期内发现了保修范围内的质量问题,承包人同样应当履行保修义务,否则,不能请求返还保修金。对于未完工程,如果已经完成的部分不符合过程验收标准,也应当予以修复。

对于结构安全性的质量缺陷,通常需要制定加固方案,加固方案实际上属于修复方案的一种。在存在某部分承载力超过极值等少数情况下,也可以制定卸载方案等,亦属于修复方案的一种。但大多数情况下,施工不规范、材料不合格等为工程质量问题的直接原因。由此造成的外观性质量问题等往往通过铲除、重做等方式即可解决,并不十分复杂。

1. 设计单位的独特地位

俗话说,自己家的孩子父母最了解。设计单位是建设工程的构思者,其负责在勘察成果的基础上,根据建设方的要求,按照规范要求和自身的专业知识、经验,对项目进行完整设计,出具设计图纸。可以说,施工的过程也是实现设计蓝图的过程。同时,对于具体的施工图纸等设计文件,具体是什么考量、设定系数的富余情况等,具体的项目设计人最为清楚。甚至相应的计算模型、计算稿等也在设计单位的电脑里保存着。修复方案中往往会增加新的受力结构,新的受力结构与原受力结构共同发挥作用或借力于原受力结构,故存在一个新旧结构共同作用的工作状态,在分析和计算时应综合考虑。所以,如果出现的质量问题是涉及结构安全性、功能适用性、耐久性等方面的问题,具体的修复方案应当首先尊重设计单位的设计人(往往是本工程设计项目负责人)的意见,由其出具相应的修复方案较为合适。

2. 不是鉴定似鉴定

由建设工程原设计单位出具修复方案,是司法鉴定吗?答案为否。司法鉴定是指在诉讼活动中,鉴定人运用科学技术或者专门知识对诉讼涉及的专门性问题进行鉴别和判断并提供鉴定意见的活动。首先,司法鉴定人应当持有相应的资质,但各省市绝大多数的设计单位并不在司法系统的设计鉴定人名录中。其次,修复方案是法院委托吗?答案也是否。由于修复方案并非司法鉴定,而更类似于咨询意见,故多数情况并非由法院委托,而是由发包人或者承包人自行委托,法院召集各方深度参与即可。最后,有关修复方案的咨询费用,并非司法鉴定费用。咨询费用的收费难有标准,一般是由设计单位在行业自律的基础上,与申请的当事人协商确定。最高院(2014)民申932号认为,即使双方协商选定进行质量问题加固设计的机构不具备司法鉴定资质,但由于其具备相应的设计资质,对案涉专业问题有能力发表专业意见,且经双方当事人共同选定,因此,其出具的加固设计方案仍然有效,可以作为证据。

需要说明的是，设计单位并没有义务必须接受委托、出具修复方案，其完全可以拒绝，无论是法院、仲裁委，还是发包人、施工人，均没有权利要求设计单位必须接受委托。一般案件的鉴定程序中，鉴定机构无正当理由不接受委托、或者将鉴定事项退还的，将受到管理部门的诫勉、扣分、暂停执业等措施规制，但设计单位不接受委托并无任何后果。

设计单位不接受修复方案委托的原因往往有：(1)制作该设计文件的原设计工程师、总工程师已经离任，相应的资料欠缺，无法还原当初的设计思路和所考虑重点，或者还原所需精力浩大。(2)修复方案的制定并无明确的收费标准，多数情况下收费也不高，但存在事后被当事人向物价局投诉乱收费的风险。(3)涉及修复的事项争议较大，矛盾尖锐。如发包人往往要求设计方案倾向于保守，尽善尽美、充分考虑相应的风险，物尽其用，如涉及渗漏的案件，发包人往往要求整个墙面涂料、抹灰等全部拆除重做，超过了必要的范畴；而承包人则觉得设计方案存在过度修复甚至苛刻、吹毛求疵的情形，如认为发包人要求新调的外墙涂料要和原有的涂料颜色保持绝对的一致的情形系过度修复等。甚至两方都私底下与设计人自行接触，希望出具的修复方案能够偏向己方。而设计人并无如司法鉴定人一般的中立性和随机性。(4)有些修复方案责任重。如涉及承重荷载等结构性加固措施等，可能会涉及后续房屋使用过程中的安全风险。如果修复方案未能考虑周密，可能若干年后爆发安全事故，设计人将被追责。

此外，如果工程质量案件中发包人起诉勘察人、设计人、施工人、监理人等多个主体追究工程质量责任的，无论工程质量鉴定意见中设计人是否有责任，设计人均不适合作为修复方案的出具方。因为设计人与发包人存在相应的利害关系。同样，如果发包人与设计人之间尚存在其他有关设计费的纠纷等，也不适合作为修复方案的出具方。

3. 修复方案的司法鉴定

广义的工程质量修复方案，既包括一般的工程质量缺陷，也包含涉及结构安全性质量问题的加固，以及某些特殊情况下的卸载与让步验收等问题。

当原设计单位拒绝接受出具修复方案，或者其不适宜作为修复方案的出具方时，法院可以委托具有原设计单位同等设计资质及以上的设计单位进行司法鉴定。

新的设计单位作为鉴定人，应当全面了解案件基本情况以及《工程质量鉴定意见书》，在现场勘验的情况下，根据自己的专业和经验出具相应的修复方案。有必要的情况下，可以与原设计人核实、沟通、协调等。

但是，如果工程质量问题不涉及工程主体结构安全性，如仅仅是屋面渗漏问题等，无须进行烦琐、复杂的取样检测等过程，且双方同意由工程质量鉴定单位在出具《工程质量鉴定意见书》时一并将修复方案出具的，也可以尊重当事人的意见，修复方案并非必须要求由司法鉴定人专门出具修复方案。当然，一些工程质量鉴定人在行业内具有丰富的经验，对某些常见质量问题的修复方案往往有全面而又一针见血的理解，其出具修复方案往往具有很强的针对性；而设计人所出具的修复方案可能存在不接地气、难以实施的情形。如果双方当事人对工程质量鉴定人在工程质量鉴定意见书中一并提出的修复方案没有异议，当然也可以据此采用。

4. 修复方案的审查

对于修复方案，法官并非当然采用。无论是作为司法鉴定意见书，还是作为工程质量修复方案的咨询意见，均是证据的一种，需要经过质证后才能作为定案的依据，法官也应当主动对修复方案进行审查。囿于工程技术知识，对修复方案的异议主要应当由当事人提起。审查方法主要如下：

(1)是否符合规范

修复方案是否依据原设计文件、规范等制作，有无超越依据范围，有无超出委托事项范围。实践中，还存在原设计文件、规范在后期发生了更新，相应的质量标准有所变化的情形。一般而言，未验收的建设工程应当适用新的规范，其相较于旧规范发生变化的质量标准部分，双方应当协商负担；已验收的建设工程应当适用旧的规范，如果发包人坚持要求采用新规范的质量标准，则新增加的费用应当由发包人承担。

(2)适修性

适修性，是指残损的或承载能力不足的已有结构，适于采取修复措施所应具备的技术可行性与经济合理性的总称。危及建设工程结构安全的质量缺陷，必须要考虑结构适修性的问题，即从工程质量合格、结构安全、功能不受影响的角度，技术上能否达到原有的要求等方面考虑。经济合理性，则指的是防止过度修复，修复方案应当从节约成本的角度出发,选择较为经济的方法。许多情况下,二者存在一定的矛盾,法官需要酌情确定二者的平衡点。一般而言,修复方案比原设计要求提高一个等级是相对合理的,如混凝土的强度等级从C25提高到C30等,但如果提高到C40甚至C60则可能存在过度修复的情况。

(3)审查施工图

《建设工程质量管理条例》第11条第1款规定:“施工图设计文件审查的具体办法,由国务院建设行政主管部门、国务院其他有关部门制定。”第23条规定:“设计单位应当就审查合格的施工图设计文件向施工单位作出详细说明。”第28条规定:“施工单位必须按照工程设计图纸和施工技术标准施工,不得擅自修改工程设计……”因此,工程设计的修改应当由原设计单位负责。第56条第4项规定,施工图设计文件未经审查或者审查不合格,擅自施工的,应当予以处罚。2013年4月,住建部发布的《房屋建筑和市政基础设施工程施工图设计文件审查管理办法》第3条规定:国家实施施工图设计文件审查制度;施工图未经审查合格的,不得使用。

2019年3月26日,国务院发布《关于全面开展工程建设项目审批制度改革的实施意见》(国办发〔2019〕11号),要求试点地区进一步精简审批环节,在加快探索取消施工图审查(或缩小审查范围)、实行告知承诺制和设计人员终身负责制等方面,尽快形成可复制可推广的经验。这是我国在国家层面第一次正式提出取消施工图审查,这意味着将政府和审图机构在审查中分担的部分责任“归还”给设计师,“谁设计,谁负责”的思路逐渐成型。至此,各地政府纷纷开始进行深化施工图审查改革。根据近年来各地出台的施工图审查改革举措,大致可以分为三类:全面取消、部分取消和保留审查。全面取消的有山西省、深圳市等。自2019年7月1日起,山西省施行建设、勘察设计单位质量承诺制和重要工程施工图专家论证制,严格落实质量终身责任制,取消现行的房屋建筑和市政基础设施工程社会中介机构施工图审查环节。自2020年7月1日起,深圳市行政区域范围内新建、扩建、改建房屋建筑和市政基础设施(含水务、交通)工程取消施工图审查,实行告知承诺制,并启用深圳市建设工程勘察设计管理系统。2020年,浙江全省积极推行施工图自审备案制度,取消低风险小型项目、一般房建项目的施工图事前审查环节,建成全省一体化工程建设项目施工图在线管理模块。自2021年起,除依法需要消防设计审查的项目外,浙江省全面推行施工图自审备案制,加强事中事后监管及信用评价管理。2020年,山东省取消社会投资简易低风险项目施工图审查。在中国(山东)

自由贸易试验区、中国—上合组织地方经贸合作示范区、青岛西海岸新区探索取消施工图审查或缩小审查范围，2020 年 12 月底前山东省全省依法取消，实行告知承诺制和设计人员终身负责制，推行勘察设计责任保险制度。同时，仍有许多省份保留了审查制度。

5. 修复方案的造价鉴定

修复方案是一套就工程质量缺陷进行修复的计划，蕴含着未来实施修复的方法。如果发包人对于承包人继续依据该修复方案予以修复持有异议，或者承包人不存在不能修复的情形而发包人不当拒绝承包人修复的，可以依照修复方案进行判决或者调解履行。如果承包人因故不能修复，则必须考虑替代履行的问题。

(1)需要替代履行的情况

如果承包人缺乏必要的履行条件，如其本身不具有相应的建筑业企业资质、没有安全生产许可证、处于吊销营业执照状态等，则不应允许承包人承担修复义务。此外，如果承包人之前已经多次维修但均未果，承包人和发包人矛盾异常尖锐、双方多次爆发冲突等，也可以不再允许承包人承担修复义务。司法以化解矛盾而非制造矛盾为目标，如果修复过程导致双方可能增加矛盾的，应当尽量避免。发包人可以委托具有资质的第三人进行修复，产生的合理费用由承包人负担；也可以针对修复方案进行鉴定后直接在应付承包人的工程款(质保金)中予以扣除。前者有时难以证明费用合理，故后者更具可操作性。

(2)注意修复范围的明确和固定

在替代履行的情况下，应当在修复方案中对于应修复的位置、范围等进行固定，双方及时了解处置的范围。这是为了防止在修复方案出具后，新出现的质量问题部分与该修复范围存在重叠，导致权责不清的情况发生，特别是房屋渗漏方面的质量问题最为典型。

(3)修复费用造价鉴定取费标准

现实操作中，很少有法官关注到修复费用造价鉴定的取费标准问题。一种意见认为，应该按照原合同中有关工程造价的计价原则进行取费。该意见实际上没有关注到原合同价的形成背景——往往考虑到了总体工程施工范围内的盈亏；而针对修复方案的造价已经超过了原合同约定的范围,并不具有参考价值。另一种意见认为,应当按照鉴定时的定额价。如《江苏省高级人民法院建设工程施工合同纠纷案件司法鉴定操作规程》第 44 条规定:“对于工程存在质量缺陷,经有资质的鉴定机构确定修复方案后,鉴定机构可以根据鉴定时施工当地建设行政主管部门制定的工程计价依据计算修复加固费用。”该规定实际上确立了以定额加信息价的方式确定工程造价,相对更加贴近现实,较为公平。如修复方案发生在竣工验收 3 年后、合同签约 6 年后,建筑业市场供求关系、材料涨跌、工艺技术等均发生了翻天覆地的变化,零星施工的单价更高,合同签订时的预算报价显然与新的环境不相适应。

(4)承包人缺席案件审理应谨慎处理

在一些工程质量案件中,承包人在发包人通知工程质量问题后怠于履行自己的修复义务。发包人无奈另行委托第三方予以修复并提起诉讼或仲裁要求承包人承担相应的费用。但是,承包人往往提出要求自行修复、修复方案的造价过高等意见。该类案件中,一方面,发包人应当严格履行质量缺陷的通知维修义务;另一方面,对发包人不能过于苛刻。如果发包人多次提醒承包人维修,并将需要维修的范围等告知了承包人;且确定维修的第三方系通过市场竞价的方式(如询价、竞价等),承包人又无法证明该第三方的价格存在明显虚高的情况下,应当支持发包人的请求。值得说明的是,承包人无法通过工程造价司法鉴定的方式来证明前述价格的不合理。

(5)修复方案的其他损失评估

修复的过程并非一朝一夕,修复方案仅仅是从工程技术的角度采用相应的措施来使工程质量恢复至合格状态。但是,修复过程可能给发包人造成新的损失,特别是已经投入使用的建设工程:修复施工的水电等费用,人员、材料、设备进出的管理费用,施工过程中的粉尘、噪声等防护措施(如防尘网等),修复范围内所涉的生产经营财产临时搬迁费用,部分不动产不能使用产生的营业损失,生产工人因修复行为产生的额外加班、调班费用等。上述损失,发包人可在评估或者实际产生后向承包人主张。

6. 典型案例

(1)保修期的墙体开裂、渗漏问题

案例33-1 ▶ 案由:建设工程施工合同纠纷

原告:无畏汽车零部件有限公司。被告:大旗建设集团有限公司。

【案情】2016年6月,原、被告双方签订《建筑安装工程承包合同》,原告将厂房工程发包给被告施工,工程造价1900万元,合同对工程范围、工程期限、工程价款等作出约定。2018年2月1日,工程竣工验收。原告在施工后发现1#、2#、3#、4#厂房外墙面存在渗漏现象,多次催促要求被告履行维修义务,但被告均予以拒绝。原告委托工程设计单位北京森昊建筑设计有限公司进行现场勘验后认为,外墙渗漏原因系未按图施工造成收缩引起裂缝。就工程质量问题,原告提供了设计单位出具的《技术分析报告》、设计图纸及照片,包括外墙、内墙、天台、屋面、檐沟等部位,用以证明外墙开裂、渗漏的质量缺陷,系由于梁墙交接处未按照设计图纸设置钢丝网片、不同材料之间因温差引起收缩导致裂缝,且不排除砖砌砂浆的强度、灰缝的饱满度不达标的原因,但需要检测。同时,设计单位就修复提供的方案建议为:由于裂缝的产生影响了建筑的正常使用,建议立即全面进行外墙修复,以免裂缝的扩大。具体修复方案为:凿除窗台处、屋顶女儿墙处的粉刷层直至砖墙,凿除的宽度不小于700mm,长度为通长,防水剂两边,700mm宽钢丝网片一道,抗裂砂浆抹平,外墙饰面涂料。经释明,原告进一步提供了《原告主张工程质量问题汇总》,主张有56处需要修复。

被告认为,该工程质量问题的原因系原告指定分包施工不规范、原告擅自加层等。

【审理】法官组织召开庭前会议,对双方提供的证据进行质证后,确定启动工程质量鉴定。鉴定的初步方案为:首先,组织鉴定人及双方现场勘验,正式确定需要鉴定渗漏原因的点数和位置,如果双方没有异议的可以直接确认掉,无须鉴定;其次,由鉴定人对渗漏原因的争议点进行鉴定。

随后,法官向鉴定办公室出具了《鉴定决定书》,鉴定要求为:对原告提供的

56处（具体数量、方位、面积以现场勘验为准）墙面渗漏、开裂处的范围、影响及原因进行鉴定。鉴定费用由双方各半预缴。

选定鉴定机构后，鉴定人出具了《工程质量鉴定方案》，包括以下内容：工程概况、鉴定目的及对象、鉴定内容、鉴定依据、项目组织管理（含人员、仪器设备、工作程序）、现场检测、鉴定结构、安全保障措施、质量保障措施、鉴定工期、委托方的配合工作、报告提交方式及内容、附件等共十三项内容。

虽然上述《工程质量鉴定方案》较为详尽，但仍然存在部分问题，该方案出具后法官再次组织双方当事人和鉴定人召开鉴定工作会，对其进行了相当程度的完善：(1)责任主体和程序上的第三人问题。涉案工程的门窗、幕墙由原告单独发包给案外人，被告作为总包单位并没有收取相应的配套费。在本次诉讼中，不追加门窗、幕墙的施工主体作为第三人参加诉讼，如果鉴定意见书中涉及门窗、幕墙施工的责任，由原告作为发包人自行承担。(2)责任比例预先设定问题。鉴定机构不会区分责任比例，法官组织双方予以预先设定。鉴定机构出具的鉴定意见中，涉及被告和门窗、幕墙分包人责任时，如果是同等原因，则原告与被告各自承担50%的责任，如果是主要原因、次要原因，则主要原因方承担70%、次要原因方承担30%的责任，如果非由于某一方的原因则该方无须承担责任。(3)有关鉴定的流程。首先，由鉴定机构就渗漏点进行定点并进行编号、拍照；其次，在定点中就双方对于是否存在质量问题、应由哪方承担责任均无争议的点进行排除，记录在案；再次，双方在鉴定人的参与下共同指认确定需要鉴定的点；最后，鉴定机构出具鉴定意见，并就存在质量问题需要维修的部位定点列表说明。(4)鉴定方案的完善。请鉴定机构在正式的报告中，补充鉴定机构、人员的资质，鉴定费收取的依据和标准等。(5)在鉴定过程中，鉴定人做好现场勘验笔录和照片等原始材料的整理工作，双方配合签字确认。(6)对于鉴定所需工具、器具等费用，鉴定单位应当提前提出，该部分费用作为鉴定费用予以列支。提请原告注意，在破碎混凝土结构的过程中会产生一定的粉尘，需要早做准备。(7)鉴定时间以连续2天下雨后雨停之日起3天内进行，更有利于查看现场渗漏现象。(8)鉴定费用经协商确定为10万元，由双方各半预缴。

随后，法官组织现场勘验，过程中检验范围有增有减。鉴定过程中，双方矛盾不断，终在法官和鉴定人的共同努力下化解。鉴定机构在30日后出具了《司法鉴定报告》四份,分别为1#、2#、3#、4#厂房。鉴定报告包含有:鉴定依据、现场检测结果、取样示意图、标号照片、鉴定分析、意见、附件(房屋结构平面示意图、立面图、鉴定人资质)等。如1#厂房的鉴定意见为:"①1#车间标号6、7、8~34、37墙体渗水的原因主要是墙体施工缺陷,其次是窗安装缺陷;②1#车间标号1~5、35、36、39~42开裂(渗水)是墙体施工缺陷造成;③1#车间标号38未作破损检验,由原告自行处理。"2#车间的鉴定意见为:"①2#车间标号4墙体渗水主要是使用不当造成;②2#车间标号8~11、20、24、28、31~33、35~37屋面渗水是屋面防水缺陷造成;③2#车间标号2、12、15、21、23~27、30墙体渗水的原因主要是墙体施工缺陷,其次是窗安装缺陷;④2#车间标号1、3、5、13、14、17~19、22、29、34、40~48开裂(渗水)是墙体施工缺陷造成;⑤2#车间标号6、7、16、38、39开裂是设计缺陷造成。"3#、4#车间的《司法鉴定报告》意见与上述内容基本类似。

总结上述意见,涉案工程外墙面渗漏的情形包括:不存在质量问题、施工方原因渗水、部分与窗有关的渗水、未作评定、使用原因等,其中,施工方原因导致渗水的占据了80%以上。

原告对鉴定报告没有异议,被告对窗台附近渗水的原因、检测方法等提出异议,鉴定机构书面答复。

其后,法院向原设计单位北京森昊建筑设计有限公司发函并附上《司法鉴定报告》,要求出具修复方案。函件载明:"原告与被告建设工程施工合同纠纷,原告主张被告施工的涉案工程存在墙面、屋面渗漏的质量问题。在审理中,司法鉴定机构出具了《司法鉴定报告》,对渗漏的范围、位置、原因等作出了统计和分析。作为涉案工程的设计单位,对原施工设计最为熟悉,出具修复方案也较为合适。经原、被告双方同意,现函请贵公司在《司法鉴定报告》等材料的基础上,考虑原设计要求,结合现场踏勘情况,本着科学、合理、实事求是的原则,出具有关涉案工程修复方案的《修复方案意见书》,要求对《〈司法鉴定意见〉回复函》中确定的范围中不渗水的点数予以排除,无须出具修复意见;其他点数予以分类确定修复方法,并结合现场情况确定施工面积、开槽深度、所需材料材质、工具、工艺等,可列表,以期达到如下目标——在确定修复方案后,工程造价咨询单位可以根据修复方案和现场情况对修复方案的造价进行司法鉴定。"设计单位随后出具了修复方案，主要内容即为排除渗漏部位，凿除未按图施工部分粉刷层、饰面层，重新铺设500mm宽抗震纤维网片，重新赶平并粉刷；与窗连接处需铲除现有发泡剂填料，重新分层填实，密封膏嵌缝处理。

其后，鉴于双方矛盾对立严重，丧失信任基础，法官确定修复以第三方实施为宜，并最终调解如下：被告放弃剩余质保金，原告自行承担本案的工程质量修复工作，并免除被告的保修义务，已出现或今后出现的所有质量问题由其自行解决（不包括主体结构和地基与基础），鉴定费用10万元双方各半负担。

【评析】《建设工程质量管理条例》第40条规定："……（二）屋面防水工程、有防水要求的卫生间、房间和外墙面的防渗漏，为5年。"本案案件审理持续一年，跨度较长。先后遇到以下问题：原告诉讼请求范围不明、工程质量缺陷责任方可能涉及案外人、工程质量鉴定矛盾重重、设计单位出具的修复方案争议不断等。从本案可以看出，工程质量案件耗费的程序性和实体性工作量非常大，对法官的办案思路、组织协调能力也有较高的要求。

（2）钢筋质量问题涉及主体结构安全需要制定加固方案

案例33－2 ▶ 案由：建设工程施工合同纠纷

原告：宏辰置业有限公司。被告：百帆建设有限公司。

【案情】在【案例32－1】中，针对10mm的钢筋质量检测部分，鉴定检测的项目有：内径检验、重量偏差检验、强度检验（包括屈服荷载、屈服强度、最大荷载、抗拉强度）及伸长率检验等。鉴定意见中钢筋的不合格率分别为40%、80%、46%、90%、28%。《鉴定意见书》出具后，法官函询设计单位：作为涉案工程的设计单位，根据上述《鉴定意见书》能否进行数据复核以检测建设工程的结构安全性？设计单位回复：根据目前检测的数值，需要鉴定人提供钢筋强度、直径取值的建议值，另行计算可以验算结构安全性。设计单位愿意出具修复方案，但需要告知的是，设计单位并不具有建筑设计司法鉴定的资质——各方也不持异议。

随后，鉴定人提供了10mm钢筋截面面积、屈服强度、抗拉强度等最小值和标准值。设计单位收费5元/平方米，出具了修复方案《结构加固设计方案》（含纸质图纸87张、结构图光盘一张），主要加固方法为：局部剪力墙四周采用黏贴钢板加固，楼板底部采用碳纤维加固等。

为慎重起见，针对上述《结构加固设计方案》，由双方分别选定一名专家、设计人推荐三名专家，共同确定五名具有高级专业技术职称的行业专家，组织召开论证会，对《结构加固设计方案》进行论证并形成意见。与会专家提出十余条修改意见，设计人基本予以吸纳。同时，报请原施工图审查单位进行审查通过，并获得《建设工程施工图设计文件专项审查合格书》。设计人据此出具5份《工程技术联系单》，将《结构加固设计方案》进行细化。

随后，双方对《结构加固设计方案》无异议。双方按照该《结构加固设计方案》及相应的联系单，对后续施工、主体结构验收、二次装修的衔接等问题进行了"一揽子"和解。

【评析】涉及钢筋、混凝土保护层厚度等主控项目的质量问题往往关系到结构安全性质量缺陷，必须尊重设计人的意见，且优先选择由其出具《修复方案》——其对工程设计最为熟悉、清楚，考虑全面——即使其不具有司法鉴定人资格。鉴定人需要重新验算工程设计余量，判断工程质量结构性缺陷的严重程度，并提出相应的加固修复方案。此外，施工图审查单位也是不可或缺的一环。

（3）因发包人或设计原因导致的地坪下陷质量问题

案例33-3 ▶ 案由：建设工程施工合同纠纷

原告：月天电力有限公司。被告：泊金建设有限公司。

【案情】2011年11月，原告与被告签订了《建设工程施工合同》一份，约定原告将某厂房二标段工程承包给原告施工，工程内容包括厂房框架三层，办公室七层，总建筑面积10万余平方米。双方对合同价款、付款方式、工期等进行了约定。其中，质量保修书载明的保修范围与《建设工程质量管理条例》规定一致。

2013年7月，涉案工程竣工后交付，原告陆续发现工程质量问题。为此，原告委托了第三方检测机构进行检测,检测报告显示:“内外墙体大量开裂、天沟防水起壳、地坪厚度不足、地坪平整度不符合要求、渗水严重、外墙砌筑砂浆抗压强度不符合要求,砂浆氯离子超标(使用了未达标的淡化海砂)等。”本案的争议集中在地坪部分。有关地坪,该报告显示:(1)地坪厚度,采用钻孔取芯机随机抽取5个芯样,设计厚度为200mm,未达到设计值的有3个;(2)地坪混凝土抗压强度,设计强度等级为C20,用万能试验机对上述芯样的抗压强度进行检测,显示均满足设计要求。

同时,原告多次发函要求被告对上述质量问题进行修复,均未果。原告委托第三方进行修复造价预算,修复费用为18,967,054元。故原告主张被告承担保修期的保修义务,并要求被告承担违约责任。

【审理】在现场勘验过程中,原告提出厂房地坪呈现明显的“锅状”下陷,大面积开裂,高低落差巨大,影响设备放置,且由于房屋渗漏,形成积水,该现象确实存在,但其严重程度无法确定。原告认为,被告未按设计图纸施工,设计图纸中有双层双向钢筋网,被告予以偷工减料。被告认为,系原告为了节省成本,将钢筋网改为一层并扩大钢筋网的间距,且地坪下沉的原因与该钢筋网无关。

法官组织双方协商后,确定委托鉴定机构:(1)对地坪沉降的现象进行确认,审查施工单位是否按图施工,对地坪沉降的原因及原因力进行鉴定。鉴于地坪的问题在技术上较为复杂,暂不追加设计、监理单位作为案件的其他被告或者第三人。有关涉及非被告的原因,被告无须承担责任。(2)本案有可能涉及设计缺陷,设计单位不愿意出具修复意见,工程质量鉴定单位虽然没有设计资质,但其对如何修复较为清楚,双方同意由其替代出具修复方案。

鉴定机构经过现场勘验后撰写了有关《鉴定方案》。

其鉴定意见:

6.1　A1车间所检地坪混凝土厚度的24个芯样中,有16个芯样的尺寸小于设计要求;该车间地坪顶面未发现钢筋网;地坪存在明显变形,最大相对沉降为167.7mm;地坪塘渣密实度不满足《建筑地面工程施工质量验收规范》(GB 20209—2010)的规定要求。

6.2　该车间地坪沉降变形主要因场地存在较厚软弱淤泥质黏土层,且未采取加强处理措施;塘渣填土密实度偏低为地坪变形的次要因素。

原告对鉴定报告的异议为：报告对其他检测项目如混凝土厚度不足（大部分地坪芯样不合格）、未按设计图纸在地坪布置钢筋网、未按设计要求施工等因素对地坪沉降、变形和开裂是否有影响没有做出说明。鉴定机构回复：坚持鉴定意见，未说明原因部分不存在影响因素。

被告对鉴定报告的异议为：多处塘渣密实度检测压实度超过90%的部分，亦出现了地坪下沉－84.2mm、－116.4mm、－84.5mm等情况，故塘渣压实度与地坪的沉降没有必然联系，沉降的原因是图纸和设计问题。鉴定机构回复：根据岩土工程勘察报告，该工程场地存在两层较厚淤泥质黏土，压缩模量分别额为2.2、2.4MPa，属于高压缩性土，场地原素填土顶层高程为黄海高程1.26～2.72，该工程室内地坪标高±0.000为黄海高程3.600m，室内新增塘渣及混凝土地坪层产生较大附加应力，引起软弱淤泥质黏土层较大变形，而设计未采取加强处理措施导致地坪沉降。

【评析】原告认为，地坪下沉是由于被告未按图施工的原因；被告认为，未按图施工是出于原告的授意，且对地坪下沉没有影响。而鉴定意见通俗地说即为：设计存在未要求对软土层进行处理的重大缺陷是主要原因，施工过程中的压实度不足起到了一定的辅助作用，至于地坪的混凝土厚度、是否设置双层双向钢筋网等与地坪下沉并无因果关系。软土上的水泥地坪沉降，可理解成水上的水泥板船吃水。整块水泥板因放置于软土之上而整体沉降，与水泥地坪的配筋数量无关（配筋数量多少对重量的影响忽略不计）；与水泥地坪的配筋有关联的，是水泥板的裂缝多少及其自身的抗拉强度。鉴定机构关于这个问题的回复正确且明晰，其行文措辞体现了技术自信。

【审理】本案需要解决以下几个法律问题：

（1）地坪属于哪个分部？保修期是多久？

原告认为，地坪属于主体结构或者地基与基础，被告不同意。根据《建设工程分类标准》，室内地坪属于建筑装饰装修工程分部中的楼地面部分，双方之间的合同没有做出特别约定的，保修期限为2年。原告在2017年2月起诉，已经竣工满3年7个月，原告也未举证曾在保修期内向被告提出维修要求，故属于怠于履行诉讼权利的情形。

（2）原告主张违约责任是否应予支持？

在诉讼中,原告主张要求追究被告未按图施工的违约责任。被告抗辩是原告主动要求减少一层钢筋网,但未提供相应的联系单、指令单等证据。违约责任可以主张,但是合同中并未约定相应的违约金,而违约造成的损失也无法证明——地坪下沉主要系设计缺陷导致。故原告主张由被告承担违约责任很难被支持。

(3)设计单位是否应追加为共同被告?

鉴于本案的工程质量问题可能涉及设计单位,法官要求原告明确是否追加设计单位为被告;同时询问原告,在与设计人签订设计合同后,向设计人提供的设计任务书中,对地面荷载是否作出明确的要求?通常情况下,设计人不会犯此种低级错误,本案应该追究设计人的责任。原告声称设计任务书中有明确的要求,但法官要求其提供设计任务书时却一再拒绝提供。

(4)有关地坪的修复方案如何确定?

鉴定人针对地坪的质量缺陷问题及岩土工程勘察报告,出具的修复方案分为两种:

第一种,地基加固处理。

对下卧软弱地基采用高压旋喷桩进行加固处理,使下卧层成为复合地基,以提高地基承载力,减少和消除地基的沉降变形,并按以下步骤进行维修:

①地坪维修处理前应将原有混凝土地坪凿除并清理干净,开挖原有地基表面土层200mm并清除。

②通过高压水泥浆由水平方向的喷嘴喷出,形成喷射流,以此切割土体并与土拌和形成水泥土竖向增强体的复合地基,桩径500mm,桩长15m,间距1.5m。

③铺设200mm厚中砂褥垫层,褥垫层夯填度不应大于0.9。

④地基处理结束后,重新浇筑地坪,厚度200mm,混凝土强度等级C20,配双层双向Φ10@200钢筋网。

第二种,锚杆静压桩加固法。

该方法采用桩基础加梁板结构的加固方式,使用荷载传递直观明确,不受软土层的影响,能有效控制沉降,桩型选用250×250预制混凝土方桩,桩长15m,间距5m,压桩力为400kN,混凝土强度等级为C30;新增地梁截面300×

500，配筋上下纵向钢筋3Φ20，箍筋Φ8@200，新增混凝土板厚200mm，配双层双向Φ12@200钢筋网，混凝土强度等级为C25；并按以下步骤进行维修：

①考虑地坪混凝土层厚度较小自重轻，可采用自配重锚杆压桩机进行压桩施工，施工时以设计桩长为参考，以最终压桩力为终压标准。

②压桩施工结束后，凿除原有地坪混凝土并清理干净，开挖原有地基表面土层100mm并清除。

③铺设底板C15素混凝土垫层，厚100mm。

④绑扎桩基承台、地梁、底板钢筋，并浇筑地梁、地坪混凝土。

高压旋喷桩地基加固法施工中会有大量泥浆伴随产生，对环境存在一定影响，且施工机械受房屋空间制约较大；锚杆静压桩加固法对环境影响较小，且加固效果更为显著，建议优先采用。

法官曾咨询造价工程师，两种方法直接造价概算为5000万～8000万元。

后双方就工程造价、质量等达成“一揽子”协议。

【评析】本案原告主张的地坪工程质量问题，是否属于地基与基础或主体结构、是否在保修范围内，是法官首先要考虑的问题。其次，地坪下沉是质量通病，应当通过测量的方式在鉴定中确定是否超过规范的范围、属于质量缺陷，同时，运用鉴定的技术手段查明影响因素并分析原因。最后，地坪修复费用如此之重，在当事人自身可能存在较大过错的情况下（如未向设计人提出地面荷载要求、设计人提醒将很可能存在下沉的情形等），是否能够得以主张、向哪一方主张，是原告需要重点考虑判断的问题。

第三十四章
CHAPTER 34

工　期

根据《建设工程施工合同(示范文本)》(2017 版)第 1.1.4.3 条,工期是指合同协议书中约定的承包人完成工程所需的期限,包括按照合同约定所作的期限变更。建设工程合同纠纷案件中,涉及工期争议的案件比例并不高,往往在 5% ~10% 左右,大多为在承包人提起的工程价款案件中,发包人提起有关工期违约的抗辩或反诉,发包人单独提起的工期违约案件数量更少,概因甲方占据优势地位,在结算时经过博弈一并扣除。但是,一般而言,一旦案件涉及工期部分,案件审理往往会异常艰难,法官经常难以厘清思路。

1. 工期相关概念

(1)约定工期

约定工期是指合同协议书中约定的承包人完成工程所需的期限。发、承包双方在招投标等签约过程中,往往以定额工期为基础,根据工程项目的具体情况,如所在地区、规模、设计结构类型、层数、面积、工程量、地下土质等,结合发包人的项目进度要求和承包人的施工技术、管理水平,制定施工组织计划、技术方案,全面评估施工过程中可能出现的施工作业困难,以确定约定工期。约定工期一旦确定后,承包人必须按期履约,否则可能承担工期违约责任,除非发生合同约定或者法律法规规定的工期变化调整因素和事件。但实践中,实际工期超过约定工期的情形较为普遍。

实践中,常见的确定约定工期的方式有两种:一是约定工程日期总天数(往往指自然日历天数,含节假日);二是分别约定开工日和竣工日,自开工日至竣工日的期间就为约定工期。建设工程合同协议书中约定的开工日期又称计划开工日期,约定的竣工日期又称计划竣工日期。关于开工日期,《建设工程施工合同(示范文本)》(2017 版)“通用条款”第 7.3.2 条规定:“发包人应按照法律规定获得工程施工所需的许可。经发包人同意后,监理人发出的开工通知应符合法律规定。监理人应在计划开工日期七天前向承包人发出开工通知,工期自开工通知载明的开工日期起算。”关于竣工日期,“通用条款”第 13.2.3 条规定:“工程经竣工验收合格的,以承包人提交竣工验收申请报告之日为实际竣工日期,并在工程接受证书中载明;因发包人原因,未在监理人收到承包人提交的竣工验收申请报告 42 天内完成竣工验收,或完成竣工验收不予签发工程接受证书的,以提交竣工验收申请报告的日期为实际竣工日期;工程未经竣工验收,发包人擅自使用的,以转移占有工程之日为实际竣工日期。”

约定工期的调整与工期顺延不同。后者往往指的是在施工过程中,因不可归责于承包人的原因导致的施工进度滞后和拖延,工期应相应延长。如发包人未提供图纸、出入现场条件、施工现场、施工条件、基础资料及许可、批准等开工条件;发包人提供的测量基准点、基准线和水准点及其书面资料存在错误或疏漏;施工中发现化石与文物;发包人提供甲供料迟延;监理人不能按时检查隐蔽工程、发包人和监理人重新检查;不利物质条件、异常恶劣的气候条件、不可抗力等。而约定工期的调整,往往是由于发包人(或设计人)变更的原因:增加或减少合同中任何工作,或追加额外的工作,如扩大工程承包范围、改变承包内容和承包方式;取消合同中任何工作,但转由他人实施的工作除外,如工程甩项;改变合同中任何工作的质量标准或其他特性,如工程防震等级的变更;改变工程的基线、标高、位置和尺寸;改变工程的时间安排或实施顺序,如工程时间涵盖北方地区冬季施工、江南地区梅雨季节等,必然引起工期的变化。当出现变更引起工期变化时,发、承包双方均可要求调整约定工期。如双方签订《建设工程施工合同(示范文本)》的,可直接按照“通用条款”第 4.4 条“商定或确定”的程序处理,并参考工程所在地的工期定额标准确定增减的具体天数。

实践中,一些建设工程施工合同对工期未作出约定,如改建、扩建工程,维修、技改工程,小型及附属工程及一些违章搭建工程等。工期是合同的主要条款、实质性内容,对双方的权利义务有重要影响。即使双方未做约定,工期成为任意工期,承包人仍应在合理工期内完成。双方之间的建设工程施工合同中对工期没有约定或者约定不明的,可以通过以下方式进行确定:双方自行协商,总监理工程师确定,参考工程所在地工期定额标准确定等。一些改建、扩建、维修、技改工程难以参考定额标准确定工期的,可以参考新建工程的工期定额并适当下浮,结合竞拍、市场调研、咨询等方式,确定施工所需的合理工期。

(2)实际工期

实际工期指一项工程从开工之日至工程按约定的质量标准或国家规定的质量验收标准完工并通过竣工验收之日起全部有效施工天数。当然,若工程项目并未完工,则承包人实际开工到实际停止施工的时间,为此种情形下的实际工期。

目前并无相关法律法规对实际工期进行明确规定。工程实践中,实际工期是与约定工期相对的概念。合同的约定工期,通常指合同中约定的、从开工到竣工按全部日历天数计算的期间。实际工期与实际开工日、实际竣工日等概念密切关联。当前司法实践中往往以实际开工日、实际竣工日为计算起止点,并考虑合理顺延工期等其他因素影响后,得出工程的实际工期。未竣工验收但发包人擅自使用的工程、甩项验收工程、开工时间不明等特殊情况下的实际工期,原则上也以实际开工日、实际竣工日、工程交付日等因素相结合后予以确定。

《建设工程司法解释(一)》第8条规定:"当事人对建设工程开工日期有争议的,人民法院应当分别按照以下情形予以认定:(一)开工日期为发包人或者监理人发出的开工通知载明的开工日期;开工通知发出后,尚不具备开工条件的,以开工条件具备的时间为开工日期;因承包人原因导致开工时间推迟的,以开工通知载明的时间为开工日期。(二)承包人经发包人同意已经实际进场施工的,以实际进场施工时间为开工日期。(三)发包人或者监理人未发出开工通知,亦无相关证据证明实际开工日期的,应当综合考虑开工报告、合同、施工许可证、竣工验收报告或者竣工验收备案表等载明的时间,并结合是否具备开工条件的事实,认定开工日期。"

《建设工程司法解释(一)》第9条规定:"当事人对建设工程实际竣工日期有争议的,人民法院应当分别按照以下情形予以认定:(一)建设工程经竣工验收合格的,以竣工验收合格之日为竣工日期;(二)承包人已经提交竣工验收报告,发包人拖延验收的,以承包人提交验收报告之日为竣工日期;(三)建设工程未经竣工验收,发包人擅自使用的,以转移占有建设工程之日为竣工日期。"

司法实践中,对实际工期的确定通常都是为了确认延误工期的时间以及判定相应违约责任。延误工期的计算方式一般是：根据实际开工日、实际竣工日确认实际工期后，扣除合理顺延工期来确定。

（3）定额工期

定额工期是住建部2016年7月26日发布的《建筑安装工程工期定额》（TY 01－89－2016）中规定的工期天数，系指根据工期定额确定的、自开工之日至完成全部工程内容并达到国家验收标准之日止的日历天数（包括法定休假日），不包括三通一平、打试验桩、地下障碍物处理、基础施工前的降水和基坑支护、竣工文件编制等所需的时间。定额工期的编制是依据国家现行产品标准、设计规范、施工及验收规范、质量评定标准和技术、安全操作规程，按照正常施工条件、常用施工方法、合理劳动组织及平均施工技术装备程度和管理水平，并结合当前常见结构及规模建筑安装工程的施工情况所确定的。其是国有资金投资工程在可行性研究、初步设计、招标阶段确定工期的依据，也是签订建筑安装工程施工合同的基础，非国有资金投资的工程可参照执行。

定额工期分为民用建筑工程、工业及其他建筑工程、构筑物工程、专业工程定额工期四部分。由于我国各地气候条件差别较大，以下省、市和自治区按其省会（首府）气候条件为基准，分别划分为Ⅰ、Ⅱ、Ⅲ类地区，工期天数分别列项。

Ⅰ类地区：上海、江苏、浙江、安徽、福建、江西、湖北、湖南、广东、广西、四川、贵州、云南、重庆、海南；

Ⅱ类地区：北京、天津、河北、山西、山东、河南、陕西、甘肃、宁夏；

Ⅲ类地区：内蒙古、辽宁、吉林、黑龙江、西藏、青海、新疆。

设备安装和机械施工工程执行工期定额时不分地区和类别。工程项目的定额工期，应当根据工程所在地分类、用途、规模、设计结构类型、层数、面积、工程量、地下土质等情况先确定具体分部分项的定额工期，再汇总后综合确定。总工期等于±0.000以下工程工期与±0.000以上工程工期之和。定额工期应当综合考虑冬季及雨季施工、一般气候影响、常规地质条件、进场道路及现场施工条件和节假日等因素，及预拌混凝土和现场搅拌混凝土、预拌砂浆和现场搅拌砂浆等施工因素，并按照合格产品标准编制。只有在以下情形中，可以调整定额施工工期：施工过程中，遇到不可抗力、极端天气或政府政策性原因，影响施工进度或致使暂停施工的；施工过程中，发现实际地质情况与地质勘查报告存在较大出入，致使施工方案、措施、难度等发生重大变化的；施工过程中，遇到障碍物或古墓、文物、化石、流砂、溶洞、暗河、淤泥、石方、地下水等,需要进行特殊处理且影响关键线路的;合同履行过程中,因非承包人原因发生重大设计变更的;其他非承包人原因造成工期延误的。

定额工期具有一定的法律价值。首先,定额工期反映了一定时期内,某地区工程建设的平均社会生产水平和效率。其以工期定额为基础,将施工过程中所需天数予以量化,考虑一般的社会生产条件下的生产力水平,核定计算具体项目建设所需时间。不过,由于定额编制制定的滞后性,多数建筑施工企业均能够在定额工期内完成工程建设任务,并且存在或多或少的余量。其次,比照定额工期,投标文件能够反映投标人的管理技术竞争力。特别是一些对工期要求非常严格的项目,保障工程建设按时完成非常重要;如果能够提前一定时间完成施工,建筑施工企业在招投标时将更具竞争力。如三家企业投标,其中一家在投标书中承诺提前定额工期 15 天完成,另一家承诺提前 20 天完成,最后一家承诺提前 30 天完成,在投标价格差距不大的情况下,最后一家入选的可能性就大大增加。最后,定额工期不得任意压缩。由于新技术、新工艺的不断发展,建筑施工企业自身的管理水平和核心竞争力也在不断提高,定额工期往往具有一定参考价值,但对合同工期并不产生严格的拘束力。发、承包双方签订的建设工程施工合同最终确定的工期往往较定额工期更短。建设工程各参与主体应当将建设行政主管部门颁发的施工工期定额及其相关使用规定作为合理确定和有效控制建设工程施工工期的基础依据。但值得注意的是,定额工期仍然是判断双方签订的建设工程施工合同是否构成任意压缩工期的主要判断标准。压缩定额工期达到一定比例时,应组织专家论证,并采取经济技术措施以作出准确应对。

(4)合理工期

合理工期是指在一定的施工条件下,具有相同或近似施工技术、施工经验和管理水平的施工单位在正常情况下完成一定工作量时所需要花费的工程建设工期。合理工期并不具有统一标准,而是针对特定时期、特定区域、特定工程项目的施工承包企业施工效率的综合评定。

《建设工程质量管理条例》第 10 条仅规定“发包单位……不得任意压缩合理工期”,但法律和行政法规并未对“合理工期”作出明确界定,只有部分地方建设行政主管部门颁布的有关规定中对合理工期的确定做了进一步规范。2001 年,浙江省和江苏省分别发布《关于贯彻执行〈全国统一建筑安装工程工期定额〉的通知》,其中指出:“工期定额是国有资金投资工程在可行性研究、初步设计、招标阶段确定工期的依据(非国有资金投资工程参照执行),是签订建筑安装工程施工合同的基础,也是施工企业编制施工组织设计、确定投标工期、安排施工进度的参考。"《江苏省住房城乡建设厅关于贯彻执行〈建筑安装工程工期定额〉的通知》(2016 年 12 月 30 日　苏建价〔2016〕740 号)第 6 条规定:"……压缩工期超过定额工期 30% 以上的建筑安装工程,必须经过专家认证。" 2017 年 5 月 22 日,浙江省住建厅发布了《关于做好贯彻执行〈建筑安装工程工期定额〉的通知》第 2 条规定:"……招标人确定的工期低于定额工期 70% 的,招标人应当组织专家论证,并依照审定的技术措施方案编制相应的提前竣工增加费。"

其他各省市也是参照定额工期,确定一定比例的下浮范围内为合理工期,超过这一比例,则属于任意压缩合理工期。但不同省市规定的下浮比例有所不同,如①《北京市住房和城乡建设委员会关于执行 2018 年〈北京市建设工程工期定额〉和 2018 年〈北京市房屋修缮工程工期定额〉有关问题的通知》(京建法〔2019〕4 号)第 3 条规定:"发包人压缩定额工期的,应提出保证工程质量、安全和工期的具体技术措施,并根据技术措施测算确定发包人要求工期。压缩定额工期的幅度超过 10%(不含)的,应组织专家对相关技术措施进行合规性和可行性论证,并承担相应的质量安全责任。"②《河北省住房和城乡建设厅关于加强建设工程工期管理有关工作的通知》(冀建市〔2015〕14 号)第 2 条规定:"……建设单位应当依据工期定额计算工期,在招标文件中注明招标工期和定额工期。拟定的招标工期可以小于定额工期,但不得小于定额工期的 70%,否则视为任意压缩合理工期。招标工期小于定额工期时,应按有关规定计算压缩工期所增加的费用,小于定额工期的 85% 时,应组织专家论证……"③《上海市城乡建设和交通委员会关于加强本市建设工程施工工期管理的意见》(沪建交〔2011〕1032 号)第 2 条规定:"建设单位应当依据现行的工期指导标准(或工期定额)计算施工工期,并在招标文件中注明工期要求。如果无工期指导标准的,应当组织专家对施工工期进行单独评估,并出具专家评审认可的合理施工工期评估报告。如确需压缩施工工期的,且压缩幅度超过 15%(含 15%),应当再次组织论证。施工工期评估报告作为招标文件备案的内容。"④《深圳市住房和建设局关于印发〈深圳市建设工程工期管理办法〉的通知》(深建规〔2015〕4 号)第 7 条规定:"招标人应当在定额工期基础上结合自身需求,同时考虑必要的行政审批时间,科学确定招标工期。招标人确定的招标工期不宜低于定额工期的 80%,低于定额工期 80% 的,建设单位应当组织专家论证,并采取相应的技术经济措施……”

结合《建设工程质量管理条例》第10条“不得任意压缩合理工期”的规定,最高人民法院认为:任意压缩合理工期违反了工程建设强制性标准,该约定内容应认定无效。《第八次全国法院民事商事审判工作会议(民事部分)纪要》第30条规定:“要依法维护通过招投标所签订的中标合同的法律效力。当事人违反工程建设强制性标准,任意压缩合理工期、降低工程质量标准的约定,应认定无效。对于约定无效后的工程价款结算,应依据建设工程施工合同司法解释的相关规定处理。”

压缩合理工期的,需要承担以下责任:

第一,增加赶工措施费。以浙江省和江苏省为例,该地区发布实施的《贯彻执行〈全国统一建筑安装工程工期定额〉的通知》中均明确指出:“工期定额是国有资金投资工程在可行性研究、初步设计、招标阶段确定工期的依据(非国有资金投资工程参照执行),是签订建筑安装工程施工合同的基础,也是施工企业编制施工组织设计、确定投标工期、安排施工进度的参考。”江苏省的规定中进一步明确:“如压缩工期,在招标文件和施工合同中应明确赶工措施费的计取方法和标准。建筑安装工程赶工措施费按《江苏省建设工程费用定额》(2014年)规定执行,费率为0.5%~2%。压缩工期超过定额工期30%以上的建筑安装工程,必须经过专家认证。”

第二,组织专家认证。《河北省住房和城乡建设厅关于加强建设工程工期管理有关工作的通知》(冀建市〔2015〕14号)中规定:“……招标工期小于定额工期时,应按有关规定计算压缩工期所增加的费用,小于定额工期的85%时,应组织专家论证。”《深圳市住房和建设局关于印发〈深圳市建设工程工期管理办法〉的通知》(深建规〔2015〕4号)规定:“招标人确定的招标工期不宜低于定额工期的80%,低于定额工期80%的,建设单位应当组织专家论证,并采取相应的技术经济措施。”《关于贯彻落实杭州市建设工程施工工期管理的通知(征求意见稿)》中规定:“招标人确定的招标施工工期不宜低于定额施工工期的70%。低于定额施工工期70%的,建设单位应当组织专家论证,并采取相应的技术经济措施。”

第三,政府主管部门规制。《建设工程质量管理条例》第56条规定:“违反本条例规定,建设单位有下列行为之一的,责令改正,处20万元以上50万元以下的罚款:……(二)任意压缩合理工期的……”《建设工程安全生产管理条例》第55条规定:“违反本条例的规定,建设单位有下列行为之一的,责令限期改正,处20万元以上50万元以下的罚款;造成重大安全事故,构成犯罪的,对直接责任人员,依照刑法有关规定追究刑事责任;造成损失的,依法承担赔偿责任:……(二)要求施工单位压缩合同约定的工期的……”故对于构成压缩合理工期的工程建设项目,相关利害关系人可以向相应的政府主管部门提起举报、投诉等,寻求救济。

2. 工期对工程造价、质量等的影响

工期作为工程三大控制目标之一,对工程造价、质量均有重大影响。一方面,工期的长短(包括同时长下不同的开工时间),往往影响到施工期间材料、人工费用的计取,直接关系施工人的建造成本。而在可调价、成本加酬金等工程计价方式下,施工成本的变化直接关系到工程造价。近年来,多地区建筑材料,如钢材、水泥、商砼等涨跌超过15%以上,甚至部分材料达到30%～50%,由此造成的增加费用往往成为发、承包双方的争议焦点。另一方面,工期也关系到工程质量。建设工程施工过程具有其本身的科学规律。虽然新工艺、新材料、新技术在许多时候能够提高工作效率、加快工作进度,但仍不可置施工自然规律于不顾,蛮干、乱干很可能导致工程质量缺陷,甚至工程质量事故、安全事故的发生。2016年11月24日,江西丰城发电厂三期扩建工程发生冷却塔施工平台坍塌特别重大事故,造成73人死亡、2人受伤,直接经济损失10,197.2万元。《江西丰城发电厂“11·24”坍塌特别重大事故调查报告》中,国务院调查组查明,冷却塔施工单位河北亿能烟塔工程有限公司施工现场管理混乱,未按要求制定拆模作业管理控制措施,对拆模工序管理失控。事发当日,在7号冷却塔第50节筒壁混凝土强度不足的情况下,违规拆除模板,致使筒壁混凝土失去模板支护,不足以承受上部荷载,造成第50节及以上筒壁混凝土和模架体系连续倾塌坠落。调查查明,建设单位江西丰城三期发电厂及其上级单位未按规定组织对工期调整的安全影响进行论证和评估;项目建设组织管理混乱。工程建设存在压缩合理工期的问题——影响混凝土强度等级的因素主要与水泥等级和水灰比、骨料、龄期、养护温度和湿度等有关。

发包人与承包人在工期上具有契合点。对承包人而言,工期直接体现工程项目的管理科学水平。信誉良好、管理水平高的建筑施工企业,往往以“成本管理为核心、工期管理为主线、安全与质量管理为生命线”。对发包人而言,工程工期则关系到建设工程能否按照预期竣工验收、尽快投入使用,满足生产经营的要求,以实

现工程建设的目的。所以,发包人与承包人所签订的《建设工程施工合同》往往对逾期竣工约定违约金(罚款),如1万元/天等。一些案件中,承包人需要承担的逾期竣工违约金高达数百万至数千万之巨。在违约金之外,发包人还可能主张贷款利息、可得利益损失、延期监理费、建筑租赁费等其他损失。

3. 工期争议的举证

工期争议的最终目的是确认逾期工期的天数以及相对应的违约责任,逾期工期天数一般等于实际工期减去合同工期及合理顺延工期(如有)。逾期工期一旦被确认,逾期原因和责任主体需要进一步查明。根据不同的实际情况,发包人可能要求承包人承担工期违约责任,承包人也可能向发包人主张工期索赔。

实践中,为证明实际工期及追究承包人工期违约责任,发包人举证责任较为简单,只需举证:一是合同约定工期以及涉案工程的实际工期,据此确认工期延误事实的存在并主张工期延误的天数,如合同约定的计划开工日、计划竣工日或者计划工期,实际开工时间、竣工时间等;二是合同约定的工期违约金计算方法,以及由于工期延误所造成的各项损失。

对承包人而言,为对抗工期违约的诉请,则需承担较重的举证义务:工期延误全部或部分系发包人原因、存在法定或约定事由及不可抗力、意外事件等,上述事由的合理顺延天数,以及上述事由与工期延误的因果关系。承包人的上述举证也仅仅是初步的,法官基本上很难据以判断上述可顺延事由是否成立、可顺延的天数是几天等,往往需要通过工期鉴定的方式予以确定。

4. 工期鉴定的现状

与成熟的工程造价鉴定、基本完善的工程质量鉴定相比,工期鉴定仍然处于起步、摸索阶段。全国各地有关工期鉴定的案件总体数量不多、质量不高,争议较大。对于法官、仲裁员、律师抑或是施工企业管理人员等,工期鉴定亦较为生疏,其结果也往往受到质疑,主要质疑理由如下:

(1)工期鉴定没有相关的资质和机构

工程造价鉴定由入选司法鉴定人名册的造价咨询单位进行,鉴定人需具有注册造价工程师的资质证书。对于工期鉴定，并无特定的机构和人员规定。有观点认为，工期鉴定主要是鉴定可顺延天数，同时往往伴有相应的停窝工损失、材料损失、人员遣散费用等，与造价鉴定关联性较大，所以应当纳入工程造价鉴定的范畴。《建设工程造价鉴定规范》（GB/T 51262—2017）亦持本观点，将"工期索赔争议的鉴定"作为工程造价鉴定的一项内容。其中，第5.7.5条规定："当事人对鉴定项目因设计变更顺延工期有争议的，鉴定人应参考施工进度计划，判别是否因增加了关键线路和关键工作的工程量而引起工期变化，如增加了工期，应相应顺延工期；如未增加工期，工期不予顺延。"第5.7.6条规定："当事人对鉴定项目因工期延误索赔有争议的，鉴定人应按本规范第5.7.1～5.7.5条规定先确定实际工期，再与合同工期对比，以此确定是否延误以及延误的具体时间。"但是，亦有观点认为，工程造价鉴定往往是从造价核算的角度进行，很多注册造价工程师并不具有施工现场管理经验，对工期延误事由、施工实践等不熟悉，工期鉴定由更了解施工过程管理的注册监理工程师承担更为合适。持反对意见者认为，监理工程师往往存在"一证多挂"的情况，也并不了解项目建设的过程情况，且由于监理行业"报酬少、责任重、权力大"的特点，其与发包人、承包人之间存在千丝万缕的关系，更容易导致道德风险。也有观点认为，应当吸纳注册监理工程师中的中坚力量，成立专门的工期鉴定队伍。综上，工期鉴定没有专门的资质和机构，使其往往处于"名不正言不顺"的尴尬状态，对于"工期鉴定"是否为"司法鉴定"抑或"咨询报告"，实践中也多有争议。

（2）工期鉴定的方法有待实践的进一步总结

英国建筑法学会主要应用的基本分析方法有以下几种[1]：

第一，实际与计划工期对比法。实际与计划工期对比法是将初始进度计划与实际计划或反映某一时刻的实际进度进行对比，它们之间的差别就是工期延误。该方法是一种事后延误分析方法，相对简单易懂，不必使用关键线路法的网络分析技术，适用于相对简单的工程项目，但需要较为充分的初始进度计划中各项工作的

[1] 常设中国建设工程法律论坛第五工作组著：《建设工程施工合同纠纷证据指引理解与适用》，法律出版社2018年版，第207～208页；转引自崔军：《工程项目的工期延误分析技术》，载《项目管理技术》2011年第10期；王竹琳、张水波：《工期延误分析方法的国际研究动态》，载《工程管理学报》2011年第6期；何维：《国际工程合同法的涉案研究》，载《郑州航空工业管理学院学报》（社会科学版）2013年第5期。

信息、实际进度信息资料以及同期计划更新资料。

第二,计划影响分析法。计划影响分析法是通过分析事件对于初始进度计划的影响来判断对竣工时间的影响。具体的做法是在初始进度计划中识别和插入代表影响事件的工作,然后重新计算竣工时间,重新计算得出的竣工时间与原竣工时间的差就是对原计划的延误。该方法是一种事中分析方法,需要进度计划制订得较为充分、详细。

第三,时间影响分析法。时间影响分析法是在计划影响分析法基础上发展演变而成的一种分析方法,应用较为广泛。其是以初始进度计划为基准计划,将计划更新至当前进度,然后将延误事件插入相关工作之中,重新计算进度计划,确定新的竣工日期,新的竣工日期和原计划的竣工日期的差就是该事件对工期造成的延误。该方法是一种事中分析方法,工作量较大,成本较高,需要初始进度计划制订准确,计划竣工日期可靠,并且保存有根据实际情况对进度计划进行持续更新的数据。

第四,影响事件剔除分析法。影响事件剔除法的基本原理是先建立一个包含所有延误事件的实际进度计划,再以此计划为基础,将实际进度计划中非归责于承包人的延误剔除,通过重新计算得到新的竣工日期,实际进度计划中的竣工日期与新的竣工日期之差即为延误事件对竣工时间造成的延误,也就是承包人有权要求工期延长的期限。该方法是一种事后延误分析方法,要求所分析项目有较为完整的自开工到竣工的工程进度和各种延误事件的记录。

第五,视窗分析法。视窗分析法是将实际进度的总工期分解成多个“窗口”时间段分别进行分析。进行延误分析时,首先在第一个窗口的开端输入实际进度数据,将该窗口的进度计划调整为实际进度,之后的计划进度保持不变。更新前后项目总工期的变化就是第一个窗口阶段的延误事件对项目竣工日期的影响。其他窗口阶段的延误分析也是在前一次计划进度更新的基础上,加入该阶段的实际进度,前后比较得出对项目竣工的影响。该方法是一种事后延误分析方法,工作量大,成本高昂,一般适用于大型且日常施工资料保存完整的项目。

值得指出的是,上述工期鉴定的方法,在我国的诉讼和仲裁实践中,具体运用的数量并不多,对该方面的理论和实践总结也不够充分。

案例 34－1 ▶ 案由:建设工程施工合同纠纷

原告(反诉被告):克源公司。被告(反诉原告):陆建公司。

【案情】陆建公司所承包的克源公司重油裂解生成油分离装置工程项目,存在边设计边施工、工期严重拖延、工程质量事故致 2 人死亡、被责令停工、工程款支付拖延、未验收即使用等情况。承包人拒不交付工程资料,被强行退场;发包人拒绝结算。双方未约定合同价格,仅约定了取费下浮费率。案件审理中,双方仍然矛盾对立严重。

【审理】在本案的审理中,法院重点做了以下几个方面的工作:

1. 组建专业的合议庭,构建顺畅的交流主体,避免“鸡同鸭讲”。由建设工程专业法官担任审判长,另外两位陪审员分别是一级建造师和注册造价工程师。在审理过程中,双方先后将对工程纠纷不熟悉的律师代理人换下,原告先后换下 10 名代理人,被告先后换下 8 名代理人,最终代理人都是常设中国建设工程法律论坛的工程专业律师。

2. 处理诉讼程序问题,推进案件实质解决。双方曾出现保全战,法官及时引导双方解封、提供担保,并将精力回归诉讼实体上来。双方对原技改、维修部分曾约定仲裁,经法官引导,放弃仲裁约定条款,将相关部分一并纳入本案的审理范围。

3. 梳理涉案的众多合同、证据、人物、争议。本案双方对于工程造价的约定不断变化。原合同约定工程造价按土建及安装部分以 03 定额加信息价计算,土建下浮 5%,安装根据专业下浮 3% ~7% 不等,桩基单价包干;钻孔灌注桩在施工过程中改为管桩。履行过程中,双方对于施工范围、人工费、乙供转甲供材料费、大机费等的约定均发生变化。双方提供的证据繁多,曾经一次性提交一皮卡车的证据。核对证据目录,处理证据的遗漏、重复、矛盾等占据了相当多的时间。本案的一大争议,是签证是否有效。为了查明这一问题,法院首先核查了诸多签字人员的身份——总监、项目经理、保管员、施工经理等;其次调查了签证是报道性签证还是索赔签证;再次看签证争议是事件、项目、量、价、总价等其中的一部分还是全部;最后看是否有其他证据能够证明签证内容的发生等。案件前后所涉的争议数达到数百项,询问及开庭等数十次,现场勘验十余次。

4. 协调处理特殊设备检测研究院的监检证书。对承包人拒不提供工程资料并以此“讹诈”发包人的行为进行严厉批评,释明法律风险,促使其交付了相关资料。通过与双方及市特种设备检测研究院进行沟通,就办理监检证书所缺的材料进行清理,对其中因新标准出台导致原有阀门设计不符合标准的部分,与设计院沟通重新出图、追加设计费并由双方共同负担相关费用。

5. 创新鉴定工作,与鉴定人相互配合。鉴定之前,召开鉴定工作会,对于鉴定的目标、步骤、依据、方法、进度计划、需要补充的证据、需要配合的事项、鉴定费用等统一思想,将鉴定思路确定为先简单后复杂。将工程造价鉴定分为桩基、土建、安装三大部分。在桩基部分造价鉴定征求意见稿出具后,引导双方及时质证、协商并调解,成功按照征求意见稿中的一种意见直接确认。土建部分造价鉴定征求意见稿出具后,对于数个争议点开展重新组价、询价、调解、补充证据等工作,后经调解确定了金额。对于安装部分出现的数百项争议,采取先易后难、突出重点等方式,通过数日的初稿质证将争议项减少至 20 余项,后又通过两次鉴定工作会减少至 4 项并最终进行了判决。及时确定基准日、实际开工日等涉及取费时间的鉴定变量,以及墙、柱面装饰面层人工材料系数等,排斥无理主张,减少鉴定人工作量。为法官、书记员、当事人技术人员、律师、鉴定人等建立统一的微信群,敦促鉴定人发送每月月报,包括本月完成的情况、目前的进度、遇到的问题、下一步的计划进度、需要双方配合的事项、需要法院协调的事项、鉴定工作的预计完成时间等,敦促鉴定程序及时推进。同时,通过简易方式传送、补充资料,法官主导法律类证据的质证,技术性资料(图纸、施工组织计划、技术标)等授权鉴定人质证,提高质证效率。

6. 妥善处理工程质量、造价、工期三者的关系。由于双方对于工期违约天数存在争议,法庭委托了工期鉴定。在工期鉴定中,由于欠缺证据材料,鉴定人无法采用关键线路法、视窗分析法、实际与计划工期对比法等鉴定方法,故以影响事件分析报告的方式确定了合同工期可顺延 371 天,中交(竣工)时间延误 47 天。最后,法庭以承包人把持工程资料影响验收为由,将资料迟付事件 146 天亦认定为工期违约,并根据合同约定计算违约金。

7. 解决实质矛盾,息诉服判。判决后,双方均对鉴定、审判工作予以认可,双方均未上诉,法官后续引导双方就质监站备案工作、开具发票、利息计算等事项进行“一揽子”和解,最终实现了案结事了。

【评析】施工过程中,克源公司多次向陆建公司所属项目部发出现场指令并形成多份工程联络单,涉及甲供材料到货延迟、设计变更、检查、配合施工、措施方案变更、工程量变化、内容增加等,对工期或造成影响。经反诉原告申请,法院委托工期司法鉴定,就本案相关合同整体履行期间,是否存在工期顺延时间、相应的顺延天数等进行鉴定。反诉被告提供了工期索赔时间汇总表及相关证据材料。受当事人提供证据有限、部分证据仅为复印件等影响,鉴定机构无法采用关键线路法、实际与计划工期对比法、计划影响分析法、视窗分析法等精确方法计算,而只能出具具有一定参考价值的影响事件分析报告,对此双方均表示可以接受。鉴定意见为:原合同工期138天,因增加工程量、发生各种事件等,相应合同工期可以顺延371天,克源公司对该报告中合同工期中的中交验收时间可延期至2014年10月22日有异议,但未能提供反驳证据;陆建公司对鉴定意见存在部分异议,后已经被吸收,故不再主张。经审核,法院对鉴定分析报告中的中交验收时间可延期至2014年10月22日、因陆建公司原因延误47天的意见予以认定。

但是,中交验收并非竣工验收。双方的合同通用条款第32.1条规定,承包人负有向甲方提供完整竣工资料及竣工验收报告的义务。陆建公司作为施工承包人,其义务并非至中交验收即截止,配合办理竣工验收手续系其基本义务。从2014年10月22日至2015年5月3日涉案工程实际投入运行,陆建公司掌控施工验收资料而迟迟未交付克源公司,致使竣工验收手续无法办理,陆建公司应当承担相应的工期责任。故其延期时间为47天+146天(2014年12月8日至2015年5月3日)=193天。法庭后依据工期违约193天,根据合同约定判令陆建公司承担相应的工期违约金。

本案中的工期违约判断,结合了鉴定意见对可顺延天数的技术判断与承包人未及时提供施工资料引起的无法竣工验收(或投入生产)时间的法律判断,具有科学性、合理性。

(3)无法鉴定的可能性较高

工期鉴定需要当事人提供大量的现场资料和数据支持,不同的鉴定方法有不同的适用条件,所需鉴定资料也不尽相同。一般来说,鉴定申请人应当提供较为完整的工程进度计划资料、实际进度记录和有关延误事件对工期影响的同期记录。如果缺乏这些资料或有关资料过于粗略,则可能会导致无法进行工期鉴定。如工期鉴定往往因为当事人无法提供经批准的施工组织计划、网络计划图等,而无法找到关键线路;如果施工日志、监理日志、旁站记录等资料也存在欠缺,就更加无法掌握施工过程。所以,工期鉴定最终的结果为“无法鉴定”的概率,较工程造价鉴定、工程质量鉴定要高很多。

5. 工期鉴定的必要性审查

工期鉴定并非在所有情况下都是必要的。在下列情况下,就不必进行工期鉴定:

(1)工期延误原因单一、明了,其对工期的影响通过一般常识和经验即可判断

比如,因发包人原因未取得建设工程规划许可证被规划部门查处并责令全部工程停工,或工程系“三边工程”,发包人未按约提供施工条件、设计图纸导致承包人关键工作不能实施的,承包人可就工期进行索赔,此种案件中竣工日期的顺延应当考虑到承包人停工后复工所导致施工效率降低等因素,予以顺延的时间应当适当多于停止施工的时间。法官可以行使自由裁量权予以解决,而无须通过工期鉴定,否则,会导致裁判成本的增加和效率的降低,且案件未必能取得好的社会效果。

(2)通过举证分配可以解决

工期发生延误,但现有证据不能证明该延误是非承包人原因所致,则可以认定工期延误的责任由承包人承担。

(3)如同工程造价有时可以直接计算的情形类似,如果可顺延工期可以直接计算,法官也可以不委托鉴定。

案例34-2 ▶ 案由:建设工程施工合同纠纷

原告:仁置建设有限公司。被告:建筑工务局。

【案情】原告为装饰工程有限公司,被告为代表政府行使非经营性政府投资项目及政府指定的其他项目的业主职能和项目管理职能(交通、水利除外)的事业单位。

2018 年 6 月，双方签订《建设工程施工合同》一份，约定被告将某政府机关“三中心”修缮工程发包给原告施工，合同造价 561 万元，合同工期为 60 天（计划开工时间、竣工时间均未约定）。合同第 5 条第 4 款对工期延误约定为：“因以下原因造成竣工日期推迟，经监理工程师核定、发包方代表确认，工期相应顺延：(1)非承包方原因的施工网络计划中关键线路的工程量增加和设计变更，前期问题影响工程开展……(4)发包方代表给予顺延的工期……非上述因素，工程不能按合同工期竣工，承包方承担违约责任。并按招投标文件规定扣工期罚金（3000 元/天……）。”

涉案工程于 2018 年 7 月 23 日开工，10 月 28 日完工交付后竣工验收合格，合计 98 天（相较于合同约定延期 38 天），双方工程款已结清。原告缴纳了工程逾期竣工罚金 1.5 万元。现请求被告予以返还。

施工期间，原告向被告报送《影响施工工期因素确认单》七份（编号分别为 001 ~007），要求扣除工期影响天数及监理单位审核后批准天数分别见表 34 -1，合计 38 天，被告同意。

表 34 -1　影响施工工期因素确认单

编号	影响因素及施工部位	影响施工部位及工序	开始时间	消除时间	天数（天）	监理批准天数及理由（天）
001	9 层、10 层抛光砖样板确认时间滞后，影响所有部位关键线路工期	墙面抛光砖、天棚吊顶乳胶漆	7 月 24 日	8 月 2 日	9	0（不影响工期）
002	甲方提出 9 层、10 层电梯厅墙面、地面重新施工，使用抛光砖，电梯门套用大理石需另行采购	部位：电梯厅；工期：墙面抛光砖、大理石门套、天棚吊顶	8 月 5 日	8 月 13 日	8	5（根据第 3 次工期会议精神并结合实际情况认定）
003	台风影响，外立面停止施工 3 天，对外墙脚手架进行整修处理	部位：附楼外立面；工序：墙面大理石、天棚吊顶	8 月 6 日	8 月 10 日	4	3（台风影响 3 天）

续表

编号	影响因素及施工部位	影响施工部位及工序	开始时间	消除时间	天数(天)	监理批准天数及理由(天)
004	按工程变更联系单,10层走廊图纸1700改为1900,吊顶2620改为2700,墙体和吊顶拆除返工	部位:10层走廊及相连室内;工序:墙面轻质砖、抛光砖,天棚吊顶及墙面乳胶漆	8月15日	8月25日	10	7(根据第3次工期会议精神并结合实际情况认定)
005	附楼外立面皇彩石按色板施工后,甲方提出颜色修改,后监理例会回复确认不更改,导致外墙脚手架拆除延期	部位:附楼外立面;工序:外墙脚手架查处、地面花岗石铺贴	8月17日	8月23日	6	5(根据第6次工期会议精神、工程变更联系单并结合实际情况认定)
006	按工程变更联系单,9层墙面造型抛光砖改为白木纹大理石,影响墙面造型面层铺贴,石材需另行采购	部位:9层部分办公室、会议室,工序:墙面大理石、天棚吊顶乳胶漆	9月10日	9月22日	12	7(根据第6次工期会议精神、工程变更联系单并结合实际情况认定)
007	我部装修工程全部完成,因9楼弱电工程未完工,延期竣工验收	部位:9楼弱电工程;工序:9楼弱电分部工程	10月15日	10月28日	13	11

原告认为:应当按照上述001号至007号《影响施工工期因素确认单》中监理批准、被告确认的批准天数累加顺延天数,即0天+5天+3天+7天+5天+7天+11天=38天。

被告认为:004号、005号《影响施工工期因素确认单》批准的天数存在重复,应当重新计算,顺延天数为33天。

【审理】法官经过审理,发现002号与003号、004号与005号《影响施工工期因素确认单》批准的天数确实存在重叠,本案中采用施工人申请、监理人审批的方法确定的可顺延天数，同样应考虑不同事由是否处于关键线路。由于两者的施工部分分别为主楼10楼与附楼，二者并不能相互影响，则005号被004号吸收。法官通过收集施工组织计划、关键线路图和监理日志，将数份《影响施工工期因素确认单》进行比对和计算，最终判定可顺延天数为33天。原告逾期竣工天数为38天－33天＝5天，应当承担逾期竣工违约金1.5万元。鉴于原告已经缴纳该款，原告无权要求返还。

【评析】如果004号、005号《影响施工工期因素确认单》经考察施工组织计划、网络计划图，同属关键线路上的工作，则应当取二者经批准的天数最大取值，即7天＋5天≯10天＝10天，经计算可顺延的天数为36天，则逾期2天。

6. 工期鉴定不能的处理方式

在工期“无法鉴定”的情况下，司法实践中存在以下两种处理方式：

（1）行使自由裁量权

当承包人（基本）能够证明存在工期顺延时间，但是对于可顺延的具体时间无法举证证明时，法官可以结合案件实际情况，酌情顺延时间作出判决。例如，多数情况下，工程量往往与工程造价、工期存在正相关关系（当然，也不排除有些情况下工程量的增加与工期毫无关联）。所以，在一些案件中，施工过程中发包人提出增加工程量、变更施工方案等，但双方对工期变更未达成一致的情形下，承包人提出以实际完成的工程造价与合同签约价（预算价）进行对比确定的比值，结合合同约定工期来推算可顺延工期，即可顺延工期＝约定工期×（工程决算价÷工程预算价－1）。一些案件中，虽然工程造价变化不大，但存在设计修改图纸、临时下达变更指令单等影响施工组织措施并对工期造成影响较多的情况，也可以酌情确定可顺延时间。此外，实践中还存在多事件相互交叉、相互影响，工序中的关键线路发生变化等复杂情况，导致难以准确衡量可顺延的工期。此种情形下法官也可酌情确定可顺延时间。

（2）不予采信工期顺延的抗辩

由于承包人为举证存在工期顺延事件和可顺延具体时间的义务方，当其不能举证其所主张的事件存在、处于关键线路上及相应的可顺延时间时，应当承担结果意义上的举证证明责任，法官对此种工期顺延的抗辩可不予采信。

7. 费用索赔

在工期案件中,除了工期延误违约金外,发包人还可能主张其他损失。而承包人如能通过工期鉴定确定逾期竣工并不是由于承包人原因导致,除了可以要求顺延相应的工期外,还可以主张费用索赔,如停窝工损失、材料上涨的损失、建筑设备租赁损失等。以停窝工损失为例,以下情形下,承包人可以主张索赔:

(1)《民法典》第 803 条规定:“发包人未按照约定的时间和要求提供原材料、设备、场地、资金、技术资料的,承包人可以顺延工程日期,并有权请求赔偿停工、窝工等损失。”例如,施工场地的“三通一平”一般由发包人负责(当然,少数情况下发包人亦委托承包人负责),发包人未能履行“三通一平”义务,承包人进场后将无法接通水电、无法进行施工,则后续可主张停窝工损失。

(2)发包人未按照法律规定或者合同约定办理应由其办理的许可、批准或备案。如建设工程规划许可证、施工许可证等。

(3)隐蔽工程在隐蔽之前,承包人已按约通知发包人或监理人检查,发包人或监理人未及时检查,或者隐蔽后无正当理由要求重新检验致使工程停工、窝工的。

(4)发包人未能按合同约定发出指令或未及时履行施工方案、施工组织设计、施工进度计划、技术变更等文件的审批程序,造成承包人停工、窝工的。

(5)因发包人原因致使工程中途停、缓建的。

至于索赔的具体金额,往往也通过工程造价鉴定予以计算和确定——索赔事由是否合理、索赔基数是否合理(如窝工人数、在场人员)、时长等均需要通过专业的鉴定才能予以确定。

本篇小结

相较于工程价款争议,涉工程质量、工期案件的审理专业性更强。本篇对工程质量问题进行了简要的论述,剖析了工程质量缺陷的五个维度,并着重从请求权基础和举证的角度介绍了案件的基本审理思路——工程质量鉴定、修复方案鉴定、修复方案造价鉴定“三部曲”。此外,对工期鉴定的概况和举证进行了简要的介绍。

第九篇　特殊、疑难案件审理思路

第三十五章
CHAPTER 35

建设工程价款优先受偿权

建设工程价款优先受偿权的法律依据为《民法典》第807条,该条规定:"发包人未按照约定支付价款的,承包人可以催告发包人在合理期限内支付价款。发包人逾期不支付的,除根据建设工程的性质不宜折价、拍卖外,承包人可以与发包人协议将该工程折价,也可以请求人民法院将该工程依法拍卖。建设工程的价款就该工程折价或者拍卖的价款优先受偿。"

对于建设工程价款优先受偿权的性质,实务中颇多争议。有留置权说、法定抵押权说、法定优先权说。近年来,法定优先权说逐渐获得更多的共识——为维护相对较为弱势的承包人利益,防止工程款债务无法清偿时波及下属建筑工人利益造成社会稳定问题,法律直接创设、规定该优先权,作为一种特别优先权。

1. 优先权不应调解确认

实践中,有较多的法院在对发包人与承包人之间的债权债务进行调解时,也对建设工程价款优先受偿权一并调解确认。这种做法是不合适的,理由如下:

(1)建设工程价款优先受偿权具有担保的物权属性

建设工程价款优先受偿权来自法律的直接创设、规定,且并不以占有、登记为公示方式。动产的担保可以通过质押、留置方式等进行,人们可以通过占有推定所有权和权利受限的情况,不动产则通过登记的方式设立抵押担保等。但建设工程价款优先受偿权清偿顺序上优先于抵押等担保物权,如果仅仅通过调解的方式予以确认,囿于调解的私密性和不公开性(民事调解书目前在各地均以不公开为原则),利害第三人将无从得知优先权是否存在等,致使其自身的权利处于不确定的状态。

(2)调解中往往涉及虚假诉讼

在建设工程合同纠纷案件中,如果发、承包双方在工程造价、支付款项等问题上高度一致,往往是双方虚报较高债权以获得更高求偿比例,案件中确定优先权才是双方当事人的真实目的,此种情况客观上将损害银行以及其他债权人的合法权利。

(3)鉴于优先权往往可能对银行的债权产生损害,法院有必要依职权追加银行等作为第三人参加诉讼,以查明工程款债权是否存在串通虚高的可能、债权履行期限是否恶意延长、将建设工程折价受偿的协议是否后补等事实。“恶意串通”的主观要件由法官单方查明存在较大难度,且有违“不告不理”的原则。而银行等主体往往对发包人、承包人有一定的掣肘手段,对于资金往来等证据的收集较为便利,有助于查明该部分事实。

(4)如果优先权已经确实不存在(如超过行使期限等情况),尽管发包人同意确认,但法院不宜通过调解直接确认。

案例 35-1 ▶ 案由:建设工程施工合同纠纷

原告:英博第四建筑工程公司。被告:神格舞台设备制造有限公司。第三人:建设银行某高新支行。

【案情】原告起诉称:2014年6月,原告就承建被告新建厂房,与被告签订《建设工程施工合同》,暂定合同价为6276万元,承包范围为土建、钢结构、水电安装及附属工程。合同签订后,原告根据被告的要求,通过银行转账的方式支付了保证金250万元。2015年12月24日,涉案工程通过竣工验收,原告于次日向被告交付了工程。2016年1月21日,被告就原告承包的工程与原告进行结算,结算价为70,248,106元。后被告陆续向原告支付工程款,并于2016年3月27日将保证金250万元予以归还。其后,被告没有按照合同约定向原告支付工程款,经原告多次催讨,被告于2016年6月10日向原告出具书面《承诺函》一份,承诺:“在没有向原告全额付清工程款前,原告对其施工的工程一直享有优先受偿权。”截至2017年5月17日,被告确认尚欠原告工程款15,270,924

元没有付清。原告请求判令:(1)被告立即支付欠付的工程款15,270,924元及逾期付款利息2,487,966.46元(按银行贷款利率6%的三倍计算);(2)确认原告在15,270,924元范围内对被告的新建厂房土建、钢结构、水电安装及附属工程的折价或拍卖的价款享有优先受偿权。

【审理】在召开庭前会议时,法官对案件是否真实较为生疑,理由包括:(1)被告答辩称:"欠付工程款15,270,924元属实,对利息按照银行三倍计算没有异议;《承诺函》形式和内容均属实,在竣工后六个月即将届满前,原告主张工程款,被告无力支付就出具了该承诺书。"即被告对原告的诉讼请求是全部认可的。(2)经侧面了解,现被告资不抵债、停产歇业,并已经涉入多起诉讼案件,但在其他案件中均怠于应诉。(3)在法官询问被告状况时,被告提起其他法官已经启动了执行拍卖程序,其中最大的债权人为建设银行某高新支行。(4)双方均表示,为减少诉累,法官可以直接出具《民事调解书》而无须开庭。(5)《承诺函》只有一页纸,内容为:"英博第四建筑有限公司:贵公司承建的我公司新建厂房工程,因承诺人无力全额支付工程款,根据法律的相关规定,特向贵公司作出如下承诺:承诺人在没有向贵公司全额付清上述工程价款前,贵公司一直对上述工程享有优先受偿权。2016年6月10日。"同时还有一张《确认函》,主要内容为:"英博第四建筑有限公司:由贵公司承建的我公司新建厂房工程,经我公司确认,工程价款为70,248,106元,截至2017年5月17日,尚欠工程款15,270,924元。2017年5月17日。"《承诺函》与《确认函》字体、字号、行间距等格式基本一致,仅以肉眼查看,就可认定存在同时形成的可能性。综上所述,法官对双方提出的出具调解书的要求予以拒绝,理由是"建设工程价款优先受偿权不能以民事调解的方式进行确认"。

庭后,法官主动与建设银行某高新支行取得联系,并询问其是否申请作为第三人参加诉讼。后其向法院提交了作为第三人参加诉讼的申请并提交了大量证据,包括:被告所属的厂房、土地等均已抵押给第三人;经生效裁判文书确认,第三人对抵押厂房及土地折价或者拍卖、变卖所得价款享有优先受偿权,现案件正处于执行过程中;双方确认欠付工程款15,270,924元时,合同约定的缺陷责任期尚未届满,被告提前确认欠付工程款并包含保修金,显然与合同约定及惯例不符;建设工程价款优先受偿权不能仅仅是发函或者单方确认,应当有明确的金额和折价、拍卖或变卖的意思表示。第三人怀疑双方存在恶意串通、损害第三人利益的行为。

在审理过程中,第三人对《承诺函》《确认函》的形成时间有异议,申请形成时间司法鉴定(形成的自然时间、形成的间隔时间)。原告的代理人当庭表示是否准许鉴定由法院认定,但该两份证据不是代理人制作的,是原告委托代理人的时候交给代理人的。

在法官决定启动司法鉴定后,原告申请撤回了起诉,法院随后裁定予以准许。

【评析】(1)建设工程价款优先受偿权不能通过调解的方式确认,已逐渐成为司法实务界的共识。(2)建设工程价款优先受偿权行使时债权金额是否应当明确、是否可以通过承包人发函或者发包人出具单方承诺的方式予以行使,系本案的实体争议,司法实践中多倾向于认为不能。(3)本案双方欲通过调解的方式确认债权和建设工程价款优先受偿权的诉讼目的实际上不能达到,诉讼中必然会对欠付工程款金额进行认真核实。(4)原告申请撤诉,第三人也认为参加诉讼的目标已经达到,故同意撤诉,如果继续深究案件的具体情况将消耗大量的精力,故予以准许。

实践中也存在很多与上述案例类似的情况,如当事人发函称:"本承包人现主张建设工程价款优先受偿权""现要求你方尽快支付,否则我方工程款应当优先受偿""现我方主张如不能清偿,在清偿前我方一直享有优先权"等。实际上,折价或拍卖、诉讼、仲裁才是行使优先权的有效方式,单纯的发函并非行使优先权的正确方式。

2. 优先权的权利主体

《建设工程司法解释(一)》第35条规定:"与发包人订立建设工程施工合同的承包人,依据民法典第八百零七条的规定请求其承建工程的价款就工程折价或者拍卖的价款优先受偿的,人民法院应予支持。"第37条规定:"装饰装修工程具备折价或者拍卖条件,装饰装修工程的承包人请求工程价款就该装饰装修工程折价或者拍卖的价款优先受偿的，人民法院应予支持。”结合法理和相关规定，对于建设工程价款优先受偿权的主体，存在以下几点需要注意：

(1)与发包人订立建设工程施工合同的承包人可以主张优先权

这里的发包人应当作狭义理解，仅为建设工程施工合同中的建设单位、甲方、代建单位。

(2)与发包人订立建设工程勘察、设计、监理合同的勘察人、设计人、监理人，均不享有优先权

勘察、设计、监理工作不属于建设工程施工合同的范围，虽然也有相应的智力、劳动付出，但与施工合同中人、材、机三要素物化到不动产的过程存在显著不同。

(3)实际施工人无法直接向发包人主张优先权

原《建设工程司法解释》将实际施工人限定为转包、违法承包及借用资质情形下的实际进行工程承包施工的主体，包括个人和单位，但三种实际施工人均与发包人之间不存在合同关系。有观点认为，借用资质情况下的，如果发包人明知挂靠人挂靠被挂靠人施工并签订建设工程施工合同的，挂靠人与发包人之间存在“事实上的合同关系”。但在坚持合同相对性的原则下，合同主体的外观信赖利益仍然是司法应当重点保护的，故该观点值得商榷。《建设工程司法解释(一)》第44条规定：“实际施工人依据民法典第五百三十五条规定，以转包人或者违法分包人怠于向发包人行使到期债权或者与该债权有关的从权利，影响其到期债权实现，提起代位权诉讼的，人民法院应予支持。”至于实际施工人能否依据代位权理论代位行使优先权，同样存在争议：优先受偿权并非仅存在于当事人之间的、具有相对性的债权，而是具备担保物权性质的法定优先权，往往被认为超过了可代位的范畴。

(4)与发包人直接订立建设工程施工合同的个人可以主张优先权

理论上，仍存在某工程由个人作为承包人施工完成的可能性，相应的审批、报建手续等均为虚假的。与挂靠不同，其并不以借用资质为手段规避监管。该种情形下，承包人仍可主张优先权。

(5)装饰装修工程的承包人可以主张优先权，但是受到限制

一方面，行使的范围仅为装修致使不动产增值的部分。然而实际上，装修不能使房屋增值反而减损的情况屡见不鲜。另一方面，发包人应当是房屋的所有权人，发包人如为房屋的承租人仅享有承租权而不享有处置权，此种情况下则优先权无法行使。

3. 不宜折价、拍卖的工程

建设工程价款优先受偿权的客体,必须不属于不宜折价、拍卖的工程,否则将使权利落空。不宜折价、拍卖的工程主要包括以下几类:

(1)未取得建设工程规划许可证或者未按照规划许可证的要求建设的,俗称"违章建筑",因不具有合法的建造手续,无法将审批手续补正至合法合规状态,故无法通过司法程序实现价值。

(2)工程属于国家机关办公用房、军事建筑,如区政府办公楼、军港码头仓库等,建筑物有其功能价值上的特殊性,将其折价、拍卖将冲击社会基本管理秩序。

(3)工程属于事业单位、社会团体等以公益目的建设的教育设施、医疗设施及其他社会公益设施,如公办小学的教学楼、医院的住院部大楼等。

(4)无法独立存在的工程或者分割后将影响主建筑物使用功能的附属工程。如市政道路工程、玻璃幕墙工程、桩基工程、智能化工程等分部分项工程,往往难以独立行使建设工程价款优先受偿权。

案例 35－2 ▶ 案由:建设工程施工合同纠纷

原告:乃泓装饰工程有限公司。被告:京源不锈钢材料有限公司。

【案情】原告起诉称,2017 年 9 月 11 日,原告与被告约定由原告全额垫资施工预算造价为 5,361,490 元的被告厂区土建现浇部分和钢结构隔层等工程,双方约定工期为 5 个月,并约定工程验收完毕后被告一次性付清工程款。如被告到期无法按时履行付款义务,需按照每日千分之一支付违约金。2018 年 5 月 6 日,工程项目由被告验收完毕并交付使用,工程决算造价为 5,372,400 元,双方约定两日内付清。但被告并未按约履行,一直拖欠未付。

本案的蹊跷之处有:

1. 双方之间的《钢结构工程合同》仅有一页,除了双方主体信息、项目地址以外,主要内容为以下几项:(1)工程内容为按照双方已确认图纸及预算,依照相关国家标准施工,工程量参照预算书,如有工程量增加或者减少,经双方协商并由双方负责人签字确认,验收完工一次性结算;(2)施工工期为 2017 年 10 月

16日至2018年6月6日;(3)工程造价5,361,490元;(4)特别约定,由于甲方(被告)目前资金紧张,经协商由乙方(原告)全额垫资施工,工程完工并验收完毕后一次性付清,如甲方(被告)到期无法按时履行付款义务,需支付千分之一每日的违约金。

2. 双方之间的预算《土建(现浇部分等预算)》亦仅半页纸:钢筋每平方35元(螺纹10,间距20cm双层双向);混凝土每平方米48元(标号C25、12cm厚);耐磨地坪每平方30元(绿色金刚砂4厚紧扣耐磨材料);泥工每平方米16元,钢筋工每平方米12元;以上单价合计140元/平方米,建筑面积13,413.5平方米。税金30万元等,钢结构造价3,292,510元。合计5,361,490元。

3. 双方之间的《工程验收协议书》,既为验收材料,亦为结算资料,内容有:厂区钢结构隔层项目,经双方共同确认,已经按照双方确认图纸及预算施工完成,用材及工艺符合相关国家标准,厂区钢结构隔层13,413.5平方米(加现浇楼板做水泥硬化地坪),一部货运电梯,一部钢结构楼梯,水电安装(照明灯具及相应插座开关等);经双方负责人及相关专业人员现场确认,本项目验收完毕,即日起交由甲方使用;工程决算造价5,372,400元,甲方应一次性全款付清。

【审理】被告开庭时对原告提供的证据全部认可,且同意确认建设工程价款优先受偿权。法官对本案生有疑虑,证据虽然完备但与正常的工程资料不符、担心双方当事人高度配合系出于其他的目的。随后查询内部案件系统,发现被告已经所涉案件十几件,涉案房屋和土地即将启动执行中的拍卖程序。

法官进行现场勘验,并向建设行政规划部门发函,函询本案的情况——将原有单层厂房进行施工改造,通过钢结构施工隔成两层、上层浇筑地坪、安装电梯及钢结构扶梯,是否需要办理相关规划许可。后相关部门回复了《复函》:将单层厂房进行内部分割成两层,不符合原有建设工程规划许可证,需要到房屋使用安全管理部门办理手续。

法官随后向当事人出示了上述《复函》,并明确告知其未按建设工程规划许可证建设,其优先权法院将不予以确认。随后原告撤回了起诉。

【评析】本案原告的诉讼目标即为确认优先权,当该目标无法达到时,即失去诉讼的意义。而相关的证据明显系粗制滥造,双方串通的可能性较大。

4. 工程质量合格是优先权行使的前提

《建设工程司法解释(一)》第 38 条规定:“建设工程质量合格,承包人请求其承建工程的价款就工程折价或者拍卖的价款优先受偿的,人民法院应予支持。”第 39 条规定:“未竣工的建设工程质量合格,承包人请求其承建工程的价款就其承建工程部分折价或者拍卖的价款优先受偿的,人民法院应予支持。”所以,工程质量合格是承包人主张工程价款的前提,故同样,行使优先受偿权的前提亦为工程质量合格。如果工程质量不合格,也即建设工程存在质量问题,其将无法使用或者予以拍卖、变卖。而合同是有效合同,抑或无效合同,与优先权是否成立并无关联性。第 38 条的条文从形式逻辑上理解,“建设工程质量不合格,承包人请求其承建工程的价款就工程折价或者拍卖的价款优先受偿的,人民法院不予支持”实为一句废话。其实际上要强调的是合同效力不影响优先权的认定。故本条可增加该表述,以助于准确理解。

值得注意的是,竣工验收是工程质量合格的主要证据,但竣工验收系以工程完工为前提。如果承包人因发包人原因未能完成施工而要求解除合同并主张建设工程价款优先受偿权的,应当对未竣工的建设工程质量是否合格进行审查。在该种情形下,如果承包人能够举证涉案工程已完成的部分质量系合格的——如提供检验批、分部分项验收记录、主体结构验收、单位工程验收记录等证据,且发包人未提出相应的质量异议,可视为承包人已经完成了工程质量合格的初步举证义务。如果发包人提出了相应的质量异议,则需要审查异议是否成立。如果发包人随后将该未完工程发包给第三方续建且未对其提出质量异议,也视为承包人已完成的工程质量合格。如果承包人无法提供已完成的部分质量系合格的证据,则有必要通过工程质量司法鉴定的方式确定已完工程是否符合合同约定(包括施工设计文件)和相关建设标准的要求。

5. 优先权行使的范围

对于优先权行使的范围,原《最高人民法院关于建设工程价款优先受偿权问题的批复》(法释〔2002〕16 号,已废止)第 3 条规定:“建筑工程价款包括承包人为建设工程应当支付的工作人员报酬、材料款等实际支出的费用,不包括承包人因发包人违约所造成的损失。”该文件在效力层级上属于司法解释,对指导实践有一定的积极意义,但仍然遗留较多的内容未予明确。从该文件的前半句上看,优先权行使的范围侧重于保护承包人实际投入的、物化到不动产中的施工要素,如人工、材料费用等。但是,该问题实际上是混淆了经济学上“成本”与“价格”的关系。“实际支出的费用”,是个别的、唯一的且难以证明的,由此导致在司法实践中对于优先权是否包含“利润”这一问题争论多年。而后半句“不包括承包人因发包人违约所造成的损失”亦存在“挂一漏万”之嫌,除该半句提到的损失外,承包人索赔是否在优先权行使的范围内?工程奖励金是否在优先权行使的范围内?工程款的利息是否属于法定孳息、是否在优先权行使的范围内?垫资款的利息呢?这些问题都没有明确的答案。

关于该问题,《建设工程司法解释(一)》第40条进行了进一步的明确:“承包人建设工程价款优先受偿的范围依照国务院有关行政主管部门关于建设工程价款范围的规定确定。承包人就逾期支付建设工程价款的利息、违约金、损害赔偿金等主张优先受偿的,人民法院不予支持。”换句话说,构成工程造价部分的款项,享有优先受偿权,其他款项不构成工程造价部分,则不应当享有优先受偿权。应当说,《建设工程司法解释(一)》完全变更了原《最高人民法院关于建设工程价款优先受偿权问题的批复》中有关建设工程价款优先受偿权范围的内容,由“实际投入”转变为了“工程造价”,更为科学,也易于计算,实为进步。

所以,优先受偿权的范围指的是构成工程价款部分的工程造价,具体来说:按照定额计价时为直接费、间接费、利润、税金,按照清单计价时为分部分项工程费、措施项目费、其他项目费、规费、税金;按照固定单价计算时为固定价格×计价数量;按照成本加酬金计价时为实际成本×(1+酬金系数)或者∑实际成本+固定酬金。此外,工程造价包含双方合意议定计入工程造价的款项,如补偿款、补贴、调差款、赶工费用,甚至与工程本身无关的零星款项,如计日工;但不包括损失和奖励,除非发、承包双方议定计入工程款,如(部分)承包人索赔款,优质工程奖,提前竣工奖等。

如安全文明费用,发承包双方之间的合同约定为129万元,按照定额计取为157万元,承包人实际投入的各类成本134万元,那么最终计入造价金额时应当采用哪个数额呢?很明显,应当采用129万元计入工程造价,并根据最终所欠的价款确定相应享有建设工程价款优先受偿权的金额。

由于工程造价的本质是价格,包含双方协商确定的因素,在确定优先权行使的范围时,应当特别注意:是否存在双方事后达成协议,将不应当计入工程造价的部分计入、虚报造价金额以获取更高的优先权金额的情况,对其他债权人造成影响。该种情形往往可认定为"恶意串通,损害第三人利益"的无效行为。

6. 优先权行使的期限

原《最高人民法院关于建设工程价款优先受偿权问题的批复》第 4 条规定:"建设工程承包人行使建设工程价款优先受偿权的期限为六个月,自建设工程竣工之日或建设工程合同约定的竣工之日计算。"该"六个月"的期限,实为除斥期间,不适用中断、中止和延长的规定。当事人在该期间未履行权利的,丧失实体权利。但实务中,未完工程情况下合同是否解除或终止履行,六个月是从停工之日还是从合同解除之日起计算等问题,均存在争议。就此,原《建设工程司法解释(二)》第 22 条规定:"承包人行使建设工程价款优先受偿权的期限为六个月,自发包人应当给付建设工程价款之日起算。"而《建设工程司法解释(一)》第 41 条规定:"承包人应当在合理期限内行使建设工程价款优先受偿权,但最长不得超过十八个月,自发包人应当给付建设工程价款之日起算。"由此,优先权的行使期限变更为不超过 18 个月的合理期限,从应当给付之日起算。但仍有较多的解释空间:何为合理期限,何为应当给付之日。关于合理期限,应当考虑:竣工情形下的结算工作、审价活动是否有序进行,发包人是否存在资信严重下降、破产等情况,承包人是否配合结算、审价以及完成后有无及时催讨,是否存在导致承包人不能及时行使的其他情形。

建设工程价款分为:预付款、进度款、结算款及质保金。对于预付款、进度款,根据法理,优先权成立于建造行为合法结束之时,即建设工程已经成为民法意义上的"物"之时,此时其方具有不动产的自然属性;未完工程情况下,合同解除或终止、双方对工程造价进行结算后,建设工程虽然未完工,但已经投入相应的人力、物力和智力成果,具有相应的转让价值。该两种情况下,承包人将相应的工程转移给发包人,发包人才具有了对建设工程的所有权,为其处置打下基础。而当发包人欠付预付款、进度款而承包人并未行使解除权、合同并未终止的情况下,工程本身处于承包人的控制下,也并无处置的价值和可能。所以,承包人对发包人所欠付的预付款、进度款,并不能主张建设工程价款优先受偿权。对于质保金,有观点认为:"质量保证金系为保障工程质量而缴纳的,不属于本条规定的应付工程款,因而不应以建设单位返还质量保修金的时间作为应付工程款的认定时间。"该观点值得商榷。实际上,质保金属于工程款的一部分,在满足行使条件的情况下,应当享有建设工程价款优先受偿权,仅仅是行使时间相应在后而已。

实践中,通常会出现发包人与承包人以协议的形式延长应付款时间的情形。为了避免发包人与承包人恶意串通,损害银行等第三人利益,应审查发承包人的主观意愿,如果确是因一方原因,导致付款条件不能成就,双方协商一致另行确定了付款时间,不存在恶意损害他人利益的情形,应认定对付款时间的约定有效,优先受偿权的行使起算时间以协议确定的付款时间为准。反之,发承包方恶意串通,目的是拖延抵押权的行使或损害其他第三人利益,则仍应以原合同约定的付款日期作为应付工程款之日,即为优先受偿权的起算点。可预见今后发、承包双方以"补签协议延长付款期限以满足优先权行使条件"的情形会越来越多。值得说明的是,对于"恶意串通"的主观要件,从司法的角度是较难证明的,且有违"不告不理"的原则。

7. 优先权请求的主文表达方式

当事人在诉讼中主张优先权时,其表述往往并不准确。如某案件中,承包人的第5项诉讼请求为"请求确认原告对涉案工程具有优于抵押权和其他债权的优先受偿权,原告的上述款项在对涉案工程依法拍卖、变卖所得价款中优先受偿"。该诉讼请求存在表述不准确、内容不明确等问题。

建设工程价款优先受偿权的确认,本质上并非给付之诉、形成之诉,而是确认之诉。完整的判决主文表达方式,包含权利人主体、义务人主体、工程款范围、权利客体。例如,确认原告东源建设有限公司就被告西开公司欠付的3780万元工程款,就原告所施工的西开公司中山南路5#地块住宅小区Ⅱ标段工程享有优先受偿权;原告就其施工的西开公司中山南路5#地块住宅小区Ⅱ标段工程,在被告西开公司欠付的3780万元工程款范围内享有建设工程价款优先受偿权。其中,权利客体的名称,应当是竣工验收备案表、建设工程规划许可证、开工报告等载明的项目正式名称,防止权利客体因为名称不准确而发生混淆。

第三十六章
CHAPTER 36

实际施工人

1. 实际施工人的基本解读

(1)概念及法律渊源

实际施工人这一概念并无法律法规依据,与之相对应的"施工人",往往指的是有效合同中的承包人。原《建设工程司法解释》中首次提到了实际施工人,并将其限定在无效合同的案件中,其第1条规定:"建设工程施工合同具有下列情形之一的,应当根据合同法第五十二条第(五)项的规定,认定无效:(一)承包人未取得建筑施工企业资质或者超越资质等级的;(二)没有资质的实际施工人借用有资质的建筑施工企业名义的;(三)建设工程必须进行招标而未招标或者中标无效的。"第4条规定:"承包人非法转包、违法分包建设工程或者没有资质的实际施工人借用有资质的建筑施工企业名义与他人签订建设工程施工合同的行为无效。人民法院可以根据民法通则第一百三十四条规定,收缴当事人已经取得的非法所得。"第25条规定:"因建设工程质量发生争议的,发包人可以以总承包人、分包人和实际施工人为共同被告提起诉讼。"第26条规定:"实际施工人以转包人、违法分包人为被告起诉的,人民法院应当依法受理。实际施工人以发包人为被告主张权利的,人民法院应当追加转包人或者违法分包人为本案当事人。发包人只在欠付工程价款范围内对实际施工人承担责任。"

原《建设工程司法解释(二)》保留并沿袭了实际施工人的概念及相关规定。其第24条规定:"实际施工人以发包人为被告主张权利的,人民法院应当追加转包人或者违法分包人为本案第三人,在查明发包人欠付转包人或者违法分包人建设工程价款的数额后，判决发包人在欠付建设工程价款范围内对实际施工人承担责任。”第25条规定：“实际施工人根据合同法第七十三条规定，以转包人或者违法分包人怠于向发包人行使到期债权，对其造成损害为由，提起代位权诉讼的，人民法院应予支持。”

《建设工程司法解释（一）》第43条规定：“实际施工人以转包人、违法分包人为被告起诉的，人民法院应当依法受理。实际施工人以发包人为被告主张权利的，人民法院应当追加转包人或者违法分包人为本案第三人，在查明发包人欠付转包人或者违法分包人建设工程价款的数额后，判决发包人在欠付建设工程价款范围内对实际施工人承担责任。”第44条规定：“实际施工人依据民法典第五百三十五条规定，以转包人或者违法分包人怠于向发包人行使到期债权或者与该债权有关的从权利，影响其到期债权实现，提起代位权诉讼的，人民法院应予支持。”

故实际施工人限定为转包、违法分包、挂靠情形的承包人，既可以是单位也可以是个人，但不包括违法招投标导致合同无效情形下的中标人、资质不符致使其与发包人签订的建设工程施工合同无效情形下的承包人。

（2）实际施工人的适用范围

在国家清理拖欠工程款和拖欠农民工工资重大部署的背景下，原《建设工程司法解释》的出台具有鲜明的时代特征——从法律上提供更加明确、有力的保障，切实解决农民工工资拖欠问题。

在司法诉讼中，不同法院对实际施工人的范围有不同的理解。有的法院认为只有处于层层转包、分包等工程承包关系中的最低一层、实际组织进行施工并承担承包风险的才是实际施工人。如《北京市高级人民法院关于审理建设工程施工合同纠纷案件若干疑难问题的解答》（2012年8月6日　京高法发〔2012〕245号）第18条规定：“《解释》中的‘实际施工人’的范围如何确定？《解释》中的‘实际施工人’是指无效建设工程施工合同的承包人，即违法的专业工程分包和劳务作业分包合同的承包人、转承包人、借用资质的施工人（挂靠施工人）；建设工程经数次转包的，实际施工人应当是最终实际投入资金、材料和劳力进行施工的法人、非法人企业、个人合伙、包工头等民事主体。法院应当严格实际施工人的认定标准，不得随意扩大《解释》第二十六条第二款的适用范围。对于不属于前述范围的当事人依据该规定以发包人为被告主张欠付工程款的，应当不予受理，已经受理的，应当裁定驳回起诉。”（该条中的《解释》指的是原《建设工程司法解释》。）也有的法院认为，只要是存在层层转包、分包、挂靠等导致承包合同无效的,承包人即为实际施工人。理由是在多重转包、分包关系中,一方面,查明承包人是否为最低一层、直接组织建筑工人进行施工并自担承包风险,困难较大且不利于审理推进;另一方面,仅允许最低一层主张权利,将使转包、分包关系中的大量承包人陷入丧失实际施工人诉权的不利境地,在没有明确直接规定的情况下,宜从宽把握。

实际施工人的立法原意是保护建筑工人(农民工)的利益。那么,实际施工人是否限定于劳务分包人? 近年来,对于实际施工人的司法政策逐渐限缩,需要对其进行从严把握。各地高级人民法院为统一裁判尺度,纷纷出台了相应的指导意见。如《浙江省高级人民法院民事审判第一庭关于审理建设工程施工合同纠纷案件若干疑难问题的解答》第 23 条规定:"实际施工人可以向谁主张权利? 实际施工人的合同相对人破产、下落不明或资信状况严重恶化,或实际施工人至承包人(总承包人)之间的合同均为无效的,可以依照最高人民法院《关于审理建设工程施工合同纠纷案件适用法律问题的解释》第二十六条第二款的规定,提起包括发包人在内为被告的诉讼。"《2015 年全国民事审判工作会议纪要》规定:"对实际施工人向与其没有合同关系的转包人、分包人、总承包人、发包人提起的诉讼,要严格依照法律、司法解释的规定进行审查;不能随意扩大《关于审理建设工程施工合同纠纷案件适用法律问题的解释》第二十六条第二款的适用范围,并且要严格根据相关司法解释规定明确发包人只在欠付工程款范围内对实际施工人承担责任。"2015 年 12 月 24 日,最高人民法院民事审判第一庭庭长程新文在第八次全国法院民事商事审判工作会议《关于当前民事审判工作中的若干具体问题》中指出:"对于建设工程司法解释第二十六条规定,目前实践中执行得比较混乱,我特别强调一下,要根据该条第一款规定严守合同相对性原则,不能随意扩大该条第二款规定的适用范围,只有在欠付劳务分包工程款导致无法支付劳务分包关系中农民工工资时,才可以要求发包人在欠付工程价款范围内对实际施工人承担责任,不能随意扩大发包人责任范围。"结合相关的精神,前述规定更加明确得规定了该条规定适用时的限缩条件:①实际施工人的承包方式为劳务分包;②实际施工人与其相对人的合同为违法分包、转包、挂靠等无效合同,因合同相对人无法支付工程款导致实际施工人无法支付农民工工资;③实际施工人的合同相对方下落不明、破产、资信状况恶化等原因导致其缺乏支付能力,实际施工人不提起以发包人或总承包人为被告的诉讼就难以保障权利实现;④发包人存在部分欠付工程款,且在欠付范围内承担责任。

但是,《建设工程司法解释(一)》并没有延续上述限缩性的思路,反而对实际施工人的代位权进行了强调性规定;也并没有将实际施工人限定在劳务分包中,只是将借用资质(挂靠)的实际施工人排除在适用该条的主体范围之外。甚至,有观点认为该条可适用于合法的劳务分包合同的承包人,理由是:既然在分包合同违法的情况下,对分包合同的承包人的权利要特别保护,在分包合同合法的情况下,对分包合同的承包人的权利当然应当予以同等保护[1]。该观点饱受争议。以上反映了实际施工人内涵与外延的不断变化、各种理解的冲突。

2. 现实的滥觞

原《建设工程司法解释》施行十多年来,理论界与实务界针对实际施工人条款一直争议不断,暴露诸多问题。

(1)法理

尽管实际施工人有其特殊的历史背景和一定的现实价值,但实际施工人条款赋予无效合同的承包人突破合同相对性,不仅缺少上位法依据,还破坏了交易秩序,也备受理论界的诟病。正如上述有意见称有效合同也应当可以突破合同相对性适用,实际施工人条款的适用在各界倾向于限缩的过程中,实务运用反而有一再扩大的趋势。债具有相对性,突破合同的相对性需要有请求权基础,但实际施工人突破合同相对性并无相应的基础。《民法典》第 119 条规定:“依法成立的合同,对当事人具有法律约束力。”第 465 条规定:“依法成立的合同,受法律保护。依法成立的合同,仅对当事人具有法律约束力,但是法律另有规定的除外。”一个“仅”,是对合同相对性原则的再次强调。司法解释作为规范性文件创设、拟制概念,层阶欠高。

(2)管辖

仲裁是与诉讼平行的纠纷解决方式。《仲裁法》第 4 条规定:“当事人采用仲裁方式解决纠纷,应当双方自愿,达成仲裁协议。没有仲裁协议,一方申请仲裁的,仲裁委员会不予受理。”因此,仲裁管辖应以各方均具有仲裁的意思表示为前提。

---

〔1〕 最高人民法院民事审判第一庭编著:《最高人民法院建设工程施工合同司法解释(二)理解与适用》,人民法院出版社 2019 年版,第 509 页。

由于建设工程施工合同纠纷的仲裁案件并未强制专属管辖,当事人可以选择非工程所在地的任一家仲裁机构进行仲裁。2015 年 2 月 4 日,旧《民事诉讼法司法解释》施行后,建设工程施工合同纠纷、建设工程分包合同纠纷等均按照不动产纠纷对待,实行专属管辖。故诉讼案件中,约定由非工程所在地管辖无效。然而,对于实际施工人主张权利,能否回避发包人与承包人之间有关仲裁管辖的约定,实践中争议极大。裁判观点有:第一,实际施工人以发包人及转包人(或违法分包人)为共同被告主张权利的,发包人与转包人(或违法分包人)的管辖约定对实际施工人有约束力[1]。第二,实际施工人以发包人及转包人(或违法分包人)为共同被告主张权利的,实际施工人与转包人(或违法分包人)的管辖约定对实际施工人有约束力[2]。第三,实际施工人仅向转包人(或违法分包人)主张权利的,转包人(或违法分包人)与发包人的管辖约定对实际施工人没有约束力。第四,实际施工人仅向发包人主张权利的,不能简单地理解为是对转包人(或违法分包人)权利的承继,不应受

[1] 以最高人民法院(2013)民提字第 148 号案例的裁判意见为参考,最高人民法院认为:"关于中交二局提供付洋的《个人参保情况证明》和付洋以项目经理身份在龙航公司年终总结大会上做培训的两份证据,用以证明付洋系龙航公司员工,并非本案实际施工人的问题。《建设工程司法解释》第二十六条规定:'实际施工人以转包人、违法分包人为被告起诉的,人民法院应当依法受理。实际施工人以发包人为被告主张权利的,人民法院可以追加转包人或者违法分包人为本案当事人。发包人只在欠付工程价款范围内对实际施工人承担责任。'由于该司法解释并未对实际施工人的身份作出特别限定,因此,并不能以付洋系龙航公司员工为由当然排除其为工程实际施工人的可能。但是,该规定在明确了实际施工人对发包人、转包人、违法分包人享有诉权的同时,也将实际施工人的权利作了限定,即发包人只在欠付工程价款范围内对实际施工人承担责任。由此可见,即使认定付洋为实际施工人,其对中交二局享有的权利也限于龙航公司对中交二局享有的权利范围。鉴于付洋向中交二局主张权利具有代位请求的性质,付洋与中交二局之间的关系与龙航公司与中交二局、项目经理部之间的法律关系具有承继关系。因此,无论付洋是否为实际施工人,只要付洋起诉中交二局,就须受项目经理部与龙航公司之间《劳务合作协议》中仲裁条款的约束,付洋无权单方改变仲裁条款的约定;但付洋若仅起诉龙航公司则可不受仲裁条款的约束。"

[2] 最高人民法院(2014)民申字第 1591 号案中,最高人民法院再审认为:杰出建筑公司主张工程价款的基础法律关系是其与中交公路公司之间的合同关系,而双方在合同中约定了仲裁条款,排除了法院管辖权。杰出建筑公司将兰渝铁路公司、中交公路公司作为共同被告起诉至甘肃省陇南市中级人民法院,违背了杰出建筑公司与中交公路公司通过仲裁处理双方争议的约定。最终驳回甘肃杰出建筑工程有限公司的再审申请。

转包人(或违法分包人)与发包人之间管辖约定的约束[1]。第五,实际施工人向发包人主张权利,不能依据转包人(或违法分包人)与发包人的仲裁约定提起仲裁申请。第六,实际施工人以发包人及转包人(或违法分包人)为被告主张权利的,发包人不受实际施工人与转包人(或违法分包人)协议管辖约定的约束,即不能以实际施工人与转包人(或违法分包人)协议约定管辖来确定案件的管辖权[2]。近年来,仍有不少案件系实际施工人在工程所在地法院起诉发包人及承包人。较为科学合理的处理是——仲裁仍然遵从"有约从约、无约无束"的原则——鉴于实际施工人要求非合同相对人承担责任系司法解释的特殊制度安排,当实际施工人以该条要求非合同相对人承担责任时,应当释明并要求其作出选择:或接受上游主体的仲裁管辖约定,或放弃要求非合同相对人承担责任,否则,可以驳回起诉或者驳回

---

〔1〕 以最高人民法院(2014)民申字第1575号案例的裁判意见为参考,最高人民法院认为:荣盛公司向安徽省阜阳市中级人民法院提出管辖权异议,请求将案件移送安徽省蚌埠市中级人民法院审理。随后向安徽省高级人民法院上诉请求亦是要求将案件移送安徽省蚌埠市中级人民法院审理。荣盛公司只是对案件的地域管辖有异议,从未就人民法院对案件的主管权力提出过异议。根据《最高人民法院关于适用〈中华人民共和国民事诉讼法〉审判监督程序若干问题的解释》第33条"人民法院应当在具体的再审请求范围内或在抗诉支持当事人请求的范围内审理再审案件。当事人超出原审范围增加、变更诉讼请求的,不属于再审审理范围"之规定,荣盛公司再审提出其与华星公司之间存在仲裁条款,故王修虎亦应受该条款的约束,并请求人民法院驳回王修虎对其起诉的主张,超过了原审的范围,本院不予审理。此外,实际施工人向发包人主张权利,不能简单地理解为是对承包人权利的承继,也不应受承包人与发包人之间仲裁条款的约束。事实上,王修虎也无权依据荣盛公司与华星公司之间的仲裁条款向蚌埠仲裁委员会对荣盛公司提起仲裁申请。最终裁定驳回荣盛(蚌埠)置业有限公司的再审申请。

〔2〕 以最高人民法院(2013)民提字第119号案例的裁判意见为参考,最高人民法院提审本案后,认为:"云南二安公司与天地科技唐山分公司签订的《物流中心选煤厂工程建设合同》约定,本合同在执行过程中产生争议和纠纷,如双方协商不能解决时,可向合同签订地人民法院起诉。该约定符合《中华人民共和国民事诉讼法》第二十五条有关协议管辖的规定,应为有效。云南二安公司起诉天地科技唐山分公司、天地科技公司应按照双方合同约定向河北省唐山市有管辖权的人民法院提出。内蒙古自治区阿拉善盟中级人民法院对该合同纠纷没有管辖权。但云南二安公司所施工工程是为庆华公司与天地科技唐山分公司之间签订的《工程建设合同》中提供土建等工程部分,庆华公司是涉案工程的发包人,云南二安公司依据《建设工程司法解释》第二十六条规定,以实际施工人身份请求庆华公司在欠付工程价款范围内对其承担责任。根据合同相对性原则,庆华公司不受天地科技唐山分公司与云南二安公司之间合同中管辖条款的约束,庆华公司住所地在内蒙古自治区阿拉善盟辖区,且云南二安公司的诉讼标的额为属于内蒙古自治区阿拉善盟中级人民法院管辖第一审民商事案件的范围,所以,云南二安公司对庆华公司的起诉,内蒙古自治区阿拉善盟中级人民法院具有管辖权。"最高人民法院据此驳回云南二安公司对天地科技唐山分公司、天地科技公司的起诉,裁定云南二安公司诉庆华公司的诉讼由内蒙古自治区阿拉善盟中级人民法院继续审理。

仲裁申请,以避免滥诉或者不当突破仲裁管辖约定的情形。

(3)现实需求

建筑工人(农民工)并非建设工程合同纠纷项下的合同主体,农民工个体不是实际施工人,劳务班组也往往不是实际施工人,不是民商事案件中所应当考虑的范畴。建筑工人的利益保护,更应该属于建设行政主管部门的职能范畴。目前,保护建筑工人工资的各项法律法规、政策及相应的执法环境得到了大幅度的提升。欠薪入刑深入人心,农民工工资保证金制度、银行保函制度、劳动监察制度等在实践中效果较好,有力保障了建筑工人的利益。所以,欠薪案件的数量、金额已经大幅回落。一些地方年关常常爆发的包工头跑路、建筑工人维权等群体事件,往往由政法委牵头,建设局、建管处、公安局、人社局及银行等相关部门通过行政的手段予以化解,不仅手段更为齐全,效率更高,效果也更好。通过司法程序解决成批的建筑工人工资问题,费时费力、效果欠佳。而对于单独的建筑工人工资问题,除实际施工人条款外,司法领域仍然留有窗口进行保护。

为了规范农民工工资支付行为,保障农民工按时足额获得工资,《保障农民工工资支付条例》经2019年12月4日国务院第73次常务会议通过,于2019年12月30日公布,自2020年5月1日起施行。该条例明确了政府职责、拖欠农民工工资的清偿责任主体、建设领域工程款拖欠导致欠薪的预防、建设领域用工及工资支付规范等内容。其中第18条规定:“用工单位使用个人、不具备合法经营资格的单位或者未依法取得劳务派遣许可证的单位派遣的农民工,拖欠农民工工资的,由用工单位清偿,并可以依法进行追偿。”第19条规定:“用人单位将工作任务发包给个人或者不具备合法经营资格的单位,导致拖欠所招用农民工工资的,依照有关法律规定执行。用人单位允许个人、不具备合法经营资格或者未取得相应资质的单位以用人单位的名义对外经营,导致拖欠所招用农民工工资的,由用人单位清偿,并可以依法进行追偿。”

同时,《保障农民工工资支付条例》第4章还就工程建设领域进行了单独规定。第23条规定:“建设单位应当有满足施工所需要的资金安排。没有满足施工所需要的资金安排的,工程建设项目不得开工建设;依法需要办理施工许可证的,相关行业工程建设主管部门不予颁发施工许可证。政府投资项目所需资金,应当按照国家有关规定落实到位,不得由施工单位垫资建设。”第24条规定:“建设单位应当向施工单位提供工程款支付担保。建设单位与施工总承包单位依法订立书面工程施工合同,应当约定工程款计量周期、工程款进度结算办法以及人工费用拨付周期,并按照保障农民工工资按时足额支付的要求约定人工费用。人工费用拨付周期不得超过1个月。建设单位与施工总承包单位应当将工程施工合同保存备查。”第25条规定:“施工总承包单位与分包单位依法订立书面分包合同,应当约定工程款计量周期、工程款进度结算办法。”第26条规定:“施工总承包单位应当按照有关规定开设农民工工资专用账户,专项用于支付该工程建设项目农民工工资。开设、使用农民工工资专用账户有关资料应当由施工总承包单位妥善保存备查。”第27条规定:“金融机构应当优化农民工工资专用账户开设服务流程,做好农民工工资专用账户的日常管理工作;发现资金未按约定拨付等情况的,及时通知施工总承包单位,由施工总承包单位报告人力资源社会保障行政部门和相关行业工程建设主管部门,并纳入欠薪预警系统。工程完工且未拖欠农民工工资的,施工总承包单位公示30日后,可以申请注销农民工工资专用账户,账户内余额归施工总承包单位所有。”第28条规定:“施工总承包单位或者分包单位应当依法与所招用的农民工订立劳动合同并进行用工实名登记,具备条件的行业应当通过相应的管理服务信息平台进行用工实名登记、管理。未与施工总承包单位或者分包单位订立劳动合同并进行用工实名登记的人员,不得进入项目现场施工。施工总承包单位应当在工程项目部配备劳资专管员,对分包单位劳动用工实施监督管理,掌握施工现场用工、考勤、工资支付等情况,审核分包单位编制的农民工工资支付表,分包单位应当予以配合。施工总承包单位、分包单位应当建立用工管理台账,并保存至工程完工且工资全部结清后至少3年。”第29条规定:“建设单位应当按照合同约定及时拨付工程款,并将人工费用及时足额拨付至农民工工资专用账户,加强对施工总承包单位按时足额支付农民工工资的监督。因建设单位未按照合同约定及时拨付工程款导致农民工工资拖欠的,建设单位应当以未结清的工程款为限先行垫付被拖欠的农民工工资。建设单位应当以项目为单位建立保障农民工工资支付协调机制和工资拖欠预防机制,督促施工总承包单位加强劳动用工管理,妥善处理与农民工工资支付相关的矛盾纠纷。发生农民工集体讨薪事件的,建设单位应当会同施工总承包单位及时处理,并向项目所在地人力资源社会保障行政部门和相关行业工程建设主管部门报告有关情况。”第30条规定:“分包单位对所招用农民工的实名制管理和工资支付负直接责任。施工总承包单位对分包单位劳动用工和工资发放等情况进行监督。分包单位拖欠农民工工资的,由施工总承包单位先行清偿,再依法进行追偿。工程建设项目转包,拖欠农民工工资的,由施工总承包单位先行清偿,再依法进行追偿。”第31条规定:“工程建设领域推行分包单位农民工工资委托施工总承包单位代发制度。分包单位应当按月考核农民工工作量并编制工资支付表,经农民工本人签字确认后,与当月工程进度等情况一并交施工总承包单位。施工总承包单位根据分包单位编制的工资支付表,通过农民工工资专用账户直接将工资支付到农民工本人的银行账户,并向分包单位提供代发工资凭证。用于支付农民工工资的银行账户所绑定的农民工本人社会保障卡或者银行卡,用人单位或者其他人员不得以任何理由扣押或者变相扣押。”第32条规定:“施工总承包单位应当按照有关规定存储工资保证金,专项用于支付为所承包工程提供劳动的农民工被拖欠的工资。工资保证金实行差异化存储办法,对一定时期内未发生工资拖欠的单位实行减免措施,对发生工资拖欠的单位适当提高存储比例。工资保证金可以用金融机构保函替代。工资保证金的存储比例、存储形式、减免措施等具体办法,由国务院人力资源社会保障行政部门会同有关部门制定。”第33条规定:“除法律另有规定外,农民工工资专用账户资金和工资保证金不得因支付为本项目提供劳动的农民工工资之外的原因被查封、冻结或者划拨。”第34条规定:“施工总承包单位应当在施工现场醒目位置设立维权信息告示牌,明示下列事项:(一)建设单位、施工总承包单位及所在项目部、分包单位、相关行业工程建设主管部门、劳资专管员等基本信息;(二)当地最低工资标准、工资支付日期等基本信息;(三)相关行业工程建设主管部门和劳动保障监察投诉举报电话、劳动争议调解仲裁申请渠道、法律援助申请渠道、公共法律服务热线等信息。”第35条规定:“建设单位与施工总承包单位或者承包单位与分包单位因工程数量、质量、造价等产生争议的,建设单位不得因争议不按照本条例第二十四条的规定拨付工程款中的人工费用,施工总承包单位也不得因争议不按照规定代发工资。”第36条规定:“建设单位或者施工总承包单位将建设工程发包或者分包给个人或者不具备合法经营资格的单位,导致拖欠农民工工资的,由建设单位或者施工总承包单位清偿。施工单位允许其他单位和个人以施工单位的名义对外承揽建设工程,导致拖欠农民工工资的,由施工单位清偿。”第37条规定:“工程建设项目违反国土空间规划、工程建设等法律法规,导致拖欠农民工工资的,由建设单位清偿。”该条例还对违法违规行为的处罚进行了明确规定。

应当说,上述规定比较全面,操作性较强。从法律位阶的角度,《保障农民工工资支付条例》属于行政法规，位阶非常高。故要解决“农民工工资支付难”这一问题，从行政角度采取组合拳更为有效，而以司法解释的形式对实际施工人制度作出安排是否有必要，则受到不少的质疑。

(4)实际效果

通过保护实际施工人的利益以达到保护建筑工人的利益，存在严重的手段与目标的不一致性，表现为保护实际施工人的利益并不等于保护建筑工人的利益。一些实际施工人自身资产丰厚，并不存在资信下降、经营困难等情形，即使通过诉讼取得相应工程价款，也仍然会克扣、拖延、拒付农民工工资。正如拟通过增大墙面的抹灰层厚度来增强墙体的结构安全性一样，属于典型的“缘木求鱼”，不仅效果差，还可能起到相反的作用。一些案件多个实际施工人交织，法律关系“剪不断、理还乱”，人为增大了案件处理的矛盾。

(5)滥诉、恶意诉讼、虚假诉讼

实际施工人条款允许直接起诉发包人，使发包人常常莫名其妙被起诉——甚至被其从未掌握、接触的包工头、施工队等起诉——随之而来的往往还有财产保全。这对发包人而言是极不公平的。站在发包人的角度，如果有工程欠款，也应由承包人主张才较为合理。发包人需要耗费较大的诉讼精力、在多个不同的案件中来证明自己已经不存在工程欠款，或者通过财产置换的方式实现账户解封以维护正常的经营，故实际上其处于一种丧失安全感的不安定之中：一方面不知道何时会被起诉、查封；另一方面也深度怀疑承包人为何没有将工程款支付给下面的分包队伍、班组，是否存在资信不良的苗头等。故发包人与承包人之间的矛盾往往就此产生、升级。此外，许多案件中存在承包人因经营不善、无力支付实际施工人工程款，其往往与实际施工人虚构债权、虚假诉讼等，以达到不良意图。

(6)对诉讼制度的影响

民商事诉讼往往以“一案一事”为原则，对于当事人相同、法律关系同一的，可以合并审理。但实际施工人条款的适用，实际上系将不同的法律关系强制杂糅在一个案件中，如图 36 - 1 所示：

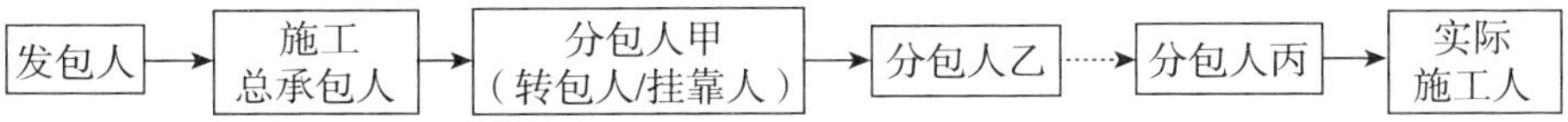

图 36 - 1　实际施工人层次图

由图 36－1 可知,该类案件中基本的主体情况是:实际施工人首先应当将分包人丙列为被告,以确定其享有的工程款债权金额;其次将发包人列为被告,要求其在欠付施工总承包人的价款范围内承担责任;最后需要将施工总承包人列为第三人,以查明发包人与其之间是否存在欠付款项。对裁判者而言,原本只审一个小案件,现在不得不同时审一个大案件。比如,原本仅审理实际施工人与其合同相对人、分包人丙的有关 10 万元标的的门窗分包合同,当实际施工人起诉发包人后,还不得不核实发包人与总包方之间价款为 8000 多万元的施工总承包合同项下发包人是否存在欠付工程款,则必然要通知总包方作为第三人参加诉讼并花费大量的时间和精力,造成诉累。而实际上,对规定中的“发包人”是涉案工程建设方还是实际施工人的合同相对人的上一层主体,亦存在不同理解。一些案件的实际施工人在诉讼过程中,不仅起诉合同相对人,还将发包人、总承包人、分包人、再分包人、转包人等诸多没有合同关系的主体起诉列为被告或者第三人,并不当地提起财产保全等诉讼措施,有些判决创设性地判决各方承担连带责任。在一些地方诉讼案件中,甚至将发包人与实际施工人承包中间涉及的所有主体也都列为被告,法院除了需要查明发包人与施工总承包人、分包人丙与实际施工人之间是否存在欠付工程款外,还要查明施工总承包人与分包人甲、分包人甲与分包人乙、分包人乙与其下家之间是否存在欠付工程款。那么审理的不是一个案件,是五个案件。但是现实中,承包的层级有远远高于五级的,有些甚至达到十多级——难道把所有主体都列为被告或者第三人并查清他们之间是否存在欠付工程款吗?甚至,不同层级之间工程计价方式存在不同,如有些按照固定单价计算,有些按照清单计算,难道同时启动多个不同的工程造价鉴定吗?如果有部分主体缺席甚至需要公告送达,这种案件还审的下去吗?法官是在办理一个案件还是十多个案件呢?更遑论有关实际施工人的实体规则尚有许多灰色、模糊的状态,裁判尺度不一,导致观点相互冲突的判决层出不穷。

3. 审理思路

尽管对实际施工人条款的理解存在一定的不同观点,但对法官而言,正视这些问题有助于更好地把握其内涵,从有利于诉讼的角度,厘清实际施工人案件的审理思路是必要的,详述如下:

(1)原告是不是实际施工人

原告应当满足起诉的诉讼主体资格,如是法人或者个人。当实际施工人与合同相对人存在书面合同时,可以直接认定合同相对人为被告。在合同相对人并未加盖印章的情况下,如果合同相对人签字处系法人、项目经理及其他有权代表、构成表见代理的主体,可以以所在的公司等作为被告;而其他主体签名,则可能最终溯及的主体为签名的人。特别是在无书面合同的案件中,实际施工人应妥善保管证据以证明其实际承包了部分工程的事实,如有签证单、联系单、工地例会、缴纳保证金凭证、领取农民工工资的收款凭证、施工图纸等证据,甚至是工程款汇付记录、通话录音等。在此基础上,特别要主动提起涉案合同无效的主张并补充提供证据,如资质不足、再分包、涉案工程未办理建设工程规划许可和建设用地规划许可等。

(2)基础法律关系明确

合同相对人必须为第一被告,基础债权必须确定。所谓的合同相对人即为实际将工程承包给原告的主体,又称上家。在案件存在多被告的情况下,法院可以要求原告作为实际施工人明确其相应的上家是哪一方,并要求其进一步就承包范围、承包方式、价款约定、质量要求等进行举证。如通过分包合同、补充协议等材料证明;若没有签订书面合同,可通过自认或施工过程中形成的其他相关书面资料证明,如工程形象进度交接记录、工程形象进度报审表、洽商记录、签证单、设计变更通知、图纸会审等施工资料,也可以通过监理工程师、其他分包单位等提供证人证言予以证明。至于具体条款的证据,如套用定额标准等,在双方均无明确依据的情况下,可以按约定不明处理。

(3)查明实际施工人所完成的部分质量合格,并确定相应的工程造价

敦促承包人提供涉案工程已整体竣工的竣工验收报告、竣工备案登记表,实际施工人所施工的分部分项验收记录、下一道工序已施工的证据、单位工程验收记录、或者发包人擅自投入使用等证据以证明质量合格。在此基础上,通过各种方法查明已完工程造价。如果穷尽措施无法查明,由主张工程价款的一方,即实际施工人承担结果意义上的举证责任。合同相对人作为反证方的抗辩,也应当从合同关系、履行完成、质量合格、已付款金额及结算协议等方面进行。首先,其与实际施工人之间签订的合同是否并未履行,或者其与实际施工人之间不存在书面合同而将实际施工人主张的工程范围承包给他人,以此证明双方不存在合同关系。其次,实

际施工人所施工的部分工程并未完工、质量不符合设计要求及施工规范,以此拒付工程价款而要求实际施工人予以先行修复。最后,通过合同价款约定、审价报告、结算报告、清偿协议、已付款凭证等应付工程款、已付工程款或者清偿约定,确认已付款是否足以抵销或者吞并实际施工人所主张的工程价款。

(4)查明发包人对其合同相对人,即作为第三人的施工总承包人,是否存在欠付工程款

如果双方已经经过结算、尚欠或者已经不欠工程款(不包含质保金),则按照相应的规定处理。实践中,更为常见的情形是,发包人与施工总承包人尚未进行结算。如果发包人合理解释尚未结算并非出于拖延的目的,同时提供证据证明其目前不存在欠付工程款中的进度款,如提供月进度报表、款项支付凭证等证据,亦应认定其尚不欠工程款,依法无须承担责任。而作为发包人,首先,可以提供与"实际施工人"的合同系有效合同的证据。如"实际施工人"以专业分包未经业主同意为由主张无效,发包人可以举证其在总包合同中对专业分包已经作出同意或者批准的约定。其次,发包人可以举证其与承包人之间已经结算并履行完毕的证据,如结算协议等,以此证明不存在欠付工程款的事实。

案例 36-1 ▶ 案由:建设工程分包合同纠纷

原告:严常波。被告:成明建设有限公司(以下简称成明公司),永鑫林业发展有限公司(以下简称永鑫公司)。

【案情】2017 年 6 月 30 日,永鑫公司与成明公司签订《永鑫木材交易市场项目施工总承包合同》,约定将永鑫木业交易市场工程承包给成明公司施工,合同价款 2320 万元,并对质量、工期、违约责任等作出约定。其中,合同专用条款第 12.4.4 条中约定:"竣工资料经当地政府部门备案收讫后 10 个工作日内支付已完工程量的 88%(本次付款包含预付款,不含联系单价格)。"

2017 年 12 月 30 日,成明公司将永鑫木业交易市场工程中部分施工的劳务部分分包给原告,双方签订《项目部清包班组施工承包协议》,约定:(1)工作内容为土建部分钢筋工程,本工程的建筑、结构施工图中的所有钢筋工程;(2)施工机具、设备为施工需要的所有机械、机具、设备等;(3)承包方式为包清工。另,原告向成明公司交付保证金 5 万元。

2019年4月28日，在涉案工程存在部分甩项的情况下，永鑫木业交易市场工程1#、2#仓库、环网站、公厕、消防泵房工程通过竣工验收，并于2019年5月22日备案。

2019年5月开始，成明公司因资金周转陷入困难，后逐渐停止经营，并陆续对公司债务进行了结算。5月15日，原告与被告成明公司就包含本案工程在内的四个项目工程进行结算，双方签订《钢筋项目承包结算及付款计划》，其中载明："永鑫木业结算总价377,235元，工程量已终审，已付25万元，尚欠127,235元。合计尚欠承包款161,317.50元，另，有永鑫木业保证金5万尚未退。双方同意2018年5月底前退保证金5万元，7月、8月底前分别付5万元，余款在9月底前付清。"但成明公司并未按约付款。

其间，被告永鑫公司累计支付被告成明公司工程款1312万元。永鑫公司与成明公司涉案工程至今尚未完成结算。

【审理】首先，原告与成明公司签订的《钢筋项目承包结算及付款计划》对尚欠款项、付款计划进行了约定。由于成明公司并未按约付款，结合其实际情况，原告有权主张预期违约，要求成明公司支付全部工程欠款。

其次，有关永鑫公司与成明公司的欠付工程款。虽然永鑫公司与成明公司目前尚未完成工程结算且涉案工程存在甩项（双方预估280万元左右），但根据合同约定的工程进度款付款计划，2320万元×88%－1312万元＝729.6万元，远远超过甩项金额。故永鑫公司应当在欠付工程价款内对实际施工人承担责任。

最后，两被告主张保证金5万元不属于工程款，不应适用实际施工人条款。但发包人对实际施工人承担责任的范围并未限定于工程款，其对实际施工人与其合同相对人之间的欠付款项（包括工程款、利息、保证金及其他款项）均应承担责任，故两被告的该抗辩亦不能成立。

【评析】本案原告作为实际施工人，与施工总承包人对工程款已经进行了结算，法院审查后未发现存在恶意串通、虚高债务的情形，故予以确定。对于施工总承包人与发包人之间的欠付款项，可在诉讼中查明，而并非需要双方进行结算后方才确定。

4. 关于实际施工人制度的思考

(1)实际施工人制度是让法官和律师疲惫不堪的制度

该制度先天缺失法理基础,实践中裁判尺度不统一,由此造成诉累,并且实践过程中暴露出诸多问题。时至今日,其存在的唯一基础在于“农民工利益的特殊保护”这一立场。随着社会政治经济的发展,农民工利益的保障制度将更加健全、完善,实际施工人利用该制度作为“挡箭牌”的时日并不多。

(2)实际施工人制度产生于建筑业的资质问题

虽然近年来建筑业企业资质有合并、减少、取消的倾向,但真正取消资质或者由企业资质向个人资质发展等“放、管、服”政策思路在短时间内仍然看不到落地的希望。建筑市场的违法招投标、挂靠、转包、违法分包等乱象经过这么多年的治理,未见其消亡反而愈演愈烈,确实有必要反思治理思路上是否出现了偏差。从监管的角度,资质问题并非工程质量监督的目的,资质取得的高门槛产生寻租反而是建筑业市场混乱的重要原因。

第三十七章
CHAPTER 37

工程总承包

1. 工程总承包的基本解读

根据2020年3月1日开始施行的《房屋建筑和市政基础设施项目工程总承包管理办法》,工程总承包是指承包单位按照与建设单位签订的合同,对工程设计、采购、施工或者设计、施工等阶段实行总承包,并对工程的质量、安全、工期和造价等全面负责的工程建设组织实施方式。

在传统的施工总承包模式下,建设单位将工程建设的勘察、设计、施工等内容分别发包给不同的承包人,并分别与之签订承包合同。而工程总承包则系建设单位直接与工程总承包单位签订工程总承包合同,由工程总承包单位全面负责工程的设计、施工等内容。工程总承包由同一单位统筹安排设计、施工等环节的模式顺应了国际建筑业的发展方向,并主动迎合了建设单位希望设计与施工深度融合的需求。建设单位通过各环节的整体发包将大量的管理事务后移并转由工程总承包单位负责,仅需与工程总承包单位签订工程总承包合同即明确双方之间的权利义务关系,多重管理向单向管理的转变,极大地简化了建设单位的管理界面,降低了建设单位的管理难度,同时统一的统筹安排也减少了各环节责任主体间的推诿,大大提高了工程项目执行的效率,缩短建设周期,对经济型指标的统筹考虑也能获取更显著的经济效益[1]。举例而言,如果举办一场婚礼,可能涉及的事项有婚礼仪式安排、婚宴、宾客接待等事项。传统模式下,举办婚礼的主人需要和每一家进行

[1] 陈鑫范编著:《工程总承包法律应用实务》,中国建材工业出版社2019年版,第6、7页。

协商沟通，仍难以避免存在交接不利、时间延误等情形。如果主人将婚礼的所有事项委托给一家办理，以婚庆公司主导的婚礼仪式安排为主或者以酒店安排的婚宴为主等，其他事项由其统一衔接，则可以充分保证工作的顺畅、高效。

《民法典》第791条第1款规定："发包人可以与总承包人订立建设工程合同，也可以分别与勘察人、设计人、施工人订立勘察、设计、施工承包合同。发包人不得将应当由一个承包人完成的建设工程支解成若干部分发包给数个承包人。"《建筑法》第24条规定："提倡对建筑工程实行总承包，禁止将建筑工程肢解发包。建筑工程的发包单位可以将建筑工程的勘察、设计、施工、设备采购一并发包给一个工程总承包单位，也可以将建筑工程勘察、设计、施工、设备采购的一项或者多项发包给一个工程总承包单位；但是，不得将应当由一个承包单位完成的建筑工程肢解成若干部分发包给几个承包单位。"以上为工程总承包的法律渊源，但总体上较为原则。工程总承包是建筑业发展的趋势。为此，2016年5月，住建部颁布了《关于进一步推进工程总承包发展的若干意见》。2017年2月，国务院办公厅下发了《关于促进建筑业持续健康发展的意见》，其中，再次强调了要加快推行工程总承包。2018年1月，《建设项目工程总承包管理规范》（GB/T 50358—2017）的正式实施标志着工程总承包模式有了全国统一的管理规范。2020年11月25日，住房和城乡建设部、国家市场监督管理总局发布了《建设项目工程总承包合同（示范文本）》（GF－2020－0216），结合市场发展情况，对原有的工程总承包合同示范文本进行了修订。

2. 工程总承包模式的分类[1]

从工程总承包的实践看，其具备多重组合方式，涉及勘察、设计、采购、施工、试运行等多方面。

（1）设计—采购—施工总承包模式（Engineering－Procurement－Construction，EPC）：工程总承包单位按照与建设单位签订的合同，对工程项目的设计、采购、施工阶段实行总承包，并对工程的质量、安全、工期和造价等全面负责。

（2）设计—施工总承包模式（Design－Build，BD）：工程总承包单位按照合同约

[1] 陈鑫范编著：《工程总承包法律应用实务》，中国建材工业出版社2019年版，第6、7页。

定，承包工程项目的设计和施工，并对工程的质量、安全、工期和造价等全面负责。

（3）设计—采购总承包模式（Engineering – Procurement，EP）：工程总承包单位只负责工程项目的设计和采购，不负责施工。

（4）采购—施工总承包模式（Procurement – Constract，PC）：工程总承包单位只负责工程项目的采购和施工，不负责设计。

（5）交钥匙总承包（Lump Sum Turn Key，LSTK）：承包商负责工程项目的设计、采购、施工安装和试运行服务全过程，向业主交付具备使用条件的工程。

表 37 – 1　工程总承包不同模式下承包人承担的工作范围

承包模式	可行性研究	项目融资	设计	设备采购	施工	试运行
EPC			*	*	*	*
DB			*		*	*
EP			*	*		
PC				*	*	
LSTK	*	进行指导	*	*	*	*

以上各种模式中，以 EPC 模式最为典型，广泛运用于石油化工、冶金、机械、水电、核工业等工程建设领域。LSTK 模式中承包人所承担的义务最为全面。

在实践中，建设单位还会根据项目的特点和实际需要，按照风险合理分担的原则和承包的工作内容，衍生出其他的工程总承包模式。例如：

①PPP + EPC 模式：PPP 与 EPC 的复合模式，在采用 PPP 模式的项目中，以 EPC 总承包模式进行项目建设。

②F – EPC 工程总承包模式（Finance – Engineer Procure Construct，F – EPC）：EPC 总承包单位在原有总承包基础上增加融资责任，建设单位不需要按照进度支付工程款，由总包单位垫资进行项目建设。

③EPC + O + M 总承包模式：总承包单位负责工程的设计、采购、施工，并在完成后继续负责运营和维护。

3. 审理工程总承包案件应当注意的要点

相对于较为成熟的施工总承包模式，工程总承包模式尚在发展中，相关的制度尚不健全。从审理的角度，需要注意二者的不同之处，主要包括：

（1）清单漏项风险由工程总承包人负担

工程总承包模式中，由业主提出项目建设目标和要求，承包人往往负责设计、施工等若干阶段，工程计价方式往往采用固定总价或成本加酬金。由于承包人对项目概算编制较为清楚，存在的清单漏项部分往往会被认为是承包人放弃，其价值隐含在整体工程造价中。故清单漏项的风险由承包人负担。

（2）承包人应当具有与工程项目匹配的设计资质或施工资质

工程总承包人既可以是设计单位，也可以是施工单位。1992 年，原建设部颁布的《工程总承包资质管理暂行规定（试行）》曾将工程总承包企业资质单独作为一种建筑业企业资质加以确定。但 2002 年《国务院关于取消第一批行政审批项目的决定》取消了工程总承包资格核准的行政审批。《建筑业企业资质标准》规定了 12 项施工总承包资质、36 项专业分包资质和 1 项施工劳务资质，并规定取得施工总承包资质的企业，可以从事资质证书许可范围内的相应工程总承包、工程项目管理等业务。现资质标准发生了变化（详见第十二章第三节）。《工程设计资质标准》规定，具有工程设计资质的企业，可从事资质证书许可范围内的相应工程总承包、工程项目管理和相关的技术、咨询与管理服务。根据工程项目的规模、分类、范围等，承包人需要具有相应的施工资质，如石油化工施工总承包特级资质或者设计资质等。

（3）工程总承包人成为工程的“第二发包人”

《建筑法》第 29 条规定，施工总承包单位不得将工程主体结构的施工进行分包。《建设工程勘察设计管理条例》第 19 条规定，设计承包方不得将工程主体部分的设计进行分包。结合《房屋建筑和市政基础设施项目工程总承包管理办法》的相关内容，可以得出以下结论：施工单位作为工程总承包人的，可以将全部的设计工作发包给具有相应设计资质的设计人，但不得将工程的主体部分施工进行分包；设计单位作为工程总承包人的，可以将全部的施工工作发包给具有相应施工资质的承包人，但不得将工程主体部分的设计工作另行分包。同时，分包以一次为准，再分包的仍然属于违法分包行为。

案例 37－1 ▶ 案由:建设工程合同纠纷

原告:中化公司。第一被告:仲天公司。第二被告:辰度公司。第三人:海粤公司。

【案情】中化公司具有房屋建筑工程施工总承包一级、机电安装工程施工总承包一级等资质。仲天公司具有化工石油工程施工总承包二级、机电安装工程施工总承包二级等资质。辰度公司具有工程设计综合甲级资质、工程监理(房建、化工石油、市政公用工程、机电安装)甲级资质、工程造价咨询甲级资质。

2015 年 11 月 26 日,海粤公司与辰度公司签订《丙烷与混合碳四利用项目气分异辛烷及甲乙酮装置工程总承包合同》,主要约定如下:(1)工程名称:混合碳四利用项目气分异辛烷及甲乙酮装置;(2)工程承包方式:工程设计、采购及施工总承包(EPC);(3)合同工期:设计开工日期 2015 年 12 月 10 日,施工开工日期 2015 年 12 月 20 日,竣工日期 2017 年 1 月 15 日;(4)合同价格:暂定总价 81,780 万元,最终结算价格计算方法:结算总价 = 实际发生工程费用 + 设计费 + 临时设施费 + 承包商管理费 + 承包商酬金 + 奖惩费。

2015 年 12 月 24 日,辰度公司与仲天公司签订《海粤项目工程合作实施协议》,约定:(1)就丙烷与混合碳四利用项目气分异辛烷及甲乙酮装置工程,辰度公司同意将承接的合同总价的 35% 所对应的 EPC 实际工程量(不低于 2.46 亿元)分包给仲天公司执行;(2)项目实施时,双方对设计、采购、施工管理分别有分工;(3)实际工程成本、酬金、管理费和奖罚费用、设计费用等原则上均按照 65%:35% 的比例予以负责或者分摊。

2016 年 7 月,辰度公司拟将涉案工程部分分包给仲天公司,海粤公司予以同意。2013 年 6 月,辰度公司与仲天公司签订《海粤丙烷与混合碳四利用项目气分异辛烷及甲乙酮装置工程建造合同》,辰度公司以发包人的身份将丙烷与混合碳四利用项目气分异辛烷及甲乙酮装置工程 EPC 工程(含设计、采购、施工)部分承包给仲天公司,合同暂定价格 13,400 万元。

2016 年 8 月 11 日,原告施工的甲乙酮装置安装工程开工。2016 年 9 月 19 日,经过招投标程序,原告中标了丙烷与混合碳四利用项目气分异辛烷及甲乙酮装置工程的土建部分。其中,招标人为辰度公司,中标人为中化公司。

2016 年 10 月 8 日,辰度公司作为见证人、仲天公司作为发包人、原告中化公司作为承包人共同签订《海粤丙烷与混合碳四利用项目甲乙酮装置安装工程合同文件》,约定:仲天公司将丙烷与混合碳四利用项目甲乙酮装置安装工程承包给原告,承包方式为安装施工总承包,开工日期为2016年8月15日,竣工日期为2016年12月30日;合同暂定价款为32,545,780元。该合同对承包范围、计价方式等作出约定。

2016年10月15日,海粤公司、辰度公司、中化公司及监理单位等连续召开了设计交底、图纸会审工作会议,对部分问题进行了澄清。

2017年7月14日,原告作为施工单位向辰度公司报送《中间交接证书》等,载明"甲乙酮装置管道安装工程施工完成,验收合格,满足联动试车要求,具备中交条件,请予验收"。工程接收时间为2017年7月14日,工程接收意见为"符合设计要求,达到国家规定质量标准"。辰度公司作为设计单位和总承包单位,与监理单位于同日确认。在审理中,各方一致确认2017年7月14日视为原告施工的涉案工程通过交工验收的时间。

【审理】本案的争议焦点是原告的合同相对人及合同效力。

原告认为,形式上其合同相对人是仲天公司,但实际上工程施工过程中都是作为工程总承包单位的辰度公司进行管理,且发出中标通知书的是辰度公司,故其合同相对人是辰度公司,合同效力是有效的。至于2016年10月8日,辰度公司作为见证人、仲天公司作为发包人、原告中化公司作为承包人共同签订的《海粤丙烷与混合碳四利用项目甲乙酮装置安装工程合同文件》,是三方为了让仲天公司冲业绩所签订的,并未实际履行。

被告辰度公司和被告仲天公司均认为,原告所领取的工程款均由仲天公司发放、报送的签证单有仲天公司所属工作人员签署意见,且在原告退场后,尚有部分工程甩项部分由其自行完成。故原告的合同相对人即为仲天公司。

法院经审理后认为,辰度公司与海粤公司之间的《丙烷与混合碳四利用项目气分异辛烷及甲乙酮装置工程总承包合同》系有关整个项目的EPC工程总承包合同。辰度公司与仲天公司签订《海粤丙烷与混合碳四利用项目气分异辛烷及甲乙酮装置工程建造合同》后,作为见证人与仲天公司、中化公司共同签订的《海粤丙烷与混合碳四利用项目甲乙酮装置安装工程合同文件》,属建设工程分包后的再分包,系违法分包而无效。原告的合同相对人为仲天公司,仲天公司也认可。原告以辰度公司实际履行合同进行组织、管理，故主张其承担责任，没有法律和合同依据。

(4)工程总承包人的建设工程价款优先受偿权包含设计费、采购费及施工费

在各种总承包模式中，合同中通常约定设计费甚至勘察费应属于工程款的范围，而且一般与施工款同时结算、同时支付。因而，承包人可以就相关费用主张优先权[1]。在传统的施工总承包模式下，设计、采购、施工的不同作业往往系不同的承包人(供方)与发包人独立签订合同，合同标的(成果)存在较为明显的交接。在工程总承包模式下，设计、采购、施工往往集成化、优化进行，施工作业存在相互的穿插、影响。更重要的是，虽然施工总承包合同的价款组成包含设计费、采购费及施工费，但施工过程中相互之间的界限并不清晰。而采用工程总承包模式，即为鼓励承包人通过项目优化设计、采购、施工及其管理，提高整体的经济效益，承包人所赚取的更多的即为工程优化的价值，并为之持续性地贡献智力成果和管理要素。故建设工程价款优先受偿权包含设计费、采购费及施工费，该处与施工总承包模式下建设工程价款优先受偿权仅是针对施工造价部分、设计费不享有建设工程价款优先受偿权不同，应予注意。

---

〔1〕 最高人民法院民事审判第一庭编著:《最高人民法院建设工程施工合同司法解释(二)理解与适用》，人民法院出版社 2019 年版，第 366 页。

第三十八章
CHAPTER 38

若干审理技巧与方法

1. 审慎应对相反陈述

一些建设工程合同纠纷，双方对于基础事实存在“非此即彼”“非黑即白”的完全相反的陈述和主张，在法官再三确认、要求双方实事求是的情况下，双方仍然坚持己见，信誓旦旦地说自己所说的才是真的。实践中往往还存在以下几种情况：双方之间是否存在合同关系、签字（盖章）是否真实、款项是否收取、原告（承包人）是否实际施工、结算报告是否及时提交、（解除通知、工程质量缺陷通知）的材料是否收到等。如何辨析真伪、妥善推进案件审理进程则需要考验法官的智慧。一些当事人在作出不实陈述时，可能出于“心理逃避”“没面子”或者“诉讼投机”等各种心理，如果法官咄咄相逼，当事人可能更加骑虎难下，硬着头皮继续不实陈述。而对于法官审理案件而言，如果一方当事人主张的事实对方认可，则多数情况下可以成为免证事实。特别是许多基础事实，从感性、感觉、感情的角度，一方主张的事实具有高度的可能性，但缺少可以佐证的证据，法律真实游离于客观真实过远，也违背法官的良知。更多的情况是，案件可能恰好处于真伪不分的灰色地带，强行分配举证责任的结果往往也会引起较大的改判风险。法官可以改变策略，采用分开谈话、单独沟通的方式尝试解决。

（1）柔性引导

法官可以倾听当事人的心声，拉近与当事人的距离。对于其中一些未实事求是的部分，不当面戳破，而从侧面了解其是否在本案的基础事实上存在不实陈述，出于什么原因——有些当事人常常称“对方乱说，我干嘛要实事求是”等。从事理、情理、伦理的角度，引导当事人正面面对案件诉讼本身，理性看待冲突和矛盾。此外，从职业和身份的基本要求（如老师、公务员、党员、村干部、宗族长、政协委员、人大代表）的角度，亦可敦促当事人实事求是。在建设工程分包合同纠纷中，许多的实际施工人为包工头，讲究“说一不二”“江湖上的名声”等，有时会称“官司输赢不论，人要对得起神明”或者“如有虚言，天打雷劈”，在沟通中，如果法官注意引向“名誉”“公信力”等角度，往往触动较大，可能取得较好的效果。

（2）释明风险

一方面，当事人陈述为证据的法定形式之一。如果当事人明显作出虚假陈述，被其他证据所否定，很有可能构成民事诉讼法中的妨害诉讼行为，将承担法律责任，如罚款、拘留。根据《民事诉讼法》的规定，对个人的罚款为10万元以下，对单位的罚款为5万元以上100万元以下。对单位的相关直接责任人，也应当进行处罚。对于涉及党政机关、国有企业的，司法机关还有可能向纪检机关发送司法建议。另一方面，基于当事人作出虚假陈述，其有关案件其他部分的陈述的证明力也会大大下降，案件的风险将更加高，故当事人有可能承担程序和实体两方面的风险。

（3）追问细节、小心求证

俗话说：“一个谎言需要十个谎言来遮盖。”在案件审理中更是如此。法官应当将双方有关该基本事实的陈述以制作笔录的方式固定，或者要求双方提供相应的书面陈述，并代入过程、情形中，及时提出相应的细节性问题，并记录在卷。其后比对双方陈述，结合其他证据进行小心求证，提出合理怀疑并二次询问，向有关机关调查核实。有必要的情况下，组织交叉询问、双方当事人对质等，最终综合认定一方主张的事实成立与否。

案例38－1 ▶ 案由：建设工程分包合同纠纷

原告：鑫羽建设有限公司。被告：华宏建设有限公司。

【案情】被告于2016年4月、5月分别成为哈迪斯公司厂房工程、泛雅公司厂房工程的施工总承包方。2016年4月，原告所属项目经理（实际上为挂靠人郑苏庚）持原告印章与被告所属分公司（合同签订人为胡果盛）签订了《桩基工程承包合同》（桩基合同1），约定由原告承包哈迪斯厂房工程的桩基部分，规格

为 ΦPCA500 -（100）预应力砼管桩，桩长 42～45 米，单价 191 元/m（包括人工费、材料费、机械费），本单价不开建筑发票，以提交工资单和材料发票形式付款，合同造价约为 382 万元，预应力管桩由承包方自行采购。2016 年 6 月，胡果盛以被告所属分公司的名义与郑苏庚（以个人的名义）签订了《桩基工程承包合同》（桩基合同 2），约定郑苏庚承包泛雅公司厂房工程的桩基部分，规格为 φ400 - 600PTC 预应力管桩，单价为 102 元/m，合同造价 110 万元，其余内容约定与上份合同一致。

2016 年 10 月，郑苏庚以原告的名义向胡果盛报送《建设工程（结）算书》两份，主张工程造价分别为 3,960,891 元和 1,085,484 元。胡果盛对前者签字核减 7096 元，对后者予以确认。

2019 年 1 月，胡果盛向郑苏庚出具欠条一份，载明"欠条 今欠郑苏庚桩基施工工程款 84 万元（注：哈迪斯、泛雅工地） 欠款人 胡果盛"。原告据以起诉，以郑苏庚代表原告、胡果盛代表被告为由，要求被告承担付款责任。

被告的答辩意见为，被告从未与原告发生过桩基分包合同关系，胡果盛并非被告的员工。对于桩基合同 1，哈迪斯的施工项目是胡果盛介绍过来的，可能是其私自拿了被告的印章签订的。原告也未举证其实际履行了桩基施工义务，应当驳回原告对被告的起诉。

【审理】在被告答辩后，法官再三向被告确认，是否确认桩基工程系原告（郑苏庚）施工。被告一再否认。随后法官进行以下几个方面的核查：

（1）胡果盛的社保缴纳情况和劳动关系情况。查明，胡果盛曾为被告的员工并由被告为其缴纳社保，在本案施工总承包合同中作为承包人的施工负责人予以明确，且几乎每次工地例会均由其代表被告参加签到。

（2）原告所主张的施工合同内容与地勘报告、桩位图、竣工图等中对桩基的型号、施工方式等一致。

（3）关于已付款部分。原告主张胡果盛历次支付承兑汇票十余次共计 420 万元，原告已经先后交付给了管桩供应单位银河公司和广厦公司。被告对已经支付 420 万元没有异议，但是认为是其直接支付给了管桩供应单位。

（4）原告提供了其与两家管桩供应单位的《先张法预应力砼管桩供货合同》，总金额为 420 万元、需方处有被告所属分公司的印章及郑苏庚的签名。两家管桩供货单位说明：根据原告鑫羽公司的要求，本工程所供管桩销售款直接向被告收取，发票也开给被告，但合同的实际履行方为原告。被告不能合理解释为什么供货合同上有郑苏庚的签名。

(5)被告为证明管桩系其自行采购，提供了收货人为其自身的增值税发票七份。原告提供了收货人为原告的增值税发票两份，证明被告部分发票为虚假的。法官随后向税务机关调查，从增值税发票代码、发票号码和购买序号等细节确认被告提供的发票中两张确为假发票。

案件审理半年后，法官最后一次向被告释明诉讼风险，并告知判决中将写明违法分包、虚假增值税发票等事项。后被告同意向原告一次性付清余款84万元，后原告撤回起诉。

【评析】本案实际上经历了大量的调查：向管桩供应单位核实管桩供应合同、向银行查询承兑汇票背书记录、向监理单位调查原告施工情况、向税务机关调查增值税发票情况、向发包人调查施工总承包合同等。被告对其中的漏洞无法自圆其说，最后实事求是、转为了和解。

(4)顺势而为

一些案件中，经过法官的谈话，一方之前否认对方事实的当事人流露出“现在予以认可”的意思表示，法官应当及时配合顺势而为——用通俗的话就是“给个台阶下”，如“你可能时间太久了记不清楚了”“可能下面的施工员发出去的忘记和你说了”等，避免揪住之前的说谎行为不放从而扩大矛盾。甚至在一些情况下顺势引导当事人就整个案件厘清思路、端正态度而进行调解。

2. 善用推定规则

推定是作出某一事实存在与否的判断（或根据某一事实的存在而作出的与之相关的另一事实存在与否的判断）的有效方法，这种推定与证据问题息息相关，它可以免除主张推定事实的一方当事人的举证责任，并把证明不存在推定事实的证明责任转移给对方当事人。《民事诉讼法司法解释》第93条规定：“下列事实，当事人无须举证证明：（一）自然规律以及定理、定律；（二）众所周知的事实；（三）根据法律规定推定的事实;(四)根据已知的事实和日常生活经验法则推定出的另一事实……”所以,推定直接关系到举证责任的合理分配。建设工程合同纠纷案件具有鲜明的行业特点和特殊性,必须将工程实践和工程法律规定结合,才能更合理、妥善地作出认定。

(1)结算的推定

结算的“结”本身具有终局性的意思,故结算协议如未特殊说明,则往往推定为包含工程价款、索赔款、奖励款等在内的所有款项,双方在考虑可得款项和已收款项等各项因素的基础上,双方经过协商达成新的协议,一次性处理清楚,即往往指的是“大结算”。在结算协议签订后,承包人难以主张存在遗漏其他应得款项。即使存在错漏,也往往难以与“协商过程中的让步”作出区分。正是如此,结算协议在诉讼中难以被否定。

(2)施工中一些明显的变更,可推定发包人指令、默示或者对此知情

如承包人的承包范围较合同签约时有了较多的增加、施工范围有了变化、施工材料与设备发生变更等,如果这些变化较为明显、对发包人显而易见,则推定发包人指令或者对此知情。增加的工程量、扩大的工程范围所涉的工程款,即使不存在签证单或指令单,承包人仍有权向发包人主张工程款。而一些明显的施工材料与设备的变化,承包人首先免除了“未按图施工”的质量缺陷责任,至于能否调整工程价款则需要区分不同的情况予以认定。举例而言,某工厂原有单层厂房 $3000m^2$,后因生产经营需要向规划部门报请加层扩建并获批准。双方签订合同拟扩建 $1500m^2$。其后,承包人进场施工 2 个月,完成了加层扩建 $2800m^2$,施工期间一层仍然在使用。工程完工后,发包人以超过合同约定的面积系承包人擅自增加为由拒绝付款。法院认为,施工期间发包人多有管理、监理履行监理职责,对于承包人扩建的面检为 $2800m^2$ 而非 $1500m^2$ 应当推定是明知甚至是指令的。承包人无须举证该差额部分的联系单等材料。此外,在装饰装修合同中的一些材料变更等属于肉眼可辨识、发包人未提出异议的,均视为认可变化。如地面由抛光大理石改为实木地暖地板等。

案例 38-2 ▶ 案由:建设工程施工合同纠纷

原告(反诉被告):银天幼儿园。被告(反诉原告):国林装修公司。

【案情】2019 年 10 月,原告作为公立幼儿园,通过政府项目立项,就屋顶户

外游乐设施采购项目委托招标公司进行公开招标。2019年11月24日,被告提交投标文件,包括投标分项报价表以及对《投递文件资料》的澄清与承诺。其中,投标分项报价表包括了立体爬网、钻网、横向爬网、轻质迷宫、造型单杠、攀爬抓、木头平衡、艺术平衡造型、钻绳系列、平衡单杠区、臂力单杠、护栏、葡萄架、浪桥、轮胎架、儿童水井等,全部投标产品总金额535,000元。对《投递文件资料》的澄清与承诺中指出:"……项目实施过程中响应招标方实际的需求……"原告幼儿园职员王勉参加了评标打分。

2019年12月14日,被告中标并作为乙方与幼儿园(甲方)签订了采购合同。合同约定:合同总价款535,000元,质保期2年,质保金26,750元;交货期为签订合同之日起60天;交货方式为现场定制;交货地点为幼儿园;货物免费保修期2年;乙方因逾期交货或因其他违约行为导致甲方解除合同的,乙方应向甲方支付合同总值的5%的违约金;合同执行过程中涉及采购资金和采购内容修改或补充的,须经市财政部门审批,并签订书面补充协议报市政府采购管理办公室备案,方可作为合同不可分割的一部分。采购合同中关于货物内容的约定与投标文件一致。

项目进行过程中,王勉与国林装修公司签署变更方案一份。变更方案内容如下:1. 墙面整体效果;2. 用防腐木建软桥护栏攀爬梯;3. 不锈钢滑梯变更为塑料滑梯;4. 靠墙用防腐木建小凳子一排,通风口用防腐木围住;5. 小玩水池外围用防腐木围边,进水口沿水池边接水管入风车,用马赛克修边;6. 用防腐木在滑坡道两边建护栏;7. 用防腐木铺大水池上下台阶;8. 裸露水管用防腐木修边;9. 整体用防锈漆处理;10. 圆洞用白水泥整圆。

本案项目于2020年12月完工,投标分项报价表中的一半产品已安装完毕并正常投入使用。经现场勘察,未见报价表中的钻网、横向爬网、造型单杠、攀爬抓、钻绳系列、平衡单杠、护栏及臂力单杠;木头平衡遗漏数组;另有报价表外的防腐木攀爬梯、玩水池、滑滑梯、风车小水池、防腐木排凳、防腐木滑坡道及两处圆形铁质构件;迷宫多处有长裂缝。

原告以被告违约未能完成合同内的义务、已经完成的部分存在质量问题、逾期完工且至今未通过验收为由,要求:1. 确认双方于2019年12月14日签订的《采购合同》部分已解除;2. 国林装修公司立即拆除项目所涉四楼楼顶游乐设施并清场,若其不能及时拆除,需支付拆除费用10,000元;3. 国林装修公司支付违约金26,750元。

反诉原告国林装修公司以双方在履约过程中,对合同中不明确以及不合理的地方进行了完善与修正,并按要求新增了防腐木攀爬楼梯、玩水池、风车小水池等项目,反诉被告未能支付合同款项为由,要求反诉被告支付619,177.7元。

【审理】在审理过程中,双方首先对于合同性质是承揽合同、装修合同还是采购合同(买卖合同)产生了争议。法院最终认为,虽然双方签订的是采购合同,招投标的内容是采购招标而非工程项目招标,但是原告的主要工作内容为根据金地幼儿园提出的标准和要求定制具有一定特殊性的物品并使其依附于幼儿园楼顶,形成建筑物不可分割的一部分,故合同的主要内容为幼儿娱乐设施和构筑物的制作、安装,涉案合同的性质实为装饰装修合同。

其次,对于合同清单未完成部分的价值及合同外无签证部分的价值,双方各执一词,分别主张11.3万元与19.4万元。在审理中,法院曾对此委托工程造价鉴定,但因双方未能提供图纸、做法,鉴定机构以无法鉴定为由退回了鉴定。法院最终认为:双方都很清楚涉案的项目为全额财政拨款的招投标工程,超过预算或者变更内容等将受到严格的规制。被告在原告所在园区施工1年,原告对于其中的变化、增项应当十分清楚。法院依法认定,项目进行过程中王勉与国林装修公司签署变更方案一份,隐含着两个意思:1. 变更相应的项目,部分合同内的项目不再制作、施工,同时被告补偿原告其他增项;2. 合同价款不予调整。

最后,法院以原有合同价格,扣减部分已经使用项目在质保期出现质量问题的维修费用的金额,从而对相关费用进行了认定,并据此作出判决。一审判决后,双方均息诉服判。

【评析】本案法官看似很大胆,既没有扣减原合同价中未完成部分的造价,也没有增加增项部分的造价,还认定原告对此应当清楚。实际上,法官抓住了涉案工程系政府投资工程这一属性,以及原告对于项目的控制力、每日可以清楚地观察到的现场状况等因素,认定双方达成的变更方案一定是口头承诺。

(3)未经验收擅自使用规则

《建设工程司法解释(一)》第14条规定:"建设工程未经竣工验收,发包人擅自使用后,又以使用部分质量不符合约定为由主张权利的,人民法院不予支持;但是承包人应当在建设工程的合理使用寿命内对地基基础工程和主体结构质量承担民事责任。"故对于未经验收的工程,发包人擅自使用,则推定建设工程质量合格(或者说拟制合格),发包人丧失了以工程未经竣工验收、工程质量是否合格待定为由拒付价款的抗辩权,除非发包人在其后证明地基基础工程和主体结构仍然质量不合格。换句话说,发包人擅自使用的行为,视为其愿意接受瑕疵产品——即使建设工程可能存在若干工程质量缺陷。

(4)分包关系及价款的推定

在一些建设工程案件中,施工总承包人将工程转包、违法分包、挂靠承包给个人甲,甲又将部分工程承包给实际施工人,双方没有签订合同。后甲下落不明,实际施工人从未取得工程款,故起诉施工总承包人,以双方存在建设工程分包合同关系为由要求其承担责任。施工总承包人往往抗辩其已经将工程承包给了个人甲,但由于甲无法出庭作证,则最终认定实际施工人与施工总承包人之间存在工程分包关系。理由是,实际施工人实际完成了工程部分施工,该施工范围在施工总承包人的施工范围内,在施工总承包人未能合理解释为何在其承包范围内存在实际施工人进行施工,也无法证明其与个人甲之间是转包、违法分包、挂靠承包或者其他关系的情况下,推定施工总承包人与实际施工人之间存在事实上的分包关系。此外,分包价款可以按照定额计算,但以不超过施工总承包人从发包人就该部分结算的价款为宜——推定理性的施工总承包人不会从发包人处就某一部分承包400万元而愿意以更高的金额(如450万元)结算给实际施工人。实际上,更多的可能是施工总承包单位会以400万元下浮一定的比例(如15%)与实际施工人结算。由于双方之间缺少书面的合同,该下浮率无法确定,故只能以不超过400万元为宜。

3. 找出反常行为的合理解释

俗话说:"事出反常必有妖。"在建设工程合同纠纷案件中,如果出现违反常理的案件,法官应当要求当事人作出合理解释,至少在笔录中反映双方的真实意图、违反常理的出发点,否则有可能陷入虚假诉讼的圈套中。

(1)发包人的工程造价高于承包人

承包人主张工程造价1279万元,发包人主张工程造价1450万元。正常情况下,往往是承包人所主张的工程造价高于发包人主张的工程造价,除非是某一方计算错误。在诉讼过程中,当承包人知悉发包人主张的工程造价高于己方时,往往会立即表示同意,双方达成调解。法官则需要查清,发包人是出于什么原因会认可比承包人的主张还要高的工程造价?是不是希望虚高工程款欠款债权而在更大程度上保障承包人的建设工程价款优先受偿权,其后两者再存在其他交易?是不是发包人希望增高工程造价以在房屋抵押时获取更高的银行抵押额度?是不是承包人的内部承包人与发包人系亲戚关系,两者协作配合以工程款协作套汇?前述情形均有可能涉及虚假诉讼的行为。

(2)质保金提前支付

多数的规范工程中对于付款进度有严格的约定,如主体结构封顶后支付合同价的75%,竣工验收后支付至90%,结算审价完成后支付至结算价的95%,剩余5%作为质保金在竣工验收合格后两年内付清(第一年付3%,第二年付2%)。但在一些案件中,发包人同意承包人提前支取质保金,甚至免除相应的保修义务,则必然出于重大的原因:承包人陷入经营停滞而相应的农民工多次聚集要求发包人提前支取,发包人出于维稳的考虑不得已同意;承包人放弃了向发包人主张的停窝工损失;承包人因资金短缺自愿放弃部分保修金;承包人向发包人捐建部分建筑,如厂区围墙、绿化、池塘等。

(3)超付工程款

如上所述,无论是有效的合同还是无效的合同,无论是施工总承包合同还是分包合同,工程款的拨付往往附加施工条件、进度条件、结算条件、节点条件等。发包人拖欠工程款为常态,超付工程款往往存在特殊原因。所以,发包人起诉承包人或者总承包人起诉分包人主张超付工程款的案件较为罕见,原告必须明确超付工程款的特殊原因,如以借支的名义多次预领款项,以无力支付农民工工资为由挟持、威胁,甲方代表、总监、费用人员等工程量计算错误,承包人伪造了相应的工程签证,承包人中途退场而置农民工于不顾、建筑业企业管理处等要求发包人垫资、代发,原属乙供料部分后改为甲供料但拨付款项中未能及时扣除等。

4. 朴素的价值判断和利益平衡观

疑难、复杂案件审理过程中、作出判决时，法官对于拟处理结果应当进行价值判断和利益平衡的衡量，避免案件实体处理结果造成当事人利益严重失衡，与普通、朴素的社会大众认知产生重大偏离，进而造成恶劣的社会效果。

(1)干了活就应当拿钱

一些不规范的实际施工人的案件，包工头连具体发生合同关系的合同相对人都不清楚，具体与之联络的上家因为各种原因躲避、下落不明等，没有书面合同，难以从工程施工指令、款项交付等方面侧面推定合同相对人。包工头作为实际施工人可能会将总包、分包等主体都起诉列为被告。法官审理该类案件时，要注意尽管实际施工人所指向的合同相对人可能并不明确、清晰，但其施工了相应的工程(且质量合格)，则应当最终判决相应的主体承担付款责任。不能因为各个被告之间相互推诿、原告举证有所欠缺而轻易驳回全部诉讼请求，致使其丧失全部的救济途径。另外一些案件中，实际施工人确实施工了部分工程，但是对于具体施工的工程量无法举证，从而无法确定工程价款。法官也不能轻易驳回实际施工人的诉求，而应尽可能穷尽审查措施——审查月进度报表中有无实际施工人的工程量，对方有无认可的工程款，监理日志、施工日志、工地例会纪要等对于已经完成的部分有无确定性的描述、有无可以反映已完工程量的其他证据等。

(2)同一事项不能重复给付

对于款项的性质，不能既主张是借款又主张是工程款。同样，对于某一分部分项工程，不能轻易判令履行付款义务的一方承担实质上的重复给付责任。尊重建设工程施工实践中的特殊性，从表见代理的角度，表见代理的认定可适度从宽把握，注重从代理人与被代理人之间的历史关系、交易习惯、表见外观、主观过错等角度论述。同样，实际施工人的工程款就是其实际施工范围内的工程款，不能分别从合同相对人、施工总承包人、发包人等处重复计算、领取。

(3)鼓励交易，尽量不亏本

从市场经济的角度，天下没有包赚的生意。商事行为注重契约、风险和收益自担。在案件的处理中尤其是调解中，应注意把握当事人的心理底线。诚然，承包人最终亏本系各种原因，如投标报价过低、市场变化风险、政策性原因、管理水平低下、施工浪费较多以及征地拆迁成本过高等。施工单位和包工头的心态往往是只要不亏本就行了，好歹养活了很多工人。而一些案件的实体结果如果突破了相应的心理底线，当事人可能数年经营毁于一旦，一个建筑公司、工程队就此关门倒闭，可能就此引发系列的社会问题。法官可以协调促成对方当事人作出一定的让步，从工程承包风险的角度，帮助承包人尽量不亏本、少亏本；对发包人而言，不应当利用发承包双方中的强势地位，签订不公平的建设工程合同，将工程施工风险完全转嫁到承包人身上。

（4）重视合理预见原则

承包人对施工中的风险应有一定的合理预见，对材料、人工等市场价格有一定的预期，对单价合同的风险范围进行充分的识别。对于政府发布的法律法规、政策、规范等应当及时学习，防止侥幸心理。如某沿海地区 2012 年政府多次发布信息禁止使用淡化海砂。某建设工程招投标节点承包人还是按照海砂的价格投标 800 元/吨，然而在施工中海砂不能使用而必须使用河砂，则施工成本大幅上涨，发包人拒绝调差的理由即为在投标时承包人已经预见到了不可能使用海砂，承包人应当承担投标报价的正常风险，而且正是该价格使承包人的报价比较具有竞争力。

第三十九章
CHAPTER 39

如何提高案件审理效率

建设工程合同纠纷类案件审理周期长、发改率高、“以鉴代审”等现象极为突出。提高案件审理质量、效率,可以从以下多角度入手:

1. 四个基本维度

(1)具备基本的法律素养

如基本的法律实体和程序规则,诉讼实践经验,口头表达、撰写法律文书、社会交际等能力。一般法律工作从业者经过三年左右的社会实践均可满足。

(2)懂工程

对于建设工程相应术语、法律法规、施工全过程等应当有一定的认识。如立项报批、勘察、设计、招投标、合同签订、开竣工、签证、分部分项验收、主体结构验收、综合验收、交付、结算等工程项目管理全过程;勘察、设计、施工、监理、项目管理公司、质监站、建管处、建工局、建设局、评审中心、规划局、城建档案馆、招投标中心、造价咨询公司各方主体的地位和功能;甲方代表、项目经理(五大员)、总监理工程师、费控、现场负责人等施工现场人员的职权;施工总承包与工程总承包的联系与区别;房屋建筑工程10个分部、子分部、分项工程等如何划分;1项施工综合资质、13项施工总承包资质、18项专业承包资质、1项专业作业每一项有分级情况、可承包工程范围等。对于大多数法官和律师而言,均为学习法律的科班出身,学习工程技术专业知识难度很大。但“以打促学”,在打官司的过程中不断学习,查询资料,请教专业人士,积累知识,总结经验,假以时日即能够融会贯通。

(3)善于沟通

突出表现在把工程技术问题说明白,说给外行人(法官或律师)听。如未办理过工程案件的法官和律师,对固定总价的内涵难以理解,则可以举生活中常见的例子——牛排店里的菲力牛排套餐,包含有菲力牛排一块、面包片一片、水果拼盘一个、冰红茶一杯、米饭一碗、开胃小菜两碟等,总价 150 元。如果吃完牛排后,要求再加一块同样的牛排,则类似于工程中增加工程量;如果水果拼盘不要,要求改换水果沙拉,则类似设计变更,应当增补相应的费用;如果餐厅称冰红茶已经售罄,但可以改换更高级的红酒,消费者予以接受,在双方未约定价格调整的情况下,餐厅无权主张红酒与冰红茶之间的差价,类似于施工过程中,由于承包人原因部分施工材料或者措施发生变更。

(4)增强说服力

说服力往往指的是实体规则的灰色地带,司法实践中并无统一的认定规则。如挂靠人与被挂靠人对外责任承担;实际施工人能否起诉非合同相对人的违法分包人、转包人;挂靠人或者项目经理使用技术专用章对外采购物资是否构成表见代理的认定标准等。法官或者律师在提炼争议焦点的基础上,要查阅大量相应的文献、案例,同时也要注意甄别和过滤,将一些明显存在纰漏、不具有典型性的资料予以过滤。单纯地寻找判例,价值和意义并不大。

从司法实践情况来看,以上四个维度中,第(2)、(3)个都是较难的。更多的情况是当事人、律师很努力地表达,法官很努力地倾听,但仍然收效甚微。一些工程案件中的专业人士在审理中对所涉及的专业问题津津有味、口若悬河,殊不知,作为裁判者的法官实际上对造房子需要打桩是不清楚的,遑论什么是桩基,常见的预应力管桩和成孔灌注桩施工工艺是怎么样的都不甚了解,更不要说成孔灌注桩是按照成孔量还是按照灌注量来计算工程量等工程造价专业性法律问题。

无论是建设工程的审理法官还是律师,都应当努力掌握相关必要技能:熟悉基本工程术语;努力看懂施工组织计划、总平面图,达到能够通过轴线和标高定位准确表述工程部位;学习工程建设、项目投资全流程,包括征地、拆迁、三通一平至房屋办证、交付等;熟悉常见的工程造价费用组成并能够对多数案件的计价模式进行识别;掌握工程造价、质量和工期鉴定的全流程,把握其中的关键点并善于在鉴定中与鉴定人沟通等。

2. 各方主体紧密配合

在具体的建设工程合同案件审理中，需要法官、当事人及委托诉讼代理人、鉴定人共同紧密配合、统一协调，才能稳步顺利推进案件。

（1）法官应当思路清晰、把控全局

作为裁判者，法官应当具有超脱于当事人的客观视角，在确定原告所主张的请求权基础上，充分听取对方当事人的抗辩意见，理性判断原告所提供的证据能否认定、主张的事实能否确认。特别是在案件审理的重大关节，应当及时作出判断而非犹豫不决、踌躇不前。如在承包人要求发包人支付工程欠款的案件中，发包人提出质量存在缺陷要求承包人予以修复或者减价。法官要确定涉案工程是否竣工验收，发包人提出的要求予以修复是反诉、要求减价是抗辩，案件是否需要启动工程造价鉴定、工程质量鉴定，二者是否同时进行等。对于重大、疑难的建设工程合同纠纷案件，法官需要在听取各方当事人意见后及时整理思路，有必要的话还可向外咨询。另外，法官也要把控全局，避免裁判权旁落。当事人逾期提供证据、经释明后仍不提起鉴定，委托诉讼代理人不配合调解工作反而起到反面作用，鉴定人在鉴定过程中出现瑕疵，如明显结论错误、超范围鉴定等，均需要法官积极处理，从有利于裁判的角度敦促、鞭笞各方，使案件审理张弛有度、按部就班地完成既定的目标是裁判者应有的职业素养。

（2）当事人及委托诉讼代理人应当及时行使权利，充分表达

当事人享有诉讼中的各种程序性和实体性的权利，但并非权利用尽就意味着对自己更有利。当事人及委托诉讼代理人应当积极准备案件材料、熟悉案件情况，及时提出自己的主张及相应的证据。对于法官提出要求核实的事项和补充的材料，及时回应和准备。对于经过努力确实无法核实的情况、无法取得的证据，及时反馈给法官。作为被告的一方当事人，如果建设工程专属管辖没有异议而举证时间上存在难度，则要积极与法官沟通延长审限，避免随意提起管辖权异议甚至上诉。对于案件有重大影响的证据应当及时提供，有需要调查取证的事项应当及时提起申请。此外，当事人及委托诉讼代理人负有向法官充分解释说明的义务，故对于法官可能不懂的情况应当及时说明、帮助理解。

(3)鉴定人应当及时完成鉴定工作,与裁判者保持良好的沟通

启动委托后,鉴定人按部就班地开展鉴定工作,及时提起所缺的鉴定材料、需要确定的鉴定事项,法官根据具体情况完成举证责任分配。鉴定过程中,无论是现场勘验还是鉴定工作会,鉴定人应摆正自己的位置,避免越俎代庖、以鉴代审。凡是涉及案件最终法律处理结果的,切记不可私自作出确定,而可以以报告、申请、建议等方式要求裁判者予以确认。在鉴定意见书的质证阶段,鉴定人对于具体的争议事项应当提前做好准备——争议项所涉及的部位照片、双方争议的焦点,各自有什么依据,鉴定计算所依据的图纸、计算底稿等鉴定材料等,有助于裁判者及时理清双方争议事项的具体内容。有必要的情况下,向法官解释行业对于该类争议处理的一般规则是什么,定额中的具体规定如何等。

总之,一个建设工程合同纠纷案件的审理进程,如同驾驶一套马车——原告、被告及其他当事人类似马匹,有时存在行进方向不一致甚至南辕北辙、步伐不统一的情形;法官类似赶车的车夫,指引着案件前进的方向,通过马鞭规制马匹的不规范行为并统一节奏;鉴定人如同马车本身,性能是否卓越、结构是否坚固等反映了鉴定人的能力和素质,且较大程度上会对法官的判断造成重大影响;具体的道路是泥路、柏油路、石子路等,反映了具体的建设工程项目的特征,如市政工程、土建工程、工艺管道工程等,难易程度差别很大。总体上来说,各方主体需要在法官的主导下,统一思想、相互紧密配合,才能有效推进案件的审理进程。

3. 畅通沟通渠道

由于建设工程合同纠纷案件的特殊性,注定审理案件需要重学习、重调查。一方面,在送达材料时、庭前会议召开前等各种不同的时间,法官需要特别重视这种交流机会,充分听取当事人的意见,对于自身暂时无法理解的,提请当事人补充说明;另一方面,对于案件经过法庭辩论后当事人提供的有关案件的代理意见等,需要认真阅读,避免武断决定。对一些专业事项的争议,双方可以通过电子邮件等方式将各方的依据充分阐明,通过寻找专家咨询、对质、辩论、听证等各种方式畅通交流。要注意发挥案外专业人士的价值,如安排具有相关专业技能的陪审员进入合议庭。涉及工程质量方面,除了鉴定人以外,也可以向设计院、房屋质量监督管理站等高级工程师请教;涉及工程造价方面,也可以向鉴定人以外的造价协会等专业

人士咨询；涉及工期方面，一些施工管理经验丰富的总监理工程师也可以发表意见等。总之，“真理越辩越明”，在沟通的过程中，哪怕涉及高度技术性的争议焦点，也会在辩论中逐渐明晰，同时法官和各方当事人也能从中学习到相应的专业知识，提高凝练、解释工程法律争议的能力，受益匪浅。相反，如若对于争议焦点不闻不问，难免落入忽左忽右、失之偏颇的境地。

4. 可视化的应用〔1〕

可视化有助于直观、清晰地展示建设工程纠纷的事实、法律关系、双方争点和论证逻辑。案件事实越纷繁，法律关系和论证逻辑越复杂，可视化的效果可能愈加明显。可视化的表现有：图画、表格、PPT 演示文稿、视频动画、沙盘演示等各种方式。如果善加利用，将大大提高案件的审理效率。律师或当事人为说服法官，可以通过可视化图表简洁、直观地传递己方诉讼主张及其依据，其落脚点为表达己方诉求；法官则可以利用可视化的方法梳理、分析案件事实、法律关系，对比双方在案件中的不同主张和诉求，提高案件审理效率，其落脚点为全面、客观地反映案件事实及双方争议。常见的可视化方法有以下几种：

（1）时间流程图

即以时间轴的方式记录案件事实中的关键事件。建设工程合同纠纷案件往往所涉时间跨度长、节点事件较多，无论是法官阅卷或者在案件分析时，如果制作时间流程图，将有助于把握案件的主要脉络，如投标、中标、签约、开工、停工、复工、竣工、报送结算资料、结算、质保期质量问题通知、主张优先受偿权等时间。特别是对于起诉状、答辩状并非完全按照时间先后顺序阐明的案件，适用该方法有时能够将一些复杂案件中的不合理抗辩从逻辑上予以直接剔除，从而发现当事人的陈述漏洞。在一些工期案件中，通过关键事件发生顺序的对比，能够进一步表明何方是导致工期延误的过错方。

（2）主体图

在所涉案件的当事人较多，存在主张构成表见代理的挂靠人、项目经理，或者引用实际施工人条款主张权利的情形下，对于案件各方当事人之间的关系可以制

〔1〕　以下内容参考《中国建设工程法律评论》第三工作组的调研成果《建设工程纠纷案件中运用可视化方法的倡议》，第三工作组成员：李琪、李昱、罗有才、孙巍、汤雷、王峰、周显峰。

作主体图以加深印象、形成脉络。该图在表现发承包关系、多次转包或违法分包等案件中较能够帮助裁判者掌握主体的地位,并据此确定原告的请求权基础。

(3)分析表格

对于涉及原被告双方较多款项金额,当事人提供每一款项的具体金额并无必要。采取归纳、总结、制表的方法,能够较快厘清。典型如表16-1对已付款的整理,双方对于已付款各自制作已付款清单,对于时间、金额无异议的部分可以直接确认,无须再行对证据进行核对,对有争议的部分则进一步补充证据证明。同样的情况,还较适用月进度报表的统计、每月应扣水电费的统计等。

(4)对比图

一些案件中,需要通过图片的方式展现两种不同情况的区别,最好提供彩色打印件。如规划红线图的调整、施工范围的变化、不同材料导致的平整度不同等。该种情况一般发生在工程质量、工期案件中,图片的对比较书面文字表示而言更具说服力。

5. 加强知识和经验积累

在处理建设工程合同纠纷案件中,法官需要始终保持学习的态度,以用促学、学以致用。对经办的每一个案件,认真以对,吃透案件所涉工程技术知识、法律争议焦点,深入思考案件得失,并善于总结经验和教训。另外,尝试从不同角度考虑问题,倾听当事人的心声、委托诉讼代理人的想法、鉴定人的意见。一般而言,办理50个左右的建设工程案件,即能基本入门,办理100个左右的案件,基本可以融会贯通。对法官而言,多学习一级建造师的课程,学习有关建设工程司法解释的不同解读、各省市有关建设工程的审判指导意见、市场上有关建设工程法律的各类书籍等,能够较大程度上夯实工程法律基础。

(1)常见的工程法律专业术语〔1〕

综合类:建设工程/建筑工程/土木工程/机电工程/土建工程/安装工程/单位工程/分部工程/分项工程/构筑物/主体结构/给排水/强电工程/弱电工程/暖通工

〔1〕 本部分仅部分罗列说明必须知晓的工程法律术语,转引自曹文衔博士讲义,详细情况参见常设中国建设工程法律论坛第八工作组的调研成果《中国建设工程施工合同法律全书:词条释义与实务指引》。

程/建筑智能化工程/消防工程/人防工程/电梯工程/防水工程/钢结构/砖混结构/木结构/钢筋混凝土结构/结构安全性/耐久性/强度/刚度/挠度

证照类:土地规划许可证/土地使用权证/建设工程规划许可证/施工许可证/临时用地许可证/建筑业企业资质/施工资质证书/勘察资质证书/设计资质证书/监理资质证书/专业工程设计资质

勘察设计类:红线/初勘/详勘/地勘报告/水准点/控制点/规划红线/高差/相对高程/绝对高程/黄海高程/初步设计/扩大初步设计/施工图设计/工艺设计/技术设计/平面/立面/剖面/通用设计/标准设计/套图/图集/建筑构造设计/节点大样设计/总图设计/总平面位置/设计总平面/布置总平面/竖向设计/总平面管网/路网设计总平面/绿化设计/室外总体设计/施工图/ 0#图纸/2#图纸/白图/蓝图/出图章/图签/施工图纸交底/技术交底/施工图纸会审/审图/施工图审图单位/设计变更/工程修改/核定单/概算/预算/估算

招投标类:设计招标/施工招标/扩初图纸招标/施工图招标

施工类:三通一平(七通一平、九通一平)/临时建筑/甲供料/机工料/施工组织设计/关键线路图/±0.000(正负零)/标高/隐蔽工程/覆盖/剥落/甲方/乙方/丙方/甩项工程/总承包/施工总承包/竣工验收/竣工备案登记表/进场验收/检验批/见证取样/交接检验/主控项目/一般项目/抽样/方案/计数/检验/观感质量/返修/返工/退场/材差价差/工程量差/自检/初步验收/单项工程验收/交工验收/竣工图/甩项验收/试车/空载/检验/满载/试验/水联运/过载/检验/半载/轴线/放线/桩基/钻孔灌注桩/沉管/井点/降水/地下连续墙/护坡/护壁/跨度/开间/进深/层高/净高/室内外高差/地坪/耐火等级/隔音指数/柔性防水/刚性防水/防火门/密封门/围护结构/养护时间/烟感喷淋/应急照明/机械通风/自然通风/伸缩缝/(混凝土、水泥)标号/配比/验槽记录

造价类:固定总价/固定单价/清单计价/综合单价/定额价/可调价/固定总价可调/下浮率/包干价/单价包干/总价包干/定额子目/工程量清单/清单缺项/清单描述不清/清单特征不符

监理类:旁站/巡视/平行检验/见证取样/停工令/复工令

(2)常用法律法规、技术规范、示范文本

法律法规及司法解释类:民法典/建筑法/民事诉讼法/民事诉讼法解释/招标投标法及其实施条例/建设工程质量管理条例/建设工程勘察设计管理条例/建设

工程安全生产管理条例/城乡规划法/合同法司法解释/建设工程司法解释(一)

行政规章及管理规范:建设工程施工验收统一规范/建设工程造价鉴定规范/建设工程监理规范/建筑业企业资质标准/工程造价术语标准/建设工程分类标准/建设工程工程量清单计价规范/建筑装饰装修工程质量验收规范

示范文本:建设工程施工合同(示范文本)(GF-2017-0201)/建设项目工程总承包合同(示范文本)(GF-2020-0216)/标准施工招标文件/设计施工采购交钥匙工程合同条件/房屋建筑工程质量保修书/施工合同条件(FIDIC)

(3)各级法院审理建设工程类纠纷规范性文件(部分)〔1〕

最高人民法院

第九次全国法院民商事审判工作会议纪要(关于合同纠纷案件的审理部分)

第八次全国法院民事商事审判工作会议纪要(民事部分)

最高人民法院关于当前民事审判工作中的若干具体问题

对最高人民法院《全国民事审判工作会议纪要》第59条作出进一步释明的答复

最高人民法院关于人民法院在审理建设工程施工合同纠纷案件中如何认定财政评审中心出具的审核结论问题的答复

最高人民法院《关于对人民法院调解书中未写明建设工程款有优先受偿权应如何适用法律问题的请示》的复函

最高人民法院民事审判庭关于发包人收到承包人竣工结算文件后,在约定期限内不予答复,是否视为认可竣工结算文件的复函

最高人民法院关于如何理解和适用《最高人民法院关于审理建设工程施工合同纠纷案件适用法律问题的解释》第二十条的复函

最高人民法院关于装修装饰工程款是否享有合同法第286条规定的优先受偿权的函复

最高人民法院关于建设工程承包合同案件中双方当事人已确认的工程决算价款与审计部门审计的工程决算价款不一致时如何适用法律问题的电话答复

最高人民法院经济审判庭关于国营黄羊河农场与榆中县第二建筑工程公司签

〔1〕 以下可查阅微信公众号“律行天下”,下载《各级法院建设工程类纠纷指导意见汇编》(2021年版)》,且每年更新。

订的两份建筑承包合同的效力认定问题的复函

最高人民法院经济审判庭关于建筑工程承包合同纠纷中工期问题的电话答复

北京

北京市高级人民法院关于审理建设工程施工合同纠纷案件若干疑难问题的解答

北京市高级人民法院审理民商事案件若干问题的解答之五(试行)

江苏

江苏省高级人民法院关于审理建设工程施工合同纠纷案件若干问题的解答

江苏省高级人民法院民一庭建设工程施工合同纠纷案件司法鉴定操作规程

江苏省高级人民法院全省民事审判工作例会会议纪要

江苏省高级人民法院、江苏省住房和城乡建设厅关于建立化解建设工程合同纠纷案件联动机制的意见

江苏省高级人民法院2009年审判工作座谈会纪要

江苏省高级人民法院民二庭宏观经济形势变化下的商事司法问题研究

江苏省高级人民法院关于审理建设工程施工合同纠纷案件若干问题的意见

江苏省高级人民法院建设工程施工合同案件审理指南

苏州市中级人民法院民二庭关于涉建工程中项目经理等对外从事买卖、租赁等民事行为的责任认定

南通市中级人民法院关于建设工程实际施工人对外从事商事行为引发纠纷责任认定问题的指导意见(试行)

连云港市中级人民法院民二庭关于职务行为认定的讨论意见

盐城市中级人民法院关于审理建设工程施工合同纠纷案件若干问题的指导意见

徐州市中级人民法院关于审理建设工程施工合同纠纷案件的若干问题

宿迁市中级人民法院关于涉建设工程商事纠纷案件责任主体承担问题的指导意见

淮安市中级人民法院关于审理建设工程施工合同相关纠纷案件若干问题的指导意见(试行)

浙江

浙江省高级人民法院民二庭关于审理涉建筑施工企业项目部纠纷的疑难问题解答

浙江省高级人民法院、浙江省人民检察院、浙江省公安厅关于办理建筑施工企业从业人员犯罪案件若干法律适用问题的会议纪要

浙江省高级人民法院民事审判第一庭关于审理建设工程施工合同纠纷案件若干疑难问题的解答

浙江省高级人民法院执行局执行中处理建设工程价款优先受偿权有关问题的解答

浙江省高级人民法院关于审理建筑领域职务犯罪和经济犯罪案件若干问题的解答

杭州市中级人民法院民一庭关于审理建设工程及房屋相关纠纷案件若干实务问题的解答(节选)

绍兴市中级人民法院关于审理建筑领域民商事纠纷案件若干问题的纪要

绍兴市中级人民法院民事审判庭关于审理建设工程施工合同纠纷案件若干问题的意见(试行)

金华市中级人民法院关于建设工程审价委托管理的若干规定

金华市中级人民法院民事审判若干疑难问题讨论纪要

上海

上海市高级人民法院关于执行《关于法院司法委托鉴定收费标准和工作时限的约定》的通知

安徽

安徽省高级人民法院关于审理建设工程施工合同纠纷案件适用法律问题的指导意见(二)

安徽省高级人民法院关于审理建设工程施工合同纠纷案件适用法律问题的指导意见

宣城市中级人民法院关于审理建设工程施工合同纠纷案件若干问题的指导意见(试行)

广东

广东省高级人民法院关于审理建设工程合同纠纷案件疑难问题的解答

广东省高级人民法院 2012 年全省民事审判工作会议纪要

广东省高级人民法院关于审理建设工程施工合同纠纷案件若干问题的指导

意见

广东省高级人民法院关于审理建设工程施工合同纠纷案件若干问题的意见

广东省高级人民法院关于在审判工作中如何适用《合同法》第 286 条的指导意见

广东省高级人民法院关于审理建设工程合同纠纷案件的暂行规定

深圳市中级人民法院关于建设工程合同若干问题的指导意见

四川

四川省高级人民法院关于审理建设工程施工合同纠纷案件若干疑难问题的解答

四川省高级人民法院关于审理涉及招投标建设工程合同纠纷案件的有关问题的意见

重庆

重庆市高级人民法院关于建设工程造价鉴定若干问题的解答

重庆市高级人民法院民一庭关于当前民事审判疑难问题的解答

重庆市高级人民法院关于当前民事审判若干法律问题的指导意见

重庆市高级人民法院印发《关于审理和执行涉及"四久工程"纠纷案件若干问题的意见》的通知

山东

山东省高级人民法院民一庭关于审理建设工程施工合同纠纷案件若干问题的解答

山东省高级人民法院 2011 年全省民事审判工作会议纪要

山东省高级人民法院 2008 年全省民事审判工作会议纪要

山东省高级人民法院 2005 年全省民事审判工作座谈会纪要

山东省高级人民法院关于审理建筑工程承包合同纠纷案件若干问题的意见

山东省济南市中级人民法院关于建设工程施工合同纠纷案件法律适用问题研讨会纪要

天津

天津市高级人民法院关于审理建设工程施工合同纠纷案件相关问题的审判委

员会纪要

其他地区法院（仲裁委）

河北：河北省高级人民法院建设工程施工合同案件审理指南

湖北：湖北省高级人民法院2013年民事审判工作座谈会会议纪要

福建：福建省高级人民法院关于审理建设工程施工合同纠纷案件疑难问题的解答

江西：江西省高级人民法院2004年全省法院民事审判工作座谈会纪要

天津仲裁委：天津仲裁委员会建设工程施工合同纠纷案件仲裁指引

深圳仲裁委：关于审理建设工程施工合同案件若干问题的意见

6. 建设工程合同纠纷审判的展望

员额制改革至今已经数年，司法改革的步伐从未停歇。在可预见的十年内，以下问题可能会进一步凸显：

①建设工程合同纠纷案件的数量可能进一步增加。房地产与建筑业仍是国民经济的支柱产业，带动相关产业的发展。在政府加大投资、人民着力提升生活品质等背景下，这一引擎将助力经济继续前行。

②建设工程合同纠纷案件难在一审，多在基层。基层法院的收案标的额已经不小，而标的额在20万元至1000万元之间的建设工程合同纠纷案件，往往难度系数更大。标的额更高的建设工程合同纠纷案件，往往由于当事人更为重视、证据比较全面、法律关系比较单一等原因，在事实认定方面更加容易。

③实际施工人案件是难点。实际施工人的内涵与外延、裁判规则等不断变化，司法解释对其代位权作出规定后可能会加大司法实务的分歧。另外，案件与仲裁条款的冲突、恶意保全的泛滥、执行中款项专属优先的确定等问题，会引发更为深入的制度性反思。

建设工程合同纠纷虽然特殊，但不适合为此建立作为专门的建设工程法院，如金融法院、知识产权法院、海事法院等。原因是建设工程合同纠纷案件的数量较高、标的额大，需要勘察和鉴定的比例高，同时涉及的关联案件多，往往还衍生破产、执行异议之诉等。解决建设工程合同纠纷审判过程中遇到的各种问题，仍然要从法院自身着手：加强学习，鼓励法官对外交流，培养专业的建设工程法官和合议庭，制定长期有效的培训、培养方案；吸纳专业人士作为人民陪审员参与合议庭，建立重大疑难建设工程案件咨询机制，加强与住建、规划、消防、交通、安监、审计、评审等部门的联系与沟通；总结审判经验，汇总疑难问题，并对疑难问题加以梳理、解决。

第四十章
CHAPTER 40

审理思路的再演绎

对建设工程合同纠纷案件从程序和实体角度进行综合审查——动态审查、静态审查及鉴定等,体现了内在逻辑性和外在的周延性。掌握该种方法,法官在面对大多数建设工程案件时将不再束手无策,可以早日厘清思路、推进审理进程。

1. 审理思路的逻辑论证

建设工程合同纠纷案件的审理思路,静态审查是从合同关系、合同内容、合同性质、合同效力进行审查,动态审查从履行、竣工、应付款(工程造价)、已付款及结算款等方面展开,加上工程案件的造价鉴定、质量鉴定、工期鉴定,配合无争议事实归纳和争议焦点的明确,在此基础上行使释明权和进行庭审二次架构。以上形成了完整的闭合思路,其优势在于:

(1)有助于避免遗漏事实和争议

按照上述审理思路,法官可以结合自己正在办理的案件,采用遍寻的方法逐步询问自己:“本案双方是否存在合同关系”“双方之间有签订书面的合同吗? 合同权利义务是什么?”“合同的性质是建设工程合同吗? 有没有可能实际上是其他合同”“各方存在合同无效的十一种情形吗? 各方的资质证书提供了吗? 分包经过发包人同意了吗? 建设工程规划许可证办理了吗?”“施工义务有无履行?”“工程竣工了吗? 有无竣工验收报告或者其他证据可以证明”“发包人应付款是多少? 承包人主张的款项是否已经具有足够的证据证明? 案件需要进行工程造价鉴定吗?”“本案已经支付的款项、金额等双方是否存在争议、是否需要进一步查明?”“本案是否存在合法有效的结算协议”“本案是否存在质量问题、是否需要启动工程质量鉴定?”“本案是否存在工期违约行为、是否需要启动工期鉴定?”“承包人是否享有建设工程价款优先受偿权?”“原告请求第二被告承担连带责任的请求权基础是什么?”等。以上这些问题,即使当事人没有关注到,法官也应当及时察觉并加以查明,避免案件二审时存在基本事实不清的风险。

(2)疑难复杂案件支解,案件拆分心里有数

对于一些存在发、承包双方相互起诉、工程造价与工期、质量等争议纠缠需要鉴定、案件涉及挂靠人等实际施工人、中间结算和款项交付存在表见代理等情形的重大、疑难、复杂案件,可以根据上述审理思路进行支解拆分,加强论证和证据审查,在认定事实的基础上重新拼凑整合、统一处理,实现类似庖丁解牛式的由整体到部分、再从部分到整体的拆分和整合。在此基础上,完整归纳无争议事实和争议焦点并进行多轮的论证和演化。妥善处理反诉与抗辩的关系,工程造价、工程质量、工期等鉴定的相互衔接等。

(3)及时梳理审理方向,架构二次庭审

如为了确定承包人是否有权向被告主张工程款,则可以明确询问原告:“原告主张欠付工程款2000万元,是否有确切的结算证据?”“双方对涉案工程造价是否达成一致?”“是否可以直接通过其他证据计算?”“承包人是否主张逾期未提异议视为认可的默示条款”等。查明不存在以上情况时,及时向承包人释明:“目前没有确切的证据证明你所主张的欠付工程款,作为举证义务方,你应当提起工程造价司法鉴定,逾期视为放弃并应当承担结果意义上的举证证明责任。”由此,案件审理的方向就比较清晰。在此基础上,以审理目标为核心,架构二次庭审安排,能够提升庭审的效率,为纠纷的及时解决奠定基础。法官自己心里有底,就不容易被当事人和委托诉讼代理人所误导,更容易把握案件审理方向。

2. 审理思路向代理思路演化

律师在承接建设工程合同纠纷时,可以运用法官审理建设工程合同纠纷案件的思路,依次询问当事人以下各个问题并加以总结发挥。

(1)你是谁? 你要告谁?

该问题首先涉及主体问题。来咨询并寻求委托,多数是作为挂靠人或者实际

施工人的包工头,少数为代表公司。“你是谁”要确定的是原告主体资格,是以自己的名义起诉,还是以他人的名义起诉,需要厘清发生合同关系到底是在哪两个主体之间。而有时有些人虽然将某一办事机构称为公司,但实际上并无法人资格;有些土建工程队实际上是个体工商户等。“你要告谁”,关系到的是被告的主体资质。相应需要考虑的是被告是不是合同相对人、是否正常经营、被告是否下落不明、被告是否在异地不方便保全、被告是否为大公司而无履行之忧,在可供调整、选择的基础上,是否存在更优的被告等。

(2)是不是工程案子?工程所在地在哪里?

原告干了什么活?是否承包、自主盈亏?做的是工程上的哪一部分?这个工程是什么工程?自己是否熟悉相应的工程技术和行业惯例?有无可能是买卖合同、租赁合同、劳务合同、承揽合同等?如果确定是建设工程合同纠纷案件,那么工程是否在异地?当地司法环境如何?保全力度大不大?法官审理建设工程案件的水平怎么样?如果去办案是否需要多次往返出差,方便不方便?如果原告需要向有关机关、部门调取相应的证据材料等,是否会遇到困难?自己在当地有无朋友能够协调沟通,提供有益的帮助等。特别需要注意的是,如果双方签订合同的话,是否存在仲裁主管的约定,该约定是否有效?

(3)是否经过结算?

双方是否曾经达成过结算协议或者对方是否出具过有关尚欠工程价款的欠条?签订结算协议的人是否为有权代表?欠条是个人出具还是以单位的名义出具?欠款金额是否明确?是暂结算还是总结算?结算的欠款是否附条件、附期限履行?如果当事人能够提供结算协议或者欠条,该类建设工程案件往往较为简单,即使双方之间并没有书面的合同,代理难度也并不是很大。为此,代理费可以考虑进行优惠或者设计相应的风险代理方案。

(4)应付款(工程造价)是否明确?

如果双方没有经过结算,对方应付的工程款是否明确,比如,双方对工程造价是否进行过确认?哪怕是某会议纪要的一句话、一段录音等。工程造价是否已经经过了第三方审价且双方均签字确认?本案所涉的固定总价合同是否发生包干范围内的施工内容和风险变化?承包人是否曾向发包人提交单方结算但对方未能根据合同约定及时提出异议从而构成“逾期提出异议视为认可”的默示条款等。由于应付款(工程造价)主要是承包人的义务,所以,如果应付款(工程造价)相对明确的话,与案件经过结算一样,往往不涉及工程造价鉴定,不仅诉讼风险相对较小,而且进程往往会较快。结算协议和应付款(工程造价)是否确定,是决定建设工程合同纠纷案件代理难度的第一道坎。

(5)竣工否?

无论何种情况下,涉案工程质量合格是承包人得以向发包人主张工程价款的前提,最直接的证据就是工程已经经过竣工验收。承包人是否掌握竣工验收报告或者发包人出具的竣工验收说明?发包人有无接收工程并投入使用?发包人是否存在未经验收擅自使用的情形等。当原告作为承包人所承包的是分部分项工程时,有无该分部分项工程质量合格的初步证据,如分部分项验收记录、已经进行下一工序的验收、措施项目工程已经施工完毕并拆除(如脚手架、模板工程已经拆除)?如果承包人已经完成了工程,但工程迟迟未竣工,是否系因非可归责于承包人的原因怠于竣工验收从而构成视为竣工验收条件已经成就的情形?以上问题系承包人作为原告必须考虑的问题。如果承包人未完成承包范围的工作致使工程未经验收,则丧失主张工程款的基础。而工程存在质量问题,承包人应当考虑及时予以整改、修复,在完成后才能主张工程价款。涉及房屋主体结构、地基与基础的质量问题,承包人更要高度重视,避免不仅丧失工程价款的给付请求权,而且还可能承担更大的赔偿责任和行政责任的情况。工程是否质量合格,是决定建设工程合同纠纷案件代理难度的第二道坎。

(6)已付款是否清楚?

虽然已付款本质上是对方的证明责任,但在建设工程合同纠纷案件中,往往涉及需要通过已付款来证明合同关系、合同相对人、交易习惯等重要方面,仍然要引起高度重视。己方是否提交已付款的具体证据,还是仅提供我方认可的已付款清单?是否存在部分款项“瓜田李下”难以说清款项性质的情形,如与借款、货款交织在一起?同时,每期所付的已付款是否与工程量月进度报表等相对应,能否反向推导所完成的工程造价等。

(7)双方之间合同有无?

双方之间是否存在书面的合同?是示范文本还是当事人自行拟制的文本?是否有补充合同或者具有协议性质的其他文件?合同中对合同内容(承包范围、承包方式、计价条款、工期、质量、违约金、争议解决等)各个方面的约定是否清晰、明确?有无涉及合同权利义务的重要内容未约定或者自相矛盾?作为合同组成部分的附件、图纸、预算书等材料是否齐备等。如果双方之间不存在书面合同,则代理案件不仅难度系数大,而且风险也较高。所以,书面合同的有无是决定建设工程合同纠纷案件代理难度的第三道重要的坎。

(8)双方合同是不是有效合同?亦即是否存在合同无效的情形?

原告建筑企业是否有相应资质?工程有无办理建设工程规划许可证和施工许可证(虽然施工许可证不影响合同效力,但未办理施工许可证的往往也未办理建设工程规划许可证)?如果是无效合同,则不能主张合同约定的进度款及其利息,双方应当立即进行清算,合同无效产生的损失有哪些?合同无效的归责如何认定?

(9)是否涉及工程造价、质量、工期、索赔等鉴定以及违约损失、履行行为义务、建设工程价款优先受偿权等方面?

一旦涉及这些情况,较多的律师可能心里就缺乏底气了。案件所需材料众多,鉴定中可能还要补充大量证据,可能需要开庭数次到十多次,案件审理周期长达一年至数年。特别是涉及工程专业事项的,需要花费大量的时间学习并与施工人员交流,敦促及时整理、补充证据。对于一些索赔款、违约金等,法官的自由裁量权较大,最终能够支持多少,难以做出预判。一些矛盾对立严重、双方博弈厮杀冲突的案件,还存在履行行为义务,如清退场地、交付竣工验收资料等,存在执行的难度和操作上的不便。该类案件代理的往往难度较大。

(10)诉讼费、保全担保费等由谁负担?律师费几何?

此点涉及代理意愿和代理费的核心问题。不妨以诉讼费、代理费先行询问摸摸底牌。然后,根据以上案件的情况,大致预估案件的风险系数、胜诉的可能性、案件的复杂程度,并结合工作量,根据自身的专业技能、名气、当地收费标准等作出判断,并与当事人进行沟通。

以上代埋思路系从法官的审理思路演绎而来,在具体案件中律师应当根据自己的实际情况加以灵活运用。

3. 对其他合同类案件的启示

建设工程合同纠纷案件作为合同法中最为疑难、复杂的案件类型之一,其审理思路对其他合同有较强的指导、借鉴意义。与建设工程合同纠纷不同,大多数的合同纠纷中当事人之间存在书面的合同关系,合同内容可以轻松查清,合同存在相应的名称(如买卖合同),故合同性质往往与合同名称相一致,在合同效力问题上,绝大多数也为有效合同。故实际上静态审查中的合同关系、合同内容、合同性质、合同效力并无详细审查的空间。从动态审查的角度看,虽然双方存在合同,但履行合同主要义务的一方仍然需要证明其履行情况,如交货的证明、供水的证明等,履行完成后如果经过了质量异议期,则如同竣工这一节点一样,接收货物(服务)的一方丧失了质量抗辩。其后仍然需要审查应付款是几何,如货款、借款及利息、租金等,已经支付的款项是几何等。如果应付款和已付款不明确,那么是否在某一时间点双方曾对账后出具相应的欠条、对账单、询证函等对所欠款项进行确认。该确认的欠款往往证明力极高,一般难以被推翻。即使双方不存在书面的合同、履行的证据薄弱,持有对账单、询证函和欠条等证据的当事人,其诉讼请求往往也可以得到支持。在案件审理的过程中,对于应付款有异议的,应当由主张应付款的一方进行举证,通过其他证据综合认定。对于已付款,则由付款义务人举证,涉及较多笔数交易的,也可以要求双方提供已付款清单进行核对并进一步举证。在案件审理过程中,需要注意归纳无争议事实,对争议焦点及时完成归纳和明确,在此基础上进行庭审的二次架构。试举例说明:

(1)民间借贷纠纷

在多数民间借贷纠纷中,原告举证借条,不仅证明双方存在借贷的合意且证明款项交付的事实。当借条内容明确时,如“借条 张三今借给王五现金三万元整”,原告的主张基本是成立的。从审理思路的角度,双方存在合同关系、合同内容是有关现金借款(隐含着款项归还的合同内容)、合同的性质是民间借贷关系、合同效力是有效的(除非该借款涉及赌债等非法债务),以上静态审查内容往往无须特别关注而可在判决中直接认定:张三与王五之间存在合法的借贷关系。从动态审查上看,往往应付款即为归还款三万元,已付款则为王五的陆续归还款项。但是如果他们之间的合同约定利息、王五累次部分归还借款、部分支付利息,则应付款和已付款均将更为复杂——涉及归还款项是优先认定为利息还是本金,超过受保护幅度的部分强制性认定为归还利息,每次归还后剩余借款本金的计算等问题。而如果在借款后的某日,双方对尚欠借款本金及利息等进行结算达成结算协议或者王五出具欠条,则基本有效,法官往往仅需要审查在该日后王五是否又归还了款项或支付了利息即可。

(2)买卖合同

在买卖合同中,如果出卖人持有书面的买卖合同,则买卖合同关系的成立、合同相对人、合同效力一般均无争议(除非明知是赃物而销赃,如窨井盖、铁轨、成品电缆等)。但出卖人尚需举证证明其已经“履行”了合同约定的交付义务,如送货单、快递记录、对方微信认可收到货物等。除此之外,出卖人还需举证所出卖的货物的具体数量——对于连续性的买卖而言,需要特别注意提供每次发货后与对方订单要求的数量、签收数量等进行确认的一系列证据。对于已付款部分,则根据正常的转账记录等予以查明。一些贸易型的公司在年关时会与贸易对象进行对账并出具询证函予以确认,是具有较高证明力的证据。但在买卖合同中,亦需要关注合同效力问题。如陈某多年来为肖某所挂靠经营的车队提供柴油,但肖某每次均拖欠相应的油款。2019 年 6 月,肖某出具欠条确认尚欠陈某购油款 21.2 万元。随后,陈某以买卖合同纠纷为由到法院起诉肖某。因成品油属于特定流通物,成品油的出售需要特殊许可,陈某以私人名义从他人处购得成品油并转卖第三人,数额巨大,构成非法经营罪。法院最终认定涉嫌刑事犯罪而驳回起诉。

(3)无名合同或组合合同

合同的性质不仅是从合同名称的角度来认定,更应该查明双方合同中具体约定的权利义务,确定其是否属于《民法典》中规定的有名合同,或者属于无名合同抑或是组合合同。在判定合同性质的基础上,应根据《民法典》有关民事法律行为效力的规定,据以认定合同的效力。如买卖合同的标的物往往是动产或者不动产,如果合同签订的是买卖合同,但是标的物实际上是某一项技术,则可能是技术转让协议。无独立产权的车位往往不能成为买卖合同的标的物,但是如果某房地产开发公司将某小区无独立产权的车位以《车位转让协议》的方式交给小业主使用,则可能构成租赁合同。一些特定物的买卖,与定作承揽之间的区别也是判若云泥。随着经济社会的发展,一些组合合同也大量涌现。如集体所有的房屋交给社员保管,同时允许其无偿使用,双方签订《房屋保管无偿使用协议》,由于保管合同的标的物也可以是不动产,则该合同的性质是保管合同与租赁合同的组合。这合同有可能因构成《民法典》第 154 条“行为人与相对人恶意串通,损害他人合法权益的民事法律行为无效”而被认定为无效。近年来较为常见的“后让与担保”中,往往买卖合同会被认定为借款的担保,买卖合同构成《民法典》第 146 条“通谋虚伪表示”中的外观行为,因欠缺真实的意思表示而被认定为无效。

所以,建设工程合同纠纷的审理思路,可以延伸适用到其他案件中,从规范的角度考察合同静态、合同动态两方面,避免定性、评判效力等发生根本性的错误。

本篇小结

本篇伊始，对案件决断进行了论述——撤诉、调解、判决。对法官而言，优选前两者，有助于提高案件审判质效、降低案件风险，但判决更能体现司法的价值功能。其中，建设工程合同纠纷领域先行判决的运用尚有待加强。案件的调解是一门艺术，法官应当遵循调解的原则，熟练掌握各种调解的方法和技巧，并特别注意防范调解中的虚假诉讼案件。此外，民事判决书的制作，也能体现法官的整体思维和业务素养。与起诉状、证据清单等相对应，判决书也存在详略得当、重点突出、思路清晰的要求。本篇对于二审审理亦做了一些思考。

第十篇 仲 裁

仲裁是法定、也是国际上通行的纠纷解决方式，在尊重当事人意思自治和便捷、高效解决纠纷等方面发挥了巨大的作用。完善仲裁与调解、行政裁决、行政复议、诉讼等有效衔接、相互协调的多元化解决纠纷机制，公正及时解决矛盾，妥善化解纠纷，维护社会稳定，促进改革开放，保障经济社会持续健康发展具有重要意义。

仲裁委员会独立于行政机关，坚持公平诚信的原则，平等对待各方当事人，在尊重事实、符合法律规定的前提下，公平合理地作出裁决。仲裁活动依法独立进行，不受行政机关、社会团体和个人的干涉。

第四十一章
CHAPTER 41

工程案件仲裁

建设工程合同纠纷作为商事案件，当事人可以选择仲裁主管。仲裁作为与诉讼平行的重要纠纷解决方式，近年来在建设工程领域得到了较大的发展。以北京仲裁委员会为例，2018 年受理建设工程合同案件 617 件，总立案标的 79 亿元，平均标的额达到 1280 万元[1]。与诉讼相比，建设工程合同纠纷仲裁案件具有以下鲜明的特点：

1. 终局性

仲裁案件实行“一裁终局”制度。司法对仲裁原则是尽量不干预，以维护仲裁作为纠纷解决手段的权威。实践中，只有极少数因确有程序问题的仲裁案件，由当事人向仲裁机构所在地的中级人民法院申请撤销或不予执行。故仲裁案件是终局的、有约束力的，很难以重裁、撤裁等改变仲裁结果。而诉讼则实行四级两审制，许多案件还经历“再审”程序，一些建设工程合同纠纷案件甚至经历“重审”等，一个诉讼案件最后演化成数个司法诉讼程序，旷日持久。一裁终局最大的好处即为效率性、经济性。特别是胜诉的一方，裁决书从作出之日起生效，当事人即可申请强制执行，防止久拖不决、缠讼。从纠纷化解的角度来看，很多时候“快刀斩乱麻”具有更好的法律效果、社会效果。从收费的角度来看，虽然仲裁的小标的案件费用往往较司法的诉讼费较高，但大标的案件实际上差距并不大。考虑到工程案件在诉

〔1〕 该统计数据由北京仲裁委员会相关人士提供。

讼中很有可能经历二审,两审累加的诉讼费也比仲裁费用高。目前部分仲裁机构已经开始在合同无约定的情况下支持律师费,这样对胜诉方也是一种费用上的弥补。

一裁终局的另一面则是事后监督困难。当事人如果认为实体上确有“硬伤”的裁决,很难通过有效的手段予以纠正,有时不得不吃“哑巴亏”。

2. 私密性

仲裁的私密性体现在开庭以不公开为原则,非本案的当事人和审理人员难以获知审理的进程和具体情形。与诉讼强调“公正公开”不同,仲裁的裁判权并非来自公权力,而是案件当事人的授权,故更加注重保护当事人的权利。对工程案件而言,涉及知识产权的设计图纸、投标报价方案等存在一定的商业价值。许多企业也不愿意将自身“涉诉”的情况暴露出来,以免影响企业商誉。另外,《仲裁法》第 54 条规定:“……当事人协议不愿写明争议事实和裁决理由的,可以不写。”与此不同,《民事诉讼法》第 100 条第 1 款规定:“调解达成协议,人民法院应当制作调解书。调解书应当写明诉讼请求、案件的事实和调解结果。”所以,如果当事人在仲裁中达成调解,在仲裁调解书中可以只确认调解结果而对仲裁事实部分予以省略,以最大限度地保障仲裁的私密性。

在建设工程合同纠纷诉讼领域,挂靠、转包、违法分包、违反招投标法等情形比比皆是。法院出具的判决书中将对认定的法律关系和合同效力予以分析,并将判决书公开在中国裁判文书网上。甚至,法官可能会对案件审理过程中发现的违法行为作为线索通报建设、规划、招投标等行政主管部门,并发送相应的司法建议。当事人可能赢了官司输了“面子”。如果被有关行政主管部门给予一定时间内的招投标禁入、上地区“黑名单”“罚款”等,对当事人而言,案件之外的经济影响更为严重,特别是一些“中字头”的国有建筑施工企业、上市公司等。《仲裁法》第 40 条规定:“仲裁不公开进行。当事人协议公开的,可以公开进行,但涉及国家秘密的除外。”仲裁裁决书并不会向社会公开。故双方当事人可以更多关注案件本身的争议是非的问题,于保障私密性的角度也更佳。

仲裁的私密性最大的挑战并不在仲裁机构。在仲裁实务中,如何对裁决书进行实体审查存在争议,多数仲裁机构并未在规则中明确如何对裁决进行审查。但贸仲和北仲等一直是沿用 ICC(The International Chamber of Commerce)国际商会的制度进行核阅。目前,仲裁界根据有关文件要求实行核阅,但对实体问题仍然基本尊重仲裁庭(员)的意见。实际上,仲裁私密性的最大挑战来自仲裁庭本身:一方面,独任仲裁员权柄在握,需要持身甚重,不偏不倚,公正审理,不能暴露心证、进行不当引导;另一方面,普通程序的仲裁庭,两个边裁可以由双方分别选定,首席仲裁员往往由仲裁委员会主任指定,由双方共同选定的情况百中无一。许多情况下,当事人选定的边裁往往是和该方较为熟悉的,故仲裁庭的合议意见存在“跑风冒气”的可能。一些仲裁委(如马鞍山仲裁委、德阳仲裁委等)转换思路,施行“裁前告知”制度,将私下违规泄露意见转换为对当事人合法的、从心证公开角度出发的告知,引导当事人正当表达诉求、落实关键证据、充分预期案件结果,对于案件调解有极大帮助。一些有经验的首席仲裁员,也能够及时发现边裁的倾向性,采取模糊不表态或者最后时刻才表态的方式,引导边裁促成调解。

3. 专业性

仲裁的专业性,主要体现在仲裁庭组成人员的专业度上。一方面,仲裁员任职并无地域限制和所担任仲裁机构数量的限制。仲裁机构可以在全国甚至海外聘请专家作为专业的仲裁员。另一方面,当事人也可以选择在仲裁员名册中选择具有相应专业知识、较高公信力的仲裁员作为仲裁庭组成人员。仲裁员的来源除了律师等法律职业从事者之外,还包括造价咨询公司从业人员、设计工程师、工程质量监督站的高级工程师、建设行政主管部门的官员等,他们都具有建设工程某一方面的特殊知识,有些从事建设工程相关职业数十年,有些长期专门钻研建设工程法律,对案件审理有所裨益。此外,一些仲裁机构在全国范围内选聘具有工程和法律复合知识的专业仲裁员,他们拥有丰富的建设工程专业知识、行业实践经验,专门审理疑难复杂的建设工程合同纠纷案件,对当事人的心理、案件争议焦点等问题的把握往往“四两拨千斤”。该类仲裁员的优势是无可比拟的,也是仲裁委打造建设工程专业裁判品牌的关键。与此相比,绝大多数的法官为文科生出身,并未学习制图、工程管理、工程造价基本知识等工程类知识,审理建设工程合同纠纷案件数量不多,办案思路上始终达不到融会贯通的饱和度,只能徘徊在似懂非懂的状态。如果建设工程合同纠纷案件分到未办理过该类案件的法官手中,审理过程中法官和当事人、代理人往往都感到沟通不畅、疲惫不堪。员额制改革后,部分法院建设工程合同纠纷案件的专业化审判一定程度上反而弱化。

另外,仲裁裁决书的撰写专业度有待加强。多数仲裁员因平日不专门从事案件审理工作,与法官相比,对于裁决书的形式要求不甚了解,也缺乏锻炼机会,所以裁决书中对于专业问题方面的论述往往会比较深刻,但在证据认定、事实查明以及法理论述部分,往往说理不充分、论证不严密、用语不准确,一些证据认证和事实认定等部分的写作方法和技巧需要加强学习和锻炼。

4. 规避诉讼管辖

建设工程合同纠纷案件实行建设工程所在地专属管辖,当事人依据诉讼请求金额的高低确定相应的级别管辖法院。2019 年 5 月 1 日开始施行的《最高人民法院关于调整高级人民法院和中级人民法院管辖第一审民事案件标准的通知》(法发〔2019〕14 号),将高级人民法院受理一审民商事案件的标的额限定为 50 亿元人民币以上,也就意味着绝大多数的建设工程合同纠纷案件将在基层或者中级人民法院审理,也就意味着即使案件打到二审程序,也将基本上很难出省。但很多时候,当事人对在工程所在地进行诉讼缺乏自信,担心对方当事人施加影响或者案件受到当地政府的非正常干预,此种情况下,也可以通过事前约定仲裁的方式,排斥诉讼主管,并协商确定由任一家双方均信任的仲裁机构作为争议解决机构。

工程所在地以外的异地仲裁机构主管也可能存在弊端。如果案件需要工程造价或质量鉴定、现场勘验等,可能给各方当事人来往均带来不便,不利于审理。如住所地位于上海的发包人与住所地位于天津的承包人,就工作所在济南的工程项目约定由位于北京的中国国际经济贸易仲裁委员会仲裁,该仲裁约定也是有效的。仲裁庭可以在充分做好庭前准备的基础上,召集各方共同奔赴工程所在地异地开庭、现场勘验等。另外,仲裁委虽然内部有鉴定机构名单,但很少像法院那样使用公开的名录。所以,理论上仲裁机构完全可以适用工程所在地的鉴定机构。异地鉴定机构最大的问题是各省在定额、规费上存在区别,其他地区的鉴定机构对该省的工程造价计算方法可能不够熟悉。

5. 自由裁量权更大

相较于诉讼，仲裁庭对案件处理的自由裁量权更大。诉讼具有更强的程序性规范，《民事诉讼法司法解释》及各类规范性文件构成了庞大的体系，法官审理案件虽然有一定的灵活度，但总体上自由空间并不大。如普通程序举证期限不少于15天、开庭前3天传票通知等。相对而言，仲裁的规制要少得多，主要是各个仲裁机构的仲裁规则，程序上更为灵活。在审限方面，诉讼有严格的审限要求，延长审限必须要有足够的理由；仲裁审限延长则相对比较宽松。在鉴定机构的选定上，仲裁当事人约定的鉴定部门可以是没有司法鉴定资格而仅具有建设行政主管部门颁发的建设工程质量检测资质的机构，特殊情况下当事人同意由专家裁决小组或质量评定机构进行评定的，也合法有效。

实体上，仲裁庭也具有更大的自由裁量权和决定权。司法解释是诉讼中法官必须遵照执行的裁判依据，但司法解释并非当然的仲裁依据。特别是司法解释中有关诉讼程序的规定、法律没有明确规定或者存在实体上争议的观点，仲裁庭完全可以不予采用而作出不同的裁决。例如，《建设工程司法解释(一)》第23条规定："发包人将依法不属于必须招标的建设工程进行招标后，与承包人另行订立的建设工程施工合同背离中标合同的实质性内容，当事人请求以中标合同作为结算建设工程价款依据的，人民法院应予支持，但发包人与承包人因客观情况发生了在招标投标时难以预见的变化而另行订立建设工程施工合同的除外。"仲裁庭完全可能不采用该观点，认为应当按照实际履行的合同、签订在后的合同等作为结算的依据，特别是针对非法定强制招标项目。又如，中标人拒绝签约的，在法律没有规定的前提下，法官往往只能依法查明损失，但实际上损失很难举证、查证。在仲裁程序中，仲裁庭认为可以根据公平原则，依据投标保证金金额酌定损失的，亦并无不可。

自由裁量权还体现在涉及工程专业争议的案件上，专业仲裁员完全可以凭借自己的专业知识进行判断，甚至可以不做工程质量、工程造价等鉴定，只要通过自己的能力、经验判断或者进行相应的市场调研、形成内心确信，即可作出相应的裁决，比较典型的如装饰装修质量案件、劳务分包价款案件等。装饰装修案件标的小，鉴定费比例过高，装修价格适合随行就市，不适合采用定额及信息价，而且往往缺乏资料，只能根据现场进行判断，故实质上不适合鉴定。对于违约造成的损失，仲裁有可能在更大程度上尊重当事人意思自治，按照合同约定的比例上限（不超过损失的30%）予以支持，体现违约金的惩罚性等特点。诉讼中，对于违约金的支持相对更为保守，对合同约定的律师费问题上也存在这样的情形。对于发包人应付工程款的利息，在合同未约定的情况下，仲裁庭也可以按照承包人垫资的对外借款利率计算，以更好地弥补承包人的损失。

当然，仲裁庭的自由裁量权行使并非毫无约束，仍然应当尊重法律法规和仲裁规则，本着公正公平的原则，居中裁决，处理纠纷。“商事重契约”，仲裁的高效性也正是来源于仲裁庭的自由裁量权。

6.“一揽子”解决

仲裁案件对反诉持开放态度，对于发包人与承包人之间的建设工程施工合同项下的仲裁请求和反请求一并受理并处理，可能包括工程价款、交付竣工资料、工程质量、修复方案、修复方案造价、承包人索赔、发包人罚款、交付场地、配合竣工验收备案、建设工程价款优先受偿权等方面。因为如果该仲裁庭未受理反请求，当事人就反请求部分另行申请仲裁后所立的案件，基于案件审理的方便也基本上会分配给同一仲裁庭。反请求费用也不存在减半收取的问题。对于诉讼而言，法官对于反诉的受理往往持保守态度——主要出于结案率和审限的考虑——对于该案件工程价款争议较为清楚，被告提出质量反诉抗辩要求扣减工程款，法官往往希望对该反诉予以切割，不影响工程价款案件的顺利结案。故在诉讼中，发包人与承包人可能就同一建设工程存在数个案件、涵盖多个方面，甚至这些案件有可能由不同的审判人员审理，对于案件事实的查明、审理思路的厘清、裁判尺度的把握可能并不一致。

仲裁的“一揽子”解决方式，往往能够一次性解决所有矛盾，对争议问题形成定论。特别是在工程案件调解的时候，能够促使各方通盘考虑、相互理解、作出让步、达成共识。但“一揽子”解决往往也可能因为其中一小部分的未决而影响整个案件的进程，因小失大。诉讼分解进行，往往给人感觉“头痛医头脚痛医脚”，当事人可能需要支出多笔的诉讼费用和代理费用，且不利于案件调解和整体进度安排，但有时也能够实质性推进案件实体处理进程，防止案件长期积压不决。

第四十二章
CHAPTER 42

加强工程案件仲裁的思考

建设工程合同纠纷案件的诉讼与仲裁，还有以下差异：仲裁案件中不存在诉讼第三人制度，案件审理更加注重保护契约自由、合同相对性，更有赖于当事人举证。另外，发包人可以利用与承包人之间的仲裁条款阻却实际施工人滥诉；仲裁自身不具有执法权，案件的保全和执行工作需要法院配合，效果有时欠佳；仲裁无法如诉讼一样向律师开具调查令，银行等单位往往拒绝接受调查取证——正因如此，仲裁必须采取与诉讼不完全相同的证据规则，仲裁更强调仲裁庭的内心确信，可以要求当事人出示相应材料，拒绝出示就认定对其不利；从立案的角度看，较多法院目前存在严重程度不一的“案多人少”的矛盾，存在主观上把案件“往外推”的倾向，仲裁不存在立案难的情形，即使案件标的较小、成本与仲裁费不匹配，仲裁也不会将案件往外推。

以上的差异是长期存在的，有些是仲裁本身与诉讼固有的差异。差异不仅是挑战，更是机遇。对仲裁机构而言，尊重、正视这些差异的存在，充分发挥仲裁在建设工程合同纠纷案件审理和处理上的优势、补足短板，是加强工程案件仲裁、扩大工程案件仲裁影响力的必经之路。据权威人士透露，近年来，北京市三级法院的建设工程合同纠纷诉讼案件呈明显的下降趋势，而北仲、贸仲建设工程合同纠纷仲裁案件特别是大标的案件持续增加。2018 年 12 月 31 日，中共中央办公厅、国务院办公厅发布了《关于完善仲裁制度提高仲裁公信力的若干意见》，对建设工程合同纠纷案件仲裁实践提供了有益的指导。关于加强工程案件仲裁，有以下几方面值得注意：

1. 全面提高建设工程案件仲裁的质量

(1)优选建设工程仲裁员队伍

要正视建设工程合同纠纷案件的专业性和特殊性,根据建设工程的行业特点,聘任具有工程行业实践经验、熟悉建设工程相关法律、善于协调和调解的人士担任仲裁员,逐步建立分类别、适应多层次需要的仲裁员队伍。按照建设工程具体专业方向选择具有较高公信力的专家,如勘察人员、设计人员、监理人员、市政工程师、安装工程师、项目经理等。逐步改善独任仲裁员或首席仲裁员由仲裁机构不加区分地指定的做法。

(2)建立工程案件快速、简易仲裁程序,优化立案、庭审、调解、裁决、送达等具体程序

在确定仲裁庭组成人员后,仲裁庭应当强化案件初审,审理重心前置,仔细研判案情,与仲裁秘书加强沟通,尝试加强在送达等环节与当事人的沟通与交流,重视倾听,合理确定举证期限,善于捕捉当事人的调解意愿、诉辩意见等。在尊重意思自治的前提下,强化"一步到庭",庭前准备充分,庭审组织高效、有序,仲裁庭思路清晰,综合运用裁决、确认、调解、和解、斡旋、评估、谈判等各种手段和方式。

(3)切实提高仲裁庭对工程案件的审理能力

在庭前熟悉案情的基础上,仲裁庭与办案秘书精密配合,制定完善的庭审提纲,确定庭审分工,提前做好庭审预案,加强庭审驾驭能力。庭审过程及庭审结束后,及时进行合议。对于案件审理思路不清、疑难复杂案件,仲裁庭应当及时梳理、内部讨论,在有必要的情况下寻求外部帮助,如召开论证会、分析会等,尽快厘清思路。落实工程案件裁决书的核阅制,由有经验的仲裁机构人员对裁决书从形式、内容上通盘审校、核阅,及时将常见的错误、瑕疵等总结收集并提醒仲裁员共同学习。如将"工程造价"与"工程价款"混淆,"认定""采信""确认"等法言法语误用,"举证""质证""认证"的逻辑错乱等。加强对建设工程案件仲裁调解的力度,灵活运用调解的方法,创新调解方式,多元化解纠纷,提高快速结案率、自愿和解率和自动履行率。

(4)加强建设工程法律专业培训

要加强对仲裁员有关建设工程法律方面的培训。一方面,建设工程行业相关

规范、文件体系庞杂,更新较快,多数仲裁员缺少系统的学习。如住建部 2017 年 8 月 31 日颁布、2018 年 3 月 1 日开始实施的《建设工程造价鉴定规范》, 2019 年 1 月印发的《建筑工程施工发包与承包违法行为认定查处管理办法》,2021 年 1 月 1 日起施行的《民法典》,《建设工程司法解释(一)》等。自主学习往往不能全面、深刻、准确地掌握相关知识,邀请行业专家进行系统培训能够较快帮助仲裁员掌握行业动态、促进知识更新。另一方面,仲裁机构也要多组织内部交流,如建设工程案件办案经验分享、经验教训总结等,有条件的仲裁机构可以出具有关建设工程合同纠纷案件的白皮书,总结、制定、借鉴有关建设工程合同纠纷的重要成果。常设中国建设工程法律论坛的《建设工程施工合同纠纷案件鉴定指引》即为一次不错的尝试。只有切实提高仲裁机构和仲裁员的办案水平,夯实业务基础,增强底气,才能更好地审理建设工程合同纠纷案件。

(5)建立健全重大疑难案件评审制度、专家咨询制度

对于重大、疑难案件,一方面,仲裁机构及仲裁庭必须高度重视,审慎审理;另一方面,亦不能因为案件重大、疑难而举棋不定、久拖不决。仲裁庭应当在内部全面细致梳理案情的基础上,认真合议。对于案件程序和实体的重大争议,仲裁庭应当及时寻求仲裁机构的帮助,确定是否提交案件评审或者委托专家咨询。与诉讼中的"专家辅助人"不同,案件评审或者专家咨询的委托方是仲裁机构,希冀通过引入专业的、有丰富裁判经验的人士,深刻剖析案情,扩展案件审理思路,确定审理方向,妥善、高效地化解纠纷。同时,要特别注意评审或者咨询过程中案件信息的保密问题。

2. 树立独特而有公信力的建设工程仲裁品牌

(1)加强管理监督,建立仲裁机构对建设工程案件的仲裁员信息披露制度并主动公开以供当事人选择,完善仲裁员的回避制度

建立建设工程专业仲裁工作平台,培养专业工作人员,制定建设工程案件专业仲裁规范,促进仲裁专业化发展,形成建设工程专业化裁判优势,让当事人实实在在感受工程仲裁案件的公正、高效、便捷。在自愿的基础上,仲裁机构开展良性竞争和合作,优势互补,建立区域性仲裁工作平台,将裁判建设工程案件优质、高效的仲裁员选入"推荐名单"并向社会推荐,推动建设工程仲裁专业化发展。

(2)建立建设工程专业仲裁庭或专职仲裁员

公信力是仲裁的生命线。为打造建设工程仲裁品牌,可以尝试建立专业仲裁庭或专职仲裁员,吸纳建设工程仲裁界的精英——甚至延伸仲裁员的范围,可以吸纳造价工程师、评估师、结构工程师等熟悉工程技术和施工现场情况的人士。如对于工程造价争议,作为造价工程师的仲裁员可以充分发挥职业优势,在熟悉造价争议事项的基础上,大致预估争议金额、责任分担等并将心证公开,往往能够比单纯的案件审理、举证责任分配、强制调解等更具有说服力,有望大大提高仲裁的调解率;如工程质量案件,对于一些非涉及主体结构的工程质保案件,有经验的项目经理、施工人员能够凭工程施工经验快速地查清工程质量缺陷原因、责任方甚至修复的方案,对修复所需的大致市场费用。当仲裁员充分解释、论证后,当事人很可能较为信服而越过相应的工程质量鉴定、修复方案、修复方案的造价鉴定等烦琐程序。对于一些已经形成较高认可度的仲裁员,也可以吸纳为专职仲裁员。深圳、上海、济南等城市先后建立了建设工程国际仲裁院,并对相应的仲裁规则进行整合、修订,不失为一项有益的创新举措。

(3)仲裁秘书职业化、专业化

仲裁秘书的角色定位类似于诉讼中的法官助理加书记员,除了提供服务之外,其在一定程度上也代表仲裁机构对仲裁庭进行监督管理,所以,对其素质要求往往较高。与诉讼中法官与书记员基本固定搭配不同,仲裁中仲裁庭的临时性往往使得仲裁员与仲裁秘书亦为临时搭配,存在节奏、思路、方式等不协调的情形。针对建设工程合同纠纷案件的特点,培养相对固定的职业化、专业化仲裁秘书,能够在较大程度上统一并提醒仲裁庭的程序性事项,有利于提高案件的效率和质量。具备条件的仲裁机构可以按照市场化模式和岗位的需要选聘、管理仲裁秘书。研究制定完善仲裁秘书岗位聘用、职级晋升方面的有关政策,建立符合仲裁行业特点的秘书队伍分类分级管理制度和以品德、能力、贡献为导向的评价考核机制。完善仲裁工作人员薪酬评估、调整机制,形成引得进、留得住、用得好的奖励激励机制。着力培养仲裁秘书服务意识,形成操守规范、业务精湛的建设工程仲裁秘书队伍。

(4)扩大工程案件仲裁的影响力

加强对外交流,学习先进的经验和做法。积极吸纳熟悉外语和海外工程法律、具有域外工作经验、精通国际仲裁规则的人士开拓国际业务。仲裁机构可积极开展“一带一路”沿线国家和地区投资贸易及基础设施建设争议解决法律制度和机制的研究，建立和完善“一带一路”国际商事争端解决仲裁机制和组织。围绕京津冀协同发展和雄安新区建设、长江经济带发展、粤港澳大湾区建设、国家自由贸易试验区建设、海南自由贸易港建设等重大发展战略，积极探索有关建设工程仲裁工作实践，及时总结推广仲裁工作经验，打造具有高度公信力、竞争力的区域或者国际建设工程仲裁品牌。积极参与有关建设工程的国际仲裁规则、国际调解和国际商事法律规则的制定，提高我国建设工程仲裁的国际知名度、话语权和影响力。

3. 加强沟通交流获得支持

仲裁机构对外还应与有关单位、部门加强交流，如征求司法的支持。仲裁机构需要建立与法院之间的工作协调机制，及时沟通有关保全、执行、关联案件通报与衔接等各种情况，规范仲裁协议效力的认定、裁决撤销和不予执行程序，寻求支持和依法监督。特别是建设工程案件的保全比例往往较高，是否保全、保全措施是否影响企业正常经营、农历年前保全节点如何把握等实际问题，需要仲裁机构与法院沟通衔接。此外，可以与法院加强沟通，总结分析行业发展动态、案件收支态势，交流并相互借鉴好的审理方法，对实体问题的裁判尺度进行探讨。

此外，建设工程仲裁也需融入基层社会治理，可以延伸仲裁服务到施工企业、包工头等。特别是在每年 9 月农民工子女开学前、农历春节前等，案件的审理进度和结果往往关系不特定的农民工切身利益和维稳问题，仲裁机构与人民法院、行政调解组织、基层群众性自治组织之间要建立工作衔接机制，加强协作，互相配合，共同做好矛盾纠纷的化解工作，发挥好多元化解矛盾机制的作用。

本篇小结

建设工程合同纠纷案件的仲裁具有独特的优势，仲裁机构可以充分发挥该优势，优选工程案件仲裁员，树立品牌。

结语　什么样是好律师与好法官？

什么样是好律师？好法官？每个从事法律工作的人有自己的判断。

在建设工程法领域，好的律师，应当具备以下基本特点：

（1）专业。研习建设工程法，已有一定积累，熟悉建设工程的专业术语、施工流程和行业特点。

（2）维护当事人利益。从当事人的角度出发，维护其利益，发掘案件价值、帮助当事人获取应得的诉讼利益，规避风险，减少损失。

（3）善于沟通。善于与当事人沟通，取得信任。善于与法官交流，懂得分寸，能够将案件所涉的工程专业知识转为法官可以理解的内容。善于与对方当事人、代理人沟通，因势利导，推进案件顺利解决。

（4）思路清楚、准备充分。诉状、证据清单规范、清晰，对案件所涉的基本事实、争议焦点有充分的准备。

（5）对诉讼有清醒的认识。能够预先判断案件的审理方向和进程，对案件的诉讼目标和手段有清晰的认识。善于优选最佳方案，敦促当事人庭前和解、调解等，明白诉讼从现实的角度看仍然是耗时耗力的事情。一些案件充分明白自身举证的不足、诉讼的风险。帮助当事人从案件中总结经验教训，提高当事人的法律意识。“劝人不打官司的律师是好律师”。

好的法官，则应该具备以下基本特点：

（1）公正。法官的本质属性是公正。案件处理中保证无私、无情绪，公平对待当事人。案件的实体处理出于法律训练的专业判断而无个人利益的牵扯。

（2）专业。研习建设工程法，明白其与普通民商事案件的不同。熟悉基本的工程术语、施工流程等，善于与当事人、代理人、鉴定人等进行沟通，能够合理控制案件审理进程,把握审理方向,掌握庭审节奏。

(3)勤勉。对于当事人提供的证据,应当仔细审查——尽管很多技术资料犹如天书。法官也需要花费大量的时间、大量的案例才能融会贯通,必须勤勉地对待案件,防止案件审理进程的拖沓。

(4)懂得人情世故。法官应懂得与人交流的人情世故,特别要懂得建设工程施工的实践情形,了解当事人的“坑、蒙、拐、骗、吓”等常规操作,认清社会现实中特别是工程行业中难以忽视的回扣、贿赂、偷税、偷工减料、盗窃、挪用资金等社会阴暗面。

(5)对法律抱有理想主义情怀。坚持对法律的信仰,在每一个案件中持以贯之。通过一个个案件,让当事人感受到法律的应然和精髓,树立法律至上的理想信念。

附录

最高人民法院关于审理建设工程施工合同纠纷案件适用法律问题的解释(一)

(2020年12月25日最高人民法院审判委员会第1825次会议通过　法释〔2020〕25号)

为正确审理建设工程施工合同纠纷案件,依法保护当事人合法权益,维护建筑市场秩序,促进建筑市场健康发展,根据《中华人民共和国民法典》《中华人民共和国建筑法》《中华人民共和国招标投标法》《中华人民共和国民事诉讼法》等相关法律规定,结合审判实践,制定本解释。

第一条　建设工程施工合同具有下列情形之一的,应当依据民法典第一百五十三条第一款的规定,认定无效:

(一)承包人未取得建筑业企业资质或者超越资质等级的;

(二)没有资质的实际施工人借用有资质的建筑施工企业名义的;

(三)建设工程必须进行招标而未招标或者中标无效的。

承包人因转包、违法分包建设工程与他人签订的建设工程施工合同,应当依据民法典第一百五十三条第一款及第七百九十一条第二款、第三款的规定,认定无效。

第二条　招标人和中标人另行签订的建设工程施工合同约定的工程范围、建设工期、工程质量、工程价款等实质性内容,与中标合同不一致,一方当事人请求按照中标合同确定权利义务的,人民法院应予支持。

招标人和中标人在中标合同之外就明显高于市场价格购买承建房产、无偿建设住房配套设施、让利、向建设单位捐赠财物等另行签订合同,变相降低工程价款,一方当事人以该合同背离中标合同实质性内容为由请求确认无效的,人民法院应予支持。

第三条 当事人以发包人未取得建设工程规划许可证等规划审批手续为由，请求确认建设工程施工合同无效的，人民法院应予支持，但发包人在起诉前取得建设工程规划许可证等规划审批手续的除外。

发包人能够办理审批手续而未办理，并以未办理审批手续为由请求确认建设工程施工合同无效的，人民法院不予支持。

第四条 承包人超越资质等级许可的业务范围签订建设工程施工合同，在建设工程竣工前取得相应资质等级，当事人请求按照无效合同处理的，人民法院不予支持。

第五条 具有劳务作业法定资质的承包人与总承包人、分包人签订的劳务分包合同，当事人请求确认无效的，人民法院依法不予支持。

第六条 建设工程施工合同无效，一方当事人请求对方赔偿损失的，应当就对方过错、损失大小、过错与损失之间的因果关系承担举证责任。

损失大小无法确定，一方当事人请求参照合同约定的质量标准、建设工期、工程价款支付时间等内容确定损失大小的，人民法院可以结合双方过错程度、过错与损失之间的因果关系等因素作出裁判。

第七条 缺乏资质的单位或者个人借用有资质的建筑施工企业名义签订建设工程施工合同，发包人请求出借方与借用方对建设工程质量不合格等因出借资质造成的损失承担连带赔偿责任的，人民法院应予支持。

第八条 当事人对建设工程开工日期有争议的，人民法院应当分别按照以下情形予以认定：

（一）开工日期为发包人或者监理人发出的开工通知载明的开工日期；开工通知发出后，尚不具备开工条件的，以开工条件具备的时间为开工日期；因承包人原因导致开工时间推迟的，以开工通知载明的时间为开工日期。

（二）承包人经发包人同意已经实际进场施工的，以实际进场施工时间为开工日期。

（三）发包人或者监理人未发出开工通知，亦无相关证据证明实际开工日期的，应当综合考虑开工报告、合同、施工许可证、竣工验收报告或者竣工验收备案表等载明的时间，并结合是否具备开工条件的事实，认定开工日期。

第九条 当事人对建设工程实际竣工日期有争议的，人民法院应当分别按照

以下情形予以认定:

(一)建设工程经竣工验收合格的,以竣工验收合格之日为竣工日期;

(二)承包人已经提交竣工验收报告,发包人拖延验收的,以承包人提交验收报告之日为竣工日期;

(三)建设工程未经竣工验收,发包人擅自使用的,以转移占有建设工程之日为竣工日期。

第十条 当事人约定顺延工期应当经发包人或者监理人签证等方式确认,承包人虽未取得工期顺延的确认,但能够证明在合同约定的期限内向发包人或者监理人申请过工期顺延且顺延事由符合合同约定,承包人以此为由主张工期顺延的,人民法院应予支持。

当事人约定承包人未在约定期限内提出工期顺延申请视为工期不顺延的,按照约定处理,但发包人在约定期限后同意工期顺延或者承包人提出合理抗辩的除外。

第十一条 建设工程竣工前,当事人对工程质量发生争议,工程质量经鉴定合格的,鉴定期间为顺延工期期间。

第十二条 因承包人的原因造成建设工程质量不符合约定,承包人拒绝修理、返工或者改建,发包人请求减少支付工程价款的,人民法院应予支持。

第十三条 发包人具有下列情形之一,造成建设工程质量缺陷,应当承担过错责任:

(一)提供的设计有缺陷;

(二)提供或者指定购买的建筑材料、建筑构配件、设备不符合强制性标准;

(三)直接指定分包人分包专业工程。

承包人有过错的,也应当承担相应的过错责任。

第十四条 建设工程未经竣工验收,发包人擅自使用后,又以使用部分质量不符合约定为由主张权利的,人民法院不予支持;但是承包人应当在建设工程的合理使用寿命内对地基基础工程和主体结构质量承担民事责任。

第十五条 因建设工程质量发生争议的,发包人可以以总承包人、分包人和实际施工人为共同被告提起诉讼。

第十六条 发包人在承包人提起的建设工程施工合同纠纷案件中,以建设工程质量不符合合同约定或者法律规定为由,就承包人支付违约金或者赔偿修理、返工、改建的合理费用等损失提出反诉的,人民法院可以合并审理。

第十七条　有下列情形之一,承包人请求发包人返还工程质量保证金的,人民法院应予支持:

(一)当事人约定的工程质量保证金返还期限届满;

(二)当事人未约定工程质量保证金返还期限的,自建设工程通过竣工验收之日起满二年;

(三)因发包人原因建设工程未按约定期限进行竣工验收的,自承包人提交工程竣工验收报告九十日后当事人约定的工程质量保证金返还期限届满;当事人未约定工程质量保证金返还期限的,自承包人提交工程竣工验收报告九十日后起满二年。

发包人返还工程质量保证金后,不影响承包人根据合同约定或者法律规定履行工程保修义务。

第十八条　因保修人未及时履行保修义务,导致建筑物毁损或者造成人身损害、财产损失的,保修人应当承担赔偿责任。

保修人与建筑物所有人或者发包人对建筑物毁损均有过错的,各自承担相应的责任。

第十九条　当事人对建设工程的计价标准或者计价方法有约定的,按照约定结算工程价款。

因设计变更导致建设工程的工程量或者质量标准发生变化,当事人对该部分工程价款不能协商一致的,可以参照签订建设工程施工合同时当地建设行政主管部门发布的计价方法或者计价标准结算工程价款。

建设工程施工合同有效,但建设工程经竣工验收不合格的,依照民法典第五百七十七条规定处理。

第二十条　当事人对工程量有争议的,按照施工过程中形成的签证等书面文件确认。承包人能够证明发包人同意其施工,但未能提供签证文件证明工程量发生的,可以按照当事人提供的其他证据确认实际发生的工程量。

第二十一条　当事人约定,发包人收到竣工结算文件后,在约定期限内不予答复,视为认可竣工结算文件的,按照约定处理。承包人请求按照竣工结算文件结算工程价款的,人民法院应予支持。

第二十二条　当事人签订的建设工程施工合同与招标文件、投标文件、中标通知书载明的工程范围、建设工期、工程质量、工程价款不一致,一方当事人请求将招标文件、投标文件、中标通知书作为结算工程价款的依据的,人民法院应予支持。

第二十三条 发包人将依法不属于必须招标的建设工程进行招标后,与承包人另行订立的建设工程施工合同背离中标合同的实质性内容,当事人请求以中标合同作为结算建设工程价款依据的,人民法院应予支持,但发包人与承包人因客观情况发生了在招标投标时难以预见的变化而另行订立建设工程施工合同的除外。

第二十四条 当事人就同一建设工程订立的数份建设工程施工合同均无效,但建设工程质量合格,一方当事人请求参照实际履行的合同关于工程价款的约定折价补偿承包人的,人民法院应予支持。

实际履行的合同难以确定,当事人请求参照最后签订的合同关于工程价款的约定折价补偿承包人的,人民法院应予支持。

第二十五条 当事人对垫资和垫资利息有约定,承包人请求按照约定返还垫资及其利息的,人民法院应予支持,但是约定的利息计算标准高于垫资时的同类贷款利率或者同期贷款市场报价利率的部分除外。

当事人对垫资没有约定的,按照工程欠款处理。

当事人对垫资利息没有约定,承包人请求支付利息的,人民法院不予支持。

第二十六条 当事人对欠付工程价款利息计付标准有约定的,按照约定处理。没有约定的,按照同期同类贷款利率或者同期贷款市场报价利率计息。

第二十七条 利息从应付工程价款之日开始计付。当事人对付款时间没有约定或者约定不明的,下列时间视为应付款时间:

(一)建设工程已实际交付的,为交付之日;

(二)建设工程没有交付的,为提交竣工结算文件之日;

(三)建设工程未交付,工程价款也未结算的,为当事人起诉之日。

第二十八条 当事人约定按照固定价结算工程价款,一方当事人请求对建设工程造价进行鉴定的,人民法院不予支持。

第二十九条 当事人在诉讼前已经对建设工程价款结算达成协议,诉讼中一方当事人申请对工程造价进行鉴定的,人民法院不予准许。

第三十条 当事人在诉讼前共同委托有关机构、人员对建设工程造价出具咨询意见,诉讼中一方当事人不认可该咨询意见申请鉴定的,人民法院应予准许,但双方当事人明确表示受该咨询意见约束的除外。

第三十一条　当事人对部分案件事实有争议的，仅对有争议的事实进行鉴定，但争议事实范围不能确定，或者双方当事人请求对全部事实鉴定的除外。

第三十二条　当事人对工程造价、质量、修复费用等专门性问题有争议，人民法院认为需要鉴定的，应当向负有举证责任的当事人释明。当事人经释明未申请鉴定，虽申请鉴定但未支付鉴定费用或者拒不提供相关材料的，应当承担举证不能的法律后果。

一审诉讼中负有举证责任的当事人未申请鉴定，虽申请鉴定但未支付鉴定费用或者拒不提供相关材料，二审诉讼中申请鉴定，人民法院认为确有必要的，应当依照民事诉讼法第一百七十条第一款第三项的规定处理。

第三十三条　人民法院准许当事人的鉴定申请后，应当根据当事人申请及查明案件事实的需要，确定委托鉴定的事项、范围、鉴定期限等，并组织当事人对争议的鉴定材料进行质证。

第三十四条　人民法院应当组织当事人对鉴定意见进行质证。鉴定人将当事人有争议且未经质证的材料作为鉴定依据的，人民法院应当组织当事人就该部分材料进行质证。经质证认为不能作为鉴定依据的，根据该材料作出的鉴定意见不得作为认定案件事实的依据。

第三十五条　与发包人订立建设工程施工合同的承包人，依据民法典第八百零七条的规定请求其承建工程的价款就工程折价或者拍卖的价款优先受偿的，人民法院应予支持。

第三十六条　承包人根据民法典第八百零七条规定享有的建设工程价款优先受偿权优于抵押权和其他债权。

第三十七条　装饰装修工程具备折价或者拍卖条件，装饰装修工程的承包人请求工程价款就该装饰装修工程折价或者拍卖的价款优先受偿的，人民法院应予支持。

第三十八条　建设工程质量合格，承包人请求其承建工程的价款就工程折价或者拍卖的价款优先受偿的，人民法院应予支持。

第三十九条　未竣工的建设工程质量合格，承包人请求其承建工程的价款就其承建工程部分折价或者拍卖的价款优先受偿的，人民法院应予支持。

第四十条　承包人建设工程价款优先受偿的范围依照国务院有关行政主管部门关于建设工程价款范围的规定确定。

承包人就逾期支付建设工程价款的利息、违约金、损害赔偿金等主张优先受偿的,人民法院不予支持。

第四十一条 承包人应当在合理期限内行使建设工程价款优先受偿权,但最长不得超过十八个月,自发包人应当给付建设工程价款之日起算。

第四十二条 发包人与承包人约定放弃或者限制建设工程价款优先受偿权,损害建筑工人利益,发包人根据该约定主张承包人不享有建设工程价款优先受偿权的,人民法院不予支持。

第四十三条 实际施工人以转包人、违法分包人为被告起诉的,人民法院应当依法受理。

实际施工人以发包人为被告主张权利的,人民法院应当追加转包人或者违法分包人为本案第三人,在查明发包人欠付转包人或者违法分包人建设工程价款的数额后,判决发包人在欠付建设工程价款范围内对实际施工人承担责任。

第四十四条 实际施工人依据民法典第五百三十五条规定,以转包人或者违法分包人怠于向发包人行使到期债权或者与该债权有关的从权利,影响其到期债权实现,提起代位权诉讼的,人民法院应予支持。

第四十五条 本解释自2021年1月1日起施行。

建设工程施工合同纠纷鉴定指引

序　言

建设工程纠纷案件事实认定通常较为复杂,无论是诉讼还是仲裁往往需要借助工程鉴定查明与工程造价、质量和工期等有关的问题。工程鉴定的积极和重要作用毋庸置疑,但实践中其暴露的各种问题也引起了广泛关注。如何提高鉴定工作效率和质量,成为法官、仲裁员、鉴定人、律师及当事人面临的共同课题。

中国建设工程法律沙龙和《中国建设工程法律评论》编委会组织了第二工作组对建设工程施工合同纠纷中的鉴定问题做了前期研究,并于2015年11月29日形成了《当前建设工程案件中鉴定程序存在问题的解决方案初探》(以下简称《初探》)。本《建设工程施工合同纠纷鉴定指引》由常设中国建设工程法律论坛第五工作组成员在《初探》研究成果的基础上形成,对建设工程鉴定进行了系统性地梳理,期望引导规范鉴定程序、提高鉴定与案件审理质量和效率。

第五、第二工作组成员慷慨无私地为这项有意义的工作奉献了时间和精力,我们对两工作组成员的调研工作表示最衷心的感谢。

第五工作组成员如下(按照姓氏拼音顺序):

曹文衔　北京市天同(南京)律师事务所高级顾问

常宏磊　石家庄仲裁委员会副秘书长

陈　建　中国仲裁法学研究会副秘书长

陈　旻　北京市金杜律师事务所顾问

丁建勇　北京仲裁委员会、北京国际仲裁中心秘书一处处长

董连和　深圳仲裁委员会副主任

樊奇娟　深圳仲裁委员会科长

高印立　北京采安律师事务所顾问

李明友　淮南仲裁委员会秘书长

陆春玮　上海仲裁委员会副秘书长

罗有才　江苏省高级人民法院审监三庭审判员

亓培冰　上海市方达(北京)律师事务所顾问

孙　巍　北京市中伦律师事务所合伙人

汤　雷　北京市天同(南京)律师事务所高级顾问

王　峰　北京市天同(南京)律师事务所主任

王先伟　上海市建纬律师事务所合伙人

许海峰　上海建工集团股份有限公司企业管理部总经理、法务部主任

姚　瑶　深圳仲裁委员会秘书

岳建明　河北建设集团股份有限公司法律事务部部长

周利明　宁波市北仑区人民法院审判员

正文:

目的:引导规范鉴定程序、提高鉴定与案件审理质量和效率

主要内容:

一、鉴定程序的启动

二、委托鉴定前的相关事项

三、鉴定单位及鉴定人员的选定

四、鉴定费用

五、鉴定阶段当事人及其代理人、鉴定人员与裁判者的协作

六、鉴定意见及其质证与采用

七、当事人单方委托鉴定

第一部分:鉴定程序的启动

1.(鉴定申请的提出)在确定哪一方当事人应当申请鉴定时,裁判者应主要考虑举证责任的分配。原则上对需要鉴定的事项负有举证责任的一方当事人应当申请鉴定。

2.(对鉴定申请人的释明)当事人应当申请鉴定而没有提出申请时,建议裁判者行使释明权。经释明后当事人仍未申请鉴定,或者虽申请鉴定但未缴纳有关费用、在裁判者指定的期限内无正当理由未提交鉴定必需资料、未配合现场勘验,或者未提供其他必要协助导致鉴定程序无法进行的,裁判者可依据现有证据及法律规定径行裁判。当事人经释明提出鉴定申请的,建议裁判者向申请人进一步提示:鉴定意见作为证据,仍存在不被采信或者不被完全采信的风险。

3.(依职权委托鉴定)当事人未申请鉴定,但是裁判者认为待证事实属于专门性技术问题,且属于有关法律、司法解释规定所需要的证据的,可依职权委托鉴定。

4.(鉴定申请的提出时限)鉴于建设工程案件的复杂性,建议裁判者综合考量涉案工程性质、范围、标的额大小、承包方式以及可能影响当事人提出鉴定申请的其他因素,对申请鉴定的时间予以灵活处理。理想的处理方式是:在争议焦点确定和举证责任明确分配以后再设定鉴定申请的时限,尽量避免在待证事实还未确定的情况下起算鉴定申请时限,损害当事人的申请鉴定权利,也影响对案件基本事实的查明。

5.(诉讼二审中鉴定申请的处理)当事人在诉讼二审程序中申请鉴定的,建议裁判者根据一审中当事人是否正确行使诉权以及一审未能提出鉴定申请是否可归

责于当事人的不同情况予以处理：如一审中当事人提出过鉴定申请但被不当驳回，则可以将案件发回一审重审；如一审中负有举证责任的当事人经释明后未申请、或者虽申请鉴定但无正当理由未及时预缴鉴定费用、未提供其他必要协助导致鉴定程序无法进行的，则可视为其在一审中已经放弃鉴定申请，不应再次启动鉴定程序；案件符合依职权鉴定条件而在一审未予鉴定的，裁判者应考虑将案件发回重审。

6.（鉴定申请书的基本形式和内容）建议当事人以书面形式提出鉴定申请，鉴定申请需明确鉴定目的、鉴定事项、鉴定范围、鉴定依据等基本内容。

7.（工程质量鉴定中的修复方案和修复费用鉴定）当事人在申请工程质量鉴定时，可以就修复方案和修复费用一并提出鉴定申请；也可以在后续审理中，根据已查明的质量问题的具体情况，再行提出对该质量问题的修复方案以及修复费用的鉴定申请，以确保其索赔的理据充分，也便于裁判者的裁判。建议裁判者充分体谅和理解当事人分阶段提出鉴定申请的合理性。

8.（鉴定申请的审查要点）裁判者对当事人提出的鉴定申请，建议重点审查以下方面：

（1）申请鉴定的事项是否属于待证事实。如果是，一般应尊重当事人申请鉴定的权利；如果不是，或者与待证事实及争议问题无关，裁判者宜及时释明理由，并给予当事人充分发表意见的机会；

（2）鉴定申请人的对方当事人是否同意进行鉴定。如不同意，则应充分说明理由，必要时还应提供相应证据；

（3）双方当事人对鉴定申请书主要内容（主要包括鉴定范围、鉴定方法、鉴定依据）的意见；

（4）对于鉴定所需的基础性技术资料及双方相应证据如何进行审查和质证。

第二部分：委托鉴定前的相关事项

9.（确定鉴定事项的一般原则）建议裁判者在确定鉴定事项时，遵循以下原则：第一，关联性原则。委托鉴定的事项应当与当事人所争议的待证事实具有关联性，能够达到证明待证事实的目的；第二，可行性原则。鉴定事项应当属于能够通过鉴定得出结论的事项，以及不存在鉴定程序难以实施的客观障碍；第三，鉴定范围最小化原则。裁判者在委托鉴定前应尽量排除无争议项,只对有争议项进行鉴定。建议对待证事实能不通过鉴定就可以确定的,则不作鉴定;能够进行部分鉴定的,则不进行全部鉴定;必须通过鉴定才能确定的,应当事先做好鉴定方法、鉴定依据的论证与确认,事先认定鉴定必需的基础性技术资料;第四,鉴定过程参与原则。鼓励鉴定人员提供鉴定程序的中间成果;鼓励当事人对鉴定人员提供的中间成果充分发表意见,尽可能地减少鉴定次数,严格限制重复鉴定。

10.(鉴定必要性的释明)经审查发现具有下列情形之一的,建议裁判者就鉴定的必要性向申请人释明:

(1)竣工结算报告发包方已经委托有资质的第三方进行审核并有双方认可的审定文件的,但有证据证明审定文件并非当事人真实意思的除外;

(2)双方当事人已完成工程价款结算,结算报告已经双方认可,或者双方已经就工程结算价款或者欠付工程价款数额达成一致,签订结算协议的,但有证据证明前述结算报告或结算协议并非当事人真实结算意思的除外;

(3)合同约定,逾期不进行或不完成结算审核,视为一方当事人认可结算结果,或者在约定期限内对对方提出的审核意见不持异议,视为一方当事人认可结算审核意见,且有证据证明上述视为认可的条件已经成就的;

(4)合同为固定总价合同,在合同履行过程中原承包范围(指工程项量、质量标准等)未发生变化,或者变化未超出法律规定或合同约定的承包人应承担的风险范围的;

(5)合同约定以行政审计结论作为结算结果且审计结论已出具的,但有证据证明行政审计结论违反法律规定或合同约定的除外;

(6)根据现有证据,裁判者认为足以能够确认或者计算争议工程价款的。前述可能影响鉴定程序必要性的核心文件的真实性和合法性应作为裁判者审查的重点之一。

11.(已经行政审计的工程价款鉴定申请)对于政府投资并已经过行政审计的项目,当事人申请对工程争议价款进行鉴定的,如争议双方未约定以行政审计结论作为结算工程款依据,且不存在本指引第10条所列其他情形的,裁判者一般应同意当事人的鉴定申请。

12.(合同约定以行政审计结论作为结算结果的例外情形)合同约定以行政审计结论作为结算结果,但是因不可归责于承包人的原因,致使行政审计未能在合理期限内实施,或者行政审计机关未能在合理期限内出具审计结论,或者有证据证明行政审计结论违反法律规定或合同约定,且不存在本指引第10条所列情形,当事人申请对工程争议价款进行鉴定的,裁判者一般应同意鉴定申请。

13.(工期鉴定的启动)在启动工期鉴定程序之前,建议裁判者对工期是否存在延误进行初步认定。原则上只有在初步认定存在工期延误,但难以判定工期延误责任主体或者难以确定具体延误时间的情况下,才宜启动工期鉴定程序。

14.(对鉴定申请的及时决定)建议裁判者结合案情及时对当事人的鉴定申请和异议进行合议,决定是否进行鉴定,并及时通知当事人。

15.(鉴定所需材料的进一步提交)做出鉴定决定后,在征求鉴定单位和鉴定人员意见的基础上,裁判者应给予双方当事人合理时间进一步提交鉴定所必需的证据材料。

16.(鉴定参考资料及其提交)某些情况下,鉴于涉案工程技术的特殊性,当事人可在证据材料之外,在鉴定程序进行中向鉴定单位、鉴定人员和对方当事人提供有助于鉴定实施的技术参考资料,但鉴定参考资料宜仅限于有关涉案工程的专业技术标准、规范,其内容应可公开查询,且来源于独立第三方。鉴定参考资料不应作为鉴定依据。

17.(鉴定所需材料的准备)建议双方当事人及其代理人全面、完整地整理鉴定所需要的证据资料。若案情复杂、资料众多,当事人可以考虑另行聘请鉴定专业人员协助整理,以便于鉴定工作顺利推进。

18.(鉴定所需基础性材料的真实性、关联性审查)裁判者在委托鉴定之前,应尽可能地缩小当事人对证据真实性、关联性的争议范围,将最终仍然存在争议的要点记载在笔录中,提供给鉴定单位。鉴定单位应按照各方不同的争议主张分别出具鉴定意见,并列入争议项中,由裁判者综合案件整体事实进行最终取舍。但是如果关于材料关联性的争议仅涉及专门性问题,且鉴定单位能够说明相应理由的,可无须按照各方不同的争议主张分别出具鉴定意见。

19.(鉴定所需基础性材料质证效率的提高)建议法官、仲裁员安排当事人及其律师通过自行核对鉴定材料(鉴材)等方式最大限度减少庭审质证时间,提高案件审理效率。在此情况下,需要争议各方当事人及其律师诚信配合。也可以由裁判者主导对基础证据进行质证,如合同、补充协议、开竣工报告等;对专业技术资料,如施工图纸、签证单、预算书等,可授权鉴定单位组织双方当事人质证并及时确认,避免裁判者因对专业技术资料的不熟悉而导致的质证无效率。裁判者应引导鉴定单位围绕证据的真实性、合法性、关联性和证明力的有无、证明力的大小进行质证,并注重异议内容的整理。

第三部分:鉴定单位及鉴定人员的选定

20.(对鉴定单位和鉴定人员的释明)建议裁判者在选择鉴定主体时不仅要关注鉴定单位的适格性,更应重视鉴定人员的能力和适格性对鉴定程序、鉴定质量的直接影响。建议裁判者在委托鉴定时,释明在鉴定程序、鉴定行为以及出庭接受质询等方面对鉴定单位、鉴定人员的要求及相应的法律后果。

21.(当事人合意优先)鉴定单位的选择应最大程度尊重当事人的意见。待选定的鉴定单位应不受地域限制。裁判者同意当事人鉴定申请或者依职权启动鉴定后,应当先由双方当事人选定具有相应资质的鉴定单位,或者向当事人提供一定数量的鉴定单位的名单,由双方当事人共同选定,无法达成一致的,再由裁判者依照双方当事人有权参与的公平公正公开的程序(如摇号、抽签)指定。

22.(选定鉴定人员)建议在确定鉴定单位以后,裁判者应要求鉴定单位尽快书面提交拟指派鉴定人员名单及其简历,并转交争议各方。争议各方及其代理人应尽快就鉴定人员是否回避以及鉴定人员的履职能力等发表意见。

23.(修复方案鉴定人员选择的特殊要求)在工程质量鉴定中涉及工程修复方案的鉴定时,建议选择设计资质不低于案涉工程原设计单位资质的鉴定单位。原设计单位同时具有相应鉴定资质的,一般应优先选择。

第四部分:鉴定费用

24.(鉴定费用确定方式)建议在裁判者参与下,由当事人根据鉴定事项与鉴定单位协商确定鉴定费用,鉴定单位应对鉴定费用的合理性做出说明。在当事人之间不能就鉴定费用达成合意的情形下,尽可能引入就个案鉴定事项的鉴定费用竞价机制,避免鉴定单位与鉴定申请人自行合意的鉴定费用确定方式,以防止出现因鉴定费用高低而对鉴定意见产生干扰的可能。

25.(鉴定费用缴纳的释明)确定鉴定费用后,裁判者应及时通知一方或者双方限期将鉴定费用预交至法院或者仲裁机构,并释明因不交费导致鉴定不能的不利后果。当事人的代理人应将法院、仲裁机构通知交费的相关事宜及时向当事人予以说明和解释,防止因当事人不及时交费导致的不利后果。

26.(鉴定费用最终承担责任分配)对鉴定费用的最终承担责任的分配,建议裁判者考虑当事人的举证责任、主张金额与认定金额的比例等因素予以决定。

第五部分:鉴定阶段当事人及其代理人、鉴定人员与裁判者的协作

27.(鉴定准备会)确定鉴定单位后,建议组织由裁判者、鉴定人员、当事人及其代理人共同参加的鉴定准备会,以便高效推进鉴定工作。鉴定准备会的主要目的和内容可以包括以下方面:第一,鉴定人员提出需要双方提供的鉴定资料并向裁判者建议提交的时限,由裁判者征求争议双方意见后确定;第二,对于双方存在争议的鉴定资料,裁判者在听取争议各方和鉴定人员意见后,决定是否作为鉴定依据;第三,裁判者就鉴定范围、鉴定标准和方法听取争议各方和鉴定人员意见,并作决定;第四,裁判者要求鉴定人员指定鉴定期限和鉴定步骤,并听取争议各方和鉴定人员意见后,做出决定。

28.(鉴定方法确定的一般规则)建议鉴定方法的确定遵循以下规则:第一,裁判者在听取争议各方当事人意见以及鉴定人员对鉴定方法可选择性的意见以后决定鉴定方法。鉴定方法不宜由鉴定单位自行、径行决定;第二,当鉴定涉及较为复杂的专业技术方法时,裁判者可以考虑寻求专家辅助人协助确定鉴定方法;第三,在工程造价鉴定中,当事人之间的结算约定是否有效或多个不一致的结算约定如何采信,应由裁判者决定,鉴定单位或鉴定人员不得擅自否定、变更当事人之间的结算约定,或擅自对不一致的结算约定做出选择,也不得径行采用定额或当事人约定之外的其他方法结算;第四,在合同没有约定或约定不明的情况下,鉴定单位在经裁判者要求或同意的前提下可以遵循行业惯例,参照签订建设工程施工合同时当地建设行政主管部门发布的计价方法或者计价标准进行鉴定。

29.(多个鉴定技术方法确定的规则)针对某一鉴定事项,在当事人未约定或适用的工程技术规范未规定唯一鉴定技术方法的前提下,裁判者应要求鉴定人员事先就该鉴定事项是否存在两个或两个以上鉴定技术方法,以及多个鉴定技术方法可能对鉴定意见产生的影响差异做出技术性说明,并就具体鉴定技术方法的选择

征求争议双方当事人的意见。当事人合意选择同一鉴定技术方法的,鉴定人员不得变更;当事人无法形成合意的,裁判者可要求鉴定人员对鉴定技术方法的选择提出建议,并说明理由,记录在案,裁判者可授权鉴定人员按其选择的鉴定技术方法实施鉴定。

30.(对鉴定过程的监督与协调)建议裁判者在以下方面对鉴定过程予以监督与协调:第一,对鉴定人员的鉴定工作及时督促,必要时可以发出督促函,要求鉴定人员按期完成鉴定工作;第二,对于当事人根据鉴定需要补充提供的证据组织质证,做出是否采纳的决定或者做出分别鉴定的决定;第三,对于鉴定人员根据专门技术知识或经验不能认定的争议项,及时给予认定或做出其他处理决定;若暂时无法决定,可要求鉴定人员作为争议项在鉴定意见中特别列明;第四,可建立鉴定通报制度,定期由鉴定人员向裁判者及各方当事人通报鉴定工作进展、目前出现的问题、下一步计划及需要裁判者协调处理的事项。

31.(未竣工工程质量鉴定)对未竣工工程启动质量鉴定的,建议有关当事人做好成品保护,防止因为后续质量鉴定、修复方案鉴定及修复费用鉴定程序的实施造成对已完工程的质量损害。

32.(对修复方案的鉴定)建议裁判者关注修复方案鉴定的下列问题:第一,一般而言,修复方案有多种,应尽量采用接近原设计、经济、合理的修复方案,避免过度修复造成不必要浪费的情况;第二,鉴定单位不是原设计单位的,修复方案的出具应尽可能征询原设计单位和原设计人的专业意见;第三,必要时可以借助专家辅助人确定合理的修复方案;第四,修复方案应具体、明确,可以作为后续进行修复施工以及修复费用鉴定的依据。

第六部分:鉴定意见及其质证与采用

33.(争议事项的法律判断)鉴定单位在鉴定过程中发现当事人双方对施工合同效力、涉及质量工期和价款结算的依据和标准、签证文件的真实性及效力、举证责任分配、应否让利、奖惩、缴纳管理费等问题存在争议的,应及时告知裁判者。裁判者对上述争议可以做出明确认定的,应当及时做出认定,鉴定单位应当依据裁判者的认定继续鉴定;裁判者暂时无法做出明确认定的,鉴定单位可按双方各自主张出具两种鉴定意见,亦可将部分争议鉴定列入鉴定意见的争议项,由裁判者最终裁决判定。

34.（对鉴定意见及其论证的基本要求）工程鉴定具有很强的专业性，鉴定意见的论证过程是否充分，直接影响裁判者和当事人对鉴定意见的理解、质证和采纳。鉴定意见的论证不应出现：第一，模棱两可或自相矛盾。工程鉴定应力求严谨，鉴定意见中不应出现论证和结论不一致、论证过程相互矛盾、模棱两可的情形。第二，数据不清、计算过程不完整或不明确。数据是工程鉴定的基础，鉴定意见中不应出现数据不清晰、计算过程不完整或不明确，或者数据和计算结果相悖的情形。

35.（鉴定过程释疑与鉴定意见出具）鉴定应由经裁判者确认的并具备相应资质的鉴定人员进行，鉴定意见应当由该鉴定人员制作，鉴定人员本人应负责澄清、解答裁判者、当事人及其代理人以及专家辅助人的疑问或质疑。

36.（鉴定意见初稿的意见征询）为了避免鉴定人员出具正式鉴定意见后双方当事人发生较大争议，裁判者可要求鉴定人员先出具鉴定意见初稿（征询稿）交双方当事人进行核阅并提出意见。鉴定人员应就当事人的意见做出明确的书面回复，并确定是否需要对鉴定意见初稿进行相应修正。对于争议点较多的鉴定意见，可以考虑逐步、多次出具征询稿，由当事人发表书面质证意见，以利于缩小争议范围。

37.（对鉴定意见的质证）建议裁判者组织双方对鉴定意见或其初稿进行充分、全面质证。裁判者在对鉴定意见组织质证时应注意需就当事人提出的各项异议进行逐项质证，并听取鉴定人员的意见。

38.（鉴定人员出庭接受质询）建议裁判者、当事人及其代理人充分意识到鉴定人员出庭接受质询的重要性。对于鉴定人员拒绝出庭接受质询或者虽然出庭但接受质询时的回复意见让裁判者对其专业性、公正性或其勤勉尽职产生合理怀疑的，裁判者有权根据审查的情况，决定对鉴定意见不予采用。裁判者、当事人及其代理人、专家辅助人等有权质询鉴定人员的案件参与人，为质询的需要，要求鉴定人员提供为形成和出具鉴定意见所依据的鉴定资料和工作成果（包括但不限于过程数据、计算书、计算工具软件及其使用方法、鉴定方法、鉴定标准、鉴定作业规程）的，鉴定人员不应拒绝提供。

39.（专家辅助人）建议当事人及其代理人在确有必要时聘请专业领域的技术专家对鉴定意见涉及的专业问题进行研究和分析并出具专业意见；也鼓励专家辅助人出庭，以弥补当事人及其代理人在专门知识领域质证能力的不足，并可为裁判者准确判断鉴定意见提供参考。

40.(鉴定意见的证据证明力)鉴定意见是证据的一种,应根据证据规则加以判断。裁判者不应过度依赖鉴定意见,不应认为鉴定意见的证明力绝对大于其他证据而一概地采信鉴定意见,避免以鉴代审。

第七部分:当事人单方委托鉴定

41.(当事人单方委托鉴定)对于当事人在诉讼、仲裁程序之前自行委托的鉴定,建议裁判者不宜仅以单方委托鉴定为由而不予采信,应要求另一方就该鉴定意见发表全面的质证意见。如果经质证,裁判者认为确存在可能导致该鉴定意见错误的重大程序或实体瑕疵,可以考虑另行鉴定;如果该鉴定意见符合证明标准或者可以通过补充或补正而符合证明标准的,可以考虑对该鉴定意见或适当补充或补正后的鉴定意见予以采信或部分采信。

跋

健康的法治环境需要有成熟的法律职业共同体。所谓“成熟”，是指法律共同体成员之间能够顺畅、充分地交流，相互信任、尊重，有完善的行为规范与准则。读利明法官的《解构与重塑：建设工程合同纠纷审判思维与方法》，仿佛又见到他在演讲——建工话题信手拈来，侃侃而谈，通俗易懂，妙语连珠——利明法官与建工领域的法律共同体成员们作一次全面、深入的交流。他告诉建工案件的被告要积极应诉，避免缺席；他坦承审理建工案件的法官常有畏难情绪，常受技术壁垒之困；他希望法官能够勇于主导鉴定进程，避免以鉴代审……即便你未见过他，读其文，亦有挚友倾心的神交之感。英国律师玩笑说：“A good lawyer knows the law but a great lawyer knows the judge”。如何“knows the judge”？且莫借觥筹交错或其他灰色幽暗的手段。你听法官演讲，你读法官的文字，你与法官做专业的交流，促成互相欣赏与尊重。通过本书，利明法官把他这些年审理建工案件的所想、所感、所钻研有逻辑、成体系、一股脑地贡献出来。仔细品读，你必将“know the judge and others”。

利明是一个勤奋、严谨、有激情的人。这本著作成书的过程恰与常设中国建设工程法律论坛第八工作组编撰《中国建设工程施工合同法律全书：词条释义与实务指引》相重合。他是第八工作组的召集人，工作量之大超乎想象。其凭借勤奋与坚持，《中国建设工程施工合同法律全书：词条释义与实务指引》付梓印刷之时，本书也呱呱坠地。本书不是急蹴之作，但看篇章节的架构就可见内容之饱满。本书的字里行间，无处不闪烁着他的激情。他把建工案件的每个程序问题、实体问题乃至法官的顾虑、推理、心证与喜好等都如数家珍、娓娓道来。一个不爱建工审判的法官，梳理不出这么多实用要点。

我很幸运结识了利明这样的青年才俊。我更幸运还认识很多一样优秀的法律人,他们热情、严谨、有担当。小我之幸不足道,中国法治恢弘发展之际,有这样的法律人,国之幸也!

上面的话没有溢美之词。君若狐疑,请开卷验之。

常设中国建设工程法律论坛秘书长　孙　巍

2019 年 8 月 21 日

致谢

本书是本人办理建设工程合同纠纷案件的完整总结，从构思至完稿长达 17 个月。感谢所在单位的大力支持，给我机会在数年中通过大量建设工程合同纠纷案件练手。“巧妇难为无米之炊”，没有这一个个活生生的案件，根本无从归纳总结。感谢国家法官学院浙江分院、常设中国建设工程法律论坛等多次提供调研、讲学的机会，在交流和学习中认识到自己的不足，努力提升自己。感谢曹文衔、曲笑飞、王先伟、张晓霞、王文杰、罗有才、汤雷、郦煜超、周吉高、薄立岩、朱永超、曹婧等良师益友提供有益的帮助和支持。特别感谢刘瑾、何溪滢、陈鑫范、王琦四位好友的悉心审稿与校对，提供了大量的修改意见，他们年轻且优秀，身上汇集了最宝贵的品质——专业、细致、认真、奉献，是我辈学习的榜样。感谢编辑李群老师，在我多次几乎放弃的时候鼓励我继续完成。

囿于能力，本书定然存在不少的错、漏、谬、误，挂一漏万、思虑不周延、论证不充分等在所难免，特此致歉。特别期待读者反馈的批评和修改建议，以期能逐步完善，在此先行谢过。

感谢夫人傅倩倩的理解和支持，感谢女儿周乘的鼓励。

感谢一切遇到的人。

周利明

2019 年 5 月 31 日